한국의 문화산업정책

지속적 국가경쟁우위 창출 전략

| 박위진 지음 |

서울경제경영

한국의 문화산업정책: 지속적 국가경쟁우위 창출 전략

추천사

시작하며

저는 이 책의 저자인 박위진 박사가 서울대학교 경영학과 박사과정을 밟을 때 지도교수였습니다. 박 박사는 박사과정에 입문하기 전, 이미 한국과 미국의 대학원에서 석사과정을 수료하며 폭넓은 학문적 배경을 쌓았고, 문화체육관광부에서의 실무 경험을 토대로 학문에 매진했습니다. 재학 중에는 해외 저널과 학회에 논문을 발표하며 국제경영학회에서 최우수 논문상을 수상하기도 했습니다. 만약 그가 공무원의 길을 걷지 않았다면, 아마도 새로운 학문 분야를 개척하는 학자가 되었을 것입니다. 끊임없이 새로운 세계를 탐구하는 그의 열정과 노력이 이 책에 고스란히 담겨 있습니다.

이 책은 한국의 문화산업정책을 연구 대상으로 하여 지속적인 국가경쟁우위를 창출하기 위한 방안을 모색하고 있습니다. 이 추천사를 통해 박 박사의 연구 주제인 국가경쟁우위와 문화산업정책에 대해 간략히 제 소회를 밝히겠습니다.

국가경쟁우위에 대해

경영학의 대가인 마이클 포터는 1985년에 기업의 경쟁우위 개념을 제시했습니다. 당시 미국 대통령이었던 로널드 레이건은 포터에게 미국의 경쟁우위를 확보하기 위한 국가 전략을 의뢰했습니다. 이에 포터는 1986년부터 3년간 세계적으로 경쟁력이 높다고 평가된 10개국을 선정하고, 자신은 미국을 맡고 다른 9개 국가의 동료 교수들과 다국적 연구팀을 구성했습니다. 각 교수는 자국에서 세계적으로 성공한 10개 산업을 선택하고, 각 산업에서 3개의 기업을 선정하여 총 300개 기업을 대상으로 기업 당 3개씩 경쟁우위 요소를 찾아냈습니다. 이렇게 도출된 약 900개의 경쟁우위 요소 중 빈도가 높은 4가지를 추출하여 다이아몬드 형태의 국가경쟁력 모델을 1990년에 발표했습니다. 저는 이 연구에서 한국 팀을 이끌며 다이아몬드 모델 개발에 참여했습니다.

그러나 제가 선택한 한국의 10개 산업, 30개 기업의 경쟁우위는 다이아몬드 모델로 설명되지 않는 경우가 많았습니다. 대표적인 예가 포항제철입니다. 다이아몬드 모델에 따르면 생산요소의 풍부함, 기업 간 치열한 경쟁, 관련 및 지원 산업의 상호 보완성, 풍부한 국내 수요 등이 성공 요인으로 제시되지만, 포항제철은 이러한 조건을 갖추지 못한 상태에서 성공을 이뤘습니다. 포항제철은 국내에 철광석, 유연탄과 같은 생산요소도 빈약하고, 독점기업이며, 포항제철이 관련산업의 도움을 받은 것이 아니라 오히려 만들었고, 국내 수요 역시 포항제철이 창출하였기 때문입니다.

이러한 경험을 통해 저는 물적 요소를 창출하는 능력을 가진 정치지도자, 기업가, 전문경영자, 기술자, 근로자 등 인적 요소의 중요성을 깨달았고, 이를 반영한 9-팩터 모델을 제안하게 되었습니다.

과거에는 국가의 부를 물려받는 것으로 여겼지만, 오늘날의 경제적 번영은 국가의 선택에 따라 달라집니다. 생산성을 향상시키고 지속적인 혁신을 유도하는 시스템을 창조할 수 있는 국가가 산업의 경쟁우위를 달성할 수 있습니다. 9-팩터 모델은 한국의 경제발전 사례에서 착안하여 물적 자원과 인적 자원을 각각 네 가지 요소로 분류하고, 정부라는 외생변수를 추가하여 구성되었습니다. 인적 자원은 공무원, 기업가, 전문가, 근로자로 분류할 수 있습니다.

박위진 박사는 문화산업이 창의적 아이디어에 대한 혁신적 기업인의 투자에서 출발하는 산업임에 주목하여, 한국 문화산업의 국가경쟁우위는 창의적이고 혁신적인 인재들과 이를 지원하는 정책 덕분이라고 보았습니다. 그는 자연스럽게 인적 자원을 강조한 9-팩터 모델에 주목하게 되었고, 저에게 지도교수를 맡아달라고 요청했습니다.

문화산업정책에 대해

문화산업은 문화적 속성을 지니고 있지만 본질적으로는 산업입니다. 따라서 문화산업정책은 문화정책과 구분되어야 하며, 문화산업 관련 기업 및 산업의 성공 요인을 강화하는 데 초점을 맞춰야 합니다.

경영전략 이론에서는 기업의 성공 요인에 대해 최고경영자, 경영환경, 경영자원 등의 관점에서 다양한 연구가 이루어졌습니다. 그러나 이러한 이론은 경영전략의 일부만을 강조하는 경향이 있습니다. 저는 경영자가 경영환경과 경영자원을 효과적으로 결합하는 메커니즘에 따라 기업의 성공 요인이 결정된다고 보는 메커니즘 기반 관점(Mechanism-Based View: MBV)을 제시하였습니다. 이는 기존 경영전략론의 통합적 관점입니다.

기업의 성공 요인을 확장하면 산업의 성공 요인이 됩니다. 산업정책은 산업의 국가경쟁우위를 지향하는 정부정책입니다. 정부정책도 메커니즘 기반 관점에서 주요 변수를 찾을 수 있습니다. 주체로서 정부와 제도적 환경으로서 법률, 정부재정이라는 자원이 산업정책의 성공에 영향을 주는 주요 요소입니다. 메커니즘 기반 관점에서는 문화산업정책의 주요 변수를 정부조직, 법률, 정부예산으로 구분할 수 있습니다.

정부재정은 주체와 환경이 결합하여 구체화된 형태인 정부예산으로 나타납니다. 따라서 문화산업 관련 정부예산은 문화산업 성공의 메커니즘 중 하나로 볼 수 있습니다. 박 박사는 다이아몬드 모델, 더블 다이아몬드 모델, 9팩터 모델 등 국가 경쟁우위 이론을 바탕으로 정부의 문화산업정책이 국가 경쟁우위 결정요소에 어떻게 영향을 미치는지 분석하고 미래 전략을 제시하였습니다. 이를 통해 막연하게 보일 수 있는 산업정책의 메커니즘을 명확히 보여주었습니다.

마치며

'온고지신(溫故知新)'이라는 말은 과거에는 물론 현재에도 진리입니다. 이는 옛 것을 익히고 새로운 것을 안다는 뜻으로, 과거의 사례를 통해 현재를 들여다보고 미래를 준비해야 함을 의미합니다.

한국의 문화산업을 지원하는 정부조직이 체계화되고, 통제와 규제 중심의 법률이 자율과 지원 중심으로 전환되면서 문화산업 관련 환경은 질적으로 변화하였습니다. 박 박사는 대한민국 정부 수립 후 재정 지원 없이 규제가 중심이던 시기부터, 규제가 대폭 완화되고 막대한 정부예산을 지원하는 현재의 문화산업정책까지 방대한 자료를 연구하고 분석하며 대안을 제시하였습니다. 한국은 세계가 인정하는 기록의 나라입니다. 이 책은 한국 문화산업정책의 역사를 학문적 이론과 접목하여 연구하고 분석한 또 다른 기록이자 역저입니다.

긴 공무원의 여정을 마치면 자신의 소명을 찾아 학문의 길에 들어설 박위진 박사가 펼칠 새로운 세상을 함께 꿈꿔봅니다.

2025년 4월

서울대학교 명예교수/서울과학종합대학원대학교 석좌교수 **조동성**

추천사

영토, 자원, 인구는 전통 경제학에서 말하는 국가의 부를 창출하는 기본적 요소이다. 한국은 영토도 작고, 자원도 부족하며 인구도 많지 않다. 현재 우리가 보는 지도는 영토를 가지고 국경을 설정하여 그린 것이다. 영토 지도를 통해서 한국을 살펴보면 한국은 동쪽 끝에 있는 자그마한 나라에 불과하다. 그러나 대중문화의 영향력을 토대로 문화 지도를 그려보면 한국은 세계의 중심에 있는 10대 강국 중 하나이다.

오늘날 세계는 사람의 아이디어를 원천으로 하는 친환경 창조산업의 육성을 위해 치열하게 경쟁하고 있다. 한국은 국제연합무역개발협의회(UNCTAD)가 발표한 2022년의 창조산업 주요 수출 국가 중 8위이다. 창조산업은 소프트웨어, 문화콘텐츠, 악세사리, 인테리어 등 다양한 제품 및 서비스로 구성된다. PwC가 매년 발표하는 세계 문화산업시장 전망보고서를 보더라도 한국은 세계 10위 이내의 문화산업 강국이다.

한국은 해방 이후 극심한 혼란과 전쟁을 거치면서 폐허 속에서 정부주도의 경제성장을 이룩하였다. 이는 제조업 기반의 성장이었다. 21세기의 한국은 문화산업을 통해서 한 번 더 도약하는 성과를 이룩하였다. 한국 문화산업의 빛나는 성과는 문화산업현장의 창조적 기업인과 종사자들의 피나는 노력의 결과이다. 그러나 그 이면을 살펴보면 문화산업의 국가경쟁우위를 결정하는 요소들의 고도화를 지원해온 정부의 노력도 크다.

국가경쟁력에 관한 이론은 아담 스미스의 절대우위론에서 시작하여 리카도의 비교우위론을 거쳐 마이클 포터의 국가경쟁우위론까지 발전하였다. 프터의 국가경쟁우위론은 국가의 부가 물려받은 것이 아니라 창조되는 것이라는 관점에서 다이아몬드 모델을 제시하였다. 포터에 의하면 국가의 부는 전략적 선택에 의해 능동적으로 결정되며 요소조건, 수요조건, 관련 및 지원산업, 산업구조 및 전략 등을 복합적으로 고려해야 한다. 포터의 다이아몬드 모델에 해외직접투자를 통한 다국적기업의 활동과 국제경영이론을 접목한 것이 더블 다이아몬드 모델이다. 다이아몬드 모델이나 더블 다이아몬드 모델에서 산업의 국가경쟁우위 결정요소에 대한 정부의 역할은 매우 중요하다. 정부는 국가경쟁우위 결정요소 모두에 대하여 긍정적이든 부정적이든 영향을 줄 수 있기 때문이다.

이 책은 21세기 한국의 재 도약을 상징하는 문화산업의 발전을 정부정책의 관점에서 살펴보고 있다. 특히 정부정책에 관한 역사적 사실을 단순히 기록하는 것이 아니라 국가경쟁우위에 관한 이론을 토대로 정부정책이 문화산업의 국가경쟁우위 결정요소의 어느 부문에 영향을 주었는지를 분석하고 대안을 제시하고 있다.

박위진 박사를 처음 만난 것은 2002년 서울대학교에서 국제경영학을 가르치던 시절이다. 그는 당시 문화관광부 공무원으로 재직하다가 정부의 지원으로 국제경영학 전공의 박사과정 수업을 듣고 있었다. 문화산업의 국가경쟁우위 향상을 지원하는 공무원의 전문성을 더 높이기 위한 정부의 인력양성정책의 한 사례를 보며 한국 문화산업의 미래가 밝을 것으로 기대했다. 기대했던 대로 한국문화산업은 지속적으로 성장하여 한국의 국가브랜드 가치를 한층 더 높이며 연관 산업의 동반성장까지 이끌고 있다.

국가경쟁우위론은 산업정책을 담당하는 공무원들은 반드시 숙지할 필요가 있는 이론이다. 산업의 국가경쟁우위 결정요소에 영향을 주는 요인들이 무엇이고 국가경제의 지속적 혁신을 위해서 정부가 무엇을 해야 할지를 체계적으로 보여주는 이론이기 때문이다. 이 책은 역대 정부의 문화산업정책을 국가경쟁우위에 관한 더블 다이아몬드 모델에 입각하여 분석하고 한국문화산업의 지속적 국가경쟁우위를 위한 전략도 더블 다이아몬드 모델을 토대로 도출하였다. 오랫동안의 현장 지식과 나의 더블 다이아몬드 모델을 결합하여 이 책을 집필하며 방대한 내용을 체계적으로 다룬 저자의 노력과 열정에 찬사를 보낸다. 나의 더블 다이아몬드 모델이 다양한 독자들에게 닿을 수 있도록 분석 틀로 사용한데 대하여 고마움을 느낀다. 이론에 토대를 둔 분석과 대안은 설득력이 있다. 문화산업 외의 다른 산업정책도 국가경쟁우위 이론을 토대로 분석하고 정책적 대안에 대하여 고민하기를 추천한다.

이 책을 통해서 문화산업 종사자 또는 문화산업을 공부하는 독자들이 한국의 문화산업 관련 제도적 환경과 정부의 다양한 지원사업을 이해하고 각자의 위치에서 한국문화산업의 지속적 국가경쟁우위를 창출하는 과정에 동참하기를 기대한다.

2025년 4월

서울과학종합대학원대학교 총장/서울대학교 명예교수 **문휘창**

추천사

오늘날 대한민국은 세계가 부러워하는 문화산업 강국입니다. 문화체육관광부 및 관련 공공기관에서 문화산업현장을 정책적으로 지원해온 사람들은 모두 가슴 한가운데에 뿌듯함을 간직하고 있을 것입니다. 저도 문화체육관광부에서 문화예술 및 문화산업정책을 수립하고 집행하며 평생을 보냈습니다. 이 책의 저자는 저와 함께 문화산업정책의 전환기에 한국문화산업정책의 기초를 다지고 해외에서 한국문화와 문화산업을 홍보해온 문화산업 전문가입니다. 저도 오래전부터 한국의 문화산업정책을 정리해서 공유하고 싶었지만 아직 못하고 있습니다. 저자는 큰 용기와 끈기를 가지고 제가 하고 싶던 그 일을 해주었습니다. 선배로서 찬사와 함께 그 노고에 깊은 감사를 표합니다.

한국의 문화산업정책을 돌아보면 짧은 기간 극적인 변화를 발견할 수 있습니다. 제가 공직에 입문했던 1980년대 초에는 지금처럼 시장에서 경쟁을 통해 양질의 문화상품을 생산, 유통, 소비하는 문화의 상품화, 시장화, 산업화는 상상할 수 없는 상황이었습니다. 모든 자원을 경제개발에 투입하던 당시의 개발도상국 정부정책 관점에서는 영화와 대중음악, 공연 등은 규제하고 통제해야 하는 유흥업, 그 자체였습니다. 정부는 콘텐츠 내용 자체는 물론 이용시간과 관련 업체도 제한적으로 허용하였고 세금도 특별소비세율을 적용했습니다. 심의(검열)에서 허용되지 않은 금지곡과 금서, 불법 영상물, 공연 등이 오히려 젊은 층의 관심을 끌었습니다. 정부는 영화시책이라는 구체적인 규제지침을 통해 영화시장의 수급을 조절하고, 우수한 국산영화 제작실적에 따라 수입쿼터를 배정하였습니다. 문화산업 진흥을 위한 예산은 거의 없었고, 인허가 등의 규제행정을 통해 시장질서를 관리하는 수준이었습니다.

그러나 1986년부터 1994년까지 진행된 우루과이라운드 협상의 결과로 채택된 세계무역기구(WTO) 체제의 출범과정에서 우리는 대외 시장개방과 경쟁, 자유화를 향한 거대한 물결을 피할 수 없었고, 문화정책도 큰 변화를 수용할 수밖에 없었습니다. 한미영화협정에 따라 1985년부터 10년간 영화시장을 단계적으로 개방했고, 1986년에는 국제저작권협약 가입을 추진하며 저작권법도 전면 개정했습니다. 1990년 공보업무가 우선이던 문화공보부에서 문화부를 독립시킨 것은 문화정책의 새로운 장을 여는 계기가 되었습니다. 시장개방에 따른 국내산업 보호와 진흥의 기초를 제대로 마련하기도 전에 파도처럼 밀려드는 외국 콘텐츠와 과잉 경쟁으로 한국의 문화산업은 몸살을 앓기도 했습니다. 1990년대 후반 디지털기술은 또다시 시장에 엄청난 충격을 주었고, 온라인 불법복제가 판치며 음악시장이 황폐화되기도 했습니다. 자유시장과 경쟁의 관점에서 우리는 어떻게 하면 문화산업을 당시 일본이나 미국처럼 잘 키워 나갈 수 있을지에 대해 많은 고민을 했습니다. 시장개방의 파고는 높았고, 정답도 결과에 대한 확신도 없었습니다. 하지만 우리는 시장에서 경쟁력 있는 창의적 콘텐츠를 창작, 유통, 소비할 수 있는 최소한의 환경을 조성하려고 노력했습니다. 검열에 의한 창작의 소재 제한을 단계적으로 폐지했고, 벤처기업들과 문화산업 지원을 총괄하는 진흥기구와 기금도 설치했습니다. 산업분석을 위한 통계체계를 정립하고, 투자를 유치하기 위해 세제와 금융도 개선했습니다. 금지곡 해금 등의 규제 폐지를 시작으로 역대 모든 정부는 문화산업진흥기조를 유지, 강화해 나갔습니다. 오늘날의 좋은 성과는 창작자들의 끼와 재능, 혁신적인 기업가들의 도전과 더불어 정부가 이들의 끼와 재능을 발휘할 수 있는 환경을 조성한 것이 다행스럽게 서로 잘 맞아 떨어진 덕분이라고 생각합니다.

문화산업정책은 문화산업에 커다란 영향을 미치는 제도적 환경입니다. 이 책은 문화체육관광부 및 공공기관이 문화산업의 국가경쟁우위 창출을 지원하기 위해 무슨 일을 하였는지에 대하여 이해하기 쉽게 체계적으로 정리하였습니다. 저자는 정부정책의 가장 중요한 수단인 법령과 조직, 예산을 중심으로 체계적인 분석을 시도하였습니다. 특히 국가경쟁우위에 관한 이론을 적용하여 분석하고 정부정책이 문화산업의 국가경쟁우위 결정요소 중 어느 부문에 영향을 주었는지와 산업적 성과를 객관적 자료를 통해 설명하면서 문화산업정책의 국가경쟁우위 창출 메커니즘을 설득력 있게 보여주었습니다.

그간의 방대한 문화산업정책 자료를 수집하고, 객관적으로 분석하여, 지속적 발전을 위한 미래 전략을 제시한 박위진 박사의 노고에 큰 박수를 보냅니다. 정부가 한국의 문화산업 발전에 어떤 기여를 했는지에 대하여 의문을 갖고 있는 분들도 이 책을 보면 어느 정도 이해가 될 것으로 생각합니다. 그리고 문화예술과 문화산업을 공부하는 학도들이나 관련 분야의 종사자들에게 문화산업에서의 경쟁우위를 창출하는데 도움이 될 이 책의 일독을 권하고 싶습니다.

2025년 4월

전 문화체육관광부차관/행정학박사 **곽영진**

머리말

문화산업이라는 용어는 문화의 산업화에 대한 비판적 시각에서 탄생했다. 매스 미디어의 등장으로 문화의 대량소비가 가능하게 되었기 때문에 고귀한 가치와 예술로 인식되었던 문화예술이 일반 대중이 모두 이용하게 될 만큼 상업적으로 변질되었다는 비판적 관점에서 문화와 산업을 합성하여 만들어진 용어가 문화산업이다. 그러나 현재 세계 각국은 문화산업 진흥을 위한 정책적 노력을 아끼지 않는다. 문화산업은 사람들의 창의적 아이디어가 원천이 되는 친환경 산업이며 경제적 부가가치도 크다. 최근에는 다양한 기기를 통해서 디지털 문화콘텐츠를 향유하는 것이 보편적이기 때문에 문화산업 대신 문화콘텐츠산업이라는 용어가 사용되기도 한다. 문화콘텐츠산업에는 국경이나 거리는 문제가 되지 않는다. 전 세계의 사람들이 동시에 같은 콘텐츠를 즐길 수도 있다. 이와 같은 대중문화 향유 시대에 '한류' 또는 'K-컬처'로 상징되는 한국의 문화콘텐츠는 전 세계인의 사랑을 받고 있다.

"로마는 하루에 건설된 것이 아니다" 라는 말처럼 오늘날 'K-컬처' 붐 역시 어느 한 정부 시기의 노력으로 이루어진 것은 아니다. 대한민국 정부 수립 후 오랫동안 문화산업은 통제와 규제의 대상이었다. 한국의 문화산업정책은 1973년 영화진흥공사 설립 이후 영화를 중심으로 규제와 지원의 복합적 정책의 단계를 거쳐 1990년대 후반부터 지원 중심의 정책으로 진화하였다. 이후 30여 년 동안 효과적 정부지원체계 확립, 국회의 입법 지원, 지속적으로 확대된 정부예산, 문화산업 종사자들의 창의와 노력이 모두 결합되어 현재 한국문화산업의 국가경쟁우위가 창출된 것으로 여겨진다.

1990년대의 한국정부와 문화산업 분야의 많은 전문가들은 21세기는 문화산업이 한국의 경제를 이끄는 핵심 산업이 될 수 있다는 믿음을 가졌다. 한국정부는 1994년에 문화산업을 전담하는 국 단위의 정부조직을 신설하였고, 1999년 이후에는 (재)게임종합지원센터 등 관련 공공기관을 설립하기 시작하였다. 그리고 문화산업을 효과적으로 지원하기 위한 법률의 제정 및 개정과 정부예산 지원 등 문화산업 육성을 위한 복합적 지원 환경을 구축하였다. 문화산업 육성을 위한 공공 부문의 이와 같은 지원은 문화산업에 속한 기업 및 종사자들에게는 글로벌 경쟁에서 유리한 산업환경으로 작용하였다.

20세기 말부터 급속도로 전개된 정보통신기술의 발달, 세계적 민주화 운동, 무역 자유화 등으로 글로벌 산업환경은 급격히 변화하였다. 급변하는 환경 속에서 정부정책을 적극적으로 활용하며 한국 문화산업은 국제경쟁력을 키우고 한류를 넘어 K-컬처를 선도하며 한국을 상징하는 대표적 산업으로 발전하였다. 옥스포드 영어사전은 'K-'를 K-beauty, K-culture, K-food, K-style의 사례와 같이 한국의 대중문화와 관련된 명사를 만드는 접두사로 설명하고 있다. 세계적 유명 사전에 'K-'가 들어갈 정도로 한국 문화산업이 성장했다는 것에 대하여 문화체육관광부에서 문화산업정책을 수립하고 해외에서 한국의 문화를 홍보했던 공무원으로서 큰 보람을 느낀다.

문화산업정책은 문화적 속성을 반영하고 있지만 전통적 문화정책과는 관점이 다르다. 문화정책의 방향과 추진에 필요한 기본적 사항을 규정하고 있는 문화기본법에 의하면 문화정책의 목적은 국민 모두가 차별 없이 문화적 표현과 활동을 즐기면서 문화의 다양성과 자율성 그리고 창조성이 구현되도록 하는 것이다. 그러나 문화산업정책은 문화산업 분야의 기업 및 종사자를 지원하여 창업과 혁신을 유도하고 경쟁력을 향상시킴으로써 국민경제의 발전을 촉진하는 것이므로 사회학적 관점보다는 경영학이나 경제학의 관점을 통해서 정책을 비추어볼 필요가 있다. 이 책은 경쟁이론의 대가인 마이클 포터가 창시하고 여러 학자들에 의해 보완, 발전되어온 산업의 국가경쟁우위 이론을 토대로 역대 정부의 문화산업정책을 들여다본다. 그리고 이런 이론적 프레임을 토대로 한국문화산업의 지속적 국가경쟁우위를 위한 미래 전략을 제시한다.

정부의 문화산업정책을 국가경쟁우위에 관한 이론을 통해서 살펴보면 산업의 국가경쟁우위 향상을 위해서 정부가 어떤 일을 했는지 분석적으로 살펴볼 수 있고 더 나은 미래를 위한 전략적 대안도 체계적으로 도출할 수 있다. 그런 의미에서 학문적 이론은 현상을 분석하는 도구로써 가치가 있다. 이 책은 한국의 문화산업정책을 법률, 정부조직, 정부예산을 통해서 살펴보고 있다. 특히 법률, 정부조직, 정부예산 등이 문화산업 국가경쟁우위 결정요소 중 어느 부문에 영향을 주는 제도적 환경이었는지를 분석적으로 보여줌으로써 국가경쟁우위 향상을 위한 정부의 노력을 명확하게 보여주고 있다. 문화산업 관련 전공자 및 종사자들이 이 책을 통해 한국의 문화산업정책을 이해하게 되면 한국문화산업이 지나온 길과 앞으로 나아가야 할 길에 대한 비전을 모색할 수 있다.

문화산업정책 관련 법률과 정부조직, 정부예산과 같은 자료를 해석하고 분석하는 이 책을 읽는 독자는 다소 어렵게 느껴질 수 있다. 이를 감안하여 각종 용어와 정책을 쉽게 설명하고 관련 기업 및 정책의 사례를 가급적 많이 소개하려고 노력하였다. 독자들은 이 책의 처음부터 끝까지 순서대로 읽어볼 수도 있지만 이론적 토대가 되는 제1장과 제2장을 먼저 읽고 제6장의 결론 부분을 읽은 후 다시 제3장으로 돌아와서 읽어보는 것도 좋은 방법이 될 수 있다. 결론 부분은 한국문화산업정책 전반의 성과를 분석하고 미래 전략을 모색하기 때문에 이 부분을 먼저 읽으면 한국의 문화산업정책에 대한 전체적 그림을 머릿속에 담을 수 있다.

저자는 대한민국 정부 수립 이후 문화산업 관련 법률, 정부조직, 정부예산의 역사적 변화와 발전에 대하여 연구하고 전자책으로 한국문화산업정책사를 발행하였다. 전자책으로 발행한 이유는 분량이 매우 많기 때문이다. 한국의 문화산업정책은 비교적 최근 사항을 중심으로 문화산업 진흥을 위한 법률, 정부조직, 정부예산 등을 분석적으로 소개한다. 그러므로 과거 한국정부의 문화산업 국가경쟁우위 향상을 지원하는 법률, 정부조직, 정부예산에 대한 보다 상세한 내용은 저자의 한국문화산업정책사를 참조하기 바란다.

문화산업 관련 다양한 법률의 변천, 정부조직 및 공공기관의 발전, 역대 정부의 예산각목명세서 등에 관한 자료를 확보하고 이를 산업의 국가경쟁우위 이론에 입각하여 분석하는 데에는 상당한 노력과 시간이 소요되었다. 저자의 얕은 지식과 부족한 역량으로 인해 분석의 오류도 있을 수 있다. 이와 같은 연구 및 분석 과정에서 문화체육관광부에서 같이 근무하며 혼신의 노력을 다해서 오직 한국문화산업의 국가경쟁우위 향상을 위해 땀을 흘린 선배, 동료, 후배들을 다시 한번 인지하게 되었다. 그리고 문화산업현장에서 높은 투자 위험성을 무릅쓰고 피와 땀을 바친 수많은 종사자들의 불굴의 노력에 감사한다. 이들의 노력이 보다 나은 성과와 보상으로 보답 받기를 기원한다.

문화체육관광부 공무원이지만 저자에게 서울대학교 경영학과 박사과정에서 공부에 전념할 수 있는 기회를 준 정부에 감사한다. 그리고 박사과정에서는 물론 졸업 이후에도 산업의 국가경쟁우위에 대한 이론과 사례를 공부하는데 도움을 주신 조동성, 문휘창 교수님께 감사드린다. 한국문화산업의 국가경쟁우위에 관한 책을 쓰려는 계획은 저자가 박사과정에서 공부할 때부터 갖게 되었고 이를 위해 오랫동안 자료를 수집하고 분석하며 생각을 정리해왔다. 이 책은 수많은 사람들이 한국문화산업의 국가경쟁우위 창출을 위해 오랫동안 이어온 노력을 국제경영학의 이론에 따라 분석하고 정리한 것에 불과하다. 저자는 이 책의 부족한 부분에 대한 지적은 모두 겸허히 수용하고 계속 보완할 것이다. 그리고 한국문화산업의 국가경쟁우위 향상을 지원하는 정부의 노력은 계속될 것임을 믿는다.

2025년 4월

박위진

목차

제2장 국가경쟁우위에 관한 이론적 고찰 • 23

제 1 장

문화산업과 문화산업정책 개관

목차

제 1 절 문화산업의 의의

1 문화산업의 개념

문화산업에 대하여는 서로 다른 두 가지 관점이 존재한다. 하나는 문화산업에 대한 비판적 시각의 사회학적 관점이고 다른 하나는 문화산업이 국가 경제에서 차지하는 의미를 중시하는 경제학적 관점이다. 문화산업은 문화의 대량소비를 가능하게 한 매스미디어의 대두로 인하여 고귀한 가치와 예술로 인식되었던 문화예술이 일반 대중도 모두 이용할 만큼 상업적으로 변질되었다는 관점에서 문화와 산업을 결합하여 만들어낸 용어이다. 프랑크푸르트 학파의 아도르노(Theodor W. Adorno)와 호르크하이머(Max Horkheimer)는 '계몽의 변증법(Dialektik der Aufklärung)'이란 책에서 소제목 중 하나를 '문화산업-대중 기만으로써 계몽(Kulturindustrie-Aufklärung als Massenbetrug)'이라고 붙였다. 아도르노와 호르크하이머는 미국의 자본주의 사회에서 문화가 사고파는 상품으로 전락하여 상업화된 결과 문화가 공허하고 피상적으로 변해버렸다는 비판적 시각에서 문화에 산업이란 이름을 붙였다. 아도르노와 호르크하이머는 문화가 경제적 수익을 창출하는 비즈니스가 되었기 때문에 대중의 인기에 편승하게 되었고 내용이나 형식이 획일화된 영화와 음악은 대중을 계몽시키는 것이 아니라 오히려 계몽이라는 이름으로 대중을 야만에 빠뜨리는 기만일 뿐이라며 문화의 산업화를 비판하였다. 그리고 대량으로 생산되고 소비되는 문화는 대중에 의하여 자발적으로 형성된 것이 아니라 대중을 상대로 조작된 욕구에 의해 생산되는 문화라는 점에서 문화산업이라는 개념이 더 적합하다고 주장하였다. 문화산업은 이윤을 추구하는 자본주의적 경제논리에 따라 생산하고 소비하는 것으로서 인간의 감각적 쾌락을 자극하여 대중을 현실도피에 이르게 한다. 그러므로 영화, 라디오, 만화와 같은 문화산업은 예술작품이 갖는 심미성과 소박성을 천박하고 외설적인 것으로 격하시켜 사회에 부정적인 영향을 끼칠 수 있다는 시각이 아도르노와 호르크하이머의 문화산업에 대한 관념이다.[1]

산업화 이전에는 일부 귀족이나 부유층만이 문화예술을 즐길 수 있었다. 산업화로 인해 중산층이 늘어나면서 일반 대중까지 문화예술을 즐길 수 있는 여유가 생겼다. 그리고 이러한 현

[1] Adorno, Theodor & Horkheimer, Max. (김유동 번역). (2001). 계몽의 변증법. 문학과지성사.

상을 더욱 가속화한 것은 매스미디어 및 복제기술의 발달이다. 과학기술의 발달에 따라 라디오와 텔레비전이 출현하고, 인쇄기술, 영상음반 제작 및 복제 기술이 크게 발전하면서 문화예술의 대량 생산과 보급, 그리고 대량 소비가 가능하게 되었다. 산업화로 인하여 중산층이 확대되고 두꺼운 소비계층이 형성됨에 따라 매스미디어와 결합한 대중문화는 대량 소비에 의한 경제적 이익을 가져오는 산업으로 발전한 것이다. 자본주의적 대량 생산 및 대량 소비를 통해 일반 대중들이 문화예술을 향유할 수 있게 됨으로써 정치적 민주화만큼이나 문화적 민주화가 실현되었다는 것을 긍정적으로 바라보는 시각도 있다. 대중문화를 긍정적 시각으로 보는 이들은 문화의 산업화 현상보다는 문화의 대중화 또는 민주화로 인식한다. 이와 같이 문화예술의 경제적 효과에 주목하여 문화예술과 경제를 별개의 가치체계로 인식하는 것이 아니라 문화예술과 경제의 상호 관련성을 학제적으로 연구하는 분야가 문화경제학이다. 1960년대에 대두된 문화경제학적 시각은 국가 경제에서 차지하는 문화산업의 비중과 중요성을 강조한다.[2] 이 책에서 논의하는 문화산업의 개념은 문화의 산업화를 비판하는 사회학적 관점이나 반자본주의적 관점이 아니라 문화산업의 영향력과 국민경제적 가치를 인정하는 문화경제학적 관점이다.

문화산업의 개념을 정의하기 전에 먼저 문화에 대한 개념을 파악할 필요가 있다. 문화에 대한 정의는 매우 다양하다. 영국의 인류학자 타일러(Tylor)는 일찍이 문화를 지식, 신앙, 예술, 법, 도덕, 관습과 사회구성원으로서 인간이 획득한 다른 어떤 능력이나 습관 등을 포함한 복합적 총체라고 정의하였다.[3] 국립국어원의 표준국어대사전에 의하면, 문화는 자연 상태에서 벗어나 일정한 목적 또는 생활 이상을 실현하고자 사회 구성원에 의하여 습득, 공유, 전달되는 행동양식이나 생활양식의 과정 및 그 과정에서 이룩한 물질적·정신적 소득을 통틀어 이르는 말로 의식주를 비롯하여 언어, 풍습, 종교, 학문, 예술, 제도 따위를 모두 포함하여 이르는 말이다. 문화의 포괄적 속성으로 인하여 문화는 개념적으로 많은 것을 내포하고 있다. 우리는 흔히 문화를 '특정 사회집단의 생활양식 전반'을 의미하는 것으로 이해하기도 한다. 문화를 사람들의 생활양식 전반이라고 정의하게 되면 문화산업은 우리의 생활과 관계 있는 거의 모든 제품의 생산과 소비와 관계된 산업인지에 대한 논쟁이 가능하다. 그러나 우리의 일상생활과 관계 있는 가전제품, 자동차, 컴퓨터 등 모든 제품이 문화상품이 될 수는 없다. 문화산업은 문화적 속성을 반영하는 산업인 것은 분명하지만 범위를 제한할 필요가 있다.

협의로 문화산업을 정의하면 '오락적 요소가 상품의 부가가치에 커다란 역할을 하는 산업'으로 정의할 수 있으나 이는 너무 개념이 모호하고 문화산업의 범위도 모호해지는 문제가 있다. 이에 광의로는 문화산업을 '전통과 현대를 아우르는 문화와 예술 분야에서 창작되거나 상품화

[2] 문화체육부. (1997). 1997문화산업백서.

[3] Tylor, E.B. (1871). Primitive Culture. London.

되어 유통되는 모든 단계의 산물'로 정의할 수 있다. 이렇게 정의하면 문화산업은 문학, 음악, 연극, 춤, 사진, 영화, 미디어, 출판, TV프로그램 등을 포함하게 된다. 미국에서는 정보산업 또는 엔터테인먼트산업이라는 용어를 많이 사용하고, 영국에서는 창조산업이라는 말을 많이 사용하고 있다. 미국은 정보서비스의 중요성을 반영하여 출판, 영화 및 음반, 방송 및 통신, 정보처리서비스 등을 정보산업으로 분류하여 문화산업의 정보콘텐츠화 추세를 반영하고 있다. 이와는 별개로 미국의 지적재산권연맹은 저작권산업에 신문, 잡지, 출판, 라디오 및 텔레비전 방송, 케이블 TV, 영화, 광고 및 컴퓨터 소프트웨어 등을 포함시키고 있다. 저작권은 문화산업과 긴밀한 관계에 있다. 영국은 창조산업을 '개인의 창의성, 기술, 재능을 이용하여 지적재산권을 만들고 이를 상업적으로 활용함으로써 경제적 부가가치와 고용 창출을 가져오는 모든 산업활동'으로 정의한다. 그리고 창조산업에 광고, 건축설계, 미술품 및 골동품, 디자인, 영화, 소프트웨어, 음반, 방송 등을 포함시킨다.[4] 한편 UNESCO는 '문화적 재화와 서비스의 생산 및 유통과 관련된 산업'을 문화산업으로 정의한다.[5] 어떻게 정의하든 문화산업 또는 창조산업은 영화, 음반, 출판, 방송 등 다양한 장르의 산업에서 생산과 유통 등 가치사슬 전반을 포함하는 복합적 산업으로 볼 수 있다.

헤스몬드헙(Hesmondhalgh)은 문화산업을 설명하는데 있어 텍스트라는 표현을 사용하였다. 모든 문화적 가공품은 넓은 의미에서 보면 해석이 열려 있는 텍스트로 구성된다. 수많은 자동차는 각각 디자인과 마케팅 포인트가 서로 다를 수 있어도 자동차의 주된 목적은 의미가 아니라 교통수단 즉 기능이다. 텍스트는 기능과 의미 간 균형의 문제이다. 노래, 이야기, 공연 등과 같은 문화적 가공품은 의미는 무겁고, 기능은 가볍다. 텍스트는 주로 정신적 소통을 목적으로 창조된 것이다. 문화산업은 상징의 창조자들이 만들어 낸 작품을 기반으로 '세계관에 영향을 주는 텍스트'를 생산하고 유통하는 산업이다. 여기서 텍스트는 문화산업 분야에서 생산되는 작품의 총체적인 명칭이며 상징적 의미를 내포하는 대상, 물건, 사건 등을 포함한다. 신문, 방송, 잡지, 출판, 영화, 음악, 비디오물, 게임, 광고, 인터넷산업 등은 핵심적 문화산업이며, 이들은 모두 텍스트의 생산과 유통을 다루는 산업이다.[6]

한편 1995년 전부개정된 문화예술진흥법은 문화산업에 대한 정의를 처음으로 규정하고 문화산업을 문화예술의 범주에 포함시켰다. 동법에 의한 문화산업은 문화예술의 창작물 또는 문화예술용품을 산업적 수단에 의하여 기획, 제작, 공연, 전시, 판매하는 것을 업으로 하는 것을 말한다. 한편 문화예술진흥법에 의한 문화예술은 문학, 미술, 음악, 무용, 연극, 영화, 연예, 국

[4] 문화관광부. (2000). 2000문화산업백서.

[5] UNESCO Institute for Statistics. (2009). 2009 UNESCO Framework for Cultural Statistics.

[6] Hesmondhalgh, D. (2019). The Cultural Industries. 4th Ed. Sage.

악, 사진, 건축, 어문, 출판, 만화, 게임, 애니메이션, 뮤지컬 등 지적, 정신적, 심미적 감상과 의미의 소통을 목적으로 개인이나 집단이 자신 또는 타인의 인상, 견문, 경험 등을 바탕으로 수행한 창의적 표현활동과 그 결과물로 정의하고 있다. 문화예술진흥법에 따르면 문화산업의 장르와 범주는 매우 다양하고 폭넓게 설정할 수 있다.

1999년 제정된 문화산업진흥기본법은 문화산업을 '문화상품의 기획, 개발, 제작, 생산, 유통, 소비 등과 이에 관련된 서비스를 하는 산업'으로 정의하였다. 여기서 문화상품은 '문화적 요소(예술성, 창의성, 오락성, 여가성, 대중성)가 체화되어 경제적 부가가치를 창출하는 유형·무형의 재화와 그 서비스 및 이들의 복합체'를 말한다. 그리고 문화산업진흥기본법은 문화산업의 범위를 영화, 비디오물, 음악, 게임, 출판, 방송영상물, 만화, 캐릭터, 애니메이션, 공연, 문화재 및 전통문화와 관련된 산업, 공예, 디지털 문화콘텐츠 등의 분야와 이들 분야에서 이루어지는 전시회, 박람회, 견본시장 및 축제 등과 관련된 산업 등으로 규정하고 있다. 문화산업진흥기본법은 문화예술진흥법의 문화산업에 대한 정의보다는 범위를 좁게 설정하고 있지만 여전히 문화적 요소가 체화된 문화상품을 대상으로 하기 때문에 문화산업진흥기본법상의 문화산업의 범위도 매우 광범위하다.

문화산업의 정의는 문화의 정의만큼이나 어렵다. 그러나 문화산업은 문화보다는 산업에 방점이 찍혀있다. 즉, 수요와 공급이라는 시장원리의 적용을 받는 문화를 대상으로 하는 산업이 문화산업이다. 순수 문화예술은 소비자의 취향과 관계없이 전문가들의 판단에 의해 지속적으로 추구되는 것이고 산업적 문화예술은 시장원리의 지배를 받는다. 이렇게 보면 문화산업은 문화를 산업적으로 생산하고 소비하는 활동으로 볼 수 있다. 즉, 문화산업은 우리의 삶 속에 연관되어 있는 문화 중에서 시장에서 가격을 매개로 거래되는 문화 또는 문화예술과 관련이 있다. 문화상품은 사용가치보다는 효용가치에 의해 가격이 결정된다. 효용가치는 그것을 소유하고자 하는 사람의 만족감에 의해 가치가 부여되어 가격이 설정된다는 논리이다. 문화상품 중에는 책이나 음반처럼 유형물 형태의 것이 있는 반면 공연이나 음악과 같이 무형적인 것도 있다.[7]

이상의 논의를 종합하면, 문화산업은 지적, 정신적, 심미적 감상과 의미의 소통을 목적으로 개인이나 집단이 수행한 창의적 표현활동과 그 결과물인 문화상품(문화콘텐츠 포함)의 기획, 제작, 생산, 유통, 소비 등과 이와 관련된 서비스를 하는 산업으로 정의할 수 있다. 개념적으로 문화산업의 대상이 되는 문화상품은 그 범위가 무척 넓다. 그러나 후술하는 바와 같이 현재 한국정부의 정책적 대상이 되는 문화산업은 경제적 부가가치가 큰 문화콘텐츠 중심으로 범위가 좁혀져 있다. 문화산업진흥기본법에 의하면 콘텐츠는 부호, 문자, 도형, 색채, 음성, 음향, 이미지 및 영상 등의 자료 또는 정보를 말하며, 문화콘텐츠는 문화적 요소가 체화된 콘텐츠이다. 국

[7] 한국문화예술진흥원 문화발전연구소. (1994). 우리나라 문화산업의 현황과 수출 진흥방안 연구.

립국어원의 우리말샘은 문화콘텐츠를 '매체를 통하여 제공되는 각종 문화정보나 그 내용물'로 정의하였다. 흔히 문화콘텐츠산업이라고 하면 매체를 통해 유통 및 서비스될 수 있는 문화상품과 관련된 산업을 말한다.

2 문화산업의 특징[8]

1) 문화적 정체성 형성

문화산업은 문화를 소재로 하는 재화와 서비스를 거래하는 산업이다. 그러므로 문화상품에는 문화적 가치가 체화되어 있다. 문화상품은 다른 상품과 달리 이를 소비하는 사람들의 정체성과 생활양식에 커다란 영향을 미치게 된다. 보통의 공산품은 생물학적 또는 생활의 욕구를 충족시킨다면 문화상품은 문화적 욕구를 충족시키기 때문에 이를 생산 또는 소비하는 사람들의 가치관과 사고방식 등 문화적 정체성 형성에 커다란 영향을 끼치게 된다. 헤스몬드헙은 문화산업의 핵심적 개념을 사람들의 세계관에 영향을 주는 텍스트를 생산하고 유통하는 산업으로 설명한 바 있다. 많은 나라에서 문화상품에 대한 수입규제 정책을 시행하는 이유도 문화상품의 문화적 정체성 형성에 대한 영향을 우려하기 때문이다.

2) 공공재적 성격

문화상품의 소비는 비 배타적인 특성이 있다. 특정인이 사용한다고 해서 다른 사람의 사용이 제한되는 것이 아니다. 즉, 어느 한 개인이 문화상품을 많이 사용한다 해도 다른 사람의 소비 가능성이 줄어들지 않기 때문에 공공재적 성격을 갖는다. 문화상품을 서비스하는 기업이 문화상품 및 서비스에 대한 인위적 수단을 통하여 접근을 제한하면 오히려 희소성이 높아져 그 가치가 높아진다. 그렇기 때문에 문화산업기업은 수직적 통합을 통해 배급과 유통을 장악하려는 속성이 있다. 그리고 문화산업에서는 저작권 보호가 매우 중요하다.

3) 네트워크 외부성 및 범위의 경제

네트워크 외부성은 어떤 상품을 사용하는 사람이 많을수록 상품의 가치가 증가하는 현상을 일컫는다. 온라인 게임, 음악, 영화 등의 문화콘텐츠는 사람들에게 인기를 끌거나 평론가로부터 좋은 평을 받는다면 이용하지 않는 고객들의 소비를 유도하는 효과를 갖고 있다.

그리고 문화상품은 원소스 멀티유즈(OSMU)가 가능하다. 한편의 웹툰 또는 웹소설이 드라마로 제작되거나 뮤지컬, 게임, 캐릭터 등의 2차적 저작물로 새로 창작되어 지속적으로 인기를

[8] 문화관광부. (2001). 2001문화산업백서, Hesmondhalgh, D. (2019). The Cultural Industries. 4th Ed. Sage.

확대 재생산하는 현상을 흔히 볼 수 있다.

4) 불확실성 및 위험성

모든 산업이 어느 정도의 위험성은 있지만 문화산업의 위험성은 다른 산업에 비하여 더 심하다. 문화산업은 세계관에 영향을 주는 텍스트를 사고 파는 산업이고 대중들의 텍스트에 대한 선호도는 쉽게 바뀌기 때문에 예측하기도 매우 어렵다. 문화상품의 제작자는 비평가나 기자, 방송, 고객들이 텍스트를 어떻게 평가할지 예측하기 어려울 뿐 아니라 자신이 만들어낸 텍스트가 얻을 수 있는 인기의 유형을 통제할 수도 없다. 바로 이런 요인 때문에 아무리 큰 회사가 생산한 텍스트라도 실패할 위험이 있고 성공 예측도 어렵다. 문화상품의 제작사는 비평가, 기자, 미디어 등 텍스트의 홍보에 영향을 미칠 수 있는 다양한 직종의 사람들에게 접근하여 홍보에 주력한다.

고위험을 가급적 줄여보고자 기업이 택할 수 있는 방법은 첫째 스타시스템이다. 스타작가, 스타배우 등을 활용하는 것이다. 광고비용까지 감안하면 스타시스템은 많은 비용이 수반된다. 두번째 방법은 관객이 좋아하는 분야를 택하는 것이다. 관객이 좋아하는 영화나 음악의 트렌드가 있다. 이를 활용하면 위험을 조금이라도 낮출 수 있다. 세번째 방법은 시리즈 형식의 제작이다. 시장의 호응에 대응하여 후속 편을 제작하는 시리즈 형식은 대중소설, 만화, 영화 등에서 흔히 볼 수 있다.

5) 높은 제작 비용 및 낮은 복제 비용

대부분의 문화상품은 높은 제작비용과 낮은 가변비용이 소요되는 특징을 가지고 있다. 하나의 음반을 만드는 경우 작사, 작곡, 녹음, 믹싱과 편집 등의 과정을 빼놓을 수가 없다. 고정비용이 들어간다는 의미이다. 그러나 일단 오리지널 창작품을 만들고 나면, 이를 복제하여 재생산하는 비용은 상대적으로 싸다. 즉 '제작' 및 '복제'의 비용차이가 매우 크다는 점이다. 그렇기 때문에 일단 콘텐츠의 창작이 완료되면 수요의 극대화가 가장 중요하다. 성과의 극대화를 위해 기업은 종종 수직적, 수평적 통합을 실시한다. 수평적 통합을 통해 경쟁을 줄이고, 수직적 통합을 통해 비용을 절감한다. 아울러 전 세계의 다양한 미디어를 통해 고객을 최대한 확대하려고 노력한다.

3 문화산업의 범위

문화산업은 헤스몬드헙(Hesmondhalgh)이 설명한대로 '상징의 창조자(symbol creator)들이 만든 텍스트를 생산하고 유통하는 산업'으로 정의할 수도 있고, UNESCO의 정의대로 '문화적 재화와 서비스의 생산 및 유통과 관련된 산업'으로 정의할 수도 있다. 그리고 문화산업진흥기본법의 정의대로 '문화상품의 제작과 유통 및 이와 관련된 서비스를 하는 산업'으로 정의할 수도 있다. 어떻게 정의하든 문화산업의 범위는 문화상품(온라인 콘텐츠 포함)의 제작과 유통 및 이와 관련된 서비스를 포함한다.

문화산업의 범위는 <그림 1-1>에서 보듯이 장르별 문화산업의 가치사슬 전 분야가 포함된다. 이 책은 문화산업의 국가경쟁우위 창출을 지원하는 문화산업정책을 다루고 있다. 문화산업정책의 관점에서는 문화산업 생태계의 선순환을 가능하게 하는 문화상품의 제작, 미디어를 통한 유통, 저작권 보호가 가장 핵심적인 문화산업의 범주에 포함된다. 문화산업정책을 수행하는 문화체육관광부의 문화산업 관련 정부조직도 문화상품(콘텐츠), 미디어, 저작권의 세 분야로 구성되어 있다.

한편 문화상품의 종류는 매우 다양하다. 문화산업 관련 기본법인 문화예술진흥법이나 문화산업진흥기본법도 문화상품의 범위를 매우 다양하고 폭넓게 규정하고 있다. 이 책은 이와 같이 다양한 문화상품을 모두 다루지는 않는다. 문화산업정책의 주요 대상이 되는 영화, 게임, 음악, 만화, 애니메이션, 캐릭터, 패션, 방송영상콘텐츠 등 주요 문화콘텐츠를 문화상품의 범위에 포함하여 국가경쟁우위를 지원하는 다양한 정책을 소개하고 분석한다.

그리고 문화산업은 문화콘텐츠를 전달하는 매체인 미디어를 포함한다. 아도르노와 호르크하이머가 문화의 산업화현상을 비판적으로 고찰하는 계기가 된 대중문화산업 발달에 결정적으로 기여한 것은 매스미디어이다. 그러나 한국에서는 현재 방송통신과 같은 미디어는 문화콘텐츠와는 별도의 정책적 접근을 하고 있다. 미디어는 문화콘텐츠보다 공공성이 훨씬 강한 특성을 갖고 있기 때문에 '방송법'이나 '정보통신망 이용촉진 및 정보보호 등에 관한 법률'의 적용을 받는다. 방송사업에 대한 주무 부처는 문화체육관광부가 아니라 방송통신위원회 및 과학기술정보통신부이다. 그렇지만 소위 전통적 미디어인 신문, 잡지는 문화체육관광부 소관이다. 이 책에서 다루는 미디어산업은 신문 및 잡지이다. 방송통신미디어산업은 간략히 관련 법률을 소개하는 것으로 그친다.

불법 복제물 단속과 합법적 문화상품의 유통을 촉진하는 저작권 관련 사항도 문화산업의 중요한 영역에 포함된다. 이 책은 저작권 관련 법률과 정부기관(공공기관 포함)은 물론 저작권 보호를 위한 정부예산에 대하여도 상세히 설명하고 있다.

학문적으로나 법률적으로 문화산업의 범위는 매우 폭넓게 설정되어 있지만 실제 문화산업정책의 대상이 되는 문화산업의 범위는 제한적이다. 문화산업 전반을 규율하는 문화산업진흥기본법이 있지만 영화, 음악, 게임, 출판, 만화, 애니메이션, 신문, 잡지, 방송 등의 분야는 개별적 법률을 따로 가지고 있다. 그리고 저작권법, 예술인복지법, 대중문화예술산업발전법, 국제문화교류진흥법 등 문화산업을 기능적으로 지원하는 법률도 존재한다. 한편 문화산업 육성을 지원하는 정부예산은 제한되어 있다. 문화산업 장르별 성장 잠재력과 국민경제에 미치는 파급효과도 각기 다르다. 그러므로 정부는 문화산업의 모든 장르를 정책의 대상으로 삼을 수는 없다. 정부는 성장 잠재력이나 국민경제에 미치는 파급효과를 감안하여 주요 문화산업 장르를 선택하고 정책의 대상으로 삼는다. 정부는 문화산업정책의 대상이 된 장르에 대하여 산업 인프라 조성, 기술 개발, 인력 양성, 유통구조 개선과 같은 해당 장르 전체의 발전을 촉진하는 정책을 추진하기도 하고, 문화상품의 기획·제작, 국내외 마케팅, 법률 및 경영 컨설팅 등을 지원하며 개별 기업의 발전을 촉진하기도 한다.

제2절 문화산업정책 추진체계

1 문화산업정책의 개념 및 유형

1) 정책과 경영전략

사회과학의 주요 용어의 개념에 대하여는 항상 다양한 견해와 논란이 있는 것처럼 정책의 개념도 마찬가지이다. 정책이라는 용어는 정부는 물론 개인이나 기업도 일상생활에서 광범위하게 사용한다. 흔히 정책은 개인이나 기업, 정부 등의 주체가 특정한 상황에서 구체적 문제의 해결을 위하여 수립한 목적 지향적인 일련의 계획이나 원칙 또는 행동방침을 말한다. 정책의 주체를 정부로 한정하는 경우에 이는 정부정책으로서 정책학의 주된 연구 대상이다. 이 경우 정책은 국민들에게 영향을 미치는 중앙정부 또는 지방자치단체의 공공정책을 의미한다. 공공정책은 개인이나 집단의 이해관계의 조정의 결과로 보는 견해도 있고 정부가 공공문제 해결이라는 목적을 달성하기 위해서 결정, 수행하는 행동방침으로 정의하기도 한다.[9]

정책학의 관점에서 정책은 바람직한 사회상태를 이룩하려는 정책목표와 이를 달성하기 위해 필요한 정책수단에 대하여 권위 있는 정부기관이 공식적으로 결정한 기본방침이다. 정부는 정책이라는 용어와 비슷한 용어들 예를 들면 시책, 정부방침, 법률, 계획 등도 정책과 혼용하여 사용한다. 이들은 엄밀히 말하면 정책이라는 동일한 현상을 다른 각도에서 파악한 부분이 많기에 본질적으로 정책과 이질적인 것은 아니다. 정책은 개념적으로 정책목표와 정책수단이 가장 핵심적 구성요소이며 이들과 정책대상 집단을 포함하여 정책의 3대 구성요소라고 할 수 있다.[10]

정책의 주체를 기업으로 가정하면 이는 경영정책이 된다. 오늘날 경영학의 한 분야로 각광받는 경영전략은 과거 경영정책(Business Policy)으로 불리기도 했다. 경영학이란 학문 분야가 생산관리, 마케팅관리, 인사관리, 재무관리, 회계관리 등과 같이 기능별로 세분화됨에 따라 이를 종합적으로 접근하는 경영학 분야가 경영정책이다. Kenneth Andrews와 Ronald Christensen은 이런 경향을 대표하는 학자이다. 경영정책에 있어 기업의 목표는 궁극적으로 경쟁

[9] 김성준. (2018). 정책학. 박영사.

[10] 정정길 외. (2022). 정책학개론. 대명출판사.

우위의 창출 및 유지이다. 즉, 경영정책은 경쟁우위를 달성하고자 하는 기업의 전략으로 볼 수 있다. 현재는 경영정책이라는 용어보다는 경영전략이라는 용어가 보편적으로 사용되고 있다. 경영전략은 희소한 경영자원을 배분하여 기업에게 경쟁우위를 창출하고 유지시켜 줄 수 있는 주요 의사결정으로 정의할 수 있다. 자원의 희소성은 경영전략 수립에 있어 기본적 제한 요인이 된다. 그리고 경영전략은 경쟁상황을 가정한다.[11] 경영전략은 경쟁상황을 가정한다는 측면에서 정부가 수립하는 정부정책과 차이가 있다.

기업의 전략을 보다 단순하게 경쟁우위를 확보하기 위한 기업의 이론으로 정의하기도 한다. 만약 기업전략의 전제와 가정이 산업 내 경쟁의 진화 방식을 정확히 예측할 수 있다면 기업은 전략의 실행을 통해서 경쟁우위를 확보할 수 있지만, 반대의 경우라면 경쟁우위를 확보할 가능성이 매우 낮다. 산업 내 경쟁이 어떻게 전개될 지 예측하는 것은 매우 어렵고 기업이 올바른 전략을 선택했는지 사전에 확인하는 것은 거의 불가능하다. 기업전략은 단지 경쟁환경이 어떻게 변할 것인지에 대한 예측과 경쟁우위 확보를 위해 경쟁환경의 변화를 어떻게 이용하는 것이 최선인지에 대한 설정이기 때문에 기업의 전략은 거의 이론에 가깝다.[12]

경영학에서는 일찍이 드러커(Drucker)가 기업의 전략을 비즈니스 이론으로 정의한 바 있다. 성공한 세계적 기업들도 항상 불안감을 감출 수 없는 것은 그들의 비즈니스 이론이 더 이상 현실에서 통하지 않는다는 점에 기인한다. 대부분의 위기는 일을 잘못한 경우가 아니라 일을 제대로 하지만 성과가 없는 경우에 발생한다. 이는 기업 활동의 존립 기반이 되었던 여러 전제들이 현실에 더 이상 맞지 않기 때문에 발생한다. 이러한 기본적 전제들은 무엇을 하고 무엇을 하지 말아야 할지에 대한 기업의 결정을 지배한다. 드러커는 이와 같이 기업이 무엇을 하고 무엇을 하지 말아야 할지를 결정하는 비즈니스의 이론(the theory of business)을 전략으로 정의하였다.[13] 이렇게 보면 정부정책이나 기업전략은 본질적으로 정부나 기업 조직의 목적 달성을 위하여 무엇을 해야 할 지와 무엇을 하지 말아야 할 지에 대한 이론으로 볼 수 있다. 즉, 목적 달성을 위한 계획이라는 측면에서 정부정책과 경영전략은 본질적으로 다르지 않다.

2) 산업정책 및 문화산업정책의 개념

국립국어원 우리말샘은 산업정책을 '경제의 특정 부문을 장려하기 위하여 고안된 정부의 정책'으로 정의하였다. 그렇다면 문화산업정책은 '문화산업을 장려하기 위하여 고안된 정부의 정책'으로 정의할 수 있다. 정부 관점에서 보면 산업정책은 대상과 수단을 구체적으로 좁히는 의

[11] 장세진. (2010). 글로벌 경쟁 시대의 경영전략(6판). 박영사.

[12] Barney Jay B. & Hesterly William S. (2006). Strategic Management and Competitive Advantage. Pearson Prentice Hall.

[13] Drucker, P. (1994). The theory of business. Harvard Business Review, 75. September/October, pp. 95-105.

미가 있다. 산업은 국가 전체의 경제를 의미하는 것이 아니며 기업이나 개인이라는 개별 경제를 의미하지도 않는다. 그 대신 동종 기업군이라는 부분 경제를 의미한다. 산업정책은 동종 기업군으로 이루어진 특정 산업의 구조를 최선의 상태로 유지 또는 발전시키기 위해서 국민경제 과정에 가해지는 일체의 공적 개입이다. 현대의 산업정책은 특정 산업의 경쟁력을 강화하기 위하여 지원하는 정부의 보조금이나 금융, 세제 혜택부터 전문인력 양성 및 사회간접자본 조성 등 매우 광범위하게 전개된다. 산업정책은 한 국가의 특정 산업의 경제적 최적화라는 국내 경제적 관점에서 출발하지만 자국 산업의 국제경쟁력 향상을 지원하기 때문에 궁극적으로는 대외경제문제가 된다. 그러므로 현대 국가의 산업정책은 자국의 국민과 기업은 물론 외국인과 외국기업까지 광범위하게 영향을 미치게 된다.[14]

산업정책의 목적은 다양하지만 문화산업진흥기본법에 의하면 문화산업정책의 주된 목적은 문화산업의 국제경쟁력 향상을 통한 국민경제의 발전이다. 이를 감안하면 문화산업정책은 '문화산업 분야의 기업군을 대상으로 문화산업의 국가경쟁우위 향상을 지원하기 위한 다양한 공적 개입'으로 정의할 수 있다. 가령 문화산업의 국가경쟁우위 창출을 촉진하기 위한 정부의 규제나 지원을 접하게 되면 한국에서 비즈니스를 영위하는 국내외 문화산업기업들은 정부의 규제를 피하고 지원을 받기 위하여 무엇을 하지 않고, 무엇을 해야 할지에 대하여 고민하게 될 것이다. 정부의 산업정책에 역행하는 방향으로 전략을 수립하는 기업은 경쟁우위를 창출하거나 지속하기가 쉽지 않을 것이다. 그런 의미에서 산업정책은 기업전략이 고려해야 할 매우 중요한 환경적 요인이 된다.

문화산업의 특성에서 살펴본 바와 같이 문화산업은 사람의 창의적 아이디어에서 시작하여 막대한 경제적 부가가치를 창출할 수 있는 친환경 산업이며 국민 정서 및 국가 브랜드가치에 커다란 영향을 줄 수 있는 산업이다. 그러므로 많은 나라가 문화산업을 육성하기 위해 다양한 정책적 지원을 아끼지 않고 있다. 그중에서 가장 흔한 방식의 산업정책은 보조금 또는 세제 혜택을 통해 지원하는 방식과 인허가와 같은 영업의 진입규제 또는 문화콘텐츠의 등급분류와 같은 규제 방식이 있다. 우수 영화에 대한 제작 지원금, 세제 혜택, 스크린쿼터, 외화 수입 추천, 등급분류 등은 한국정부가 영화산업을 육성하기 위해 전개했던 지원 및 규제정책의 사례이다. 한국정부가 문화산업의 국가경쟁우위 창출을 위하여 추진했던 다양한 산업정책에 대하여는 이 책의 관련 부분에서 상세히 설명하고 있다.

[14] 이갑수. (2007). 글로벌 시대의 산업정책론. 대명.

3) 문화산업정책의 범위 및 유형

① 문화콘텐츠 중심의 산업 생태계 육성

민주국가에서 정부는 법률에 근거하여 정책을 수립하고 시행한다. 특히 국민의 경제생활에 큰 영향을 끼칠 수 있는 산업에 대한 규제는 법적인 근거가 있어야 가능하다. 그리고 산업을 지원하는 경우에도 법률이라는 제도적 환경하에서 보다 예측 가능하고 안정적으로 추진할 수 있다. 현재 세계 각국 정부는 문화산업이 국민경제에 미치는 영향에 주목하고 있다. 한국은 물론 영국 등 주요 국가는 문화산업의 국가경쟁우위 향상을 지원하기 위하여 다양한 정책을 펼치고 있다. 한국의 문화산업정책은 과거 진입규제 및 수급 조절, 검열 등 다양한 규제를 많이 포함하였으나 현재는 자유민주주의 기본질서 유지 및 청소년 보호 등을 위한 최소한의 규제만 유지하고 문화산업정책의 대부분은 기업의 국제경쟁력 향상 및 건강한 산업 생태계 구축 지원에 초점을 맞추고 있다.

다양한 문화산업 장르 중에서 영화, 음악, 게임, 만화, 애니메이션, 캐릭터, 패션 디자인, 정기간행물, 출판, 방송영상물 등은 문화체육관광부가 발행하는 콘텐츠산업백서에 포함된 문화산업정책의 주요 대상이다. 전통문화를 소재로 하는 공예 등도 문화산업정책의 대상이 되지만 문화체육관광부는 디지털로 전환될 수 있는 문화콘텐츠 중심으로 문화산업정책을 전개해왔다. 문화체육관광부가 발행하는 문화산업정책 연차보고서의 명칭이 문화산업백서에서 콘텐츠산업백서로 바뀐 것도 선택과 집중에 의하여 문화콘텐츠 중심의 문화산업정책을 전개하였기 때문이다. 이 책에서 다루고 있는 문화산업정책의 범위는 문화체육관광부가 발행한 콘텐츠산업백서에 포함되어 있는 주요 장르와 문화산업 전반의 포괄적 경쟁력 향상과 관련되는 인력 양성, 기술 개발, 인프라 조성, 저작권 보호 등 문화산업의 가치사슬 생태계 발전을 지원하는 다양한 정책을 포함한다.

문화체육관광부는 미술 및 공연 분야에 대하여 예술의 산업화 관점에서 정책적 지원을 확대하고 있다. 그러나 문화체육관광부는 이를 문화산업정책보다는 예술진흥정책의 일부로 접근하고 있다. 그러므로 이 책은 미술 및 공연 관련 예술산업 활성화 정책은 문화산업정책의 범위에 포함하지 않는다.

② 규제 완화 및 지원 범위 확대

정부의 산업정책은 규제와 지원의 두 가지 관점이 모두 존재한다. 1989년 말 문화부 설립 이전까지의 문화산업에 대한 정부정책의 관점은 주로 검열 및 수급 조절 측면이 강했다. 검열의 기준으로는 자유민주주의 기본질서, 국가안전, 공서양속 등이 적용되었다. 검열의 이면을 뒤집어 보면 문화산업은 대중의 정서에 미치는 영향이 매우 크다는 것을 짐작할 수 있다. 문화부 설립 이전의 문화산업 관련 법률 및 정부조직 관련 직제규정은 문화산업에 대한 검열, 수입 추천, 기타 행정명령 등의 규제를 많이 포함하고 있다.

정부는 1980년대 후반부터 영화시장을 개방하였고 이후 스크린쿼터도 축소하였지만 현재까지 유지하고 있다. 그리고 일본 대중문화는 한일관계의 역사적 특수성으로 인하여 오랫동안 수입을 금지하였다가 1990년대 말 김대중 정부 시기부터 점진적으로 개방하였다. 사상과 문화의 통제를 위한 정부의 검열 및 수입 추천, 스크린쿼터, 일본 대중문화 수입 금지 등은 문화산업이 단순한 소비재 이상의 의미가 있기 때문에 시행된 규제정책이다.

규제 중심의 문화산업정책은 1989년 말 문화부 출범 이후 변화하기 시작하였다. 특히 1994년 문화체육부 내 문화산업국 신설을 전후로 정부는 문화산업을 한국의 새로운 성장동력으로 육성해야 할 산업으로 인식하기 시작하였다. 그리고 김대중 정부는 1998년에 150억 원 대였던 문화산업 관련 예산을 1999년에는 1,000억 원대로 획기적으로 증액하였다. 김대중 정부는 문화산업의 성장 가능성 및 국민경제에 대한 파급효과 등을 고려하여 전략적으로 일부 장르를 선별, 집중 지원하기 시작하였다. 이후 문화산업의 지원 근거 법률 제정, 정부예산의 지속적 확대 등에 힘입어 문화산업정책의 대상 장르와 지원 범위도 확대되었다.

③ 경영 활동의 가치사슬 전반에 대한 지원

문화산업진흥기본법에 의한 문화산업정책의 목적은 문화산업의 국제경쟁력을 강화하여 국민경제의 발전에 기여하는 것이다. 이는 매우 포괄적인 의미이다. 역대 한국정부의 문화산업정책은 창업, 제작, 유통 등에 대한 지원은 물론 인력 양성, 기술 개발, 투자 활성화에 이르기까지 경영 활동의 가치사슬 전반에 대한 지원을 포함하고 있다.

문화산업의 경쟁력 강화는 결국 문화산업기업의 경쟁우위를 통한 지속적 이윤의 창출을 통해서 가능하다. 경쟁이론의 대가인 포터(Porter)는 경쟁우위의 원천을 파악하는 도구로서 가치사슬의 개념을 도입하였다. 특정 산업에서의 경영 활동을 세분화하여 소재 및 부품의 공급, 생산, 마케팅, 서비스 등과 같이 물리적 제조 과정부터 소비자에게 전달되는 과정은 중심적 활동이다. 그리고 중심적 활동을 보조하는 인적자원 관리, 기술 개발, 조달 등은 지원활동이다. 이렇듯 다양한 기업의 활동을 분류하여 구조화한 것이 <그림 1-1>의 경영 활동의 가치사슬이다. 한 기업의 가치사슬 내 활동들은 서로 연결되어 있고, 가치사슬상의 세부활동에서 비용우위를 달성하거나 차별화에 성공하는 경우 다른 기업에 비해 상대적 경쟁우위를 얻을 수 있다.[15]

[15] Porter, M. (1985). Competitive Advantage. Free Press.

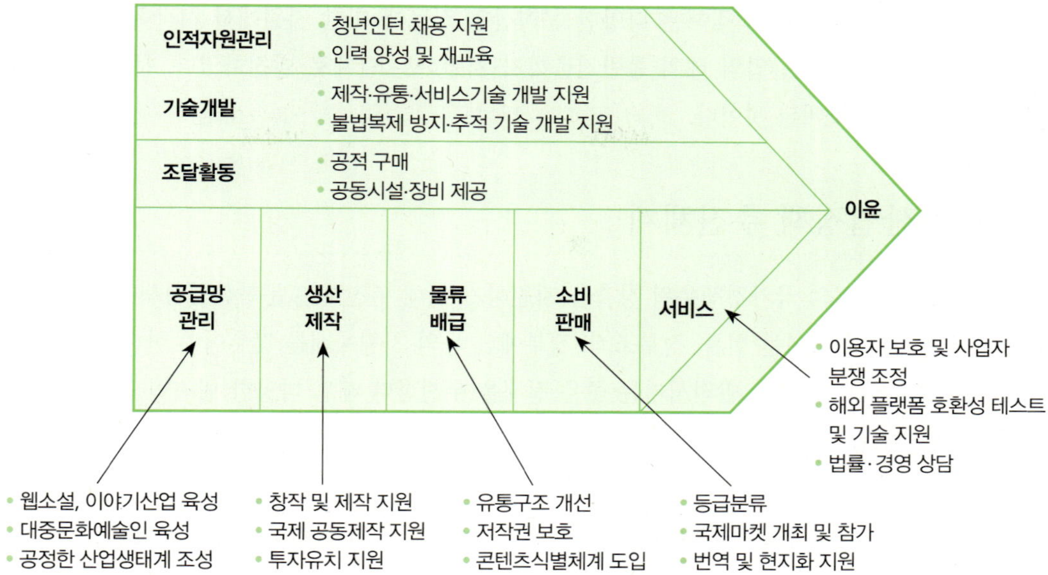

<그림 1-1> 경영 활동의 가치사슬과 문화산업정책의 유형

문화산업정책은 기술한 바와 같이 인프라 조성, 인력 양성, 기술 개발, 창작 및 제작 지원, 유통구조 개선, 해외 진출 지원, 비즈니스 서비스 지원 등 다양한 유형의 지원사업으로 구성된다. 한국정부는 다양한 산업을 정책적으로 지원하고 있지만 문화산업과 같이 가치사슬 전반을 대상으로 폭넓게 지원하는 분야는 많지 않다. <그림 1-1>은 다양한 문화산업정책 중 일부를 경영 활동의 가치사슬과 연계하여 그림으로 설명한 것이다. 경영 활동의 가치사슬 중 정부지원을 받는 기업은 그렇지 않은 국내외 기업에 비하여 비용우위 또는 차별화우위를 달성하는데 보다 유리한 위치를 차지하게 될 것이다.

④ 한류를 통한 국가브랜드 가치 제고

현재 우리는 전 세계적으로 K-팝, K-드라마와 같은 한류를 상징하는 접두사 'K-'를 다양한 제품에 붙여서 사용하는 것을 쉽게 볼 수 있다. 'K-푸드', 'K-뷰티'는 이와 같은 사례 중 하나이다. 한류의 확산으로 인해 한국 제품이 'K-' 범주에 포함되어 한국제품의 브랜드가치가 전반적으로 높아졌다. 한국 문화상품의 확산으로 인하여 한국문화에 대한 선호가 다른 한국 제품에 대한 호감으로 이어지고 자연스럽게 한국의 국가 브랜드가치가 향상되는 선순환 구조가 형성된 것이다.

이를 감안하여 현재의 문화산업정책은 문화산업의 범주를 넘어서고 있다. 문화산업 관련 정부예산은 해외에서 한류 연관 산업박람회 개최를 지원하는 사업을 포함하고 있다. 이는 한류를 활용하여 한국의 화장품 및 식품, 기타 공산품까지 해외에 동반 진출할 수 있도록 지원하는 사업이다. 즉, 한국의 문화산업정책은 다양한 문화산업 장르에 대한 지원에서 시작하여 이제 문화산업과 연계한 다른 산업의 해외 동반진출까지 지원하는 단계로 발전하였다. 문화산업정책의 범위가 그만큼 확대된 것이다.

2 문화산업정책 추진체계

정부가 문화산업의 국가경쟁우위 창출을 지원하기 위해 추진하는 문화산업정책이 기대하는 효과를 달성하기 위하여는 법률, 정부조직, 정부예산 등의 지원체계를 갖추어야 한다. 민주국가에서 정부가 자국의 산업을 발전시키는 좋은 정책을 추진한다 해도 다양한 법적인 근거가 있어야 한다. 정부조직은 정부조직법이라는 법률적 근거를 토대로 존립한다. 문화산업 관련 한국의 정부조직은 문화체육관광부이다. 문화산업정책 관련 정부의 권한과 책임은 정부조직법, 문화산업 관련 제 법률, 문화체육관광부 직제 시행령 및 시행규칙 등이 상세히 규정하고 있다.

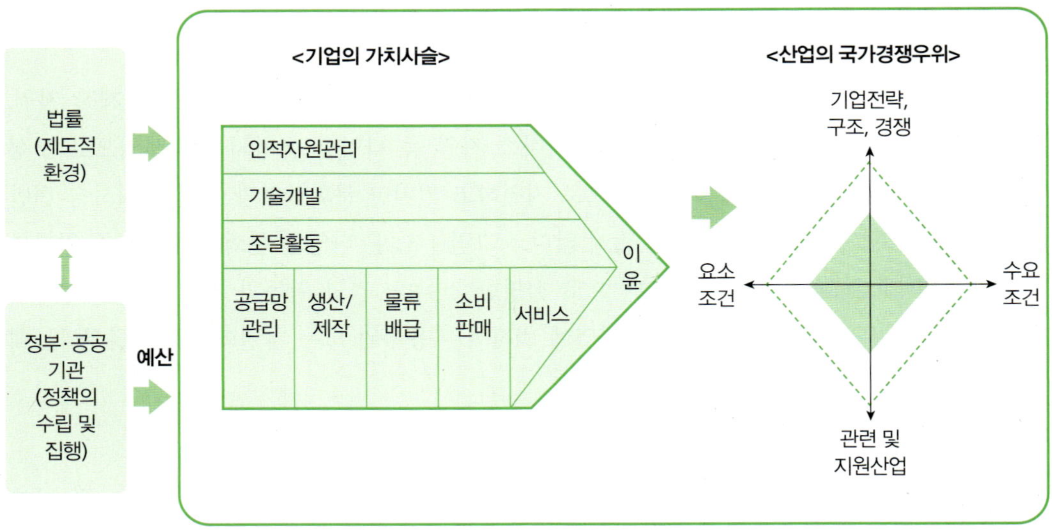

<그림 1-2> 문화산업정책의 국가경쟁우위 창출 지원체계

문화산업 관련 다양한 법률은 진입방식, 공정거래, 소비자보호, 정부지원 등 경영 활동과 관련된 제도적 환경을 규정하고 있다. 문화산업정책은 규제 중심에서 지원 중심으로 패러다임이 전환된 대표적 사례이다. 문화산업 관련 제 법률의 제정 및 개정의 역사는 이와 같은 변화를 확실히 보여준다.

아울러 정부가 기업의 가치활동 전반에 영향을 주는 산업정책을 수립하고 시행하기 위해서는 막대한 규모의 재원이 필요하다. 정부예산의 뒷받침이 없는 산업지원정책은 구두선일 뿐이다. 정부는 매년 문화산업 진흥을 위한 다양한 정책을 추진하기 위해 필요한 예산을 확정한다. 정부예산은 정부조직 또는 산하의 공공기관이 당시의 법률적 환경 하에서 기업의 경쟁우위 창출을 지원하는 다양한 사업별 재원규모와 활용방식을 정하고 있다. 이는 국회의 의결을 거쳐서 확정되기 때문에 법률에 준하는 효과가 있다.

<그림 1-2>는 정부의 문화산업정책이 개별 기업 또는 문화산업 전반에 대한 지원을 통해 문화산업의 국가경쟁우위 창출에 영향을 주는 과정을 간략히 도식화한 것이다. 법률은 산업의 환경을 규정하기도 하지만 정부와 공공기관의 설립 근거와 직무범위를 정한다. 정부는 예산을 활용하여 기업의 가치사슬이나 산업의 국가경쟁우위 결정요소에 직, 간접적으로 영향을 준다. 산업의 국가경쟁우위에 대한 이론은 제2장에서 상세히 살펴본다.

3 메커니즘 기반 관점의 문화산업정책 추진체계

1) 메커니즘 기반 관점[16]

경영학자들은 치열한 경쟁에서 기업이 높은 성과를 거둘 수 있는 근본적 요인이 무엇인지에 대하여 오랜 기간에 걸쳐 심도 있는 연구를 진행해왔다. 1930년대에는 최고경영자의 특성 및 자질 등이 기업의 성공에 중요한 변수가 된다는 경영자관점이 발전하였다. 이는 주체 기반 관점(SBV: subject based view)이다. 그리고 1970년대에는 산업구조 또는 경쟁환경 등 기업의 외부환경으로부터 성공전략을 찾아내기 시작하였다. 이는 환경 기반 관점(EBV: environment based view)이다. 이후 1990년대에는 기업이 보유한 인적·물적 자원이나 핵심역량과 같은 기업의 내부자원을 기업의 성공에 가장 중요한 요소로 분석하는 자원 기반 관점(RBV: resource based view)이 발전하였다. 이와 같이 1930년대 이후 경영전략의 성공을 위한 중요한 요소로서 최고경영자, 외부환경, 내부자원 등이 각각 주목을 받으며 경영전략 이론이 발전하였다.

경영주체, 외부환경, 내부자원은 경영의 성과에 영향을 미치는 중요한 요소이지만 직접적으로 경영성과를 만들어 내지는 않는다. 기업의 성과는 기업 활동에서 나온다. 시장에서 고객의 요구를 찾아내어 고객이 원하는 제품을 만들어 시장에 공급하고 수익을 내어 다시 제품개발을 하면서 기업은 성장하고 발전한다. 기업 활동을 통해 이런 지속적 성과를 창출할 수 있다. 이와 같은 기업 활동을 구성하는 논리와 원칙이 있다. 즉, 경영주체, 외부환경, 내부자원으로 구성된 투입물을 결합하여 경영성과를 만들어내는 과정이 경영의 프로세스라면 이 프로세스를 구성하는 논리 또는 원칙을 메커니즘이라고 할 수 있다. 그렇다면 경영 프로세스를 만들어내는 메

[16] 조동성. (2014). 메커니즘 기반 관점. 서울경제경영.

커니즘은 경영성과를 가져오는 네 번째 요소로 볼 수 있다. 메커니즘 기반 관점(MBV: Mechanism based view)은 경영 프로세스를 구성하는 논리와 원칙을 만들어내는 조직의 메커니즘이 조직의 성과에 영향을 미치는 중요한 제 4의 요소로 보는 관점이다.

메커니즘이라는 용어는 일상 생활뿐만 아니라 학문적으로도 수없이 많이 사용되고 있는 단어이다. 그러나 메커니즘의 개념에 대하여는 통일된 견해가 있는 것이 아니라 매우 다양한 해석이 있다. 기계공학적으로는 현상 및 사물의 구조와 작동원리를 의미하기도 하며, 경영학적으로는 '동태적으로 구축되는 기업의 모든 프로세스'(Zott, 2003)[17] 또는 프로세스의 확장된 개념으로서 '유기적으로 상호작용이 요구되는 행위'(Jacobides & Winter, 2005)[18]를 메커니즘으로 설명하기도 한다. 조동성은 메커니즘을 프로세스와 구분한다. 메커니즘은 조직 운영의 근본 원리이며, 프로세스는 메커니즘에 따른 조직 운영의 절차이다. 조동성은 프로세스를 반복적으로 일으켜서 유기체의 목적을 달성하려는 주체, 환경, 자원의 동태적 결합원리를 메커니즘으로 정의하고 기업의 성공 또는 실패요인을 기업의 메커니즘에서 찾을 수 있다고 주장하였다.

메커니즘 기반 관점은 그동안 경영전략 학계에서 주장해온 주체 기반 관점(SBV), 환경 기반 관점(EBV), 자원 기반 관점(RBV)을 통합하는 관점이다. 메커니즘은 좋은 메커니즘과 나쁜 메커니즘이 있을 수 있다. 비슷한 역량을 가진 경영자(주체)가 운영하고 동일한 산업(환경) 내에서 경쟁하는 비슷한 자원과 역량을 가진 두 기업의 경우에도 주체, 환경, 자원이 어떻게 결합하고 어떤 순서에 따라 상호작용을 하면서 구조화되는지에 따라 전혀 다른 메커니즘이 생성되고, 서로 다른 성과를 내게 된다.

메커니즘은 주체가 환경을 선택하고 자원을 활용하는 경영의 논리이자, 주체, 환경, 자원이 상호작용하는 과정에서 형성된 기업 경영의 원칙이기도 하다. 그러므로 메커니즘의 구성요소는 주체, 환경, 자원이다. 투입되는 세 가지 메커니즘의 구성요소의 내용, 양, 질에 의하여 조직의 메커니즘이 만들어진다. 기업의 메커니즘은 그 기업만이 가지고 있는 고유한 특징을 반영하기 때문에 경쟁기업이 모방하기 어려운 지속적 경쟁우위의 원천이며 장기적 성공의 요인이 될 수 있다.

2) 메커니즘 기반 관점에서 본 문화산업정책 추진체계

산업정책은 최적의 산업구조 내지 경제적 최적화 상태를 이룩하려는 정부의 계획이며, 경영전략은 기업의 목표를 달성하기 위한 기업의 계획이다. 산업정책이나 경영전략은 정부나 기업

---

[17] Zott, C. (2003). Dynamic Capabilities and the Emergence of Intraindustry Differential Firm Performance: Insights from a Simulation Study. Strategic Management Journal, 24(2), 97-125.

[18] Jacobides, M.G. & Winter, S. (2005). The Co-Evolution of Capabilities and Transaction Costs: Explaining the Institutional Structure of Production. Strategic Management Journal, 26(5), 395-413.

이 무엇을 하고 무엇을 하지 말아야 할지에 대한 결정이라는 공통점이 있다. 즉, 산업정책이나 경영전략은 주체가 정부와 기업이라는 차이가 있을 뿐 모두 바람직한 목표를 달성하기 위한 활동계획이라는 측면에서는 차이가 없다.

문화산업정책은 우수한 아이디어를 가진 창작자의 창업, 투자유치, 상품 제작, 국내외 마케팅, 법률 및 경영 컨설팅, 유통구조 개선 등 다양한 지원을 통해 문화산업기업의 경쟁우위 확보를 지원한다. 문화산업에서 경쟁하는 기업이나 문화산업정책을 시행하는 정부나 모두 기업의 경쟁우위 창출 및 시장에서의 성과를 높이는 것을 목표로 하는 것도 공통점이다.

메커니즘 기반 관점은 경영전략의 성공 요인이 무엇인지에 대한 주체 기반 관점, 환경 기반 관점, 자원 기반 관점 등 제 이론의 통합적 관점이다. 주체, 환경, 자원과 이의 복합적 결합인 메커니즘을 통합적으로 분석하는 메커니즘 기반 관점은 문제해결을 위해 전략을 수립하고 시행하는 조직이 기업이든 정부든 관계없이 모두 적용될 수 있다.

문화산업정책은 정부기관이 주체가 된다. 정부는 행정의 주체이기도 하지만 시대적 상황에 따라 정책의 효율적 수행을 위해 정부조직을 스스로 변경하기도 한다. 그리고 정부조직을 대행하여 공적인 업무를 수행하는 공공기관을 설립하고 이를 통해 정책을 집행하기도 한다. 그러므로 정부기관이라고 할 때는 정부조직 및 산하 공공기관을 포함해야 한다. 여기서 정부조직은 중앙행정기관으로서 행정부처를 말한다. 문화산업정책의 경우에는 문화체육관광부가 정부조직이다. 문화체육관광부 산하의 공공기관인 한국콘텐츠진흥원, 영화진흥위원회, 한국출판문화산업진흥원, 한국저작권위원회 등은 문화체육관광부의 위탁을 받아 문화산업정책의 집행을 지원하는 공공기관이다. 그러므로 이 책에서 정부조직을 분석할 때에는 공공기관을 함께 분석한다.

한편 정부를 둘러싸고 있는 환경은 국내외 정치, 경제, 사회, 문화 등 다양한 것들이 있을 수 있다. 그러나 민주국가의 정부행정에 있어 가장 중요한 환경은 제도적 환경이다. 그중에서도 법률이 가장 기본이 된다. 정부정책이나 경영 활동의 범위는 법률에 의하여 정해지는 경우가 많다. 비록 법률은 국회가 제정하지만 정부는 입법 과정에서 커다란 역할을 한다. 정부는 법률의 제정 또는 개정을 제안할 권한을 갖고 있다. 정부는 법률적 환경을 조성하는 데 있어서 주도적 역할을 하지만 일단 법률이 제정되면 정부도 법률의 구속을 받는다. 정부뿐만 아니라 기업은 물론 국민 모두가 법률에 구속된다. 그러므로 제도적 환경으로서 법률은 정부정책의 수립 및 집행에 있어 가장 기본적인 환경이다. 현재 문화산업 분야에는 문화예술진흥법과 문화산업진흥기본법과 같은 기본법 외에도 다양한 장르별 진흥법 및 기능적 지원 법률이 존재한다.

문화산업정책의 주된 대상은 문화산업 분야의 기업이지만 문화산업 전체가 될 수도 있다. 문화산업정책은 개별 기업의 경쟁력 강화를 지원하기 위하여 경영 활동의 가치사슬에 영향을 미치는 다양한 지원사업을 포함한다. 그리고 때로는 산업 기반 조성, 인력 양성, 유통구조 개선, 저작권 보호, 공정한 산업 생태계 구축 등 문화산업 전체에 영향을 미치는 산업정책을 수립·시행하기도 한다. 어느 경우이든 문화산업정책 시행을 위해서는 막대한 자원이 소요된다. 1999년에 문화산업 육성 예산이 1천억 원을 넘었고, 2022년에는 1조 원을 넘었다.

<그림 1-3>은 주체, 환경, 자원이 복합적으로 결합한 문화산업정책 메커니즘이 문화산업기업의 가치사슬 또는 문화산업 전반에 대한 긍정적 영향을 통해 문화산업의 국가경쟁우위 창출을 지원하는 과정을 도식화한 것이다. 산업정책을 메커니즘 기반 관점으로 보면 정부라는 주체(s)가 특정한 제도적 환경(e) 하에서 산업 육성을 위한 재원(r)의 사용 방식을 전략적으로 수립한 것이다. 물론 산업에 대한 직접적 지원이 포함되지 않는 규제 또는 지원정책도 있다. 그러나 이를 시행하기 위해서도 정부예산은 소요된다. 즉, 어떠한 정책도 실행을 위해서는 재원이 소요된다. 정부의 예산각목명세서는 당해 연도의 세부 정책별로 이를 집행하는 주체와 소요 재원규모를 정하고 있다. 그런 의미에서 문화체육관광부의 예산각목명세서에 포함된 세부사업은 당해 연도의 제도적 환경, 사업 주체 및 재원이 결합된 하나의 정책 메커니즘으로 볼 수 있다.

메커니즘 기반 관점은 주체의 관점이다. 정부 입장에서는 정책이 메커니즘이 되지만 기업 입장에서는 환경이 된다. 즉, 문화산업정책은 주체인 정부 입장에서는 주체와 환경, 자원이 결합된 메커니즘이 되고, 문화산업기업 입장에서는 기업의 성과에 영향을 미치는 환경이 된다. 그러나 문화산업정책이 지원금에 관한 것이면 이는 기업이 활용 가능한 별도의 외부 자원이 될 수도 있다.

이 책은 문화산업정책을 수립·시행하는 정부조직과 환경으로서 법률, 그리고 이들과 자원의 복합적 결합형태인 정부예산(메커니즘)이 문화산업의 지속적 국가경쟁우위 창출에 어떤 영향을 주는지를 분석하고 있다. 이를 위해 제2장에서는 국가경쟁우위에 관한 제 이론을 검토하고, 제3장에서는 문화산업의 국가경쟁우위 창출을 위한 법률지원체계, 제4장에서는 문화산업의 국가경쟁우위 창출을 지원하는 정부지원체계를 분석하였다. 정부지원체계는 문화산업 관련 정부조직과 공공기관을 포함한다. 그리고 제5장에서는 문화산업의 국가경쟁우위 창출을 지원하는 정부예산에 대하여 상세히 분석한다. 마지막으로 제6장에서는 문화산업정책의 성과와 미래 전략에 대하여 종합적으로 살펴본다.

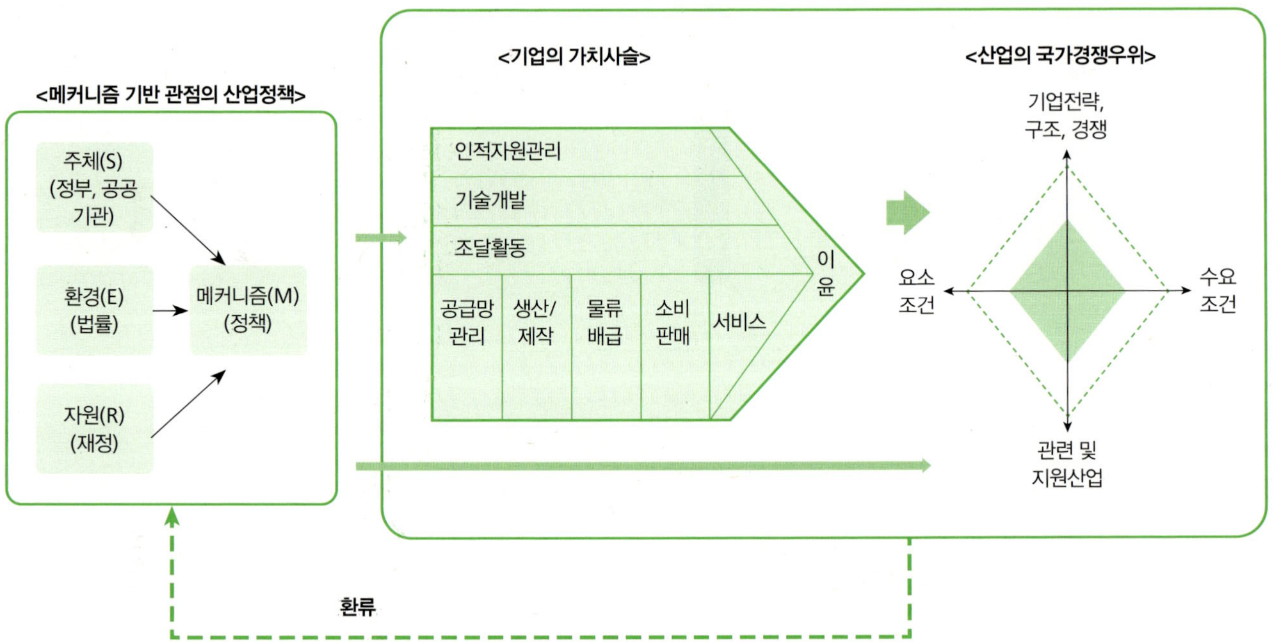

<그림 1-3> 메커니즘 기반 관점의 문화산업정책 지원체계

한국의 문화산업정책: 지속적 국가경쟁우위 창출 전략

제2장

국가경쟁우위에 관한 이론적 고찰

목차

제 1 절 국가경쟁우위의 개념 및 구성요소

1 국가경쟁력 및 국가경쟁우위의 개념

1) 국가경쟁력과 국가경쟁우위

경쟁력이라는 말은 사람들의 일상생활에서도 자주 사용되는 말이다. 표준국어대사전은 경쟁력을 "경쟁할 만한 힘 또는 능력"으로 정의하였다. 사람들은 개인이건 국가건 간에 비교 대상과 경쟁할 만한 힘이나 능력이 있으면 경쟁력이 있다고 말한다. 가령, "문화산업에서 한국은 국가경쟁력이 있다"는 말은 문화산업 분야에서 한국이 국가 간 경쟁할 수 있는 힘 또는 능력이 있다는 의미이다.

그러나 국가경쟁력이라는 용어는 매우 포괄적인 의미로 사용되는 경우가 많다. 국립국어원의 우리말샘은 '국가경쟁력'을 "한 나라의 유무형의 자산을 증대할 수 있는 전체적인 경쟁력"으로 정의하고 있다. KDI 경제정보센터는 국가경쟁력을 "생산성, 국부창출 또는 기업경쟁력을 높이는 한 국가의 총체적인 역량으로서 장기적으로는 성장 잠재력을 확충하여 지속가능한 발전 기틀을 갖추는 국가의 종합적 능력"으로 정의한다.[19] 디외경제정책 연구원은 국가경쟁력을 '기업이 다른 나라의 기업들과 세계시장에서 성공적으로 경쟁할 수 있게 하는 효율적인 사회구조, 제도 및 정책을 제공하는 국가의 총체적 능력으로 정의하였다.[20] 국가경쟁력의 개념에는 본질적으로 국가의 역할, 즉 정부의 역할이 중요하다는 함축적 의미를 담고 있다. 국가경쟁력의 개념과 활용에 대하여는 다양한 의견과 논란이 있다. Krugman은 국가와 기업은 전혀 다른 실체인데 이를 국가경쟁력으로 표현하는 것은 의미 없는 개념일 뿐이며 너무 포괄적인 개념을 갖고 복잡한 문제를 해결하려고 만들어낸 허구이고 집착일 뿐이라고 비판하며, 차라리 생산성이야말로 국가 경제의 성과를 측정할 수 있는 가장 강력한 수단이라고 주장했다.[21] 비록, 국가경쟁력에 대하여 이론적으로 합의된 개념은 없지만 국가경쟁력은 국가의 경제적 성과를 평가하

[19] KDI 경제정보센터. (2009). 국가경쟁력의 이해.
https://eiec.kdi.re.kr/material/clickView.do?click_yymm=200910&cidx=1090

[20] 대외경제정책 연구원. (1999). WEF 국가경쟁력 보고서 분석.

[21] Krugman, P. (1994). Competitiveness: A Dangerous Obession. Foreign Affairs, 73(2), 28-44.

고 국가의 경제 시스템의 구조적 특징을 표현하는 매우 유용한 개념인 것만은 확실하다.

사람들은 일상생활에서 국가경쟁력과 국가경쟁우위를 특별히 구별하지 않고 혼용해서 사용하지만 경영학의 한 분야인 경영전략론은 국가경쟁우위라는 용어를 학문적으로 구별하여 사용한다. 국가경쟁력이 총체적 국가의 능력을 의미한다면, 국가경쟁우위는 산업을 전제로 하는 개념이다. 경쟁이론의 대가인 포터는 국가경쟁력을 국가전체의 총량적 경쟁력이 아니라 산업단위로 범위를 축소하였고, 국가경쟁력이라는 용어 대신 국가경쟁우위(Competitive Advantage of Nations)라는 용어를 사용하여 어떤 국가가 특정 산업에서 국제적 경쟁우위 조건을 창출하고 이를 지속하는 요인이 무엇인지에 대하여 연구하였다. 포터는 주요 10개 국의 성공적 산업을 대상으로 연구한 결과 어떤 국가가 특정산업에서 글로벌 경쟁우위를 갖게 되는 이유는 해당 산업 내에 그 국가의 경쟁우위를 만들어내는 조건들이 존재하기 때문이라는 것을 발견하였다. 이를 토대로 포터는 산업의 경쟁력에 영향을 주는 국가적 차원의 요인들을 규명하는 모델로서 다이아몬드 모델을 창시하였다.

2) 절대우위론과 비교우위론 및 경쟁우위론

국가경쟁력은 국가 간 상대적 비교를 전제로 하는 개념이다. 국가 간에는 국토의 면적, 인구, 기후, 교육수준, 부존자원 등이 모두 다르기 때문에 국가 간 경쟁력의 차이는 당연하다. 국가경쟁력에 관한 이론은 무역이론에서 시작되었다. 국부론(The Wealth of Nations)의 저자인 아담 스미스(Adam Smith)의 절대우위론과 데이빗 리카르도(David Ricardo)의 비교우위론 등은 전통적 무역이론이다. 국가경쟁력은 산업별로 차이가 있기 때문에 고대부터 국가 간 무역이 있어 왔고, 현대에서는 각국이 수출 증진을 통해 국가경쟁력을 향상시키려는 노력을 경주하고 있다.

15세기 대항해시대는 유럽인들이 항해술을 발전시켜 아메리카 대륙을 발견하고, 아프리카를 돌아 인도와 동아시아로 가는 항로를 개척하는 시대였다. 당시 항해의 이유는 향신료, 금, 은, 노예, 설탕과 같은 것을 유럽으로 가져가 팔기 위한 무역이 주된 이유였다. 수입에는 관세를 부과하여 이를 억제하는 반면, 수출은 보조금을 주며 장려했던 당시의 정책을 중상주의 정책이라 한다. 중상주의는 18세기까지 이어졌다. 중상주의 정책의 문제는 무역을 제로·섬 게임으로 보았다는 점이다. 중상주의에서는 일방의 무역흑자는 상대방의 무역적자를 의미하는 것이었다.

한편 아담 스미스는 무역을 당사국 모두에게 유리한 포지티브·섬 게임으로 보았다. 그는 정부가 보호무역 규제가 아닌 자유무역을 장려하면 자연스럽게 보이지 않는 손이 작동하여 경제가 최대의 효율성을 달성하게 된다고 보았다. 이를 위해 각국은 절대적으로 생산비가 낮은 재화 생산에 특화하여 무역을 하면 모두 이익을 얻을 수 있다는 것이 절대우위론이다.

데이빗 리카르도는 어느 한 나라가 두 재화 생산에 있어서 모두 절대우위 또는 절대 열위에 있더라도 양국은 상대적 생산비가 낮은 재화의 생산에 특화해서 무역을 하면 양국 모두 이익을 얻을 수 있다는 비교우위론을 제시하였다.

절대우위론이든 비교우위론이든 국가 간 부존자원이나 생산성이 다르기 때문에 각 국가의 산업별 경쟁력은 다를 수밖에 없다. 중상주의, 절대우위론, 비교우위론 등이 대두되던 시절에는 부존요소가 가장 중요한 무역의 변수였다. 그러나 현대의 국가경쟁력은 부존자원으로만 결정되는 것이 아니다. 부존자원이 부족해도 우수한 인력이 있거나, 시장규모, 관련 및 지원산업의 발달, 경쟁기업의 존재 및 산업구조, 효율적인 정부 등 다양한 요소들이 산업의 국가경쟁력을 결정하게 된다.[22]

마이클 포터는 절대우위나 비교우위라는 용어 대신 경쟁우위라는 용어를 사용하여 어느 한 국가에 지속적으로 경쟁력 있는 산업이 있다면, 그러한 국가의 경쟁우위를 창출하고 유지시켜 주는 어떤 요인이 반드시 있다고 하였다. 국가의 산업정책은 특정한 산업에서 국가의 경쟁우위를 창출하고 지속시키려는 노력의 산물이다. 포터는 국가의 경쟁우위 분석 모델로 다이아몬드 모델을 제시하였고, 포터의 다이아몬드 모델은 여러 학자들과의 논쟁 및 다수의 연구를 거쳐 더블 다이아몬드 모델로 보완되었다.

2 국가경쟁력 평가 및 국가경쟁력의 결정요소

스위스에 있는 국제경영개발원(IMD)과 세계경제포럼(WEF)은 국가경쟁력에 대하여 평가하고 그 결과를 매년 발표하였다. 정부나 기업은 이들 평가기관의 평가결과를 다양하게 활용한다. 정부입장에서는 포괄적인 정책의 성과를 점검해보는 수단이 될 수 있고, 기업의 입장에서는 진출대상 국가를 결정하는데 활용하는 유용한 정보가 될 수 있다. 2019년 발표한 세계경제포럼의 국가경쟁력 평가는 기본환경, 인적자원, 시장, 혁신생태계라는 4대 분야를 구분하고, 각각의 분야별 세부항목을 정하여 경성자료인 통계데이터와 전문가의 설문조사를 종합하여 순위를 매겼다. 기본환경 분야는 제도, 인프라, ICT보급, 거시경제 안정성을 세부항목으로 포함하였고, 인적자원 분야는 보건과 기술수준을 세부항목으로 포함하였으며, 시장은 생산물시장, 노동시장, 금융시스템, 시장규모 등을 세부항목에 포함하였다. 혁신생태계 분야는 기업활력과 혁신역량을 세부항목으로 구성하였다. 2019년 세계경제포럼의 국가경쟁력 평가 결과 한국은 13위를 받았다.[23] 한편 그보다 20년전인 1999년의 세계경제포럼이 발표한 한국의 국가경쟁력 순

[22] Cho, Dong-Sung, & Moon, Hwy-Chang. (2000). From Adam Smith to Michael Porter. World Scientific.

[23] 기획재정부. (2019.10.9). 2019년 세계경제포럼 국가경쟁력 평가결과

위는 22위이다. 당시의 세계경제포럼의 평가방법은 경제성과, 기술적 역량, 사회간접자본 등의 양적변수와 선도적 경영자들을 대상으로 금융시장, 정부정책의 적합성, 경영관행, 부패, 법률체계, 기타 수량화가 어려운 사항들에 대한 설문 결과인 정성적 변수를 종합하여 국가의 개방성, 정부, 금융, 사회간접자본, 기술, 기업 경영, 노동, 제도의 8개 부문으로 나누어 국가별로 순위를 매겼다.[24] 이를 2019년의 평가지표와 비교해보면 다소 차이가 있음을 알 수 있다. 세계경제포럼의 평가는 국가경쟁력을 평가하기 위하여 어떤 지표를 활용할 것인지에 대하여 전문가들 사이에서 많은 논의를 거쳐 정했겠지만 어떤 이론에 근거한 모델에 따라 평가를 한 것이 아니기 때문에 이는 어쩔 수 없는 결과이다.

국제경영개발원도 유사한 방식으로 통계자료인 경성데이터와 설문조사 자료인 연성데이터를 종합적으로 집계하여 국가별 경쟁력 순위를 평가하여 발표해왔다. 세계경제포럼은 국제경영개발원과 함께 국가경쟁력 평가결과를 발표했으나 1996년부터는 각각 독자적으로 발표해오고 있다.

한국의 산업정책 연구원은 포터의 다이아몬드 모델의 발전적 모형인 조동성의 '9팩터 모델'을 기반으로 국가경쟁력평가를 실시하여 2001년부터 매년 보고서를 발표하고 있다. 산업정책연구원의 국가경쟁력 평가방식은 '9팩터 모델'이라는 명확한 이론적 모델을 토대로 접근하는 강점이 있다. 후술하는 조동성의 '9팩터 모델'은 결정주체로서 근로자, 정치가와 행정관료, 기업가, 전문경영자와 기술자를 고려하고, 결정객체로서 물적자원, 수요, 경영환경, 관련 산업과 외부환경요인으로서 기회라는 9개 요소가 국가경쟁력의 결정요소가 된다.

국제경영개발원은 1980년대 후반부터 평가대상 국가별로 국가경쟁력 순위를 발표해왔다. <표 2-1>에서 보듯이 2022년 IMD의 국가경쟁력 평가는 4대 분야, 20개 부문에서 총 334개의 세부항목을 평가지표로 활용하였다. 4대 분야는 경제성과, 정부효율, 기업효율, 인프라를 말한다. 4 대 분야 중 정부효율 분야는 재정정책, 조세정책, 제도적 기반, 기업여건, 사회적 여건을 세부 평가항목으로 포함하였다.[25] 334개 세부 지표 중 163개는 계량화된 통계지표를 활용하고, 92개 지표는 분야별 전문가 설문조사를 활용하였다. 나머지 79개 지표는 관련 데이터를 활용하되 순위를 매기지는 않았다. IMD의 국가경쟁력 평가는 어느 한 산업이 평가대상이 아니라 국가의 총체적 경쟁력을 국가별로 비교하는 방식이다. 한국은 2022년 평가에서 한국은 63개 국 중 27위를 기록하였다.[26] 한편 2024년의 IMD 평가에서는 한국이 67개 국 중 20위로 순위가 상승하였다. 이는 4대 분야 중 기업효율성과 인프라 부문의 순위가 크게 상승하고, 경제성

[24] 대외경제정책 연구원. (1999). WEF 국가경쟁력 보고서 분석.

[25] IMD. (2022). World Competitiveness Ranking 2022 Results. https://www.imd.org/wp-content/uploads/2023/02/all_criteria_list_wcy_2022.pdf

[26] 기획재정부. (2022.6.15). 2022년 IMD국가경쟁력 평가결과

<표 2-1> 국제경영개발원(IMD)의 국가경쟁력 평가 지표

4대 부문 및 부문별 평가항목	통계지표 수	설문조사 지표 수	기타 지표 수	계
1. 경제성과(Economic Performance)				
국내경제(Domestic Economy)	9	1	16	26
국제무역(International Trade)	12	0	13	25
국제투자(International Investment)	10	1	4	15
고용(Employment)	8	0	2	10
물가(Prices)	5	0	1	6
(소계)	44	2	36	82
2. 정부효율(Government Efficiency)				
재정정책(Public Finance)	4	3	3	10
조세정책(Tax Policy)	6	1	4	11
제도적 기반(Institutional Framework)	7	7	2	16
기업여건(Business Legislation)	6	13	0	19
사회적 여건(Societal Framework)	9	4	3	16
(소계)	32	28	12	72
3. 기업효율(Business Efficiency)				
생산성(Productivity & Efficiency)	3	4	3	10
노동시장(Labor Market)	11	10	3	24
금융시장(Finance)	9	7	3	19
기업 활동(Management Practices)	4	10	0	14
행태가치(Attitudes and Values)	0	7	0	7
(소계)	27	38	9	74
4. 인프라(Infrastructure)				
기본 인프라(Basic Infrastructure)	8	5	7	20
기술 인프라(Technological Infrastructure)	10	7	0	17
과학 인프라(Scientific Infrastructure)	15	3	4	22
보건환경(Health and Environment)	15	5	8	28
교육(Education)	12	4	3	19
(소계)	60	24	22	106
계	163	92	79	334

과와 정부효율성은 소폭 하락하였기 때문이다.[27]

총체적 의미의 국가경쟁력을 평가하는 모델은 경제 및 사회 전반을 감안한 기업환경을 평가하기 때문에 글로벌 기업이 투자하기 좋은 환경 및 요소조건을 중심으로 평가가 진행된다. 그러므로 IMD 등의 국가경쟁력 평가지표를 특정 산업의 경쟁력을 설명하는 모델로 활용하는 것은 한계가 있다.

[27] 기획재정부. (2024.6.17.). '24년 IMD국가경쟁력 평가 결과, 한국은 67개 국 중 20위로 역대 최고 기록.

제2절 국가경쟁우위에 관한 포터의 다이아몬드 모델[28]

마이클 포터는 국가경쟁우위(Competitive Advantage of Nations)라는 용어를 사용하여 어떤 산업에서 특정 국가가 경쟁력을 갖게 되는 요인을 설명하고자 하였다. 포터는 국가 전체의 포괄적인 경쟁력을 설명하려고 하기보다는 한 국가의 기업들이 특정 산업에서 경쟁우위를 창출하고 이를 지속할 수 있는 이유가 무엇인지를 분석하였다. 이를 위해 포터는 조사 대상 10개 국가에서 세계적으로 성공한 산업을 대상으로 분석하고 지속적 경쟁우위 창출을 위한 기업과 정부정책에 대한 시사점을 제시하였다. 포터는 자신이 만들어낸 국가경쟁우위 분석 모델을 '다이아몬드 모델'이라고 하였고, 이는 어느 특정 산업에만 적용되는 것이 아니라 모든 산업에 적용 가능한 일반 모델이라고 하였다.

포터의 다이아몬드 모델은 요소조건, 수요조건, 관련 및 지원산업, 기업전략·구조 및 경쟁이라는 네 개의 다이아몬드의 구성요소와 우연한 사건과 정부라는 두 개의 외생변수로 구성된다. 포터는 우연한 사건과 정부를 외생변수로서 다이아몬드에 영향을 미치는 요인으로 설정하였지만, 이는 정부의 역할을 가볍게 여긴 것이 아니다. 정부는 다이아몬드의 모든 요소에 영향을 주는 매우 중요한 역할을 할 수 있고, 나라별로 처한 환경에 따라 정부의 역할이 차이가 있다고 설명하였다. 미국과 같은 나라에서는 특별히 정부가 경제환경에 개입하기보다는 경쟁을 저해하는 요인을 제거하는데 최선을 다하며 민간 부문의 역할이 더 중요하다고 하였으나 한국과 같은 나라는 정부의 강력한 개입이 비록 모든 분야에서 성공하지는 못했으나 여러 산업 분야의 국가경쟁우위를 확보하는데 크게 기여한 사례라고 설명하였다. 이 책은 포터의 다이아몬드 모델과 이를 보완한 모델인 일반화된 더블 다이아몬드 모델을 분석의 이론적 틀로 사용하기 때문에 포터가 주장하는 다이아몬드 모델에 대하여 다소 상세히 소개하고자 한다.

1 국가경쟁우위 결정요소와 다이아몬드 모델

국가의 어느 한 산업의 경쟁력은 네 가지 요소들이 상호작용하며 만들어내는 경쟁여건에 의하여 결정된다. 그 네 가지 요소는 요소조건, 수요조건, 관련 및 지원산업, 기업전략·구조 및 경

[28] Porter, M. (1990). The Competitive Advantage of Nations. Free Press.

쟁을 말한다. 포터는 이들 네 가지 요소들의 상호작용 시스템을 '다이아몬드'로 부르며 이를 이론적 모델로 정립하였다. 다이아몬드를 구성하는 네 가지 요소들이 산업에 유리한 조건으로 형성될 때 산업의 경쟁우위가 창출될 수 있다. 가령 유리한 수요조건을 갖추더라도 양질의 요소조건이 없거나 관련 및 지원산업의 뒷받침이 없으면 산업 경쟁우위를 창출하더라도 이를 유지하기는 어렵다. 즉, 산업의 지속적 경쟁우위의 창출을 위해서는 다이아몬드 모델의 구성요소 중 어느 한 요소의 업그레이드가 아니라 구성요소의 전반적 업그레이드가 필수적이다. 포터는 다이아몬드의 네 가지 구성요소들과 별개로 다이아몬드 전반에 영향을 줄 수 있는 변수들로 '우연한 사건'과 '정부'를 설정하였다. 우연한 사건은 우연한 발견이나 시장의 급변, 전쟁 등 통제할 수 없는 사건들이다. 정부는 모든 수준에서 국가경쟁우위를 향상시킬 수도 있고 약화시킬 수도 있다. 국내시장을 보호하려는 쿼터제도는 시장경쟁 및 수요조건에도 영향을 준다. 교육에 대한 투자는 요소조건을 변경시킬 수 있다. 정부는 구매를 통해서도 중소기업 및 관련 산업을 지원할 수 있다. 그러므로 정부정책을 결정할 때는 산업의 경쟁우위에 어떤 영향을 줄지 면밀하게 검토해야 한다.

1) 요소조건

생산요소는 인적자원, 물적자원, 지식자원, 자본, 인프라 등이 포함된다. 이러한 생산요소들의 조합 방식에 따라 산업의 경쟁우위가 결정된다. 매력적인 요소도 적절한 곳에 배치되지 않으면 경쟁력으로 이어지지 않는다. 요즘은 세계화와 기술의 발전으로 인적자원, 지식, 자본 등 생산요소들이 국가 간에도 이동할 수 있다. 국제화된 기업은 이동할 수 있는 생산요소들을 가장 효율적인 곳에 배치하여 생산성을 높일 수 있다.

국가별로 소유한 생산요소의 상대적 가치는 다르다. 이를 토대로 발전한 이론이 비교우위론이다. 대부분의 선진국에서 생산성 향상이 중요한 산업은 자연적으로 보유한 생산요소보다는 새롭게 창조된 생산요소에 의존하는 경우가 많다. 그런 나라에서는 풍부한 부존요소가 때로는 경쟁우위를 손상시킬 수도 있다. 생산요소가 다소 부족한 상황이 오히려 전략과 혁신에 동기를 부여하여 경쟁우위 향상을 위해 노력하기도 한다.

생산요소는 기초요소와 고급요소로 구분될 수 있다. 기초요소는 천연자원, 기후, 지리적 위치, 비숙련 및 반숙련 노동자 등을 포함한다. 고급요소는 고학력 전문인력, 고도로 전문화된 연구소 등으로 기초요소보다 중요성이 더욱 커지고 있다. 요소의 특수성에 따라 일반적 요소와 전문적 요소로 구분하기도 한다.

한 국가의 특정 산업에서의 지속적 경쟁우위는 산업에 필요한 고급요소와 전문적 요소를 모두 소유한 경우에 발생할 가능성이 높다. 고급의 전문적 생산요소는 경쟁우위의 세련도와 업그레이드 속도를 결정한다. 그러므로 산업의 수요시점에 늦지 않게 고급의 전문적 요소 창출을 위한 정부의 노력이 중요하다. 기초요소 및 일반적 요소를 기반으로 하는 경쟁우위는 금방 사라지기 쉽다.

요소조건(Factor Conditions)은 다이아몬드를 구성하는 나머지 요소로부터 영향을 받는다. 요소 창출은 국내 경쟁의 영향을 받는다. 경쟁자집단은 치열한 경쟁에서 낙오되지 않기 위하여 숙련된 인력, 관련 기술, 시장 정보, 전문화된 인프라 요소의 개발을 추구한다. 관련 및 지원산업도 공동의 투입요소, 기술 및 인프라를 이용하기 위해 기업, 정부, 교육기관 등에 이전 가능한 요소 창출 메커니즘에 대한 투자를 요구한다. 수요조건도 요소 창출 메커니즘에 영향을 준다. 제품에 대한 초과수요나 기능적 보완 요구는 요소의 고급화를 위한 투자로 이어진다. <그림 2-1>에서 보듯이 산업 내 경쟁, 관련 및 지원산업, 수요조건 등은 모두 요소 창출 메커니즘에 영향을 준다.

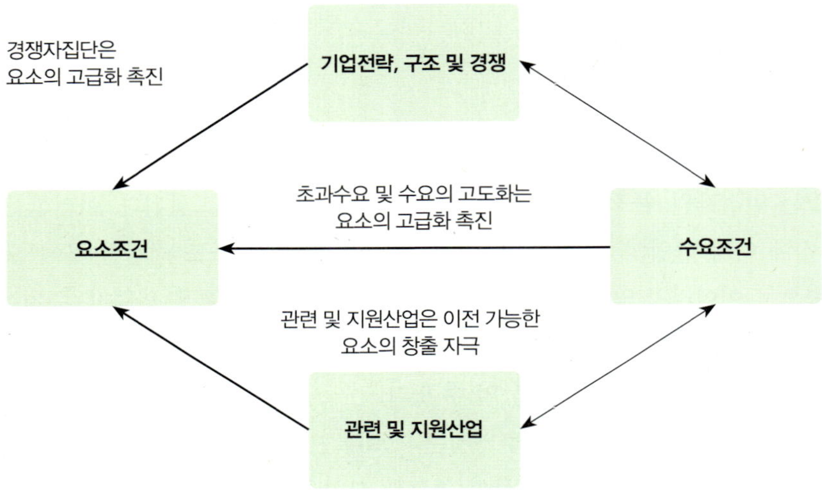

<그림 2-1> 다이아몬드 구성요소의 요소 창출에 대한 영향

2) 수요조건

한 산업에서 국가경쟁우위의 두 번째 결정요소는 제품과 서비스에 대한 수요조건이다. 수요조건은 구매자집단의 특징으로 나타나는 본국 수요의 구성, 규모와 성장 패턴, 국내의 수요가 해외로 확대되는 차원으로 분석할 수 있다. 본국 기업이 외국의 경쟁기업보다 수요의 특징을 이해하고 빠르게 대응하는 경우 경쟁우위를 만들어 갈 수 있다.

대부분의 산업에서 수요는 세분화되어 있다. 경쟁우위 확보를 위해서는 다양한 수요의 분포구조를 이해하는 것이 필요하다. 해당 국가의 인구구성, 문화적 특성, 지리적 특성, 정보통신 인프라 등이 특정 산업의 수요구조 및 시장 세분화에 반영된다. 국내시장의 규모와 성장성은 투자에 영향을 주며 경쟁우위 확보에 중요하다. 대규모 연구개발이 요구되고, 규모의 경제가 수반되는 산업에서는 특히 그렇다.

시장의 규모와 구조에 대한 이해도 중요하지만 소비자들의 특징은 더욱 중요하다. 고객들이 세련되고 까다로운 구매자이면 기업은 새로운 수요를 보다 빨리 파악할 수 있을 뿐 아니라 높은 수준의 구매자의 욕구를 맞추기 위해 혁신을 지속하게 된다. 만약, 국내 구매자의 수요를 통해 다른 국가 구매자의 수요를 예측할 수 있다면 그 국가의 기업은 국제적 경쟁우위를 얻을 수 있다.

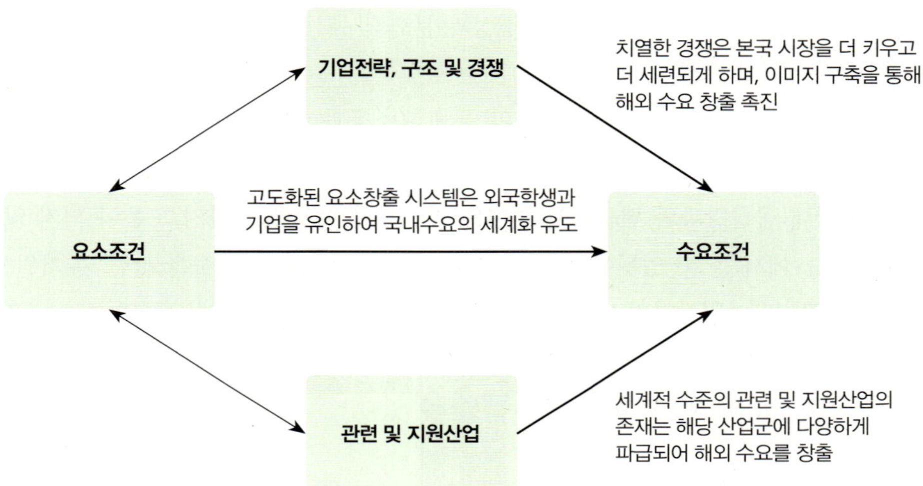

<그림 2-2> 다이아몬드 구성요소의 수요조건에 대한 영향

<그림 2-2>에서 볼 수 있듯이 수요조건도 나머지 다이아몬드의 구성요소들에 의해 영향을 받는다. 본국의 치열한 경쟁은 경쟁기업들이 시장을 지키기 위해 공격적으로 마케팅에 투자하도록 유도한다. 이런 과정에서 시장은 더 커지고 세련되어 진다. 특정 산업의 고도화된 요소 창출 시스템은 외국의 학생과 기업을 유인하여 국내로 유인한다. 이들은 학습을 통해 배우고 관찰하면서 결국 외국의 수요 창출을 유도한다. 이는 세련된 요소 창출 시스템이 국내 수요의 세계화에 영향을 끼치는 방식이다. 훌륭한 보완재 또는 대체재를 생산할 수 있는 성공적인 관련 및 지원산업의 존재는 해당 산업의 제품군에 대한 국내는 물론 해외의 수요까지 증가시킨다.

3) 관련 및 지원산업

한 산업에서 국가경쟁우위의 세 번째 결정요소는 해당 국가에 국제적으로 경쟁력 있는 공급자산업 또는 관련 산업의 존재 여부이다. 한 국가에서 국제적으로 경쟁력 있는 공급자산업이 존재하면 생산성이 높은 효율적인 요소에 접근이 가능하게 되어 후방산업이 경쟁우위를 창출하는 원천이 될 수 있다. 한 국가의 공급자산업이 하나의 기업이나 국가적 독점산업에만 의존하고 그들의 지배를 받는다면 혁신 및 개선을 위한 역동성이 떨어진다. 그럴 경우에는 오히려 외국의 글로벌 공급망을 갖는 것이 구매자나 공급자 모두에게 혁신과 개선의 동기가 될 수 있다.

한 국가에서 경쟁력 있는 관련 산업의 존재는 새로운 경쟁력 있는 산업을 낳게 할 수도 있다. 관련 산업은 기업이 경쟁하면서 가치사슬상 활동을 공유하거나 협력할 수 있는 산업들이다. 한 국가내에 국제적으로 성공한 관련 산업이 있으면 공급자 산업의 경우와 같이 정보의 흐름과 기술 교환의 계기가 촉진될 수 있다. 관련 산업에서 국내 기업들은 종종 활동을 공유하고 공식적 제휴를 맺기도 한다. 지리적 근접성과 문화적 유사성으로 인해 외국 기업보다 국내 기업 간 이러한 협력이 훨씬 수월하다.

관련 및 지원산업의 성공도 다이아몬드의 다른 요소들과 마찬가지로 상호의존적이다. 고급 생산요소에 대한 접근성이나 세련된 수요 신호를 보내는 국내 수요조건 및 기업간 치열한 경쟁이 없다면 국내 공급망과의 접근성이 좋아도 경쟁우위 형성에 그다지 도움이 되지 않을 것이다. <그림 2-3>에서 볼 수 있듯이 한 산업 내에서 생성된 지식과 기술은 관련 및 지원산업으로 이전되어 관련 및 지원산업의 발전을 유도할 수 있다. 본국의 경쟁자 그룹의 존재는 관련 산업의 성장뿐 아니라 더 전문화된 공급망 형성을 촉진한다. 그리고 대규모의 본국 수요나 빠른 성장성은 공급자 산업의 성장과 세분화를 촉진할 수 있다.

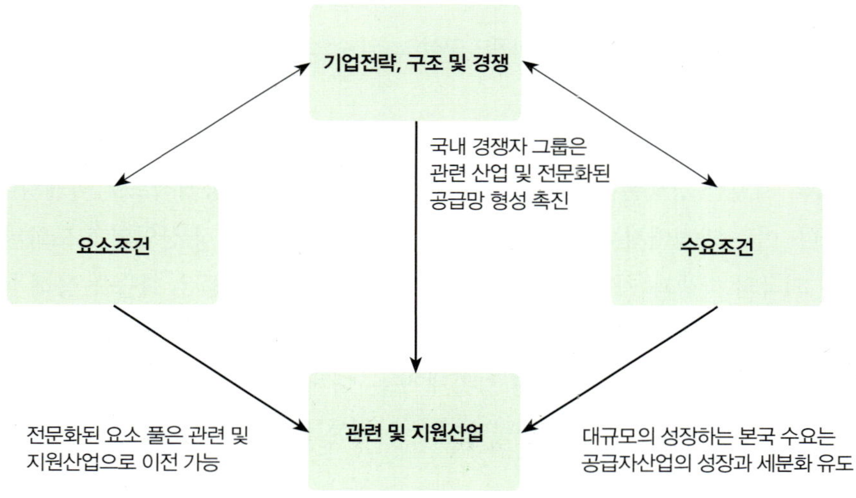

<그림 2-3> 다이아몬드 구성요소의 관련 및 지원산업에 대한 영향

4) 기업전략·구조 및 경쟁

한 산업에서 국가경쟁우위를 결정하는 네 번째 요소는 기업전략·구조 및 경쟁이다. 이는 국내의 경쟁구조와 기업을 창업하고 조직화하여 경영하는데 작동하는 관습 및 전략 등을 의미한다. 기업의 목표, 전략, 조직화 방식 등은 국가별로 다르다. 국가경쟁우위는 기업의 목표, 전략 및 조직화 방식에 대한 선택이 특정 산업의 경쟁우위 원천에 잘 맞아 떨어지는 경우에 발생하게 된다. 전 세계에서 통용될 수 있는 보편적인 경영시스템은 존재하지 않는다.

이탈리아에서 가구, 신발, 모직물 등에서 성공한 기업들은 흔히 집중화 전략을 선택하고, 표준화된 제품을 피하며 고객의 취향에 맞춘 다양한 제품군을 갖는 틈새시장에서 경쟁하여 국제적 성공을 거두었다. 독일은 공학적 배경을 가진 경영진들이 체계적 제품 및 프로세스의 향상에 큰 관심을 갖고 확실하지 않은 경쟁우위의 기반은 추구하지 않는다. 이렇게 하여 독일은 광학, 화학, 복잡한 기계와 같은 높은 기술력을 필요로 하는 분야에서 경쟁우위를 구축하였다.

경영자 및 근로자의 목표와 기업이 달성하고자 하는 목표는 경쟁우위에 영향을 줄 수 있다. 기업의 목표는 소유구조, 지배구조, 인센티브 등에 의해서 영향을 받는다. 소유구조 및 자본시장의 관행도 경쟁우위 형성에 영향을 줄 수 있다. 가령, 독일과 스위스는 대부분의 기관투자자들이 주식을 장기 보유하며 이사회에서 중요한 역할을 수행하고 기업의 투자방향을 결정하지만, 미국의 기관투자자들은 주식의 시세차익을 더 중시하기 때문에 주가가 곧 상승할 기업에 투자하고 경영에는 직접적 영향을 주지 않는다. 한편 기업에서 일하는 근로자의 동기와 목적 역시 특정 산업의 성공을 유도하거나 약화시킬 수도 있다. 개인 행위와 노력의 중요한 결정요소는 보상시스템이다. 그리고 세제도 중요한 요인이 될 수 있다. 노사관계도 경쟁우위 창출 및 유지에 중요한 변수이다. 건강한 노사관계 및 공동의 목적의식을 지속할 수 있으면 경쟁우위 창출에 도움이 된다.

국내의 치열한 경쟁은 규모의 경제를 달성하는데 방해되고 소모적이기 때문에 1-2개의 대표적 기업을 육성하는 것이 국가경쟁우위 창출에 도움이 된다고 주장할 수도 있다. 그러나 포터는 10개 국가의 성공적 기업들에 대한 연구를 통해 산업의 국가경쟁우위 창출에 있어 치열한 국내 경쟁이 외국기업과의 경쟁보다도 더욱 중요하다는 결론을 얻었다. 치열한 국내 경쟁은 기업의 혁신과 개선을 위한 압력으로 작용하여 비용을 낮추고, 제품의 질과 서비스의 개선을 촉진한다. 그 결과 산업의 국가경쟁우위가 향상된 국내 기업들은 성장을 위해 자연스럽게 해외로 진출하게 된다. 특히, 규모의 경제가 필요할 때 국내 경쟁자들은 해외 진출의 유혹을 더 크게 느낀다. 한 기업이 자국에서 상당한 경쟁을 거치지 않고, 거센 외국 경쟁자를 대응하는 경우는 드물다.

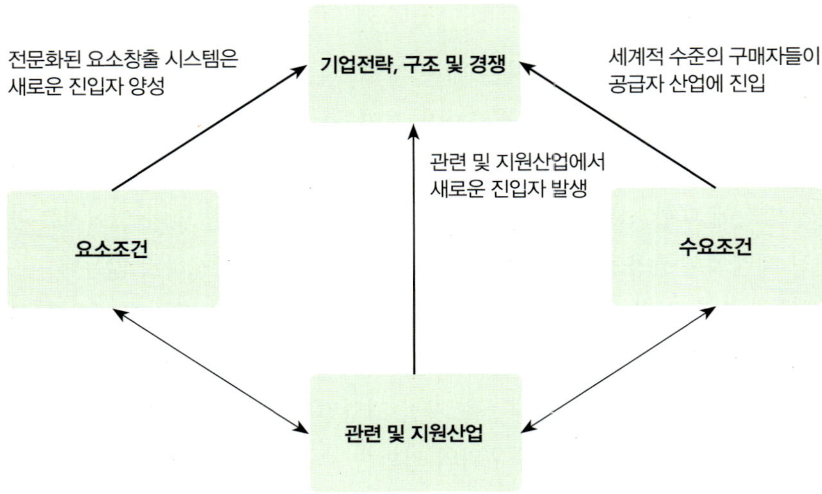

<그림 2-4> 다이아몬드의 구성요소의 기업전략·구조 및 경쟁에 대한 영향

<그림 2-4>는 기업전략·구조 및 경쟁의 요소가 다이아몬드의 다른 구성요소로부터 어떻게 영향을 받는지를 보여준다. 대학 및 연구기관 같은 요소 창출 기관도 축적된 기술을 토대로 새로운 경쟁자로 진입할 수 있다. 미국의 바이오산업에는 대학의 연구진에서 진입한 기업이 많다. 관련 및 지원산업의 경우도 공급자의 위치에서 분사를 통해 구매자의 위치로 전환하여 새로운 경쟁자가 될 수 있음은 물론이다. 그리고 정부는 종종 관련 및 지원산업계에 새로운 산업으로의 진입을 유도하기도 한다. 한편 까다로운 국내의 구매자들은 다양한 공급처를 찾아 다니다가 스스로 공급자 산업에 진출하기도 한다. 이는 수요조건이 경쟁을 고도화하는 경우이다.

5) 우연한 사건

성공한 산업의 역사를 살펴보면 우연한 사건들이 커다란 역할을 하는 경우가 있다. 우연한 사건은 국가나 기업의 통제력 밖에서 경쟁우위에 영향을 주게 된다. 이러한 사례는 순수한 발명, 오일쇼크와 같은 요소비용의 단절, 금융시장이나 환율의 급변, 세계적 수요의 급성장, 전쟁 등이다. 우연한 사건은 기존의 경쟁상황에 불연속성을 창출하여 기존의 시장 지배자들이 수립한 경쟁우위를 무력화시키고, 다른 국가의 기업들이 새로운 환경에 대응하여 기존의 경쟁자를 대체하게 할 수 있다.

우연한 사건은 다이아몬드의 조건을 부분적으로 변화시킨다. 가령, 생산요소의 비용 또는 환율의 급변은 중요한 혁신을 필요케 하는 선택적 요소열위를 야기한다. 두 차례의 오일쇼크는 에너지 의존도가 높은 국가들에게 심각한 타격을 주었다. 한편 전쟁은 무기개발을 위하여 과학에 대한 투자의 규모와 긴급성을 높이게 된다. 2차 세계대전에서 중립을 지킨 스위스와 스웨덴은 전쟁으로 인해 많은 산업에서 혜택을 입었다.

발명과 기업가 정신은 국가경쟁우위의 핵심이다. 포터의 연구는 발명과 기업가 정신이 우연이 아니라는 것을 발견하였다. 미국은 의학의 혁신을 산업화하는 유리한 환경을 가지고 있기 때문에 첨단 의약품이 계속 출시될 수 있다. 인슐린은 캐나다에서 최초로 추출되었지만, 산업화에 필요한 수요조건 및 전문화된 인재 풀이 갖춰진 덴마크와 미국에서 상업화되어 국제적으로 성공했다. 이와 같이 우연한 사건이나 발명도 수요조건, 국가적 요소 창출 메커니즘, 공급망 산업 등 다이아몬드의 구성요소들과 상호작용을 통해 산업의 국가경쟁우위를 창출하기도 한다.

6) 정부의 역할

<그림 2-5>에서 보듯이 다이아몬드의 구성요소는 모두 상호작용을 주고받는다. 특히 정부는 네 가지 다이아몬드의 구성요소 모두에 커다란 영향을 끼칠 수 있다. 포터는 정부정책이 다이아몬드의 모든 부문에 영향을 미칠 수 있지만 특히 경쟁을 촉진하여 기업의 혁신을 유도하는 역할을 매우 중요시하였다. 자칫 기업환경을 유리하게 하기 위하여 자국 화폐가치를 평가절하하거나 보조금을 지원할 수도 있지만, 이것이 기업의 혁신 동력을 약화시킨다면 장기적으로 경쟁우위가 오히려 약화될 수 있다. 성공적 정부정책은 경쟁우위의 결정요소를 강화하며 혁신을 유도하는 경우에만 의미가 있다.

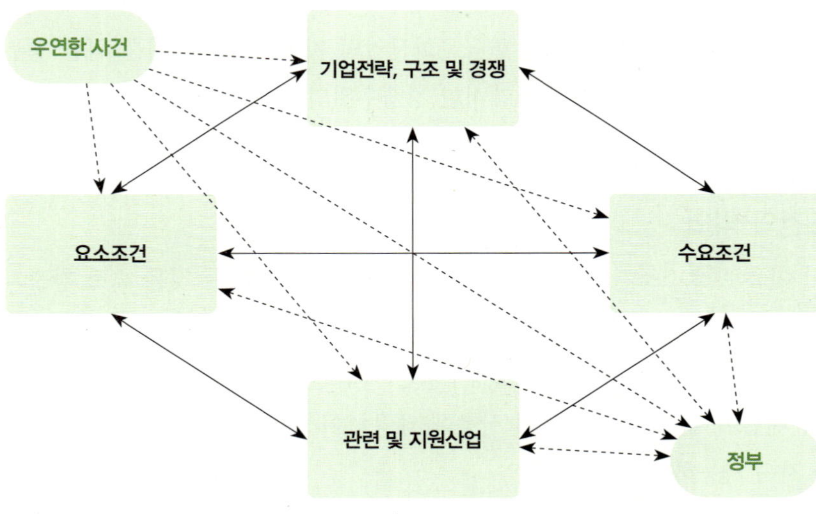

<그림 2-5> 산업의 국가경쟁우위 창출 관련 포터의 다이아몬드 모델

정부는 생산성을 높이는 환경을 조성하기 위하여 노력한다. 양질의 교육 환경을 제공하여 요소조건을 고도화하는 것은 정부의 기본적 역할이다. 정부는 수입쿼터제, 제품표준 설정 및 이용가능 연령 등급 부여 등을 통해 구매자의 수요조건에도 영향을 줄 수 있다. 그리고 정부는

보조금, 클러스터정책 등을 통해 관련 및 지원산업을 조성할 수도 있다. 이 외에도 정부는 각종 진입규제, 조세정책, 법률 등을 통해 기업전략·구조 및 경쟁에 영향을 준다. 국가경쟁우위 향상을 위한 정부정책에 대하여는 뒤에서 보다 상세히 설명한다.

2 다이아몬드 모델의 동태성과 국가경쟁우위 상실

국가의 경쟁우위를 결정하는 다이아몬드 시스템은 계속 진화하며 상호작용을 한다. 이는 때때로 외국의 경쟁자들이 모방하기 어려운 환경을 창출하기도 한다. 그리고 국내 경쟁과 산업의 지리적 집중은 다이아몬드를 하나의 시스템으로 전환시키는데 큰 영향을 미친다. 치열한 국내 경쟁은 전체적인 국가 다이아몬드를 업그레이드하고, 산업의 지리적 집중은 다이아몬드 내부의 상호작용을 활성화하기 때문이다. 정부정책은 다이아몬드의 구성요소 간 긍정적 상호작용을 촉진하고 리드할 수 있어야 한다. 그중에서도 경쟁의 촉진은 가장 중요하다. 모든 요소들에 있어 활발한 경쟁이 있을 경우 나머지 다른 요소들의 발전을 촉진할 수 있다

다이아몬드의 구성요소들이 산업의 진화구조에 적합한 투자와 혁신을 유발하지 않을 경우에는 그 국가는 해당 산업에서 경쟁우위를 상실하게 된다. 그럴 경우 해당 산업은 필요한 변화를 감지하지 못하고, 미래를 위한 공격적 투자를 감행하지 못하며, 이미 구식이 되어버린 경쟁방식에 특화된 자산과 기술을 고수하게 된다. 정부정책은 이러한 부정적 요소에 대하여 효과적으로 대응할 수 있어야 한다. 이 책은 한국문화산업의 지속적 경쟁우위를 위한 정부정책을 분석 대상으로 삼고 있기 때문에 포터가 제시한 경쟁우위의 쇠퇴에 대하여도 비교적 상세히 소개하고자 한다.

1) 요소조건의 악화

여러가지 이유로 요소조건이 악화될 수 있다. 가장 문제가 되는 것은 요소 창출과 요소조건의 업그레이드 속도가 다른 나라보다 늦는 것이다. 전문인력 또는 해당 산업의 기반 기술이 다른 나라에 비해 상대적으로 악화되면 경쟁우위는 약화된다. 요소비용의 상승 역시 경쟁우위에 대한 일반적 위협이 된다. 요소비용의 상승에 대응하여 지속적 혁신을 통해 생산성을 높여야 경쟁우위가 지속 가능하다.

2) 수요조건의 악화

국내 수요조건이 다른 선진국의 수요조건과 격차가 벌어지면 경쟁우위는 위협받기 시작한다. 원인이 무엇이든 까다로운 국내 고객의 압력이 사라지면 그 나라의 기업들은 외국의 경쟁기업과의 혁신 경쟁에서 이길 수 없다. 제품에 대한 개선 수요, 고객 맞춤, 건강 욕구와 같은

새로운 수요가 나타나고 이를 경쟁기업에 연결해주는 통로가 등장하면 기존의 수요조건은 급격히 약화될 수 있다. 국가가 산업에 도움이 되지 않는 규제를 신설하고, 경쟁우위 향상에 도움이 되지않는 규제를 제거하지 못하는 상황이 지속되는 경우 국내 수요조건은 악화된다. 국내 수요조건이 악화되면 국내 기업들은 경쟁우위를 유지하기 어려울 것이다. 이런 상황에서 산업을 보호하기 위하여 무역장벽이나 새로운 규제로 대응하는 경우 혁신의 속도는 더욱 둔화되고 결국 경쟁에서 낙오될 것이다.

3) 기술의 변화

기술의 변화는 종종 국가경쟁우위 이동을 초래한다. 신기술은 과거의 경쟁우위를 무력화시키고 새로운 경쟁우위를 창출할 수 있기 때문이다. 하나의 기술이 매우 발달한 기업들이 한 단계 더 높은 기술로 도약하는 것을 주저하는 사이 다른 나라에서 새로운 기술혁신이 발생하여 경쟁우위가 이동할 수 있다. 기술의 변화는 새로운 공급자산업에 대한 수요도 만들어 내기 때문에 관련 및 지원산업 클러스터도 약화될 것이다.

4) 투자 위축

연구개발, 마케팅, 정보 및 물리적 자산 등에 대한 투자속도는 기업목표의 영향을 받는다. 그리고 기업의 목표는 국가의 자본시장, 소유구조, 조세정책, 경영인센티브, 사회규범 등의 영향을 받는다. 어떤 이유로 산업 내에서 신기술 개발 및 생산성 향상을 위한 지속적 투자가 이루어지지 않을 경우 투자에 대한 의욕이 높고 실제 더 많은 투자를 하는 국가에게 경쟁우위를 빼앗기게 된다.

5) 기업의 유연성 상실

기업의 경쟁우위를 지속하기 위해 어떻게 변해야 하는지를 알더라도 경영진이 자기 만족에 빠지거나 경영관행이나 조직이 너무 굳어버려서 변화를 꺼려할 수 있다. 노동조합이 생산 공정의 혁신이나 신기술 및 요소 획득에 필요한 투자를 막을 수도 있다. 이렇듯 변화에 대한 저항이 있게 되면 경쟁우위를 상실하게 된다. 과거의 전략에 특화되어 있는 기존의 자산과 기술이 변화의 장벽으로 작용하는 것이다.

6) 국내 경쟁의 쇠퇴

국가경쟁우위를 상실하는 원인 중 가장 보편적이고 치명적인 것은 국내 경쟁의 쇠퇴이다. 개선과 변화에 적응하려는 압력이 경쟁의 쇠퇴와 함께 사라지기 때문이다. 경쟁우위를 유지하는 것은 경쟁자보다 먼저 새로운 기술이나 혁신적 방법으로 기존의 자산이나 기술을 대체할 수 있는 창조적 파괴를 요구한다. 이러한 창조적 혁신의 의지는 치열한 경쟁, 까다로운 구매자, 적극적 투자를 지원하는 기업의 목표에서 나오는 것이다. 국내 경쟁의 둔화는 혁신의 속도를 늦추게 하여 서서히 경쟁우위를 잠식하게 된다.

7) 경쟁우위의 쇠퇴 과정

쇠퇴의 초기 단계에서는 기존 소비자의 충성도와 소규모 투자로 인한 수익성 향상의 착시로 인해 쇠퇴의 시작을 알기 어렵다. 그러나 일단 쇠퇴가 시작하면 다이아몬드의 상호 강화작용이 반대로 작용하기 때문에 쇠퇴를 저지하기 어렵다. 가령, 경쟁의 상실은 기술 개발과 혁신을 더디게 하면서 구매자와 공급자의 질을 저하시키게 된다. 이로 인해 그 산업의 문제는 더욱 확대되고 복잡해진다. 주요 기술의 변화나 구매자 수요의 중대한 변화가 발생하면 경쟁우위의 상실은 더 빨리 일어나게 된다. 경쟁우위를 상실하는 과정에 진입한 산업을 재생시키려는 정부정책은 대부분 실패한다. 이런 경우 정부정책은 보조금을 지원하거나 기업을 보호하는 방향으로 이루어진다. 경쟁우위 창출의 요소들을 다루지 않고 쇠퇴의 진정한 원인에 초점을 맞추지 못하는 정책은 결코 성공할 수 없다.

산업의 경쟁우위가 쇠퇴 과정에 진입하면 관련 및 지원산업의 클러스터의 경쟁우위도 연쇄적으로 무너진다. 그러므로 정부는 국내 기업들이 기회를 잘 인지하고 미래를 내다보며 혁신을 위한 투자를 지속하도록 유도해야 한다. 경쟁우위의 동태적 과정은 발전이나 쇠퇴 중 하나의 방향으로 진행하는 것이며 제자리에 머물기는 어렵다. 경쟁우위의 이런 동태적 특징은 장점과 단점을 동시에 갖고 있다. 장점은 국가경쟁우위의 결정요소 간 긍정적 상호작용이 있으면 관련 및 지원산업의 클러스터를 확대하고 심화할 뿐 아니라 경제를 업그레이드하는 모멘텀을 만들어 낼 수 있다는 점이다. 단점은 똑 같은 모멘텀이 반대로도 작동한다는 것이다. 즉, 국가경쟁우위의 쇠퇴 사이클에 진입하면 이의 가속화를 막기 어렵다는 점이다.

3 정부정책과 국가경쟁우위

정부정책은 긍정적이든 또는 부정적이든 국가경쟁우위에 영향을 준다. 포터에 의하면 정부정책은 국가의 자원을 생산성이 높은 곳으로 배치하여 생산성의 수준을 높이는 것이다. 이를 위해 정부는 혁신을 촉진하는 환경을 조성해야 한다. 즉, 정부의 목적은 기업이 보다 세련된 기술과 자원을 활용하여 산업 경쟁력을 높일 수 있는 환경을 만들어주는 것이다. 포터는 국가경쟁우위를 창조하고 유지하는 정부의 역할이 중요하지만, 그것은 필연적으로 부분적 역할에 그친다고 보았다. 아무리 좋은 정부정책을 펼치더라도 어떤 산업에서 경쟁우위를 뒷받침할 수 있는 국가적 환경이 존재하지 않으면 정책목표는 성공할 수 없다. 정부가 국가경쟁우위를 통제하는 것이 아니고 단지 영향을 줄 수 있을 뿐이므로 좀 더 세심한 역할이 요구된다.

산업의 국가경쟁우위에 영향을 미치는 정부정책은 교육, 조세, 규제 등 다양한 방식이 있다. 그러나 정부정책은 그 자체로서가 아니라 다이아몬드의 각 요소들에 영향을 줌으로써 산업의 경쟁우위에 영향을 끼치게 된다. 가령, 산업구조에 대한 규제는 국내 경쟁의 본질에 영향을 주고, 제품표준에 대한 규제는 수요조건에 영향을 준다. 경우에 따라서는 규제를 강화할 필요가 있고, 반대로 규제를 완화할 필요가 있을 수도 있다. 경쟁우위의 결정요소에 영향을 주는 정책들은 수 없이 많지만 가장 일반적이고 중요한 것은 다음과 같다.

1) 요소조건에 대한 정부의 영향

요소는 노동과 자본과 같은 기본적 요소도 있고 고급 인력 및 기술, 인프라와 같은 고급 요소도 있다. 오늘날에는 기본적 요소보다는 고급 요소가 경쟁우위 창출에 더 중요하다. 특정 산업이 국가경쟁우위를 확보하기 위해서는 국내외 시장에서 고급 요소를 용이하게 확보할 수 있는 시스템을 갖추어야 한다. 정부의 가장 중요하고 전통적인 역할은 요소를 창출하고 이를 업그레이드하는 것이다. 국가는 현재 이용가능한 요소로부터 경쟁우위를 확보하는 것은 물론 숙련된 인적 자원, 기초 과학지식, 경제정보 및 인프라 등 고급 요소를 창출하고 업그레이드하는 메커니즘을 제공한다. 이런 의미에서 정부는 종종 요소 창출의 주요 엔진으로 여겨진다.

① 교육과 훈련

정부의 요소 창출 메커니즘은 대개 교육과 훈련이라는 일반적 분야에 집중되어 있다. 높은 생산성을 달성하기 위해서는 보다 숙련된 전문인력이 필요하다. 경쟁우위에 중요한 요소들은 보다 전문적이고 특화되어 있으므로 산업단체 및 대학과 연계하여 요소 창출 메커니즘을 발전시킬 수 있다. 이를 위해 정부는 교육시스템과 산업을 연계하고 산업의 자체 교육훈련 노력을 장려하는 정책도 추진한다. 교육과 훈련을 통해서 경쟁우위를 지속 가능하게 할 수 있기에 교육은 단순히 사회정책적 이슈가 아니라 경제적 문제이다. 정부와 산업계 모두 요소 창출에 투자해야 인적자원의 질이 계속 향상될 수 있다.

② 과학과 기술

업그레이드되는 경제는 지속적인 기술 향상을 요구한다. 기술 향상은 생산성 증대 및 품질 향상을 통해 더 높은 가격 책정과 새로운 산업부문 진입을 가능하게 한다. 과학기술 발전을 촉진하는 것은 통상적인 정부의 기능이다. 연구개발은 그 성과가 경제 전반에까지 파급되는 것이므로 기업에게만 맡길 수 없다. 대부분의 선진국은 연구개발을 장려하고 지원하는 정책을 펼치고 있다.

③ 사회기반 시설

산업의 업그레이드는 현대적이며 발전된 사회기반 시설에 크게 의존한다. 특히, 운송, 물류,

통신 분야에서의 인프라는 국제시장에서의 경쟁과 현대적 기술 도입에 있어 필수적이다. 사회 기반 시설의 구축은 보통 정부의 주된 역할이지만 기업들도 보조를 맞추어 필요한 조치를 수행한다.

④ 자본

경제가 업그레이드되려면 낮은 비용으로 자본조달이 가능하며, 은행시스템과 자본시장을 통해서 가장 생산성이 높은 투자에 효율적으로 자본이 배분되어야 한다. 낮은 자본비용은 생산성 향상에 필요한 투자의 지속성을 높여 준다. 국가의 자본 공급은 국민의 저축률, 정부재정의 잉여 또는 결손 규모, 외국 자본의 흐름 등으로부터 영향을 받지만 정부는 이 세가지 모두에 영향을 줄 수도 있다. 즉, 정부는 자본시장뿐 아니라 자본의 공급량과 가격에도 영향을 미칠 수 있다.

⑤ 정보

국제경쟁에 있어서 이용가능한 정보의 양과 질은 점점 더 중요해지고 있다. 기업에게 정보는 타성을 극복하고 긴박감을 만들어내는 수단이다. 정보는 기존 사업은 물론 새로운 산업에서도 경쟁우위의 향상에 있어 필수적이다. 시장, 기술 그리고 경쟁에 대한 정보는 기업의 새로운 수요와 기회는 물론 위협을 함께 노출시킴으로써 기업의 의사결정에 영향을 미친다. 대부분의 정부는 다양한 수단을 통해 정보를 제공한다. 정보를 창조하는 것 못지않게 정보의 확산도 중요하다. 정부의 정보확산은 산업의 업그레이드를 지원한다.

⑥ 보조금

산업에 대한 보조금은 거의 모든 국가에서 경쟁우위 확보를 위하여 사용하는 보편적 수단이다. 그러나 포터는 정부보조금이 조정과 혁신을 촉진하기보다는 인센티브를 무디게 하고 의존적 태도를 만들어낼 수 있기 때문에 진정한 경쟁우위와 관계가 없다고 주장한다. 보조금은 일단 시작하면 중단하기 어렵고, 다른 침체된 산업들도 보조금을 요구하게 만든다. 포터는 보조금보다는 차라리 세제를 통한 인센티브가 산업의 업그레이드를 촉진하는데 보다 나은 수단이라고 여겼다. 엄밀히 말하면 세제를 통한 인센티브도 보조금과 마찬가지이다.

⑦ 요소비용과 환율 통제

정부의 개입으로 낮은 요소비용과 낮은 화폐가치를 유지하는 것은 기업의 국제경쟁력 향상에 도움을 줄 수도 있다. 그러나 이는 요소비용이 원가의 대부분을 차지하는 산업의 경우에 해당한다. 일본, 스위스, 독일의 경우는 높은 임금 및 에너지가격, 높은 화폐가치를 경험하면서도 산업의 경쟁우위를 유지 또는 창출하였다. 정책적으로 요소비용 상승을 제한하거나 환율을 절하하는 것은 혁신의 요인을 제거하고 기업을 가격과 원가에 민감한 시장으로 나가도록 유도해서 품질 향상 및 자동화와 같은 혁신의 동기를 위축시킬 수 있다. 요소비용과 화폐가치는 시장의 힘에 의하여 결정되도록 하고 개입하지 않는 것이 바람직하다.

2) 수요조건에 대한 정부의 영향

산업의 경쟁우위를 업그레이드하기 위해서는 발달되고 세련된 국내 수요가 필요하다. 전통적으로 수요에 영향을 주는 정부정책은 정부지출과 신용 이용의 범위 조정, 국내 수요의 총량에 대한 영향을 통해서 이루어진다. 포터는 산업의 경쟁우위에 있어서 수요보다는 수요의 질이 더 중요하다고 보았다. 수요의 질적 측면에서 복잡하고 까다로운 소비자들이 본국시장에 존재할 때 그 산업은 경쟁우위를 가질 수 있는 조건이 된다. 까다로운 본국 수요는 기업으로 하여금 글로벌 수요에 대한 신호를 보다 빠르고 명확하게 탐지하여 혁신을 유도함으로써 기업의 생산성 향상에 기여할 수 있다. 그러므로 정부는 특정산업의 수요의 질 향상을 통해 기업의 혁신을 유도할 수 있는 정책에 초점을 두어야 한다.

① 정부조달

수요조건에서 정부의 가장 직접적 역할은 재화와 서비스의 구매자 역할을 통해서이다. 방위산업 및 인프라 관련 산업은 정부구매가 보장된 산업이다. 간혹, 정부구매에 있어 외국 공급자를 배제하는 조치들을 볼 수 있다. 정부조달에 있어 외국 공급자를 배제하면 국내 기업의 혁신을 늦추는 결과로 이어질 수 있다. 정부조달은 국내 공급자들의 혁신을 촉진하고 새로운 분야로 발전할 수 있도록 유도하기 위하여 엄격한 제품명세서를 만들어 세련된 제품을 생산하여 공급하도록 까다로운 소비자로서 기능할 수 있어야 한다.

② 제품과 프로세스에 대한 규제

정부는 제품 성능, 안정성, 환경적 요소 등에 관한 표준 제정을 통해 산업에 영향을 줄 수 있다. 표준 제정은 수요조건에 중요한 영향을 미친다. 표준 규정이 경쟁에 대한 정부의 불필요한 간섭으로 보일 수도 있다. 그러나 표준 규정은 기업의 품질 및 기술 향상에 기여한다. 본국의 표준 규정이 외국에 비하여 뒤떨어져 있다면 본국 기업은 혁신을 피하고 잘못된 방향으로 나아갈 수 있기 때문에 궁극적으로 산업의 경쟁우위가 훼손될 수 있다.

③ 구매자산업의 구조

대형 매장, 전력, 통신 같은 산업은 다른 제품과 서비스에 대하여 중요한 구매자 역할을 하는 산업이다. 이러한 구매자산업에서 정부의 규제와 국유화 정책은 공급자산업에 영향을 준다. 구매자산업에 대한 정부 정책이 구매자로서 보다 까다롭고 세련된 욕구를 통해 공급자산업을 자극하면 공급자산업에도 도움이 된다. 즉, 구매자산업이 공급자산업의 혁신을 유도할 수 있도록 정책을 추진해야 공급자산업의 경쟁우위 창출에 기여할 수 있다. 정부정책이 구매자산업의 구조에 영향을 주는 분야 중 하나는 소매와 유통부문이다. 많은 국가가 작은 도·소매상을 보호하기 위해 대형 유통체인의 성장을 규제하는 경우를 흔히 볼 수 있는데 영세 상인을 보호하는 취지도 좋지만 오히려 비용을 상승시키고 노동생산성을 감소시키면서 첨단 유통채널의 발전을 저해할 우려도 있다.

④ 초기 또는 세련된 수요의 자극

정부는 산업 발전을 촉진하기 위해 다양한 방식의 초기 수요 창출 또는 수요의 고도화를 유도할 수 있다. 정부는 수요가 불확실한 신제품 및 서비스의 초기 구매자에 대한 인센티브 제공을 통해 시장 형성을 지원하여 기업의 연구개발과 효율적 규모의 생산을 위한 투자를 장려할 수 있다. 이는 궁극적으로 기업의 혁신과 경쟁우위를 창출하게 된다.

한편 세련된 제품을 초기에 구입하도록 구매자에게 인센티브를 제공하는 정책은 기업에게 직접 보조금을 지원하는 것보다 혁신 및 경쟁우위 창출에 더 유용하다. 이는 본국의 구매자를 더 세련되게 함과 동시에 공급자들도 그런 수요에 맞출 수 있도록 혁신을 유도할 수 있기 때문이다.

⑤ 제품 및 서비스 관련 정보 제공

정부정책에 의해 정부 또는 기업이 구매자에게 제품 및 서비스에 대한 정확한 정보를 제공할 수 있다면 수요의 질을 향상시킬 수 있다. 제품 및 서비스에 대한 정보는 구매자들이 보다 좋은 또는 세련된 선택을 할 수 있게 하며 결과적으로 기업의 실적 향상에 기여하게 된다. 고객불만처리시스템도 공개적으로 운영하면 제품 및 서비스의 개선을 위한 추가적 자극이 된다.

⑥ 기술적 표준

정부정책으로 산업의 기술적 표준을 정하는 것은 혁신의 속도와 산업의 업그레이드를 촉진할 수 있다. 여러 분야에서 장비 또는 서비스의 호환성은 물론 안전하고 공정한 서비스의 지속적 제공을 위한 표준을 설정할 필요가 있다. 그리고 정부는 본국 기업으로 하여금 보다 수준 높은 제품을 높은 생산성으로 제조하여 궁극적으로 본국 기업이 국내외 고급시장으로 진출할 수 있도록 기술적 표준을 운용할 수 있다.

3) 관련 및 지원산업에 대한 정부의 영향

잘 발달된 관련 및 지원산업을 갖고 있는 기업은 국제경쟁력 확보에 유리하다. 공급자산업 및 구매자산업이 한 곳에 모여 있거나 긴밀한 협력관계를 구축하고 있으면 혁신 및 경쟁을 통해 품질 향상을 촉진하고 특정 산업의 경쟁우위 창출에 유리하다. 정부는 특정 산업의 발전에 필수적인 관련 및 지원산업의 범위 설정은 물론 이들의 국제적 성공을 위한 협력관계 구축을 지원할 수 있다.

① 미디어에 대한 정책

미디어는 기업이 제품 및 서비스에 대하여 구매자와 소통할 수 있는 TV, 신문, 잡지, 통신 등 모든 매체를 포함한다. 선진적이고 혁신적인 미디어의 존재는 국가경쟁우위의 원천이 될 수 있다. 미디어는 기업을 가장 세련된 마케팅 경로에 노출시켜 마케팅의 혁신을 유도한다. 그러므로 정부정책은 제품 및 서비스에 대한 정보가 다양한 미디어 채널을 통해 확산될 수 있도록 지원해야 한다. 미디어 사용에 대한 제한은 첨단의 세련된 마케팅 기법 활용을 저해하고 결국 기업의 비용 증가 및 국제적 성공을 방해하게 된다.

② 클러스터 형성

한 국가내 세계적 수준의 구매자, 공급자, 관련 산업들의 존재는 산업의 경쟁우위를 향상시킬 수 있다. 정부정책은 관련 및 지원산업 클러스터를 육성하고 강화하는 데 중요한 역할을 수행할 수 있다. 클러스터는 보통 자생적으로 발생해서 성장한다. 정부정책이 클러스터 형성과 큰 관련이 없어도 일단 클러스터가 형성되기 시작하면 중앙정부 또는 지방정부는 연구개발 지원이나 인프라 및 각종 편의를 제공함으로써 클러스터를 강화하는 역할을 수행할 수 있다. 한 국가나 지역이 모든 산업에서 클러스터를 형성하기는 불가능하다. 대부분의 지역은 지역 특성에 맞는 특화된 클러스터가 형성될 요소조건을 가지고 있다. 클러스터 형성에 있어 중앙정부가 직접 몇 개를 선택하여 집중적으로 육성하기보다는 지방의 많은 노력을 장려하고 이를 지원하는 것이 바람직하다. 관련 및 지원산업으로 잘 형성된 클러스터는 지역 기반 기업의 국제경쟁력 발휘의 원천이 될 수 있다.

③ 지역정책

한 국가에서 모든 지역이 균등하게 발전하는 것은 아니다. 상대적으로 침체된 지역의 경제적 발전을 촉진하기 위해 많은 국가에서 지역정책을 실시하지만 대부분 실패한다. 이는 클러스터가 형성되는 원리를 따르지 않고 기업이 선호하지 않는 지역인데도 산업을 유치하고자 보조금을 주는 방식으로 실행하기 때문이다. 이는 경쟁우위를 창출하는 방법이 아니다. 지역의 강점인 대학, 연구소, 특화된 인프라, 양질의 노동력 같은 요인들이 관련 및 지원산업과 연계되어 클러스터를 형성할 수 있어야 지역정책의 효과를 기대할 수 있다. 최선의 지역정책은 지역 내 산업의 강점을 명확히 하고 그 토대위에서 지리적으로 집중된 클러스터 형성을 지원하는 것이다.

4) 기업전략·구조 및 경쟁에 대한 정부의 영향

나라마다 기업의 탄생 및 조직 구성, 경영전략 등이 다르다. 이탈리아의 가죽 및 의류산업과 독일의 화학 및 기계 공업은 세계 최고의 경쟁력을 보유하고 있다. 그러나 이탈리아와 독일의 기업들은 경영전략, 조직구조, 경쟁환경 등에 있어 서로 다르다. 이탈리아의 가죽 및 의류산업은 가족기업 형태로 발전하였고, 독일은 엔지니어 출신의 전문경영인에 의한 계열기업 형태로 발전하였다. 기업전략에 있어서도 이탈리아기업은 고객 맞춤형 유연 생산과 틈새시장 개척 전략을 추구하였고 독일기업은 과학적 공정과 표준화된 품질관리 전략을 채택하였다. 이렇듯 전략과 경영방식이 다른 것은 산업별 특성과 핵심적 성공 요인이 다르기 때문이다.

나라별로 산업적 특성과 경영전략이 다르더라도 공통적 요소가 있다. 기업은 자국내에서 강력한 경쟁자가 있으면 원가절감, 품질개선, 생산성 향상의 압력을 받는다. 그러므로 치열한 국내 경쟁은 기업의 국제경쟁력을 향상의 원천이 될 수 있다. 포터는 독일의 자동차산업, 일본의 전자산업, 이탈리아의 가죽 및 의류산업의 성공은 치열한 국내 경쟁에 기인한다고 보았다.

정부는 기업의 창업, 조직설계, 경영전략, 목표설정, 경쟁방식 등에 영향을 주는 다양한 정책을 통하여 다이아몬드의 또 다른 구성요소 중 하나인 기업전략·구조 및 경쟁에 영향을 미칠 수 있다.

① 기업전략의 국제화

경쟁우위의 유지 및 향상을 위해서는 기업은 전략에 있어 글로벌 접근을 해야 한다. 정부는 외국인 직접투자 규제, 환율 및 수입 규제 등의 정책을 통해 국내 산업의 국제화에 부정적 영향을 미칠 수 있다. 그리고 정부는 본국기업에 대하여 해외 시장정보 및 기술정보를 제공하여 기업의 국제화를 지원할 수도 있다. 정부정책은 국제화에 역행하는 규제를 폐지해야 한다. 국제화를 막으려는 시도는 당장은 약간의 일자리를 보전할 수 있지만, 미래의 일자리를 없애는 것이다. 정책은 기업이 왜 국제화를 통한 업그레이드에 실패하는지를 연구하고 국제화를 지원해야 한다.

② 목표

경쟁우위가 국가내에서 널리 확산되기 위해서는 기업과 근로자들이 열심히 일하고 산업의 혁신을 위하여 헌신하도록 하는 목표체계를 가져야한다. 기업과 근로자의 목표체계는 부에 대한 사회적 태도, 신분상승에 대한 욕구, 산업의 사회적 지위 등으로부터 영향을 받는다. 기업과 근로자의 목표관은 국가의 역사, 종교, 사회구조, 국가의 경제적 발전수준을 반영하기도 한다.

정부정책은 근로자의 목표체계에 영향을 줄 수 있다. 그리고 근로자의 직업과 기업에 대한 헌신적 태도는 경쟁우위의 향상에 기여할 수 있다. 정부는 조세정책과 고용정책을 통해서 근로의욕을 북돋울 수 있다. 너무 높은 세율은 기업과 근로자의 일할 의욕을 저하시킨다. 정부는 조세정책, 노동정책, 교육정책, 실적주의 인사정책 등을 장려하여 개인의 성취욕구를 자극하고 기술 개발에 대한 투자와 위험을 감수하는 노력을 정책적으로 장려해야 한다.

산업의 경쟁우위는 지속적 투자를 요구한다. 경영자가 새로운 제품이나 설비에 대한 투자 또는 경쟁우위를 강화하기 위한 투자를 결정해서 주가가 단기적으로 변동한다 해도 투자자는 경영자의 그런 행동을 방해하면 안된다. 경영자의 인센티브도 생산성 향상을 위한 투자와 위험 감수에 역행하면 안된다. 정부는 장기 자본이득에 대하여 세금을 감면함으로써 장기 투자를 유도할 수도 있다. 이와 같이 정부가 기업과 경영자의 목표관에 영향을 줌으로써 산업의 경쟁우위 향상을 촉진할 수 있다.

③ 국내 경쟁

경제의 한 단계 도약을 위하여 치열한 국내경쟁을 유도하는 것보다 더 중요한 정책은 없다. 국내의 지배적 기업을 만드는 것은 국제적 경쟁우위 창출에도 도움이 되지 않는다. 본국에서 경쟁할 필요가 없는 기업이 해외에서 성공할 수는 없다. 규모의 경제는 국제적 판매를 통해 이루어지며 국내시장의 지배적 지위를 통해 얻어지지 않는다. 경쟁은 혁신을 촉진하는데 중요할 뿐 아니라 다양한 방식으로 국가의 산업과 관련 및 지원산업 클러스터에 혜택을 준다.

국가독점, 진입규제, 가격고정, 수입쿼터 등은 경쟁을 제약하는 정책들이다. 국내경쟁이 없으면 지배적 국내 기업이 경쟁우위를 향상하지 않고 요소비용에 의존하게 된다. 경쟁이 없어지면 구매자와 공급자 단계에서의 제품 및 서비스의 개선 욕구도 감소한다. 그렇게 되면 혁신이 더 늦어지게 되고 더 많은 정부지원을 기대하게 된다.

다양한 형태의 국내 기업 보호는 유치산업의 경우 또는 새로운 환경에 적응하기 위해 필요할 수도 있다. 유치산업에 대한 보호는 강력한 외국 경쟁자가 있는 산업에서 국내에 경쟁자가 부족한 경우 기초가 약한 국내 기업에게는 효과적일 수 있다. 그러나 보호주의가 정당화되려면 몇 가지 조건을 충족해야 한다. 첫째는 국내경쟁이 존재해야 한다. 둘째는 다이아몬드 발전의 잠재력이 존재해야 한다. 즉 다이아몬드의 다른 결정요소인 전문화된 요소 풀, 적절한 수요, 관련 및 지원산업이 뒷받침되어야 한다. 셋째는 국내기업 보호기간이 영구적이면 안되고 한시적이어야 한다. 이런 조건의 보호정책이면 유치산업 단계의 국내 경쟁자들이 안정된 혁신 과정을 추진할 수 있다. 그러나 지배적 국내 기업 보호를 위한 보호주의 채택은 참된 경쟁우위를 창출하기 어렵다. 경쟁이 없는 산업에서 국제적으로 성공할 수는 없다.

④ 새로운 비즈니스 형성

새로운 비즈니스의 형성은 경제발전에 있어서 필수적이다. 새로 시작하는 경쟁자들은 새로운 기술을 도입하고, 새로운 부문에 서비스를 제공하며, 필요한 투입요소를 공급하거나, 특화된 서비스를 제공한다. 그리고 다른 산업으로 관련 다각화를 통해 진입한 새로운 사업자도 새로운 기술과 자원을 동원함으로써 혁신을 유발한다. 새로운 비즈니스 형성은 관련 및 지원산업 클러스터 형성에 필수적이다. 정부정책은 기업의 목표관에 영향을 줌으로써 새로운 비즈니스 형성에도 간접적으로 영향을 끼친다. 정부는 조세정책, 연구개발 지원, 규제 완화, 인프라 구축 등을 통해 새로운 비즈니스의 형성을 지원할 수도 있다.

이 책의 연구 대상 산업인 문화산업은 다양한 장르가 발전하고 있지만 지적재산권(IP)를 활용하는 산업이라는 점에서 공통점이 있다. 문화산업은 하나의 IP를 활용해서 다양한 장르로 제품 및 서비스가 확산될 수 있기 때문에 새로운 비즈니스 형성에 매우 특화된 산업이기도 하다.

⑤ 무역정책

자국의 기업들이 해외시장에 접근할 수 없다면 국가경쟁우위가 생산성에 충분히 반영되지 못한다. 정부는 해외의 모든 국가에서 자국기업이 활발하게 시장에 접근할 수 있도록 개방정책을 추구해야 한다. 무역정책은 정치적 영향력을 행사할 수 있거나 국민적 불만이 있는 산업에 대하여 수동적으로 응답하는 것이 아니라 자국이 경쟁우위가 있는 곳이면 어디든지 시장 개방을 위하여 노력하는 것이다.

무역정책은 국내 기업이 해외에서의 시장 접근성에 차별을 받거나 불이익을 받지 않도록 대외정책을 추진하는 것이지 국내의 경쟁자를 보호하는 것이 아니다. 그러므로 외국기업도 본국에 자유롭게 접근할 수 있도록 시장을 적극적으로 개방해야 한다. 일부 국가에서 정책적으로 관리된 무역을 통해 국내 산업을 보호하려는 정책을 펼치지만 이는 산업과 경제의 발전을 느리게 할 뿐이다. 무엇보다도 정부는 무역정책을 통해 불공정한 관행 및 무역장벽을 제거하기 위하여 노력해야 한다.

⑥ 외국기업의 국내투자

외국 기업의 국내투자에 대한 정책은 국가의 주권 및 국내 산업에 대한 영향 문제로 인해 오랫동안 정부의 이슈가 되어 왔다. 외국기업의 국내진출은 국내기업 간 경쟁을 자극하고 혁신을 유도함으로써 경제의 생산성이 향상되는 과정의 일부가 될 수도 있다.

그러나 포터는 다국적기업의 투자에 대하여 주식의 시세차익을 기대하는 소극적 투자의 경우는 국가 경제에 큰 문제가 되지 않지만 경영에 참여하는 적극적 투자는 본국 기업이 외국기업과 경쟁할 준비가 되어있지 않은 상태에 있을 경우에는 국가경쟁우위 향상에 별 도움이 되지 않는다는 견해를 보였다. 외국기업의 국내투자가 국가경쟁우위 향상에 미치는 효과에 대하여는 국제경영학계의 학문적 논쟁을 거치며 포터의 다이아몬드 모델이 발전하는 계기가 되었다.

4 국가 경제의 경쟁적 발전

각 국가는 비교 대상 산업에 있어 각기 다른 경쟁적 발전 단계에 있다. 기업의 경쟁전략은 단계별로 달라야 하며, 정부정책도 경쟁적 발전 단계에 따라 차이를 보여야 한다. 국가 경제의 발전은 경쟁우위의 원천이 보다 세련된 방향으로 이동하거나 생산성이 더 높은 분야 또는 산업으로 이동하는 것이다.

국가 경제의 발전 단계는 개념적으로는 요소지향, 투자지향, 혁신지향, 부지향의 단계를 거치지만, 이동 프로세스는 여러 경로를 택할 수도 있고, 하나의 경로만 있는 것은 아니다. <그림 2-6>에서와 같이 경쟁적 발전의 단계는 산업의 경쟁우위의 원천이 무엇인지에 따라 요소지향(Factor), 투자지향(Investment), 혁신지향(Innovation), 부지향(Wealth)의 네 단계로 구분할 수 있다.

경제적 발전 단계에 있어 한 국가의 경제가 혁신지향 단계까지 발전하기는 매우 어렵다. 투자지향 단계에서 다시 요소지향 단계로 후퇴할 수도 있고, 혁신지향 단계에 진입하였다가 다시 투자지향 단계로 후퇴할 수도 있다. 대부분의 국가들은 여러가지 요인들로 인해 요소지향 또는 투자지향의 단계를 넘어서지 못한다. 혁신지향 단계에서도 지속적으로 혁신이 일어나지 않으면 부지향 단계로 접어들어 쇠퇴하기 시작한다. 일단 쇠퇴의 사이클에 진입하면 빠져나오기 힘들다.

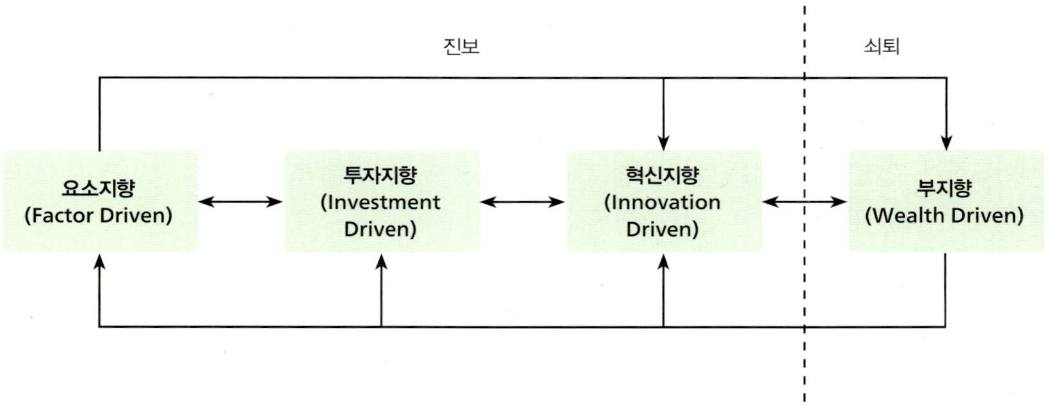

<그림 2-6> 국가 경제의 경쟁적 발전 단계

1) 요소지향 경제

요소지향 경제에서 기업은 저렴한 생산요소를 토대로 낮은 수준의 제품 및 공정 기술을 필요로 하는 분야에서 가격을 무기로 경쟁한다. 요소조건의 우위만 가진 다이아몬드에서는 국제적 측면에서 성공적으로 경쟁할 수 있는 산업의 폭이 제한적이다. 이 단계에서는 천연자원이나 값싼 노동력과 같은 기초적 생산요소가 경쟁력의 원천이 된다. 요소지향 경제는 세계적 경기변동 및 환율변동에 매우 취약하다. 역사적으로 소수의 국가만이 요소 지향의 단계를 넘어서는데 성공하였다.

2) 투자지향 경제

투자지향 경제의 경쟁우위는 국가 및 기업의 적극적 투자 능력에 의존한다. 이 단계에서 기업들은 세계 시장에서 경쟁하기 위해 비용 절감, 품질 향상, 신제품 개발 및 공정 현대화 등을 위해 투자를 확대한다. 그리고 라이선스 및 합작투자 등의 방식으로 외국의 선진 기술도 도입한다. 국가는 일반적 기초요소를 전문화된 고급요소로 발전시키고 현대적 인프라를 구축하기 위해 투자를 지원한다.

투자지향 단계에서의 경쟁우위는 요소조건뿐 아니라 기업전략·구조 및 경쟁 부문에서도 창출된다. 근로자와 기업의 성취동기는 높고 국내경쟁이 치열해진다. 기초적 요소조건의 우위가 아직 남아있지만 저렴한 고급요소 창출 메커니즘을 개발하여 요소조건의 고도화를 추진한다. 이 단계에서 국내 수요는 아직 세련되어 있지 않다. 생활수준이 개선되고 있기는 하지만 아직 낮은 수준이고 세련된 산업 기반이 이제 서서히 나타나는 단계이기 때문이다. 이 단계에서 성공할 수 있는 산업은 국내의 환경적 여건으로 인해 타국에 비해 비교적 국내의 시장수요가 활성화되어 있는 분야이다.

관련 및 지원산업 분야는 아직 발달하지 않는다. 생산은 거의 외국 기술과 장비에 의지하며 심지어 부품도 외국산에 의존한다. 투자지향 단계에서 요소가격이 급격히 상승하면 가격에 민감한 산업 부문에서 경쟁우위를 상실하기 시작한다. 이 단계에서 정부는 요소를 창출하고 업그레이드하기 위한 투자의 선두에 있어야 한다. 이를 통해 혁신단계로 이동하지 못하면 다시 요소지향 단계로 퇴보한다.

3) 혁신지향 경제

혁신지향 경제에서는 다이아몬드의 결정요소 간 상호작용이 활발하게 일어난다. 국가는 고급의 전문적 요소를 창출하면서 지속적 혁신을 통해 공정기술을 발전시킨다. 기업들도 글로벌 전략을 발전시키고, 관련 및 지원산업도 발달한다. 수요도 고도화되고 다국적 기업을 통해 국제화된다. 기업은 해외에서 도입한 기술을 단순히 활용하고 개선하는 단계를 넘어 새로운 형태의 기술을 창출하며 요소 창출을 주도하게 되므로 혁신지향 단계라 할 수 있다.

혁신지향 경제에서 정부의 역할은 이전 단계와 달라야 한다. 자본 배정, 시장 보호, 진입규제와 같은 직접적 개입은 경쟁력을 오히려 떨어뜨린다. 정부는 더욱 고급화된 요소 창출을 촉진하고 국내 수요의 질을 개선하며 창업을 장려하고 국내 경쟁을 촉진하면서 보다 간접적 지원 방식을 채택해야 한다.

4) 부지향 경제

산업의 경쟁우위를 향상시키는 역동적 프로세스를 유지할 수 있으면 국가는 혁신지향 단계까지 진화할 수 있다. 마지막 단계인 부지향 단계는 결과적으로 쇠퇴의 단계이다. 이 단계의 문제는 과거의 부에 의존하기 때문에 그 부를 유지할 수가 없다는 것이다. 투자자, 경영자 및 개인들의 동기부여가 지속적 투자 및 혁신에서 멀어지는 방향으로 변하고 이는 결과적으로 국가경제의 발전을 저해하게 된다. 경쟁적 지위를 개선하기보다는 유지하는데 주력하는 과정에서 나타나는 경쟁의 쇠퇴, 투자의욕 저하, 정부정책에 영향력 행사를 통한 보호주의 채택 등이 종종 문제의 근원이 될 수 있다.

부지향 경제에서는 과거 누적된 투자로 요소우위가 잔존하고 있다. 그러나 기업 및 근로자의 동기가 떨어지고 경쟁이 약화된다. 국내 기업들이 고차원적인 경쟁우위를 상실해가면서 많은 기업들이 다운사이징을 감행하고 가격 경쟁에 의존하기 시작한다. 관련 및 지원산업 클러스터도 약화된다. 그 결과 실업률이 증가하고 생산성 향상의 의욕이 저하되며, 개인 소득도 떨어지게 되어 내수의 질과 세련도가 저하되는 악순환에 빠지게 된다.

부지향 경제는 기존의 부를 이용해서 경제를 유지하지만 종국적으로는 종말로 치닫게 된다. 국내 산업에는 투자가 저조하지만 해외직접투자는 상당하다. 그러나 해외직접투자도 본질이 노하우 또는 본국 기반의 혁신적 포지션을 이전하는 것이 아니라 순수한 금융투자로 전환된다. 이 단계가 진행되면서 많은 기업들은 어려움에 처하게 되고 실업률도 높아지며 삶의 질 저하로 이어진다.

5) 경쟁적 단계의 발전을 위한 조건

경제가 더 발전된 단계로 진화하기 위해서는 다이아몬드의 결정요소들이 각각 고도화되면서 상호작용을 통해 경쟁우위의 원천으로 발전할 수 있도록 작용해야 한다. 이를 위해서는 생산요소의 양과 질을 고도화할 수 있는 요소 창출 메커니즘이 존재해야 하며, 근로자 및 기업에게 더 높은 임금, 더 많은 수익, 창업 및 기업 확장에 대한 동기가 있어야 한다. 이와 함께 수요의 질을 향상시키려는 세련된 구매자 집단이 있어야 한다. 그리고 기업간 치열한 경쟁이 존재해야 한다. 때로는 발달이 미진한 요소부문에서의 선택적 열위가 적절한 동기부여와 경쟁을 통해 경쟁우위를 향상시키는 원천이 될 수도 있다. 이 외에도 관련 및 지원산업 클러스터가 발전할 수 있도록 새로운 비즈니스 창출 메커니즘도 필요하다.

국가가 일정 수준의 소득 및 부를 축적하기 전까지의 위험요소는 경제가 부지향 단계로 이동하는 것이 아니라 현 단계보다 후퇴하는 것이다. 국가는 경쟁적 단계의 어느 단계에 있든지 진보하지 않고 후퇴할 수 있다. 요소 창출의 지연, 수요의 질 저하, 기업가 및 근로자 의욕의 저하, 경쟁의 약화 등은 경제의 진화를 저해하는 요소이다. 오랜 기간 부를 누려온 국가도 부지향 단계로 접어들어 후퇴의 사이클을 타게 되면 이를 벗어나기는 어렵다.

정부의 산업정책은 경쟁적 발전의 단계에 따라 달라져야 한다. 경쟁적 발전의 단계 중 요소지향 또는 투자지향 단계에서 정부정책의 영향이 가장 크고 직접적이다. 경쟁적 발전의 초기 단계에서 정부는 자본을 축적하고, 교육과 인프라를 개선하기 위하여 요소 창출을 주도한다. 하지만 혁신지향 단계에서 이런 정책을 계속하는 것은 오히려 반 경쟁적, 반 생산적 효과를 낳는다. 국가가 투자지향 단계에서 혁신지향 단계로 이동하려면 국가가 아니라 기업이 중심이 되어야 한다. 혁신지향 단계에서 정부는 기업이 혁신적이고 역동적으로 활동할 수 있는 환경 조성에 주력해야 한다. 즉, 혁신지향 단계에서 정부의 역할은 직접적 행위자가 아니라 촉매나 정보제공자와 같은 간접적 지원자로 변화된다. 그러므로 경쟁적 발전의 단계가 혁신지향 단계에 이르게 되면 직접적 개입은 줄이고 수요조건을 고도화하며, 엄격한 표준을 설립하고, 경쟁을 촉진하는 정책이 더욱 필요하다. 산업의 경쟁적 발전 단계가 진화하는데 정부정책이 함께 진화하지 않으면 정부가 산업의 발전을 지연시키고 방해하게 될 것이다.

제3절 국가경쟁우위 이론의 발전 및 사례

포터의 다이아몬드 모델은 다양한 학자들의 토론과 논쟁을 거쳤다. 그러나 이는 정부정책의 영향력이나 모델의 동태적 발전 단계 등에 관한 것이 아니라 다이아몬드 모델과 관련하여 국가경쟁우위의 결정요소의 범위를 국내로 보아야 할지 아니면 국내외 다국적 기업의 활동을 포함한 해외 요인까지 감안해야 할지에 대한 논의가 중심이었다.

1 다국적기업론을 가미한 더닝의 다이아몬드 모델[29]

더닝(Dunning)은 영국 출신의 경제학자로서 다국적기업의 해외직접투자 활동을 분석하여 그간의 해외직접투자이론을 통합하여 절충이론(Eclectic Paradigm; OLI paradigm)을 제시한 국제경영학의 대가이다. 더닝의 절충이론은 해외직접투자의 필요충분조건으로써 기업 특유의 경쟁우위 요소(Ownership), 입지적 우위 요소(Location), 내부화 우위 요소(Internalization)를 제시한다. 간단히 설명하면, 더닝의 절충이론은 다국적 기업(MNE: Multinational Enterprise)이 해외직접투자를 결정하려면 우선 기업 특유의 경쟁우위 요소를 갖고 있어야 하며, 투자대상국가가 입지적 우위를 갖고 있어야 하고, 독점적 경쟁우위를 외국기업에게 라이선싱하기보다는 내부화를 통해 내부거래로 이전하는 것이 더 유리해야 해외직접투자가 일어난다는 이론이다.[30]

더닝은 다국적기업의 해외기업 활동에 관한 연구를 토대로 다국적기업의 국제기업 활동을 포터의 다이아몬드 모델의 외생변수로 추가하여 보완하였다. 포터의 다이아몬드 모델은 기본적으로 국내의 경쟁관계 및 국내의 관련 및 지원산업 간 협력망 구축, 국내의 자원에 대한 요소조건 및 수요조건 등을 전제로 하는 모델이다. 더닝은 다국적기업의 국제기업 활동은 국내 다이아몬드의 상호관계에 영향을 줄 뿐만 아니라 투자국 및 투자유치국의 정부정책까지 영향을 주고받는다는 점을 지적하였다. 한국은 물론 미국 조차도 현재 다국적 기업으로부터 직접투자를 유치하기 위해 정부가 적극적인 노력을 기울이고 있다.

---

[29] Dunning, John H. (1993). Internationalizing Porter's Diamond. Management International Review, v.33(2), 7-15.

[30] Dunning, John H. (1992). Multinational Enterprises and the Global Economy. Addison-Wesley Publishing Company.

90년대 이후 급속히 전개된 경제활동의 세계화는 모든 종류의 상업적 거래가 이루어지는 복잡한 국경 간 네트워킹화를 의미하며, 이런 네트워크를 통해 전 세계는 국가 간 긴밀하게 연결되었다. 이런 환경에서 다국적기업이 세계경제에서 차지하는 역할과 비중은 매우 크다. 다국적기업은 국내기업이 소유하거나 통제하는 자산을 외국에서 사용하거나 부가가치를 높이는 활동을 통해 외국에서 새로운 자산을 창출하기도 한다. 다국적기업은 해외 생산기지 건립 및 마케팅 활동 과정에서 해외 생산요소의 활용, 해외 수요 창출, 해외 공급망 구축 등을 통해 전 세계를 하나의 무대로 삼아 기업 활동을 하고 현지기업과 직접 경쟁한다. 다국적기업은 국경을 초월한 시장거래를 통해 저렴한 중간재 시장 확보, 규모의 경제 또는 범위의 경제 실현, 지리적 위험의 분산 등을 통해 글로벌 시장의 거래비용을 현격히 낮출 수 있다. 세계 무역의 4분의 3 정도는 다국적 기업이 담당하고 있으며, 이 중 상당 부분은 동일한 기업의 내부 거래이다. 이런 차원에서 다국적기업은 다이아몬드내 다른 어떤 경제주체보다도 경쟁우위 형성에 중요한 역할을 할 수 있다. 해외직접투자가 투자유치국가의 경제를 어떻게 향상시켰는지에 대한 연구는 무수히 많다.

정부정책도 세계화를 추진하는 다국적기업의 기업 활동에 영향을 주고받는 시스템으로 변화했다. 이렇게 본다면 포터의 국내 다이아몬드에 다국적기업의 경제활동을 중요한 외생변수로 추가하여 확장해야 한다. 유럽 내에서 다국적기업은 경제 통합의 주요 원동력 중 하나이다. 다국적기업은 유럽 내 시장의 내부화를 통해 유럽 전체의 국가 다이아몬드를 지역화하고 있다. 이는 19세기 후반 미국이 개별 주를 통합하여 국가 경제의 지역화로 이어진 것과 동일한 방식이다. 이런 경우 국제경영에 있어 국가적·정치적 경계는 무의미해진다. 다이아몬드의 원리는 여전히 유효하지만 다이아몬드의 지리적 구성요소는 다른 기준으로 정립되어야 한다.

다국적기업의 해외 진출에 따른 투자유치국의 경쟁력 향상 메커니즘은 <그림 2-7>에서와 같다. 영국의 어느 지역에 진출한 미국 기업들은 지역정부의 지원으로 산업 클러스터를 형성하며 관련 산업들을 발전시키게 되었다. 외국기업의 직접투자 진출은 투자유치국 기업과의 경쟁 및 소비자의 선택 폭을 넓혀주면서 경쟁우위를 결정하는 다이아몬드 각각의 요소에 영향을 주어 해외직접투자(FDI) 투자유치국의 경쟁력 향상에 기여하게 된다. 중국의 경우 인바운드 FDI는 중국 GDP성장의 2-2.5%를 기여했고, 해외투자기업들은 중국의 전체 산업수출의 48%를 차지하였다. 그리고 해외투자기업의 노동생산성이 중국기업의 2배가 되는 것을 볼 수 있었다. 자본과 기술이 부족한 경우 해외직접투자를 유치하여 산업의 발전을 도모하는 경우는 흔히 볼 수 있다. 이런 경우 정부정책은 해외직접투자를 유치하기 위한 다양한 유인책을 강구하게 된다.

한국의 경우 넷플릭스가 한국의 방송영상산업시장에 진입한 이후 방송영상산업의 경쟁이 더욱 치열해졌고, 공급자산업까지 활성화되었다. 그리고 거대한 자본을 기반으로 다양한 콘텐츠를 제작·출시함에 따라 한국의 방송영상산업의 요소조건 확충 및 수요조건의 고도화에도 긍정적 영향을 주었다. 넷플릭스가 한국의 방송영상산업의 국가경쟁우위에 미친 영향에 대하여는 별도로 상세히 검토하기로 한다.

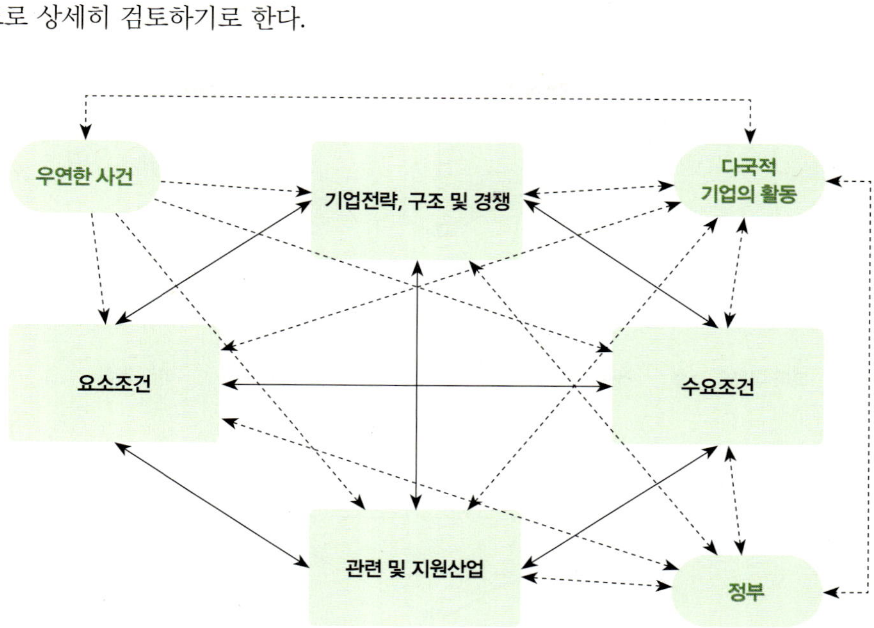

<그림 2-7> 다국적기업론을 가미한 다이아몬드 모델

2 러그만의 더블 다이아몬드 모델

포터가 다이아몬드 모델을 발표한 이후 각국의 경제적 상황에 대한 모델 적용 사례를 통해 포터 모델의 적용타당성에 대한 논쟁과 이론적 보완이 계속해서 이루어져왔다. 캐나다 토론토 대학의 교수였던 러그만(Rugman A.)은 캐나다의 사례를 들어가며 다이아몬드 모델이 기업의 국제적 활동을 너무 과소평가하고 있다고 지적하였다. 러그만에 의하면, 포터의 다이아몬드 모델은 해외직접투자는 투자국의 경쟁우위를 창출하지만, 투자유치국 입장에서는 외국 기업이 설립한 자회사는 경쟁우위의 원천이 아니며 토착기업들이 경쟁할 준비가 안되어 있기 때문에 해외직접투자유치가 건강한 것만도 아니라며 이를 과소평가하고 있다.

캐나다의 경우에 무역의 70%이상이 다국적기업에 의해 이루어지고 있고, 그중 50%는 외국인 기업이다. 즉, 다국적기업의 현지 자회사가 캐나다의 국가경쟁력 향상에 크게 기여하고 있는 것이다. 포터가 언급한대로 캐나다는 풍부한 자원을 수출하는 요소지향의 경제이지만 낮은 단계의 경쟁우위나 저렴한 요소가격에 의존하는 방식이 아니라 요소의 가공과 정제를 통해서 지속적 경쟁우위를 창출하고 유지하고 있으며, 이런 활동이 다국적기업으로 성장한 캐나다 토종 기업에 의해서 이루어진 것임을 놓치고 있다.

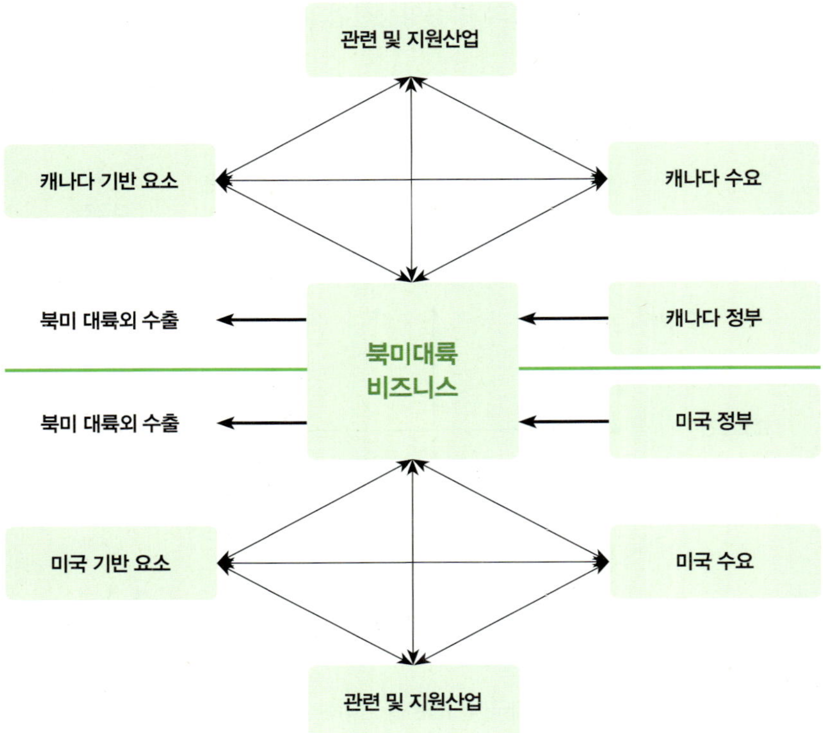

<그림 2-8> 러그만의 더블 다이아몬드 모델

캐나다의 수출 대부분은 미국 향이며, 미국은 캐나다의 북미자유무역협정 당사국이다. 그런 측면에서 캐나다의 다이아몬드는 캐나다보다는 차라리 미국의 다이아몬드가 더 적절하다고 본다. 캐나다뿐 아니라 호주, 뉴질랜드, 핀란드, 덴마크, 아시아 및 남미의 일부 국가들도 본국 다이아몬드는 작지만 미국, 유럽, 일본의 3대 시장을 통해 협소한 국내시장의 한계를 극복해왔다.[31]

포터의 다이아몬드 모델은 글로벌 기업이 본국 다이아몬드의 결정요소의 성공적 활용을 통해 지속적 경쟁우위를 창출하는 것으로 설명한다. 포터의 모델은 미국, 유럽, 일본에 토대를 둔 다국적기업들에게는 적용되지만, 기타 작은 경제체제에는 국내와 해외의 두 개의 다이아몬드를 가정하고 분석해야 한다. 러그만(Rugman)과 디크루즈(D'Cruz)에 의하면, 캐나다의 경영자와 정책결정자들은 캐나다의 국제경쟁력 향상을 위해서 캐나다와 미국의 다이아몬드를 함께 고려해야 한다. 캐나다는 이미 미국과 고도로 통합된 시장이다. 몇몇 소규모의 국제화되지 않은 사업의 경우는 캐나다의 다이아몬드를 토대로 분석할 수 있지만 대부분의 제조업은 전 세계

[31] Rugman, Alan M. (1991). Diamond in the Rough. Business Quarterly, Winter, 61-64.

적으로 경쟁하고 있다. 특히, 미국시장과 캐나다 시장이 통합되어 있음을 감안할 때 북미대륙 다이아몬드를 상정하고 경쟁우위를 분석해야 한다. 작은 나라의 다국적기업도 자국보다는 해외의 보다 큰 다이아몬드에서 보다 커다란 기회를 확보할 수 있다. 더블 다이아몬드 접근은 미국, 일본, 유럽을 제외한 거의 모든 국가에서 적용 가능하다. 러그만은 이를 토대로 국내시장 분석에 의존하는 포터의 다이아몬드 모델을 발전시킨 <그림 2-8>의 더블 다이아몬드 접근법을 제시하였다.[32]

3 문휘창, 러그만, 버베키의 일반화된 더블 다이아몬드 모델[33]

포터는 자국 다이아몬드 구성요소의 성공적인 활용을 토대로 지속적 국가경쟁우위를 확보해야 한다고 주장한다. 그러나 러그만(Rugman)과 디크루즈(D'cruz)는(1993) 캐나다의 국제경쟁력이 포터의 본국 다이아몬드만으로는 설명되지 않는다고 주장하며, 해외요인을 감안한 더블 다이아몬드 모델을 제시하였다. 특히, 캐나다는 본국의 자체 다이아몬드보다는 캐나다-미국 자유무역협정으로 시장이 통합된 특성도 있으므로 포터 모델의 수정이 필요하다고 하였다. 이를 위해 미국과 캐나다의 다이아몬드를 연결한 보다 커다란 북미 다이아몬드를 제시하며 캐나다가 글로벌 경쟁력을 갖는 것은 캐나다내에서 활동하는 외국기업에 기인한다고 설명하였다.

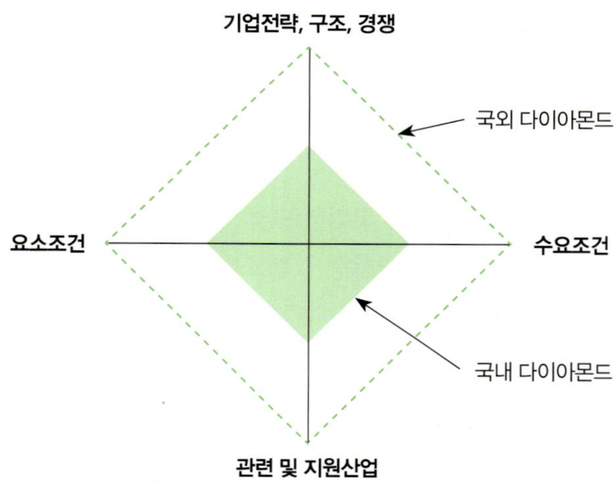

<그림 2-9> 문휘창·러그만·버베키의 일반화된 더블 다이아몬드 모델

[32] Rugman, Alan M. & D'Cruz, J. R. (1993). The "double diamond" model of international competitiveness: The Canadian experience. Management International Review, 33(2), 17-39.

[33] Moon, Hwy-Chang, Rugman, Alan M. & Verbke, A. (1998). A generalized double diamond approach to the global competitiveness of Korea and Singapore. International Business Review, v 7(2), 135-150.

기술한 바와 같이 더닝도 다국적기업의 해외직접투자를 외생변수로 추가하여 포터의 다이아몬드 모델을 보완한 바 있다.

한편 문휘창, 러그만(Rugman), 버베키(Verbeke)는 러그만의 더블 다이아몬드 모델을 캐나다뿐 아니라 모든 나라에 적용할 수 있는 일반화된 더블 다이아몬드 모델로 발전시켰다. 이들은 다국적기업의 기업 활동이 국내 다이아몬드 구성요소 모두에 영향을 주기 때문에 다국적기업을 또 하나의 외생변수로만 여기는 것은 적절치 않고 다이아몬드가 국내와 국외 두 개가 있다는 관점에서 분석할 것을 제시하였다. <그림 2-9>는 국가경쟁우위를 설명하는 다이아몬드는 국내와 국외의 것이 각각 존재한다는 일반화된 더블 다이아몬드 모델을 보여준다.

일반화된 더블 다이아몬드 모델과 포터 모델은 방법론적으로 두 가지가 다르다. 첫째, 포터는 국내기업의 경쟁을 강조하며 외국기업의 활동을 연계하지 않는다. 그러나 산업의 경쟁우위는 국내 및 외국 기업 모두로부터 발생할 수 있다. 둘째, 경쟁우위의 원천이 여러 나라에 걸친 가치사슬을 통해서 창출되고 유지될 수도 있다. 포터는 본국을 토대로한 클러스터의 형성과 발전을 통해서 경쟁우위를 얻고 세계시장은 수출의 대상이 되는 곳임을 강조한다. 포터의 다국적 경영 활동에 대한 제한된 견해는 싱가폴 경제를 과소평가하게 된다. 포터는 싱가폴이 저임금의 잘 훈련된 인력, 효율적 인프라에 이끌린 다국적기업의 생산기지로 보았다. 이경우 싱가폴의 경쟁우위의 주된 원천은 지리적 요인 및 인력 같은 기본적 요소들이다. 그러나 실제로는 싱가폴의 성공은 주로 다국적기업에 의한 싱가폴에 대한 해외직접투자에 기인하고, 싱가폴 다국적기업에 의한 해외직접투자도 일정부분 기여하였다. 즉, 싱가폴의 경쟁우위는 국내 및 국제 다이아몬드 구성요소의 결합에서 발생하였다. 한국의 경쟁우위를 설명하는 경우에도 다국적기업의 활동이 중요하다. 한국은 90년대부터 급속한 임금인상으로 더 이상 저임금 국가, 즉, 요소비용이 저렴한 국가가 아니다. 한국기업들은 저렴한 노동력을 얻을 수 있는 국가로 생산활동을 이전하였고, 선진국으로부터 선진기술을 도입하여 생산력을 향상시켰다. 모두 다국적 경영 활동이다. 이렇듯 싱가폴과 한국 모두 국내시장은 협소하지만 다국적기업 활동으로 경쟁우위를 확보한 사례에 해당한다. 일반화된 더블 다이아몬드 모델을 토대로 한국과 싱가폴의 사례를 설명하면 다음과 같다.

1) 요소조건

한국과 싱가폴의 경우 국내의 잘 훈련되고 비교적 저렴한 노동력에 의존하지만, 때로는 노동력이 더 저렴한 중국 및 동남아에 투자하여 원가우위를 달성하기도 한다. 그리고 여전히 선진국으로부터의 첨단기술 도입을 위해 다국적기업을 유인하고 있다. 즉, 한국과 싱가폴은 아웃바운드 및 인바운드 양 방향의 해외직접투자가 요소조건향상에 있어 매우 중요하다.

2) 수요조건

수요조건에 있어서 국내시장의 절대적 규모보다 성장율이 더 중요하다. 빠른 성장율은 기업의 신기술 채택 및 투자확대에 대하여 보다 더 적극적으로 움직이게 할 수 있기 때문이다. 국내 구매자들이 제품 및 서비스에 대하여 보다 세련되고 까다로우면 경쟁우위 창출은 더 유리해진다. 교육수준이 높으면 소비의 세련도를 증가시킨다고 가정할 수 있다. 한편 수출규모가 작고 시장도 몇 개 국가에 그친다면 해외 수요조건은 발달하지 않은 것이지만 보다 다양한 나라에 수출하고 수출규모도 커지면 해외 수요조건은 더욱 고도화되고 성장하게 된다.

3) 관련 및 지원산업

오늘날의 글로벌 비즈니스환경에서 관련 및 지원산업을 국내에 주로 의존하는 것은 효율적이지도 바람직하지도 않다. 현대적 인프라시설은 선진화된 요소로 볼 수도 있으나 관련 및 지원산업으로서 물리적 인프라로 볼 수도 있다. 국내외의 글로벌 비즈니스 환경에서 관련 및 지원산업을 찾아 활용하는 것이 보다 더 생산적이며 경쟁우위 향상에 도움이 될 것이다.

4) 기업전략·구조 및 경쟁

포터는 경쟁우위 창출에 있어 치열한 국내경쟁을 매우 중요시했다. 이는 미국과 같은 경제규모가 큰 나라에는 맞을 수 있으나 캐나다, 한국, 싱가폴 같이 경제규모가 작은 경우에는 그렇지 않다. 한국과 싱가폴의 성공적 기업은 국내경쟁보다도 오히려 국제적 경쟁에 더 신경을 쓴다. 즉, 경쟁의 범위가 국경을 넘어 글로벌하게 확대될 수 있는 것이다.

5) 한국과 싱가폴의 더블 다이아몬드 비교

한 국가가 가지고 있는 국내 및 국외 다이아몬드를 이와 같은 방식으로 분석해보니 <그림 2-10>에서 보는 바와 같이 한국은 싱가폴보다 더 큰 국내 다이아몬드를 가지고 있으나 국외 다이아몬드는 싱가폴이 한국의 것보다 더 컸다. 그 뿐만 아니라 한국의 국외 다이아몬드는 국내 것과 비슷하다. 반면 싱가폴은 부족한 국내 노동력을 보충하기 위해 적극적으로 아웃바운드 FDI를 하고 해외자본과 기술을 획득하기 위해 인바운드 FDI 역시 적극적으로 추진해왔다. 싱가폴의 다이아몬드가 한국의 다이아몬드보다 더 건강한 다이아몬드로 보인다. 한국의 경우는 정부의 강력한 정책적 개입을 시도해왔다. 관련 및 지원산업을 위해서 대덕연구단지와 같은 산·학·연 복합연구단지를 조성했고, 국내의 협소한 시장을 극복하기 위해 수출을 독려하였다. 외국기업에 대한 진입장벽도 낮추고 기업전략·구조 및 경쟁에 있어서도 글로벌화를 강조하였다. 한국은 현재 요소조건에 있어 경쟁력이 약하다. 이를 극복하기 위해서 동남아 및 중국 등에 직접투자를 진행할 필요가 있다. 즉, 한국의 경쟁우위를 유지·강화하기 위해서는 아웃바운드 및 인바운드 FDI가 모두 중요하다. 한국정부의 중요한 역할은 다양한 규제를 완화하고 양방향 FDI에 대한 우호적 환경을 제공하는 것이다.

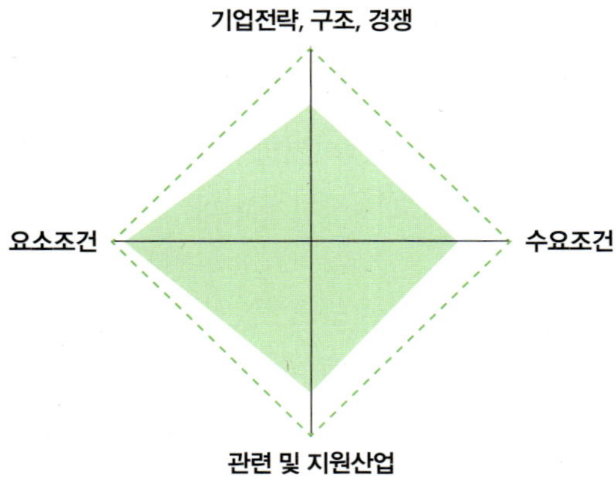

<한국의 국가경쟁력 다이아몬드>

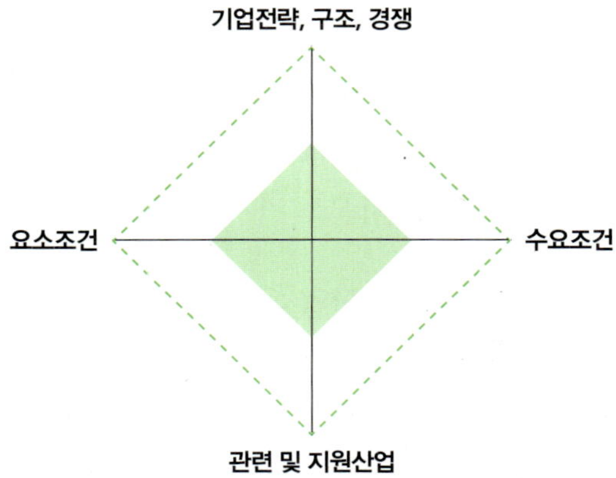

<싱가폴의 국가경쟁력 다이아몬드>

<그림 2-10> 한국과 싱가폴의 국가경쟁력 더블 다이아몬드 비교

4 조동성의 9 팩터 모델[34]

포터의 다이아몬드 모델은 서구의 자유주의 정신에 바탕을 두고 발전한 자유시장경제를 토대로 하고 있다. 한국은 미국과 달리 국내의 자본과 기술을 토대로 성장한 것이 아니라 외국자본과 기술을 바탕으로 정부의 지원과 함께 성장하였다. 한국의 국가경쟁력을 평가하기 위해서는 한국이 자본과 기술, 부존자원 등 성장에 필요한 거의 모든 요소를 정부와 기업가가 해외로부터 도입하거나 창출해왔다는 점을 주목해야 한다. 그런 의미에서 한국경제를 이끌어 온 가장 중요한 원동력은 풍부하고 다양한 양질의 인적자원이었다.

그러므로 한국과 같은 나라의 국가경쟁력을 제대로 평가하기 위해서는 물적요소와 인적요소를 구분하여 살펴볼 필요가 있다. 물적요소로는 특정시점에 한 국가의 산업이 가진 물적자원, 시장수요, 경영환경, 관련 산업 등을 포함한다. 그리고 인적요소는 기업의 전략을 주도하는 기업가, 전문경영자와 기술자, 근로자, 정치가와 행정관료라는 결정주체를 구성요소로 한다. 이 외에 순수한 외부환경요인으로서 기회를 포함할 수 있다.

포터의 다이아몬드 모델을 조동성은 이와 같이 한국의 성공 사례에 착안하여 물적요소와 인적요소를 따로 구분하고, 기회요인을 추가한 9 요소를 가지고 재구성하여 <그림 2-11>과 같은

[34] 조동성. (1995). 국제경영. 경문사

국가경쟁력의 '9 팩터 모델'을 제시하였다. 산업정책 연구원이 매년 실시하는 국가경쟁력 평가는 '9팩터 모델'을 사용하고 있다.

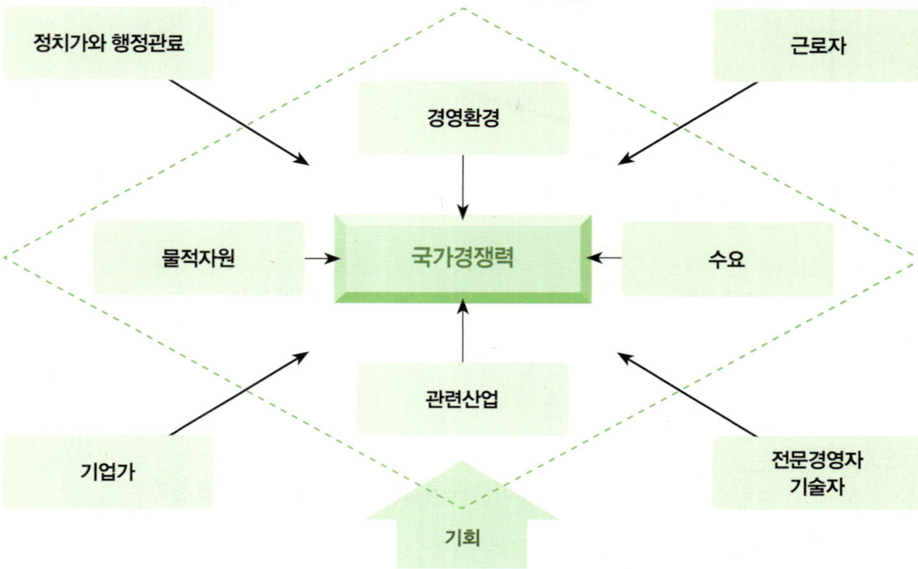

<그림 2-11> 국가경쟁력의 9팩터 모델

물적요소는 상품 및 서비스를 생산하고 판매하는 데 영향을 미치는 결정객체로 볼 수 있다. 물적자원은 부존자원과 창출자원으로 구분할 수 있다. 창출자원은 노력과 투자를 통해 창출한 물적자원, 재무자원, 기술, 사회간접자본 등을 포함한다. 경영환경은 시장 메커니즘에 대한 시장구성원의 인식과 신용, 조세제도를 들 수 있다. 아울러 산업차원의 경영환경은 경쟁자의 수 및 진입장벽, 조직 및 구성원의 목표 등을 포함한다. 관련 산업은 가치사슬로 연계된 전후방 산업 및 금융, 보험, 정보, 수송 등 이를 지원하는 산업을 말한다. 수요변수는 시장규모 뿐 아니라 시장마다의 질적인 특성이 경쟁력의 중요한 원천이 된다.

인적요소는 위의 네 가지 물적요소를 활용하여 경쟁력을 변화시키는 결정주체이다. 근로자는 단순 노동자로서 임금수준, 교육수준, 조직에 대한 소속감, 근무태도 등이 중요하다. 정치가와 행정관료는 경제발전 목표를 수립하고 정책을 수립, 집행할 수 있는 인적자원이다. 기업가는 불확실한 미래의 위험을 감내하며 기업을 일으키는 창업가를 말한다. 전문경영자와 기술자는 치열한 국제경쟁속에서 효율적인 제품개발 및 생산, 서비스 관리 등에 관한 전문가를 의미한다.

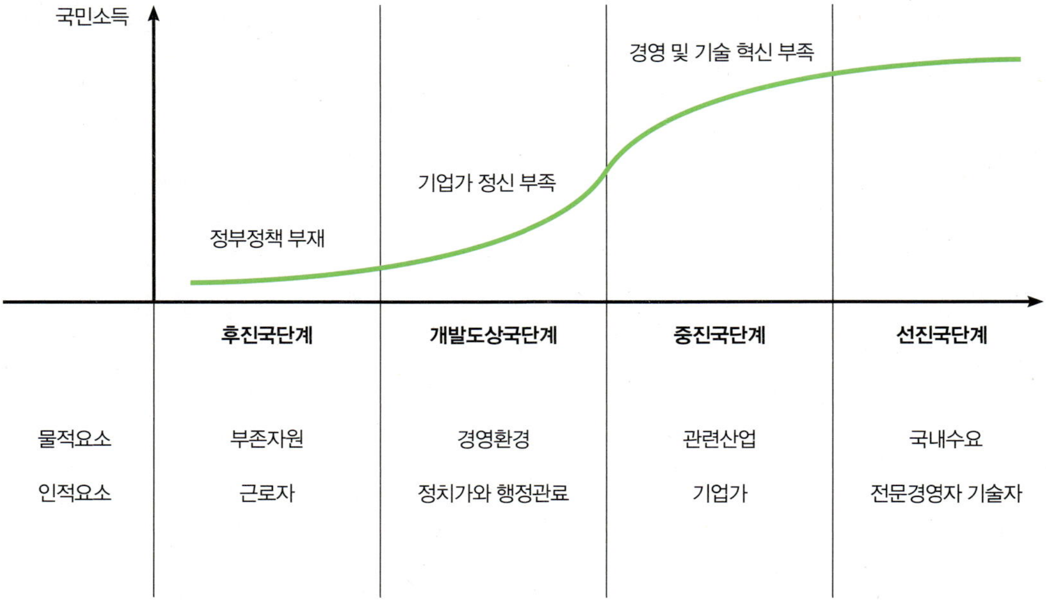

<그림 2-12> 경제발전에 따른 국가경쟁력 결정 주요 요소의 변화

국가경쟁력을 결정하는 9개 요소들이 있지만 국가별 산업발전 단계에 따라 주도적 역할을 하는 결정요소들은 다르다. <그림 2-12>은 경제발전 단계에 따라 국가경쟁력 창출에 무엇이 더 중요한 요소인지를 보여준다. 경제발전이 이루어지기 이전의 후진국 단계에서는 국가경쟁력의 원천 중 부존자원과 근로자만이 존재한다. 이 단계에서는 정부나 근로자들이 새로운 자원을 창출할 수 있는 경영능력이나 기술을 갖고 있지 않다.

개발도상국 단계에서는 정부정책의 중요성이 커지고 부존자원을 활용하는 능력이 축적되며 근로자들의 숙련도가 향상되는 단계이다. 이 단계에서는 정치가와 행정관료가 적극적 산업정책을 통해 재무자원과 사회간접자본을 확충하며 부존자원과 노동력을 결합시켜 국가경쟁력 향상에 주도적 역할을 한다.

중진국 단계에서는 기업가가 위험을 무릅쓰고 과감한 투자를 통해 국가경쟁력을 향상시켜 가는 단계이다. 이 단계에서 정부는 경제를 직접적으로 주도하지 않고 기업가의 적극적 투자를 유도하는 환경을 조성하며 간접적 역할을 한다. 중진국 단계에서 국가경쟁력 창출의 원천이 되는 물적요소는 관련 산업이며, 인적요소는 도전의식과 위험을 감내하는 기업가정신이다.

마지막으로 선진국 단계에서는 적극적 투자를 통해 규모의 경제를 실현한 기업가보다는 경영 효율성을 추구하고 혁신을 지향하는 전문경영자와 기술자가 주도적 역할을 해야 한다. 이 단계에서는 관련 산업이 더욱 고도화되어 수직적, 수평적 연계성이 발전하며, 경쟁은 더욱 치열해지고 보조금 지원 및 시장보호와 같은 정부의 직접적인 지원은 대폭 축소된다.

5 문화산업 다국적기업의 국가경쟁우위에 대한 영향

넷플릭스의 한국 진출에 대하여 '재주는 곰이 부리고 돈은 넷플릭스가 번다'는 비유에서 알 수 있듯이 한국의 독립제작사들이 넷플릭스의 수익 극대화에 이용되었고 결국 드라마 제작비를 상승시켜 국내 경쟁사의 드라마 제작에 큰 부담을 주었다는 시각이 있다[35]. 그리고 국내에서 엄청난 수익을 거두면서 망사용료와 세금을 회피한다는 의혹도 제기되었다.[36] 그러나 이와 같은 비판에도 불구하고 넷플릭스가 한국의 영상산업 생태계에 커다란 영향을 끼친 것은 명확한 사실이다. 한국에 진출한 넷플릭스는 다국적기업을 가미한 더닝의 다이아몬드 모델을 잘 설명해주는 사례이다.

한편 방탄소년단(BTS)를 통해 글로벌 음악시장을 석권하였던 한국의 음악기업 하이브는 미국에 직접투자를 진행하여 K팝 장르를 초월한 다양한 장르의 음악을 포함하는 글로벌 대중음악기업으로의 도약을 추진하고 있다. 이하에는 넷플릭스의 한국 투자와 하이브의 미국 투자 사례를 산업의 국가경쟁우위에 관한 더블 다이아몬드 모델을 토대로 살펴본다.

1) 넷플릭스의 한국에 대한 해외직접투자

한국이 세계시장을 놓고 경쟁하듯이 한국시장을 차지하기 위하여 세계의 기업은 경쟁하고 있다. 넷플릭스의 직접투자를 통한 한국 진출이 한국문화산업의 국가경쟁우위에 끼친 영향을 분석해보면 한국문화산업기업의 글로벌 경쟁전략에 대한 시사점을 얻을 수 있다.

넷플릭스가 한국에 진출한 2016년 이후 한국의 방송콘텐츠시장은 커다란 변화를 겪고 있다. 넷플릭스가 한국에서 제작한 콘텐츠를 다량으로 글로벌 시장에 서비스함에 따라 전 세계적으로 한국의 영상물이 유통되어 큰 인기를 끌면서 넷플릭스도 성장하고 한류의 글로벌 확산도 지속되는 윈-윈 구조가 형성되었다. 넷플릭스와 같은 글로벌 온라인 동영상서비스사업자가 한국에 진출해서 다량의 콘텐츠를 제작하여 전 세계에 공급하면서 한국의 방송콘텐츠산업 생태계에 커다란 파급효과를 야기하였다. <그림 2-13>은 넷플릭스의 가치사슬과 파생효과를 간략히 보여준다.

넷플릭스의 한국 진출로 인해 영상물 제작의 원천이 되는 웹툰, 웹소설과 같은 이야기산업의 활성화는 물론 영상물 제작에 참여하는 배우 및 스태프들의 기회도 확대되었다. 아울러 넷플릭스가 제작하는 콘텐츠에 필요한 특수효과 및 특수분장과 같은 기술적 지원산업 분야는 물론 완성된 콘텐츠의 글로벌 시장 공급을 위한 더빙 및 번역과 같은 서비스산업까지 관련 및 지원산업 생태계가 폭넓게 발전할 수 있다. 한국의 방송콘텐츠의 인기에 힘입어 관광, 미용, 패션,

[35] 주용석. (2024.12.24.). 넷플릭스 천하. 한국경제.

[36] 손봉석. (2020.10.23.). 정치권 넷플릭스 비판 '갑플릭스, 돈만 벌고 사회적 책임 회피'. 스포츠경향.

한식 등에 이르기까지의 문화산업의 연관 산업군이 늘어나 'K-컬처'라는 신조어가 확산되고 있다. 이와 같이 넷플릭스에 의한 긍정적 파생효과가 있지만 국내 온라인 동영상서비스사업자는 막강한 경쟁자의 등장으로 더욱 치열한 생존경쟁에 내몰리는 위기의 상황이 조성되었다.

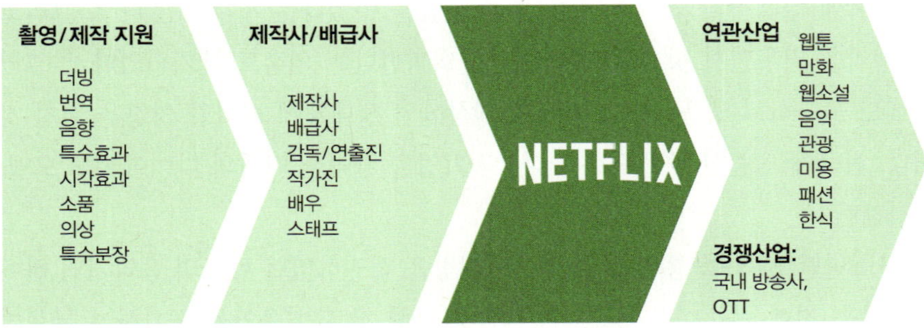

<그림 2-13> 넷플릭스의 가치사슬 및 산업에 대한 파생효과

더닝(Dunning)의 모델은 다국적 기업의 해외직접투자가 산업의 국가경쟁우위 다이아몬드에 긍정적 영향을 끼치면서 국가경쟁우위를 향상시킨다는 점을 주목했고, 문휘창, 러그만(Rugman) 및 버베키(Verbeke)의 더블 다이아몬드 모델도 해외 요인이 국내 산업의 경쟁우위 향상에 커다란 영향을 줄 수 있음을 강조하였다.

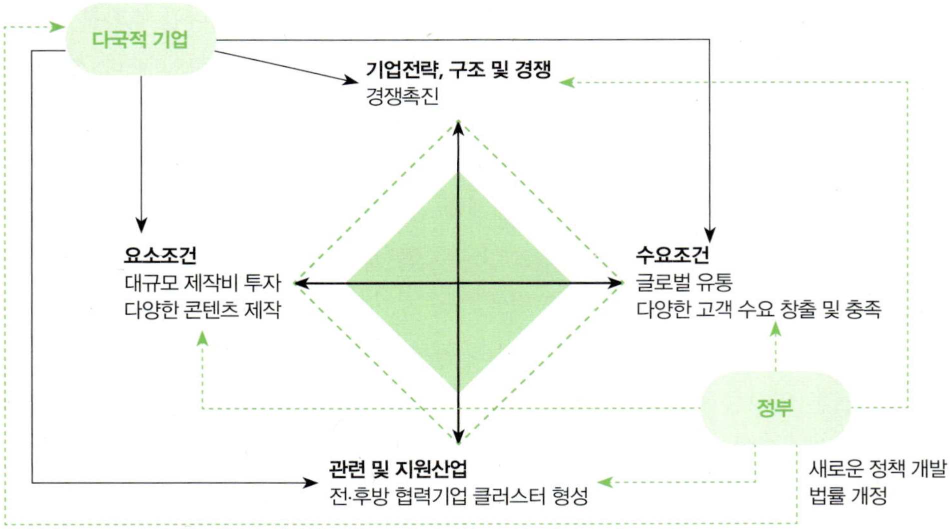

<그림 2-14> 다국적기업의 문화산업 국가경쟁우위에 대한 영향

<그림 2-14>는 다국적기업인 넷플릭스가 한국에 진출하여 한국문화산업의 국가경쟁우위

결정요소에 미치는 영향을 더블 다이아몬드 모델을 토대로 간략히 표현한 것이다. 이하에서는 넷플릭스의 한국 진출이 야기한 방송콘텐츠산업의 국내외 다이아몬드 결정요소에 대한 영향과 정부정책의 변화에 대하여 상세히 살펴본다.

① 기업전략·구조 및 경쟁에 대한 영향

넷플릭스의 한국 진출은 한국 방송영상산업의 기업전략, 산업구조 및 경쟁전략에 근본적인 변화를 야기하였다. 과거 한국의 방송시장은 방송사를 정점으로 후방산업이 수직적으로 결합되어 있는 하청구조였다. 수직적 하청 관계는 방송산업 내 불공정 거래의 주된 요인이 되었다. 방송콘텐츠 제작 시장은 외형상으로는 양적 성장세에 있는 것처럼 보였으나, 질적으로는 현저히 다른 양상을 보여 왔다. 방송사와 독립제작사 간의 외주제작 하청 구조는 소수의 정규직 근로자와 그 외 비정규직 또는 프리랜서 종사자들의 관계망을 매개로 하여 낮은 제작단가로 방송콘텐츠를 제작하여 납품하는 형태를 띤다. 납품 후에는 저작권을 포함한 프로그램과 관련한 권리 대부분이 방송사로 이전되면서 이윤 분배는 방송사 중심으로 이루어졌다. 낙수효과가 없는 이러한 분배구조는 방송산업 종사자의 근로조건 저하뿐만 아니라 노동시장 왜곡의 원인이었다.[37]

방송사와 독립제작사 간 발생하는 불공정 거래 관행은 계약 전 단계, 계약 단계, 제작 단계, 제작 후 단계에 등 다단계에 걸쳐 다양한 유형으로 나타났다.[38] 적정수준에 미달하는 제작비용으로 계약을 체결하고, 재방 편성권, 저작권 등 방송결과물에 대한 소유권을 방송사에 귀속시키고 제작 과정이나 방송결과 발생하는 사고에 대해서는 외주제작사에 책임을 지우는 내용의 계약 행태가 만연하였다. 방송사와 독립제작사 간의 이와 같은 구조적 불평등 문제는 오랫동안 해결되지 않은 해묵은 과제였다.

넷플릭스가 한국에 진출하여 제작비를 인상하고, 제작 숫자를 늘리면서 이러한 불공정 거래 관행에 커다란 변화가 발생하였다. 넷플릭스는 막강한 자금력을 기반으로 충분한 제작비를 지원하며 한국 영상시장에 새 바람을 일으켰다. 방송영상물 창작자들은 기획안이 있으면 먼저 충분한 제작비를 받을 수 있는 넷플릭스와 같은 글로벌 온라인 동영상서비스사업자를 찾아가는 상황이 되었다. 해묵은 저가 제작비로 인한 불공정 거래 관행이 넷플릭스의 진입이라는 외부적 요인에 의해 해소되었다. 이제는 방송영상물 창작자가 오히려 방송사보다 더 큰 협상력을 갖는다는 말이 나온다. 결과적으로 국내의 방송사 및 온라인 동영상서비스사업자는 자금력이 풍부한 글로벌 온라인 동영상서비스사업자와 경쟁하는 구조가 되었다. 그 결과 국내의 방송사와 온라인 동영상서비스사업자는 이전과 전혀 다른 새로운 환경에서 글로벌 제작사와 경쟁하게 되었다. 산업의 경쟁구조가 송두리째 바뀐 것이다. 이에 따라 방송콘텐츠산업 분야의 기업들은

37 김유빈. (2018.9.). 방송산업 내 불공정 거래 관행과 고용실태. 월간 노동리뷰.

38 김유빈 외. (2017). 방송통신산업 공정거래 정착의 고용효과. 한국노동연구원.

모두 그들의 경쟁전략을 완전히 새롭게 짜야 한다.

한국의 방송콘텐츠시장에는 오랫동안 콘텐츠의 인기를 이어가는 능력이 뛰어난 글로벌 온라인 동영상서비스사업자의 시즌제 방송영상물 제작방식이 도입되었다. 시즌이 계속되면서 인기가 오르는 경우 배우들의 출연료는 물론 광고 모델료도 급상승하는 효과가 있기 때문에 배우들에게는 글로벌 방송영상물 제작시스템이 커다란 기회가 되었다.

방송콘텐츠 제작 관련 노동시장에도 커다란 변화가 발생하였다. 대중문화예술산업발전법 등 공정한 용역계약 체결을 유도하는 다양한 법적 조치들이 시장에서 통용되기 시작하였다. 그리고 글로벌 온라인 동영상서비스사업자가 국내에서 자체 제작 영상물의 수를 크게 늘림에 따라 글로벌 영상 제작시스템을 경험한 국내 인력이 증가하고 이로 인해 노동환경의 비교 범위가 글로벌 시장으로 확대되었다.[39]

글로벌 온라인 동영상서비스의 확산에 자극을 받아 국내 온라인 동영상서비스사업자 및 제작사들의 글로벌 시장 진출도 본격적으로 시작되었다. 넷플릭스, 디즈니+ 등 글로벌 온라인 동영상서비스사업자의 한국내 영상 제작 투자 확대로 말미암아 콘텐츠 제작 비용이 증가하여 수익성이 악화된 국내의 온라인 동영상서비스사업자는 새로운 시장 개척으로 활로를 모색하기 위해 미국 등 해외시장 진출을 시도하였다. 국내 온라인 동영상서비스사업자 중 하나인 웨이브는 미주지역에서 한국 콘텐츠를 서비스하는 코코와(KOCOWA)의 지분을 인수하여 대주주가 되었다. 코코와는 국내 방송 3사가 합작하여 설립한 한국 콘텐츠의 미국 유통 플랫폼이다. 코코와는 미국, 캐나다, 멕시코, 브라질 등 북남미지역은 물론 유럽 지역까지 한국 콘텐츠를 제공하고 있다. 웨이브 측은 코코와의 다수 지분 인수를 통해 코코와가 보유한 영어, 스페인어, 포르투갈어 자막과 더빙을 활용해 다중자막 서비스를 확대하며 시너지를 내고 글로벌 사업 영역을 점진적으로 확대한다는 방침이다. 또 다른 국내 온라인 동영상서비스기업인 티빙도 주주인 네이버의 관계사 라인을 활용하여 글로벌 시장 진출을 검토한다. 넷플릭스가 한국 시장에 진출한 이후 한국 콘텐츠 제작을 위해 투자한 누적 금액이 1조 원이 넘는 것을 감안하면 글로벌 시장 진출에 대한 비용 부담이 상당하다는 것을 알 수 있다. 또 다른 넘어야 할 장벽의 하나는 콘텐츠 제공자(CP)들과의 원만한 협의이다. 콘텐츠 제공자 입장에서는 글로벌 온라인 동영상서비스기업을 상대로 한 매출을 포기하고 국내 온라인 동영상서비스기업에 콘텐츠 독점권을 주기가 쉽지 않은 상황이다. 그럼에도 관련 업계에서는 국내 온라인 동영상서비스사업자는 글로벌 시장에 진출해야 한다는 의견이 지배적이다. 콘텐츠 제작 비용이 갈수록 높아지고 있는 상황에서 이를 감당하려면 많은 가입자를 확보해야 하는데, 국내 시장규모를 고려하면 수익성의 한계가 있기 때문이다.[40]

[39] 문화체육관광부·한국콘텐츠진흥원. (2022). 2022방송영상 산업백서.

[40] 김동준. (2023. 2.14.). K-OTT, '글로벌 진출' 총력… '현지화 비용-CP 판권 협의' 변수. 뉴데일리경제.

글로벌 온라인 동영상서비스기업의 국내 콘텐츠 제작 투자는 방송영상물 제작비의 상승을 가져왔다. 그러나 이는 작품의 제작비 상승 이상의 의미가 있다. 먼저 긍정적 측면에서는 국내 방송콘텐츠시장의 구조에 영향을 미치게 되어 2016년 이래 중국과의 외교적 마찰 이후 침체되었던 방송콘텐츠 제작 시장의 활성화에 큰 도움이 되었다. 국내의 제작사 입장에서는 자사의 콘텐츠가 글로벌 온라인 동영상서비스기업을 통해서 글로벌 시장에 보다 용이하게 진출할 수 있는 계기를 마련한 것이다. 그리고 창작자 입장에서는 시청률의 작은 변화에도 민감하게 반응해야 했던 과거의 방송 제작 환경에서 벗어나 세계시장을 바라보고 보다 자유롭게 제작할 수 있는 환경을 맞이하게 되었다. 온라인 동영상서비스사업자는 한 편의 실적이 그대로 광고 수입이나 매출로 반영되는 것이 아니라 가입자 유지가 더 큰 목적이기 때문에 제작사가 시청률 수치에 압박을 느껴서 제작 방향을 바꿔야 했던 이전과는 전혀 다른 상황이 되었다.[41]

반면, 부정적인 측면의 지적도 있다. 무엇보다 국내 방송콘텐츠산업이 글로벌 온라인 동영상서비스사업자의 생산기지로 전락할 수 있다는 우려가 있다. '오징어 게임' 성공의 수혜가 국내 창작자와 제작사보다는 넷플릭스에 귀속되는 것에 대한 뜨거운 논쟁이 제기된 바 있다. 이를 계기로 국내 콘텐츠산업은 지식재산권(IP) 확보의 중요성에 더욱 주목하고 있다. 또한, 글로벌 온라인 동영상서비스사업자의 국내시장 확대는 기존 방송사업자의 광고 매출액 감소로 나타나고 있어 매체 균형 발전 측면에서 우려가 제기되고 있다. 이 외에도 글로벌 온라인 동영상서비스기업이 초래한 제작비 상승은 해외 투자를 받지 않을 경우 국내 방송 콘텐츠의 제작을 어렵게 만드는 등 방송영상산업 생태계를 교란시킨다는 지적도 제기되고 있다.[42]

이상에서 살펴본 바와 같이 다국적기업 넷플릭스가 한국에 진출한 결과 한국의 방송콘텐츠산업의 경쟁구조 및 산업구조가 근본적으로 변하였다. 오랫동안 을의 입장에서 방송영상물을 제작해오던 독립제작사와 그 관련 및 지원산업 종사자들에게는 커다란 기회가 주어졌다. 그러나 방송사 및 국내 온라인 동영상서비스사업자는 국내에서 넷플릭스와 힘겨운 경쟁을 하면서 글로벌 시장으로 진출해야 하는 새로운 환경을 마주하게 되었다.

② 관련 및 지원산업에 대한 영향

산업통상자원부 보도자료('22.5.20.)는 넷플릭스의 한국 내 1억 달러 상당의 특수효과 영화 제작시설 투자신고식을 상세히 소개하며 적극적인 지원의지를 강조하였다. 산업통상자원부와 대한무역투자진흥공사는 넷플릭스의 투자를 유치하기 위하여 지속적으로 노력해왔다. 이 투자는 가상현실 연출기술을 활용한 아시아 최초의 특수효과 영화 제작시설 투자로서 한국이 아시아의 콘텐츠 제작 거점으로 성장하는데 기여할 것으로 기대된다.[43]

41 박준호. (2021.12.28.). OTT 시스템 덕에 제작사 자율성 커졌죠. 서울경제.

42 문화체육관광부·한국콘텐츠진흥원. (2023). 2022 방송영상산업백서

43 산업통상자원부. (2020.5.20). 넷플릭스(자회사), 아시아 최초 특수효과 영화 제작 시설 한국투자.

넷플릭스의 영상제작시설 직접투자는 <그림 2-17>에서 보듯이 기획, 제작, 배급 등과 관련한 미디어산업 생태계를 시작으로 연계 콘텐츠산업까지 관련 및 지원산업 분야에 커다란 파급효과를 만들어내고 있다. 특히, 감독 및 연출진, 작가진, 독립제작사들에게 안정적 구매자 확보라는 커다란 기회가 생겼다. 그리고 촬영 및 제작 지원과 관련한 특수효과, 사운드, 더빙 및 번역, 소품, 의상, 특수분장 등 후방산업도 함께 성장하는 계기가 되었다. 딜로이트 컨설팅 보고서(2021)에 의하면 넷플릭스는 2021년까지 한국 진출 5년간 영화 및 시리즈 80여편을 제작하여 전 세계에 제공하였다. 이 과정에서 약 7,700 억 원을 콘텐츠산업 생태계에 투자하여 5.6조 원의 경제적 파급효과와 1.6만 명의 일자리를 창출한 것으로 추정하였다.[44]

넷플릭스와 같은 온라인 동영상서비스(OTT) 기업을 통해 전 세계에 한국의 콘텐츠가 공급되고, 콘텐츠 제작에 막대한 자본이 투자되면서 특수시각효과(VFX), 특수분장, 음향, 자막 및 더빙 등 작품제작을 뒷받침하는 관련 및 지원산업이 크게 성장하였다. 특수시각효과 분야의 '웨스트월드'는 2018년 설립 당시 3명이었던 직원이 2023년에는 200여명으로 늘었고 매출 역시 74배나 증가했다. 글로벌 온라인 동영상서비스기업과 협력하다 보니 충분한 콘텐츠를 대상으로 새로운 시도를 할 기회가 많아지며 자연스럽게 특수시각효과 관련 기술력이 발전하였다. 특수분장 분야의 테크니컬 아트 스튜디오 '셀'은 '킹덤', '독전2', '길복순' 등 다수의 작품에 참여하며 해외 특수분장 업계에서도 인정받는 기업이 되었다. 글로벌 온라인 동영상서비스기업과의 안정적 계약으로 사전 작업계획을 세우고 섬세한 곳까지 신경쓸 수 있는 체계적 제작 환경이 기업의 역량을 향상시키는 계기가 되었다. 음향 분야의 전문 스튜디오 '라이브톤'도 글로벌 온라인 동영상서비스기업과 다양한 장르의 작업을 시도하면서 발전하고 있고, 콘텐츠 홍보 디자인 분야의 기업인 프로파간다는 '피지컬100', '사이렌: 불의 섬' 등의 작품 관련 포스터와 섬네일 등 홍보 디자인 업무를 진행하였다. 글로벌 온라인 동영상서비스기업을 통해 전 세계 구독자에게 노출되면서 콘텐츠 홍보 디자인 분야의 기업까지 세계적으로 알려지는 계기가 되고 있다. 자막 및 더빙을 제작하는 아이유노는 2023년에는 34개 국 67개 지사에 2,900여명의 직원이 100개 이상의 언어로 자막과 더빙을 제작하며 시장 점유율 세계 1위 기업으로 성장하였다.[45] 이와 같은 영상산업의 굳건한 생태계 구축 및 비약적 발전은 넷플릭스의 한국 진출이 없었으면 일어나지 않았을 일이다. 넷플릭스도 글로벌 관련 및 지원산업 공급망을 갖추게 되었으니 이는 윈-윈구조라고 할 수 있다.

한편 넷플릭스의 영상물을 시청하고 나면 원작에 대한 관심이 증폭되어 원작 만화 또는 소설에 관심이 다시 일어나고, 촬영지 및 배경이 되는 도시는 관광 홍보효과를 거둘 수 있다. 이

---

[44] 딜로이트 컨설팅 코리아. (2021). 넷플릭스 코리아의 사회 경제적 임팩트 보고서.

[45] 김형주. (2024.1.13.). '콘텐츠 거인' 어깨에 올라탔다 …몸집 74배 커졌다. 매일경제.

외에도 관련 상품의 PPL 효과와 한식에 대한 긍정적 이미지 창출도 가능하다.

넷플릭스의 콘텐츠 중 드라마가 아닌 예능 프로그램이 식음료산업에 파급효과를 준 사례가 있다. 넷플릭스 오리지널 시리즈 '흑백 요리사'는 한국을 포함한 홍콩, 대만, 싱가폴 등 많은 나라에서 커다란 인기를 끌었다. 2024년 10월 8일 공개된 넷프릭스 '흑백요리사'에서는 '나폴리 맛피아' 권성준 셰프가 최종 우승자가 되었고 상금 3억 원을 받았다. 이후 권성준 셰프가 운영하는 레스토랑은 예약을 시작하자 마자 11만명이 한꺼번에 몰려 예약 플랫폼 서버가 다운된 바 있다.[46] 그리고 이탈리아의 유명 축구선수 및 해설가 등 외국의 축구계 인사들이 방한 시 찾아가는 식당으로 유명세를 타기도 했다.[47] 한국의 대표적 편의점 CU와 GS25는 넷플릭스 요리 서바이벌 프로그램 '흑백요리사'에 출연한 유명 셰프와 협력하여 상품을 개발하고 판매에 돌입하였다. CU는 '흑백요리사' 경연 중 편의점 미션 세트장 제작과 협찬을 지원했고, GS25는 넷플릭스 공식 파트너이다. CU는 '나폴리 맛피아' 권성준 셰프와 협력하여 '밤 티라미수 컵' 제품을 선보였다. GS25도 흑백요리사 출신의 김미령 셰프 등과 협업을 통해 기획 상품을 개발하여 전국 매장에서 판매를 추진하였다.[48]

③ 요소조건에 대한 영향

다국적기업의 직접투자는 투자유치국 산업의 요소조건을 강화하는 효과가 있다. 넷플릭스의 CEO 서렌도스(Sarandos)는 미국을 국빈 방문한 윤석열 대통령과 워싱턴DC에서 만남을 갖고('2023.4.24.) 향후 4년간 한국의 드라마, 영화, 리얼리티 쇼 등 K-콘텐츠에 25억 달러를 투자하겠다는 계획을 밝혔다. 이는 넷플릭스가 2016년 한국에 진출한 이래 2022년까지 투자한 총금액의 2배에 달하는 액수이다.[49] 이후 한국을 방문한 서랜도스 넷플릭스 CEO를 만난 윤석열 대통령은 넷플릭스가 한국의 콘텐츠산업에 많은 투자를 진행하고 있음에 감사하며 지속적으로 K콘텐츠에 대한 투자를 늘려달라고 당부했다.[50]

넷플릭스 자체 제작 프로그램인 '오징어 게임'의 배우 오영수는 2022년 1월 개최된 제79회 골든 글로브 시상식에서 남우조연상을 수상했다. 골든 글로브 시상식은 헐리웃의 외신기자협회에서 시상하는 상이다. 한편 2022년 9월 미국 TV 부문에서 최고의 권위를 자랑하는 에미상(Emmy Awards) 시상식에서는 비영어권 시리즈 최초로 주요 부문 14개 수상 후보에 올라 연출상(황동혁)과 남우주연상(이정재)을 수상했다.

넷플릭스는 창작자들이 자유롭게 창작할 수 있는 분위기 제공 및 충분한 제작비 투자를 통

46 김소연. (2024.10.12.). 넷플릭스, 한국에 700억을…'흑백요리사' 열풍의 이면. 한국경제.

47 장구슬. (2024.10.20.). "영광, 영광"…흑백요리사 우승한 나폴리 맛피아가 놀란 '레전드 손님' 중앙일보.

48 나건웅. (2024.10.12.). 편의점도 '흑백 대전'…흑백요리사로 맞붙은 CU vs GS25. 매일경제.

49 최경운. (2023.4.25). 윤, 방미 첫 일정은 넷플릭스 CEO접견…3조3000억 원 투자유치. 조선일보.

50 김소연. (2024.2.19). 넷플릭스 CEO "윤석열 대통령·이정재 만남, 큰 영광…한국 투자 계속". 한국경제.

해 제작에 참여하는 인력이 최대의 성과를 낼 수 있는 메커니즘을 형성하고 다양한 창작자들이 온전히 작품활동에 집중할 수 있는 환경을 마련하는데 주력하고 있다. 공중파 방송과 다른 규제 환경도 자유로운 창작을 가능하게 하는 요소가 되고 있다. 킹덤의 작가는 "공중파 방송에서는 목이 날아가는 장면은 기획하기 어려운데 온라인 동영상서비스에서는 가능하며, 사극을 좀 비물로 하다보니 제작비가 걱정되었는데 넷플릭스가 흔쾌히 지원하여 감사한다"고 말했고, '인간수업'의 제작사 대표는 "넷플릭스의 등장이 반가운 이유는 다양한 이야기를 할 수 있기 때문이다. 예전에는 '이 드라마를 만들 수 있을까'를 고민했다면, 지금은 '어떻게 잘 만들 수 있을까'를 고민하게 됐다."라며 변화된 작품 제작환경에 대하여 언급하였다.[51]

넷플릭스의 한국 진출로 인한 다량의 콘텐츠 제작은 한국의 배우들에게 커다란 기회의 요인이다. 글로벌 시장에서의 성공을 계기로 일약 글로벌 스타가 될 수 있기 때문이다. 비록 넷플릭스의 한국진출 이후 한국에서의 제작비가 상승했지만 미국에 비하여 상대적으로 저렴한 제작비로 좋은 작품을 만들어서 세계에 공급할 수 있는 글로벌 생산기지를 구축할 수 있다는 것은 넷플릭스의 자체 경쟁력 향상에도 기여할 수 있다.

④ 수요조건에 대한 영향

2021년 방송콘텐츠산업 분야의 최고 이슈이자 화제작은 9월 17일 넷플릭스에 공개된 '오징어 게임'이다. '오징어 게임'은 넷플릭스 공개 4 일 만에 미국 넷플릭스 1위에 올랐으며, 53일 동안 전 세계 넷플릭스 콘텐츠 1위 자리를 지키면서 전 세계의 1억 4,200만 가구가 시청한 프로그램으로 넷플릭스가 서비스되는 83개 국 모두에서 한 번이상은 정상의 자리에 오르는 전무후무한 흥행 대기록을 세웠다. '오징어 게임' 성공 이후에는 '비슷한 콘텐츠', '지금 뜨는 콘텐츠', '인기 콘텐츠' 등의 넷플릭스 알고리즘을 통해 한국의 오리지널 콘텐츠가 소개되고 전 세계 순위의 상위권을 차지하며 선풍적 인기를 지속하는 계기가 되었다.[52]

넷플릭스의 글로벌 유료 가입자수는 2023년 3분기에 2억 5천만 명을 넘었다. 그리고 2024년 4분기에는 3억 명을 돌파하였다. 넷플릭스는 세계 주요 언어권별로 제작 시스템을 구축하여 방송영상물을 제작, 전 세계를 대상으로 서비스하고 있다. 한국의 방송영상물로서는 전 세계 수억 명을 대상으로 동시에 한국의 문화적 창작물을 제공할 수 있는 기회가 생긴 것이다. 2022년 12월 26일부터 2023년 3월 26일까지 넷플릭스의 글로벌 톱 10 비영어권 영상물의 누적 시청시간은 총 30억 1,256만 시간이다. 그중 한국 콘텐츠의 시청시간은 12억 4,232만 시간으로 전체 시청시간의 41%를 차지했다. 2022년의 연간 비영어권 시청 시간은 총 98억 8,997만

51 딜로이트 컨설팅 코리아. (2021). 넷플릭스 코리아의 사회 경제적 임팩트 보고서.

52 문화체육관광부·한국콘텐츠진흥원. (2023). 2022방송영상산업백서.

시간이며, 이 중 한국 콘텐츠는 36.5%를 차지하였다.[53] 넷플릭스는 한국 콘텐츠 덕분에 수익을 올리고 전 세계로부터 가입자를 확보하고 있지만, 한국도 넷플릭스를 통해 전 세계 사람들에게 한국 문화가 깃든 한국에서 만든 영상콘텐츠를 선보이는 기회를 갖게 되었다. 넷플릭스에서 만드는 영상물은 드라마뿐만 아니라 다큐멘터리, 예능 등 다양한 콘텐츠 분야가 있다. 전 세계 수억 명의 고객을 대상으로 다양한 분야의 콘텐츠를 기획, 제작할 수도 있다. 글로벌 플랫폼을 활용하는 이점이 바로 이런 것이다. 2024년 4분기에 3억 명이지만 앞으로 지속적으로 증가할 넷플릭스의 유료가입자들은 한국의 제작사들이 만들어내는 영상콘텐츠의 시청자들이다. 그리고 한국이 만들어내는 영상 콘텐츠의 원작도 전 세계에서 잠재적 이용자를 확보할 수 있는 기회가 생긴다.

한국 콘텐츠에 대한 투자계획을 밝힌 서랜도스(Sarandos) 넷플릭스 CEO는 "한국의 문화, 한국의 창작물들이 전 세계로 뻗어 나가는 것을 보는 것이 아주 환상적이며, 한국에서 나온 이야기들은 전 세계적으로 문화적 시대정신을 대표하다고 할 수 있을 정도다"라고 말했다.[54] 한국의 영상콘텐츠가 전 세계적 인기를 누리게 되면 이로부터 발생하는 경제적 부가가치와는 별개로 전 세계의 문화적 시대정신을 한국이 선도할 수도 있다는 의미이다. 글로벌 수요자를 확보하고 있는 플랫폼의 파트너가 된다는 것은 바로 그 글로벌 수요자가 자신의 고객이 될 수 있다는 것을 의미한다.

방송영상물 시장은 종래의 공중파 방송보다 이제는 국내외 온라인 동영상서비스가 시장의 주류가 되어가고 있다. 공중파 방송서비스는 방송법의 적용을 받고, 온라인 동영상서비스는 정보통신망 이용촉진 및 정보보호 등에 관한 법률의 적용을 받는다. 본질적으로 차이가 없는 영상콘텐츠인데 이용하는 매체에 따라 적용되는 법률이 다른 점을 감안하여 방송통신위원회 등에서는 시청각미디어서비스법을 제정하여 이런 현상을 해소하려는 논의를 진행하고 있다.

한국의 문화산업 소비자는 그 어느 나라의 소비자 보다도 더 까다롭고 세심한 면을 가지고 있다. 특히, 청소년들의 우상인 연예인의 도덕성에 대하여 엄격한 잣대를 들이대고 있다. 마약 투약 혐의를 받고 있는 유아인의 출연작인 '승부', 종말의 바보'에 대하여 넷플릭스는 작품의 공개를 연기하였다.[55] 드라마 분야가 아닌 예능 분야에서 커다란 성공을 거둔 '피지컬:100'의 출연진 일부의 학교폭력 의혹, 자해 협박 등 불미스러운 일에 연루되어 있다는 보도를 접하고 넷플릭스는 출연진 간담회도 연기하였다.[56] 한국의 시청자들이 가지고 있는 방송 출연진에 대한 높은 도덕성 기준을 짐작하게 할 수 있는 대목이다. 이를 계기로 넷플릭스 및 독립제작사들은

[53] 박대의. (2023.4.18). 1분기에만 12억시간…넷플 먹여살리는 K콘텐츠. 매일경제.

[54] 최경운. (2023.4.25). 윤, 방미 첫 일정은 넷플릭스 CEO접견…3조3000억 원 투자유치. 조선일보.

[55] 우다빈. (2023. 3.27). 유아인 출연작 '승부'·'종말의 바보' 공개 잠정 연기. 한국일보.

[56] 임지선. (2023.2.24). 넷플릭스 '피지컬:100' 출연자 논란에 간담회 취소. 경향신문.

향후 영상콘텐츠 제작 시 출연진들의 도덕성에 대하여 보다 신중하게 검토할 것으로 예상된다.

넷플릭스의 한국 진출로 인해 한국에서 제작한 콘텐츠에 대하여 국내외 수요가 얼마나 확장될 수 있는지 보여주는 사례는 많다. 넷플릭스 자체 제작 드라마뿐 아니라, 국내 제작사가 제작하여 TV 방영과 함께 넷플릭스에 공개된 드라마들도 글로벌 시장에서 큰 인기를 끌었다. 플릭스패트롤이 공개한 2021년 넷플릭스 인기 TV 프로그램 순위에 따르면, tvN의 '빈센조'는 15위, '갯마을 차차차'는 28위에 올랐다. '빈센조'는 닐슨코리아의 수도권 시청률 기준으로 첫 회 8.7%에서 시작하여 마지막 20 회는 16.5%의 높은 시청률을 기록하며 인기리에 종영했다. 로맨틱 코미디 드라마 '갯마을 차차차'는 마지막 16회의 수도권 시청률이 13.3%였는데, '오징어 게임'이 한창 화제가 되던 시기에도 일본 등의 해외 국가에서 넷플릭스 순위 1위를 차지하는 등 해외 20여 개 국가에서 인기 순위 톱 10 안에 진입하기도 했다. 해외에서 인기를 모은 국내 제작 콘텐츠는 신작에만 국한되지 않는다. 예를 들어 일본에서는 '빈센조', '갯마을 차차차', '슬기로운 의사생활' 등의 신작 드라마 외에도 '사랑의 불시착'(TvN, 2019) 및 '이태원 클라스'(JTBC, 2020)도 넷플릭스 순위 상위권에 진입하는 등 일본 넷플릭스 드라마 톱 10의 대부분을 K-드라마가 차지하였다.[57]

한편 수많은 웹툰 콘텐츠 중에서 넷플릭스의 드라마로 재탄생한 '지옥', '킹덤' 등은 콘텐츠 시장에서 경쟁력을 확보하고 있는 지식재산권(IP)을 기반으로 영상 콘텐츠를 만든 대표적인 사례이다. '킹덤'의 경우 2019년 넷플릭스 자체 제작 드라마로 전 세계적 인기를 누렸다. 드라마 분야물의 인기 작가인 김은희가 스토리를, 인기 만화작가인 양경일이 작화를 담당해 호흡을 맞추었다. 영상 콘텐츠가 성공하면 웹툰 원작에 대한 관심이 다시 커지고, 시청자는 이미 연재가 끝난 웹툰 원작의 독자로 다시 유입되는 효과가 이어지면서 웹툰 유통 수익도 늘어나는 선순환 효과도 얻을 수 있다.[58]

웹툰으로 인기를 끌고, 이것이 방송영상물 또는 뮤지컬 등으로 제작되어 다시 한번 인기를 모으면 웹툰이나 웹소설의 소비가 재차 일어나는 선순환 수요 창출의 사례를 많이 볼 수 있다. '킹덤'의 성공사례 이후 다양한 웹툰의 영상화 작업이 진행되고 있다. 한국에서 커다란 인기를 얻었던 JTBC 드라마인 '재벌집 막내아들'은 동명의 웹소설 원작을 가지고 만들어진 판타지 드라마이다. 이 또한 드라마의 인기로 인해 원작인 웹소설과 웹툰을 소비자들이 다시 찾아보는 현상이 발생하였다. 실제로 42%의 넷플릭스의 시청자는 만화, 웹소설, 음악 등의 파생 또는 연계 콘텐츠를 소비했고, 넷플릭스를 통해서 소개된 이후 원작 웹툰의 이용횟수가 이전보다 4배

57 문화체육관광부·한국콘텐츠진흥원. (2023). 2022 방송영상 산업백서

58 조유빈. (2021.9.9). 콘텐츠업계에 웹툰IP가 몰려오는 이유. 시사저널.

에서 20배 증가하였음을 볼 수 있었다.[59] 문화산업계는 원소스 멀티유즈(OSMU)를 실현하기 위하여 IP 확보경쟁이 치열하다. 하나의 플랫폼에서 인기를 얻게 되면 다른 플랫폼에서도 같은 콘텐츠의 수요가 폭발하는 연관효과를 경험했기 때문이다. 여러 플랫폼에서 콘텐츠 수요가 일어나면 IP를 확보한 기업의 수익은 기하급수적으로 증가할 수 있다.

⑤ 투자유치국 정부정책에 대한 영향

넷플릭스의 한국 내 비즈니스 활성화는 정부정책에까지 커다란 영향을 끼쳤다. 2022년 12월에는 국회 의원회관에서 저작권법 개정 관련 토론회가 개최되었다. 이 토론회는 영상저작물의 특례를 규정하고 있는 저작권법 제100조의 개정에 관한 것이다. 저작권법 제100조는 "특약이 없는 한 영상저작물의 이용에 필요한 권리는 영상제작자가 양도받은 것으로 추정한다"고 규정하고 있다. 그러나 영상저작물의 제작에 사용되는 소설·각본·미술저작물 또는 음악저작물의 저작재산권은 영향을 받지 않는다. 동 토론회에서는 저작권법 제100조 영상제작자의 소유권 추정 조항에 대한 찬반 의견이 뜨겁게 논의되었다. 넷플릭스 제작 드라마인 '오징어 게임'의 성공으로 넷플릭스는 당초의 기대보다 훨씬 큰 수익을 거두었다. 그 결과 '오징어 게임'의 글로벌 방송에 따른 수익은 모두 제작사에게 돌아갔다. '오징어 게임'의 영상물 창작자들은 저작권법상 영상제작자의 소유권 추정 조항으로 인해 권리가 침해되었고, 그로 인해 적절한 보상을 받지 못했다고 주장하였다. 이에 넷플릭스는 국회를 방문하여 최고 시청 기록을 세운 '오징어 게임'의 제작사와 추가 보상 방안을 협의 중에 있다고 밝혔다.[60] 이와 같은 논란의 와중에 영상창작자의 추가보상권과 관련하여 국회에 저작권법 개정안이 발의되었다. 한국영화감독조합 등 영화인들은 저작권법 개정을 강력히 요구하였다.[61] 현재 독일과 프랑스, 스페인 등을 포함한 28개 국이 영상 창작자의 권리를 인정하고 있지만 한국에서는 저작권을 제작사에 모두 양도하는 방식으로 계약이 이루어지기 때문에 '오징어 게임' 사례와 같이 해외에서 별도로 저작권료를 보내주지 않는 한 받을 수 없다. 그러나 저작권료 송금은 국제적으로 집중관리단체 간 상호주의에 따른다. 만약, 한국에서 법적 근거가 마련되지 않을 경우에는 해외 저작권료를 받지 못할 수도 있다.[62] '오징어 게임'으로 제기된 저작권 이슈에 대응하는 저작권법 개정안은 제21대 국회의 임기 만료 시까지 통과되지 않았기 때문에 자동 폐기되었다.

넷플릭스는 기존의 한국의 방송사 또는 독립제작사보다 더 많은 제작비를 지불하였으나 출연자들 간 출연료의 양극화라는 또 다른 문제를 야기하였다. 한국방송연기자노동조합 사무총

59 딜로이트 컨설팅 코리아. (2021). 넷플릭스 코리아의 사회 경제적 임팩트 보고서.

60 전민경. (2021.11.3). 국회찾은 넷플릭스 부사장 "오징어게임 추가 보상 논의중" 파이낸셜뉴스.

61 김정진. (2023.4.7). 25년 만에 거리로 나선 영화감독들, 저작권법 개정 한 목소리. 연합뉴스.

62 홍상희. (2023.2.10). 스페인서 저작권료 받은 '오겜' 황동혁…"저작권법 개정 급선무". YTN.

장은 2024.10.17. 국회 문화체육관광위원회 국정감사에 참고인으로 참석해서 전에는 최고 출연료와 최저 출연료의 격차가 30배가 넘지 않았는데 2023년에는 한 회당 최고 출연료의 격차가 평균 965배에서 최대 6,000배까지 차이가 난다며 출연료의 양극화 문제 해소를 요구하였다. 국정감사에 참석한 한국콘텐츠진흥원은 OTT 출연 표준계약서 도입과 관련한 법 제도에 대한 연구가 진행 중이며 이를 토대로 표준계약서 가이드라인을 제정할 것이라고 밝혔다.[63] 이는 넷플릭스의 한국에서의 제작 확대가 배우들의 처우 개선 문제를 야기하였고 궁극적으로 정부정책에까지 영향을 줄 수 있음을 보여주는 사례이다.

한편 넷플릭스와 같은 글로벌 온라인 동영상서비스사업자의 한국 시장 점유 확대에 긴장하게 된 바바요, 웨이브, 티빙 등 국내 주요 온라인 동영상서비스사업자 대표들은 문화체육관광부장관을 만나('22. 8. 3.) 방송영상 및 온라인 동영상서비스산업 현안에 대해 토의하고 산업 발전을 위한 규제혁신과 정부 지원을 요구했다. 국내 온라인 동영상서비스 시장이 커지고 다양한 종류의 콘텐츠 경쟁이 치열해진 가운데 업계는 규제에서 벗어난 콘텐츠 제작이 더욱 활발해질 수 있도록 자율등급제 도입을 지속적으로 요청해왔다. 국내 OTT의 경우, 영상물등급위원회로부터 사전 심의를 거쳐 등급을 받은 다음에 콘텐츠 유통이 가능하다. 이 만남에서 문화체육관광부는 "자체등급분류제도는 현재 법안에 대한 이견이 없는 만큼, 조속히 도입될 수 있도록 힘쓰겠다"고 답했다. 이날 간담회에서 업계 대표들은 OTT 특화 콘텐츠 기획·개발 및 제작지원 확대, 콘텐츠 지식재산권(IP) 확보를 위한 정책금융 확대 등도 함께 요청했다. 이에 문화체육관광부는 "정부가 세계적 OTT 콘텐츠 집중육성과 국내 OTT 경쟁력 강화를 약속한 만큼, 기획·개발부터 제작, 해외 진출까지 짜임새 있는 지원과 함께 현장이 필요로 하는 인재를 키우고 제작 기반도 확충하겠다"고 약속했다.[64] 이후 영화 및 비디오물의 진흥에 관한 법률이 개정되어 ('22.9.27.) 비디오물의 자체등급 부여제도가 도입되었다.

방송영상 창작자의 권리를 확대하는 저작권법 개정 추진, 출연자의 출연료에 대한 표준계약서 도입, 온라인 동영상서비스 콘텐츠에 대한 자체 등급 부여, 국내 온라인 동영상서비스 콘텐츠 제작에 대한 정부지원 확대 등은 넷플릭스와 같은 다국적기업의 기업 활동이 투자유치국의 정책에까지 영향을 줄 수 있음을 보여주는 사례들이다.

2) 하이브의 미국에 대한 해외직접투자

한국 최대의 문화산업기업인 하이브는 미국에 대한 해외직접투자를 통해 글로벌 음반기획사로 도약하고 있다. 하이브의 사례는 투자유치국의 관점이 아니라 투자국인 한국의 기업이 해

63 김보영. (2024.10.17.). 배우 송창곤 "넷플릭스, 캐스팅→제작 전반 관여…표준계약서 도입해야". 이데일리.

64 유동주. (2022.8.4). '우영우' 꺼내든 문체부 장관 "콘텐츠 지재권 확보 정책금융 확대". 머니투데이.

외직접투자 진출을 통해 한국의 국가경쟁우위 향상에 기여하는 관점에서 살펴본다.

하이브는 2021년 1조원 상당을 투자하여 미국의 음반 레이블 이타카 홀딩스(Ithaca Holdings)를 인수하였다. 이타카 홀딩스는 미국의 유명 제작자와 아티스트들을 다수 보유한 기업으로 음악 매니지먼트를 비롯한 퍼블리싱, 영화, TV쇼 분야를 아우르는 종합 미디어 지주회사이다. 그리고 하이브는 2023년에 힙합 레이블로 유명한 QC 뮤직의 지주회사인 QC 미디어 홀딩스도 인수했다.

하이브는 이와 같은 인수 합병을 통해 K 팝 장르를 초월한 멀티 레이블 전략을 추구한다. 하이브는 이타카 홀딩스 인수를 통해 방탄소년단(BTS), 저스틴 비버(Justin Bieber), 아리아나 그란데(Ariana Grande), 제이 발빈(J Balvin), 데미 로바토(Demi Lovato), 토마스 레트(Thomas Rhett), 플로리다 조지아 라인(Florida Georgia Line), 레이디 에이(Lady A) 등 다양한 글로벌 아티스트들의 음반제작과 매니지먼트 활동을 함께 할 수 있게 되었다. 이와 동시에 하이브는 글로벌 톱 티어(Top-tier) 멀티 레이블 체제를 구축함으로써 글로벌 시장 공략을 위한 초석을 마련하게 되었다. 하이브는 이타카 홀딩스의 미국 내 음악산업에 대한 전문성을 기반으로 하이브 소속 국내 아티스트들의 미국시장 진출을 가속화하고 글로벌 시장에서의 경쟁력 향상을 도모하고 있다.[65]

한편 하이브가 힙합 장르에서 최고의 경쟁력을 가진 QC 미디어 홀딩스를 인수한 것은 멀티 레이블 전략을 한층 더 고도화하고 글로벌 사업 포트폴리오를 확장하는 효과가 있다. 하이브는 QC 미디어 홀딩스 인수를 통해 힙합 장르의 아티스트들과 음반을 기획할 수 있는 기회를 확보하게 되었다. QC 미디어 홀딩스 인수를 주도해온 하이브 아메리카의 CEO 스쿠터 브라운은 하이브의 미래를 위해서 힙합 장르를 사업 포트폴리오에 포함시킬 필요가 있다는 점을 강조하였다.[66]

방시혁 하이브 의장은 관훈포럼 강연에서('23.3.15.) 한때 인기가 높았으나 지금은 시들해진 홍콩영화의 추억을 상기시키며 K팝의 위기론을 강조하고 하이브는 K팝 기업이 아닌 글로벌 엔터테인먼트 기업이 되고자 한다는 의지를 밝혔다. 하이브의 글로벌 인수합병은 K팝 1위 레이블이 컨트리, 팝, 힙합 등 여러 음악 장르에서 정점을 찍은 레이블을 인수하여 덩치를 키움으로써 글로벌 엔터테인먼트 시장에서 규모의 경제를 달성하려는 것이다.[67]

하이브의 다양한 음악 장르별 주요 레이블 인수는 글로벌 시장에서 자사의 약점을 보완하거나 새로운 전략적 자산을 확보하고자 하는 해외직접투자에 해당한다. 이를 통해 한국 음악산업

65 정민하. (2021. 4.2.). 하이브, 美 이타카 홀딩스 1조원대 인수… 저스틴비버·아리아나그란데 품는다. 조선일보.
66 조명현. (2023.2.9.). 하이브, 미 QC미디어, 3,140억 원에 인수. 조선일보.
67 윤수정. (2023.3.15.) 방시혁 "K팝 성장 둔화, 위기 시작...BTS 돌아와도 해결 안돼". 조선일보.

의 해외 요소조건이 고도화되는 것은 물론 해외의 다양하고 세련된 수요에 대응할 수 있는 수요조건의 고도화도 함께 기대할 수 있다.

다양한 장르의 레이블을 인수하여 멀티 레이블 음악기획사가 된 하이브는 2024년 6월 미국 현지에서 신인 걸그룹 캣츠아이(KATSEYE)를 데뷔시키며 첫 번째 싱글 '데뷔'를 발표하고 글로벌 시장 공략을 시작하였다. 캣츠아이는 전 세계의 수많은 지원자 중에서 소수의 정예 훈련생을 발굴하여 '더 데뷔: 드림아카데미'에서 서바이벌 형식의 치열한 경쟁을 통한 훈련을 거쳐 선발된 6명의 멤버로 구성되었다. 캣츠아이의 최종 멤버들은 가창력, 춤실력, 감정표현, 성장가능성 등의 관점에서 1년 넘게 교육하며 지켜본 하이브 임직원의 평가와 팬들의 투표를 토대로 선발되었다. 그 결과 캣츠아이 멤버들의 국적은 미국, 스위스, 필리핀, 한국 등 다국적이다. 걸그룹 캣츠아이는 미국에서 한국의 아티스트 양성 시스템을 접목하여 훈련생을 팝스타로 변신시킨 사례이다. 넷플릭스는 2024년 8월에 하이브의 신생 걸그룹 캣츠아이의 탄생기를 다룬 다큐멘터리 '팝 스타 아카데미(Pop Star Academy: KATSEYE)'를 공개하였다. '팝 스타 아카데미'는 캣츠아이 팀 구성을 위한 글로벌 오디션 '더 데뷔: 드림 아카데미'를 통해 걸그룹 스타 지망생들의 훈련 및 선발 과정을 보여주는 8부작 다큐멘터리 영상물이다. 이를 통해 넷플릭스는 콘텐츠 포트폴리오의 다양성을 증진시키는 효과가 있고, 하이브는 자사의 신인 걸그룹에 대한 글로벌 홍보마케팅 효과를 거둘 수 있는 윈-윈 전략이다. 하이브는 캣츠아이 결성 과정에서 미국의 음반 및 비디오 제작 전문가들과의 협업체제를 적극적으로 활용하였다. 그리고 글로벌 OTT 플랫폼인 넷플릭스를 활용한 글로벌 마케팅 전략까지 추진하였다.

하이브의 사례에서 보듯이 국내기업의 해외직접투자도 글로벌 전략의 수립을 통해 해외의 요소조건 및 수요조건의 고도화와 함께 해외의 관련 및 지원산업 네트워크도 강화하는 효과가 있다. 이는 궁극적으로 음악산업의 국외 다이아몬드 구성요소를 강화함으로써 한국 음악산업의 국가경쟁우위 향상에 기여할 수 있다.

제4절 문화산업정책의 국가경쟁우위 지원체계 분석 방법

1 문화산업정책의 국가경쟁우위에 대한 영향 분석 방법

정부는 네 가지 국가경쟁우위 결정요소들과 영향을 주고받는 유기적 관계에 있다. 정부는 정책을 통해서 긍정적이든 부정적이든 국가경쟁우위 다이아몬드에 영향을 끼치게 되고 결과적으로 산업의 경쟁우위에 영향을 준다. 포터는 그의 저서 '국가경쟁우위'에서 별도의 장을 할애하여 정부정책이 국가경쟁우위에 어떻게 영향을 끼치게 되는지에 대하여 상세히 설명하였다. 포터는 무역정책에 있어 자국 기업이 해외에서 경쟁우위가 있는 곳이면 어디든지 시장에 진입할 수 있도록 정부는 시장개방을 요구해야 하고, 자국의 시장도 같은 수준으로 개방해야 한다는 점을 강조하였다. 그리고 외국인 직접투자의 경우에는 글로벌 기업의 수동적 투자 즉 단순한 지분투자는 투자유치국의 경쟁우위에 별 영향을 주지 않지만 글로벌 기업의 적극적 투자 즉 경영권을 행사하는 투자는 투자유치국 기업이 자국시장을 방어할 준비가 안된 상태에서 이루어지는 것이기에 투자유치국 기업의 발전에 반드시 좋은 것만은 아니라는 점을 지적하였다. 이러한 관점에서 포터는 외국기업의 국내투자는 국가의 경쟁적 문제에 대한 직접적 해결책이 아니라고 주장한다.

외국인 직접투자와 국가경쟁우위의 관계에 대한 바로 이 부분이 국제경영 학자들의 논쟁을 유발하여 국가경쟁우위의 더블 다이아몬드 모델까지 발전하게 된 계기가 되었다. 오늘날의 경제는 국경 장벽이 거의 없는 개방형 경제체제이다. 그러므로 기업은 요소조건, 수요조건, 관련 및 지원산업 등 경영 활동에 필요한 모든 요소들을 국내 및 해외에까지 범위를 넓혀 고려하고 경쟁의 범위도 국내를 넘어 해외시장의 경쟁자까지 감안한 글로벌 경쟁전략을 수립한다. 문화산업의 경우도 예외는 아니다. 정보통신기술의 발달에 따라 오늘날의 문화산업은 전 세계의 고객을 대상으로 실시간으로 콘텐츠를 서비스하고 있다. 이는 문화산업의 경쟁범위가 글로벌 시장으로 확산된 것을 의미한다. 그러므로 문화콘텐츠기업은 글로벌 수요를 감안하여 글로벌 가치사슬 관점에서 가장 효율적인 방식으로 생산요소와 유통채널을 활용한다.

한국에 직접투자형태로 진출한 넷플릭스의 사례는 해외직접투자가 투자기업의 성장뿐만 아니라 투자유치국의 국가경쟁우위 향상에도 기여한다는 것을 보여준다. 최근에는 한국의 문화산업기업도 활발히 해외직접투자를 진행하고 있다. 하이브의 미국 음악 레이블 인수와 CJ 및

JTBC의 미국 스튜디오 인수 사례에서 볼 수 있듯이 한국의 문화산업기업도 해외의 지식재산권(IP)과 대형 스튜디오 설비를 인수하는 적극적 해외직접투자를 진행할 만큼 성장하였다.

이 책은 문화산업 관련 정부정책을 분석함에 있어 더블 다이아몬드 모델의 관점을 사용한다. 문화산업은 한 나라의 문화적 속성을 반영하기 때문에 문화산업정책은 다분히 국내 다이아몬드 관점이 많이 반영되어 왔다. 그리고 한국의 문화산업정책은 초기 단계에서는 국외 다이아몬드의 결정요소를 강화하기보다는 글로벌 다국적기업으로부터 국내시장을 보호하는 방어적 관점에서 각종 규제정책 중심으로 구성되었다. 그러나 한국정부가 문화산업을 본격적으로 지원하기 시작한 1990년대 후반부터는 한국의 문화산업정책은 문화산업기업의 국내 성장을 지원하기도 하지만 이보다는 해외 진출을 통한 글로벌 성장을 지원하는 다양한 사업에 초점을 맞추고 있다.

해외 진출 지향의 한국문화산업정책을 감안하면 문화산업의 국가경쟁우위에 대한 분석은 더블 다이아몬드 모델을 토대로 국가경쟁우위 결정요소에 대하여 정부정책이 어떤 영향을 주고받는지 검토하는 것이 바람직하다. 다만 더블 다이아몬드 모델을 토대로 정부정책이 국가경쟁우위에 미치는 영향을 분석하기 위해서는 국내는 물론 국외 다이아몬드의 결정요소 중 요소조건, 수요조건, 관련 및 지원산업, 기업전략·구조 및 경쟁 등의 네 가지 요소에 의미 있는 영향을 주는 정책을 정부가 전개했어야 한다. 그렇지 않으면 정부정책은 국내 다이아몬드 구성요소를 중심으로 영향을 끼치게 된다. 후술하는 바와 같이 한국문화산업정책은 국외 다이아몬드 관점에서는 수요조건 확충에 집중하고 있다. 국외 다이아몬드의 나머지 3가지 구성요소에 영향을 주는 정책은 제한적이다.

<그림 2-15>는 정부정책이 네 가지 국가경쟁우위 결정요소에 대한 긍정적 영향을 통해 국내 및 국외 다이아몬드를 키울 수 있음을 보여준다. 이론적으로는 그림과 같은 대칭적이고 균형적인 모양이 가능하지만 실제로는 이와 같이 균형잡힌 다이아몬드 모양이 형성되지 않을 것이다. 요소조건, 수요조건, 관련 및 지원산업, 기업전략·구조 및 경쟁 등의 네 가지 국가경쟁우위 결정요소에 대한 정부정책의 비중이 다를 것이며 요소별 상대적 크기도 다를 것이기 때문이다.

이 책에서는 국가경쟁우위 관련 요소조건, 수요조건, 관련 및 지원산업, 기업전략 등의 네 가지 구성요소별로 대위변수를 설정하여 그 크기를 비교하지 않는다. 그 대신 국내 및 국외 다이아몬드의 네 가지 구성요소에 대하여 영향을 주는 정부예산 규모를 토대로 정부정책이 어느 부문에 더 많은 영향을 주었는지를 비교 분석한다.

문화산업의 국가경쟁우위를 지원하는 한국의 정부정책을 살펴보면 1990년대 전반까지만 해도 국내 다이아몬드 결정요소에 영향을 주는 정책이 대부분이다. 그리고 국외 다이아몬드 구성요소에 영향을 주는 정부지원이 있다 해도 이는 해외 수요 확충을 유도하는 사업에 집중되어 있다.

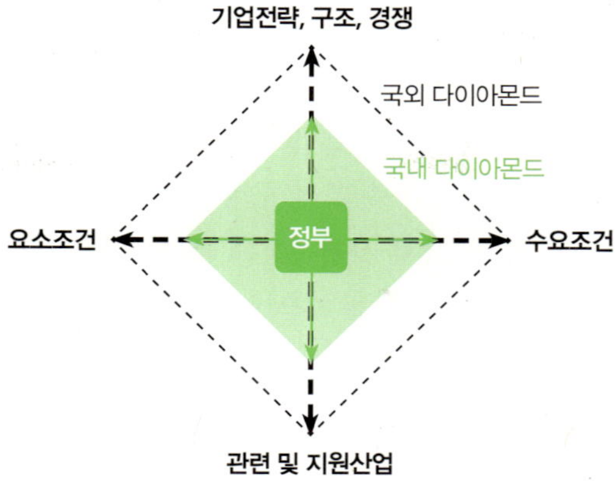

<그림 2-15> 더블 다이아몬드 모델에 의한 국가경쟁우위에 대한 정부의 영향

더블 다이아몬드 모델에 의한 분석을 위해서는 해외 수요 고도화 지원 외에도 해외 요소조건 또는 관련 및 지원산업 발전 등 두 개 이상의 국외 다이아몬드 구성요소에 영향을 주는 정책을 추진했어야 분석의 의미가 있다. 그러므로 이 책에서는 정부별 특정 문화산업 장르를 지원하는 예산이 국가경쟁우위의 국내 다이아몬드에 대하여만 영향을 주거나 국외 다이아몬드 구성요소 중 해외 수요조건 강화에만 집중하는 경우에는 다이아몬드 모델에 의한 설명을 하거나 간략한 분석에 그친다. 그러나 정부정책이 국외 다이아몬드 구성요소 중 적어도 두 개 이상의 요소에 의미 있는 영향을 주는 경우에는 더블 다이아몬드 모델에 의한 정부정책의 영향에 대하여 보다 상세히 분석하고 설명한다.

정부정책은 산업의 국가경쟁우위 결정요소에 복합적으로 영향을 줄 수 있다. 이를 감안하여 필자는 가급적 작은 단위의 세부사업을 분석의 대상으로 삼아 사업의 성격을 명확히 구분하려고 시도하였다. 그래도 복합적으로 영향을 미치는 사업의 경우에는 예산의 비중이 더 큰 요소를 기준으로 분류하였다. 더블 다이아몬드 모델을 토대로 정부정책을 분석하면 당시의 정부정책이 국가경쟁우위 결정요소 중 어느 부문에 더 비중을 두었는지를 알 수 있다.

2 국가경쟁우위 분석 모델과 문화산업정책 지원체계

문화산업은 영화, 음악, 게임, 만화, 캐릭터, 애니메이션, 패션, 방송영상, 출판, 신문잡지 등 다양한 장르가 존재하며 이를 규율하는 법률도 다양하다. 문화산업 관련 법률은 문화체육관광부장관에게 문화산업정책과 관련한 다양한 책무를 부여하고 있다. 문화체육관광부는 정부정책을 수립하고 집행하는 행정각부 중 하나이다. 대한민국헌법에 따라 문화체육관광부를 포함한 행정각부의 설치 및 조직과 직무범위는 법률로 정한다. 이와 관련된 법률이 정부조직법이다.

정부조직법 제36조는 문화, 예술, 영상, 광고, 출판, 간행물, 체육, 관광, 국정에 대한 홍보 및 정부발표에 관한 사무는 문화체육관광부장관이 관장한다고 규정하고 있다.

후술하는 바와 같이 문화체육관광부는 대한민국 정부 수립 이후 명칭은 물론 기능에 있어서도 많은 변화를 거쳐왔다. 행정각부의 내부 조직 구성 및 직무범위는 대통령령인 직제와 각부처의 직제 시행규칙이 정하고 있다. 직제 시행규칙은 부령이다. 김영삼 정부 시기까지는 대통령령인 직제가 행정각부의 내부 조직 구성과 직무범위까지 모두 규정하였으나 김대중 정부 이후부터는 행정각부의 실·국장 이상의 조직과 직무범위는 대통령령인 직제로 규정하고, 과 단위의 세부적 조직 구성과 직무범위는 부령인 직제 시행규칙이 정하고 있다. 그러므로 문화체육관광부의 문화산업 관련 조직 및 직무범위는 문화체육관광부와 그 소속기관 직제 및 직제 시행규칙을 살펴보아야 한다. 직제 및 직제 시행규칙은 법률은 아니지만 문화체육관광부의 조직과 직무범위를 규정하는 대통령령과 부령이기 때문에 문화산업정책을 수립하고 실행하는 주체로서 문화체육관광부는 이에 구속될 수밖에 없다. 즉 직제와 직제 시행규칙의 범위내에서 문화산업 진흥을 위한 직무를 수행하게 된다.

문화산업 관련 다양한 법률이나 직제규정은 문화산업의 국가경쟁우위 결정요소에 영향을 줄 수 있는 사항을 많이 포함하고 있다. 그러나 대부분은 국내 다이아몬드 결정요소에 영향을 주는 규정이다. 국외 다이아몬드의 결정요소에 영향을 줄 수 있는 규정은 외국인 투자유치, 국제 공동제작 지원, 해외 진출 지원, 해외 저작권 보호 등이 있을 뿐이다. 국내법에서 국제적 관점의 생산요소와 관련 및 지원산업의 적극적 활용을 규율하는 문제는 간단한 문제가 아닐 것이다.

정부는 법률에 근거하여 문화산업 발전을 지원하는 다양한 정책을 수립하고 집행하지만 법률과 직제가 열거하는 모든 기능을 정책으로 구체화하여 추진하는 것은 아니다. 정책을 수립하고 집행하는 데에는 상당한 규모의 예산이 소요되기 때문이다. 재원은 무한한 것이 아니라 유한한 자원이다. 법률이나 직제규정은 정부정책으로서 바람직한 필요한 사항을 모두 열거할 수 있으나 재원이 소요되는 정책은 산업적 특성이나 발전 단계에 따른 우선순위를 감안하여 보다 시급하고 파급효과가 큰 정책을 먼저 선택하는 것이 일반적이다. 법률이나 직제규정이 완비되어 이에 따른 문화산업정책을 수립해도 예산이 뒷받침되어 이를 효과적으로 실행할 수 없으면 국가경쟁우위에 미치는 영향은 제한적일 수밖에 없다.

문화산업정책은 법률과 직제규정의 범위내에서 이루어지기 때문에 한국문화산업정책을 올바르게 분석하기 위해서는 문화산업을 규율하는 법률과 문화산업정책을 수립하고 집행하는 정부지원체계를 우선 분석해야 한다. 이와 함께 국가경쟁우위에 긍정적 영향을 미치기 위한 재원투입계획인 정부예산을 함께 분석해야 정부정책을 종합적으로 분석하게 된다.

이 책은 문화산업 진흥을 위한 환경적 요인으로서 법률지원체계(e)를 먼저 살펴보고 그다음으로 정책을 수립하고 집행하는 주체로서 정부지원체계(s)를 국가경쟁우위 결정요소 모델에 따라 분석한다. 그리고 나서 문화산업정책 수단으로 투입되는 재원(r)이 정책 주체 및 정책 환경과 복합적으로 결합된 결과물인 문화산업 관련 정부예산(M)을 국가경쟁우위 결정요소 모델을 이용하여 분석한다.

한국정부가 문화산업의 진흥을 위해 채택한 정책은 매우 다양하다. 문화산업 관련 법률은 수입쿼터제 및 인·허가제와 같은 진입장벽, 수요에 영향을 미치는 등급분류제, 공공기관의 설립, 기타 산업에 대한 다양한 지원 방식 등을 규정하고 있다. 정부조직 측면에서는 문화산업 관련 전담 조직을 신설하고 정부업무를 대행하는 공공기관을 설립하여 문화산업 발전을 체계적으로 지원하였다. 한편 정부예산은 문화상품의 기획·제작·유통 활성화를 위한 보조금 지원, 전문인력 양성, 기술 개발, 인프라 구축 등과 관련한 다양한 사업을 포함하고 있다. 정부의 문화산업정책은 요소조건의 고도화, 수요조건 강화, 문화산업의 건강한 생태계 조성을 위한 관련 및 지원산업 육성, 국내외 산업정보 제공 및 전략 컨설팅 등 국내외 다이아몬드 결정요소 모두에 대한 긍정적 영향을 끼치고 있다.

역대 정부가 수립하고 집행했던 수많은 정책들은 모두 그 시대의 산업적 환경 및 발전 단계에서 제한된 재원을 활용한 최선의 선택이었을 것이다. 정부정책은 어느 한가지 목적을 달성하기 위해 수립되고 집행되는 경우도 있지만 많은 경우 다양한 목적을 갖고 있다. 그러므로 특정 정책이 요소조건 및 수요조건 모두에 영향을 끼치기도 하고 수요조건과 관련 및 지원산업에 영향을 줄 수도 있다. 이 책에서 분류하고 분석한 국가경쟁우위에 대한 영향은 필자의 문화산업정책 관련 실무경험과 지식에 의한 주관적 분류 및 분석이다. 그러므로 정책의 배경과 효과 측면에서 독자들은 필자와 다른 관점으로 바라보고 국가경쟁우위 결정요소에 대한 영향을 다르게 분석할 수도 있다. 정책은 보는 관점에 따라서 다르게 해석할 수도 있기 때문에 이는 당연하다.

문화체육관광부가 문화산업정책 수립 시 다이아몬드 모델이나 더블 다이아몬드 모델의 관점에서 정책을 수립하고 예산을 편성한 것은 아니다. 그러므로 사후적으로 이러한 모델의 관점에서 살펴보면 장르별 또는 시대별로 다이아몬드의 결정요소들에 대한 지원 비중이 달라지는 것을 알 수 있다. 즉 정부정책이 다이아몬드의 결정요소를 균형 있게 성장시키려는 전략을 갖고 추진된 것은 아니다. 그러나 이론적 모델을 통해서 현상을 바라보면 보다 통합적이고 전략적인 시사점을 얻을 수 있다. 제3장부터는 한국정부의 문화산업 육성을 위한 법률, 정부조직, 정부예산을 국가경쟁우위 결정요소에 대한 영향을 중심으로 살펴보고 문화산업의 지속적 국가경쟁우위 창출을 위한 정책적 시사점을 도출해본다.

한국의 문화산업정책: 지속적 국가경쟁우위 창출 전략

제3장

문화산업 진흥을 위한 법률지원체계

목차

제1절 문화산업 관련 법률지원체계 개요

1 한국의 법률 제정 및 개정 절차

한국의 법률 제정 및 개정 절차는 <그림 3-1>과 같다. 헌법 제52조에 근거하여 국회의원과 정부는 법률안 제출권을 가진다. 국회법에 의하면 국회의원은 국회의원 10인 이상의 찬성으로 법안을 발의할 수 있다. 국회의 소관 상임위원회도 소관 사항에 대하여 법안을 제출할 수 있는데, 이때에는 상임위원장이 제안자가 된다. 정부가 법률안을 제출하는 경우에는 국무회의 심의를 거쳐 국무총리와 관계 국무위원의 부서를 받은 후 국회에 제출하게 된다.

국회의장은 제출된 법안을 인쇄하거나 전산망에 입력하는 방법으로 국회의원에게 배부하고 본회의에 보고한 후 소관 위원회에 회부한다. 법안이 위원회에 회부되면 위원장은 간사와 협의하여 입법취지와 주요 내용을 국회 공보 또는 국회 인터넷 홈페이지 등에 게재하는 방법으로 입법을 예고한다. 위원회의 심사가 공식적으로 시작되기 위해서는 해당 법률안이 위원회에 의제로 상정되어야 한다. 법률안이 상정되면 위원회는 그 취지의 설명과 전문위원의 검토보고를 듣고 대체토론과 축조심사 및 찬반토론을 거쳐 표결한다.

위원회에서 법률안의 심사를 마쳤을 때에는 법제사법위원회에 회부하여 체계와 자구에 대한 심사를 거친다. 법제사법위원회의 체계와 자구 심사까지 마친 법안은 본회의에 부의한다. 본회의에 부의된 안건은 그 안건을 심사한 위원장의 심사보고를 듣고 질의와 토론을 거쳐 표결한다. 헌법이나 국회법에 특별한 규정이 없으면 재적의원 과반수 출석과 출석의원 과반수의 찬성으로 의결한다. 가부 동수인 경우에는 부결된 것으로 본다.

국회에서 의결된 법률안은 정부로 이송되어 15일 이내에 대통령이 서명하고 공포한다. 다만 법안에 이의가 있는 경우 대통령은 거부권을 행사할 수 있는데, 15일 이내에 이의서를 붙여 국회에 재의를 요구할 수 있다. 재의 요구가 있는 경우 국회가 재적의원 과반수의 출석과 출석의원 3분의 2 이상의 찬성으로 전과 같은 의결을 하면 그 법률안은 법률로써 확정된다. 대통령은 확정된 법률을 지체 없이 공포해야 하며, 정부 이송 후 5일 이내에 대통령이 공포하지 않으면 국회의장이 이를 공포한다. 특별한 규정이 없으면 공포 후 20일 경과함으로써 효력을 발생한다.

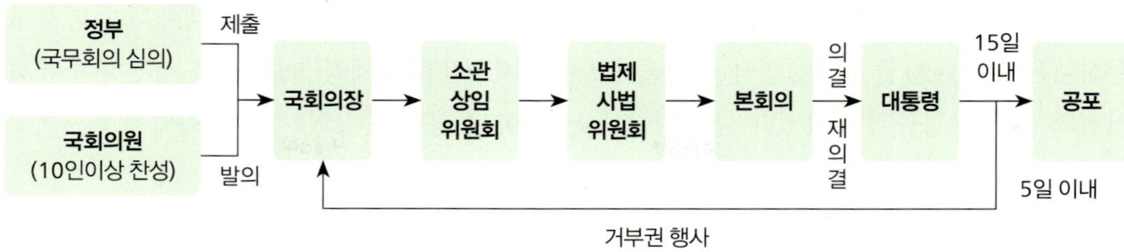

<그림 3-1> 법률의 제정 및 개정 절차

2 문화산업 관련 법률의 발전

대한민국 정부 수립 후 제1공화국 및 제2공화국 시기의 문화행정을 규율하는 법률은 군정법령 제19호 제5조 신문 기타 출판물의 등기, 군정법령 제68호 활동사진의 취체, 군정법령 제88호 신문급 기타 정기간행물의 허가에 관한 건, 군정법령 제115호 영화의 허가, 저작권법(1957), 신문 등 및 정당 등의 등록에 관한 법률(1960)이 거의 전부였다. 대한민국 국회에서 제정한 문화예술 관련 법률이 거의 없는 상황에서 오직 저작권법이 있다는 것이 특이하다. 저작권 보호를 위한 정책이나 예산 그리고 이를 집행할 정부의 실무조직도 갖춰지지 않았던 시기임을 감안할 때 당시는 저작권법이 존재했으나 법적 실효성은 미약한 시기였다.

제3공화국이 들어서면서 문화 분야의 각종 법률을 제정하기 시작하였다. 공연법(1961), 영화법(1962), 음반에 관한 법률(1967), 문화예술진흥법(1972) 등이 그것이다. 그러나 후술하는 바와 같이 이들 법률의 주된 내용은 진흥보다는 규제가 중심이었다. 제4공화국은 출범 후 문화산업에 대한 더욱 강력한 규제를 시행하였으나 이와 동시에 영화진흥공사 설립 및 문화예술진흥기금 설치 등 문화예술 진흥을 위한 정책적 지원도 시작하였다.

제4공화국 박정희 대통령 사망 이후 과도정부 시기에 통일주체국민회의에서 제11대 대통령으로 선출된('80.8.27.) 전두환 대통령은 언론통폐합 조치를 취하고('80.11.) 언론기본법 제정('80.12.31.)을 추진하였다. 동법은 기존의 신문·통신 등의 등록에 관한 법률과 방송법, 언론윤리위원회법을 모두 통합한 법률이다. 이후 언론기본법은 1987년에 방송법과 정기간행물의 등록 등에 관한 법률로 분리되었다. 한편 제5공화국 전두환 정부는 제정 후 30년 간 개정된 적이 없는 저작권법의 전부개정('86.12.31)을 추진하였다.

노태우 정부는 1989년 말 정부조직법을 개정하여 문화공보부를 문화부와 공보처로 분리하였다. 이후 문화부는 문화공보부의 공보적 관점에서 벗어나 보다 적극적인 문화행정을 추진하기 시작하였다. 노태우 정부 시기에는 음반에 관한 법률이 음반 및 비디오물에 관한 법률로 새롭게 제정되었고('91.3.8.) 종합유선방송법이 제정되었다('91.12.31.).

1993년 김영삼 정부 출범 직후에 문화부는 체육청소년부와 통합하여 문화체육부가 되었다. 문화체육부는 1994년 문화산업국을 신설하고 문화예술진흥법 개정('95.1.5.)을 추진하여 문화산업의 정의 규정을 신설하였다. 김영삼 정부는 1995년 규제 중심의 기존 영화법을 폐지하고 규제를 대폭 완화한 영화진흥법을 새로 제정하였다.

<표 3-1>에서 보듯이 김대중 정부는 1999년에 문화산업의 토대가 되는 문화산업진흥기본법을 제정하였다. 그리고 게임물을 비디오물에서 분리하여 게임산업의 지원 근거를 명확히 하는 음반·비디오물 및 게임물에 관한 법률을 제정하였다. 이 외에도 출판산업 관련 법률을 출판 및 인쇄진흥법으로 새롭게 제정함으로써 출판 관련 법률을 규제법에서 진흥법 체계로 개편하였다.

노무현 정부에서는 문화산업진흥기본법과 문화산업 관련 개별법과의 연계를 감안하여 문화산업 관련 법률을 체계적으로 정비하기 시작하였다. 그 결과 영화진흥법과 음반·비디오물 및 게임물에 관한 법률을 영화 및 비디오물의 진흥에 관한 법률, 음악산업 진흥에 관한 법률, 게임산업 진흥에 관한 법률로 분리하여 체계화하였다. 그리고 출판 및 인쇄진흥법도 출판과 인쇄 분야를 분리하였다.

이후 이명박 정부, 박근혜 정부, 문재인 정부 등을 거치며 만화, 공예, 애니메이션 등 새로운 장르를 지원하는 법률을 제정하였다. 그리고 정부는 공정한 계약 관계 확립, 창작자의 저작권 보호, 국제문화교류 등을 지원하는 기능적 성격의 법률도 제정 또는 개정하며 법률지원체계를 지속적으로 보강하였다. 그러나 대중문화예술인의 전속계약 문제, 청소년 대중문화예술인의 인권문제, 불공정 거래 문제 등은 쉽게 해소되지 않았다. 이에 문화산업에서의 공정한 거래질서를 확립하고 대중문화예술인의 인권문제에 효과적으로 대응하기 위하여 대중문화예술산업발전법이 제정되었다. 이 외에도 예술계 '블랙리스트 사태', '미투 운동' 등 예술인의 지위와 권리를 침해하는 사건을 계기로 '예술인의 지위와 권리의 보장에 관한 법률'도 제정되었다.

정부는 산업발전의 단계에 따라 문화산업 관련 법률을 전략적으로 제정하거나 개정을 추진하였다. 그리고 예상치 못한 불합리한 사태의 발생 시에는 문제 해결 및 재발 방지 차원의 입법도 추진하였다. <표 3-1>은 문화산업 관련 제 법률의 발전 과정을 제정 및 전부개정을 중심으로 시대순으로 정리한 것이다. 전부개정은 법률의 전부를 개정하는 방식이며 제정에 준하는 정도의 전면적 개정이다.

한편 <표 3-1>에서 보듯이 여러 장르를 통합적으로 규율하던 법률이 분리되거나 개별적 장르를 규율하는 법률이 통합되는 사례도 있었다. 이와 같이 법률이 분리 또는 통합된 경우에 대한 독자의 이해를 돕기 위해 <표 3-1>에는 그 과정을 화살표로 표기하였다.

문화산업 관련 다양한 법률은 문화산업 전반에 대한 정책적 지원에 관한 기본법, 문화산업 분야의 저작권 보호, 공정한 계약질서 확립, 공연장 안전 관리 등 문화산업 분야를 기능적으로

<표 3-1> 문화산업 관련 주요 법률의 제정 및 발전

제1,2공화국 ('48.8.~'61.5.)	제3,4공화국 ('61.5.~'81.2.)	전두환/노태우 정부 ('81.2.~'93.2.)	김영삼 정부) ('93.2.~'98.2.)	김대중 정부 ('98.2.~'03.2.)	노무현 정부 ('03.2.~'08.2.)	이명박 정부 ('08.2.~'13.2.)	박근혜 정부 ('13.2.~'17.5.)	문재인 정부 ('17.5.~'22.5.)
	문화예술진흥법('72)		문화예술진흥법 전부개정('95)	문화산업진흥 기본 법('99)	문화예술진흥법 전부개정('07)	콘텐츠산업진흥법('10)	문화기본법('13) 지역문화진흥법('14)	
저작권법('57)	공연법('61)	저작권법 전부개정('86)		공연법 전부개정('99)	저작권법 전부개정('06)	예술인복지법('11)	대중문화예술산업 발전법('14)	예술인의 지위와 권리의 보장에 관한 법률('21)
군정법령 제68호 (활동사진의 취체. '46) 군정법령 제115호 (영화의 허가 '46)	영화법('62)		영화진흥법('95) 영상진흥기본법('95)		영화 및 비디오물의 진흥에 관한 법률('06)		공예문화산업 진흥법('15)	
	음반에 관한 법률('67)	음반 및 비디오물에 관한 법률('91)			음악산업진흥에 관한 법률('06)		국제문화교류 진흥법('17)	
군정법령 제19호 (제5조. 신문 기타 출판물의 등기 '45)	출판사 및 인쇄소의 등록에관한법률('61) 외국정기간행물수입배포에 관한법률('61)			음반·비디오물 및 게임물에 관한 법률('99)	게임산업진흥에 관한 법률('06)	이스포츠진흥에 관한 법률('12)		애니메이션산업 진흥에 관한 법률('19)
군정법령 제88호 (신문급 기타 정기 간행물 허가에 관한 건 '46)	외국간행물수입배포에 관한 법률('73) 한국방송공사법('72)	유선방송관리법('86)		출판 및 인쇄진흥법('02)	출판문화산업 진흥법('07) 인쇄문화산업 진흥법('07)	만화진흥에 관한 법률('12)		
신문등 및 정당 등의 등록에 관한 법률 ('60)	신문·통신 등의 등록에 관한 법률('63) 방송법('63)	종합유선방송법('91) 방송법('87)		방송법(통합제정'00)	지역신문발전지원 특별법('04)	잡지 등 정기간행물의 진흥에 관한법률 ('08 분법 제정)		
	언론윤리위원회법 ('64) 언론기본법('80)	정기간행물의 등록 등에 관한 법률('87)			신문 등의 자유와 기능보장에 관한 법률('05)	신문 등의 진흥에 관한 법률('09)		

규율하는 기능적 지원법, 특정 장르를 지원하는 장르법 등으로 구분할 수 있다. 문화산업 관련 주요 법률을 성격에 따라 분류하여 정리하면 <그림 3-2>와 같다. 문화산업정책 추진체계를 전체적으로 이해하기 위해서는 먼저 문화산업 관련 법률을 성격에 따라 그룹별로 구분, 정리하고 법률의 변천 과정 및 핵심 내용을 이해할 필요가 있다.

1) 기본법적 성격의 법률

<표 3-1> 문화산업 관련 주요 법률의 제정 및 발전에서 보듯이 문화산업 관련 법률은 문화산업 육성을 위한 기본법이 먼저 제정되고 산업발전에 따른 기능별 또는 장르별 법률이 체계적으로 발전한 것은 아니다. 저작권법('57)이 가장 먼저 제정되었고 이후 공연법('61), 출판사 및 인쇄소의 등록에 관한 법률('61), 영화법('62), 방송법('63), 신문·통신 등의 등록에 관한 법률('63), 음반에 관한 법률('67) 등 장르별 법률이 하나하나 필요에 따라 제정되었다.

문화예술 전반에 대하여 규율하는 문화예술진흥법은 1972년에 제정되었다. 1994년 문화체육부는 문화산업을 전담하는 조직인 문화산업국을 신설하고 문화예술진흥법 개정('95.1.5.)을 추진하여 문화산업의 정의 규정을 마련하고 국가 및 지방자치단체에게 문화산업 육성 책무를 부여하였다.

문화산업 관련 법률 중 문화산업진흥기본법은 가장 중심적인 법률로서 문화산업정책의 기본방향을 규정하고 있다. 문화산업진흥기본법이 제정되기 이전에는 문화산업에 대한 지원 규정은 미흡하지만 문화예술진흥법이 포괄적 의미에서 문화산업 관련 기본법이었다. 문화예술진흥법은 1995년 전부개정 시에 문화산업의 정의와 문화산업 육성을 위한 국가 및 지방자치단체의 책무를 규정하였다. 이후 문화예술진흥법은 여러 차례 개정을 통해 다양한 문화산업을 문화예술의 범주로 포함하였다.

한편 <표 3-1>의 콘텐츠산업진흥법은 2010년 온라인디지털콘텐츠산업발전법이 전부개정되고 명칭이 변경된 것이다. 콘텐츠산업진흥법도 문화산업 관련 기본법 중 하나로 포함될 수 있다. 온라인디지털콘텐츠산업발전법은 2008년 이명박 정부 출범 후 정부조직 개편으로 정보통신부가 폐지되어 일부 조직과 업무가 문화체육관광부르 이관될 때 문화체육관광부로 함께 이관된 법률이다. 콘텐츠산업진흥법은 디지털콘텐츠산업의 진흥을 위한 기본계획 수립 및 정책적 지원, 이용자 편익 증진과 유통 활성화, 콘텐츠분쟁조정위원회 설치 등 디지털콘텐츠산업 전반에 관한 정책적 지원에 대하여 규정하고 있다.

2) 기능적 지원 법률

이 책에서는 문화산업 장르별 경계를 넘어 기능적으로 지원하는 법률을 문화산업 관련 기능적 지원 법률로 분류하였다. 저작권법, 공연법, 예술인복지법, 대중문화예술산업발전법, 예술인의 지위와 권리의 보장에 관한 법률, 국제문화교류진흥법 등이 여기에 해당한다. 이 중에서 공연법은 제정 이후 많은 변화를 겪은 법률이다. 제정 당시의 공연법과 현재의 공연법은 큰 차이가 있다. 공연은 음악·무용·연극·뮤지컬·연예·국악·곡예 등 다양한 장르의 예술적 관람물을 실연에 의하여 공중에게 관람하도록 하는 행위이다. 그러므로 공연법은 무대예술 장르에 대한 법률로 볼 수도 있다. 그러나 현재의 공연법의 중심적 내용은 공연이 이루어지는 공연장의 설치 및 운영에 관한 사항과 공연장의 안전 관리, 투명한 공연예술시장을 위한 공연예술통합전산망 운영, 유해 공연으로부터 청소년 보호, 무대예술 전문인력 양성 등 다양한 장르의 공연 관련 지원사항과 안전기준 등을 주요 내용으로 포함하기 때문에 기능적 법률로 분류하였다. 공연법에 대하여는 뒤에서 상세히 분석한다.

문화산업 관련 법률 중에는 특별히 게임산업을 기능적으로 지원할 수 있는 법률이 있다. 이스포츠 진흥에 관한 법률이 그것이다. 이스포츠는 게임물을 매개로 사람 간 승부를 겨루는 경기이다. 이스포츠 진흥에 관한 법률은 이스포츠 활성화를 통한 게임의 관련 및 지원산업 발전과 글로벌 수요 창출에 크게 기여할 수 있다.

문화예술진흥법에 의하면 문화산업도 문화예술의 한 부분으로 포함된다. 그러므로 대중문화산업현장에서 일하는 만화가, 배우, 가수 등도 예술인으로서 정당한 권리를 보장받아야 한다. 예술인복지법, 예술인의 지위와 권리의 보장에 관한 법률은 문화산업현장에서 종사하는 예술인들의 정당한 권리보장을 지원하는 법률이다. 최근 문화산업현장의 예술인을 보호하면서 제작사와 예술인이 공정한 계약을 체결하도록 지원하는 문제가 중요한 사회적 이슈가 되었다. 대중문화예술산업발전법은 공정한 문화산업의 생태계 구축을 위하여 이와 유사한 기능을 수행할 수 있다. 문화산업의 지속적 국가경쟁우위 창출을 위해서는 관련 및 지원산업에서의 공정한 거래질서 확립을 통한 건강한 산업 생태계 구축이 필요하다. 예술인복지법, 예술인의 지위와 권리의 보장에 관한 법률, 대중문화예술산업발전법은 문화산업의 관련 및 지원산업을 강화하는 기능적 관점에서 분석 대상에 포함하였다.

3) 장르별 지원 법률

<그림 3-2>에서 보듯이 장르별로 특화된 법률은 영화 및 비디오물의 진흥에 관한 법률, 음악산업 진흥에 관한 법률, 게임산업 진흥에 관한 법률, 출판문화산업진흥법, 인쇄문화산업진흥법, 만화 진흥에 관한 법률, 애니메이션산업 진흥에 관한 법률, 공예문화산업진흥법 등이 있다. 장르별 지원 법률도 제정 이후 여러 차례의 개정을 거치면서 규제를 완화하고 문화산업을 보다 효과적으로 지원하는 방향으로 발전하였다.

한편 신문, 방송 등 미디어산업 관련 법률도 장르별 문화산업 법률에 포함할 수 있다. <표 3-1>은 미디어산업 분야인 신문 등 정기간행물 관련 법률과 방송법의 제정 및 발전 과정도 포

함하고 있다. 해방 이후부터 대한민국 정부 수립 후에도 오랫동안 신문 등 정기간행물에 대하여는 군정법령 제19호(제5조 신문 기타 출판물의 등기)와 제88호(신문급 기타 정기간행물의 허가에 관한 건)가 법률과 같은 효력을 유지하였다. 정기간행물 관련 법률은 1960년에 제정된 '신문 등 및 정당 등의 등록에 관한 법률'이 처음이다. 동법은 신문뿐 아니라 정당까지 함께 규율하는 법률이다. 이후 1963년에 '신문·통신 등의 등록에 관한 법률'이 제정되었다('63.12.12.).

한편 미디어산업의 또 다른 한 축인 방송은 전파를 이용하는 관계로 공공재적 성격이 강조되었다. 공보부는 방송법을 제정하여('63.12.16.) 방송국의 준수사항을 규정하면서 방송에 대한 각종 규제 권한을 보유하였다. 이와 함께 공보부는 신문·방송 등의 자율적 규제를 강화하기 위하여 언론윤리위원회와 언론윤리심의회의 설치 운영에 관한 법률인 언론윤리위원회법을 제정하였다('64.8.5.). 언론 관련 이상의 3개 법률은 1980년에 언론기본법으로 통합 제정되었다('80.12.31.). 언론기본법은 1987년의 민주화 운동으로 권위주의 체제가 해체되면서 '방송법'과 '정기간행물의 등록 등에 관한 법률'로 다시 분리되면서('87.11.28.) 폐지되었다. 이후 방송법과 신문 등 정기간행물 관련 법률은 따로 발전하게 된다.

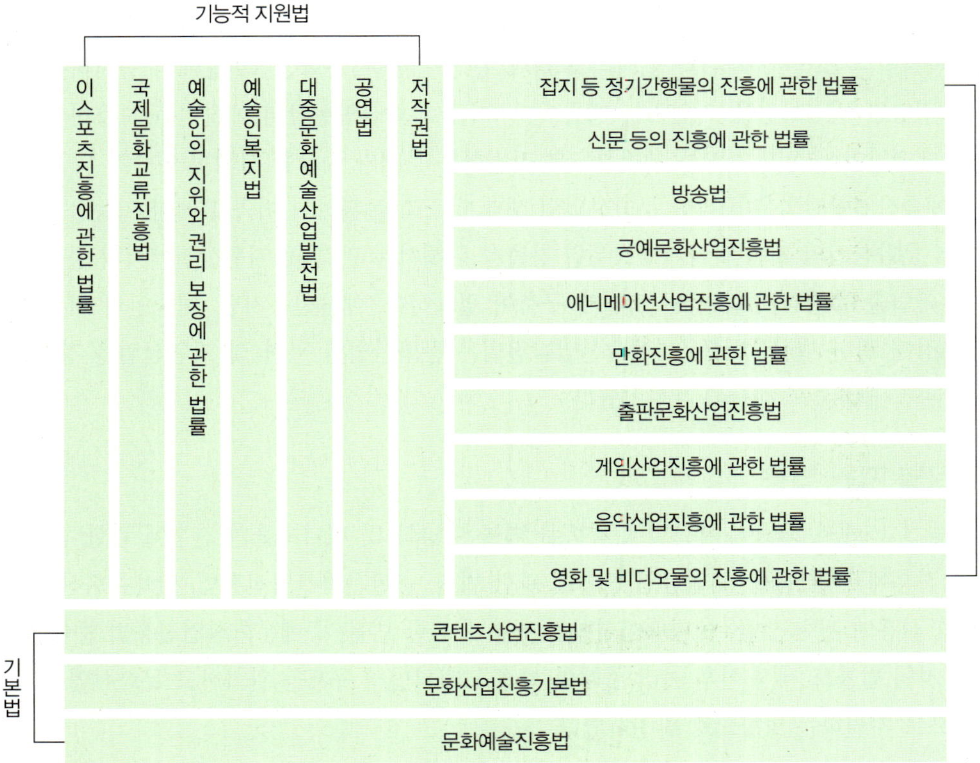

<그림 3-2> 문화산업 관련 주요 법률의 분류 및 체계

<표 3-1>은 미디어산업인 언론 관련 법률의 발전 과정도 포함하고 있지만 이 책은 문화콘텐츠 관련 지원 법률을 집중적으로 분석하다. 산업적 측면도 있지만 공익성이 강한 미디어 관련 법률의 문화산업 국가경쟁우위 창출 지원 환경 분석은 생략하였다.

한편 문화예술의 대중화 및 산업화가 가속되면서 과거에 전통문화 또는 순수 예술로 접근하던 분야도 문화산업으로 인식되고 발전하는 경우가 늘어나고 있다. 공예, 디자인 및 뮤지컬 분야가 대표적 사례이다. 그러나 문화체육관광부는 이들 장르에 대하여는 예술정책에 포함하여 다루고 있다. 문화예술교육지원법, 문학진흥법, 지역문화진흥법 등은 문화산업의 기초적 요소를 강화하는 법률이다. 물론 이러한 법률은 문화산업의 기반을 다지는 측면이 있다. 그러나 이런 식으로 관련성을 확대하여 문화예술 분야를 문화산업에 포함하는 것은 바람직하지 않다. 현재 문화체육관광부는 예술의 산업화를 지원하는 정책은 문화산업정책과 별개로 추진하고 있다. 이 책은 예술의 산업화 지원은 분석 대상에 포함하지 않는다.

3 국가경쟁우위 창출 지원 환경 분석 대상 법률

제3장은 문화산업정책의 제도적 환경을 조성하는 문화산업 관련 법률을 다루고 있다. <그림 3-2>에서 보듯이 신문, 방송 등 미디어 분야도 문화산업의 범주에 포함된다. 그러나 신문, 방송과 같은 언론의 경우 공익성이 매우 강하고 정부정책을 감시하고 비판하는 기능을 수행하기 때문에 예술적 창의성을 기반으로 만들어지는 영화, 게임, 음반, 방송영상물, 만화, 애니메이션, 캐릭터, 출판 등의 문화콘텐츠와는 다른 방식의 접근이 필요하다. 특히 방송산업에 있어 방송영상콘텐츠와 미디어는 구분할 필요가 있다. 방송영상콘텐츠는 문화산업의 핵심 분야로서 문화산업진흥기본법과 '영화 및 비디오물의 진흥에 관한 법률'에 의해 적극적 지원 대상이 된다. 방송영상콘텐츠 진흥의 주무 부처는 문화체육관광부이다. 그러나 미디어인 방송채널의 운영을 규율하는 방송법은 문화체육관광부가 아니라 과학기술정보통신부와 방송통신위원회가 주무부처다. 방송법은 방송의 자유와 독립을 보장하고 방송의 공적 책임을 높임으로써 시청자의 권익을 보호하고, 민주적 여론 형성 및 국민문화의 향상을 추구하고 있다. 즉, 방송법은 방송영상물 육성을 지원하는 법률이기보다는 지상파방송사업, 종합유선방송사업, 위성방송사업, 방송채널사용사업 등 다양한 방송사업에 대한 인허가 절차와 방송사업의 운영, 시청자의 권익 보호를 규율하는 법률이다. 그리고 방송법은 외국인은 대표자나 방송편성책임자가 될 수 없도록 국적 제한을 두고 있다.

한편 신문 등의 진흥에 관한 법률의 제정 목적은 신문 등의 발행의 자유와 독립 및 그 기능을 보장하고 사회적 책임을 높이며 신문산업을 지원, 육성함으로써 언론의 자유 신장과 민주적 여론 형성에 기여하는 것이다. 동법은 신문사업 운영 관련 내용이 중심이며, 신문산업의 진흥을 위한 언론진흥재단과 언론진흥기금에 관한 규정을 포함하고 있다. 그리고 방송사업과 만찬가지로 외국인은 신문 및 인터넷신문의 발행인 또는 편집인이 되거나 인터넷뉴스서비스의 기사배열 책임자가 될 수 없다.

'잡지 등 정기간행물의 진흥에 관한 법률'도 미디어 관련 법률에 포함된다. 동법은 잡지 등 정기간행물의 발행 및 육성에 관한 사항을 규정함으로써 여론의 다양성과 정기간행물의 건전한 발전을 도모하고 국민의 문화생활 증진에 이바지함을 목적으로 한다. 동법은 문화산업 분야의 다른 진흥법과 마찬가지로 국가 및 지방자치단체에게 정기간행물 발전 정책의 수립·시행 책무를 부여하였다. 동법에 따라 정기간행물 발전을 위해 문화체육관광부장관은 시설 및 유통 현대화를 지원하고, 정기간행물 문화의 창달을 위해 매년 우수 정기간행물을 선정하여 보급을 지원할 수 있다. 그리고 신문과 마찬가지로 외국인은 정기간행물의 발행인 또는 편집인이 될 수 없다.

문화산업진흥기본법에 의하면 문화산업은 문화상품의 기획, 제작, 유통, 소비 등과 이에 관련된 서비스를 하는 산업이다. 현재는 문화상품이라는 용어보다는 문화콘텐츠라는 용어를 많이 사용한다. 문화산업의 개념 부분에서 설명한 바와 같이 문화콘텐츠는 문화적 속성이 체화된 콘텐츠로서 매체를 통하여 제공되는 각종 문화 정보나 그 내용물을 말한다. 후술하는 바와 같이 노무현 정부 이후 문화상품 관련 정책은 매체를 통해 온라인으로 서비스할 수 있는 문화콘텐츠 중심으로 전환되었다. 그리고 문화체육관광부는 문화산업을 문화콘텐츠, 미디어, 저작권 등 3개 분야로 구분하여 정부조직을 편성하고 관련 정책을 추진하고 있다. 문화체육관광부에서 발행하는 콘텐츠산업백서도 문화콘텐츠, 미디어, 저작권 등 3개 분야를 중심으로 서술하고 있다.

글로벌 시장에서의 경쟁을 전제로 국가경쟁우위를 추구하는 문화콘텐츠를 지원하는 법률과 달리 신문, 방송 등 미디어산업 관련 법률은 사업자들의 국제경쟁력 향상을 통한 수익창출 지원보다는 미디어를 통한 민주적 여론 형성 등 공익적 목적을 추구하고 있다. 즉 방송, 신문, 잡지 등을 규율하는 미디어산업 관련 법률의 제정 목적은 국민경제의 발전에 이바지하는 것을 목적으로 하는 문화콘텐츠 관련 법률과는 제정 목적에서도 차이가 있다. 그러므로 문화산업의 장르별 지원 법률 중 미디어산업 관련 법률에 대하여는 이상의 설명으로 마무리하고 국가경쟁우위 모델에 의한 분석은 생략한다. 이하에서는 문화산업 관련 법률을 기본법, 기능적 지원법, 장르법으로 구분하여 문화산업의 국가경쟁우위 창출 지원 환경에 대하여 분석한다.

제2절 문화산업 관련 기본법적 성격의 법률

1 문화예술진흥법

1) 목적 및 주요 내용

문화산업진흥기본법 제정 이전에는 문화예술진흥법이 문화산업까지 포괄한 문화 분야의 기본법이었다. 1972년 제정 당시 동법의 목적은 "문화예술의 진흥을 위한 사업과 활동을 지원함으로써 전통문화예술을 계승하고 새로운 문화를 창조하여 민족문화 중흥에 기여하는 것"이다. 동법 제6조는 문화예술의 진흥을 위한 사업과 활동을 지원하기 위하여 한국문화예술진흥원을 설립하고 한국문화예술진흥원에 문화예술진흥기금을 설치·운영하도록 하였다.

제정 당시의 문화예술진흥법은 문화예술을 "문학, 미술, 음악, 연예 및 출판에 관한 사항"으로 간략히 정의하였다. 그러나 현재의 문화예술진흥법은 문화예술을 "지적, 정신적, 심미적 감상과 의미의 소통을 목적으로 개인이나 집단이 수행한 창의적 표현활동과 그 결과물로서 문학, 미술, 음악, 무용, 연극, 영화, 연예, 국악, 사진, 건축, 어문, 출판, 만화, 게임, 애니메이션, 뮤지컬 등"을 포괄하는 것으로 폭넓게 정의하고 있다.

문화예술진흥법은 문화예술에 대한 정의 규정을 계속 개정하여 문화예술의 범위를 확대해 왔다. 1987년에는 무용, 연극, 영화가 추가되었고, 1995년에는 국악, 사진, 건축, 어문이 추가되었다. 특히 1995년에는 문화산업의 정의 규정이 신설되었다. 당시의 규정에 의하면 문화산업은 문화예술의 창작물 또는 문화예술용품을 산업의 수단에 의하여 제작, 공연, 전시, 판매를 업으로 영위하는 것이다. 2018년에는 만화가 문화예술의 범위에 포함되었으며 2022년에는 게임, 애니메이션, 뮤지컬까지 문화예술의 범주에 추가되었다. 이와 같이 문화예술의 정의 규정에 문화산업 장르들이 포함되면 비록 산업적 성격이 강하더라도 예술로 인정받아 법적으로 문화예술진흥기금 및 예술인복지법의 지원 대상이 될 수 있다.

한편 2000년대에 들어서 문화예술계에서 전시 기획이나 공연 기획 등 사전 기획 단계만을 전문적으로 행하는 문화예술 전문 기획 분야가 중요시되었으며 특화된 전문산업으로 발전하는 실정을 고려하여, 2003년 문화예술진흥법 개정 시 문화산업을 "문화예술의 창작물 또는 문화예술용품을 산업의 수단에 의하여 기획·제작·공연·전시·판매를 업으로 영위하는 것"이라고 규정함으로써 종래에 포함되지 않았던 기획 분야도 포함시켜 문화산업의 범위를 더욱 확대하였다.

문화예술진흥법은 국가와 지방자치단체에게 문화예술의 진흥에 관한 시책을 강구하고, 국민의 문화예술 활동을 권장·보호·육성하며, 이에 필요한 재원을 적극 마련해야 할 책무를 부여하였다. 특히, 문화체육관광부장관은 문화예술의 진흥 및 문화시설의 설치, 이용에 관한 시책을 효율적으로 수립, 시행하기 위하여 문화시설의 운영 현황에 관한 실태조사를 실시하고 이에 관한 통계를 작성하여 공표하여야 한다. 국가와 지방자치단치는 대형 건축물에 문화시설을 설치하도록 권장하는 등 문화예술 공간을 확충하고, 문화시설의 운영에 필요한 전문인력의 양성을 위해 노력해야 한다.

문화예술진흥기금은 처음에는 공연장, 고궁, 박물관, 미술관 등의 관람객 입장료에 부가하여 징수, 조성하였고, 조성된 기금은 문학, 미술, 음악, 연예, 출판, 기타 문화예술의 진흥을 목적으로 하는 사업을 위하여 사용하였다. 문화예술진흥법은 문화예술진흥기금의 모금액, 모금 대행기관, 모금 수수료 등에 관한 사항을 법률에 규정하지 않고 대통령령에 위임하였다. 이 규정은 헌법재판소의 위헌심판 대상이 되었다. 헌법재판소는 국민에게 부담을 지우는 문화예술진흥기금의 모금에 대하여 구체적인 방법을 법률에 명확히 규정하는 것이 아니라 대통령령에 위임한 동 조항은 포괄적 위임입법 금지 원칙에 위배된다고 결정하였다.[68] 이에 따라 문화예술진흥기금의 모금 관련 규정은 문화예술진흥법에서 삭제되었고('05.1.27.), 공연장 등의 입장객으로부터 모금하는 기금 조성 방식은 폐지되었다. 현재 문화예술진흥기금은 정부의 출연금, 기부금품, 문화예술진흥기금의 운용 수익금 등으로 조성하고 있다.

2) 문화산업의 국가경쟁우위에 대한 영향

문화산업보다 더 포괄적인 분야를 규율하는 문화예술진흥법은 계속 개정되어 문화산업의 다양한 분야를 문화예술의 범주에 포함시켜왔다. 그리고 동법은 국가 및 지방자치단체에게 부여한 문화산업의 육성 및 지원 책무 관련 규정도 계속 유지하였다. 문화예술진흥법은 문화예술진흥기금을 문화예술의 창작 및 보급 등에 사용한다고 규정하고 있다. 그러므로 문화예술의 범위에 포함되는 문화산업도 문화예술진흥기금의 지원을 받을 수 있음은 물론이다. 문화산업진흥기본법이 제정되고 다양한 분야의 문화산업을 지원하는 개별법들이 추가적으로 제정되어 왔지만 문화예술진흥법의 문화산업 전반에 대한 기본법적 성격은 여전히 유지되고 있다.

문화예술진흥법은 문화예술관련 전문인력의 양성과 전문예술단체의 육성, 문화예술관련 시설 및 공간의 확충, 문화예술 전반에 대한 지원을 담당하는 한국문화예술위원회의 설치, 예술의 전당 설치 등 문화산업 발전의 기초가 되는 문화예술 육성 및 인프라 구축을 지원함으로써

[68] 헌법재판소. (2003. 12.18.) 2002헌가2.

문화산업 발전에 필요한 요소조건의 기반을 구축하는데 기여할 수 있다.

한편 문화예술진흥법은 국가와 지방자치단체에게 장애인 및 취약계층을 포함한 모든 국민들이 자유롭고 차별 없이 문화예술을 누릴 수 있도록 지원해야 할 책무를 부여하였다. 그러므로 국가와 지방자치단체는 국민에 대한 문화예술 보급, 학교 및 직장에서의 문화예술 활동 장려, 문화소외계층의 문화예술복지 증진 시책 등을 추진해야 한다. 이러한 규정들은 문화산업의 수요조건 고도화에 기여할 수 있는 제도적 환경이다.

2 문화산업진흥기본법

문화산업진흥기본법은 1999년에 제정된 문화산업에 관한 가장 기본적인 법률이다. 문화산업에 대한 정의는 물론 지원 방법에 대하여 문화예술진흥법보다 폭 넓고 깊이 있게 규정하고 있다. 문화산업진흥기본법은 제정 이후 산업환경 변화를 반영하며 계속 개정 및 보완되었다.

1) 주요 내용

① 제정 목적 및 문화산업의 개념

문화산업진흥기본법은 문화산업의 지원 및 육성에 필요한 사항을 정한 법률이다. 이 법은 문화산업 발전의 기반을 조성하고 경쟁력을 강화함으로써 국민의 문화적 삶의 질 향상과 국민경제의 발전에 이바지함을 목적으로 한다. 동법에 의한 문화산업은 문화상품[69]의 기획, 개발, 제작, 생산, 유통, 소비 및 이와 관련된 서비스를 하는 산업을 말하며 다음 각 호의 어느 하나에 해당하는 것을 포함한다.

가. 영화 및 비디오물과 관련된 산업

나. 음악 및 게임과 관련된 산업

다. 출판, 인쇄, 정기간행물과 관련된 산업

라. 방송영상물과 관련된 산업

마. 문화재와 관련된 산업

바. 만화, 캐릭터, 애니메이션, 에듀테인먼트, 모바일문화콘텐츠, 디자인(산업디자인 제외), 광고, 공연, 미술품, 공예품과 관련된 산업

사. 디지털 문화콘텐츠, 사용자제작문화콘텐츠 및 멀티미디어 문화콘텐츠의 수집, 가공, 개

[69] 문화상품은 예술성, 창의성, 오락성, 여가성, 대중성이 체화되어 경제적 부가가치를 창출하는 유무형의 재화와 서비스 및 이들의 복합체를 말함

발, 제작, 생산, 저장, 검색, 유통 등과 이와 관련된 서비스를 하는 산업

아. 대중문화예술산업

자. 전통적인 소재와 기법을 활용하여 상품의 생산과 유통이 이루어지는 산업으로서 의상, 조형물, 장식용품, 소품 및 생활용품 등과 관련된 산업

차. 문화상품을 대상으로 하는 전시회, 박람회, 견본시장 및 축제 등과 관련된 산업

위와 같이 문화산업진흥기본법은 문화예술진흥법과는 비교할 수 없을 정도로 문화산업을 세분화하여 정의하고 있다. 그러나 법률상 정책의 지원 대상이 되는 문화산업의 범위는 이렇듯 넓지만 현실적으로는 사용 가능한 정부예산은 한계가 있기 때문에 경제적 파급효과 및 성장 잠재력이 큰 분야가 우선적으로 문화산업정책의 대상이 된다.

② 정부에 대한 책임과 의무 부여

문화산업진흥기본법은 국가와 지방자치단체에게 문화산업의 진흥을 위하여 필요한 정책을 수립, 시행할 책임과 의무를 부여하였다. 문화산업의 주무 부처인 문화체육관광부는 문화산업의 진흥에 관한 기본적이고 종합적인 중장기 기본계획을 수립, 시행해야 한다. 그리고 매년 문화산업 진흥에 관한 정책과 동향에 대한 보고서를 작성하여 정기국회 시작 전까지 국회에 제출해야 한다. 이 외에도 정부는 문화산업 진흥을 위하여 기술 개발 및 조사연구사업의 지원, 외국 및 문화산업 관련 국제기구와의 협력체제 구축 등을 위하여 필요한 노력을 해야 한다.

③ 문화산업 인프라 조성 지원

마이클 포터는 관련 및 지원산업의 클러스터 형성이 해당 산업의 경쟁우위 향상에 매우 중요함을 언급하였다. 문화산업진흥기본법은 문화산업단지 및 문화산업진흥시설 관련 조항을 규정하고 문화산업 클러스터 형성을 유도하고 있다. 문화산업진흥기본법에 따라 문화체육관광부장관은 시·도지사와 협의를 거쳐 문화산업진흥시설을 지정하고, 그 시설의 운영에 필요한 예산을 지원할 수 있다. 그리고 시·도지사는 문화산업 진흥을 위하여 문화체육관광부장관의 승인을 받아 관할 구역을 문화산업진흥지구로 지정할 수 있다.

문화산업단지와 문화산업진흥시설의 조성 및 운영에 직접 사용되는 장비, 설비 및 부품 등에 대하여는 관세법에서 정하는 바에 따라 관세를 감면받을 수 있다. 그리고 문화산업단지 사업 시행자는 농지보전부담금, 대체산림자원조성비 등 각종 부담금을 면제받을 뿐 아니라 국공유지의 대부 및 사용 등에 있어서도 혜택을 받는다. 이 외에도 문화산업진흥시설이나 문화산업단지가 문화산업에 투자하는 경우 제작자, 투자회사, 투자조합이 문화산업에 투자하는 경우와 마찬가지로 세법에서 정하는 바에 따라 세제 지원을 받을 수도 있다.

④ 문화산업기업의 가치사슬 전반에 대한 지원

문화산업진흥기본법은 문화산업 관련 창업, 기획, 제작, 유통 등 기업의 가치사슬 전 과정에 대하여 지원할 수 있는 근거를 마련하고 있다. 이 규정에 근거하여 정부는 문화산업 관련 창업을 촉진하고, 창업자의 성장 및 발전에 필요한 지원을 할 수 있다. 이를 근거로 정부는 문화산업 관련 기업의 경쟁력을 강화하고 우수 문화상품의 제작을 촉진하기 위하여 제작자에게 필요한 자금을 융자하거나 보조금을 지원할 수 있다. 문화산업 관련 기업은 대부분 영세하여 창의적 아이디어 하나를 가지고 출발하는 경우가 많아서 자본력 및 경험이 부족하고 아이디어를 상품화하기 위한 투자금 유치가 쉽지 않다. 그리고 해당 아이디어에 따라 만들어질 콘텐츠의 가치를 평가하기도 어렵고 이를 완성한다는 보장도 없다. 이러한 현실을 반영하여 문화산업진흥기본법은 콘텐츠가치평가제도와 완성보증보험제도를 도입하여 담보력이 부족한 기업도 보증보험을 발급받아 은행으로부터 사업자금을 지원받을 수 있도록 근거규정을 마련하고 있다.

문화산업진흥기본법은 문화산업 관련 특정 사업을 수행하기 위하여 문화산업전문회사를 설립할 수 있다고 규정하였다. 문화산업전문회사는 투자금의 투명한 조달과 운영, 회수 절차를 확보함으로써 더 많은 투자자로부터 투자를 이끌어내기 위한 목적으로 설립되는 특수목적회사(SPC)이다. 프로젝트 수행을 위해 설립된 문화산업전문회사는 사업관리자가 사업을 관리하고, 회계법인 등 자산관리자는 해당 프로젝트의 자금을 관리한다. 문화산업전문회사제도는 2006년 문화산업진흥기본법 개정 시 도입되었고, 투자금의 투명한 관리를 통해 신규 제작사나 소규모 제작사도 시장에 진입하기 쉬운 여건을 만드는 것이 목적이다.[70]

문화산업진흥기본법에 의해 정부는 우수 문화상품이나 우수 문화프로젝트로 지정하거나 그 제작자를 우수 문화사업자로 지정할 수 있다. 그리고 문화상품의 유통을 발전시키기 위하여 유통전문회사의 설립 및 운영을 지원할 수 있다.

문화산업진흥기본법은 정부로 하여금 문화상품의 수출경쟁력을 촉진하고 해외시장 진출을 활성화하기 위하여 외국과의 공동제작, 방송 및 인터넷을 통한 해외 마케팅 활동, 외국인 투자 유치, 국제콘텐츠마켓 참여 및 국내 개최 등을 지원할 수 있도록 규정하고 있다.

이 외에도 문화산업진흥기본법은 문화체육관광부장관으로 하여금 문화산업 관련 표준약관 또는 표준계약서를 마련하여 그 시행을 권고할 수 있도록 하였다. 이는 문화상품의 제작, 판매, 유통에 있어 종사자들이 합리적인 이유 없이 불공정한 계약을 강요당하는 것을 방지하기 위함이다.

문화체육관광부장관은 국내외 문화산업 관련 실태조사를 통해 문화산업통계를 매년 작성하고 있다. 이는 정부의 중·장기 기본계획 수립에 활용되며 기업에게는 경영전략 수립 및 국내외

70 문화관광부. (2007). 2006 문화산업백서.

시장개척 등을 위한 기초 자료로 활용된다.

이상에서 살펴본 바와 같이 문화산업진흥기본법은 문화산업의 인프라 조성은 물론 개별 기업의 창업부터 사업자금 마련, 상품 제작 및 국내외 유통에 이르기까지 기업의 가치사슬 전반을 지원할 수 있는 제도적 환경을 마련하고 있다.

⑤ 인력 양성 및 연구개발 지원

문화산업은 기본적으로 창작자의 문화적 창의성에 의존하는 산업이므로 창작 아이디어가 문화상품의 출발점이다. 그런 의미에서 문화산업의 국가경쟁우위의 결정요인 중 요소조건이 가장 중요한 요인이 될 수 있다. 문화산업진흥기본법은 "국가나 지방자치단체는 문화산업 진흥에 필요한 전문인력을 양성하기 위하여 노력하여야 한다"라고 규정하였다. 이를 위해 정부는 연구소, 대학 등을 문화산업 전문인력 양성기관으로 지정하고 필요한 경비의 전부 또는 일부를 지원할 수 있다.

문화산업진흥기본법은 첨단 문화산업 기술 개발을 촉진하기 위하여 다양한 정책을 수립, 집행할 수 있도록 여러 규정을 두고 있다. 문화체육관광부는 이 법에 따라 다양한 연구개발을 촉진하기 위한 정책을 수립·시행하고, 이를 대행하는 기관을 지정할 수도 있으며, 필요한 자금을 지원하거나 출연할 수 있다. 이 외에도 문화산업의 창작 개발을 촉진하기 위하여 대통령령으로 정하는 인력·시설기준을 갖춘 기업 부설 연구기관이나 기업의 연구개발 전담부서를 기업 부설 창작연구소 또는 기업창작 전담부서로 인정하고 필요한 지원을 할 수 있다.

⑥ 한국콘텐츠진흥원의 설립

문화산업진흥기본법은 문화산업의 진흥을 효율적으로 지원하기 위하여 한국콘텐츠진흥원의 설립 근거 규정을 마련하였다. 한국콘텐츠진흥원은 당초 재단법인 형태로 설립되어 문화체육관광부의 사업을 위탁받아 집행하는 기관이었으나 공적인 기능 및 법적 안정성 등을 감안하여 문화산업진흥기본법에 의한 공공기관이 되었다. 한국콘텐츠진흥원은 음악, 게임, 만화, 애니메이션, 캐릭터 등 여러 장르를 대상으로 창업 및 제작, 해외 진출, 인력 양성, 기술 개발, 공정거래 등을 지원하는 문화산업 분야의 대표적 공공기관이다. 문화산업진흥기본법에 의하면 한국콘텐츠진흥원은 다음 각 호의 사업을 수행한다.

가. 문화산업 진흥을 위한 정책 및 제도의 연구·조사·기획

나. 문화산업 실태조사 및 통계작성

다. 문화산업 관련 전문인력 양성 지원 및 재교육 지원

라. 문화체육관광부 소관 연구개발사업의 기획·관리·평가 및 성과 확산 등

마. 문화산업 발전을 위한 제작·유통 활성화

바. 문화산업의 창업, 경영지원 및 해외 진출 지원

사. 문화원형, 학술자료, 역사자료 등과 같은 콘텐츠 개발 지원

아. 문화산업활성화를 위한 지원시설의 설치 등 기반 조성

자. 공공 문화콘텐츠의 보존·유통·이용 촉진

차. 국내외 콘텐츠 자료의 수집·보존·활용

카. 방송영상물의 방송매체별 다단계 유통·활용·수출 지원

타. 방송영상 국제 공동제작 및 현지어 재제작 지원

파. 게임 역기능 해소 및 건전한 게임문화 조성

하. 이스포츠의 활성화 및 국제 교류 증진

거. 콘텐츠 이용자의 권익 보호

너. 문화산업의 투자 및 융자 활성화 지원

더. 지역별 특성에 기반한 문화산업의 진흥 및 육성

러. 그 밖에 한국콘텐츠진흥원의 설립 목적을 달성하는 데 필요한 사업

문화산업진흥기본법에 의하면 한국콘텐츠진흥원은 문화산업 진흥을 위해서 문화산업 관련 거의 모든 분야에 걸쳐 기획, 제작, 투자, 유통에 이르는 가치사슬 상 전 과정을 지원할 수 있다. 그리고 산업통계 발간 및 정책조사연구를 통한 경영전략 지원까지 수행할 수 있다. 문화산업진흥기본법이 정부에 많은 책무를 부여하였지만 정부는 정책의 수립과 재원 확보를 담당하고 정책의 집행은 한국콘텐츠진흥원이 대행하는 경우가 많다. 이를 감안하면 한국콘텐츠진흥원은 한국문화산업의 국가경쟁우위 향상을 지원하는 중심적 공공기관이라고 할 수 있다.

2) 문화산업 국가경쟁우위 지원 환경

문화산업진흥기본법은 국가경쟁우위를 결정하는 네 가지 요소 모두에 긍정적 영향을 주는 제도적 환경을 조성하고 있다. 문화산업진흥기본법은 정부로 하여금 문화산업의 국가경쟁우위 창출을 위하여 중장기 계획수립 및 필요한 조치를 수행할 책임과 의무를 부여하고 있다. 동법에 따라 정부는 다양한 문화산업 분야에 걸쳐 기업의 가치사슬의 거의 전 과정에 대하여 지원할 수 있음은 물론 지역 문화산업 집적시설의 조성, 인력 양성, 기술 개발 등의 인프라를 강화하여 국가경쟁우위 관련 요소조건을 향상시킬 수 있다.

문화산업진흥기본법은 소비자 보호에 관한 규정을 두고 있는데 이는 국내 수요조건을 한층 고도화할 수 있다. 한편 문화콘텐츠의 국제 교류와 해외 진출 지원을 통해서 해외 소비자들의 한국 문화콘텐츠에 대한 팬덤을 구축함으로써 국내외 수요조건에도 긍정적 영향을 줄 수 있다.

문화산업진흥기본법은 문화산업단지조성, 문화산업진흥지구 지정 등에 관한 규정을 두어 문화산업 클러스터의 조성을 지원하고 있다. 이 외에도 문화산업 종사자들의 권익 보호 및 공정거래질서 확립을 위한 표준계약서 보급에 대하여도 규정하고 있다. 이런 규정들은 관련 및 지원산업 생태계를 강화하는 제도적 환경이다.

창업 지원, 통계조사 및 정책 연구, 콘텐츠가치평가 및 완성보증을 통한 투융자 지원, 문화산업전문회사 도입 등은 창업 및 투자를 활성화하고, 산업에 대한 진입을 수월하게 이끄는 제도적 장치이다. 문화산업진흥기본법의 이러한 지원 규정들은 기업전략·구조 및 경쟁 요소에도 긍정적 영향을 끼칠 수 있다.

3 콘텐츠산업진흥법

1) 주요 내용

콘텐츠산업진흥법은 콘텐츠산업의 진흥에 필요한 사항을 정함으로써 콘텐츠산업의 기반을 조성하고 경쟁력을 강화하여 국민경제의 발전에 이바지함을 목적으로 한다. 이 법에 의한 콘텐츠는 부호, 문자, 도형, 색채, 음성, 음향, 이미지 및 영상 등의 자료 또는 정보를 말하며, 콘텐츠산업이란 경제적 부가가치를 창출하는 콘텐츠 또는 이를 제공하는 서비스의 제작, 유통, 이용 등과 관련한 산업을 말한다. 정보통신기술의 발달로 문화산업의 거의 모든 창작물은 온라인으로 다양한 기기를 통해 구현되어 소비자들을 만나게 된다. 이때 문화상품은 온라인으로 전송되어 이용될 수 있도록 디지털콘텐츠화된다. 지금은 거의 모든 문화상품 개발 시 디지털콘텐츠화를 전제로 제작하는 경우가 많다. 콘텐츠산업진흥법은 문화산업진흥기본법의 특별법적 성격을 가진다. 그러므로 콘텐츠산업진흥법은 콘텐츠산업 진흥에 있어 문화산업진흥기본법에 우선하여 적용된다.

콘텐츠산업진흥법도 문화콘텐츠산업 전반에 대하여 다양한 지원을 규정하고 있는 기본법적 성격의 법률이다. 제1장 총칙은 법률의 목적과 정의, 기본이념, 정부의 책무 등을 규정하였다. 그리고 제2장 콘텐츠 제작 활성화 부분에서는 다양한 콘텐츠 제작 활성화를 위해 정부의 노력을 촉구하고 콘텐츠 지식재산권 보호 및 기술 개발 관련 책무를 정부에게 부여하였다.

제3장은 콘텐츠산업의 기반 조성에 대하여 규정한다. 이를 위해 정부는 콘텐츠산업 분야의 창업 촉진과 창업자의 성장 및 발전을 지원한다. 그리고 이와 관련한 전문인력을 양성하고, 기술 개발을 촉진해야 하며, 콘텐츠 품질 향상 및 호환성을 위해 표준화를 추진하고, 국제 협력 및 해외 진출을 지원해야 한다. 정부는 콘텐츠산업의 진흥을 위하여 세제 지원도 할 수 있다. 콘텐츠사업자는 상호협동과 산업의 건전한 발전을 위하여 각종 자금의 대여와 보증 등을 행하

는 콘텐츠공제조합을 설립할 수 있다.

제4장은 콘텐츠의 유통 합리화에 대하여 규정한다. 정부는 온라인으로 유통되는 콘텐츠 거래의 투명성, 공정성, 효율성을 확보하고 유통을 촉진하기 위하여 콘텐츠 거래사실에 관한 자료를 보관하고 거래사실을 확인, 증명하는 인증사업을 실시할 수 있다. 이 외에도 정부는 콘텐츠제공서비스의 품질인증 사업을 할 수 있다. 그리고 정부는 콘텐츠의 권리관계와 유통 및 이용의 선진화를 위하여 콘텐츠 식별체계에 관한 시책을 수립하여야 하며, 콘텐츠의 합리적 유통 및 공정한 거래를 위하여 표준계약서를 마련하고 사업자에게 사용을 권고할 수 있다.

제5장은 이용자의 권익 보호를 규정하고 있다. 정부는 콘텐츠의 유통 및 거래에 관한 이용자의 기본권익을 보호하기 위하여 이용자에 대한 콘텐츠 정보 제공 및 교육, 실태조사, 이용자 보호 단체에 대한 지원사업을 수행할 수 있다.

제6장은 콘텐츠 분쟁 조정에 관하여 규정하고 있다. 콘텐츠사업자 간, 사업자와 이용자 간, 이용자와 이용자 간의 콘텐츠 거래 및 이용에 관한 분쟁을 조정하기 위하여 콘텐츠분쟁조정위원회를 둔다. 콘텐츠분쟁조정위원회의 조정을 통해 당사자 간 조정이 성립된 경우에는 재판상 화해와 동일한 효력을 갖는다.

2) 콘텐츠산업 국가경쟁우위 지원 환경

콘텐츠산업진흥법도 문화산업진흥기본법과 마찬가지로 국가경쟁우위 창출을 지원하는 다양한 제도적 장치를 마련하고 있다. 정부가 콘텐츠 제작 및 유통과 관련한 재정적 지원을 할 수 있음은 물론 인력 양성, 기술 개발, 콘텐츠의 표준화 등을 통해 산업의 요소조건을 강화할 수 있다. 한편 콘텐츠사업자 간 상호협동을 통해 각종 자금 대여 및 보증 등을 수행하는 콘텐츠공제조합도 요소조건에 긍정적 영향을 줄 수 있다.

이용자 보호 및 분쟁 조정 활동 등은 보다 세련된 수요자 집단을 형성하여 더 나은 콘텐츠 제작 및 소비 진작을 유도할 수 있는 제도적 장치이다. 정부의 해외 진출 지원은 콘텐츠의 국제적 수요 창출을 유도할 수 있다. 이는 수요조건을 강화할 수 있는 제도적 환경이다.

공정한 유통 환경 및 표준계약서 제공, 협회 설립 지원 등은 관련 및 지원산업 분야의 협력과 원활한 공급망 구축을 지원할 수 있는 규정이다.

정부의 콘텐츠산업 창업 지원 및 중장기 전략 수립은 콘텐츠산업의 경쟁구조 및 전략에도 영향을 줄 수 있다. 이렇듯 특정 산업을 지원하는 기본법적 성격의 법률은 국가경쟁우위 결정요소 모두에 대하여 영향을 줄 수 있다.

제3절 문화산업 관련 기능적 지원 법률

1 저작권법

저작권법은 저작자의 권리와 이에 인접하는 권리를 보호하고 저작물의 공정한 이용을 도모함으로써 문화 및 관련 산업의 발전에 이바지함을 목적으로 한다. 저작권법상 저작자는 저작물을 창작한 자를 말하며, 저작물은 인간의 사상 또는 감정을 표현한 창작물로서 어문저작물, 음악저작물, 연극저작물, 영상저작물, 미술저작물, 컴퓨터프로그램저작물 등 다양한 형식이 있다.

1) 주요 내용[71]

① 저작권의 개념 및 종류

저작권이란 저작물에 대하여 창작자가 가지는 권리이다. 저작권은 저작재산권과 저작인격권으로 구분된다. 저작재산권은 매매, 상속, 대여, 이용허락 등의 방식으로 사용할 수 있고 이에 대한 경제적 대가를 받을 수 있다. 저작권의 경제적 측면을 저작재산권이라 한다. 한편 저작자는 자신의 창작물이 이용되는 과정에서 제목이나 내용이 바뀌지 않고 동일성이 유지되도록 할 권리와 저작물에 자신의 성명을 표시할 권리, 그리고 출판 등의 방식으로 공개 여부를 결정할 권리를 가진다. 이는 저작자의 인격을 보호하기 위해 주어진 권리이므로 저작인격권이라 한다. 한국은 무방식주의를 택하고 있기 때문에 저작권은 저작한 때부터 발생하고 등록절차가 필요한 것은 아니다.

저작재산권은 소유권과 같은 배타적 권리이므로 저작권자의 허락 없이는 그 저작물을 이용할 수 없다. 저작재산권의 종류는 복제권, 공연권, 공중송신권, 전시권, 배포권, 대여권, 2차적 저작물 작성권 등이 있다. 저작인격권은 동일성유지권, 성명표시권, 공표권 등을 포함한다. 시, 소설, 그림, 만화 등의 어문저작물과 달리 영상저작물의 경우는 원작자, 시나리오작가, 감독, 배우, 작곡가, 미술가 등 다양한 사람들의 공동 작업에 의하여 만들어지므로 영상제작자가 영상저작물의 이용을 위하여 필요한 권리를 양도 받은 것으로 추정하는 특례 조항이 있다.

[71] 문화체육관광부. (2018). 저작권의 모든 것

② 저작인접권의 개념 및 종류

저작인접권은 저작물을 직접 창작하는 것이 아니라 창작자를 도와서 저작물의 해설 및 전달 역할을 하는 자에게 부여되는 권리를 말한다. 실연자, 음반제작자, 방송사업자는 저작인접권을 갖게 된다. 저작권법은 보호받을 수 있는 실연, 음반, 방송에 대하여 규정하고 있다.

실연자는 자신의 실연에 대하여 성명표시권, 동일성유지권을 가지며, 재산권으로서 복제권, 배포권, 대여권, 공연권, 방송권, 전송권, 판매용 음반에 대한 방송보상청구권 등을 가진다. 음반제작자는 음반의 복제권, 배포권, 대여권, 전송권, 판매용 음반에 대한 방송보상청구권 등의 권리를 가진다. 방송사업자는 그의 방송을 복제할 권리와 동시중계방송권, 공연권을 가진다.

③ 저작권의 보호기간

저작재산권은 저작자의 생존기간 및 사망 후 70년간 존속한다. 공동저작물의 경우는 맨 마지막에 사망한 저작자를 기준으로 사후 70년간 존속한다. 저작인접권의 경우에는 실연을 한 때 및 음반을 발행한 때의 다음 해부터 기산하여 70년간 존속하고, 방송의 경우는 그 방송을 한 때의 다음 해부터 기산하여 50년간 존속한다.

④ 저작물의 이용

저작물을 이용하려는 경우에는 먼저 저작물의 확인이 필요하다. 만약 외국 저작물일 경우에는 한국이 가입, 체결한 조약에 따라 보호받는 외국 저작물인지를 확인해야 한다. 보호받는 저작물로 확인될 경우 다시 저작권자가 누구인지를 확인해야 한다. 저작권자를 확인하고 나서는 저작물의 이용허락을 받거나, 배타적 발행권 또는 출판권의 설정을 받거나, 저작재산권을 양수받는 방식 등으로 저작물의 이용허락을 얻어야 한다.

⑤ 저작권 위탁관리업

저작권은 무형의 권리로서 개별적 저작권자가 그 권리를 관리하는 것이 용이하지 않고, 이용자도 저작권자를 찾아서 교섭하여 이용허락을 받는 것이 용이한 것이 아니다. 외국의 저작물을 이용하는 경우에는 이용허락을 받는 것이 더욱 어렵다. 이러한 사정으로 인해 도입한 것이 저작권 위탁관리업이다. 저작권법에 의하여 보호되는 권리를 권리자를 대신해서 위탁관리하는 영업이 저작권 위탁관리업이다.

저작권 위탁관리업은 권리자로부터 권리를 신탁받고 이를 지속적으로 관리하는 저작권 신탁관리업과 권리자를 위하여 권리의 이용에 관한 대리 또는 중개행위를 하는 저작권 대리중개업이 있다. 저작권 신탁관리업을 하려면 문화체육관광부장관의 허가를 받아야 하고, 대리중개업을 하고자 하면 문화체육관광부장관에게 신고하면 된다. 저작권법에 의하여 허가나 신고를 받지 않고 관련 영업을 하였을 경우에는 징역 또는 벌금의 처벌을 받게 된다.

⑥ 저작권의 등록

저작권의 등록은 저작자의 성명 등 저작물에 관한 사실관계 및 법률관계를 저작권 등록부에 등재하여 일반 국민들에게 공시하는 제도이다. 한국은 무방식주의를 택하고 있기 때문에 창작과 동시에 효력이 발생하지만, 등록을 하면 등록한 날에 저작물을 창작, 공표한 것으로 추정을 받는 추정력이 생긴다. 추정력은 저작권에 대한 분쟁 발생시 그 입증이 용이하며 저작자 사후에도 저작권 침해에 대하여 대응하기 쉬워지는 이점이 있다. 저작권의 등록은 관련 서류를 구비하여 한국저작권위원회를 통해서 진행한다.

⑦ 한국저작권위원회

한국저작권위원회는 저작권법에 근거를 둔 공공기관이다. 한국저작권위원회는 저작권 심의, 저작권 분쟁 조정, 저작권 등록 등의 업무를 수행한다. 이 외에도 한국저작권위원회는 저작권 정책의 수립 지원, 저작권 연구, 교육 및 홍보, 저작권 정보관리시스템의 구축 및 운영 등의 다양한 업무를 수행한다.

⑧ 한국저작권보호원

한국저작권보호원은 저작권 보호에 관한 사업을 수행하는 공공기관으로서 2016년 3월 개정된 저작권법에 설립 근거를 두고 있다. 한국저작권보호원은 저작권 보호를 위한 시책 수립 지원 및 집행, 저작권 침해 실태조사 및 통계 작성, 저작권 보호 기술의 연구 및 개발, 저작권 침해 수사 및 단속 사무 지원 등의 업무를 수행한다.

⑨ 저작권 침해와 구제

저작권 침해는 저작권자의 허락 없이 저작물을 이용하거나 저작자의 인격을 침해하는 방법으로 저작물을 이용하는 것이다. 저작권법은 직접적 침해행위로 간주하지는 않지만 일정한 행위를 하지 못하도록 금지하는 것이 있다. 금지행위는 기술적 보호조치를 무력화하는 행위, 저작권 권리정보를 제거하거나 변경하는 행위, 암호화된 방송신호를 무력화하는 행위, 저작물의 라벨을 위조하는 행위, 영화관에서 영화를 몰래 촬영하는 행위 등을 포함한다.

저작권자는 저작권법을 근거로 권리침해의 정치 청구, 손해배상 및 그 밖에 필요한 조치를 청구할 수 있다. 손해배상액은 침해자가 그 침해행위로 얻은 이익금액 또는 저작재산권자가 권리행사로 통상 얻을 수 있는 금액 등이 기준이 된다. 저작권자는 고의 또는 과실로 저작인격권을 침해한 자에 대해서도 손해배상을 청구하거나 명예회복에 필요한 조치를 함께 청구할 수 있다.

2) 문화산업 국가경쟁우위 지원 환경

문화산업은 제작비는 많이 들지만 복제비는 매우 낮은 특성이 있기 때문에 저작권 보호는 문화산업의 국가경쟁우위 창출에 있어 가장 기초적이고 본질적인 요소이다. 저작권 보호는 문화산업의 요소조건, 수요조건, 관련 및 지원산업, 기업전략 및 경쟁 등 국가경쟁우위의 네 가지 구성요소 모두에게 영향을 줄 수 있다.

저작권 보호가 낮은 수준에서는 문화산업은 물론 문화예술의 발전은 기대할 수 없다. 창작자의 권리가 보호되지 않으면 창작의 동기가 사라진다. 저작권 보호를 통해 정당한 권리보장 및 대가가 주어진다는 기대감이 있어야 창작 활동에 종사하게 된다. 그러므로 저작권 보호가 약한 상태에서는 창의적 전문인력의 양성은 물론 창작이 활성화될 수 없다. 저작권 보호는 문화산업의 국가경쟁우위 결정요인 중 가장 중요한 창의적 인적자원 양성은 물론 문화상품 제작의 기본적 조건이 된다.

정부는 지속적으로 저작권법을 개정하며 저작권 보호의 수준을 높이고 단속을 강화함으로써 합법적 시장 활성화를 유도해왔다. 본국에서 저작권을 보호해야 외국에게도 저작권 보호를 요구할 수 있다. 즉 저작권 보호는 상호주의를 따른다. 한국의 저작권법은 외국인의 저작물에 대하여 대한민국이 가입 또는 체결한 조약에 따라 보호하지만 상대국에서 대한민국 국민의 저작물을 보호하지 않는 경우에는 그에 상응하게 보호를 제한할 수 있다고 규정하고 있다. 저작권위탁관리업의 경우도 상호주의에 따라 저작권 위탁관리업체 간에 징수한 저작권료를 서로 전해주는 방식을 따른다. 이렇게 보면 저작권법은 국내외 수요조건에도 영향을 미치게 된다.

저작권법이 보호하는 저작 인접권은 저작물의 가치를 높이는데 예술적 방법으로 기여를 하는 실연자나 대규모 투자를 통해 저작물을 소비자에게 전달하는 기능을 수행하는 음반제작자와 방송제작자에게 주어진 권리이다. 그러므로 저작권자와 저작인접권자는 서로 뗄 수 없는 사이이며 함께 문화산업 생태계를 구성한다. '구름빵', '검정고무신', '오징어 게임'의 사례는 창작자에 대한 저작권법 교육과 표준계약서 보급의 중요성을 깨우쳐 주었다. 문화산업의 지속적 국가경쟁우위를 위해서는 창작자와 출판사 또는 제작사 사이에 공정한 거래질서가 확립되어야 한다. 저작권법은 공정한 문화산업 생태계 구축에도 기여할 수 있다. 이는 문화산업의 관련 및 지원산업 발전을 촉진하는 기능이다.

저작권법이 실효성 있게 작용하지 않는 국가에서는 본국의 문화산업은 발전할 수 없기 때문에 외국 콘텐츠 중심의 블랙마켓이 활성화된다. 반면 저작권법이 잘 지켜지는 선진국에는 본국의 투자는 물론 외국인 투자도 활발히 일어난다. 그 결과 다양한 콘텐츠 창작이 활발하기 때문에 경쟁이 치열하다. 이는 저작권 보호가 기업전략 및 경쟁구조에도 영향을 미치게 됨을 의미한다.

2 공연법

공연법은 예술의 자유를 보장하고, 공연자 및 공연예술 작업자의 안전한 창작환경 조성과 건전한 공연 활동의 진흥을 목적으로 한다. 공연법에서 말하는 공연은 음악, 무용, 연극, 뮤지컬, 연예, 국악, 곡예 등 예술적 관람물을 실연에 의하여 공중에게 관람하도록 하는 행위이다. 영화 상영도 본질적으로는 공연의 성격을 갖고 있지만 2002년 1월 영화진흥법 개정으로 영화 상영은 공연의 범주에서 삭제되었고 영화관은 공연법이 아닌 영화진흥법의 적용대상이 되었다.

공연법을 무대예술 관련 장르법으로 구분할 수도 있다. 공연법은 무대예술 장르의 발전을 지원하는 법률이기도 하지만 산업적 측면에서는 음악, 무용, 연극, 뮤지컬, 연예, 국악, 곡예 등 다양한 공연의 건전한 유통질서 확립, 안전한 공연장 운영, 공연에 대한 사전 심의 및 수입 추천 등 기능적 측면의 규정이 더 많기 때문에 기능적 성격의 법률로 분류하였다.

1) 주요 내용

① 공연예술 발전을 위한 국가와 지방자치단체의 책무

국가와 지방자치단체는 공연예술 진흥을 위하여 필요한 계획을 수립·시행하여야 한다. 특히, 문화체육관광부장관은 공연예술진흥기본계획을 매 5년마다 수립하여 시행하여야 한다. 동 계획은 공연예술인 육성 및 지원에 관한 사항, 무대예술 전문인력의 양성, 공연시설의 확충, 공연예술의 해외 진출, 공연산업의 육성, 공연장 안전 관리 등을 포함해야 한다. 지방자치단체의 장은 문화체육관광부장관이 수립한 공연예술진흥기본계획에 따라 해당 지방자치단체의 공연예술 진흥을 위한 세부계획을 매년 수립하여 시행하여야 하며, 시장·군수 또는 구청장은 그 계획 및 시행 결과를 해당 특별시장, 광역시장, 도지사에게 보고하고, 특별시장, 광역시장, 도지사는 이를 종합하여 문화체육관광부장관에게 보고해야 한다.

그리고 국가와 지방자치단체는 공연장의 설치 및 운영에 관한 종합계획을 수립하고 직접 공연장 및 공연연습장을 설치하여 운영할 수도 있다. 민간의 공연장 설치 또는 경영을 장려하기 위하여 문화체육관광부장관은 국고를 보조하거나 문화예술진흥기금 융자를 지원할 수도 있다.

② 공연예술통합전산망 운영

공연법에 따라 문화체육관광부장관은 공중이 전산시스템을 이용하여 공연의 관람자 수 및 예매 현황 등을 신속 정확하게 알 수 있도록 공연예술통합전산망을 운영해야 한다. 공연예술통합전산망은 공연 입장권 예매 및 취소 정보를 집계하여 정확하고 신뢰성 있는 공연 정보와 통계를 제공하는 시스템이다. 이는 공연시장의 투명성을 제고하고 기초 데이터 활용을 통해 공연예술의 중장기적 발전 기반 구축을 지원한다.

공연장 운영자, 공연 입장권 판매자, 공연 기획 또는 제작자는 공연예술통합전산망을 통하여 공연 명칭, 시간, 기간, 공연 예매 및 결재금액 등 공연 관련 정보를 공연예술통합전산망 운영기관에 제공해야 한다. 문화체육관광부장관은 공연법에 의거 예술경영지원센터를 공연예술통합전산망 운영 전담기관으로 지정하였고 예술경영지원센터는 2014년 시범 운영을 거쳐 2015년부터 정상 운영 중이다.

③ 건전한 시장질서 유지

문화체육관광부장관은 공연 입장권 등의 부정 판매를 방지하기 위하여 노력해야 한다. 특히, 정보통신망에 지정된 명령을 자동으로 반복 입력하는 프로그램을 통해 입장권 등을 부정 판매하여서는 안된다. 그리고 연소자 유해 공연물을 연소자에게 관람시킬 수 없다. 연소자 유해 공연물의 선전물은 공중이 통행하는 장소에 공공연히 설치, 부착, 배포할 수 없다.

한편 국내에서 공연하려는 외국인이나 외국인을 초청하여 공연하려는 자는 영상물등급위원회의 추천을 받아야 한다. 영상물등급위원회는 공연내용이나 출연자가 국가이익을 해칠 우려가 있거나, 공공의 질서와 선량한 풍속을 해칠 우려가 있을 때에는 추천하지 않을 수 있다.

④ 안전한 공연장의 설치 및 운영

공연장을 설치 운영하려는 자는 조명시설과 음향시설을 포함한 무대시설 및 방음시설(객석의 천장이 없는 경우는 제외) 등 시설기준을 갖추어 공연장 소재지의 지방자치단체장에게 등록하여야 한다. 그리고 공연장 운영자, 공연장 명칭, 무대기계나 기구, 객석 수, 무대면적 등이 변경된 경우에는 변경 등록을 해야 한다. 공연장의 등록을 한 자가 영업을 폐지한 경우에는 30일 이내에 지방자치단체장에게 폐업신고를 해야 한다.

공연자와 공연예술 작업자는 안전한 창작환경에서 필요한 활동을 수행할 권리를 가진다. 공연장 운영자 등은 이를 보장하도록 노력해야 한다. 공연장 운영자는 화재나 그 밖의 재해를 예방하기 위하여 재해대처계획을 수립하여 매년 관할 지방자치단체장에게 신고하여야 하며 신고받은 지방자치단체장은 관할 소방서장에게 이를 통보하여야 한다. 공연장 운영자 등은 안전 업무를 총괄하는 책임자와 현장의 안전 관리 담당자로 구성된 안전 관리조직을 두어야 하고, 공연자, 안전총괄책임자, 안전 관리담당자 등을 대상으로 안전교육을 실시하여야 한다. 그리고 중대한 사고가 발생한 때에는 지체 없이 공연장의 사용 중지 등 필요한 예방조치를 취하고 지방자치단체장에게 이를 보고해야 한다. 이 외에도 공연법은 방화막의 설치, 무대시설의 안전 진단 등에 관한 규정을 마련하여 안전한 공연장의 설치 및 운영을 도모하고 있다.

지방자치단체장은 공연법에 의거하여 연소자 유해 공연물에 관한 사항, 공연장 등록에 관한 사항, 재해예방조치에 관한 사항, 안전 진단 등과 관련하여 공연자나 공연장 운영자의 장부 및 서류를 검사할 수 있으며 위반사항 발견 시 6월 이내의 기간을 정하여 공연 활동 또는 공연장 운영의 정지를 명할 수 있다.

⑤ 무대예술 전문인의 양성

국가와 지방자치단체는 무대예술 전문인 양성과 자질 향상을 위하여 필요한 시책을 마련하여야 한다. 문화체육관광부장관은 무대예술 전문인 자격검정의 등급별 응시기준을 갖추고 지정된 무대예술 전문인 검정기관이 실시하는 검정에 합격한 사람에게 무대예술 전문인 자격증을 발급한다. 무대예술 전문인은 다른 사람에게 그 명의를 사용하게 하거나 자격증을 대여해서는 안된다.

2) 공연법 개정에서 살펴본 정책의 변화

공연법은 대한민국에서 저작권법 다음으로 일찍 제정된('61.12.30.) 법률이다. 공연법은 문화예술에 대한 검열의 근거로 활용된 법률이며, 다중 집합시설로서 공연장 운영의 안전에 대한 규제도 많이 포함하던 법률이다. 그러나 현재의 공연법은 인허가 관련 규제는 완화하고, 안전 및 시장질서 확립에 대한 규제는 강화하며, 공연예술의 진흥을 위한 국가 및 지방자치단체의 책무를 강화하고 있다.

제정 당시의 공연법은 공연의 범주에 영화, 연극, 연예, 음악, 무용, 기타 관람물을 요금을 받고 공중에게 관람하도록 제공하는 행위로 정의하였다. 영화 상영까지 공연의 범주에 포함하였으므로 영화 상영관의 등록 및 영화 상영 신고에 이르기까지 공연법이 적용되었다. 공연자는 서울특별시 또는 도에 등록하여야 하며, 등록청은 공연자 등록증을 교부하고 등록증의 유효기간은 2년이었다. 공연장을 설치 경영하려는 자는 설치 예정지 관할 서울특별시장 또는 도지사의 허가를 받아야 하며, 재해예방조치를 정하여 관할 경찰서장 또는 소방서장에게 신고하고 훈련을 실시해야 한다. 공연자가 공연을 하려는 경우 공연지 관할 서울특별시장 또는 도지사에게 신고해야 하며 관계 행정기관은 공안, 풍속, 위생상 현저한 지장이 인정될 때는 공연을 정지시킬 수 있다. 그리고 외국의 공연자가 공연하는 경우는 공보부장관의 허가를 받아야 한다. 이와 같이 제정 당시의 공연법은 정책의 중심이 공연산업의 진흥보다는 공연자 및 공연장의 관리와 재해예방이라는 측면이 강조된 규제 중심의 법률이다.

제3공화국 및 제4공화국 시기에는 공연자 등록청을 문화공보부로 변경하고, 공연의 각본 및 대본의 사전 심사 및 검열을 실시하며 통제를 강화하였다. 검열은 공연법에 의한 공연윤리위원회가 실시하였다. 그러나 공연윤리위원회의 영화에 대한 사전 검열은 위헌이라는 헌법재판소의 결정('96.10.)에 따라 공연윤리위원회는 폐지되고 공연예술진흥협의회로 대체되었다. 이후 공연법 개정('99.2.8.)으로 공연예술진흥협의회는 영상물등급위원회로 다시 변경되었다. 영상물등급위원회의 법적 근거는 2001년 음반·비디오물 및 게임물에 관한 법률로 이관되면서 공연법에서는 삭제되었다. 공연윤리위원회가 폐지되고 영상물등급위원회로 변화하는 과정에서 각본의 사전 심의제는 등급분류제로 변경되어 청소년 보호에 중점을 두고 공연물의 연소자 이용가능 여부를 판단하는 것으로 심의방식이 바뀌었다. 이는 창작의 다양성 및 자율성 향상에 크게 기여하였다.

한편 2000년대 전후로 공연장에 대한 허가제는 등록제로 변경되어 규제가 더욱 완화되고, 국가와 지방자치단체의 공연예술에 대한 지원 책무가 규정되면서 공연법의 성격은 규제보다는

<표 3-2> 공연법의 개정 연혁

공연법 제정 ('61.12.)	일부개정 ('63.3./'66.4.)	일부개정 ('75.12./'81.12.)	일부개정 ('95.12/'97.4.)	전부개정 ('99.2.)	타법개정('01.5) 일부개정 ('06.9.~'11 .5.)	일부개정 ('15.5.~'20.6.)	일부개정 ('20.12.~'22.5.)	일부개정 ('22.9./'23.3.)
1. 총칙 · 공연: 영화, 연극, 연예, 음악, 무용 등 유료 관람 제공 행위 2. 공연자 등록: · 서울특별시와 도 3. 공연장 규제 · 설치 허가: 서울특별시, 도 재해예방 조치 의무 4. 공연 관련 규제 · 공연 신고: 서울특별시장, 시장, 군수 · 관람료 인가: 서울특별시장, 도지사 · 공연의 정지 명령 및 임검 · 외국인 공연 허가: 공보부장관 5. 공연자, 공연장, 관람자의 준수사항 규정 6. 보칙	('63.3.) 1. 공연 각본 또는 대본의 사전 심사 도입 ('66.4.) 2. 무료 공연도 공연법 적용 대상에 포함 3. 공연자 또는 공연업자 단체 설립 근거 마련 4. 국민감정을 해할 우려가 있거나 공서양속에 위배되는 외국공연물 공연 불가	('75.12.) 1. 공연자 등록 업무를 문화공보부로 이관 2. 공연자 등록증 유효기간 폐지 3.1년 이상 공연실적이 없으면 등록 취소 가능 4. 공연윤리위원회 신설(공연 검열) 5. 공연자에 대한 보조금 지원 근거 마련 ('81.12.) 6. 공연관람료 인가제 폐지 7. 공연자 등록 및 등록취소요건 완화 8. 소극장(300석 이하 또는 300m^2 이하)은 허가 면제	('95.12.) 1. 공연자 등록업무 시·도에 위임 2. 공연장 설치 허가 시·군·구청장에게 위임 3. 외국인 공연 허가 시 국익, 국민감정, 공서양속 등 고려 불허 가능 4. 국가, 지자체의 무대예술 전문인 양성 계획 수립·시행 책무 부여 ('97.4.) 5.한국공연예술진흥협의회 신설	1. 한국공연예술진흥협 의회 폐지 및 영상물등급위원회로 개편 2. 공연에 대한 불필요한 규제 폐지 · 공연장업 허가제를 등록제로 전환 · 사전 각본 심의제 폐지 · 연소자 유해 공연물을 청소년에게 관람시키는 경우 벌칙 강화 · 외국인 공연 허가제 폐지(영상물등급위 원회 추천제로 변경) 3. 국가와 지자체의 공연예술 진흥 계획 수립 시행 책무 부여	('01.5.) 1. 영상물등급위원회 근거 법률 변경(음반·비디오물 및 게임물에 관한 법률 개정) ('06.9.) 2. 야외 설치 공연장 등록제 도입 ('11.5.) 3. 국가와 지자체, 공연 연습장 설치·운영 가능 4. 외국인 공연 추천 제한 사유 완화 5. 공연장 무대시설 안전 진단 규정 강화	('15.5.) 1. 안전 관리 강화 · 모든 공연장은 등록 대상으로 함 · 매년 재해대처계획 신고 갱신 의무 · 모든 공연장의 정기 안전 진단 2. 공연장 운영자는 피난안내도 구비 및 관람객 주지 의무 ('17.11.) 3. 공연예술통합전산망 운영 법적 근거 마련('18.12.) 4. 재해대처계획 신고는 수리가 필요한 신고임을 명시 ('19.12.) 5. 무대예술 전문인 자격제도의 공신력과 전문성 제고를 위해 자격증 대여 및 알선 금지('20.6.)	('20.12.) 1. 입장권 등의 부정 판매 행위 방지 2. 재해대처계획 수립 시 피난안내 포함. 특히, 노약자·장애인의 피난 방법 포함 ('22.1.) 3. 뮤지컬을 공연산업의 한 분야로 독립적 정의 4. 안전 관리 강화 공연안전지원센터 지정 근거 마련 공연장안전정보시 스템 구축·운영 ('22.5.) 1. 무대 방화막 설치 의무화 2. 온라인 공연 지원 근거 마련	('22.9.) 1. 공연예술진흥기본계획은 매 5년, 세부계획은 매년 수립 · 장애 공연예술인 육성 포함 ('23.3.) 2. 컴퓨터 프로그램 이용한 입장권 부정 판매 금지

진흥에 비중을 둔 법률로 바뀌게 되었다. 그리고 공연법은 공연예술에 대한 국가 및 지방자치단체의 지원 근거를 규정하면서 다중이용시설인 공연장 운영 관련 안전대책의 강화, 공연예술통합전산망 구축, 입장권의 부정 판매 금지와 같은 시장기능 활성화를 지원하는 정책의 근거도 규정하였다.

공연법 제정 후 60년이 넘었지만 외국인의 국내 공연에 대한 규제는 1999년 법 개정 시 허가제에서 추천제로 바뀌었을 뿐 진입규제는 계속되고 있다. 한국의 K 팝 공연이 전 세계적으로 인기를 끄는 상황에서 외국 공연에 대하여 다르게 규정해야 할 지를 신중히 검토해 볼 필요가 있다.

3) 문화산업의 국가경쟁우위에 대한 영향

과거 공연법은 다양한 규제가 포함된 법률이었으나 현재는 안전대책을 제외한 대부분의 규제는 사라졌고 무대예술의 발전을 지원하는 다양한 규정을 두고 있다. 이를 통해 공연법은 문화산업의 국가경쟁우위 결정요소들에 대하여 폭넓게 영향을 미칠 수 있다.

공연법이 규정하고 있는 무대예술인 육성, 공연자 및 공연장 설치에 대한 국가의 재정적 지원 등은 공연자 양성과 산업 인프라를 확충하는 요소조건 고도화 환경을 조성한다. 공연장은 다중 이용시설이기 때문에 안전 관리가 중요하고, 시설 투자비가 많이 소요되므로 개인사업자가 공연장을 설치·운영하는 것은 쉽지 않다. 이에 공연법은 국가 및 지방자치단체가 공연장을 설치·운영할 수 있는 근거를 마련하였고, 공연자에 대한 보조금 지급과 공연장 설치에 대한 재정적 지원도 할 수 있게 하였다.

공연법은 유소년 보호, 공연예술통합전산망 운영 및 공연장 입장권의 부정 판매 금지, 해외진출 지원과 같은 국내·외 수요조건의 고도화를 지원하는 규정을 포함하고 있다. 그러나 외국공연에 대하여는 아직도 영상물등급위원회의 추천제도를 유지하고 있다. 이는 외국 공연에 대한 국내 수요에 영향을 미칠 수 있는 규제로 볼 수 있다.

한편 공연법은 무대기계, 무대조명, 무대음향 등 분야별 무대예술전문인 자격관리제도를 도입하여 무대예술의 관련 및 지원산업 발전도 지원하고 있다. 이 외에도 공연법은 국가와 지방자치단체에게 공연예술진흥기본계획 및 세부계획의 주기적 수립·시행 책무를 부여하고 있다. 이는 공연장 및 무대예술 관련의 업계의 전략 수립에 영향을 줄 수 있다.

3 대중문화예술산업발전법

1) 제정 배경 및 목적

K-팝 및 K-드라마에서의 한류 바람은 K-뷰티, K-푸드 등 연관 산업 분야까지 매출에 긍정

적 영향을 미치며 한국문화의 세계적 확산에 기여하고 있다. 그러나 문화산업 국가경쟁우위 창출의 주인공이라고 할 수 있는 대중문화예술인들이 계약 시 공정한 처우를 받지 못하는 사례가 지속적으로 발생하였다. 인기 배우 자살 사건, 연예인 노예 계약 논란, 청소년 연예인 인권문제 등 다양한 문제들이 지적되었다. 문화산업 생태계에서 용역을 제공하고 콘텐츠제작의 중심적 역할을 수행하고 있는 대중문화예술인들이 불공정 계약 및 노예 계약, 착취, 성폭력 등으로부터 보호받지 못하는 상태에서 문화산업의 외형이 커졌던 것이다. 이에 정부는 대중문화예술인에 대한 부당한 처우와 불공정한 거래 관행을 방지하여 문화산업의 건강한 생태계 발전을 지원하기 위하여 대중문화예술산업발전법 제정('14.1.28.)을 추진하였다.

2) 주요 내용

대중문화예술산업발전법에 의하면 대중문화예술산업은 대중문화예술인이 제공하는 대중문화예술 용역을 이용하여 방송영상물, 영화, 비디오물, 공연물, 음반, 음악파일, 음악영상파일 등을 제작하거나 이를 위해 대중문화예술 용역 제공을 알선, 기획, 관리하는 산업이다. 대중문화예술 용역은 대중문화예술산업에서 제공되는 연기, 무용, 연주, 가창, 낭독, 그 밖의 예능과 관련한 용역을 말한다. 대중문화예술사업자 및 대중문화예술 제작 스태프는 대중문화예술인의 사생활을 보호하고 명예가 훼손되지 않도록 노력해야한다. 그리고 국가는 국가브랜드 가치 제고를 위하여 대중문화예술산업의 해외 진출을 지원할 수 있다.

국가는 대중문화예술산업에서 공정한 영업질서를 조성하기 위해 대중문화예술인의 용역 관련 표준계약서를 마련하고 대중문화예술사업자에게 보급하여야 한다. 대중문화예술 제작물 제작과 관련하여 대중문화예술 제작 스태프가 당사자가 되는 계약에서도 신의성실의 원칙에 따라 공정하게 체결해야 한다. 특히, 대중문화예술사업자 또는 대중문화예술 제작 스태프는 그 직위를 이용하여 대중문화예술 용역과 관련된 이익의 제공이나 약속 또는 불이익의 위협을 통하여 성매매 알선이나 유인 관련 행위를 해서는 안된다.

문화체육부장관은 대중문화예술인의 권익 보호를 위한 지원센터를 설치할 수 있다. 이를 근거로 한국콘텐츠진흥원의 소속기관으로 대중문화예술지원센터를 설치하였다. 동 센터는 불공정 거래 및 폭력 등에 대한 피해 상담과 법률적 지원, 권익 보호 및 자살예방을 위한 교육 프로그램 운영, 실태조사, 대중문화예술 제작 스태프의 직업능력 개발 및 교육 지원 등의 업무를 수행하고 있다.

대중문화예술 기획업을 하려는 자는 문화체육관광부장관에게 등록하여야 한다. 등록요건으로는 2년 이상의 종사 경력을 갖추거나 대중문화예술 기획업 관련 교육과정을 이수해야 하고, 독립적 사무소를 가져야 한다. 대중문화예술산업발전법, 형법, 특정범죄 가중처벌 등에 관한 법률, 풍속영업의 규제에 관한 법률, 아동·청소년의 성보호에 관한 법률을 위반하거나 아동복지법에 따른 아동학대 범죄로 벌금 이상의 형의 선고를 받고 그 집행이 종료되거나 집행을 받지 아니하기로 확정된 후 3년이 경과되지 아니한 자는 대중문화예술 기획업자가 될 수 없다. 거짓 또는 부정한 방법으로 등록한 경우나 등록 이후 결격사유가 발생한 경우에 정부는 등록을 취소할 수 있다. 그리고 대중문화예술 기획업자가 대중문화예술인에 대한 성매매 알선 등 이 법에서 금지한 행위를 하는 경우에 정부는 6개월 이내의 영업정지를 명하거나 과징금을 부과할 수 있다.

동법은 대중문화예술 기획업자에 대한 교육 관련 조항을 두고 있다. 불공정 거래 및 범죄행위에 대한 처벌도 중요하지만 교육을 통한 사전 예방이 더 중요하다. 등록한 대중문화예술 기획업자는 대중문화예술산업발전법의 내용과 준수사항, 공정한 영업질서 조성 관련 사항, 대중문화예술산업 관련 실태조사, 종합정보시스템의 구축 및 운영에 관한 사항에 대하여 교육을 받아야 한다.

3) 문화산업의 국가경쟁우위에 대한 영향

대중문화예술산업발전법 제정 이전에는 대중문화예술 기획업은 완전한 자유 업종이었다. 그러나 대중문화예술인에 대한 인권침해 사건이 계속 발생함에 따라 법을 제정하여 등록 업종으로 변경하고 예방적 차원에서 각종 규제가 마련된 것이다. 이는 문화콘텐츠 제작업자에게 대중문화예술 용역을 제공하는 대중문화예술인을 보호하고 공정한 시장질서를 조성하기 위한 것이다. 문화산업의 가치사슬로 보면 동법은 제작자와 공급자 사이, 즉 관련 및 지원산업 분야에서 공정한 거래질서 확립을 유도하는 법률로서 의미가 있다.

4 예술인복지법

1) 주요 내용

① 제정 목적 및 개념

예술인복지법은 제정이유를 i) 예술인의 지위 향상과 복지 증진을 위하여 문화예술 분야의 계약서 표준양식을 개발하여 보급하고, ii) 예술인의 업무상 재해에 관한 보호 규정을 마련하며, iii) 예술인 복지사업을 수행하는 한국예술인복지재단을 설립하기 위함이라고 밝히고 있다. 동법에 의한 예술인은 '예술 활동을 업으로 하여 국가를 문화적, 사회적, 경제적, 정치적으로 풍요롭게 만드는데 공헌하는 자로서 문화예술 분야에서 창작, 실연, 기술지원 등의 활동을 증명할 수 있는 자'이다.

② 예술인의 지위와 권리

예술인은 문화국가 실현과 국민의 삶의 질 향상에 공헌하는 존재로서 정당한 존중을 받아야 하며, 인간의 존엄성 및 신체적, 정신적 안정이 보장된 환경에서 자유롭게 예술 활동을 할 권리를 가진다. 그리고 예술 활동의 성과를 통하여 정당한 정신적, 물질적 혜택을 누릴 권리가 있다. 모든 예술인은 유·무형의 이익 제공이나 불이익의 위협을 통하여 불공정한 계약을 강요당하지 않을 권리가 있다.

③ 국가와 지방자치단체의 책무

국가와 지방자치단체는 예술인의 지위와 권리를 보호하고 예술인의 복지 증진에 관한 시책을 수립, 시행해야 하며, 예술인이 지역, 성별, 연령, 인종, 장애, 소득 등에 따른 차별없이 예술 활동에 종사할 수 있도록 지원하고 성희롱 및 성폭력으로부터 예술인을 보호하는 시책도 마련해야 한다. 국가와 지방자치단체는 예술인의 복지 증진을 위한 사업에 필요한 지원을 할 수 있다.

특히, 문화체육관광부장관은 예술인 복지정책의 체계적 추진을 위하여 매 5년마다 예술인 복지정책 기본계획을 수립하여야 한다. 동 기본계획은 예술인 복지정책의 기본방향, 예술인의 직업적 지위와 권리 보호, 예술인의 복지 증진, 예술 활동 여건 개선, 예술인 복지정책의 추진 체계, 예술인 복지사업을 위한 재원규모 및 조달방법, 예술인 복지사업에 대한 지원, 예술인에 대한 긴급지원대책 등을 포함하여야 한다.

④ 표준계약서의 보급

문화예술 용역과 관련된 계약의 당사자는 대등한 입장에서 공정하게 계약을 체결하고, 신의에 따라 성실하게 계약을 이행하여야 한다. 이를 위해 국가는 표준계약서를 개발하고 보급하여야 한다. 국가와 지방자치단체는 문화예술진흥기금 지원 등 문화예술 재정 지원에 있어 표준계약서를 사용하는 경우 우대할 수 있다. 문화예술기획업자 등은 서명 또는 기명 날인한 문화예술관련 용역계약서를 3년간 보존해야 한다. 문화체육관광부장관은 문화예술 용역계약의 체결 여부에 관한 사실관계를 조사하기 위하여 필요한 경우 문화예술기획업자 등에게 관련된 사항을 보고하게 하거나 필요한 자료의 제출 또는 출석을 요구할 수 있고 이러한 요구를 받은 자는 특별한 사유가 없으면 이에 따라야 한다.

⑤ 한국예술인복지재단의 설립

예술인 복지사업을 효율적으로 수행하기 위하여 예술인복지법에 의거하여 2012년 11월 한국예술인복지재단이 설립되었다. 동 재단의 사업은 다음 각 호와 같다.

가. 예술인의 사회보장 확대 지원

나. 예술인의 직업 안정, 고용 창출, 직업 전환 등 지원

다. 원로 예술인의 생활 안정 지원 등 취약 예술계층의 복지 지원

라. 장애 예술인의 문화예술 활동을 위한 복지 지원

마. 개인 창작 예술인의 복지 증진 지원

바. 예술인의 복지실태 및 근로실태의 조사·연구

사. 예술인 복지금고 및 공제사업의 관리·운영

아. 불공정 행위로 인한 피해 상담 및 법률적 지원

자. 예술인의 권익 보호를 위한 교육 프로그램의 운영

차. 예술계 성희롱·성폭력 예방교육 및 피해 구제 지원

카. 기타 정부로부터 위탁받은 사업

2) 문화산업의 국가경쟁우위에 대한 영향

예술인복지법을 문화산업의 국가경쟁우위 결정요소에 대한 영향 관점에서 살펴보면, 문화예술 용역의 공급자로서 예술인들이 불공정한 계약을 맺거나 강요당하지 않도록 제도적으로 보장하여 문화예술 용역의 수급과 관련한 건강한 산업 생태계를 조성함으로써 문화산업의 관련 및 지원산업을 고도화하는 의미가 있다.

5 예술인의 지위와 권리의 보장에 관한 법률

1) 제정 배경 및 개요

문화예술계 블랙리스트 사태와 예술계 미투 운동 등 예술인의 지위와 권리를 침해하는 사건이 연이어 발생한 것이 계기가 되어 불공정한 예술 환경과 사회보장의 사각지대에 놓인 예술인을 구제할 수 있는 방안을 마련하고 성평등한 예술환경 조성에 대한 예술계의 요구를 반영하여 2021년 예술인의 지위와 권리의 보장에 관한 법률이 제정되었다. 예술인은 문화국가 실현과 국민의 삶의 질 향상에 기여하는 존재로서 정당한 존중을 받아야 하고, 성평등한 예술환경에서 활동할 권리를 가진다.

예술인의 지위와 권리의 보장에 관한 법률은 i) 예술 창작과 표현의 자유를 보호하고 ii) 예술인의 노동과 복지 등 직업적 권리를 신장하며, iii) 예술인의 문화적·사회적·경제적·정치적 지위를 보장하고, iv) 성평등한 예술환경을 조성함으로써 예술 발전에 이바지하는 것을 목적으로 한다.

2) 주요 내용

① 국가와 지방자치단체의 책무

국가와 지방자치단체는 예술인의 예술 창작과 표현의 자유를 보호하고 노동과 복지에 있어 예술인의 직업적 권리를 신장하기 위한 시책을 마련해야 할 책무가 있다. 정부기관은 예술을 검열해서는 안되고 예술인이 합리적 이유 없이 지원사업 결정에서 차별을 받지 않도록 해야 한다. 아울러 예술인에 대한 성희롱·성폭력을 금지·예방하고 피해자의 보호와 권리 구제를 위한 시책을 마련해야 한다. 이 외에도 정부기관은 예술 지원기관이 독립성과 자율성을 보장받으며 지원사업을 수행할 수 있는 환경을 조성해야 한다.

② 예술 표현의 자유 보장 및 예술인의 직업적 권리의 보호

예술인은 자유롭게 예술 활동에 종사할 권리와 예술 활동의 성과를 널리 전파할 권리를 가진다. 공무원, 예술 지원기관 또는 예술교육기관에 소속된 자는 폭행, 협박, 불이익의 위협, 위계 등을 행사하여 예술인 또는 예술단체의 예술 활동이나 그 성과를 전파하는 활동을 방해하는 행위를 해서는 안된다.

2명 이상의 예술인은 자신의 권리를 보호하기 위하여 예술단체를 결성할 수 있으며, 그 단체는 예술사업자 등에게 예술 활동 관련 계약 내용의 변경 또는 계약 조건에 관한 협의를 요청할 수 있다.

예술인은 예술 지원사업에 있어서 합리적 이유 없이 차별을 받지 않는다. 정부기관은 정당한 이유 없이 예술 지원사업에서 차별행위를 목적으로 예술인 또는 예술단체의 명단을 작성하거나 예술 지원기관에 작성을 지시하여 이를 이용 또는 이용에 제공하거나 이를 제공받아 이용해서도 안된다.

③ 성평등한 예술 환경의 조성

예술인은 예술 활동에 있어 성별에 따른 차별, 편견, 비하, 폭력 없이 인권을 동등하게 보장받고 성희롱·성폭력으로부터 보호받을 권리가 있다. 문화체육관광부장관은 예술인에 대한 성희롱·성폭력을 방지하기 위한 대책 수립, 상담센터의 설치, 예방교육 실시 등의 조치를 하여야 한다. 이를 위해 문화체육부장관은 2년마다 예술 분야의 성희롱·성폭력에 관한 실태조사를 실시하고 그 결과를 발표해야 하며, 성희롱·성폭력 예방 및 피해구제 지원기관을 지정할 수 있다.

④ 예술인 권리 구제

문화체육관광부장관 소속으로 '예술인 권리보장 및 성희롱·성폭력 피해구제 위원회(이하 위원회)'를 둔다. 위원회는 예술인의 지위와 권리 보장 정책의 수립 및 시행, 예술인 권리침해행위 신고사건, 성희롱·성폭력 신고사건, 예술인 권리침해행위로 인하여 발생한 분쟁의 조정 등에 관하여 심의·의결한다. 문화체육관광부장관은 예술인의 지위와 권리의 보장을 위하여 소속 공무원을 예술인보호관으로 지정하여 권리침해행위 및 성희롱·성폭력에 관한 조사, 분쟁 조정 지원 등의 업무를 수행하도록 한다.

예술인, 예술단체 또는 예술인조합은 예술인 권리침해행위가 발생한 경우에 문화체육관광부장관에게 이를 신고할 수 있다. 예술인보호관은 신고가 접수되면 지체 없이 필요한 조사를 해야 하고 피해자에게 동법에 따른 구제절차를 설명해야 한다. 예술인보호관이 조사결과와 구제조치 및 시정방안을 마련하는 경우 위원회에 보고하며, 위원회는 검토 결과 예술인 권리 침해행위 또는 예술 활동 관련 성희롱·성폭력행위가 있었다고 볼 상당한 이유가 있는 경우에는 문화체육관광부장관에게 수사의뢰, 행정처분, 징계 등을 요청할 것을 심의·의결할 수 있다.

문화체육관광부장관은 위원회의 심의·의결에 대하여 관련 기관 및 예술사업자 등에게 시정방안을 정하여 이에 따를 것을 권고할 수 있다. 특히, 국가기관 또는 예술사업자 등이 우월한 지위를 이용하여 예술인에게 불공정한 계약 조건을 강요하거나 계약 조건과 다른 활동을 강요하는 행위가 있었다고 위원회가 심의·의결하는 경우에는 문화체육관광부장관은 해당기관 또는 사업자에게 시정을 명할 수 있고, 이를 공정거래위원회에 통보하여야 한다. 위원회는 예술인 권리침해행위로 인하여 발생한 분쟁에 대하여 당사자의 신청에 따라 또는 직권으로 조정을 할 수도 있다.

3) 문화산업의 국가경쟁우위에 대한 영향

예술인의 지위와 권리의 보장에 관한 법률은 예술인의 예술 창작의 자유를 보장하고 예술인의 노동과 복지 등 직업적 권리를 신장하는 기능을 수행한다. 동법은 정부기관의 불공정 행위를 금지하기도 하지만 예술사업자와 예술인의 관계에 있어 불공정 행위도 금지하고 있다. 이 점에서 대중문화예술산업발전법과 유사한 법률로 볼 수 있다. 즉, 예술인의 지위와 권리 보장에 관한 법률은 문화산업에서 공급자적 지위에 있는 예술 창작자의 권리를 보장함으로써 관련 및 지원산업의 건강한 생태계 형성을 지원하고 있다.

6 국제문화교류진흥법

1) 제정 배경 및 목적

국제문화교류진흥법 제정이 논의되던 시기는 한국의 사드 배치 발표 후 중국에서 한국연예인의 활동을 제한하는 '한한령'이 발동될 것이라는 우려가 퍼지고 있던 시기였다. 한때 일본에서도 반한류를 선동하는 세력이 독도문제를 걸고 넘어졌고 이로 인해 일본에서의 한류 붐이 영

향을 받은 적도 있다.[72]

국제문화교류진흥법은 국제문화교류 진흥에 필요한 사항을 규정함으로써 국제문화교류의 기반을 조성하여 문화에 대한 국가 간 상호 이해를 증진하고, 문화의 다양성과 창의성을 높여 세계문화 발전에 기여함을 목적으로 제정되었다(2017.3.21.). 즉 국제문화교류진흥법은 국가간 정치적 갈등으로 인해 문화산업이 타격을 받고 그 결과 문화산업에 종사하는 문화예술인까지 불이익을 받게 되는 상황을 예방하기 위하여 국가 간 문화 교류 활성화를 지원하는 법률이다.

2) 주요 내용

국제문화교류진흥법에 의한 국제문화교류는 문화, 예술, 관광, 체육 등의 분야에서 국가 간 상호 문화에 대한 이해를 증진하기 위하여 수행하는 국제적 협력 및 교류 활동을 말한다. 국가와 지방자치단체는 국제문화교류 진흥을 위하여 종합적인 시책을 수립·시행해야 할 책무가 있다. 문화체육관광부장관은 국제문화교류 진흥을 위하여 5년마다 국제문화교류 진흥 종합계획을 수립해야 한다. 동 계획은 국제문화교류 진흥의 정책목표와 기본방향, 국제문화교류 진흥을 위한 재원 조달 및 운용 방안, 지방자치단체 및 민간의 국제문화교류 진흥 방안, 국제문화교류 진흥을 위한 전문인력 양성 등을 포함한다. 문화체육관광부장관과 전국 17개 시·도지사는 종합계획을 토대로 매년 국제문화교류 진흥 시행계획을 수립·시행해야 한다

문화체육관광부장관은 국제문화교류 관련 정보를 체계적으로 유지·관리하기 위하여 국제문화교류 정보시스템을 구축, 운영할 수 있고 국제문화교류 진흥 사업에 소요되는 경비를 지원할 수 있다. 아울러 문화체육관광부장관은 국제문화교류 진흥에 필요한 사업을 효율적으로 수행하기 위하여 국제문화교류 진흥 관련 업무를 전담하는 기관을 지정할 수 있고, 그 기관이 지정요건을 갖추지 못하게 되는 경우에는 지정을 취소하거나 시정을 명할 수도 있다. 이에 따라 2018년 2월 문화체육관광부는 한국국제문화교류진흥원을 국제문화교류 전담기관으로 지정하였다.

3) 문화산업의 국가경쟁우위에 대한 영향

국제문화교류진흥법은 제정 당시에는 적용 분야를 문화, 예술, 관광 관련 분야로 설정하였으나 추후 법을 개정하여('18.10.) 국제문화교류에서 중요한 역할을 수행하고 있는 스포츠 분야까지 대상을 확대하였다. 국제문화교류진흥법은 국제문화교류 증진을 통해 세계인이 서로 다른 문화를 보다 쉽게 이해하고 수용하도록 유도함으로써 문화산업의 글로벌 시장 확대에 기여할 수 있다. 그리고 세계적으로 다양한 문화를 향유하는 기회는 문화콘텐츠에 대한 수요의 세련도 향상에도 기여함으로써 국가경쟁우위 결정요소 중 수요조건 고도화에 영향을 주게 된다.

---

72 심윤희. (2016.8.8.). 사면초가 '한류'. 매일경제.

7 이스포츠 진흥에 관한 법률

1) 주요 내용

이스포츠 진흥에 관한 법률에 의하면 이스포츠는 게임물을 매개로 하여 사람과 사람 간에 기록 또는 승부를 겨루는 경기 및 부대 활동을 말한다. 동법은 이스포츠의 진흥에 필요한 사항을 규정함으로써 이스포츠의 산업 기반을 조성하고, 국민의 여가선용 기회 확대 및 국민경제의 발전에 기여하는 것을 목적으로 한다.

이스포츠 진흥에 관한 법률은 다른 분야의 진흥법과 유사한 구조와 내용을 갖고 있다. 동법은 문화체육관광부장관에게 이스포츠 진흥을 위한 기본계획 수립 및 시행의 책무를 부여하였다. 이는 이스포츠 진흥의 기본방향, 전문인력의 양성, 국제 교류, 재원 확보, 이스포츠 육성 및 저변 확대 등을 포함한다. 정부는 이스포츠 관련 정책의 수립 및 시행을 위해 실태조사를 실시하고 효과적 정책 실행을 위한 자금을 확보해야 한다.

2) 문화산업의 국가경쟁우위에 대한 영향

1990년대 후반부터 게임산업이 급속히 발전하면서 프로게이머가 등장했다. 프로게이머는 게임 경기를 직업으로 하는 사람이다. 한편 게임전문 인터넷 방송도 대두되어 전 세계적으로 구독자가 증가하고 있으며 게임에 대한 사회적 인식도 변하면서 이스포츠라는 경기가 탄생하게 되었다. 이스포츠 종목으로 선정된 게임은 글로벌 시장에서 커다란 마케팅 파워를 가질 수 있다.

이스포츠 종목의 게임 제작사는 이스포츠 게임 중계방송, 프로게이머 및 프로게임단, 이스포츠 전용 경기장 등 게임과 직접 관련된 산업뿐만 아니라 음악, 예능, 드라마 등 다른 문화산업 장르까지 파생상품을 만들 수 있다. 이스포츠는 게임산업의 관련 및 지원산업 발전과 게임의 글로벌 수요 창출에 크게 기여할 수 있다.

제4절 문화산업 장르별 지원 법률

문화산업 장르별 지원 법률은 기본법적 성격의 법률이나 문화산업 관련 기능적 지원 법률과는 달리 문화산업 분야의 특정 장르를 지원하는 법률이므로 장르별 특성을 반영하고 있다. 이하에서는 주요 문화산업 장르별 지원 법률에 대하여 주요 내용, 개정 연혁, 문화산업 국가경쟁우위 결정요소에 대한 영향의 관점에서 살펴본다.

1 영화 및 비디오물의 진흥에 관한 법률

1) 주요 내용

'영화 및 비디오물의 진흥에 관한 법률'은 서로 다른 법률로 규율하고 있던 영화와 비디오물을 하나의 법률로 통합적으로 규율하기 위해 제정된('06.4.28.) 법률이다. 동법 제정 이전에는 영화진흥법은 영화를 규율하고, 음반·비디오물 및 게임물에 관한 법률은 비디오물에 대하여 규율하였다. 영화진흥법은 1962년 제정된 영화법에서 기원한다. 영화법은 여러 차례 개정되면서 규제가 완화되었고 1995년에는 영화진흥법으로 전환된 바 있다. 영화 관련 법률은 오랜 역사를 가지고 있기 때문에 그 변천 과정은 별도로 살펴보기로 하고 현재의 영화 및 비디오물의 진흥에 관한 법률의 주요 내용을 먼저 살펴본다.

① 영화 및 비디오물의 정의

영화 관련 최초의 법률인 영화법은 영화의 개념에 대하여 구체적으로 정의하지 않았다. 대신 극영화, 문화영화, 뉴스영화로 구분하여 각각을 정의하였다. 극영화는 배우를 출연시켜 연극화한 영화로서 문화영화 및 뉴스영화 이외의 영화를 말한다. 문화영화는 경제, 사회, 문화 등 제 분야에서 교육적 또는 문화적 내용이나 사회풍습을 묘사하며 사실기록을 위주로 제작된 영화이다. 그리고 뉴스영화는 정치·경제·사회·문화 등의 시사를 신속·정확하게 보도하기 위하여 제작된 영화이다. 일반적으로 문화산업에서의 영화는 극영화를 의미한다.

1995년에 영화법이 폐지되고 새로 제정된 영화진흥법은 극영화의 개념을 구 영화법보다 확장하여 "사람을 출연시키거나 동물 기타 형상물 등을 활용하여 연극화한 영화"로 규정하였다.

극영화로 한정하지 않고 영화의 개념을 독자적으로 정의한 것은 1999년 개정된 영화진흥법이 처음이다. 동법은 영화를 "연속적인 영상이 필름 등의 매체에 담긴 유성 또는 무성의 내용물"로 정의하였다.

2006년 영화진흥법을 흡수하여 새롭게 제정된 영화 및 비디오물의 진흥에 관한 법률은 영화를 "연속적인 영상이 필름이나 디스크 등의 디지털 매체에 담긴 저작물로서 영화 상영관 등의 장소나 시설에서 공중에게 관람하게 할 목적으로 제작된 것"으로 정의하여 영화를 담는 매체에 있어 필름 이외의 디스크와 같은 디지털 매체를 포함하고, 영화 상영관 등의 시설에서 공중에게 영화를 관람하게 하는 장소 및 시설이라는 요소를 추가하여 규정하였다.

<표 3-3> 영화 및 비디오물에 대한 법률상 정의

관련 법률	영화 및 비디오물에 대한 정의
영화법('62.1.)	극영화: 배우를 출연시켜 연극화한 영화로서 문화영화 및 뉴스영화 제외(*영화의 정의 규정 없음)
영화진흥법('95.12.)	극영화: 사람을 출연시키거나 동물 기타 형상물 등을 활용하여 연극화한 영화
영화진흥법('99.2.)	• 영화: 연속적인 영상이 필름 등의 매체에 담긴 유성 또는 무성의 내용물(*영화를 단독으로 정의) • 극영화: 사람을 출연시키거나 동물 기타 형상물 등을 활용하여 연극화한 영화
영화진흥법('02.1.)	영화: 연속적인 영상이 필름, 디스크 등의 매체에 담긴 유성 또는 무성의 내용물로서 상영을 목적으로 한 것 (*극영화 정의 규정은 삭제)
영화 및 비디오물의 진흥에 관한 법률('06.4.)	• 영화: 연속적인 영상이 필름 또는 디스크 등의 디지털 매체에 담긴 저작물로서 영화 상영관 등의 장소 또는 시설에서 공중에게 관람하게 할 목적으로 제작한 것 • 비디오물: 연속적인 영상이 테이프 또는 디스크 등의 디지털 매체나 장치에 담긴 저작물로서 기계, 전기, 전자 또는 통신장치에 의하여 재생되어 볼 수 있거나 보고 들을 수 있도록 제작된 것

한편 비디오물은 같은 영상물이지만 영화법이 아닌 다른 법률의 적용을 받으며 발전하였다. 1991년 제정된 음반 및 비디오물에 관한 법률은 비디오물을 "영상이 유형물에 고정되어 재생될 수 있도록 제작된 물체"로 정의하였다. 1995년 전부개정된 음반 및 비디오물에 + 관한 법률은 비디오물의 정의를 저장매체인 테이프와 디스크를 추가하여 "영상이 유형물에 고정되어 재생될 수 있도록 제작된 물체로서 테이프 형태의 것과 디스크 기타 신소재 형태의 것"으로 확대하였다. 이후 2006년 영화진흥법과 통합하여 새로 제정된 영화 및 비디오물의 진흥에 관한 법률은 비디오물을 "연속적인 영상이 테이프 또는 디스크 등의 디지털 매체나 장치에 담긴 저작물로서 기계, 전기, 전자 또는 통신장치에 의하여 재생되어 볼 수 있거나 보고 들을 수 있도록 제작된 것"으로 정의하였다.

이상의 정의에서 보듯이 영화와 비디오물은 연속적인 영상이 디스크 등의 매체에 담긴 저작물이라는 점에서는 본질적으로 같지만 그 이용형태가 다른 것을 알 수 있다. 즉 영화는 영화 상영관 등에서의 관람에 맞게 제작된 영상물이다. <표 3-3>은 영화 및 비디오물의 개념을 법률 개정에 따라 정리한 표이다.

② 영화업 및 비디오물업의 구분

영화업은 영화 제작업, 영화 수입업, 영화 배급업, 영화 상영업으로 구분할 수 있다. 영화업자가 되고자 하는 자는 광역 자치단체장 또는 시장, 군수, 구청장(이하 시장, 군수, 구청장)에게 신고하여야 한다. 신고한 사항을 변경하고자 할 때에는 변경신고를 하여야 한다. 다만 영화 상영관을 설치·경영하고자 하는 자는 문화체육관광부령이 정하는 시설기준을 갖추고 소재지 관할 시장, 군수, 구청장에게 등록하여야 한다. 등록사항을 변경할 때에도 같다.

비디오물업은 비디오물 제작업, 비디오물 배급업, 비디오물 시청 제공업으로 구분된다. 비디오물 제작업 또는 비디오물 배급업을 하려는 자는 시장, 군수, 구청장에게 신고하여야 한다. 비디오물 시청 제공업을 하고자 하는 자는 시장, 군수, 구청장에게 등록하여야 한다. 다만 게임산업 진흥에 관한 법률에 의한 인터넷컴퓨터게임 시설 제공업에 해당하는 경우와 정보통신망만을 이용하여 비디오물을 시청에 제공하는 경우는 등록하지 않고 이를 할 수 있다.

③ 문화체육관광부장관의 영화진흥기본계획 및 시행계획 관련 책무

문화체육관광부장관은 영화진흥위원회 및 한국영상자료원의 의견을 들어 다음 각 호의 사항을 포함하는 영화진흥기본계획 및 시행계획을 수립·시행해야 한다.

가. 한국영화 진흥의 기본방향

나. 영화 제작의 진흥을 위한 조사·연구 및 제작 기반의 확충, 기술 개발

다. 영화 배급 및 상영의 진흥을 위한 조사·연구 및 개발

라. 한국영화의 수출과 국제적 진출

마. 영화자료의 수집과 보존

바. 영화인력의 양성 및 영화근로자의 근로환경 개선

사. 영화산업에서 인권 존중 및 양성평등 문화의 확산

아. 예술영화 및 독립영화의 육성

자. 영화 진흥을 위한 재원의 확보 및 운용 방안

차. 디지털 시네마 진흥

카. 영상기술 개발 및 표준화

타. 지역 영상문화 진흥

파. 영화 상영관의 안전 관리

하. 기타 영화예술의 진흥을 위하여 필요한 사항

④ 영화진흥위원회의 설립 및 주요 기능

영화진흥위원회는 1999년 영화진흥법의 개정으로 처음 설립되었다. 그러나 이는 1973년 영화법에 의해 설립되어 국산 영화 진흥을 위한 다양한 사업을 수행해온 영화진흥공사를 승계한 기관이다. 영화진흥법이 영화 및 비디오물의 진흥에 관한 법률로 개편된 이후에는 동법이 영화진흥위원회의 설립 근거 법률이다. 영화 및 비디오물의 진흥에 관한 법률에 의하면 영화진흥위원회는 한국영화 및 영화산업의 진흥을 위하여 다음 각 호의 사항을 심의, 의결한다.

가. 영화진흥기본계획 등의 수립, 변경에 대한 의견 제시

나. 영화진흥위원회 운영계획의 수립, 시행

다. 영상제작 관련 시설의 관리, 운영

라. 영화발전기금의 관리, 운용

마. 한국영화 진흥 및 영화산업 육성을 위한 조사, 연구, 교육, 연수

바. 영화의 유통 배급 지원

사. 디지털 시네마 관련 영상기술의 개발과 표준 제정 및 보급, 품질인증 및 영화 상영관 시설기준

아. 한국영화의 해외 진출 및 국제 교류

자. 예술영화, 독립영화, 애니메이션영화, 소형영화, 단편영화의 진흥

차. 영화관객의 불만 및 진정사항 관리

카. 영화산업에서 인권 존중 의식 및 양성평등 문화의 확산

타. 외국과 공동제작영화의 한국영화 인정

파. 영화 상영관 입장권통합전산망의 운영

하. 한국영화 의무 상영제도 운영 및 개선

거. 지역 영상문화 진흥

너. 비디오산업 진흥시책의 추진

더. 표준계약서 확산 및 영화산업 내 근로환경 개선

러. 그 밖의 영화진흥위원회가 필요하다고 인정하는 사항

⑤ 영화발전기금

영화 및 비디오물의 진흥에 관한 법률은 영화예술의 질적 향상과 한국영화 및 비디오물산업의 진흥·발전을 위하여 영화발전기금을 설치하고, 영화진흥위원회가 이를 관리하도록 규정

하였다. 동 기금은 정부의 출연금, 기부금, 영화 상영관 입장권에 대한 부과금 등으로 조성하며 다음 각 호의 사업을 위하여 사용한다.

가. 한국영화의 창작, 제작 진흥 지원

나. 영상 전문투자조합 출자

다. 한국영화의 수출 및 국제 교류 지원

라. 소형·단편 영화의 제작 지원

마. 영화 상영관 시설의 보수, 유지 및 개선과 전용상영관 지원

바. 영화산업 종사자의 복지 향상 지원사업

사. 영화산업에서의 인권 존중 의식 및 양성평등 문화 확산 사업

아. 예술영화·독립영화의 발전과 관련한 사업

자. 영상문화의 다양성, 공공성 증진과 관련한 사업

차. 영상기술의 개발과 관련된 사업

카. 지역 영상문화 진흥과 관련된 사업

타. 비디오산업의 진흥과 관련된 사업

파. 장애인 등 소외계층의 영화 향유권 신장을 위한 사업

영화발전기금 조성을 위한 부과금은 영화 상영관 입장권 가액의 100분의 5이하의 범위에서 대통령령으로(100분의 3) 정한다. 영화 상영관 경영자는 부과금을 수납하여 영화진흥위원회에 납부하여야 한다.

영화 관련 기금은 1970년 영화법에서 규정한 국산영화진흥기금에서 기원한다. 1986년 말 정부의 대외개방정책이 확대되면서 외국 영화 수입 추천과 연계된 국산영화진흥기금제도는 폐지되었다. 이후 1995년 영화진흥법 제정 시에 영화진흥금고로 부활하였다가 2007년 영화 및 비디오물의 진흥에 관한 법률 개정 시 영화발전기금으로 대체되었다.

⑥ 영상물등급위원회 설치 및 영상물 등급분류

영상물등급위원회는 개정된('99.2.6.) 공연법에 따라 공연의 공공성과 윤리성 유지 및 연소자 관객을 보호하기 위하여 설립되었다. 이는 이전의 공연예술진흥협의회를 대체하는 기관이다. 공연예술진흥협의회 이전에는 공연법에 의한 공연윤리위원회가 영화, 비디오물, 음반, 공연 등에 대한 심의기관이었다. 1996년 헌법재판소가 공연윤리위원회의 심의는 검열에 해당한다며 위헌결정을 내림에 따라 정부는 공연법을 개정하여 공연윤리위원회를 폐지하였다. 그리고 이를 대체하는 공연예술진흥협의회를 설립하였다가 다시 폐지하고 현재의 영상물등급위

원회를 설립하였다.

영상물등급위원회는 영화 및 비디오물과 그 광고·선전물의 윤리성, 공공성을 확보하고 청소년을 보호하기 위하여 영상물 등에 대한 등급분류 및 청소년 유해성 확인 업무를 수행한다. 동 위원회의 위원은 임기 중 직무상 어떤 지시나 간섭을 받지 않고 직무상 독립적으로 업무를 수행한다.

영화의 상영등급은 전체 관람가, 12세 이상 관람가, 15세 이상 관람가, 청소년 관람불가, 제한 상영가로 구분한다. 제한 상영가는 선정성·폭력성·사회적 행위 등의 표현이 과도하여 인간의 보편적 존엄, 사회적 가치, 선량한 풍속 또는 국민 정서를 현저히 해칠 우려가 있는 상영 및 광고 등에 일정한 제한이 필요한 영화를 말한다. 비디오물의 상영등급은 영화와 마찬가지로 전체 관람가, 12세 이상 관람가, 15세 이상 관람가, 청소년 관람불가, 제한 관람가로 구분한다.

한편 문화체육관광부장관은 5년 이내의 기간을 정하여 자체적으로 등급분류를 할 수 있는 자체 등급분류사업자를 지정할 수 있다. 자체등급분류사업자로 지정받을 수 있는 사업자는 온라인비디오물을 시청에 제공하는 사업을 영위하고 전기통신사업법에 따라 부가통신사업의 신고를 한 법인이나 방송법에 따른 종합유선방송사업자, 위성방송사업자 또는 인터넷 멀티미디어 방송사업법에 따른 인터넷멀티미디어방송 제공 사업자이다. 지정받은 자체등급분류사업자는 유료로 제공하는 온라인 비디오물의 제공 전에 자체적으로 등급분류를 할 수 있다. 다만 제한 관람가에 해당하는 온라인 비디오물에 대하여는 영상물등급위원회로부터 등급분류를 받아야 한다. 영상물등급위원회는 자체등급분류사업자가 등급분류한 온라인비디오물이 청소년 관람불가 또는 제한 관람가에 해당한다고 판단하는 경우 문화체육관광부장관의 요청에 따라 또는 직권으로 새로 등급분류를 하거나 자체등급분류사업자의 등급분류 결정을 취소할 수 있다.

⑦ 근로환경 개선

영화근로자조합과 영화업자 또는 영화업자단체, 정부대표는 영화산업의 진흥과 영화근로자의 근로환경 개선을 위하여 영화노사정협의회를 구성할 수 있다. 문화체육관광부장관은 영화노사정협의회와 협의하여 영화근로자의 표준보수 지침을 마련하고 이를 보급하여야 한다. 아울러 문화체육관광부장관은 영화업자 또는 영화업자단체에 표준계약서의 작성 및 사용을 권장할 수 있고, 표준계약서를 사용하는 영화업자에 대하여는 재정 지원에 있어 우대할 수 있다. 문화체육관광부장관과 영화진흥위원회는 영화업자가 영화근로자에 대한 임금을 체불하거나 근로계약을 체결하면서 근로조건을 명시하지 않은 경우, 표준계약서를 사용하지 않은 경우에는 재정 지원사업에서 배제할 수 있다.

영화업자는 영화 촬영 중 발생하는 안전사고로부터 영화근로자를 보호하기 위한 적절한 조치를 취해야 한다. 이 외에도 영화업자는 영화 촬영 전 촬영에 참여하는 자들을 대상으로 성폭력을 예방하기 위한 조치를 취해야 한다.

⑧ 국제 교류 및 해외 진출 지원

영화 및 비디오물의 진흥에 관한 법률에 의한 문화체육관광부장관의 영화진흥기본계획, 영화진흥위원회의 업무, 영화발전기금의 용도 등에는 한국영화의 국제 교류 및 해외 진출 지원이 포함되어 있다. 정부와 공공기관은 다양한 재원을 활용하여 한국영화의 주요 국제영화제 참가, 한국영화의 해외 수출 등을 적극적으로 지원하고 있다. 한편 지방자치단체는 영상산업 및 지역 경제 발전을 위하여 국제영화제를 개최하거나 국제영화제를 개최하는 단체를 지원할 수 있다.

그리고 외국과 공동으로 영화를 제작하는 자는 해당 영화의 제작에 참여하거나 활용하는 인적· 물적 요소 또는 예술적·기술적 특성이 한국영화 인정기준에 적합한 때에는 영화진흥위원회에 신청하여 한국영화로 인정받을 수 있다.

⑨ 영상물 촬영 지원 및 지역 영상문화산업 진흥

국가 및 지방자치단체는 영상산업의 진흥을 위하여 국내 현지 촬영 장소의 제공 등 영상물 촬영에 필요한 지원을 할 수 있다. 지방자치단체는 영상물 촬영 지원을 위하여 관계 행정기관의 장에게 협조를 요청할 수 있고, 요청받은 관계 행정기관의 장은 특별한 사유가 없는 한 협조하여야 한다. 아울러 시·도 지방자치단체는 영상 제작 및 촬영 지원, 영상 촬영지 시설 운영, 영상 촬영지 정보 제공 등 지역 영상 산업 진흥 업무를 위하여 지역 영상위원회를 둘 수 있다.

⑩ 영화의 공정 거래 및 영화 상영관의 준수 사항

영화업자가 다른 영화업자에게 영화를 공급하는 때에는 공정하고 합리적인 시장가격으로 차별없이 공급하여야 한다. 문화체육관광부장관은 영화의 유통질서가 독점규제 및 공정거래에 관한 법률에 위배된다고 판단하면 그 사실을 공정거래위원회에 통보하여야 한다. 그리고 영화의 제작, 상영 및 유통과정에서 영화업자의 저작권이 침해되지 않도록 노력해야 한다.

한편 영화 및 비디오물의 진흥에 관한 법률에 의하면 영화 상영관 경영자는 영사 관련 국가기술자격을 취득한 자가 영화를 상영하도록 해야 한다. 그리고 영화 상영관 경영자는 화재 및 그 밖의 재해 발생에 대비하여 종사자의 임무 및 배치계획이 포함된 재해대처계획을 수립하여 매년 시장, 군수, 구청장에게 신고하여야 한다.

⑪ 영화의 다양성 증진 및 소외계층 영화 향유 기회 확대

문화체육관광부장관은 청소년 관객의 보호와 영화예술의 확산을 위하여 한국영화, 애니메이션, 소형영화, 영화진흥위원회가 인정하는 예술영화 또는 독립영화, 청소년 관람가 영화 등을 연간 상영일수의 60% 이상 상영하는 전용상영관에 대하여 별도로 지원할 수 있다.

그리고 문화체육관광부장관은 장애인의 문화 향유권 보장을 위하여 전용상영관 중 한국수어, 자막, 화면해설 등을 이용한 영화를 연간 상영일수의 30% 이상 상영하는 전용상영관도 지원할 수 있다. 영화업자 및 비디오물업자는 장애인의 영화 향유권 향상을 위하여 폐쇄자막, 한국수어 통역, 화면해설 등을 제공하기 위해 노력해야 한다. 그리고 정부는 지역 영화 향유권 향상을 위하여 지역 영화 상영관 지원, 지역의 공공 영화 상영관 설치 및 운영을 지원할 수 있다.

⑫ 입장권통합전산망 및 스크린쿼터

영화진흥위원회는 공중이 전산시스템을 이용하여 영화 상영관의 관객 수 및 그 밖의 영화 상영관에 관한 사항을 신속하고 정확하게 알 수 있도록 하기 위하여 영화 상영관 입장권통합전산망을 운영해야 한다. 영화 상영관 경영자는 영화진흥위원회가 운영하는 영화 상영관 입장권통합전산망에 가입하여야 한다. 영화진흥위원회는 영화의 상영 및 전용상영관의 운영 등과 관련하여 관람객의 권익 보호를 위한 감시 활동을 하는 시민단체 등에 대하여 필요한 지원을 할 수 있다.

영화 상영관 경영자는 연간 대통령령이 정하는 일수 이상 의무적으로 한국영화를 상영해야 한다. 현재 대통령령에 규정된 한국영화 의무 상영일수는 73일이다. 한국영화 의무 상영일수는 1966년 도입된 제도로서 많은 우여곡절 끝에 현재의 73일로 운영하고 있다. 이에 대하여는 영화 관련 법률의 주요 개정사항에서 보다 상세히 살펴본다.

⑬ 비디오산업진흥시책의 수립·시행

문화체육관광부장관은 비디오산업의 진흥을 위하여 필요한 시책을 수립, 시행해야 한다. 동 진흥시책은 다음 각 호의 사항이 포함되어야 한다.

가. 진흥시책의 기본방향

나. 창작 활동의 활성화

다. 수출 촉진과 관련된 산업의 고용 창출

라. 비디오물의 관련 기술 개발 및 기술 수준 향상

마. 유통시설의 확충, 유통업체의 전문화 및 유통구조의 개선

바. 비디오산업의 진흥을 위한 재원 확보 및 운영

사. 전문인력의 양성

아. 비디오물 관련 분야의 기반 구축 및 집적지의 조성, 운영

자. 이 법을 위반하여 제작, 수입, 배급, 판매, 대여 또는 시청에 제공하는 비디오물의 지도 및 단속

차. 불법 비디오물에 대한 자율 감시 활동을 하는 단체에 대한 지원

카. 그 밖의 비디오산업의 발전에 관한 사항

⑭ 비디오물의 유통 제한

누구든지 등급분류를 받지 않은 비디오물이나 등급분류를 받은 비디오물과 동일한 내용인지의 여부를 영상물등급위원회로부터 확인받지 않고 복제 또는 배급한 비디오물, 등급분류 또는 확인이 취소된 비디오물, 신고를 하지 않은 자가 제작하거나 수입 또는 배급한 비디오물 등을 제작, 공급, 판매, 대여 또는 시청에 제공하거나 이를 위하여 진열, 보관해서도 안된다. 그리고 제한 관람가 비디오물 소극장이 아닌 장소 또는 시설에서 제한 관람가 비디오물의 시청을 제공해서는 안된다.

⑮ 비디오물업자의 준수사항

영리를 목적으로 비디오물을 제작 또는 수입하거나 이를 복제하는 자는 해당 비디오물마다 제작, 수입 또는 복제한 자의 상호, 등급분류 등을 표시해야 한다. 청소년 관람불가 또는 제한 관람가 등급의 비디오물에 관한 광고나 선전물의 배포, 게시 또는 정보통신망을 이용하여 공중의 시청을 위해 이를 제공하는 경우에는 영상물등급위원회의 유해성 여부를 확인받아야 한다. 이 외에도 비디오물 시청제공업자는 다음 각 호의 사항을 지켜야 한다.

가. 영업소 안에 화재 또는 안전사고 예방을 위한 조치를 할 것

나. 비디오물 소극장업의 경우 대통령령이 정하는 출입시간에 한하여 청소년을 출입시킬 것

다. 비디오물감상실업 및 복합영상물 제공업의 경우 주류 판매 또는 제공 금지

2) 영화 관련 주요 규제 및 지원정책의 변화

영화는 가장 먼저 산업화된 장르로서 오랜 기간 규제와 지원의 복합한 역사를 갖고 있기 때문에 법률에 따른 제도적 변화를 이해하기 쉽지 않다. 영화산업에 커다란 영향을 끼친 법률상 규제와 지원에 대하여 별도로 정리해보면 다음과 같다.

① 규제정책

문화산업은 본질적으로 대중의 세계관 및 정서에 많은 영향을 끼친다. 그리고 영화는 이념적 또는 사회적 갈등을 소재로 활용하는 사례가 많다. 한국 사회는 해방 후 남북으로 분단되어 각각 다른 이념을 기반으로 정부를 수립되었고 6.25 전쟁을 겪었다. 이렇듯 사회적으로 불안정하고 이념적 갈등이 극심한 시기로부터 사회전반의 민주화가 이루어진 시기까지 영화는 법률적으로 많은 규제를 받았다.

<표 3-4>는 영화법 제정 이후부터 영화 및 비디오물의 진흥에 관한 법률 제정 시까지 영화업에 대한 진입규제, 영화 제작 사전 신고제, 영화의 수급 조절, 영화의 검열 및 심의, 스크린쿼터 등 다양한 방식의 법률적 규제가 어떻게 변해왔는지 간략하게 정리한 표이다. 가로 방향은

영화법 및 영화진흥법의 주요 개정 및 시행 시기를 표기하였고, 세로 방향은 주요 규제정책의 유형을 표기하였다. <표 3-4>를 보면 주요 규제정책이 어느 시기에 시작하여 어느 시기에 폐지되었는지 알 수 있다.

가. 영화업에 대한 진입규제 및 업종 구분

법률에 의한 영화업 진입규제는 <표 3-4>에서 보듯이 등록제, 허가제, 등록제, 신고제 순으로 변화하며 발전하였다. 규제의 강도를 기준으로 비교하면 허가제가 가장 강력하며, 그 다음이 등록제이고, 가장 약한 형태의 진입규제는 신고제이다. 영화법 제정 시부터 1973년 영화법 개정 전까지는 등록제를 시행하였다. 등록제는 일정한 시설 및 장비 등의 요건을 갖춘 경우에 등록청이 등록을 받아주는 제도이다. 등록청은 법률이 정한 연간 영화 제작실적을 유지하지 못하면 영화 제작업자의 등록을 취소할 수 있다.

그러나 1973년 영화법 개정 시에는 영화업 진입은 등록제가 폐지되고 허가제로 전환되었다. 영화업 진입규제는 1985년 영화법 개정 시 다시 등록제로 전환되었다. 이후 영화법이 폐지되고 영화진흥법이 제정되면서('95.12.30.) 극영화 제작업은 등록제, 비극영화 제작업은 신고제로 진입규제가 다소 완화되었다. 1999년 영화진흥법 개정 시에는 극영화까지 모두 신고제로 완화하고 독립영화는 완전 자유화함으로써 영화업에 대한 진입규제를 대폭 완화하였다. 이후 현재까지 영화업 신고제는 유지되고 있다.

영화법상 영화업의 업종 구분도 진입규제가 될 수 있다. 제정 영화법(1962.1.20.)은 영화업을 제작업, 수입업, 수출업으로 구분하였다. 그러나 1963년 개정 영화법은 영화업에서 수입업 및 수출업을 삭제하고, 오직 영화 제작자만 영화업자로 등록할 수 있도록 변경하였다. 이로써 등록한 영화 제작업자가 아니면 영화의 수입 및 수출을 할 수 없도록 규제하였다. 이후 1966년 영화법 개정 시에는 등록한 영화 제작업자가 아니면 영화의 수입 및 수출을 할 수 없다는 규정을 삭제하였다. 그러나 외화 수입 추천의 기준을 국산 영화의 수출, 국제영화제 출품 및 수상실적 등으로 정하였기 때문에 수입만을 업으로 영위하는 것은 사실상 불가능했다.

한편 1970년 영화법 개정 시에는 제정 당시와 같이 영화 제작업뿐만 아니라 영화의 수입 및 수출을 업으로 하고자 하는 경우에도 문화공보부에 등록할 수 있도록 규제를 완화하였다. 그 결과 영화업은 다시 제작업, 수입업, 수출업으로 구분되었다. 그러나 1973년 개정된 영화법은 영화업을 허가제로 변경하면서 극영화 제작업자로 허가를 받은 영화업자만 외국 영화를 수입할 수 있도록 하여 다시 영화업 관련 진입 및 업종규제를 강화하였다. 이와 같은 영화업 관련 업종 규제는 1985년 영화법 개정 시 영화 제작자가 아니어도 수입을 할 수 있도록 완화되었다. 그리고 1999년 영화진흥법 개정 시에는 제작업, 수입업, 배급업, 상영업으로 영화 관련 업종을 구분하기 시작하였다. 이는 현재까지 유지되고 있다.

<표 3-4> 영화 관련 법률상 주요 규제정책의 변화

구분	영화법 제정 ('62.1.20.) 개정 ('63.3.12.)	개정·시행 ('66.8.3. /'66.9.3.)	개정·시행 ('70.8.4. /'70.9.4.)	개정·시행 ('73.2.16. /'73.2.16.)	개정·시행 ('84.12.31. /'85.7.1.)	개정·시행 ('86.12.31. /'87.7.1.)	영화진흥법 제정·시행 ('95.12.30. /'96.7.1.)	개정·시행 ('97.4.10. /'97.10.11.)	개정·시행 ('99.2.8 /'99.5.9.)	영화 및 비디오물의 진흥에 관한 법률('06.4.28. 제정/'06.10.29. 시행)
영화업 등록, 허가, 신고제 · 영화업 구분 및 업무범위 제한	등록제('62.1.20.~'73.2.15.) · 제작업, 수입업, 수출업 분리 등록('62.1.20.) · 제작업자만 수출입업 가능('63.3.12.~'66.9.2.) · 제작업자와 수출업자만 수입가능('66.9.3.~'70.9.3.) · 제작업, 수출입업 분리 등록('70.9.4.~'73.2.15.)			허가제('73.2.16.~'85.6.30.) · 제작업과 수입업 통합	등록제('85.7.1.~'96.6.30.) · 제작업과 수입업 분리('85.7.1.~)		극영화는 등록제, 비극영화는 신고제('96.7.1.~'99.5.8.)		극영화까지 신고제로 전환('99.5.9.~) · 영화업 구분: 제작업, 수입업, 배급업, 상영업('99.5.9.~)	
영화제작 사전 신고제	영화제작 사전 신고제 운영('62.1.20.~'96.6.30.)						등록한 영화업자가 영화를 제작하는 경우 신고 의무 면제('96.7.1.)			
영화업 진입 국적 결격사유	규정 없음 국적 제한	영화업 진입에 대한 외국인 결격사유 규정 운영('66.9.3.~'87.6.30.)				국적에 의한 영화업 진입 결격사유 폐지('87.7.1.), 국산영화진흥기금 폐지('87.7.1.)				
영화수급조절	명문의 수급조절 권한은 없음. · 제작 신고제, 수입추천제를 통해 수급조절 가능		장관에게 연간 영화제작 및 수입편수 조절을 통한 시장 수급조절 권한 부여('70.9.4~'97.10.10.)					연간 영화제작 및 수입편수 조절을 통한 시장 수급조절 권한 폐지('97.10.11~)		
외국 영화 수입 추천제	외국 영화 수입시 수입 추천제도 운영(장관의 추천. 62.1.20.~'97.10.10.) 외국 영화 수입 추천을 받고자 하는 자는 국산영화진흥기금을 납부해야 함('70.9.4~'87.6.30.)							한국공연예술진흥협의회 추천('97.10.11.)	영상물등급위원회 추천('99.5.9.)	외국 영화 수입 추천제 폐지('06.10.29.)
국산영화 수출 추천제	국산영화 수출 추천제(장관의 추천/'62.1.20.~'96.6.30.)						국산영화 수출 추천제 폐지('96.7.1.)			
영화 검열	영화에 대한 사전 검열 또는 심의제('62.1.20.~'97.10.10./헌법재판소의 위헌 판결 '96.10.4)							영화에 대한 등급 부여제 운영('97.10.11.~)		
연간 국산영화 의무상영일수 (대통령령위임)	규제 없음	90일 이상('66.12.27. 대통령령)	30일 이상('70.12.23. 대통령령)	1/30이상(법률) (121일 이상)	2/5 이상(146일 이상)('85.7.3. 대통령령)					73일 이상('06.7.1.~ 대통령령)

최초의 영화법은 등록한 영화 제작업자가 영화를 제작하는 경우 사전에 공보부령이 정하는 바에 따라서 공보부장관에게 신고하도록 규제하였다. 이와 같은 영화 제작 사전 신고제는 1995년 영화진흥법 제정 전까지 오랫동안 유지되었다.

나. 영화의 검열 및 등급 부여

영화에 대한 검열은 일제강점기부터 1996년 헌법재판소의 위헌 결정이 있을 때까지 계속되었다. 이는 영화가 사회적, 문화적 파급력이 매우 크다는 것을 역설적으로 보여준다. 1946년 공포된 미 군정법령 제115호는 공보부가 영화의 내용을 검사하여 소정의 기준에 부합하는 영화에 대하여 상영을 허가하도록 규정하고 있다. 이는 영화에 대한 검열을 제도화한 것이다. 영화법은 1962년에 제정되었기에 그 이전까지는 미 군정법령 제68호와 제115호가 적용되었다. 군정법령에 의하면 미군정청 공보부가 영화 검열의 주무 부처다. 대한민국 정부 수립 후에는 공보처가 영화의 허가 및 검열 업무를 담당하였다.

한편 1954년 개정된('55.2.7.) 정부조직법은 문교부장관의 업무에 영화 검열을 포함시켰고, 연이어 개정된('55.2.17) 문교부직제도 영화 검열 업무를 문교부 소관으로 명시적으로 규정하였다. 이로써 영화 검열 등 영화 업무가 공보처에서 문교부로 이관되었고, 공보처가 개편된 공보실 소속의 영화과는 정부의 선전 영화 제작을 중심 업무로 하였다. 이와 같이 미군정청과 이승만 정부 초기에 영화 업무를 공보부 및 공보처에서 담당했다는 것은 영화의 사상 전파적 측면을 중시한 것으로 볼 수 있다. 공보처는 정보, 선전, 통계 등의 업무를 담당하는 정부에 대한 홍보 부처였다.

그러나 5.16이후 공보부가 설립되면서 영화업무는 다시 공보부로 이관되었다. 이후 전부개정된('66.8.3.) 영화법은 개정이유를 "영화기업의 육성과 영화예술의 발전을 도모하기 위하여 영화의 상영 관련 검열을 합리화하고 법률상 미비점을 보완하기 위함"이라고 밝혔다. 동법은 검열기준으로 헌법의 기본질서 및 국가의 권위, 공서양속 및 사회질서, 국제적 우의, 국민정신 등을 제시하였다.

정부에 의한 검열제는 영화법 개정('84.12.31.) 시 공연법에 의한 공연윤리위원회의 사전 심의제로 변경되었지만 종전의 검열기준이 심의기준으로 거의 그대로 적용되었다. 1996년 10월 헌법재판소는 공연윤리위원회의 영화에 대한 사전 심의는 행정기관이 아닌 독립적인 위원회에서 수행한다고 해도 행정권이 심의기관의 구성에 영향을 미칠 수 있기 때문에 실질적인 검열기관으로 보아야 하고, 법률에 사전 심의를 거치지 않은 영화의 상영을 금지하고 있으며, 사전 심의를 받지 않고 상영하는 경우에는 벌칙을 두고 있음을 감안할 때 이는 헌법이 금지한 사전 검열제도를 운영한 것으로 판단하고 위헌 결정을 내렸다.[73] 이 판결로 인해 공연법 및 영화

[73] 헌법재판소. (1996.10.4.). 93헌가13, 91헌바 10(병합).

진흥법이 모두 개정되어('97.4.10.) 영화에 대한 사전 검열제도가 폐지되고 등급분류제도가 도입되었다. 그 결과 영화진흥법은 공연법에 의한 한국공연예술진흥협의회가 영화의 상영 전 등급을 부여하도록 개정되었다. 등급은 전 연령, 12세 이상, 15세 이상, 18세 이상 관람가로 구분하였다. 다만 등급 부여 신청 영화가 헌법의 기본 질서 위배, 국가의 권위 손상, 폭력·음란 등의 과도한 묘사로 풍속을 해치거나, 국제적 외교관계 또는 민족의 문화적 주체성을 훼손하여 국익을 해할 우려가 있을 경우에는 등급 부여를 보류할 수 있도록 하였다. 그러나 등급분류 보류에 대하여 헌법재판소는 헌법상의 검열 금지 원칙에 위반한다고 판결하였다('01.8.30.).[74] 등급분류 보류가 사실상 영화의 상영을 금지하는 효과를 가지고 있다는 판단이었다. 이로 인해 등급분류 보류제도는 폐지되고, 제한 상영가 등급을 추가하여 모든 영화에 등급을 부여하되 제한 상영가 등급을 받은 영화는 제한된 영화관에서만 상영할 수 있도록 영화진흥법이 개정되었다('02.1.26.). 동법은 제한 상영가 영화를 "상영 및 광고·선전에 있어서 일정한 제한이 필요한 영화"로 규정하였다. 그러나 헌법재판소는 제한 상영가 등급의 불명확성을 이유로 다시 헌법 불합치 결정을 내렸다.[75] 이에 따라 국회는 '영화 및 비디오물의 진흥에 관한 법률'을 개정하여('09.5.8.) 제한 상영등급에 대한 개념을 보다 명확히 규정하였다. 개정된 '영화 및 비디오물의 진흥에 관한 법률'은 "선정성·폭력성·사회적 행위 등의 표현이 과도하여 인간의 보편적 존엄, 사회적 가치, 선량한 풍속 또는 국민 정서를 현저히 해칠 우려가 있어 상영 및 광고·선전에 일정한 제한이 필요한 영화"를 제한 상영가 등급의 영화로 정의하였다. 헌법재판소는 제한 상영가 등급분류가 사전 검열에 해당하다고 판단한 것은 아니다. 제한 상영가 등급에 관한 법률의 규정이 명확성의 원칙에 위배된다고 지적했기 때문에 법률에 이를 명확히 규정하고 제한 상영가 등급제도는 유지한 것이다.

다. 영화의 수급 조절

영화법은 제정 당시부터 영화 제작업자가 영화를 제작할 경우 의무적으로 신고하도록 규정하였다. 그리고 외국 영화의 수입 및 국산 영화의 수출의 경우에는 사전에 공보부장관의 추천을 받도록 하였다. 그 결과 정부는 연간 영화의 제작 또는 수출입 편수를 모두 파악할 수 있었다. 제정 영화법은 정부에게 영화의 수급 조절 권한을 공식적으로 부여하지는 않았지만 영화법에 의하여 정부는 영화 제작의 신고 수리 및 외국 영화의 수입 추천 권한을 가지고 있었다. 그리고 법적인 근거는 없었으나 문교부 및 공보부의 고시 등을 통해 국산 영화 제작권 배급 또는 외국 영화 수입권 할당제도 등을 운영하면서 사실상 영화시장의 수급을 정책적으로 조절하였다.

---

74 헌법재판소. (2001.8.30.). 2000헌가9.

75 헌법재판소. (2008.7.31.). 2007헌가4.

1970년 개정 영화법은 문화공보부장관에게 영화진흥조합의 의견을 들어 국산 영화의 연간 제작 및 상영 편수를 조절할 수 있는 권한을 공식적으로 부여하였다. 그리고 외국 영화의 수입 편수는 당해 연도의 국산 영화 상영 편수의 3분의 1을 초과할 수 없도록 규제하였다. 1973년 영화법 개정으로 외국 영화 수입 편수는 국산 영화 상영 편수의 3분의 1을 초과할 수 없다는 규정은 삭제되었지만, 문화공보부장관은 여전히 영화의 수급 조절을 위해 필요시 연간 영화 제작 및 수입 편수를 조절할 수 있었다. 심지어 1973년 개정 영화법은 문화공보부장관은 수급 조절을 위해 필요한 경우 신규 영화업을 허가하지 않을 수 있다고 규정하였다. 정부의 영화수급 조절 권한은 개정된('97.4.10.) 영화진흥법이 시행되기 전인 1997년 10월 10일까지 오랫동안 유지되었다.

라. 국적 제한 및 외국 영화 수입 추천제

영화법 제정 당시에는 외국인의 영화업자 등록에 대한 명문의 차별적 규정은 존재하지 않았다. 그러나 1966년 개정 영화법은 외국인의 경우는 영화업자 등록을 할 수 없도록 결격사유를 규정하여 진입장벽을 설치하였다. 영화업 등록에 있어서의 국적 제한은 1986년 말 개정된 영화법이 시행될('87.7.1.) 때까지 유지되었다.

제정('62.1.20.) 영화법은 외국 영화 수입 시 공보부장관의 수입 추천을 받도록 하였다. 1963년 개정된 영화법은 국산 영화 제작 실적, 해외 수출 실적, 국제영화제 출품 및 수상실적 등을 외국 영화 수입 추천 기준으로 규정하였다. 외국 영화 수입 추천제는 표현의 자유 침해 논란, 등급분류에 추가된 이중규제라는 비판을 받아왔기 때문에 영화 및 비디오물의 진흥에 관한 법률 제정('06.4.28.) 시 폐지되었다.

마. 문화영화 의무 상영 및 국산 영화 수출 추천제

영화법은 제정 당시부터 문화영화 의무 상영 규정을 두었다. 1963년 영화법 개정 시에는 문화영화와 함께 뉴스영화까지 상영하도록 규정하여 영화 상영관 경영자를 규제하였다. 정부 홍보가 주요 업무인 공보부가 영화업 등록 및 영화의 검열까지 담당하던 시기였기에 정부업무에 대한 뉴스를 영화로 만들어 본 영화 상영 전 이를 시청하도록 규제한 것이다. 뉴스영화는 영화법을 대체한 영화진흥법의 시행('96.7.1.)과 함께 폐지되었지만, 문화영화는 영화진흥법 시행 2년 후 폐지되었다.

한편 국산 영화 수출의 경우에도 영화법은 제정 당시부터 공보부장관 추천제를 도입하였다. 공보부장관은 수출 추천을 신청한 영화가 검열에 합격하지 못하였거나, 상영정지 처분을 받았거나, 표절이나 변작 등이 인정되는 경우에는 추천하지 않았다. 수출 추천제도는 김영삼 정부에서 영화진흥법이 시행되면서('96.7.1.) 폐지되었다.

바. 스크린쿼터

외국인의 시장진입 규제, 외국 영화 수입 추천제, 스크린쿼터 등은 사람 및 콘텐츠의 국적과 관련된 규제이다. 이는 국산 영화 시장을 보호하고 외국 영화의 국내 영화시장 점유율이 지나치게 높아지는 것을 방지하기 위한 제도이다. 그중에서도 스크린쿼터로 불리는 국산 영화의 의무 상영일수는 국내 영화산업 보호를 위한 가장 강력한 보호장치로서 현재까지도 유지되고 있다. 스크린쿼터는 영국, 프랑스 등 일부 유럽에서 미국영화의 시장지배로부터 자국영화를 보호하기 위하여 채택하였던 제도이다.

스크린쿼터는 1966년 개정 영화법에서 도입되었다. 동법 제19조 제3항은 "영화 상영관 경영자는 대통령령이 정하는 외국 영화와의 상영비율에 따라 국산 영화를 상영하여야 한다"고 규정하였다. 그리고 영화법 시행령은 "국산 영화 의무 상영일수와 관련하여 연간 6편 이상의 국산 영화를 90일 이상 상영해야 한다"고 규정하였다.

1960년대 후반 연간 국산 영화는 제작 편수가 200편이 넘었다. 당시는 국산 영화 제작실적 등이 외화 수입 추천을 받을 수 있는 기준이 되었기 때문에 외화 수입쿼터를 얻기 위해 많은 수의 영화를 제작하여 영화의 질적 저하를 가져오기도 했다. 이러한 외적인 성장에 고무되어 정부는 1970년 영화법 시행령을 개정하여 국산 영화 의무 상영일수를 30일 이상으로 크게 완화하였다. 그러나 1970년대 들어 텔레비전 보급이 확산되고, 외국의 수입영화에 비하여 대량 제작된 질 낮은 국산 영화는 흥행실적도 저조하였기 때문에 한국의 영화산업은 큰 타격을 받았다.[76] 이와 같은 상황에서 1973년 영화법 개정 시 외국 영화는 연간 3분의 2를 초과하여 상영할 수 없다고 한층 강화된 국산 영화 의무 상영일수를 규정하였다. 이로써 국내 영화 상영관은 연간 121일 이상 국산 영화를 상영해야 하는 법률상 의무가 부과되었다. 이후 국산 영화 의무 상영일수는 1984년 말 개정된 영화법에서는 146일 이상으로 더욱 확대되었다.

1994년 전국극장연합회는 국산 영화 의무 상영일수 규제에 대하여 헌법재판소에 위헌소송을 제기하였다. 극장들은 국산 영화의 제작부진과 흥행실패로 국산 영화 의무 상영일수 규제는 극장의 경영상태를 더욱 악화시키기 때문에 이를 지키기 어렵다며 스크린쿼터의 폐지를 주장하였다. 반면, 배우, 감독, 제작자 등 영화인들은 스크린쿼터가 한국영화를 지키는 마지막 보루이기 때문에 결코 폐지해서는 안된다는 입장이었다.[77] 이에 대하여 헌법재판소는 국산 영화의 창작 기반이 열악하므로 외국 영화의 무제한 수입을 허용하면 영화산업의 균형적 발전이 어려워지고, 국산 영화의 존립 자체가 위태롭게 되므로 국산 영화 의무 상영일수는 영화 상영관 경영자들의 직업의 자유가 일부 제한된다 하더라도 공공복리를 위한 정당성이 인정된다며 합헌

---

[76] 영화진흥공사. (1977). 한국영화자료편람.

[77] 신삼호. (1994.6.29.). 스크린쿼터 위헌제소에 따른 영화계 파장. 연합뉴스.

결정을 내렸다.[78]

한편 1998년 12월 한미 양국은 정상회담에서 한미투자협정을 맺기로 합의하면서 스크린쿼터 축소 이슈가 다시 논란이 되었다. 당시 한국은 IMF 외환위기속에서 대외개방을 통한 경제의 체질개선을 추진하였고, 미국과의 투자협정은 그러한 정책의 일환이었다. 국난과도 같은 IMF 상황에서 한국은 외자유치를 위해서 미국과의 투자협정이 필요하다고 생각하였다. 한미투자협정 실무회담에서 미국측은 스크린쿼터의 폐지를 강력히 요청하였다. 그러나 스크린쿼터 폐지에 대한 영화계의 강력한 반발과 1999년 국회가 통과시킨 '한국영화 의무상영제 유지 촉구 결의안'에 부딪힌 정부는 스크린쿼터 폐지나 완화를 추진할 수 없었다.

한미 간 투자 및 무역자유화에 대한 검토는 노무현 정부에서도 계속되었다. 한미 양국은 관계 부처간 긴밀히 논의하면서 이해의 폭을 넓히고 협정의 타결에 장애가 될 수 있는 요인들에 대하여 사전 대책을 마련하는 등 치밀한 준비를 하였다. 그리하여 2007년 4월 한미 양국 간 자유무역협정 협상이 타결되었고, 2010년 12월 추가 협상이 타결되었다. 한미자유무역협정은 2011년 11월 국회를 통과하였고, 2012년 3월 15일에 발효되었다. 한미자유무역협정은 스크린쿼터의 폐지가 아니라 73일로 축소하여 유지하는 것에 합의하였다.

정부는 한미자유무역협정 협상이 타결되기 전인 2006년 1월에 스크린쿼터 축소 대책으로 한국영화산업 육성을 위해 4천억 원 규모의 한국영화발전기금을 영화계에 지원하고 영화 제작 투자에 대한 세제 혜택 등의 제도개선 계획도 발표하였다.[79] 그리고 2006년 3월 영화진흥법 시행령을 개정하여 한국영화의 의무 상영일수를 연간 상영일수의 5분의 1이상으로 축소하고, 한국영화 의무 상영일수의 예외적 감경 규정을 삭제하였다. 그리고 스크린쿼터 축소에 대한 제도적 보완책으로 2007년 1월 영화 및 비디오물의 진흥에 관한 법률을 개정하여 영화발전기금을 신설하고 영화관 입장료에 부과금을 징수하여 영화발전기금을 조성하도록 하였다.

② 지원정책

가. 정부의 영화산업 지원 책무

1962년 제정 영화법에 의하면 정부는 우수 영화 제작 장려와 영화문화의 발전 및 영화의 국제 교류를 위하여 영화사업에 보조할 수 있다. 영화 제작 및 국제 교류에 대한 보조금 지원 근거를 규정하였으나 영화육성에 관한 정부의 책무는 별도로 규정하지 않았다.

1966년 개정 영화법은 처음으로 정부의 영화산업 육성 책무를 규정하였다. 동법에 의하면 정부는 우수한 국산 영화의 제작과 영화문화의 발전 및 국제 교류를 위하여 필요한 조성방안을

[78] 헌법재판소. (1995.7.21.). 94헌마125.

[79] 정천기. (2006.01.27.). 한국영화발전기금 4천억 원 지원. 연합뉴스.

강구·실시하여야 한다.

1970년 개정 영화법은 정부의 영화산업 육성 책무 규정을 삭제하고 영화진흥조합의 설립 및 지원 규정을 신설하였다. 이에 따라 영화제작자협회, 영화수출입자협회, 영화인협회, 공연장경영자단체 등 영화 관련 단체들이 함께 영화진흥조합을 설립('71.2.13.)하고 국산 영화 수출 및 외국 영화 수입의 알선, 영화 제작비 융자, 우수 영화인에 대한 포상 등의 영화산업 진흥 업무를 수행하였다. 영화진흥조합은 우수 국산 영화 수상실적, 영화수출 실적, 국제영화제 수상실적 등을 기준으로 영화 제작자에게 보조금을 지급하였다. 즉, 동법은 영화 진흥 업무를 영화인들로 구성된 단체인 영화진흥조합에 대부분 위탁하였다.

그러나 1973년 초에 전부개정된 영화법은 제3조 영화진흥시책에서 "문화공보부장관은 영화산업의 육성, 영화예술의 질적 향상, 영화인의 복리 증진 기타 영화예술의 진흥에 관한 시책을 강구하여야 한다"고 규정함으로써 정부에 영화산업 진흥 책무를 다시 부여하였다. 그러나 당시의 영화시책은 영화산업에 대한 정부의 규제와 지원이 복합적으로 포함되어 있기 때문에 오늘날의 영화진흥정책과는 성격이 다르고 영화에 대한 규제와 영화시장의 수급 조절이 주된 목적이다.

한편 1995년에 새로 제정된 영화진흥법은 규제를 더욱 완화하고 영화산업 진흥 규정을 한층 강화하였다. 동법에 의한 영화진흥시책은 영화의 제작·유통과 수입·수출의 진흥을 위한 연구개발, 전문인력 및 영화인 양성, 영화 진흥 재원 확보, 영화의 국제 교류, 기타 영화예술의 진흥에 관한 사항 등을 포함하도록 하였다. 그러므로 1995년의 영화진흥법에 의한 영화진흥시책은 1973년의 영화법에 의한 영화진흥시책과는 본질적으로 다르다.

이후 영화 관련 법률은 1999년 전부개정된 영화진흥법과 2006년에 제정된 '영화 및 비디오물의 진흥에 관한 법률'로 진화하면서 문화체육관광부장관에게 영상산업의 진흥을 위하여 이전보다 더욱 광범위한 책무를 부여하였다. 그 중의 하나는 영화진흥기본계획과 구체적 시행계획을 수립하고 집행하는 책무이다. 영화진흥기본계획은 영화산업의 양적인 성장뿐만 아니라 인권 존중 의식 및 양성평등 문화의 확산, 예술·독립영화의 육성, 디지털시네마 진흥, 영화 상영관의 안전 관리 등 영화산업의 질적인 발전까지 포함해야 한다. 그리고 영화 및 비디오물의 진흥에 관한 법률은 영화근로자의 근로환경 개선을 위한 영화노사정협의회 운영, 표준보수에 관한 지침 마련, 표준계약서의 제정 및 보급 등을 통해 영화산업 생태계의 건강한 발전을 지원하는 책무까지 문화체육관광부장관에게 부여하고 있다.

정부의 책무 외에도 영상산업의 발전에 따른 다양한 수요를 반영하여 공공기관인 영화진흥공사 및 영화진흥위원회의 영상산업 진흥을 위한 책무의 범위도 지속적으로 확대되었다. 정부의 정책 수립 및 집행을 지원하는 공공기관의 책무에 대하여는 제4장에서 보다 상세히 살펴본다.

나. 공공기관 및 기금의 설치

영화법은 1962년 제정 당시부터 영화사업에 보조할 수 있다는 명문의 규정을 두고 있었다. 그러나 영화산업을 지원하기 위한 정부예산은 별도로 편성하지는 않았다. 1970년 개정 영화법은 국산영화진흥기금과 영화진흥조합을 설치하고 외화 수입 추천 신청 시 국산영화진흥기금을 부과하여 영화진흥조합에 납부하도록 하였다. 영화진흥조합은 국산영화진흥기금을 활용하여 영화 제작비 융자 등의 지원사업을 수행하였다.

한편 문화공보부는 1973년 개정 영화법은 영화진흥조합을 해산하고, 영화진흥공사를 설립하였다. 동법에 따라 영화진흥공사는 외화 수입 추천과 관련하여 국산영화진흥기금을 징수하고 이를 영화진흥사업에 활용하였다.

그러나 1986년 개정 영화법은 정부의 대외 개방정책을 반영하여 외국인 국적제한 규정을 삭제하고 외화 수입 추천 시 징수하던 국산영화진흥기금도 폐지하였다. 이후 1994년 김영삼 정부는 문화예술진흥기금의 출연을 통해 영화산업 진흥 재원을 조성하기 위해 영화진흥금고를 설립하였다. 그리고 1995년에 제정된 영화진흥법은 영화진흥금고 설치의 법적 근거를 규정하였다. 영화진흥금고는 문화예술진흥기금 또는 국고 출연금 외에는 재원 조성 방법이 없기 때문에 안정적 재원 마련에는 한계가 있었다.

이에 2007년 1월 개정된 영화 및 비디오물의 진흥에 관한 법률은 영화진흥금고를 폐지하고 영화발전기금을 신설하였다. 그리고 영화입장권 가액의 100분의 5 이하의 범위에서 대통령령[80]이 정하는 부가금을 징수하여 영화발전기금을 조성하도록 규정하였다.

영화발전기금 조성에 대하여는 위헌 소송이 제기된 바 있다. 헌법재판소는 부과금 제도에 대하여 재판관 4(기각)대 5(위헌)로 위헌 의견이 다수였지만 위헌 결정 정족수인 6인에 이르지 못하여 기각결정을 선고하였다.[81] 과거 문화예술진흥기금 모금에 대한 위헌 결정과는[82] 다른 결정이었다. 문화예술진흥법은 국민에게 부담을 주는 문화예술진흥기금 모금의 구체적 방법에 대하여 직접 규정하지 않고, 대통령령에 위임하였기 때문에 포괄적 위임입법 금지원칙에 위배된다고 판결하였다. 그러나 영화발전기금은 영화 및 비디오물의 진흥에 관한 법률에 구체적 모금방법이 규정되어 있으므로 이전의 문화예술진흥기금 모금 사례와는 다르다.

3) 영화산업 국가경쟁우위 지원 환경

<그림 3-3>은 과거의 영화법과 현재의 영화 및 비디오물의 진흥에 관한 법률의 영화산업의 국가경쟁우위 결정요소에 대한 영향을 비교하여 보여준다. 영화법은 정부가 영화산업의 경쟁

[80] 영화 및 비디오물의 진흥에 관한 법률 시행령은 부과 금액을 입장권 가액의 100분의 3으로 정함

[81] 헌법재판소. (2008.11.27.). 2007헌마860.

[82] 헌법재판소. (2003. 12. 18.). 2002헌가2.

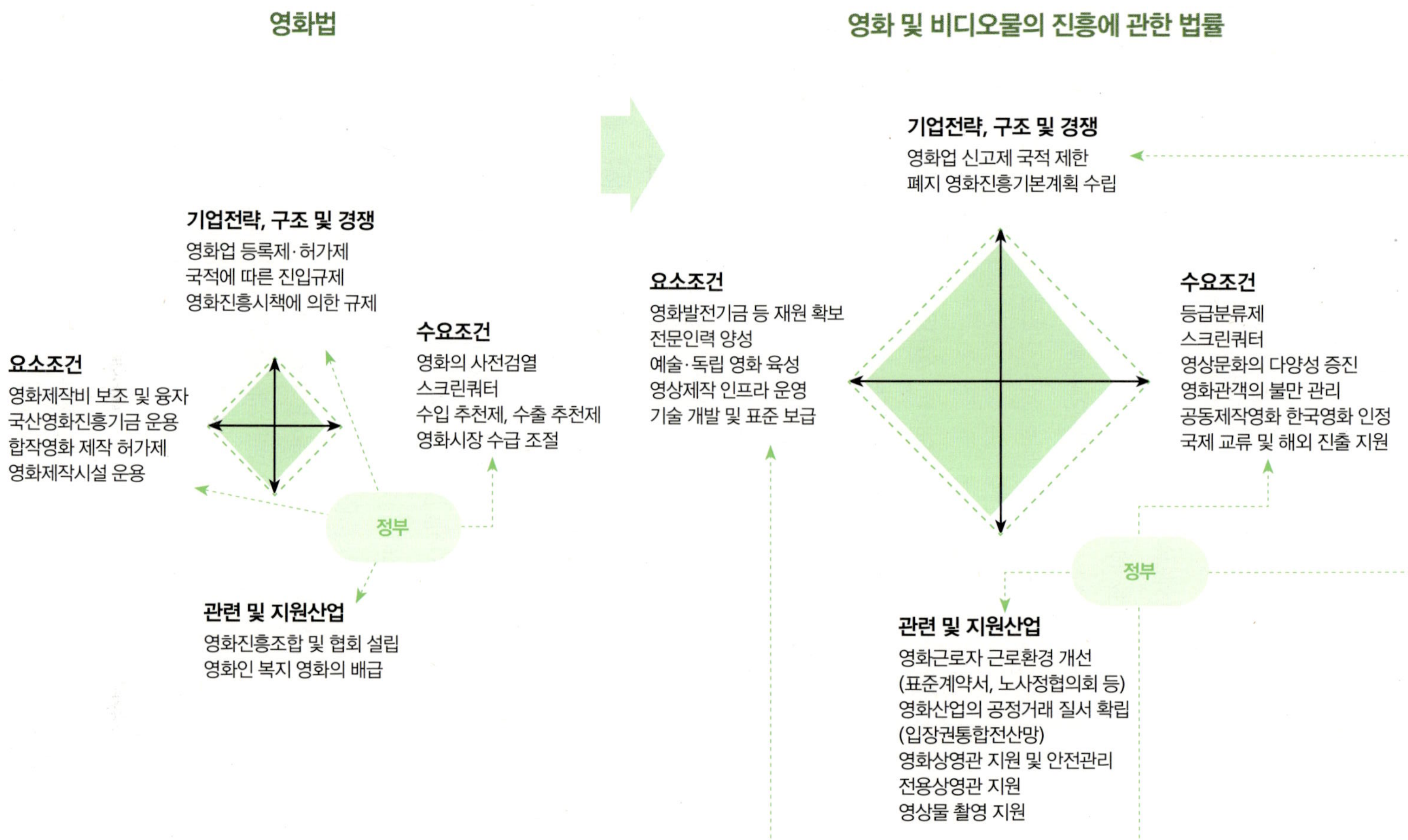

<그림 3-3> 영화 관련 법률의 국가경쟁우위 지원 환경

구조 및 수요조건을 통제하는 규제 중심 법률이다. 반면 영화 및 비디오물의 진흥에 관한 법률은 규제를 대폭 완화하고 다양한 지원을 통해 국가경쟁우위 결정요소 전반을 고도화하는 지원 중심의 법률이다.

① 기업전략·구조 및 경쟁

영화 관련 법률은 규제법에서 지원법으로 그 성격이 극적으로 변한 법률이다. 영화업 진입 시 국적 제한, 진입규제(등록제, 허가제, 신고제), 업종 구분 등은 영화산업의 경쟁구조에 직접적 영향을 줄 수 있다. 국적 제한은 1966년 영화법 개정 시 규정하였다가 1987년 7월부터 폐지되었다. 국적 제한이 없으면 외국업체의 국내시장 진입이 가능하므로 경쟁압력은 더 커지게 된다.

1962년 영화법 제정 시 영화업은 등록제였으나 1973년에는 허가제로 변경되었다. 허가제는 정부가 시장진입을 금지하고 필요시 허가하는 정책이므로 경쟁이 약화된다. 1984년 말 개정 영화법은 종래의 영화업 허가제를 다시 등록제로 전환하였다. 그리고 1999년 개정 영화진흥법은 등록제를 신고제로 변경하여 진입규제를 더욱 완화하였다. 영화업의 진입규제가 완화되면 신규 진입자의 압력이 커지기 때문에 시장의 경쟁은 더욱 치열해진다. <표 3-5>에서 보듯이 영화업 허가제를 채택하고 허가업체 수를 정책적으로 관리하는 기간(1973~1985)에는 제작업자 수가 일정 수를 넘을 수 없었고 경쟁도 제한적으로 발생하였지만, 허가제에서 등록제로 변경하고('85.7.1.), 다시 신고제로 변경하는('99.5.9.) 시점 전후를 비교해보면 영화 제작업자 수가 급격히 증가하는 것을 알 수 있다.

한편 기술한 바와 같이 1973년 개정 영화법은 독자적 영화 수출업 및 수입업을 폐지하고 오직 영화 제작업자만 외국 영화를 수입할 수 있도록 규제하였다. 이 제도는 1984년 개정 영화법이 시행되기 전('85.6.30.)까지 유지되었다. 그 결과 <표 3-5>에서 보듯이 국산 영화 제작업자만 영화를 수입할 수 있던 기간(1973~1985)에는 외국 영화 수입 편수가 크게 줄어들었다.

② 요소조건 고도화

정부예산으로 영화산업 진흥을 위한 의미 있는 지원을 시작한 것은 1989년 이후이지만 제정(1962) 영화법은 영화 제작비 보조 등 영화산업에 대한 지원 근거를 규정하고 있다. 수차례 영화법 개정을 거치면서 영화법은 국산영화진흥기금의 설치 등 영화산업의 요소조건 고도화에 영향을 줄 수 있는 규정이 설치되었다. 그러나 이는 현재의 영화 및 비디오물의 진흥에 관한 법률에 비할 바가 아니다.

<그림 3-3>에서 보듯이 영화 및 비디오물의 진흥에 관한 법률은 영화발전기금의 조성 및 운용, 영화 전문인력 양성, 독립·예술영화 지원, 영화 제작 인프라 운영, 영화기술 개발 및 표준 보급 등 영화산업 관련 재원, 인력, 기술 등 요소조건을 강화할 수 있는 다양한 규정을 두고 있다.

<표 3-5> 연도별 국내 극영화 제작업자 등록(허가, 신고)수, 영화 제작 및 수입 현황[83]

연도	제작업자수	방화제작수	수입 추천수	연도	제작업자수	방화제작수	수입 추천수
1962	16	113	86	1984	20	81	27
1963	6	144	87	**1985**	**23**	**80**	**30**
1964	10	147	68	1986	61	73	50
1965	19	189	54	1987	83	89	100
1966	26	136	73	1988	105	87	248
1967	12	172	47	1989	99	110	321
1968	17	212	65	1990	119	111	309
1969	19	229	72	1991	113	121	309
1970	23	209	64	1992	114	96	360
1971	23	202	75	1993	79	63	420
1972	20	122	74	1994	143	65	381
1973	**12**	**125**	**56**	1995	130	64	388
1974	14	141	41	1996	117	65	521
1975	15	94	42	1997	118	59	412
1976	14	134	43	1998	116	43	297
1977	15	101	42	**1999**	**367**	**49**	**348**
1978	20	117	34	2000	715	59	404
1979	20	96	31	2001	918	65	339
1980	20	91	41	2002	1081	78	262
1981	20	87	32	2003	1218	80	271
1982	20	97	27	2004	1375	82	285
1983	20	91	23	2005	1965	87	264

③ 수요조건 강화

영화법은 영업규제뿐 아니라 수요조건에 대하여도 강력한 영향을 미치는 규정을 두고 있었다. 영화의 검열, 정부에 의한 수입 및 수출 추천제, 외국 영화의 복사 또는 외국저작물을 영화로 만드는 경우의 허가제, 정부의 영화시장 수급 조절 등은 정부가 영화시장의 수요를 통제하는 강력한 제도이다. 그리고 국산 영화의 의무 상영일수, 즉 스크린쿼터도 수요조건에 영향을 미치는 규제이다.

[83] 연도별 영화진흥공사 및 영화진흥위원회의 한국영화연감과 영상물등급위원회의 영상물심의연감 참조

한편 국산 영화의 수출 시 거쳐야 했던 정부 추천제의 폐지는 해외시장에 대한 접근성을 제고하여 국산 영화의 해외 진출에 도움이 된다. 그리고 수입 추천제의 폐지도 영화 수입의 자율성을 제고함으로써 국내 수요조건에 영향을 주게 됨은 물론이다.

영화 및 비디오물의 진흥에 관한 법률은 검열을 폐지하고 영화에 대한 등급분류제를 채택하고 있다. 정부 또는 공공기관에 의한 검열은 영화의 내용에 대한 심각한 간섭이므로 창작의 소재 및 스토리 진행 방식에도 커다란 영향을 끼치게 된다.

이 외에도 영화관객 불만 처리, 국제 공동제작영화의 한국영화 인정, 국제영화제 참가 및 해외 진출 지원 관련 규정은 영화산업의 국내외 수요조건 고도화를 지원할 수 있는 규정이다.

④ 관련 및 지원산업 발전

1970년 개정 영화법은 영화진흥조합으로 하여금 국산영화진흥기금을 관리·운용하며 영화산업을 지원하도록 위탁한 바 있다. 1973년 영화진흥공사를 설립하면서 영화진흥조합은 해체되었지만 영화진흥조합 및 영화 관련 협회의 설립 지원은 영화의 관련 및 지원산업의 발전을 유도하는 규정이다. 영화진흥공사는 설립 이후 영화 제작 지원은 물론 영화 관련 단체 및 영화 상영관 등 영화산업의 건강한 생태계 조성을 지원하였다.

현재의 영화 및 비디오물의 진흥에 관한 법률은 영화근로자의 근로환경 개선을 위해 노사정 협의회 운영, 표준계약서 보급, 영화 상영관 지원, 입장권통합전산망 운영 등을 규정하며 영화의 관련 및 지원산업 발전을 보다 적극적으로 지원할 수 있는 근거 규정을 두고 있다.

한편 영화 및 비디오물의 진흥에 관한 법률에 의하면 국가나 지방자치단체는 영상산업의 진흥을 위하여 국내의 촬영장 제공을 지원할 수 있다. 영화 촬영장 제공은 영화의 관련 및 지원산업 발전은 물론 관광 활성화에도 기여할 수 있다.

2 음악산업 진흥에 관한 법률

음악산업 진흥에 관한 법률은 1967년 제정된 음반에 관한 법률에서 기원한다. 음반에 관한 법률은 이후 비디오물 및 게임물까지 포괄하는 음반·비디오물 및 게임물에 관한 법률로 발전하였다. 그러나 정보통신기술 및 디지털 매체의 발달과 함께 비디오물 및 게임물이 각각 산업적으로 급속히 성장하고, 음반도 디지털 기술을 이용한 음원 및 음악영상물 서비스산업으로 발전함에 따라 음반, 비디오물 및 게임물을 더 이상 하나의 법률로 규율하기 어려워졌다. 이에 정부는 음반·비디오물 및 게임물에 관한 법률의 분리를 추진하였다. 그 결과 2006년 음악 관련 부분은 음악산업 진흥에 관한 법률로 새롭게 제정되었다.

1) 주요 내용

음악산업 진흥에 관한 법률은 음악산업의 진흥에 필요한 사항을 정하여 음악산업 발전을 촉진함으로써 국민의 문화적 삶의 질을 높이고 국민경제의 발전에 이바지함을 목적으로 한다. 동법에 의하면 음악은 소리를 소재로 박자, 선율, 화성, 음색 등을 일정한 법칙과 형식으로 종합하여 사상과 감정을 나타낸 것으로 정의된다. 음악산업은 음악의 창작, 공연, 교육, 음반, 음악파일, 음악영상파일의 제작, 유통, 수출, 수입, 악기, 음향기기 제조 및 노래연습장업 등과 이와 관련된 산업을 포함한다.

동법은 문화체육관광부장관에게 음악산업의 진흥을 위하여 필요한 종합계획을 수립, 시행할 책무를 부여하였다. 종합계획은 다음 각 호의 사항을 포함하여야 한다.

가. 중장기 기본계획의 수립에 관한 사항 및 법령, 제도의 개선에 관한 사항

나. 창작 활동 활성화에 관한 사항

다. 수출 촉진과 고용 창출에 관한 사항

라. 기술의 개발 및 보급에 관한 사항

마. 유통의 전문화 및 유통구조의 개선에 관한 사항

바. 창업 지원 등 산업 육성에 관한 사항

사. 전문인력의 양성에 관한 사항

아. 인프라 구축에 관한 사항

자. 국제 협력에 관한 사항

차. 불법 음반 등에 대한 비영리민간단체의 자율감시 활동 지원에 관한 사항

카. 그 밖의 관련 업소의 건전한 발전 및 육성에 관한 사항

이 외에도 음악산업 진흥에 관한 법률은 음악의 건전한 유통 및 발전을 위하여 노래연습장업자에 대한 교육, 지적재산권의 보호 시책 강구, 이용자의 권익 보호, 음악공연 활성화를 위한 공연장 조성 및 자금 지원, 국제 협력 및 해외 진출 지원 등을 정부의 책무로 규정하고 있다.

한편 음악산업 진흥에 관한 법률은 음악산업 분야 중 음악 제작업, 온라인 음악서비스 제공업, 음악 배급업은 신고제를 채택하였으며, 노래연습장업은 등록제를 채택하였다. 동법에 따라 신고한 음악영상물 및 음악영상파일 제작업자 또는 배급업자는 영화 및 비디오물의 진흥에 관한 법률에 따른 비디오물 제작업 또는 배급업의 신고를 한 것으로 본다. 음악영상물 및 음악영상파일은 공급하기 전에 영상물등급위원회의 등급분류를 받아야 한다.

2006년 제정된 음악산업 진흥에 관한 법률은 <표 3-6>에서 보듯이 건전한 음원 유통질서

<표 3-6> 음악산업 진흥에 관한 법률의 개정 연혁

음악산업 진흥에 관한법률('06.4.28. 제정)	개정('16.3.22./'18.2.21./'18.12.24.)	개정('20.12.22./'22.9.27.)
1. 총칙 • 목적: 음악산업 진흥에 필요한 사항을 정하여 관련 산업의 발전 촉진, 국민경제 발전에 이바지 • 정의: 음악, 음원, 음반, 음악파일, • 음악영상물, 음악산업 등 다양한 용어 정의 • 음악산업진흥종합계획의 수립·시행 2. 음악산업의 진흥 • 창업 및 제작 지원, 음악산업 자료 관리 • 전문인력 양성, 기술 개발, 표준화 추진 • 협동 개발 및 연구 • 국제 협력 및 해외 진출 지원 • 음악공연 활성화, 지적재산권 보호 • 이용자 권익 보호… • 3. 영업 신고 등 • 음반·음악영상물 제작, 배급업 신고제 • 등급분류제 • 노래연습장업 등록제	1. 음반판매량 순위 조작으로 소비자의 구매 행태에 영향을 주려는 음원사재기 금지 및 처벌 규정 마련('16.3.22.) 2. 저작권 보호를 위하여 필요한 경우 문화체육관광부장관은 관계 중앙행정기관에 협조 요청 가능('18.2.21.) 3. 음반·음악영상물의 제작업 등의 신고 수리 간주제 도입 • 신고접수후 7일내 수리 통지하지 않아도 수리한 것으로 여김 ('18.12.24.)	1. 음악산업 해외 진출 지원 근거 확대 • 음악공연의 해외 진출을 위한 정부의 지원 근거 마련 ('20.12.22.) 2. 청소년의 귀책사유로 인해 노래연습장 업자가 청소년 출입 제한을 위반하게 되었을 경우 행정처분 면제('22.9.27.)

확립, 음악공연의 해외 진출 지원, 저작권 보호를 위한 부처간 협조체계 강화 등을 위하여 몇차례 개정된 바 있다. 그리고 음반 및 음악영상물 제작업의 신고 수리 간주제, 노래연습장업자의 청소년 출입에 대한 면책 사유 보완 등 영업에 대한 행정적 규제도 완화되었다.

2) 음악산업 국가경쟁우위 지원 환경

음악산업을 규율하는 법률은 음반에 관한 법률(음반법)은 비디오물을 추가하여 음반 및 비디오물에 관한 법률(음비법)으로 변경되었다가 다시 게임물을 추가하여 음반·비디오물 및 게임물에 관한 법률(음비게법)로 변경된 바 있다. 이후 음반·비디오물 및 게임물에 관한 법률은 각각의 장르별로 분리되었고 음악 분야는 현재의 음악산업 진흥에 관한 법률로 발전하였다. 음악산업 관련 법률의 국가경쟁우위 지원 환경은 음악산업 진흥에 관한 법률의 제정 이후에 크게 개선되었다. 음악산업 진흥에 관한 법률 제정 이전에는 음반에 대한 검열, 영업에 대한 진입규제, 외국 음반 수입 시 허가제 또는 추천제, 국산 음반 수출 시 추천제 등 폐쇄적이고 규제적 성격의 규정이 많았다. 그러나 <그림 3-4>에서 보듯이 음악산업 진흥에 관한 법률은 이와 같은 규제를 폐지하고 국가경쟁우위 결정요소에 대한 광범위한 지원 환경을 제공하고 있다.

음악산업 진흥에 관한 법률의 제작 지원, 인력 양성, 기술 개발, 인프라 구축, 외국인 투자유

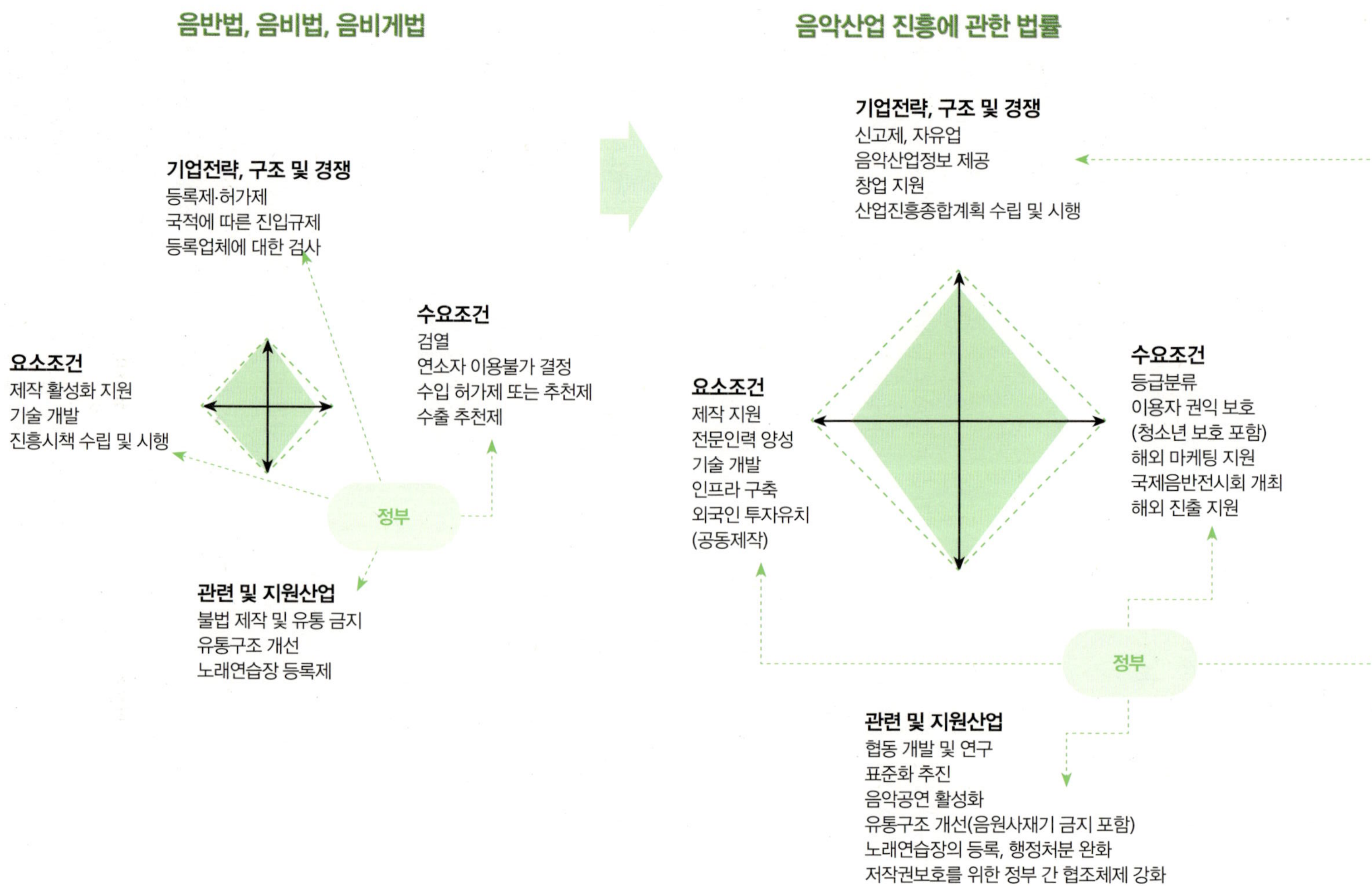

<그림 3-4> 음악산업 관련 법률의 국가경쟁우위 지원 환경

치 등에 관한 규정은 국가경쟁우위 결정요소 중 요소조건 고도화 환경을 제공한다. 그리고 음악산업 진흥에 관한 법률은 음악 공연 활성화, 유통구조 개선, 노래연습장 규제 완화, 저작권 보호 등 음악산업 생태계의 건전한 발전을 지원하는 규정을 두고 있다. 이는 음악산업의 관련 및 지원산업 육성에 해당한다. 이 외에도 음악산업 진흥에 관한 법률은 창업 지원, 진입규제 완화를 통한 경쟁 촉진, 산업정보 제공을 통한 전략 수립 지원 등을 통해 기업전략, 산업구조 및 경쟁에도 영향을 줄 수 있다. 한편 음반의 수출입에 대한 추천제 폐지, 국제음반전시회 참가 및 개최를 통한 음악산업 해외 진출 지원 등은 해외 수요 창출을 지원할 수 있다. 그리고 음악영상물 등급분류, 이용자 권익 보호 및 청소년 보호 관련 규정은 국내 수요조건에 영향을 준다.

3 게임산업 진흥에 관한 법률

1995년 전부개정된 '음반 및 비디오물에 관한 법률(이하 음비법)'이 게임을 비디오물에 포함되는 영상물로 규정하면서 게임이 처음으로 문화산업 관련 법률에 포함되었다. 게임산업은 정보통신기술의 발달에 따라 급속도로 시장을 확대하며 문화산업 중 성장 잠재력이 큰 핵심 산업으로 발전하였다. 이에 게임을 비디오물과 구분되는 별도의 장르로 육성하기 위해 새롭게 제정한('99.2.8.) 법률이 '음반·비디오물 및 게임물에 관한 법률(이하 음비게법)'이다. 음비게법은 음비법과는 달리 게임이라는 용어를 법률의 명칭 및 관련 조항에 공식적으로 사용하였다. 그러나 음비게법은 음반, 비디오물 및 게임 등 서로 다른 장르를 하나의 법률로 규율하고 있어 게임의 고유한 특성을 반영하기 어렵다는 문제점이 제기되었다. 이에 부가가치가 높은 핵심 문화산업으로서 게임산업의 특성을 반영한 체계적 정책 추진기반을 마련하고, 게임 이용자의 권익 향상 및 건전한 게임문화를 확립하기 위하여 '게임산업 진흥에 관한 법률(이하 게임법)'이 제정되었다('06.4.28.). 이하에서는 현재의 게임법의 주요 내용을 먼저 살펴보고 그 다음으로 게임 관련 법률의 발전 과정을 살펴본다.

1) 주요 내용

① 제정 목적 및 주요 개념

게임법은 게임산업의 진흥 및 건전한 게임문화를 확립함으로써 국민경제의 발전과 국민의 문화적 삶의 질 향상에 이바지하는 것을 목적으로 한다. 게임법은 게임물을 "컴퓨터 프로그램 등 정보처리 기술이나 기계장치를 이용하여 오락을 할 수 있게 하거나 이에 부수하여 여가 선용, 학습 및 운동효과 등을 높일 수 있도록 제작된 영상물 또는 그 영상물의 이용을 주된 목적으로 제작된 기기 및 장치"로 정의한다. 단, 사행성 게임물, 관광진흥법이 적용되는 테마파크시설은 제외한다. 게임산업은 게임물 또는 게임상품의 제작·유통·이용 제공 및 이에 관한 서비스와 관련된 산업이다. 게임물 관련 사업자는 게임 제작업, 게임 배급업, 게임 제공업 등을 영위하는 자를 말한다.

② 게임산업진흥정책의 수립·시행

게임법은 문화체육관광부장관에게 게임산업의 진흥을 위한 종합계획을 수립, 시행해야 할 책무를 부여하였다. 종합계획은 게임산업 관련 제도와 법령의 개선, 게임문화 건전화, 창작 활성화, 산업 기반 조성 및 균형 발전, 국제 협력 및 해외 진출, 불법 게임물의 단속 및 이용자 보호 등에 관한 사항을 포함한다.

게임산업진흥종합계획에 포함되는 사항이지만 게임법은 게임산업 관련 창업 활성화, 외국인 투자유치, 전문인력 양성, 기술 개발 및 표준화, 유통질서 확립, 해외 진출 등에 관하여는 별도의 조항을 따로 설치하여 정부가 관련 정책을 수립, 시행할 수 있는 명확한 근거를 두고 있다.

③ 건전한 게임문화의 진흥 및 게임물의 등급분류

게임법은 건전한 게임문화 조성을 위한 정부의 책무를 규정하고 있다. 정부는 게임의 역기능 및 과몰입을 예방하고 게임 이용자를 보호하기 위하여 건전한 게임문화 관련 교육을 시행하며 유해 게임물로부터의 피해 예방 및 구제 사업을 시행해야 한다. 게임물 관련 사업자도 게임 과몰입을 예방하기 위하여 이용자의 실명 및 연령 확인, 청소년의 회원 가입 시 법정 대리인의 동의 확보, 과도한 이용 방지를 위한 주의문구 게시, 게임물 이용시간의 화면 표시 및 제한 등 게임 과몰입 예방조치를 취해야 한다.

게임법은 게임물의 윤리성 및 공공성을 확보하고 사행심 조장을 방지하며 청소년 보호 및 불법 게임물의 유통을 방지하기 위한 목적으로 게임물관리위원회를 설립한다고 규정하였다. 게임물관리위원회의 주된 업무는 게임물의 등급분류 및 사후관리이다. 게임물의 등급은 전체 이용가, 12세 이용가, 15세 이용가, 청소년 이용불가로 분류한다. 다만 청소년게임 제공업과 일반게임 제공업에 제공되는 게임물의 경우는 전체 이용가와 청소년 이용불가 두 가지로 분류한다. 게임물관리위원회는 i) 사행행위 등 규제 및 처벌특례법, 형법 등 다른 법률의 규정 또는 게임법에 의하여 규제 또는 처벌대상이 되는 행위 또는 기기에 대하여 등급분류를 신청한 자, ii) 정당한 권원을 갖추지 아니하였거나 거짓 그 밖의 부정한 방법으로 등급분류를 신청한 자, iii) 사행성 게임물의 등급분류를 신청한 자 등에 대하여 등급분류를 거부할 수 있다.

한편 게임법은 문화체육관광부장관에게 일정한 요건에 해당되는 경우에 자체등급분류사업자를 지정할 수 있게 하였다. 그러나 자체등급분류사업자가 등급분류한 게임물이 청소년 이용불가 게임물에 해당하거나 등급분류 거부대상이 된다고 게임물관리위원회가 판단하는 경우에는 직권으로 등급분류를 결정하거나 자체등급분류사업자의 등급분류 결정을 취소할 수 있다.

그리고 자체등급분류사업자가 등급분류한 결과가 등급분류기준에 현저히 위배되거나 자체등급분류사업자 간의 등급분류 결과가 상이한 경우에는 게임물등급위원회는 자체등급분류사업자에게 등급의 조정을 요구할 수 있다.

④ 건전한 영업질서 확립

게임법은 게임 관련 영업을 게임 제작업, 게임 배급업[84], 게임 제공업으로 분류한다. 게임 제작업 또는 게임 배급업을 영위하고자 하는 자는 문화체육관광부령이 정하는 바에 따라 특별자치시장, 특별자치도지사, 시장, 군수, 구청장(이하 시장, 군수, 구청장)에게 등록하여야 한다. 한편 게임 제공업은 유형별 진입규제 방식이 다소 다르다. 일반게임 제공업[85]은 허가제이며, 청소년게임 제공업,[86] 인터넷컴퓨터게임 시설 제공업,[87] 복합유통게임 제공업[88]은 등록제이다.

정부는 게임의 건전한 유통질서 확립을 위해 노력해야 한다. 게임물 관련 사업자는 유통질서에 관한 교육을 받아야 하며, 게임물을 이용한 도박 등 사행행위를 방치하거나 조장하면 안된다. 그리고 청소년게임 제공업자는 청소년 이용불가 게임물을 제공하면 안되며, 기타 대통령령이 정하는 영업시간 및 청소년의 출입시간을 준수하고 음란물 및 사행성 게임물 차단 장치를 설치하는 등 건전한 영업질서 유지를 위해 노력해야 한다. 이 외에도 게임법은 제작자 또는 배급자의 상호 표시 의무, 불법 게임물 유통 금지 의무, 등급분류를 받은 게임물과 다른 내용을 광고하거나 그 선전물을 배포·게시하는 행위 금지 의무 등 게임물 관련 사업자 준수사항을 규정하고 있다.

2) 게임산업 국가경쟁우위 지원 환경

게임산업 진흥에 관한 법률의 게임산업 국가경쟁우위 지원환경을 더블 다이아몬드 모델을 토대로 분석하면 <그림 3-5>와 같다.

① 요소조건 고도화

게임법은 전문인력 양성, 기술 개발, 산업 기반 조성, 외국인 투자유치 등 게임산업에 필요한 고급 인력과 기술의 개발을 촉진하고 산업 인프라를 구축하며 외국인 투자유치를 지원할 수 있는 근거 규정을 두고 있다. 이는 게임산업의 국내외 요소조건의 고도화를 지원하는 제도적 환경이다.

---

84 게임물의 저작권을 소유 또는 관리하며 게임 제공업자에게 게임물을 공급하는 영업

85 청소년 이용불가 게임물과 전체 이용가 게임물을 설치하여 제공하는 영업

86 전체 이용가 게임물을 제공하는 영업

87 컴퓨터 등 필요한 기자재를 갖추고 공중에게 게임물을 이용하게 하거나 부수적으로 그 밖의 정보제공물을 이용할 수 있도록 하는 영업(통상적으로 PC방이라고 함)

88 청소년게임 제공업 또는 인터넷컴퓨터게임 시설 제공업과 이 법에 의한 다른 영업 또는 다른 법률에 의한 영업을 동일한 장소에서 함께 영위하는 영업

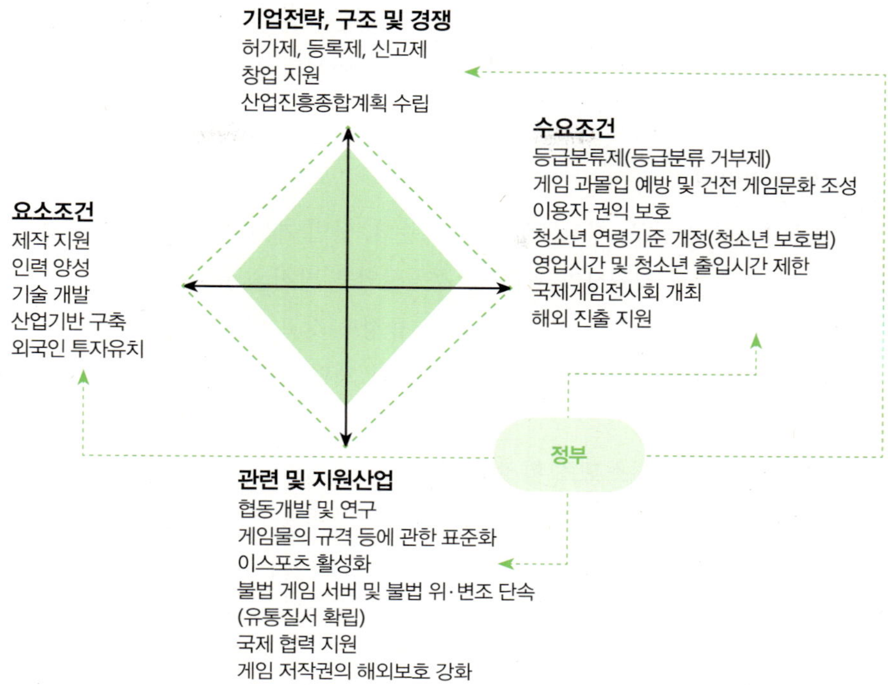

<그림 3-5> 게임산업 진흥에 관한 법률의 국가경쟁우위 지원 환경

② 수요조건 고도화

게임법이 다른 문화산업 장르를 진흥하는 법률과 차이가 있다면 게임산업의 속성상 이용자의 과몰입 예방, 사행성 방지, 불법영업 금지 등을 위한 정부의 책무와 각종 규제가 상대적으로 많다는 점이다. 이와 같은 규제는 게임의 수요를 억제하는 효과가 있지만 이용자 보호 및 건전한 게임문화 조성을 통해 수요조건의 세련도를 높이는 제도적 장치로 볼 수도 있다.

게임법은 게임물에 대하여 이용가능 연령을 세분화하여 등급을 부여하되 게임 제공업소용 게임의 경우에는 전체 이용가와 청소년 이용불가 등급으로만 분류하고 일반게임 제공업장에는 청소년 출입을 금지하고 있다. 이 외에도 게임법은 사행성 게임 등에 대하여 등급분류를 거부할 수 있도록 하고 있다. 이는 영화 및 비디오물에는 없는 제도이다. 그리고 게임법은 이용자 보호를 위하여 게임물 사업자 준수사항을 타 장르에 비하여 상대적으로 많이 규정하고 있다. 가령 게임물 사업자는 경품을 제공하여 사행성을 조장하면 안된다. 그리고 게임물 및 컴퓨터에 음란물 및 사행성 게임물 차단 프로그램을 설치해야 한다. 이외에도 영업시간 및 청소년 출입시간 제한에 대한 규제가 있다. 게임 제공업자의 영업시간은 오전 9시부터 오후12시까지이며 청소년의 출입이 허용되는 게임 제공업장의 경우에 청소년의 출입시간은 오전 9시부터 오후 10시까지로 규정하고 있다.

이 외에도 게임법은 국산 게임의 해외 마케팅 지원 등을 지원하는 근거 규정을 갖고 있다. 정부는 해외에서 개최되는 주요 국제게임전시회에 국내업체의 참가를 지원하고 국제게임전시회의 국내 개최도 지원하고 있다.

③ 관련 및 지원산업 발전

게임법은 협동 개발 및 연구, 게임물의 규격 표준화, 불법 게임 서버 단속 등을 통해 게임의 건강한 산업 생태계 구축을 지원하며 관련 및 지원산업을 발전을 유도하고 있다. 아울러 국제 협력 및 게임의 지식재산권 보호를 지원하는 근거 규정도 갖고 있다. 이를 근거로 정부는 국내외 합법적 게임시장의 활성화는 물론 해외에서의 국산 게임 유통 및 배급 네트워크 구축을 지원할 수 있다.

제정('06.4.28.) 게임법은 이스포츠 활성화를 규정한 바 있다. 이스포츠는 인기 게임의 글로벌 경기를 통해 게임의 수요조건 확충은 물론 게임방송 및 유통 등 게임의 관련 및 지원산업 활성화를 위한 제도적 환경을 제공한다. 그러나 이스포츠 활성화 규정은 이스포츠 진흥에 관한 법률이 제정되면서('12.2.17.) 게임법에서 삭제되었다.

④ 기업전략·구조 및 경쟁

게임법은 '음악산업 진흥에 관한 법률'이나 '영화 및 비디오물의 진흥을 위한 법률'과 마찬가지로 산업의 진흥을 위한 종합계획의 수립 및 시행의 책무를 문화체육관광부장관에게 부여하고 그것이 포함해야 할 구체적 내용에 대하여도 규정하고 있다. 이는 게임산업 관련 정부의 중장기 정책으로서 게임기업의 전략 수립에 영향을 주게 된다.

그리고 게임 관련 영업은 제작 및 배급업은 등록제, 게임 제공업은 허가제와 등록제를 함께 채택하고 있다. 영업에 대한 진입규제를 등록제 또는 허가제로 운영하는 경우 신고제에 비하여 경쟁 제한 효과가 있다. 이는 사행성 게임 등의 부작용 예방 및 이용자 보호를 통한 건전 게임 문화 조성을 위한 규제이다.

4 출판문화산업진흥법

출판문화산업진흥법(이하 출판법)은 이전의 출판 및 인쇄진흥법을 분리하여 출판산업 진흥에 중점을 두고 개정한('07.7.19.) 법률이다. 인쇄 분야는 분리되어 별도의 인쇄문화산업진흥법으로 제정되었다('07.7.19.).

출판법은 출판문화산업의 육성, 간행물의 심의 및 건전한 유통질서의 확립 등에 대하여 규정하고 있다. 출판법에 의한 출판은 저작물 등을 종이나 전자적 매체에 편집, 복제하여 간행물을 발행하는 행위를 의미한다. 출판사는 출판을 업으로 하는 인적·물적 시설을 의미한다. 한편 간행물은 종이 또는 전자적 매체에 실어 읽거나 보고 들을 수 있도록 저자, 발행인, 발행일, 출판사, 국제표준자료번호 등의 기록사항을 표시하여 만든 것을 말한다. 출판문화산업은 간행물의 출판·유통산업 및 이와 밀접히 연관된 산업을 의미한다. 이하에서는 출판 관련 법률의 변천 과정을 먼저 살펴보고, 현재의 출판법의 주요 내용을 출판문화산업의 국가경쟁우위 결정요소에 대한 영향을 중심으로 살펴본다.

1) 출판산업 관련 법률의 변천

대한민국 정부 수립 후 1961년 제정된 '출판사 및 인쇄소의 등록에 관한 법률' 제정 이전까지는 군정법령 제19호 및 제88호가 적용되었다. 군정법령 제19호는 단일의 법령이 아니라 노동의 보호, 신문 기타 출판물의 등기 등에 관하여 복합적으로 규정하였다. 출판과 관련해서는 언론 및 출판의 자유를 보호하기 위하여 출판사 및 인쇄소 등의 등록을 의무화한다고 규정하고 있다. 군정법령 제88호는 신문 및 정기간행물의 경우 허가 없이 발행함은 불법임을 규정하고 허가신청 절차와 허가의 취소 및 정지, 벌칙 등에 관하여 규정하였다.

대한민국 국회에서 출판산업 관련으로 제정한 법률은 '출판사 및 인쇄소의 등록에 관한 법률(1961)'과 '외국 정기간행물 수입 배포에 관한 법률(1961)'이 처음이다. '외국 정기간행물 수입 배포에 관한 법률'은 1973년 '외국 간행물 수입 배포에 관한 법률'로 개정되었다.

이후 2002년에는 '출판사 및 인쇄소의 등록에 관한 법률'과 '외국 간행물 수입 배포에 관한 법률'이 통합되어 '출판 및 인쇄진흥법'이 제정되었다. 출판 분야는 2002년에서야 산업의 진흥을 지원하는 법률적 환경이 조성되었다. '출판 및 인쇄진흥법'은 2007년에 출판문화산업진흥법과 인쇄문화산업진흥법으로 분리되어 각각의 산업을 진흥하는 법률로 특화되었다.

<표 3-7>은 대한민국 정부 수립 후 처음 국회에서 제정한 '출판사 및 인쇄소의 등록에 관한 법률'과 '외국 정기간행물 수입 배포에 관한 법률'로부터 현재의 출판문화산업진흥법에 이르기까지 출판 관련 법률의 주요 발전 과정을 요약하여 보여준다.

① 출판사 및 인쇄소의 등록에 관한 법률

1961년 제정된 출판사 및 인쇄소의 등록에 관한 법률은 출판사와 인쇄소의 등록의무와 출판사의 납본의무에 대하여 규정하고 있다. 동법에 의한 출판사는 '신문 등 및 정당 등의 등록에 관한 법률'의 규정에 의한 정기간행물 외의 모든 간행물 출판을 영업으로 하는 자를 말한다. 출판사 또는 인쇄소의 등록은 시·도지사에게 한다. 그리고 시·도지사는 출판사 등록사항은 문교부장관에게 보고하고, 인쇄소 등록사항은 공보부장관에게 각각 보고해야 한다. 출판사는 간행물 출판 시 문교부장관에게 출판물 2부를 납본해야 한다. 동법은 진흥에 관한 내용은 없고 규제 및 행정 절차에 관한 법률이다.

1972년 개정 출판사 및 인쇄소의 등록에 관한 법률은 주무 부처를 문화공보부로 일원화하

<표 3-7> 출판문화산업 관련 법률의 발전 연혁

<table>
<tr><th>출판사 및 인쇄소의 등록에 관한 법률
('61.12.30.제정)</th><th>개정('72.12.26.)</th><th>개정('97.12.13.)</th><th>출판 및 인쇄진흥법('02.8.26. 제정)</th><th>출판문화산업진흥법('07.7.19. 개정~)</th></tr>
<tr><td>1. 출판사, 인쇄소의 등록의무(출판사는 문교부 소관, 인쇄 소는 공보부 소관)
2. 출판 시 납본의무
3. 부실기재, 납본의무 불이행시 벌칙</td><td>1. 등록사항 구체적으로 규정
2. 출판사, 인쇄소 업무의 주무 부처를 문화공보부로 일원화
3. 등록취소 규정 신설
· 허위 또는 부정 등록
· 소재지 불명
· 음란·저속 간행물, 아동 유해 만화 등을 출판하여 공중도덕이나 사회 윤리를 해치는 경우</td><td>1. 등록취소시 청문 실시

('99.1.21 개정)
2. 등록취소사유 중 저속한 간 행물은 위헌 판결로 삭제 (95헌가16, '98.4.30)</td><td rowspan="3">1. 출판·인쇄문화산업 진흥시책의 수립·시행 (3년 주기)
· 전문인력 양성
· 양서출판 장려 및 지원
· 우수저작물 번역 지원
· 시설 및 유통 현대화
· 전자출판 육성
· 국제 교류 및 해외 진출
· 서점, 제본업 등 지원
· 기반시설 및 단지 조성

2. 출판사, 인쇄소 신고제

3. 외국간행물의 수입 추천
· 북한 출판 간행물
· 만화·사진·화보·소설·잡지 추천제 유지

4. 한국간행물윤리위원회를 청소년보호법에서 이관
· 간행물의 유해성 심의
· 유해간행물 기준: 국헌 문란, 국가 안전 및 질서 위해, 음란. 반사회적 또는 반인륜적 행위 과도 묘사 등

5. 간행물 유통질서 확립
· 정가표시제, 정가판매제 ('08.2.27까지 한시적 적용)
· 출판유통심의회 설치
· 불법복제간행물 수거·폐기</td><td rowspan="3">1. 출판 및 인쇄진흥법을 출판 문화산업 진흥법으로 개정
· 인쇄 분야는 인쇄문화산업진 흥법으로 분리 제정('07.7.19.)

2. 도서정가제 개선
· 한시 조항 삭제, 계속 유지 발행일부터 18개월까지는 도서정가제 적용하되, 10% 할인가능(1년→18개월)

3. 출판문화산업진흥시책 수립 주기(3년→5년)

('12.1.26.)
1. 한국출판문화산업진흥원 설 립
2. 외국간행물 수입 추천제 폐지

('14.5.20.)
1. 도서정가제 할인율 조정 도서정가제 적용 도서는 할인 율을 15%이내에서 가격할인과 경제적 이익을 자유롭게 조합 하되, 가격은 10%이내 할인

('21.8.10.)
1. 국가와 지방자치단체에 지역 서점 활성화 책무 부여
2. 도저정가제 강화
· 정부기관, 공공기관에게는 10% 가격 할인만 제공 가능</td></tr>
<tr><th>외국정기간행물 수입배포에 관한 법률
('61.12.30. 제정)</th><th>외국간행물 수입배포에 관한 법률
('73.2.17. 개정~)</th><th>개정('93.12.31.)</th></tr>
<tr><td>1. 외국 정기간행물의 배포 목적의 수입업을 하고자 할 경우 공보부장관의 허가를 요함

2. 배포 48시간 전 공보부 장관에게 2부 납본제

3. 배포중지 또는 내용삭제명령(국헌 문란, 공안 또는 풍속 해할 우려의 경우)</td><td>1. 외국도서 포함 모든 외국간 행물을 적용대상으로 확대

2. 외국정기간행물 수입업은 허가제, 외국도서의 수업업은 문화공보부장관 등록제
· 도서 수입 시 장관 추천제

3. 개인적 외국간행물 수입 시에도 장관 추천 필요

('75.12.31. 개정)
1. 개인적 수입 시에는 장관 추 천제 폐지(세관은 국헌 문란의 우려 여부의 의문이 있을 때 문 화공보부 조회)</td><td>1. 외국정기간행물 수입업과 외국도서 수입업을 외국간행물 수입업으로 통합, 등록제 운영

2. 수입규제
· 장관 수입 추천제 유지
· 수입 추천 · 배포제한: 국헌문 란, 국가안보 및 공공질서를 해 칠 우려가 있는 간행물, 풍속저 해 간행물

('99.1.21. 개정)
1. 외국간행물 수입업자 등록제 폐지

2. 수입 추천을 받아야 하는 외국의 간행물: 북한 및 반국가 단체 간행물과 만화·사진·화보·소설·잡지로 한정</td></tr>
</table>

였고 등록 취소에 대한 규정을 신설하였다. 그리고 등록 취소 사유로는 음란 또는 저속한 간행물이나 아동 유해 만화 등을 규정하였다. 한편 1998년 헌법재판소는 등록 취소 사유인 '저속한 간행물'에 있어 저속한의 개념이 불명확하고 과도한 규제이며 성인의 알 권리까지 침해할 우려가 있으므로 위헌이라고 판결하였다.[89] 이에 따라 1999년 개정 출판사 및 인쇄소의 등록에 관한 법률은 등록 취소 사유 중 저속한 간행물은 삭제하였다.

② 외국 정기간행물 수입 배포에 관한 법률

국내 간행물이 아닌 외국의 간행물에 대하여는 상당히 오랫동안 영업에 대한 진입규제와 수입규제가 지속되었다. 1961년 처음 제정된 '외국 정기간행물 수입 배포에 관한 법률'에 의하면 외국 정기간행물은 외국에서 정치, 경제, 사회, 문화 등에 관한 보도, 평론 및 여론 등을 전파할 목적으로 연 1회 이상 정기적으로 발행되는 간행물을 말한다. 외국 정기간행물 수입업을 하고자 할 경우에는 공보부장관의 허가를 받아야 한다. 만약, 수입한 정기간행물이 국헌을 문란하게 하거나 풍속을 해칠 우려가 있을 경우에는 공보부장관은 배포의 중지 또는 내용의 삭제를 명할 수도 있다.

동법은 '외국 간행물 수입 배포에 관한 법률'로 개정되어('73.2.17.) 외국의 정기간행물은 물론 도서까지도 규제의 대상에 포함되었다. 개정된 법률은 외국 정기간행물 수입업은 허가제, 외국 도서 수입업은 등록제로 규정하였다. 그리고 영업이 아닌 개인적으로 도서를 수입하는 경우에도 문화공보부장관의 수입 추천을 받도록 규정하였다.

한편 1993년 말 개정된 '외국 간행물 수입 배포에 관한 법률'은 외국 정기간행물과 외국 도서 수입업을 외국 간행물 수입업으로 통합하고 등록제로 규정하였다. 동법은 외국 간행물 수입 시 정부의 추천을 받도록 한 제도는 그대로 유지하였다. 외국 간행물 수입에 대한 규제는 1999년 초 개정된 '외국 간행물 수입 배포에 관한 법률'이 외국 간행물 수입업 등록제를 폐지하고 수입 추천 대상 간행물을 북한 및 반국가단체 발행 간행물, 만화, 사진집, 화보집, 소설 및 잡지로 한정하면서 크게 완화되었다. 외국 간행물 수입 추천제도는 2012년 출판법 개정 시에 폐지되었다.

③ 출판 및 인쇄진흥법

'출판사 및 인쇄소의 등록에 관한 법률'과 '외국 간행물 수입 배포에 관한 법률'은 2002년 통합되어 '출판 및 인쇄진흥법'으로 새롭게 제정되었다. 동법은 진흥법의 명칭을 갖고 있는 만큼 종래의 출판 관련 법률과는 체계와 내용이 다르다. 즉 출판 및 인쇄진흥법은 출판산업을 규제가 아닌 지원 중심으로 규율하기 시작한 최초의 법률이다. 동법은 문화관광부장관에게 출판 및 인쇄산업의 진흥시책을 매 3년마다 수립·시행할 책무를 부여하였다. 진흥시책은 전문인력 양

[89] 헌법재판소. (1998. 4.30.). 95헌가 16.

성, 양서 출판 장려 및 지원, 우수 저작물 번역 지원, 전자출판 육성, 출판의 해외 진출 지원, 서점 및 제본업 지원, 만화산업의 육성, 기반 시설 및 단지 조성 등을 포함해야 한다. 동법은 출판사와 인쇄소에 대하여 신고제를 택함으로써 진입규제를 완화하였다. 그리고 건전한 출판유통을 지원하기 위하여 한시적으로 도서정가제를 도입하였고, 간행물의 유해성을 심의하는 한국간행물윤리위원회의 설립 근거를 청소년보호법에서 출판 및 인쇄진흥법으로 이관하였다.

④ 출판문화산업진흥법

'출판 및 인쇄진흥법'은 2007년 각각 출판산업과 인쇄산업의 산업적 특성을 반영하는 방식으로 출판문화산업진흥법과 인쇄문화산업진흥법으로 분리되었다. 출판법은 출판 및 인쇄진흥법에서 한시적으로 적용하기로 했던 도서정가제를 계속 유지하도록 규정하였고, 문화관광부장관의 출판문화산업진흥시책 수립 주기를 매 3년 단위에서 매 5년 단위로 변경하였다.

2012년 개정 출판법은 출판문화산업을 전방위로 지원하는 공공기관인 한국출판문화산업진흥원의 설립 근거를 규정하였다. 그리고 한국출판문화산업진흥원은 한국간행물윤리위원회를 소속 위원회로 흡수하였다.

<표 3-7>에서 보듯이 2014년 이후 개정된 출판법은 도서정가제 할인율을 조정하여 출판산업의 발전을 지원하였다. 국가와 지방자치단체에게 지역 서점 활성화 책무를 부여하고 도서 구입 시 정부기관이나 공공기관은 할인율을 10%까지만 적용하도록 도서정가제를 강화하였다.

2) 법률의 변천에 따른 국가경쟁우위에 대한 영향

'출판 및 인쇄진흥법' 제정('02.8.26.) 이전의 출판문화산업은 '출판사 및 인쇄소의 등록에 관한 법률'과 '외국 간행물 수입 배포에 관한 법률'의 규제를 받았다. 기술한 바와 같이 두 법률은 영업의 등록 및 등록 취소, 외국 간행물 수입 추천 등에 관한 행정절차 중심의 법률이며, 간행물의 내용에 대한 심의 및 외국 간행물에 대한 수입규제의 근거로 작용하였다.

출판산업은 오랜 역사를 갖고 있는 문화산업이지만 영화 및 음악과 같은 문화산업 장르에 비해 관련 법률이 진흥법으로 전환된 것은 늦은 편이다. <그림 3-6>에서 보듯이 출판산업의 법률적 환경은 2002년 출판 및 인쇄진흥법 제정 이후 크게 개선되었다.

그리고 2007년 출판에 특화된 법률인 출판문화산업진흥법으로 전환된 이후에는 출판산업을 전담 지원하는 공공기관인 한국출판문화산업진흥원 설립 등 출판산업에 대한 국가경쟁우위 지원 환경은 더욱 발전하였다. 현재의 출판법이 규정하고 있는 주요 내용을 출판산업 국가경쟁우위 결정요소에 대한 영향을 중심으로 요약하면 <그림 3-6>과 같다.

① 기업전략·구조 및 경쟁

출판산업 관련 법률은 규제 중심에서 진흥 중심으로 전환되면서 산업에 대한 진입규제가 등록제에서 신고제로 전환되었다. 이후 출판산업에 대한 진입이 더욱 수월해지고 경쟁은 더욱 치

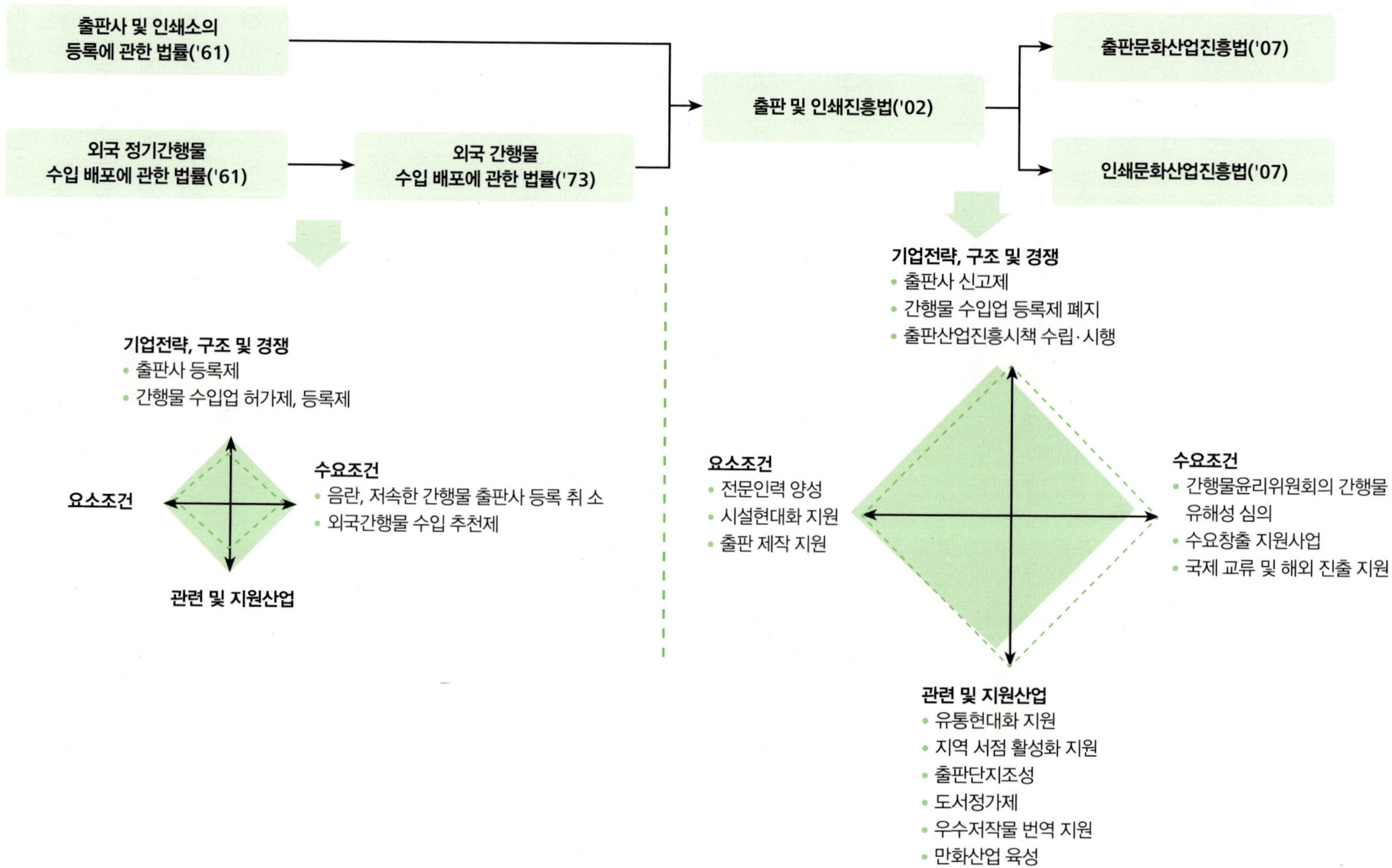

<그림 3-6> 출판 관련 법률의 출판문화산업 국가경쟁우위 지원 환경 비교

열해졌다. 그러나 후술하는 바와 같이 출판산업은 진입규제가 거의 없기 때문에 신고한 출판사는 많더라도 무실적 출판사가 많은 특징이 있다.

출판 및 인쇄진흥법 제정 이후 정부는 주기적으로 출판산업진흥시책을 수립하여 집행할 책무를 갖게되었다. 정부의 출판산업진흥시책은 출판산업 관련 중장기 정책 방향을 제시하는 것이기 때문에 출판 관련 기업전략 수립에 영향을 줄 수 있다.

② 요소조건 고도화

출판법은 정부가 출판 전문인력의 양성, 출판산업 시설 현대화, 출판사의 제작 활성화 등을 지원할 수 있는 근거 규정을 두고 있다. 이는 출판산업의 요소조건의 고도화를 지원하는 것이다. 그러나 현재의 출판법은 음악, 게임, 만화 등 타 장르들과 달리 외국인 투자유치 등 해외요소 창출 및 활용을 지원하는 규정은 없다. 출판산업도 국제 공동제작 및 해외 투자유치를 장려할 필요가 있다.

③ 수요조건 고도화

출판법은 출판문화산업의 해외 수요 창출을 위한 국제 교류 및 수출 지원 근거 규정을 두고 있다. 아울러 출판의 국내 수요 확충을 지원하는 양서 권장 및 다양한 독서 진흥 프로그램과 간행물윤리위원회 운영에 대한 규정을 두고 있다. 이는 국내외 수요조건 고도화를 지원하는 법적 환경이다.

④ 관련 및 지원산업 발전

출판법은 지역 서점 활성화 및 출판유통 현대화, 도서정가제, 출판단지 조성, 우수 저작물 번역, 만화산업 육성 등 출판의 관련 및 지원산업의 발전을 위한 지원 근거도 규정하고 있다.

5 만화 진흥에 관한 법률

2002년 제정된 출판 및 인쇄진흥법은 문화관광부장관이 출판문화산업진흥시책을 수립할 경우 만화산업 육성을 포함하도록 규정하였다. 이는 만화산업을 출판산업의 일부로 보는 관점이다. 후술하는 바와 같이 만화는 출판산업의 일환으로 건전 만화문화 조성을 위하여 정부정책이 시작되었다.

한편 만화는 영화, 드라마, 애니메이션, 게임, 연극, 뮤지컬, 캐릭터 등 다양한 문화산업 장르에 원작을 제공하는 뿌리산업과 같은 역할을 한다. 그러나 급변하는 미디어 융합 환경속에서 만화창작자 및 만화사업자들의 권리보호 장치가 미흡하고 만화산업 진흥을 위한 정부의 지원도 부족한 실정이었다. 이에 만화산업을 체계적으로 육성하기 위하여 '만화 진흥에 관한 법률(이하 만화법)'이 제정되었다('12.2.17.).

1) 주요 내용

① 제정 목적 및 주요 개념

만화법의 제정 목적은 만화 창작 및 만화산업 진흥에 관한 사항을 정하여 만화 창작을 활성화하고 만화산업 진흥을 촉진함으로써 국민의 문화생활 향상과 국민경제의 발전에 이바지하는 것이다. 만화법에 의하면 만화는 "하나 또는 둘 이상의 구획된 공간에 실물 또는 상상의 세계를 가공하여 그림 또는 그림 및 문자를 통하여 표현한 저작물로서 종이 등 유형물에 그려지거나 디스크 등 디지털 매체에 담긴 것"을 말한다. 과거엔 종이 만화가 주류였으나 현재는 웹툰이 주류가 되었다. 웹툰은 정보통신망으로 유통하기 위해서 제작된 만화이다. 만화사업자는 "영리를 목적으로 만화를 기획, 개발, 제작, 생산 또는 유통하거나 이와 관련된 서비스를 제공하는 자"를 말한다. 그리고 만화산업은 "만화 및 만화상품의 창작, 제작, 배급, 대여, 판매, 활용, 수출, 수입 등에 관련된 산업"을 말한다.

② 만화진흥기본계획 수립·시행

만화법은 문화체육관광부장관에게 만화산업 육성을 위한 기본계획 수립의 책무를 부여하고 동 기본계획에 포함될 내용까지 제시하고 있다. 이에 따르면 만화진흥기본계획은 i) 만화 진흥의 기본방향, ii) 만화 관련 법령 및 제도의 개선, iii) 지적재산권 보호 방안, iv) 창작 활성화 및 만화 다양성 증진 방안, v) 전문인력의 양성과 창작환경의 개선, vi) 만화산업 관련 기반 조성 및 만화산업의 지역균형발전, vii) 국제 협력 및 해외 진출, viii) 만화에 대한 국민의 인식 개선, ix) 만화 및 만화상품의 유통 활성화, x) 만화산업 조사·연구 등 다양한 내용을 포함해야 한다. 문화체육관광부장관은 5년마다 만화진흥기본계획을 수립하고 매년 기본계획에 따른 시행계획을 별도로 수립·시행해야 한다.

③ 국내외 요소조건 고도화

만화법은 국내외 만화산업 요소조건의 고도화를 지원하는 다양한 규정을 두고 있다. 문화체육관광부장관은 만화 창작 활성화를 위하여 만화가, 만화사업자, 관련 단체 등을 재정적으로 지원할 수 있다. 그리고 만화가 및 전문인력의 양성을 위하여 인적자원 개발계획을 수립해야 한다. 이를 위해 문화체육관광부장관은 대학 및 연구기관을 전문인력 양성기관으로 지정하고 교육훈련에 필요한 비용을 지원할 수 있다. 아울러 문화체육관광부장관은 디지털 만화 및 웹툰 등의 제작 및 유통에 필요한 기술 개발을 지원할 수 있다.

이 외에도 만화법은 만화산업의 국가경쟁우위 창출에 영향을 주는 해외 요소조건에 대하여도 개방적 태도를 취하고 있다. 외국인 투자유치와 해외 공동제작 지원 등이 그것이다. 넷플릭스 사례에서 보듯이 외국인 투자유치는 만화제작에 투입되는 재원의 증가, 만화의 제작 수량 증가, 만화가 양성, 만화의 관련 및 지원산업에 이르기까지 긍정적 파급효과를 기대할 수 있다.

공동제작만화는 해외의 요소를 활용하는 장점뿐 아니라 공동제작 국가의 시장 진출까지 기대할 수 있다. 공동제작만화는 해당 만화의 창작 또는 제작에 참여하거나 활용하는 인적·물적 요소나 해당 만화의 예술적·기술적 특성이 한국만화의 인정기준에 적합한 때에는 한국만화로 인정받을 수 있다. 공동제작만화가 한국만화로 인정받으려면 다음의 조건 중 어느 하나에 해당하면 된다.

가. 만화가, 스토리 작가, 스태프 등 주요 제작인력 부문에 한국인이 30%이상 참여한 경우

나. 한국에서 제조한 시설이나 장비가 제작 과정에서 30%이상 활용된 경우

다. 주제나 내용이 전반적으로 한국의 예술적 가치를 표현하고 있다고 인정되는 경우

④ 국내외 만화수요 확충

만화법은 만화산업의 국내 수요조건 고도화 및 해외 수요 확충을 지원하는 환경적 여건을 규정하고 있다. 만화법은 문화체육관광부장관에게 만화에 대한 국민인식 개선과 장애인, 노인, 저소득층 및 다문화가정과 같은 사회적 약자의 만화 향유 기회를 확대하기 위해 필요한 시책을 강구할 책무를 부여하였다. 아울러 문화체육관광부장관은 만화산업을 진흥함에 있어서 만화 및 만화상품에 대한 이용자의 불만과 피해에 대한 구제 등 이용자의 권익 보호를 위한 시책을 강구하여야 한다.

이 외에도 문화체육관광부장관은 만화법을 근거로 만화 관련 국제전시회 개최 및 참가 지원, 해외 마케팅 및 홍보활동 지원, 만화의 해외 현지화 지원 등 국산 만화의 해외 진출을 지원할 수 있다.

⑤ 건전한 산업 생태계 조성 및 유통 활성화

만화법은 건전한 만화산업 생태계 조성을 통해 만화의 관련 및 지원산업 발전을 유도하고 있다. 만화법은 만화사업자가 합리적 이유 없이 만화가에게 지적재산권의 일방적 양도를 요구하거나 불공정한 계약 강요를 통해 부당한 이득을 취해서는 안된다고 규정하고 있다. 공정한 시장질서를 위하여 정부는 표준계약서를 마련하여 사업자 및 관련 단체에게 권장하고 만화산업 지원에 있어 표준계약서를 사용하는 만화사업자 또는 단체를 우대할 수 있다.

그리고 문화체육관광부장관은 만화 또는 만화상품의 공동 연구개발을 촉진하기 위하여 인력·시설·기자재·자금 및 정보 등의 공동 활용을 지원할 수 있다. 아울러 국가와 지방자치단체는 만화산업단지를 조성하기 위하여 필요한 행정적, 재정적 지원을 할 수 있다.

이 외에도 문화체육관광부장관은 만화 및 만화상품의 유통 활성화 및 정보화를 지원할 수 있다. 이를 위해 정부는 만화 및 만화상품의 불법 유통 방지, 저작권 보호 등 지적재산권을 보호하는 다양한 지원을 할 수 있다.

⑥ 만화산업 실태조사 및 통계 관리

만화는 영화, 비디오물, 게임물, 음악, 출판 등 다른 장르와 달리 만화법에 의한 만화사업자의 등록이나 신고 등 별도의 진입규제가 없다. 즉 만화산업은 자유업종이다.

문화체육관광부장관은 만화산업진흥정책의 수립 및 집행을 위하여 만화산업 관련 통계를 작성·관리하고 실태조사를 실시한다. 만화산업 관련 실태조사 및 통계 자료는 만화사업자의 중장기 전략 수립에 도움을 줄 수 있다.

2) 만화산업 국가경쟁우위 지원 환경

<그림 3-7>에서 보듯이 만화법은 만화산업의 요소조건, 수요조건, 관련 및 지원산업, 기업전략·구조 및 경쟁 등 국가경쟁우위의 모든 결정요소에 대하여 긍정적 영향을 끼칠 수 있는 제도적 환경을 조성하고 있다.

특히 만화법은 음악산업 진흥에 관한 법률과 같이 외국과 공동제작 및 외국인 투자유치에 대한 지원 근거를 규정하고 있다. 그리고 만화법은 시행령에서 영화의 경우와 같이 국제 공동제작만화에 대한 한국만화 인정기준을 제시하고 있다. 만화법에는 만화의 해외 현지화를 지원

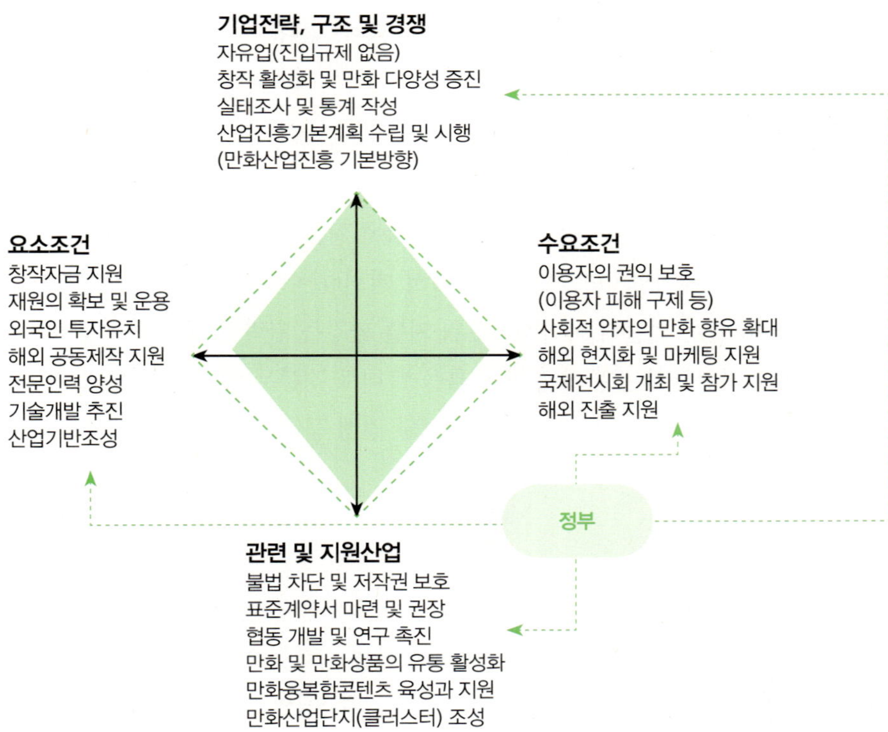

<그림 3-7> 만화 진흥에 관한 법률의 국가경쟁우위 지원 환경

하는 규정도 있다. 이와 같이 만화법은 산업의 국가경쟁우위 결정요소 중 국내외 요소조건 및 수요조건의 고도화를 지원하는 개방적 환경을 제공하고 있다. 물론 법률적 환경이 해외 요소조건 및 수요조건의 고도화를 지원한다 해도 실제 정책적으로 이를 뒷받침하는지는 별개의 문제이다. 이를 위해서는 정부예산 편성 및 재정 지원이 필요하기 때문이다. 이 부분은 문화산업의 국가경쟁우위 창출을 위한 정부예산 지원 부분에서 보다 상세히 다루고 있다.

만화산업은 진입규제가 없는 자유업종이므로 경쟁이 치열하다. 만화사업자는 정부에서 제공하는 만화산업통계를 경쟁전략 수립에 활용할 수 있다. 그리고 만화는 개인사업자들이 많은 점을 감안할 때 공공기관을 통해 저작권법 등 문화산업 관련 법률과 경쟁전략에 대한 교육 및 지원이 더욱 필요하다.

만화법은 만화 창작을 위한 자금의 융자, 전문인력 양성, 기술 개발, 외국인 투자유치 등을 지원하는 규정을 두고 있다. 이는 국내외 요소조건 고도화를 지원하는 환경이다. 그리고 만화법은 이용자 권익 보호, 사회적 약자의 만화 향유 증진, 만화의 현지화 및 해외 진출 지원 등을 통해 국내외 수요조건 고도화를 지원한다. 아울러 만화법은 표준계약서 제정 및 사용 권장, 불법 차단 및 저작권 보호, 만화 및 만화상품의 유통 활성화, 만화산업 클러스터 조성 등을 통해 만화의 관련 및 지원산업 발전을 촉진할 수 있다. 만화법은 만화산업에 대하여 자유업으로 규정하였기 때문에 경쟁의 제한이 없다. 그리고 정부는 만화산업 관련 중장기 정책 및 통계를 제시함으로써 만화 관련 기업의 전략 수립에도 영향을 줄 수 있다.

6 애니메이션산업 진흥에 관한 법률

'애니메이션산업 진흥에 관한 법률'은 2019년12월에 처음 제정된 신생 법률이다. 한국 애니메이션산업의 역사는 오래되었지만, 이를 장르로서 지원하는 법률은 다소 늦은 감이 있다. 애니메이션산업 진흥에 관한 법률의 국가경쟁우위 지원 환경을 간략히 요약하여 정리하면 <그림 3-8>과 같다. 애니메이션산업 진흥에 관한 법률을 토대로 정부는 애니메이션산업의 국내외 요소조건 및 수요조건, 관련 및 지원산업, 산업구조 및 경쟁 등 국가경쟁우위 결정요소에 대하여 다양한 영향을 끼칠 수 있다.

1) 목적 및 정의

애니메이션산업 진흥에 관한 법률은 애니메이션산업의 육성 및 지원에 필요한 사항을 규정하여 애니메이션산업 발전의 기반을 조성하고 경쟁력을 강화함으로써 국민의 문화적 삶의 질 향상과 국민경제의 발전에 이바지함을 목적으로 한다. 문화산업 관련 다른 장르의 지원 법률의 목적과 동일하다.

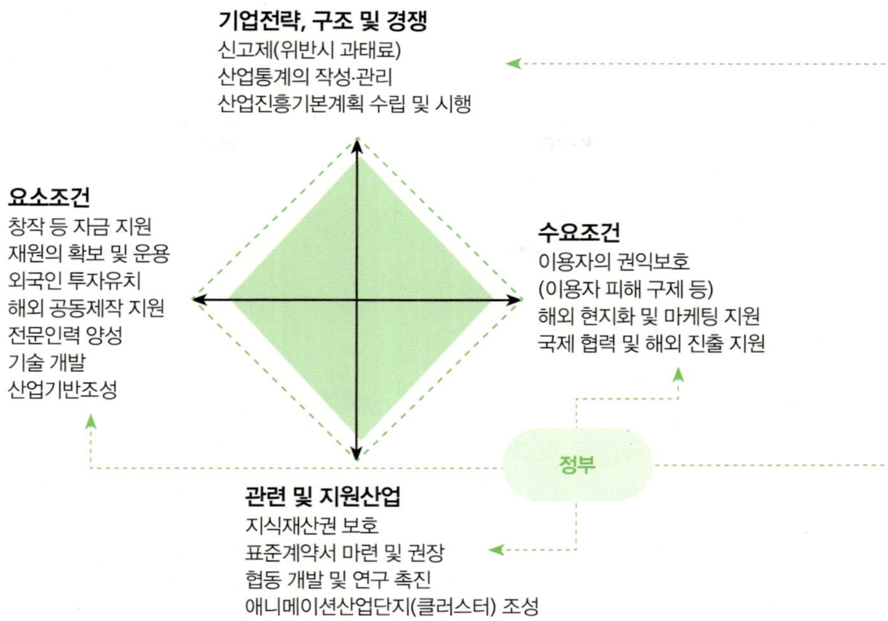

<그림 3-8> 애니메이션산업 진흥에 관한 법률의 국가경쟁우위에 대한 영향

애니메이션산업 진흥에 관한 법률에 의하면 애니메이션은 실물의 세계 또는 상상의 세계에 존재하는 스스로 움직이지 않는 피사체를 2D, 3D, CG, 스톱모션(Stop Motion) 등의 다양한 기법과 매체를 이용하여 가공함으로써 움직이는 이미지로 창출하는 영상을 말한다. 애니메이션산업은 애니메이션 및 애니메이션 상품의 창작, 기획, 제작, 활용, 유통, 배급, 수출, 수입 등과 이과 관련된 서비스를 하는 산업을 말한다. 애니메이션업자는 애니메이션 제작업자, 에니메이션 수출입업자, 애니메이션 배급업자로 구분하며, 애니메이션업자가 되려면 특별자치시장·특별자치도지사 또는 시장·군수·구청장에게 신고하여야 한다. 신고하지 않고 영업을 하는 자에 대하여는 1천만 원 이하의 과태료가 부과된다.

2) 요소조건 고도화

애니메이션산업 진흥에 관한 법률에 의거하여 정부는 애니메이션산업의 활성화를 위해 애니메이션업자 및 관련 단체 등에 대한 재정적 지원을 할 수 있다. 그리고 정부는 전문인력의 양성 및 기술 개발을 지원할 수 있다. 이 외에도 정부는 애니메이션의 국제 공동제작 및 외국인 투자유치를 지원할 수 있다. 이와 같은 지원은 애니메이션산업의 국내외 요소조건 고도화를 유도할 수 있다.

3) 수요조건 고도화

애니메이션산업 진흥에 관한 법률에 의하면 정부는 애니메이션산업 진흥을 위하여 이용자의 불만 및 피해에 대한 구제조치를 포함한 이용자의 권익 보호 시책을 마련해야 한다. 그리고 정부는 애니메이션의 해외시장 진출을 촉진하기 위하여 해외 마케팅 및 홍보활동 지원, 국제전시회 개최 및 참가, 해외에서의 현지화 지원 등을 지원할 수 있다. 이는 국내외 수요조건 고도화를 촉진할 수 있다.

4) 관련 및 지원산업 발전

애니메이션산업 진흥에 관한 법률은 공정한 산업 생태계 조성을 통한 애니메이션의 관련 및 지원산업의 발전을 유도하는 규정도 갖고 있다. 정부는 애니메이션 관련 지식재산권을 보호해야 한다. 애니메이션의 제작, 판매, 유통 등에 종사하는 자는 합리적 이유 없이 애니메이션에 관한 지식재산권의 일방적 양도 요구와 같은 불공정 계약을 강요하거나 부당한 이득을 취해서는 안된다. 정부는 이를 예방하기 위하여 표준계약서를 마련하여 사업자 및 사업자단체에 권장할 수 있다. 정부는 애니메이션 관련 협동 개발과 연구를 지원할 수 있다. 그리고 애니메이션산업의 기반 시설을 확충하거나 클러스터 조성을 지원할 수 있다.

5) 기업전략·구조 및 경쟁

애니메이션산업 진흥에 관한 법률의 진입규제방식은 신고제를 채택하고 있다. 만화와 같은 완전 자유 업종은 아니지만 신고제는 최소한의 규제이다. 정부는 애니메이션산업 관련 실태조사를 통해 산업통계를 지속적으로 제공한다. 그리고 애니메이션 진흥을 위한 정부의 기본계획 및 시행계획 수립은 애니메이션기업의 전략 수립에도 도움을 줄 수 있다.

애니메이션산업 진흥을 위한 기본계획은 i) 애니메이션산업 진흥의 기본방향, ii) 법령 및 제도의 개선, iii) 지식재산권 보호, iv) 전문인력 양성, v) 산업 기반 조성, vi) 기술 및 표준의 개발, vii) 국제 협력 및 해외시장 진출, vii) 재원의 확보 및 운용, ix) 산업 활성화를 위한 조사·연구 등을 포함하여야 한다. 이는 만화산업 진흥을 위한 기본계획과 거의 유사하다.

7 공예문화산업진흥법

김대중 정부에서는 공예문화산업을 문화산업의 한 장르에 포함하여 지원하였으나 노무현 정부부터 문화산업정책은 문화콘텐츠산업 중심으로 전환되었기 때문에 공예문화산업은 문화산업정책보다는 예술정책의 관점에서 접근하게 되었다. 현재도 문화체육관광부 내에서 공예문화산업진흥법의 소관 부서는 시각예술디자인과이다. 그러므로 문화체육관광부에서 발행하는 콘텐츠산업백서는 공예문화산업을 포함하지 않는다. 문화예술진흥법에 의하면 문화산업 장르 대부분은 예술에 포함된다. 그러나 어느 장르를 문화산업에 포함하고 어느 장르를 예술분야에 포함할지의 문제는 다분히 정책적 결정의 문제이다. 이하에서는 공예문화산업진흥법의 공예산업 국가경쟁우위 지원 환경 측면에서 간략히 검토한다.

1) 주요 내용

① 목적 및 정의

공예문화산업진흥법('15.5.18. 제정)은 공예산업의 지원 및 육성에 필요한 사항을 규정함으로써 공예문화산업 발전의 기반을 조성하고, 이를 통하여 국민의 문화적 삶과 국민경제에 이바지하는 것을 목적으로 한다. 동법에 의한 공예는 문화적 요소가 반영된 기법, 기술, 소재, 문양 등을 바탕으로 기능성과 장식성을 추구하여 수작업으로 물품을 만드는 일 또는 그 능력을 말한다. 공예품이란 공예의 결과물로서 실용적, 예술적 가치가 있는 물품을 말한다. 공예품은 전통적 기술, 기법이나 소재에 근거하여 제작한 전통 공예품과 현대적 소재나 기술, 기법을 활용한 현대 공예품을 모두 포함한다. 공예문화산업은 공예 또는 공예품의 개발, 창작, 제작, 유통, 전시, 소비, 활용 등과 이와 관련된 산업을 말한다.

② 산업진흥기본계획의 수립·시행 및 전담기관 지정

동법은 국가와 지방자치단체에게 공예문화산업의 진흥을 위하여 필요한 정책을 수립, 시행할 책무를 부여하고 있다. 특히 문화체육관광부장관은 5년마다 공예문화산업 진흥을 위하여 공예문화산업진흥기본계획을 수립, 시행해야 한다. 동 기본계획은 i) 공예문화산업 진흥을 위한 중장기 기본방향, ii) 제도 및 법령 개선, iii) 창업 및 제작 지원, iv) 품질 향상, v) 기술 개발 및 보급, vi) 공예품의 활용 촉진 및 유통 활성화, vii) 공예문화산업 활성화 기반 조성, viii) 전문인력 양성, ix) 국제 교류 및 해외 진출 등을 포함해야 한다. 그리고 문화체육관광부장관은 정책의 수립 및 시행을 위해 공예문화산업에 대한 정기적 실태조사를 실시해야 한다.

문화체육관광부장관은 공예문화산업의 진흥에 필요한 사업을 효율적으로 수행하기 위하여 공예문화산업 진흥을 전담하는 기관을 지정할 수 있다. 문화체육관광부는 한국공예·디자인문화진흥원을 공예문화산업 진흥을 위한 전담기관으로 지정하였다. 한국공예·디자인문화진흥원은 공예문화산업, 공공디자인, 전통생활문화, 한복 등의 확산과 진흥을 통하여 한국문화의 정체성을 확립 및 공예문화산업의 경쟁력 강화를 지원한다.[90]

③ 기술 개발 및 인력 양성 등 요소조건의 확충 지원

문화체육관광부장관은 공예문화상품의 품질 향상과 공예소재, 재료, 처리기법 등 공예품의

[90] www.kcdf.or.kr

제작 및 창작에 필요한 기술의 개발을 지원할 수 있다. 그리고 정부는 공예문화산업 관련 전문인력을 양성하기 위하여 연구소, 대학 또는 그 밖의 기관을 공예문화산업 전문인력 양성기관으로 지정하고 필요한 경비를 지원할 수 있다. 이 외에도 정부는 공예문화산업의 기반 시설 확충 및 투자촉진을 지원한다.

④ 국내외 수요 창출 지원

문화체육관광부장관은 우수 공예품을 지정할 수 있고 지정된 우수 공예품의 브랜드화 및 전시, 투자 알선 및 해외 진출 등을 지원할 수 있다. 이와 함께 문화체육관광부장관은 한국공예의 우수성 홍보 및 세계화를 위한 조사·연구, 공예 관련 전시회의 개최 및 참가 지원을 통해 공예문화산업의 국제 교류 및 해외 진출을 지원한다.

⑤ 공예문화산업의 융합 및 연계를 통한 관련 및 지원산업 발전

문화체육관광부장관은 공예문화산업이 현대적 디자인, 전통문양 등 다양한 문화콘텐츠와의 융합 또는 연계를 통하여 발전할 수 있도록 관련 정책에 반영해야 한다. 정부는 지역 특화 공예품의 생산 및 개발에 필요한 지원을 할 수 있다. 그리고 공예문화산업 관련 전문 판매점의 설치·운영, 지역축제 및 관광자원과 연계한 판매, 수출 촉진 등을 지원할 수 있다. 이 외에도 정부는 공예문화산업의 유통구조 현대화를 추진하고, 공예와 관련된 협동조합의 공동구매 및 판매사업을 지원할 수 있다. 협동조합에 의한 공동구매 및 판매사업 지원은 타 문화산업 장르의 진흥법에는 없는 차별적 규정이다.

⑥ 창업 지원 및 공예문화산업 실태조사 분석보고서 발간

문화체육관광부장관은 공예기술 및 소재를 개발하기 위한 창업이나 공예품의 개발·제작·유통·수출 관련 창업을 촉진하고 창업자의 성장·발전을 위하여 필요한 지원을 할 수 있다. 문화체육관광부장관은 공예문화산업진흥정책의 수립을 위하여 공예문화산업에 대한 실태조사를 실시하고 그에 관한 분석보고서를 발간한다.

2) 공예문화산업 국가경쟁우위 지원 환경

공예문화산업진흥법의 국가경쟁우위 지원 환경은 <그림 3-9>와 같다. 공예문화산업진흥법은 인력 양성, 기술 개발, 제작 자금 지원, 산업 기반 조성 등 국가경쟁우위 창출을 위한 요소조건의 고도화를 지원하고 있다.

정부는 우수 공예품을 지정하고 우수 공예품이라는 표시를 붙이게 함으로써 브랜드 이미지 구축을 지원할 수 있다. 그리고 우수 공예품의 국내외 전시회 참가 및 판매를 지원할 수 있다. 이는 국내외 수요조건 고도화를 지원할 수 있다.

한편 문화체육관광부장관은 전통 문양과 현대적 디자인의 융합 또는 연계를 통한 상호 발전

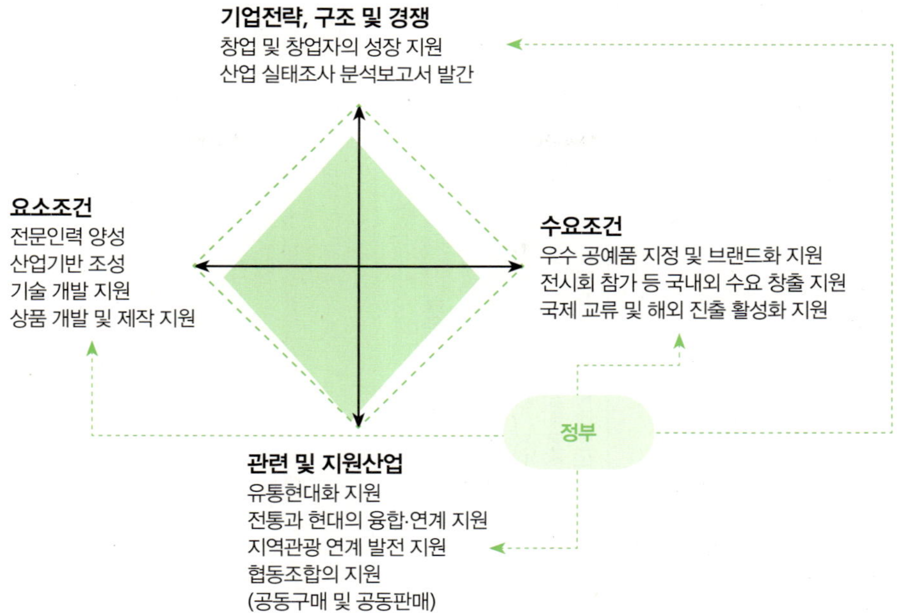

<그림 3-9> 공예문화산업진흥법의 국가경쟁우위 지원 환경

을 지원해야 하며, 지방자치단체와 함께 지역 특화 공예문화산업이 지역의 문화관광·교육·체험사업과 연계하여 발전할 수 있도록 노력해야 한다. 아울러 공예문화산업의 유통구조 현대화를 추진해야 한다. 이는 공예문화산업의 관련 및 지원산업 발전 환경을 조성한다.

공예는 자유업으로서 진입장벽이 없다. 정부는 공예 관련 창업과 창업자의 성장 및 발전을 지원할 수 있다. 그러므로 공예문화산업은 경쟁이 매우 치열하다. 정부는 공예문화산업 실태조사를 실시하여 분석보고서를 발간함으로써 공예문화산업체의 전략을 지원할 수 있다.

8 문화산업 관련 다양한 법률의 국가경쟁우위 창출 지원체계

제3장에서 살펴본 문화산업 관련 다양한 법률은 문화산업 전 분야에 적용될 수 있는 기본법적 법률과, 여러 장르 또는 특정 장르를 기능적으로 지원하는 기능적 법률, 그리고 특정 장르를 전반적으로 지원하는 장르별 법률로 분류할 수 있다.

장르별 지원 법률이 있다 해도 기능적 지원 법률 및 기본법적 법률도 상호 보완적으로 작용한다. <그림 3-10>에서 보듯이 문화산업 관련 제 법률은 통합적으로 문화산업의 국가경쟁우위 창출에 기여한다. 장르별 지원 법률과 기본법적 법률은 국가경쟁우위 결정요소 전반에 영향을 미치지만 기능적 지원 법률은 수요조건, 관련 및 지원산업, 요소조건 등에 대하여 기능적 차원에서 제한적으로 영향을 준다.

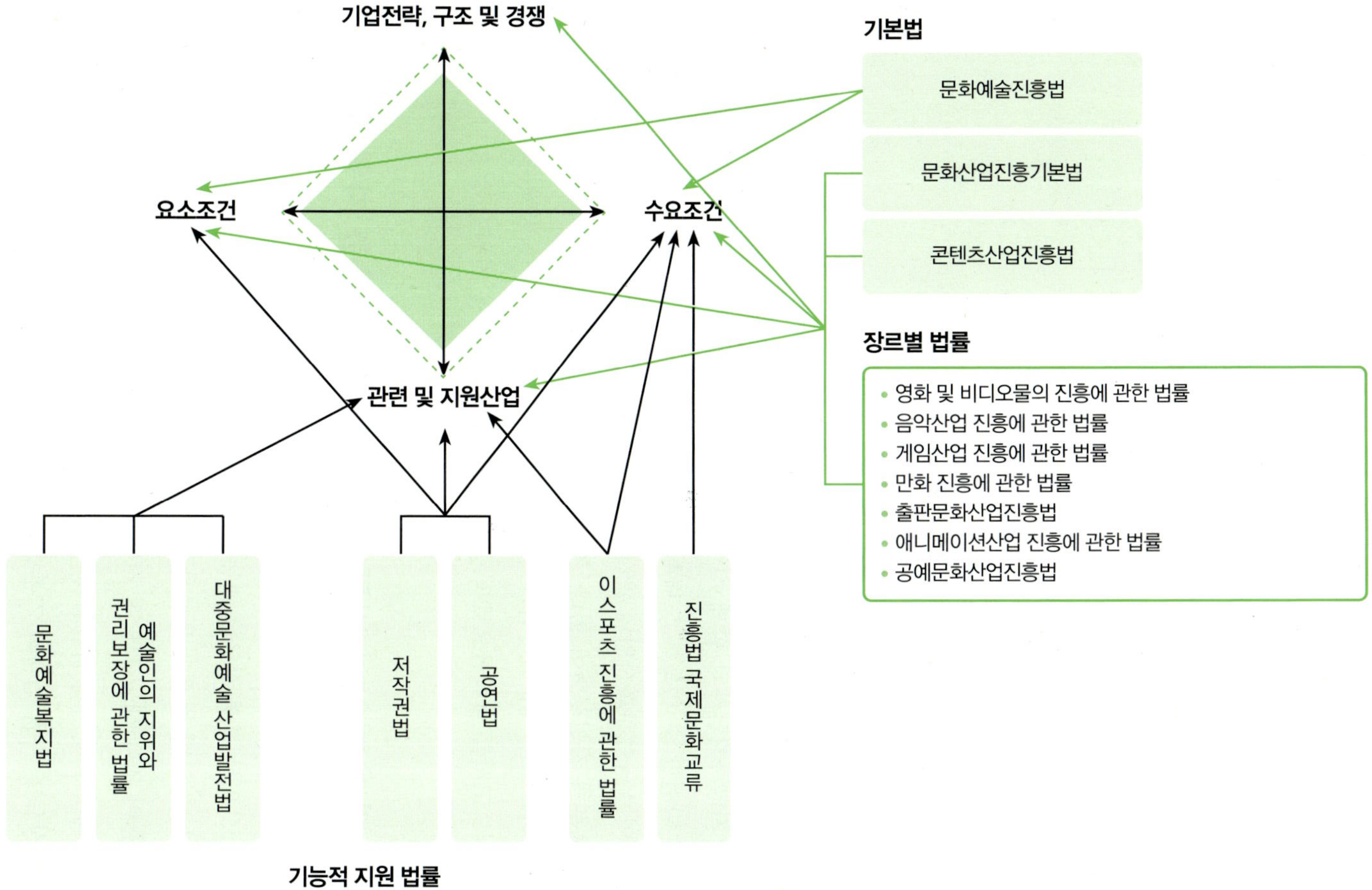

<그림 3-10> 문화산업 관련 제 법률의 문화산업 국가경쟁우위 지원 환경

앞에서 살펴본 바와 같이 장르별 지원 법률은 비슷한 체계와 유사한 내용을 규율하고 있지만 각각의 산업적 특성이 다르기 때문에 세부적 내용은 차이가 있다. 가령 음악산업 진흥에 관한 법률과 만화 진흥에 관한 법률은 타 장르에 비하여 상대적으로 외국에 대하여 개방적인 규정을 가지고 있다. 영화 및 비디오물의 진흥에 관한 법률은 스크린쿼터라는 국산 영화 보호장치를 유지하고 있다. 게임산업 진흥에 관한 법률은 게임의 이용자 보호를 위하여 수요측면의 규제가 많이 존재한다.

<그림 3-10>은 문화산업 관련 제 법률이 함께 만들어내는 문화산업의 국가경쟁우위 지원 환경을 종합적으로 보여준다. 이는 제3장에서 분석한 문화산업 관련 제 법률의 국가경쟁우위 결정요소에 대한 영향을 하나의 그림으로 통합한 것이다. 문화산업의 국가경쟁우위 창출을 위한 법률적 지원 환경을 갖추었다고 해도 문화산업의 국가경쟁우위가 자동적으로 창출되는 것은 아니다. 이는 단지 제도적 환경일 뿐이다. 문화산업 관련 법률이 규정하고 있는 다양한 정책을 정부가 실제로 수립하고 집행하는 과정에서 정부가 문화산업의 국가경쟁우위 창출에 영향을 끼치게 된다. 그러므로 정책을 수립하고 집행하는 정부의 조직과 기능, 그리고 정책의 실행을 위한 정부예산을 함께 분석해야 문화산업의 국가경쟁우위 창출에 실질적으로 기여하는 정부의 역할을 온전히 분석할 수 있게 된다.

한국의 문화산업정책: 지속적 국가경쟁우위 창출 전략

제 4 장

문화산업의 국가경쟁우위 창출을 위한 정부지원체계

목차

제1절 문화산업 진흥을 위한 정부지원체계

문화산업진흥기본법의 목적은 문화산업의 지원 및 육성에 필요한 사항을 정하여 문화산업 발전의 기반을 조성하고 경쟁력을 강화함으로써 국민의 문화적 삶의 질 향상과 국민경제의 발전에 이바지하는 것이다. 문화산업진흥기본법은 제정 목적을 달성하기 위해 문화체육관광부장관에게 다양한 책무를 부여하고 있다. 문화산업정책을 효과적으로 추진할 정부조직이 없으면 문화산업 진흥을 위한 법률은 제정 목적을 달성할 수 없다.

문화산업진흥기본법을 포함한 다양한 문화산업 관련 법률은 문화체육관광부장관, 지방자치단체장, 한국콘텐츠진흥원, 영화진흥위원회, 한국출판문화산업진흥원, 영상물등급위원회, 게임물관리위원회, 저작권위원회 등에게 문화산업 진흥 정책을 수립 및 집행 관련 업무를 위임하고 있다. 이를 감안하면 문화산업 진흥을 위한 정부지원체계는 중앙행정기관인 문화체육관광부와 문화체육관광부를 지원하는 다양한 공공기관을 포함하여 이해해야 한다. 정부조직 및 공공기관은 문화산업 진흥을 위한 정책의 수립 및 집행의 주체가 된다. 문화체육관광부는 문화산업정책을 수립하는 주체이지만 산업현장에서는 공공기관이 문화체육관광부의 위탁을 받아 주요 사업을 집행하는 위치에 있다.

한국에서 정부조직은 정부조직법에 의하여 설치된다. 정부조직법은 법률이므로 정부조직을 변경하려면 정부조직법이 개정되어야 가능하다. 정부조직법에서 말하는 정부조직은 부·처·청 단위의 중앙행정기관의 정부조직을 의미한다. 문화산업에 대한 정부지원체계를 분석하는데 있어 문화부나 공보처와 같은 부·처 단위의 정부조직을 설치하는 정부조직법에 대한 이해도 중요하지만, 부·처 내 실·국 또는 과 단위 실무조직의 명칭과 직무범위를 규정하는 직제 시행령 또는 시행규칙에 대한 이해가 훨씬 더 중요하다. 해당 부·처의 직무범위를 실질적으로 규정하는 것은 정부조직법이 아니라 직제 시행령 또는 직제 시행규칙이기 때문이다. 직제 시행령 및 시행규칙의 제정 또는 개정은 통상적으로 정부조직 주무 부처인 행정안전부와 예산 주무 부처인 기획재정부 그리고 관련 업무를 수행하는 타 부처와의 협의 과정을 반드시 거쳐야 하기 때문에 그렇게 쉬운 일은 아니다.

제1절에서는 문화산업 육성을 지원하는 정부조직체계를 설명한다. 대한민국 정부 수립 후 문화산업 관련 정부조직은 문교부, 문화공보부, 문화부 및 공보처, 문화체육부 및 공보처, 문화관광부, 문화체육관광부 등으로 진화하며 발전하였다. 여기서는 문화체육관광부 설립 이후부터

문화산업정책 관련 정부조직의 발전 과정을 살펴본다.

제2절에서는 문화산업 육성을 위한 공공기관지원체계를 살펴본다. 문화산업 분야에는 다양한 공공기관이 설립되어 있다. 이들 기관은 문화산업의 장르별 육성을 지원하기도 하고 저작권 보호 및 공정한 산업 생태계 조성 등을 통해 문화산업을 기능적으로 지원하기도 한다.

1 문화체육관광부의 문화산업 관련 정부조직

1) 이명박 정부 문화체육관광부의 문화산업 관련 정부조직

이명박 정부는 노무현 정부의 문화관광부를 문화체육관광부로 변경하고 정보통신부를 폐지하여 대부분의 업무를 지식경제부로 이관하고, 문화관광부와 중복 논란이 있었던 디지털콘텐츠 관련 업무는 문화체육관광부로 이관하였다.

이명박 정부의 문화산업 관련 정부조직 편성의 가장 큰 특징은 저작권 업무를 국 단위로 확대한 것이다. 그 결과 문화산업 관련 국 단위 조직이 3개가 되었으므로 이를 효율적으로 통합, 조정하기 위해 문화콘텐츠산업실장 직위를 만들었다. 이명박 정부 출범 후 제정된(2008.3.6) 문화체육관광부직제 시행규칙은 문화산업이라는 명칭 대신 문화콘텐츠라는 명칭을 사용하였다. 문화산업이 문화콘텐츠산업을 포괄하는 더 큰 개념이다. 그러나 디지털 문화콘텐츠가 활성화되면서 정책의 중심도 콘텐츠산업 중심으로 바뀌었고 조직명칭도 이를 반영하여 콘텐츠라는 용어를 사용하였다.

<그림 4-1>에서 보듯이 이명박 정부 출범 후 제정된 문화체육관광부직제에 의하면 콘텐츠정책관 소속으로 문화산업정책과, 영상산업과, 게임산업과, 콘텐츠기술인력과[91], 콘텐츠진흥과[92], 전략소프트웨어과[93]를 배치하였다. 정보통신부에서 이관된 온라인 디지털콘텐츠 관련 업무는 전략소프트웨어과 소관이 되었다. 저작권정책관은 2개 과로 시작하였으나 2008년 8월 저작권보호팀을 추가로 신설하였다. 이는 2009년 5월에 저작권보호과가 되었다.

이명박 정부의 문화산업 관련 직제에서 살펴볼 수 있는 정책기능의 변화는 <표 4-1>에 요약, 정리되어 있다. 정보통신부에서 이관된 온라인 디지털콘텐츠 관련 업무는 이전 정부에서 문화관광부와 정보통신부 간 중복성 논란이 있었던 업무이다. 이명박 정부 출범 후 이는 문화

[91] 콘텐츠기술인력과는 콘텐츠기술 개발 및 육성, 멀티미디어콘텐츠 및 디지털콘텐츠, 첨단문화콘텐츠 등의 진흥 업무와 콘텐츠산업 인력 양성 종합계획 담당

[92] 콘텐츠진흥과는 캐릭터·만화·애니메이션·음악 산업 등의 진흥 담당

[93] 전략소프트웨어과는 정보통신을 이용한 멀티미디어 활용 확산, 정보제공업, 데이터베이스산업, 온라인 디지털콘텐츠산업 등의 진흥 담당

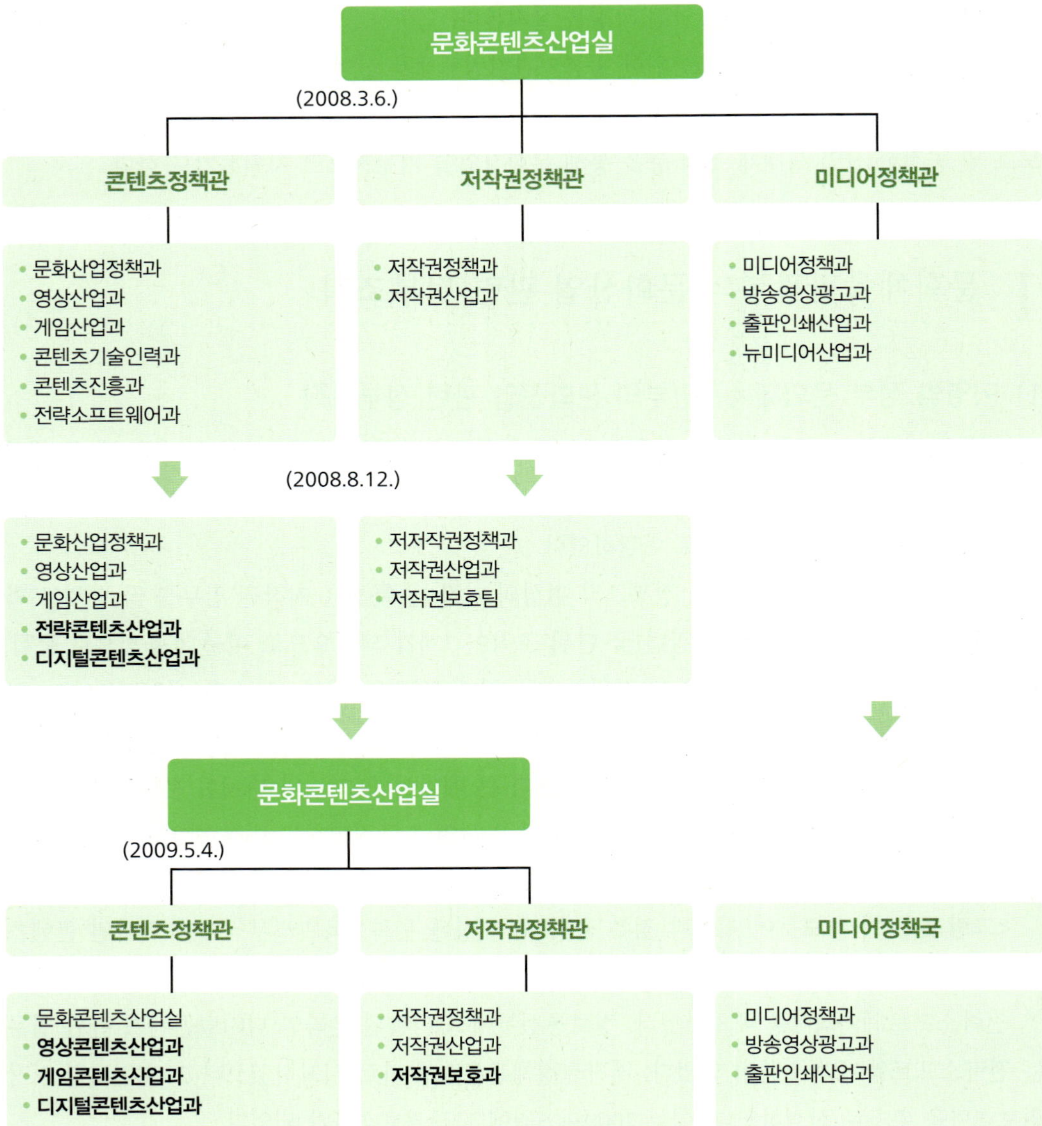

<그림 4-1> 이명박 정부 문화체육관광부의 문화산업 관련 정부조직의 변화

체육관광부로 일원화되었다.

이명박 정부 문화체육관광부는 정보통신부에서 이관된 업무를 전략소프트웨어과에 우선 배치하였다가 기존의 문화체육관광부 업무와 혼합하여 재 배치하였다. 이는 정보통신부에서 이관된 업무와 기존 문화체육관광부의 유사 업무 간 중복성을 없애고 합리적으로 조정한 것이다. 이 과정에서 콘텐츠기술인력과와 전략소프트웨어과를 폐지하고 그 대신 전략콘텐츠산업과와

<표 4-1> 이명박 정부 문화산업 관련 직제규정의 주요 변화

문화체육관광부 직제 시행규칙 ('08.3.3. 주요 변동사항)	문화체육관광부 직제 시행규칙 ('08.8.12. 주요 변동사항)	문화체육관광부 직제 시행규칙 ('09.5.4. 주요 변동사항)
영상산업과 1. 비디오물·온라인 디지털영화 등 부가시장의 건전한 육성에 관한 사항 **콘텐츠기술인력과** 1. 문화기술인력과의 업무 중 문화기술을 콘텐츠기술로 변경(용어 변경) **전략소프트웨어과** (정보통신부에서 이관) 1. 정보통신을 이용한 멀티미디어 활용 확산 시책의 개발 2. 정보제공산업·멀티미디어콘텐츠산업 및 인터넷 관련 산업의 육성·지원 3. 데이터베이스산업 육성·지원 4. 온라인 디지털콘텐츠산업의 육성 5. 온라인 디지털콘텐츠산업 발전정책 종합계획 수립 및 집행 6. 온라인 디지털콘텐츠 전문인력 양성 7. 온라인 디지털콘텐츠 기술 개발·표준화 8. 온라인 디지털콘텐츠산업 기반 조성 9. 온라인 디지털콘텐츠 유통 촉진을 위한 거래인증 및 품질인증 정책 수립 10. 온라인 디지털콘텐츠 국제 협력 및 해외시장 진출 촉진 11. 온라인 디지털콘텐츠 이용자 보호 12. 온라인 디지털콘텐츠 관련 법령 정비 13. 우수 디지털콘텐츠 발굴 및 시상 14. 모바일 콘텐츠산업 활성화 15. 디지털콘텐츠 공통서비스 활성화 **저작권정책과** 1. 저작권위원회, 컴퓨터프로그램보호위 원회 관련 업무 **저작권산업과** 1. 저작물거래 활성화 및 식별체계 관련	**전략콘텐츠산업과** 1. 직전의 콘텐츠진흥과의 캐릭터, 만화, 애니메이션, 음악산업 진흥 업무 외에 엔터테인먼트산업 진흥 업무 추가 2. 직전의 콘텐츠기술인력과의 인력 양성 업무가 이관됨 * 대중문화예술, 패션산업의 진흥 업무 직제에 추가('08.12.31.) **디지털콘텐츠산업과** 1. 콘텐츠기술인력과의 인력 양성을 제외한 업무와 전략소프트웨어과의 온라인 디지털콘텐츠 진흥 업무를 통합하여 신설 **저작권 보호팀(신설)** 1. 저작권 보호 종합계획 수립·시행 2. 불법저작물 단속 3. 저작권 특별사법경찰권 수행 4. 불법저작물 수거·폐기, 삭제·중단명령 및 과태료 부과 등 5. 저작권 보호 및 불법복제 방지기술 관련 6. 건전한 저작물 이용 환경 조성을 통한 이용자 보호 등	**문화산업정책과** 1. 문화산업 전문인력 양성 종합계획 수립 2. 문화산업 분야 일자리 창출 3. 금융·세제를 통한 문화산업 투자 활성화 4. 문화산업 해외 진출 및 국제 교류 총괄 **영상콘텐츠산업과** 1. 영상산업과와 전략콘텐츠산업과의 통합. 다만 전략콘텐츠산업과의 캐릭터, 만화 업무는 게임콘텐츠산업과로 통합 **게임콘텐츠산업과** 1. 게임물, 게임산업, 캐릭터, 만화산업의 진흥 종합계획 수립 및 시행 2. 게임 이용자의 권익 보호 3. 게임물을 이용하는 경기를 이스포츠 용어로 변경 4. 게임이용 교육 및 과몰입 예방 등 역기능 대처(게임의 사회적 병리현상의 역기능 대처에서 표현의 순화) 5. 게임 관련 기술 개발 및 표준화 **디지털콘텐츠산업과** 1. 온라인 기반의 콘텐츠 유통질서 확립 2. 미디어아트 등 뉴미디어 응용 창작 활동 발굴 및 지원 **저작권산업과** 1. 온라인 디지털콘텐츠 식별체계 관련 기술의 개발 및 권장 **저작권보호과** (저작권보호팀의 승격)

디지털콘텐츠산업과를 신설하여 업무를 배치하였다. 디지털콘텐츠산업과[94]는 온라인 콘텐츠의 표준화 및 기술 개발 업무를 담당하였다. 전략콘텐츠산업과는 캐릭터, 만화, 애니메이션, 음

[94] 디지털콘텐츠산업과는 콘텐츠기술 개발 및 육성, 디지털 문화콘텐츠 및 첨단 문화콘텐츠 활용 확산, 기타 정보제공산업, 데이터베이스산업, 온라인 디지털콘텐츠산업 진흥 담당

악, 엔터테인먼트산업 등의 문화산업 장르를 육성하는 업무를 담당하였다. 그러나 2009년에 개정된 직제는 전략콘텐츠산업과를 폐지하고 소관 업무는 게임산업과와 영상산업과로 이관하고 각각 게임콘텐츠산업과, 영상콘텐츠산업과로 변경하였다. 이후 이명박 정부 기간동안 문화산업 관련 조직구조는 거의 변하지 않고 유지되었다.

이명박 정부의 문화산업 관련 직제에 새로 추가된 직무는 다음과 같다. 문화산업정책과는 문화산업 분야 일자리 창출, 금융·세제 지원을 통한 문화산업 투자 활성화 업무를 추가하였다. 문화산업은 기업의 영세성으로 인해 완성을 보증할 수 없기 때문에 투자유치가 어렵고, 담보를 제공할 수 없어 융자도 받기 어려운 상황이었다. 이에 대한 정책적 해결방안을 강구하는 업무가 문화산업정책과에 추가된 것이다.

그리고 영상콘텐츠산업과는 영화 및 비디오물의 온라인 채널 이용 증가에 맞추어 부가시장의 건전한 육성 업무를 추가하였다. 미디어기술의 발전을 영상물 제작자의 수익 증대 기회로 적극 활용하기 위함이다.

디지털콘텐츠산업과는 미디어아트와 같은 뉴미디어 기술을 활용한 창작 지원 업무를 추가하였다. 한편 전략콘텐츠산업과는 엔터테인먼트, 대중문화예술, 패션 산업에 대한 지원 기능을 직제에 추가함으로써 정책의 범위를 넓혔다. 전략콘텐츠산업과에서 담당했던 캐릭터와 만화 업무는 게임콘텐츠산업과로 통합되었다. 게임콘텐츠산업과는 게임 이용자의 권익 보호 및 게임기술의 표준화 업무를 추가하였다. 그리고 게임의 과몰입 예방 등 역기능 대처와 이용자 교육 등 게임 이용자 보호 업무도 추가하였다.

노무현 정부의 문화산업진흥단에 포함되어 있던 저작권정책팀과 저작권산업팀은 팀 명칭이 과로 바뀌면서 국장급의 저작권정책관 소속으로 편성되었다. 그리고 2008년에는 저작권 상설단속을 강화하기 위하여 과보다 작은 팀 단위 조직으로 저작권 보호팀를 추가하였다. 이는 2009년에 저작권보호과로 변경되었다. 저작권 보호팀(과)은 저작권 특별사법경찰권한을 부여받아 불법복제물에 대한 보다 효과적 단속활동을 전개하기 시작하였다.

한편 정보통신부 소관이었던 컴퓨터프로그램보호위원회[95] 관련 업무는 저작권위원회 관련 업무와 함께 저작권정책과의 업무에 포함되었고, 두 기관은 2009년 7월에 한국저작권위원회로 통합되었다. 저작권산업과는 저작물 거래 활성화 및 식별체계 관련 업무를 공식적으로 추가하였다. 온라인 콘텐츠의 식별체계 문제는 정보통신부와 문화관광부 간 중복성 논란이 대두되었던 사안이다. 문화관광부의 식별체계는 저작권 권리정보를 담고 있었다. 저작물의 온라인 거래 활성화를 위해서는 저작권 권리정보가 담긴 디지털 식별체계의 개발 및 보급이 중요하다. 디지털콘텐츠 식별체계 관련 업무는 이명박 정부 출범 후 문화체육관광부로 일원화되면서 중복성 논란에 종지부를 찍었다.

[95] 프로그램심의회로 설립되어('87.12.) 컴퓨터프로그램보호위원회로 명칭이 변경됨('07.4.)

문화미디어진흥단은 소속 과의 변동없이 미디어정책관으로 변경되었다. 문화콘텐츠산업실은 정보통신부에서 이관되는 업무까지 포함하여 3개의 국 단위 조직을 운영하게 되어 문화체육관광부내 실·국 중 가장 규모가 큰 조직이 되었다. 이에 2009년 직제 개편에서는 문화콘텐츠산업실의 미디어정책관은 미디어정책국으로 분리하여 독립적으로 운영하였다.

2) 박근혜 정부 문화체육관광부의 문화산업 관련 정부조직

2013년 2월에 출범한 박근혜 정부는 4대 국정기조로 경제부흥, 국민행복, 문화융성, 평화통일 기반 구축을 설정하였다. 김대중 정부에 이어 국정기조 내지 국정지표에 문화가 다시 포함되었다. 박근혜 정부 출범 후 정부조직 개편으로 미래창조과학부가 신설되었다. 미래창조과학부는 과학기술부와 과거의 정보통신부 업무를 담당하는 부처이다. 이명박 정부 출범과 함께 문화체육관광부로 이관되었던 디지털콘텐츠 업무 중 대부분은 미래창조과학부로 이관되었다. 이로 인해 <그림 4-2>에서 보듯이 디지털콘텐츠산업과는 폐지되고 대신 대중문화산업과가 신설

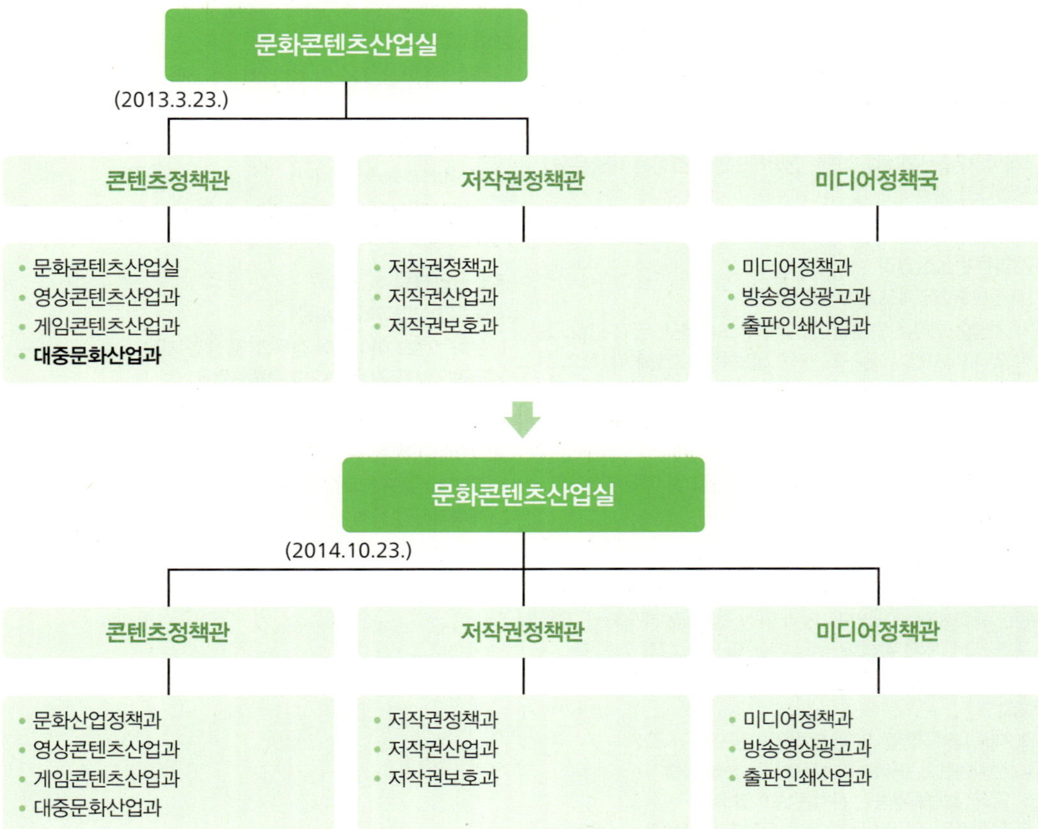

<그림 4-2> 박근혜 정부 문화체육관광부의 문화산업 관련 정부조직의 변화

되었다.

박근혜 정부 초기에는 미디어정책국이 독립된 국으로 운영되었지만 2014년 직제가 개정되어 문화콘텐츠산업실의 미디어정책관으로 다시 편입되었다. 그 결과 문화산업 관련 콘텐츠, 저작권, 미디어의 3개 분야가 모두 문화콘텐츠산업실장의 지휘를 받는 체계가 되었다.

2013년 박근혜 정부 출범 후 문화체육관광부는 직제를 개정하였으나 저작권 분야와 미디어 분야는 큰 변화가 없었고 콘텐츠 분야 직무에는 다소의 변화가 있었다. <표 4-2>에서 보듯이 개정된 직제는 콘텐츠정책관 소속으로 문화산업정책과, 영상콘텐츠산업과, 게임콘텐츠산업과,

<표 4-2> 박근혜 정부 문화체육관광부의 문화산업 관련 직제규정의 변화

직제 시행규칙의 주요 변화('13.3.23.)	직제 시행규칙의 주요 변화('14.10.23)
문화산업정책과(이전 콘텐츠기술인력과 업무 이관) 1. 문화기술 연구개발, 표준화, 이전 및 사업화 업무 총괄, 2. 콘텐츠 유통 합리화, 이용자 보호 및 분쟁 조정에 관한 사항 3. 문화기술 관련 대학원의 설립 및 특성화 대학의 육성 **영상콘텐츠산업과** (대중문화산업과로 일부 업무 이관) 1. 영화·비디오물·애니메이션·캐릭터 장르 관련 종합계획, 조사연구, 인력 양성, 제작·배급·상영 활동 지원 *음악, 대중문화예술, 패션, 엔터테인먼트 분야는 대중문화산업과로 이관 2. 입체·실감형 영상 등 융합형 문화콘텐츠산업 육성 **게임콘텐츠산업과** (대중문화산업과로 일부 업무 이관) 1. 게임물·게임산업 관련 종합계획, 조사연구, 인력 양성, 창작 및 제작지원, 유통구조 개선, 정보화, 투자활성화, 해외 진출 등 지원 등 게임 관련 업무에 집중 *캐릭터는 영상콘텐츠산업과로 만화는 대중문화산업과로 이관 2.디지털, 모바일, 스마트 문화콘텐츠산업 및 에듀테인먼트 산업 활성화에 관한 사항 **대중문화산업과** 1. 음악·만화·대중문화예술·패션·엔터테인먼트산업 진흥에 관한 종합계획, 조사연구, 인력 양성, 창작 및 제작지원, 유통구조 개선, 투자 활성화, 해외 진출 및 국제 교류 지원 등 2. 대중문화예술인에 대한 지원, 처우개선 및 사회적 위상 제고 3. 대중음악공연장 및 패션박물관 등 인프라 조성 4. 문화콘텐츠 아이디어 상용화 및 창업 지원 5. 공공정보를 활용한 문화콘텐츠 발굴 6. 문화콘텐츠 원천 소재 개발과 이야기 창작 및 사업화 지원	**미디어정책관을 문화콘텐츠산업실로 편입** 1. 미디어정책과 2. 방송영상광고과 3. 출판인쇄사업과 ('15.7.20) **문화산업정책과** 1. 문화콘텐츠의 선순환 창업 생태계 구축과 융·복합 콘텐츠 육성 **대중문화산업과** (문화산업정책과에서 이관) 1. 문화산업 관련 남북교류, 해외 진출, 국제 교류 관련 사항 ('16.2.29.) **문화산업정책과** (대중문화산업과에서 이관) 1. 문화콘텐츠 아이디어 상용화 및 창업 지원 2. 공공정보를 활용한 문화콘텐츠 발굴 **대중문화산업과** (문화산업정책과, 영상콘텐츠산업과에서 이관) 1. 콘텐츠유통 합리화, 이용자 보호 및 분쟁 조정 업무 2. 캐릭터산업 육성

대중문화산업과를 배치하였다. 문화산업정책과는 문화기술 개발 및 인력 양성, 콘텐츠이용자 보호 및 분쟁 조정 등을 담당하였다. 영상콘텐츠산업과는 영화·비디오물·애니메이션·캐릭터산업 장르와 입체·실감형 영상과 같은 융합형 문화콘텐츠 육성 업무를 담당하였다. 게임콘텐츠산업과는 고유업무인 게임산업 육성 외에 에듀테인먼트산업 및 디지털·모바일·스마트콘텐츠산업 활성화 업무를 추가하였다. 신설된 대중문화산업과는 음악, 만화, 대중문화예술, 패션, 엔터테인먼트산업 관련 업무를 담당하였다. 이 외에도 대중문화산업과는 문화콘텐츠 원천 소재 개발 및 이야기 창작·사업화 지원 업무와 대중문화예술인의 처우 개선 및 사회적 위상 제고 업무를 추가하였다.

박근혜 정부 시기에는 4차 산업혁명 시대의 사물인터넷 및 초연결 사회를 맞이하여 문화콘텐츠의 융복합 현상 및 인공지능이 부각되기 시작하였다. 소프트웨어, 하드웨어, 데이터, 콘텐츠 등과 같은 요소들이 유기적으로 연결되어 구현해내는 가상현실, 증강현실, 확장현실 관련 산업이 콘텐츠산업과 동반 발전하였다. 이에 2015년의 직제 개정 시에는 문화콘텐츠의 선순환 창업 생태계 구축과 융·복합 콘텐츠 육성 관련 업무를 추가하였다. 그리고 문화산업정책과에서 담당하던 해외 진출 및 국제 교류 총괄 조정 업무가 대중문화산업과로 이관되었다. 이후 2016년의 직제 개정은 <표 4-2>에서 보듯이 새로운 직무의 추가보다는 기존 업무의 과별 재배치가 중심이다.

3) 문재인 정부의 문화산업 관련 정부조직의 변화

문재인 정부 문화체육관광부는 직제 개정(2017.9.4.) 시 문화콘텐츠산업실장 직위를 폐지하고, 문화산업 관련 3개 분야인 콘텐츠, 저작권, 미디어 분야를 각각 별개의 국 단위 조직으로 운영하였다.

콘텐츠정책국의 직무는 큰 변화가 없다. 그러나 저작권국에는 문화체육관광 관련 통상정책을 총괄·조정하는 문화통상협력과가 신설되었고 미디어정책국의 출판인쇄산업과는 인문정신문화과로부터 독서진흥업무를 이관받고 출판인쇄독서진흥과로 개편되었다.

한편 2020년에는 <그림 4-3>에서 보듯이 콘텐츠정책국에 한류지원협력과가 신설되었다. 한류지원협력과는 한류 관련 종합계획의 수립 및 조정, 한류 지속을 위한 쌍방향 문화 교류 등의 업무를 담당하였다.

문재인 정부에서는 문화산업 육성을 위한 장르별, 기능별 지원 조직이 보다 체계화되었다. 영상콘텐츠산업과는 영화, 비디오물, 애니메이션, 캐릭터 장르의 가치사슬 전반에 대한 정책적 지원 기능을 수행하였다. 게임콘텐츠산업과는 게임의 창작, 제작, 배급, 유통구조 개선, 건전 게임문화 진흥, 해외 진출, 투자 활성화, 인력 양성 등 게임산업에 대한 전반적 지원 기능을 수행하였다. 대중문화산업과는 음악, 만화, 패션, 엔터테인먼트산업 등의 장르의 가치사슬 전 분야

문화체육관광부 (2017.9.4.)

콘텐츠정책국	저작권국	미디어정책국
• 문화산업정책과 • 영상콘텐츠산업과 • 게임콘텐츠산업과 • 대중문화산업과	• 저작권정책과 • 저작권산업과 • 저작권보호과 • **문화통상협력과**	• 미디어정책과 • 방송영상광고과 • **출판인쇄독서진흥과**

문화체육관광부 (2020.6.9.)

콘텐츠정책국	저작권국	미디어정책국
• 문화산업정책과 • 영상콘텐츠산업과 • 게임콘텐츠산업과 • 대중문화산업과 • **한류지원협력과**	• 저작권정책과 • 저작권산업과 • 저작권보호과 • 문화통상협력과	• 미디어정책과 • 방송영상광고과 • 출판인쇄독서진흥과

<그림 4-3> 문재인 정부 문화체육관광부의 문화산업 관련 조직의 변화

를 지원하였다. 한편 문화산업정책과는 문화산업 진흥을 위한 종합계획의 수립 및 조정, 문화산업 진흥을 위한 재원 조성 및 운용, 인력 양성, 기술 개발, 투자 활성화를 위한 금융 및 세제

<표 4-3> 문재인 정부 문화체육관광부의 문화산업 관련 주요 직제의 변화

문화체육관광부 직제 시행규칙(2017.9.4.)	문화체육관광부 직제 시행규칙(2020.6.9.)
문화산업정책과 1. 콘텐츠 유통 합리화, 이용자 보호 및 분쟁 조정에 관한 사항(대중문화산업과에서 이관) **영상콘텐츠산업과** 1. 캐릭터산업 육성 업무(대중문화산업과에서 이관) **대중문화산업과** 1. 음악, 만화, 대중문화예술, 패션, 엔터테인먼트, 이야기 산업 분야 육성 업무(이야기 창작 및 사업화 업무를 이야기 산업 관련 업무로 변경) **문화통상협력과** (저작권정책과에서 분리) 1. 문화체육관광 관련 통상정책의 수립 및 총괄·조정 2. 저작권 관련 국제조약 및 협정에 관한 사항 3. 해외 저작권 보호·진흥을 위한 국제 교류·협력 4. 저작권 관련 국제기구, 외국정부 및 기관과의 협력	**한류지원협력과** (대중문화산업과의 문화산업 관련 국제 교류 총괄 업무의 분리, 확대 개편) 1. 한류 관련 종합 계획의 수립 및 조정에 관한 사항 2. 한류 관련 조사·연구 및 빅데이터 구축 3. 한류 확산을 위한 기반 확충 및 제도 정비 4. 한류 확산 관련 관계 기관 협조체계 구축 5. 한류 콘텐츠의 남북교류 및 해외 진출 지원에 관한 사항 6. 한류 관련 산업 동반성장 지원에 관한 사항 7. 한류 콘텐츠를 활용한 관광 활성화에 관한 사항 8. 한류 지속 확산을 위한 쌍방향 문화 교류 추진에 관한 사항 9. 한류 관련 공연 및 회의 등 행사 개최 지원에 관한 사항

개선, 이용자 보호 및 분쟁 조정 등 문화산업 전반에 대한 기능적 지원 기능을 수행하였다. 대중문화산업과는 음악, 만화, 패션 등의 장르에 대한 지원 외에도 대중문화예술인의 처우 개선, 이야기산업 활성화 등을 통한 건전한 산업 생태계 조성도 지원하였다. 그리고 한류지원협력과는 한류의 지속적 발전을 위한 종합계획의 수립 및 쌍방향 문화 교류를 지원하였다.

4) 윤석열 정부의 문화산업 관련 정부조직의 변화

윤석열 정부의 문화산업 관련 정부조직은 문재인 정부의 조직체계와 큰 차이가 없다. 다만 윤석열 정부는 국제문화교류정책의 총괄 조정 및 해외홍보정책 기능의 강화를 위하여 소속기관으로 운영하던 해외문화홍보원을 국제문화홍보정책실로 개편하고('24.2.6.) 이를 본부의 조직으로 편입하였다. 그리고 문화예술정책실 소속의 국제문화과와 콘텐츠정책국 소속의 한류지원협력과를 국제문화홍보정책실로 이관하여 한류진흥업무와 국제문화교류정책의 연계성을 강화하였다.[96]

2 문화산업 관련 정부조직의 국가경쟁우위 지원체계

대한민국 정부 수립 후 윤석열 정부에 이르기까지 문화행정 및 문화산업 관련 정부조직은 큰 변화를 겪었다. 사업 관련 인허가 및 등록, 검열, 관련 단체 지도감독 중심의 행정관리적 직무 중심의 문화공보부 시기부터 문화부 및 문화체육부, 문화관광부 및 문화체육관광부 등을 거치며 정부는 다양한 장르에 대한 문화산업 가치사슬 전 분야를 지원할 수 있는 체계를 구축하였다.

문화체육관광부의 직제규정은 문화산업 인프라 조성, 투자재원 확충, 기술 개발, 인력 양성, 장르별 기획 및 제작 지원, 창업 지원, 국내외 수요 확충, 유통구조 개선, 공정한 문화산업 생태계 조성, 콘텐츠 이용자 보호 및 분쟁 조정 등 문화산업의 모든 분야에 대한 지원기능을 폭넓게 규정하고 있다. <그림 4-4>는 산업의 국가경쟁우위 결정요소에 대한 영향을 기준으로 분류하여 정리한 것이다.

1) 요소조건 고도화

문화체육관광부 직제규정은 문화산업의 요소조건 고도화를 지원하는 정부기능을 다수 포함하고 있다. <그림 4-4>에서 보듯이 문화산업진흥 재원 조성 및 운영, 문화산업진흥기반 조성, 인력 양성 및 기술 개발, 창작 및 제작 지원 등은 문화산업의 요소조건 고도화를 지원할 수 있다.

[96] 문화체육관광부. (2024.2.6.). 국제문화교류 전담 추진체계 강화해 세계적인 문화강국 도약 이끈다.

기업전략, 구조 및 경쟁
산업진흥을 위한 종합계획 수립, 조정
산업진흥 관련 조사, 연구 및 통계 관리
영업 신고 및 등록
창업 지원

요소조건
- 문화산업진흥 재원 조성 및 운영
- 문화산업진흥기반의 확충
- 지역 문화산업 육성 지원
- 문화기술 연구 개발 지원
- 문화산업 장르별 전문인력 양성 및 일자리 창출
- 금융·세제 개선을 통한 투자 활성화
- 장르별 창작·제작활동 지원

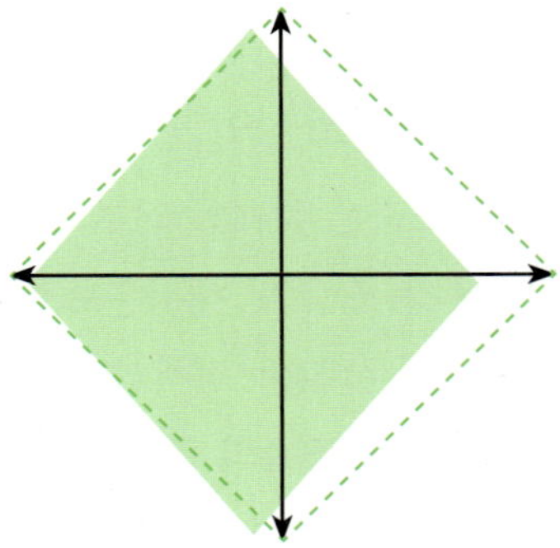

수요조건
- 콘텐츠 이용자 권익 보호 및 분쟁 조정
- 게임 이용 교육 및 과몰입 예방 등 게임문화 건전화
- 콘텐츠의 등급 분류
- 문화콘텐츠 판매 촉진 활동 지원
- 저작물 이용 활성화
- **해외 진출 및 국제 교류 지원 (한류 확산 지원)**
- **문화산업 관련 통상 협상 대응**
- 양서 출판 장려 및 도서 대량 구매
- 독서문화 진흥을 위한 제도 운영

관련 및 지원산업
- 문화기술의 표준화, 이전 및 사업화 촉진
- 불법 복제 방지 기술 개발 지원
- **국내외 저작권 보호 및 불법 복제 단속**
- 디지털콘텐츠 식별체계 개발 및 권장
- 산업 관련 관계 부처 및 자치단체의 협력 지원
- 대중문화예술인 처우 개선 등 건전한 산업 생태계 구축
- 입체·실감형 융복합 콘텐츠 육성
- 콘텐츠 유통구조 개선
- 영상물 상영 및 부가시장의 건전 육성
- 제작, 배급, 상영 활동 및 관련단체 지원
- 인터넷게임 시설 제공업 및 게임제공업 활성화
- 이스포츠 육성
- 모바일, 스마트 콘텐츠산업 등 관련 산업 활성화
- 이야기산업 육성

<그림 4-4> 문화체육관광부 직제의 문화산업 국가경쟁우위 지원 환경

다만 문화산업 관련 법률과 달리 문화체육관광부직제는 해외 공동제작이나 국제 공동 기술 개발 지원과 같은 국제적 관점의 요소조건 고도화를 지원하는 직무에 대하여는 규정하지 않고 있다.

2) 수요조건 강화

정부는 다양한 활동을 통해 문화산업 관련 국내외 고객 수요에 영향을 미칠 수 있다. 문화체육관광부 직제규정은 문화콘텐츠 판매 촉진 활동 지원, 독서문화 진흥 지원, 양서 출판 장려 및 도서의 대량 구매 등을 포함하고 있다. 이 외에도 청소년 보호를 위한 콘텐츠의 등급분류와 콘텐츠 이용자 권익 보호 및 분쟁 조정, 게임 과몰입 예방을 통한 건전한 게임문화 조성 등의 직무도 콘텐츠의 수요조건 고도화에 영향을 미칠 수 있다.

한편 문화체육관광부직제는 국제 교류 및 해외 진출 지원, 한류의 지속적 발전 등의 규정을 포함하고 있다. 이는 한국의 문화콘텐츠에 대한 해외 수요조건 강화를 지원할 수 있다.

3) 관련 및 지원산업 발전

문화산업의 관련 및 지원산업은 문화상품 및 문화콘텐츠의 기획·제작 관련 전·후방 연관 산업과 유통 활성화 등을 지원하는 다양한 산업군 또는 산업 생태계를 의미한다. <그림 4-4>에서 보듯이 문화체육관광부 직제규정은 문화산업의 관련 및 지원산업 발전을 지원하는 다양한 기능을 포함하고 있다. 문화기술의 표준화, 이전 및 사업화 촉진, 디지털콘텐츠 유통 활성화를 위한 식별체계 개발·보급, 대중문화예술인 처우 개선 등은 문화산업의 건전한 생태계 구축을 통해 관련 및 지원산업의 발전을 촉진하는 기능이다.

이 외에도 문화체육관광부 직제규정은 게임 제공업 및 이스포츠 활성화, 영상물 부가시장 육성, 모바일 콘텐츠 육성, 이야기산업 육성 등 문화산업의 관련 및 지원산업 활성화를 지원하는 다양한 직무를 포함하고 있다.

4) 기업전략·구조 및 경쟁

문화산업 진흥을 위한 정부의 종합계획 수립 및 조정과 조사연구 활동은 정부의 기능 중 가장 기본적인 직무에 포함된다. 정부는 문화산업 장르별 주요 이슈에 대한 연구보고서를 수시로 발행할 뿐 아니라 문화산업 전반에 관한 연차보고서 및 통계를 매년 발간한다. 이러한 자료는 문화산업 관련 기업의 전략 수립에 중요한 정보를 제공한다.

한편 <그림 4-4>의 기업전략·구조 및 경쟁 부문에 포함되어 있는 영업 신고 및 등록, 창업 지원 등은 산업구조와 경쟁에 직접적 영향을 주는 정부의 기능이다. 정부는 시장 진입규제를 완화하고 다양한 창업 지원 기능을 통해 경쟁을 촉진할 수 있다.

5) 지속적 국가경쟁우위 창출을 지원하는 정부의 직무범위

정부의 직무범위 확대 및 고도화는 글로벌 문화산업의 발전에 따라 현재도 진행중이다. 한국문화산업의 초창기에 수행하던 정부의 직무와 국내외적으로 큰 성공을 거두고 산업규모도 확대된 현 단계에서의 정부의 직무는 서로 다르다. 과거에는 단순히 창작 및 제작 보조금, 해외 진출을 위한 공동 마케팅 지원과 같은 재정적 지원과 전 근대적 유통구조 개선에 초점을 두었다. 그러나 이제는 한국문화산업의 지속적 경쟁우위를 지원하기 건강한 산업 생태계 구축과 이용자 권익 보호 및 건전한 콘텐츠 이용 문화의 조성까지 정부의 직무범위가 확대되고 있다. 그리고 국제적 측면에서는 한류 확산 국가와 쌍방향 문화산업 교류를 통한 문화산업의 동반성장을 추구한다.

문화체육관광부 직제규정에 의하면 정부는 문화산업의 요소조건, 수요조건, 관련 및 지원산업, 기업전략·구조 및 경쟁 등 국가경쟁우위 결정요소의 모든 부문에 긍정적 영향을 줄 수 있다. 그러나 더블 다이아몬드의 관점에서 살펴보면 문화체육관광부의 직제상 직무범위는 해외 수요 확충을 지원하는 활동만을 포함하고 있다. 해외 관점에서의 요소조건, 관련 및 지원산업, 기업전략·구조 및 경쟁 등을 지원하는 직무는 포함하고 있지 않다. 비록 직제규정에는 포함되지 않더라도 정부는 정책적으로 필요한 업무를 수행할 수 있다. 음악산업 진흥에 관한 법률은 문화체육관광부장관은 음악산업의 해외 진출을 지원하기 위하여 외국과의 공동제작 및 외국인 투자유치를 지원할 수 있다고 규정하였다. 게임산업 진흥에 관한 법률도 외국인 투자유치 지원에 관한 근거규정이 있고, 만화 진흥에 관한 법률도 외국인 투자유치 및 해외 공동제작 지원에 관한 근거규정을 두고 있다.

문화산업 육성을 위한 정부예산 부분에서 볼 수 있듯이 정부예산 및 기금 사업은 해외 공동제작과 외국 전문인력 교육 지원사업을 포함하고 있다. 그리고 정부는 외국 플랫폼에서의 국산 게임 유통 활성화를 위한 기술적 서비스를 지원하거나, 해외에서의 저작권 보호를 위한 전문가 자문단 운영을 지원하기도 한다. 이는 문화체육관광부의 직제규정에는 포함되지 않지만 해외 요소조건을 적극 활용하거나 해외의 관련 및 지원산업 발전을 촉진하는 정부의 지원사업이다. 문화체육관광부의 직제규정은 정부가 하고 있거나 해야 할 중요한 업무에 대하여 나열식으로 규정하고 있음을 감안할 때 해외 측면의 국가경쟁우위 결정요소를 지원하는 업무도 직제규정에 포함할 필요가 있다.

제2절 문화산업 진흥을 위한 공공기관지원체계

1 문화산업 분야의 공공기관 개요

1) 공공기관의 설립 및 지정 개요

오늘날은 정보통신기술의 발전으로 모든 것이 연결되는 세상이다. 사물 인터넷 및 메타버스 관련 기술이 급속히 발전하면서 미디어 및 디바이스를 통해 가상현실, 증강현실, 확장현실의 세계를 즐길 수 있게 되었다. 이와 같이 산업현장은 기술 발달에 따라 급격히 바뀌고 있지만 정부조직은 이를 따라가기 어렵다. 정부조직은 법령에 따라 설치되고 직무범위도 법령에 의해 부여되기 때문이다. 그러나 공공기관은 정부조직보다는 유연하게 환경에 대응할 수 있다. 공공기관을 이용하여 정책을 실행하는 것은 이러한 이유가 포함된다.

공공기관의 운영에 관한 법률에 의하면 공공기관은 국가나 지방자치단체가 아닌 법인, 단체 또는 기관 중 다음 각호의 어느 하나에 해당하는 기관으로서 기획재정부장관으로부터 공공기관으로 지정받은 기관이다.

가. 다른 법률에 따라 직접 설립되고 정부가 출연한 기관

나. 정부지원액이 총수입액의 2분의 1을 초과하는 기관

다. 정부가 50%이상의 지분을 가지고 있거나 30%이상의 지분을 가지고 임원 임명권한 행사 등을 통해 해당 기관에 대한 사실상 지배력을 확보하고 있는 기관

라. 가에서 다호에 해당하는 기관과 정부가 합하여 50% 이상의 지분을 갖고 있거나 30% 이상의 지분을 가지고 임원 임명권한을 통해 사실상의 지배력을 확보하고 있는 기관 등

공공기관은 독점사업을 운영하면서 수익을 올리는 경우가 아니면 수지균형을 맞출 수 없는 경우가 대부분이다. 그러므로 경상운영비와 사업비의 대부분을 정부예산으로 지원하는 경우가 많다. 문화산업 분야의 공공기관은 모두 정부지원으로 운영된다.

공공기관의 운영에는 막대한 정부예산이 사용되기 때문에 특정 산업을 위한 공공기관을 설립하는 것은 쉬운 일이 아니다. 법률의 근거를 가진 공공기관의 설립은 더욱 그렇다. 공공기관의 설립 근거가 되는 법률을 제정하거나 개정할 경우 국회는 공공기관의 조직과 인력, 경상운

영비 및 사업비 조달 방안, 타 공공기관과의 중복성 여부 등을 종합적으로 검토한다. 그리고 정부는 법률안을 국회에 제출하기 이전에 공공기관 관련 중장기적 소요예산, 인력규모, 사업내용 등에 대하여 관련 부처 간 충분한 협의를 진행한다.

지금은 방송통신기술의 융합 및 콘텐츠의 융·복합시대이므로 문화산업은 소관 부처가 중복적으로 존재하는 경우가 있다. 이런 경우에는 정부부처 간 주무 부처를 정하기까지 많은 논의가 필요하다. 국회는 심의 과정에서 관련 부처 간 협의가 완료되었는지를 확인한다. 관련 부처 간 협의가 완료되어 주무 부처가 기존 법률에 공공기관 관련 규정을 추가하는 개정안을 국회에 제출해도 국회를 통과하기까지는 상당한 기간이 소요된다. 국회는 관련 분야 전문가들과 다양한 토론 및 심의를 거치면서 보다 폭넓게 의견을 수렴한다. 이와 같이 법률에 의해 공공기관을 설립하는 것은 많은 시간과 노력이 소요된다. 그러므로 급변하는 환경에 대응하며 산업을 효율적으로 지원하기 위하여 정부는 민법상 재단법인을 통해 공적인 지원사업을 운영하다가 법률 개정을 통해 재단법인을 법정기관으로 승격시키는 경우가 많다. 한국콘텐츠진흥원 등이 여기에 해당된다.

2) 문화산업 관련 공공기관의 국가경쟁우위 지원체계

여기서는 2025년 초를 기준으로 문화산업 관련 공공기관의 조직구조를 토대로 공공기관의 직무를 살펴보지만 공공기관의 조직구조는 언제든지 변경될 수 있다. 정부정책은 문화체육관광부의 분야별 담당 과가 중심이 되어 수립하지만 현장에서 집행하는 것은 대부분의 경우 공공기관이다. 그러므로 공공기관지원체계를 파악해야 정부지원체계의 전모를 알 수 있다.

문화산업 관련 공공기관은 정부조직과 마찬가지로 매우 다양한 업무를 수행하고 있기 때문에 문화산업 국가경쟁우위 결정요소에 복합적인 영향을 준다. 특히 공공기관은 법률이 부여한 핵심적 기능을 중심으로 정부조직과 하나의 시스템을 이루어 문화산업의 지속적 국가경쟁우위 창출에 지대한 영향을 미치게 된다.

<그림 4-5>는 문화산업 관련 주요 공공기관의 문화산업 국가경쟁우위 결정요소에 대한 영향을 보여준다. 공공기관은 문화체육관광부와 긴밀한 협력 속에서 운영된다. 공공기관의 문화산업 국가경쟁우위 결정요소에 대한 영향은 매우 복합적이다. 공공기관의 어떤 직무가 하나 이상의 요소에 복합적으로 영향을 주는 경우가 많고 보는 시각에 따라서는 이를 다르게 분류할 수도 있기 때문이다. 이 책에서는 필자의 경험과 지식 그리고 정책의도를 감안하여 국가경쟁우위 결정요소 중 보다 큰 영향을 미치는 요소를 기준으로 분류하였다.

① 문화산업 장르별 지원

한국콘텐츠진흥원은 문화산업진흥기본법에 근거를 두고 게임, 방송영상물, 애니메이션, 만화, 캐릭터, 음악, 패션 등 다양한 장르에 대하여 전방위적으로 지원한다. 한국영화진흥위원회

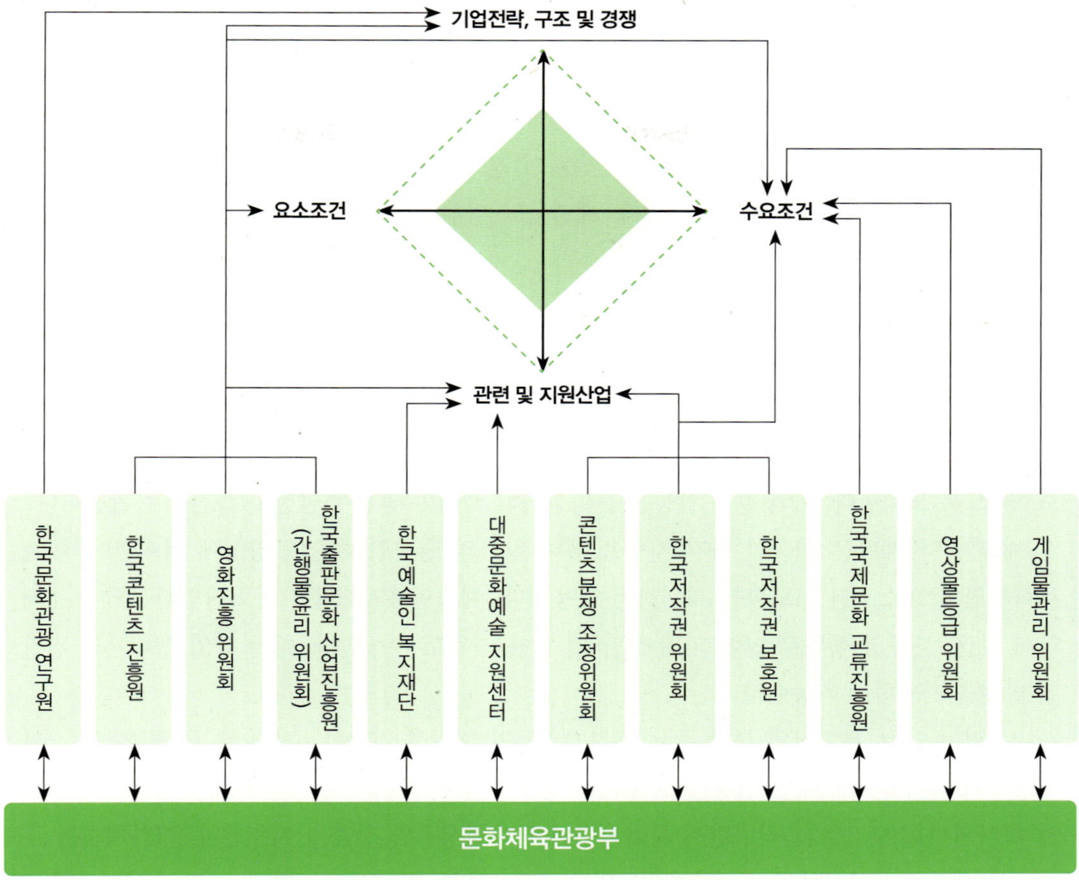

<그림 4-5> 문화산업 관련 공공기관의 문화산업 국가경쟁우위 지원체계

는 영화 및 비디오물의 진흥에 관한 법률에 근거하여 영상산업 육성을 전반적으로 지원한다. 그리고 출판산업은 출판문화산업진흥법에 근거를 두고 있는 한국출판문화산업진흥원이 지원한다. 문화산업 분야의 장르별 지원을 담당하는 이들 세 기관은 문화산업의 국가경쟁우위 창출을 위한 요소조건, 수요조건, 관련 및 지원산업, 기업전략·구조 및 경쟁 등 네 가지 요소 모두에 대하여 커다란 영향을 준다.

② 문화산업에 대한 기능적 지원

한국콘텐츠진흥원은 장르별 지원 기능 외에도 기술 개발, 인력 양성, 투융자 지원은 물론 콘텐츠산업 전반의 공정성 향상을 지원하는 기능도 수행한다. 기술 개발, 인력 양성, 투융자 지원은 문화산업의 국가경쟁우위 관련 요소조건의 고도화를 지원한다. 한편 공정하고 건강한 산업 생태계 조성을 위해서 한국콘텐츠진흥원에는 대중문화예술지원센터와 콘텐츠분쟁조정위원회가 설치되어 있다. 대중문화예술지원센터의 설립 근거는 대중문화예술산업발전법이고, 콘텐츠

분쟁조정위원회의 근거 법률은 콘텐츠산업진흥법이다.

영상물 등급위원회와 게임물관리위원회는 각각 영상물과 게임물에 대한 등급을 분류한다. 등급분류기관은 콘텐츠의 이용가능 연령을 정하는 기관으로서 수요조건에 막대한 영향을 줄 수 있다. 이 두 기관은 콘텐츠의 내용을 심의하여 청소년 유해성 여부 등을 검토하고 콘텐츠의 이용 가능한 연령에 따라 등급을 매긴다. 게임물의 경우 사행성이 문제가 될 경우에는 등급분류 거부도 할 수 있다.

이 외의 문화산업 육성과 관련한 기능적 지원기관으로는 문화산업 관련 정책 연구 및 통계관리를 지원하는 한국문화관광연구원이 있다. 그리고 저작권자 및 이용자를 보호하면서 시장의 질서를 유지하기 위한 공공기관으로 한국저작권위원회와 한국저작권보호원이 있다. 한국저작권위원회 및 한국저작권보호원은 국제적 협력체계를 구축하여 해외에서도 한국의 저작권이 보호되도록 노력한다. 이와 같은 활동은 문화산업의 국내외 생태계 발전을 촉진하는 활동이다.

예술인복지재단은 예술인 복지 지원을 통해 창작의 원천인 예술인 양성에 기여한다. 이는 문화산업의 요소조건 고도화를 지원하는 기능이다. 예술인복지재단은 문화산업현장의 표준계약서 보급, 불공정 행위로 인한 피해 상담 및 법률 지원도 수행한다. 이는 산업 생태계의 건강한 발전을 지원하는 기능이다.

<그림 4-5>는 문화산업 분야 주요 공공기관들의 핵심적 기능을 중심으로 문화산업의 국가경쟁우위 결정요소에 대한 영향을 보여주고 있다. 그림에서 보듯이 공공기관은 정부조직과 함께 하나의 시스템으로 움직이면서 문화산업의 국가경쟁우위 창출을 지원한다. 이하에서는 주요 공공기관별로 문화산업의 국가경쟁우위 창출을 지원하는 직무에 대하여 간략히 살펴본다.

2 한국콘텐츠진흥원

1) 연혁

한국콘텐츠진흥원은 게임, 애니메이션, 만화, 캐릭터, 방송영상 등의 장르에 대하여 제작, 기술 개발, 인력 양성, 해외 진출 등 다양한 지원을 수행하는 공공기관이다. 문화체육관광부는 2009년 5월에 한국문화콘텐츠진흥원, 한국게임산업진흥원, 한국방송영상산업진흥원을 통합하여 한국콘텐츠진흥원을 설립하였다. 한국문화콘텐츠진흥원은 2000년에 설립된 (재)문화산업지원센터에서 기원한다. 문화산업지원센터는 기본적으로 문화산업 관련 스타트업의 성장을 지원하는 기관이었다. 당시의 문화관광부 보도자료('00.11.6)에 의하면, (재)문화산업지원센터는 음악, 애니메이션, 캐릭터, 만화산업 등을 종합적이고 체계적으로 육성하기 위한 기관으로서 서울 양천구 목동에 6,630여평 규모의 건물을 마련하고 문화산업 분야 70여 개 기업을 입주시켜 육성하였다. 문화산업지원센터는 입주업체에 대한 인큐베이팅 기능 외에도 업계 전체를 대상으로 경영 상담 및 창업 지원, 첨단 장비 및 기자재 공동 활용 지원, 국내외 최신 산업정보 제공, 해외 판로 개척 지원 등의 업무를 수행하였다.[97]

이후 문화관광부는 'Korea ⓔMuseum' 사업을 효과적으로 추진하고, 유망 문화콘텐츠 분야의 기술 및 콘텐츠 개발을 지원하기 위하여 (재)한국문화콘텐츠진흥원을 설립하고 (재)문화산업지원센터 등 분야별 지원기관들이 시너지를 발휘할 수 있도록 관련 단체를 통합할 계획임을 밝힌 바 있다.[98] 이에 따라 (재)한국문화콘텐츠진흥원은 2001년 설립과 동시에 (재)문화산업지원센터를 흡수, 통합하였고, 2009년에는 (재)한국게임산업진흥원과 (재)한국방송영상산업진흥원을 모두 통합하여 한국콘텐츠진흥원으로 명칭을 변경하였다.

(재)한국문화콘텐츠진흥원은 스타트업에 대한 인큐베이팅 기능을 넘어서 애니메이션, 만화, 캐릭터, 대중음악 분야의 모든 기업을 대상으로 해외 마케팅 지원, 전문인력 양성, 투자유치 관련 비즈니스 매칭 등 다양한 지원사업을 전개하였다. 그리고 (재)한국문화콘텐츠진흥원은 2002년 문화산업진흥기본법 개정으로 법정기관으로 승격되었다.

한편 (재)한국게임산업진흥원은 1999년에 설립된 (재)게임종합지원센터에서 기원한다. 문화관광부 보도자료('99.7.1)[99]는 (재)게임종합지원센터에 유망 게임개발업체(30개사)와 예비창업자(14팀)가 이미 입주하여 활동 중이고, 조만간 15개 업체가 추가로 입주할 예정임을 밝히고 있다. 이 외에도 게임종합지원센터는 게임의 기획, 제작, 해외 진출은 물론 인력 양성 및 기술 개발도 지원하였다. 이를 위해 게임종합지원센터는 공동장비실과 정보자료실을 설치하여 게임제작자들이 고가의 장비를 공동으로 이용하고, 게임관련 정보를 공유할 수 있도록 지원하였다. 게임종합지원센터는 이후 (재)한국한국게임산업개발원(2001.12.), (재)한국게임산업진흥원(2007.4.) 으로 명칭이 변경된 바 있다.

(재)한국방송영상산업진흥원은 1989년 4월에 설립된 (재)한국방송개발원에 기원한다. 한국방송개발원은 (재)한국방송진흥원(1999.1.)으로 변경되었다가 (재)한국방송영상산업진흥원으로 다시 변경(2001.11.)되었다. 한국방송영상산업진흥원은 방송에 관한 조사연구, 인력 개발 및 진흥사업을 통하여 방송문화 창달에 기여할 목적으로 설립되었으며 방송영상 진흥을 위한 지원사업과 방송인 연수사업 및 예비인력 양성, 방송자료의 수집 및 보존 사업 등을 수행하였다.

2) 조직과 주요 기능

한국콘텐츠진흥원은 문화산업 분야의 대표적 공공기관으로 문화산업진흥기본법 제31조에

97 문화관광부. (2000.11.6.). 국내 문화콘텐츠산업 육성의 핵심기능을 담당할 「문화산업지원센터」 다음달 설립.

98 문화관광부. (2001.6.25.). 한국문화콘텐츠진흥원 설립.

99 문화관광부. (1999.7.1.). (재)게임종합지원센터 개소식 행사 개최.

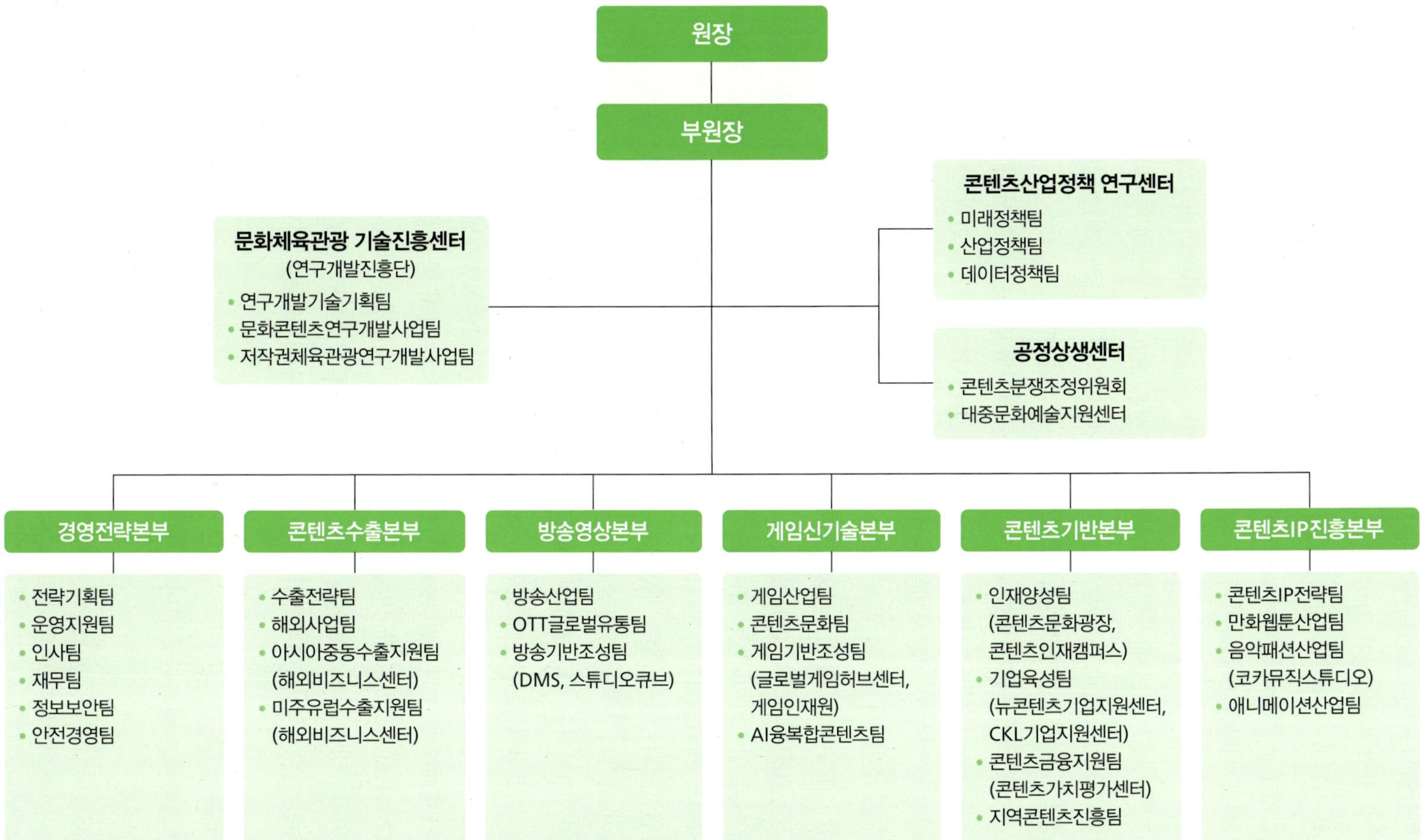

<그림 4-6> 한국콘텐츠진흥원의 주요 조직('25.1.31. 현재)[100]

100 www.kocca.kr

<표 4-4> 한국콘텐츠진흥원 주요 사업 예산 내역[101]

구분(장르/기능)	2022년		2023년		증감 현황	
	금액(백만 원)	비율	금액(백만 원)	점유율	증감액	증감률
연구개발	127,394	23.28%	129,592	20.77%	2,198	1.73%
게임	58,539	10.70%	61,236	9.82%	2,697	4.61%
기업·인재 양성	46,073	8.42%	49,610	7.95%	3,537	7.68%
만화	9,464	1.73%	11,964	1.92%	2,500	26.42%
이야기	5,760	1.05%	5,182	0.83%	−578	−10.03%
음악	47,182	8.62%	30,799	4.94%	−16,383	−34.72%
패션	8,764	1.60%	7,829	1.26%	−935	−10.67%
애니메이션·캐릭터	23,889	4.37%	31,669	5.08%	7,780	32.57%
방송영상	42,111	7.70%	119,166	19.10%	77,055	182.98%
신 기술 콘텐츠	42,894	7.84%	33,559	5.38%	−9,335	−21.76%
지역 콘텐츠산업 육성	49,608	9.07%	41,545	6.66%	−8,063	−16.25%
투융자	14,756	2.70%	15,921	2.55%	1,165	7.90%
해외 진출	25,671	4.69%	39,401	6.32%	13,730	53.48%
정책	2,650	0.48%	2,545	0.41%	-105	-3.96%
기관운영	42,417	7.75%	43,805	7.02%	1,388	3.27%
합계	547,172	100.00%	623,823	100.00%	76,651	14.01%

설립 근거를 두고 있다. 한국콘텐츠진흥원은 게임, 방송영상, 애니메이션, 만화, 캐릭터, 음악, 패션, 이야기산업 분야의 창작, 제작, 유통, 해외 진출, 공정한계약, 이용자 보호, 인력 양성, 기술 개발 등 문화산업의 가치사슬상 거의 모든 과정을 지원하고 있다.

정부조직은 관계 부처 협의, 국무회의 의결 등의 절차를 거쳐야 하므로 쉽게 변경하기 어렵지만 공공기관 조직은 산업환경의 변화에 효과적으로 대응하는 차원에서 소관 부처의 승인을 받으면 변경할 수 있다. 한국콘텐츠진흥원은 급변하는 산업환경에 효과적으로 대응하기 위하여 필요시 조직을 변경해왔다.[101]

<그림 4-6>과 <표 4-4>를 통해서 한국콘텐츠진흥원의 기능을 간략히 살펴보면 다음과 같다. <표 4-4>에서 보듯이 2023년 예산은 2022년에 비하여 14% 증액되었다. 한국콘텐츠진흥원의 예산 중 연구개발 프로젝트 지원 예산이 가장 큰 비중을 차지하고 있고 인재 양성, 해외 진출, 지역 콘텐츠산업 육성을 지원하는 예산도 비교적 큰 몫을 차지하고 있다.

[101] 한국콘텐츠진흥원. (2023). 2023한국콘텐츠진흥원 지원사업설명회.

① 문화체육관광기술 진흥(문화체육관광 기술진흥센터)

문화체육관광 기술진흥센터는 콘텐츠, 문화예술, 저작권, 스포츠, 관광 등 분야별로 추진하던 연구개발 사업을 통합 관리하기 위하여 설립되었으며 분야별 연구개발 과제 지원, 기술 이전, 사업화 등의 전 과정을 지원한다. 2023년도의 연구개발사업은 문화기술 연구개발, 메타버스콘텐츠IP구축 연구개발, 저작권 보호 및 이용 활성화 기술 개발, 소프트웨어 저작권 연구개발, 실감 콘텐츠 저작권 핵심 기술 개발 등의 사업이 포함되었다.

한편 문화체육관광부장관은 문화산업 관련 창작 개발을 촉진하기 위하여 문화산업진흥기본법 제17조의3을 근거로 일정 요건을 갖춘 기업 부설 연구기관이나 기업의 연구개발 전담부서를 기업 부설 창작연구소 또는 기업창작전담부서로 인정할 수 있다. 기업 부설창작연구소 또는 기업창작전담부서 인정을 받은 기업은 조세특례제한법에 따라 세액공제 및 벤처기업육성에 관한 특별법에 의한 벤처기업 연구개발비 충족요건 혜택을 받을 수 있다.

② 창업 인큐베이팅 및 투융자 지원(콘텐츠기반본부)

한국콘텐츠진흥원은 창작 아이디어의 사업화 및 예비 창업 지원을 통해 콘텐츠 창작 생태계를 조성하고 있다. 이를 위해 예비창업랩을 운영하며 새로운 아이디어 기반의 시제품 개발, 제작 과정에 대한 교육 및 컨설팅, 창작자 간 네트워킹 등을 지원한다. 그리고 창업 3년 이내의 초기창업 육성프로그램과 창업 7년 이내의 창업도약프로그램을 운영함으로써 창업 단계별로 지속적 성장이 이루어지도록 지원한다. 이는 우수한 아이디어와 기술을 보유한 콘텐츠 스타트업이 쉽게 창업하고 벤처로 성장할 수 있도록 단계별로 지원하는 것이다.

한국콘텐츠진흥원은 콘텐츠코리아랩(CKL) 기업지원센터를 운영하고 있다. 이는 창업 7년 미만의 스타트업 기업을 대상으로 사무실 공간 제공, 교육, 경영 상담, 투자유치 관련 다양한 지원을 통해 유망 스타트업 기업의 성장을 지원하는 인큐베이팅센터이다.

문화콘텐츠기업은 영세하여 담보력이 없고 아이디어를 최종 완성 단계까지 제작할 수 있을지가 불확실하기 때문에 투융자 지원을 받기 어렵다. 이에 한국콘텐츠진흥원은 해당 기업의 콘텐츠가치 및 완성 가능성을 평가하여 신용보증기금 및 기술보증기금에 추천함으로써 콘텐츠기업의 원활한 자금유치를 지원하고 있다. 이와 함께 콘텐츠기업의 투자유치를 지원하기 위해 각종 IR 프로그램을 운영하고 있다. 이는 투자유치 희망 기업에 대한 교육, 멘토링, 컨설팅, IR 피칭 지원 등이 포함된다. 이 외에도 한국콘텐츠진흥원은 콘텐츠 스타트업의 해외 전시 및 콘퍼런스 참가를 지원하여 글로벌 투자유치 및 네트워킹 구축 기회도 마련해주고 있다.

③ 인재 양성(콘텐츠기반본부)

한국콘텐츠진흥원은 콘텐츠산업의 인재 양성을 위한 다양한 지원사업을 전개한다. 콘텐츠산업은 기획부터 완성에 이르기까지 모든 과정을 강의식 교육으로는 습득하기 어렵다. 이를 감안하여 한국콘텐츠진흥원은 콘텐츠 창의인재 동반사업을 전개하고 있다. 이는 창작 분야의 전문가를 멘토로 삼아 1:1의 도제식 멘토링 방식을 통해 청년 인재의 창작능력 개발과 콘텐츠산업계 진출을 돕는 사업이다. 멘토링을 할 수 있는 기관은 콘텐츠기업, 협회, 단체 등이고 교육생인 멘티는 창작의 소질과 교양을 갖춘 예비 창작자가 된다. 한국콘텐츠진흥원은 창작 프로젝트를 기반으로 멘토와 멘티를 선정하여 지원한다.

그리고 한국콘텐츠진흥원은 산학협력 프로그램을 지원한다. 이는 전국의 대학, 콘텐츠기업, 지역 거점 콘텐츠 센터, 연구기관 등이 산학협력 콘소시엄을 구성하여 융복합 프로젝트를 추진하는 것을 지원하는 사업이다.

한국콘텐츠진흥원은 산업현장에 필요한 인력을 공급하기 위하여 다양한 아카데미를 운영하고 있다. 현장에 필요한 전문적 콘텐츠 실무 지식을 갖출 수 있도록 2년의 장기 과정과 6개월의 단기 과정을 운영하고 있고, 콘텐츠산업현장인력 재교육 프로그램도 운영 중이다. 한편 콘텐츠산업에 대한 온라인 교육플랫폼인 사이버 콘텐츠아카데미(edu.kocca.kr)를 통해서 일반인들도 쉽게 콘텐츠 장르별 트렌드 및 산업적 특성에 대하여 배울 수 있다.

④ 공정한 콘텐츠산업 환경 조성(공정상생센터)[102]

한국콘텐츠진흥원은 문화산업의 공정한 생태계 구축을 통해 문화산업의 관련 및 지원산업의 건전한 발전을 지원하고 있다. 이를 위한 기구로 대중문화예술지원센터와 콘텐츠분쟁조정위원회 사무국을 운영하고 있다.

가. 대중문화예술지원센터

K-팝 및 K-드라마 등 한국의 콘텐츠가 전 세계적 인기를 끌고 있지만 아이돌 스타 및 출연배우와 전속계약문제 및 수익배분문제 등으로 인한 산업 내 갈등과 분쟁은 끊이지 않는다. 그리고 대중문화예술인의 약물 중독, 병역 기피, 자살로 인해 대중문화예술인에 대한 부정적 인식도 상존한다. 문화체육관광부는 2011년에 대중문화예술인을 위한 최소한의 사회적 안전장치로 대중문화예술인지원센터를 설립하고 시범 운영하며 법률 자문, 갈등 조정, 심리 상담 등의 프로그램을 제공하였다.[103]

그러나 문화콘텐츠 제작에 참여하는 대중문화예술인의 전속계약문제, 인권문제, 불공정거래문제 등이 끊이지 않고 계속 제기되었다. 이에 문화체육관광부는 문화산업의 공정한 영업질서를 확립하고 대중문화예술인들의 인권보호를 위하여 대중문화예술산업발전법 제정('14.1.28.)을 추진하였다. 동법 제17조에 의하면 문화체육관광부장관은 대중문화예술인, 대중문화예술 제작 스태프 및 대중문화예술 기획업 종사자의 권익 보호를 위하여 지원센터를 설치

102 문화체육관광부·한국콘텐츠진흥원. (2022). 2021콘텐츠산업백서.

103 문화체육관광부. (2011.5.12.). 문화부, 대중문화 예술인 지원센터 개소.

<표 4-5> 대중문화예술 기획업 등록 현황(휴·폐업 포함)

연도	2014	2015	2016	2017	2018	2019	2020	2021	2022
개수	21	1,657	448	386	357	525	516	598	625

*출처: 2022콘텐츠산업백서

할 수 있다. 그리고 동법 시행령 제3조는 지원센터 설치와 관련하여 공공기관 또는 협회 등과 연계망을 구축·운영할 수 있도록 규정하였다. 이에 따라 문화체육관광부장관은 한국콘텐츠진흥원에 대중문화예술지원센터를 설치하고 불공정 거래 관행 개선 및 폭력 예방을 위한 신고 접수, 법률 상담 및 예방 교육을 실시하도록 하였다.

대중문화예술지원센터는 대중문화예술인의 권리 보장과 상담, 표준계약서 제정 및 권장을 통해 콘텐츠산업의 관련 및 지원산업 생태계를 건전하게 만드는 역할을 수행한다. 이를 제도적으로 보장하기 위하여 대중문화예술산업발전법은 대중문화예술 기획업을 등록제로 규정하였다. <표 4-5>에서 보듯이 등록한 대중문화예술 기획업자는 지속적으로 증가하였다. 대중문화예술 기획업자는 대중문화예술산업발전법에 따라 매년 법정교육을 이수해야 한다. 한국콘텐츠진흥원에 설치된 대중문화예술지원센터가 대중문화예술 기획업자에 대한 법정교육과정을 운영하고 있다.

나. 콘텐츠분쟁조정위원회

2010년 6월에 개정된 콘텐츠산업진흥법 제29조는 콘텐츠사업자 간, 콘텐츠사업자와 이용자 간, 이용자와 이용자 간 콘텐츠 거래 또는 이용에 관한 분쟁을 조정하기 위하여 콘텐츠분쟁조정위원회를 구성하고 한국콘텐츠진흥원에 사무국을 둔다고 규정하였다. 콘텐츠분쟁조정위원회 위원은 법조계, 학계, 산업계, 이용자보호단체 등의 추천을 받아 문화체육관광부장관이 위촉한다. 이에 따라 한국콘텐츠진흥원은 콘텐츠의 유통 및 거래에 관한 이용자의 권익을 보호하고 분쟁을 조정하기 위한 콘텐츠분쟁조정위원회를 2011년 4월에 처음으로 구성한 이후 현재까지 콘텐츠분쟁조정위원회를 운영하고 있다.

콘텐츠분쟁조정위원회는 분쟁에 관한 상담, 조정절차 안내, 조정서 작성 및 송달 등 조정절차 전반을 지원하고 있다. 조정신청이 접수되면 당사자간 원만한 합의를 유도하고, 당사자 간 동의가 있으면 조정회의에 회부하여 조정안을 제시한다. 양 당사자가 조정안을 수락하면 조정서는 확정 판결과 동일한 효력을 갖는다.

콘텐츠분쟁조정위원회는 콘텐츠 민원상담창구를 개설하여('12.4.) 운영하고 있다. 2021년 총 상담 건수는 8,369건으로 2020년 대비 13%, 2015년 대비 104% 증가하였다. <표 4-6>에서 보는 바와 같이 2021년의 전체 분쟁 조정 사건 접수 건수는 14,716건이고, 이 중에서 콘텐츠기업과 이용자 간의 분쟁이 14,566건으로 99%를 차지한다. 그중에서도 게임과 관련한 분쟁이

<표 4-6> 2021년 콘텐츠 분쟁 조정 사건 접수 및 처리 내역

구분 (건수)	사건접수				사건처리 결과								
	B2C	B2B	C2C	계	조정 취하	조정 거부	이첩	조정 불능	조정 불성립	조정 전 합의	조정회의 후 성립	조정회의 후 불성립	계
게임	13,233	13	9	13,255	1,355	2,014	47	4,802	1,763	3,274	0	0	13,255
영상	505	46	0	551	71	83	18	181	23	171	1	3	551
지식정보	424	59	4	487	46	70	22	120	51	174	1	3	487
캐릭터등	67	6	0	73	73	5	21	18	5	21	1	0	73
기타	337	11	2	350	350	161	75	50	10	35	0	0	350
합계	14,566	135	15	14,716	1,493	2,333	183	5,171	1,852	3,675	3	6	14,716

*출처: 2021콘텐츠산업백서

13,233건으로 대부분을 차지한다. 콘텐츠기업 간에는 135건, 이용자와 이용자 간에는 15건을 차지한다. 전체 접수된 사건 중 조정위원회에서 처리할 수 없는 조정 취하(1,493건), 조정 거부(2,333건), 유관기관 이첩(183건), 조정 불능(5,171건) 사건을 제외하면 실질적인 유효 건수는 5,536건이고, 이 중 66.4%인 3,675건이 조정 전 합의로 종결되었다.

⑤ 해외 진출 지원(콘텐츠수출본부)

한국콘텐츠진흥원은 스타트업 기업의 해외 진출을 위해 해외 투자유치 네트워킹을 지원하고 게임, 만화, 애니메이션, 캐릭터 등의 장르별 해외 마켓 참여를 지원한다. 그리고 한국콘텐츠진흥원은 미국, 중국, 일본, 프랑스, 인도네시아, 베트남, UAE, 태국 등에 해외 거점사무소를 운영하며 해외의 시장정보 제공, 관계 부처 협력사업 진행 등 한국기업의 해외 진출을 위한 다양한 지원활동을 전개하고 있다.

한국콘텐츠진흥원은 콘텐츠 수출 마케팅플랫폼(WelCon)을 운영하고 있다. WelCon(Well-made K-Content)은 국내외 콘텐츠기업들이 온라인 환경에서 직접 교류하며 비즈니스 매칭을 시도할 수 있도록 지원하는 플랫폼이다. 해외 진출에 관심있는 콘텐츠기업은 미니 홈페이지를 만들고 콘텐츠를 등록함으로써 해외 기업에게 자사의 콘텐츠를 직접 홍보하거나 서로 소통할 수도 있다. 한국콘텐츠진흥원은 Welcon에 회원으로 가입하고 콘텐츠 해외 진출을 시도하는 국내 기업을 대상으로 해외 시장정보 제공 및 맞춤형 컨설팅 서비스를 제공한다.

⑥ 실감형 융합 콘텐츠 제작 지원(게임신기술본부)

한국콘텐츠진흥원은 가상현실, 증강현실, 확장현실, 홀로그램, 프로젝션 맵핑 등 신기술을 활용한 실감형 융합 콘텐츠 제작 지원사업을 전개하고 있다. 이는 콘텐츠산업의 기술 환경 변화에 적극 대응하고 실감형 콘텐츠산업의 발전을 유도하기 위함이다.

이 외에도 한국콘텐츠진흥원은 게임, 애니메이션, K-POP 등의 콘텐츠 IP를 활용한 메타버스 콘텐츠 발굴 사업도 전개하고 있다. 신기술 융합 콘텐츠 관련 스타트업이나 중소기업이 주된 지원 대상이다. 한국콘텐츠진흥원은 신기술 융합 콘텐츠의 제작 지원과 함께 해외 마켓에서의 한국 공동관을 운영함으로써 관련 기업 및 기술의 해외 진출도 지원한다.

⑦ 지역기반형 콘텐츠 산업 육성(콘텐츠기반본부)

한국콘텐츠진흥원은 지역기반형 콘텐츠산업의 육성을 위해 지역의 콘텐츠코리아랩 및 콘텐츠기업지원센터의 설립, 운영을 지원하고 있다. 지역 콘텐츠코리아랩은 지역 콘텐츠 창작자의 창작 역량을 높여서 아이디어가 창업으로 이어지는 것을 지원하는 지역 문화산업 인프라이다. 2023년 말 현재 서울과 세종을 제외한 전국 15개 시도가 지역 콘텐츠코리아랩을 설치하고 지역 콘텐츠산업 인프라로 활용하고 있다. 한국콘텐츠진흥원은 지역 콘텐츠코리아랩의 공동장비 운영, 교육, 창업 및 제작 지원에 필요한 경비를 국고와 지방비 매칭으로 지원한다. 한편 지역 콘텐츠기업지원센터는 콘텐츠코리아랩을 통해 창업한 지역 기업들의 입주, 제작, 사업화, 시장 진출 등을 지원하는 지역 콘텐츠산업 기반 시설이다. 지역 콘텐츠기업지원센터는 지역 콘텐츠코리아랩과 협업 체계를 운영하고 있다. 2023년 말 현재 11개 시도가 선정되었고 경남, 경북, 대구, 울산, 전남, 전북, 대전, 충남, 인천 등 9개 시도는 개소하여 운영 중이다. 충북과 부산의 지역 콘텐츠기업지원센터도 건립을 추진하고 있다.[104] 지역 콘텐츠기업지원센터의 운영비는 국고와 지방비 매칭이 원칙이다. 이는 국고 지원 예산에 상응하는 지방비 예산을 확보하는 경우에 국고를 지원하는 방식이다.

⑧ 게임산업 육성(게임신기술본부)

한국콘텐츠진흥원은 우수한 아이디어와 기술을 보유한 게임 스타트업 및 예비 창업자의 게임 기획안에 대한 맞춤형 지원을 통해 신규 게임기업을 육성하고 있다. 이를 통해 PC게임, 콘솔게임, 모바일게임, 아케이드게임, 보드게임 등 다양한 게임 플랫폼별 국산 게임의 제작 활성화를 유도한다. 게임 제작이 완료된 경우에는 결재, 보안, 서버 구축 등 후속 서비스 기술과 해외 진출 컨설팅 같은 전문적 서비스를 지원한다. 국산 게임의 해외 진출을 위해서 미국, 일본, 독일, 프랑스 등에서 개최되는 주요 게임 마켓 참가도 지원한다.

한국콘텐츠진흥원은 글로벌 게임허브센터를 운영하고 있다. 이는 국내 중소 게임기업이나 예비 창업자 및 스타트업 게임업체에게 입주공간을 제공하고, 관련 업체 간 네트워킹, 비즈매칭, 기타 사업서비스를 지원한다.

한편 한국콘텐츠진흥원은 게임인재원을 운영하며 게임산업에 특화된 실무형 인재를 양성

[104] 문화체육관광부·한국콘텐츠진흥원. (2024). 2023콘텐츠산업백서.

한다. 이는 2년 과정의 장기 교육과정으로 게임개발자를 꿈꾸는 예비 취·창업자를 대상으로 하며, 게임 기획, 게임아트, 게임프로그래밍 등의 세부 전공 과정으로 운영된다. 교육비는 전액 무료이다.

한국콘텐츠진흥원은 건전 게임문화의 진흥을 위하여 다양한 교육 및 캠페인도 추진한다. 유아 및 교사, 학부모 등 성인에 이르기까지 게임 리터러시 교육 프로그램을 운영하고 게임 과몰입 예방을 위한 교육도 지원하고 있다. 아울러 한국콘텐츠진흥원은 게임산업발전을 위해 이스포츠 활성화도 지원한다. 이스포츠의 글로벌 경쟁력 강화를 위한 핵심 인력을 양성하고, 국제 이스포츠 페스티벌을 개최하여 게임의 저변확대 및 활성화를 지원하고 있다.

⑨ 만화·이야기산업 육성(콘텐츠IP진흥본부)

만화, 스토리 IP는 타 장르의 창작 아이디어의 원천 소재가 된다. 최근의 인기 있는 드라마는 웹소설 또는 웹툰을 원작으로 하는 경우가 많다. 웹소설로 시작해서, 웹툰, 드라마, 뮤지컬 등으로 이어지는 원소스 멀티 유즈의 원천이 바로 웹소설과 웹툰이 되고 있다. 한국콘텐츠진흥원은 웹툰 분야 벤처기업 육성 프로그램을 운영하고 있다. 지원 대상은 설립한지 7년 미만의 만화 또는 웹툰 중소기업으로 창업준비 단계(1년 미만), 초기벤처 단계(1년 이상~3년 미만), 성장벤처 단계(3년 이상~7년 미만) 등으로 나누어 단계별로 지원한다.

웹툰 및 이야기가 다양한 창작의 원천이 되고 있기 때문에 콘텐츠 IP를 중심으로 산업 생태계가 재편되고 있다. 한국콘텐츠진흥원은 만화 또는 웹툰 IP를 다량 확보하여 국내외 유통을 준비 중인 기업을 대상으로 해외 플랫폼 구축을 지원한다. 지원내용은 플랫폼 구축 및 운영에 소요되는 비용과 현지화 마케팅 및 컨설팅 비용 등이다. 아울러 우수 국산 만화 및 스토리의 해외 진출을 위해 해외의 만화페스티벌 및 웹툰마켓 참가를 적극 지원하는 것은 물론 국내에서도 콘텐츠IP산업전을 개최하며 IP의 사업화를 지원하고 있다.

우수한 스토리는 다양한 콘텐츠 제작의 원천 소재가 되기 때문에 우수한 스토리 작가 발굴 및 육성이 콘텐츠산업 발전에 매우 중요하다. 이에 한국콘텐츠진흥원은 우수 스토리 및 창작자를 발굴하기 위하여 대한민국 스토리 공모대전을 운영하고 있다. 그리고 방송영상, 출판, 웹툰, 공연 등의 분야에서 스토리 기반의 콘텐츠 기획, 제작, 유통이 가능한 중소기업을 선정하여 스토리의 기획과 사업화 과정을 지원한다. 그리고 스토리산업의 인프라로서 스토리창작센터를 마련하여 운영하고 있다. 스토리창작센터는 스토리 창작자에게 집필 공간을 제공하고 작가 간 교류 및 스토리의 사업화 등을 지원한다.

한국콘텐츠진흥원은 경쟁력 있는 아이디어를 가진 창작자와 수요자의 원활한 매칭을 지원하기 위하여 스토리움 플랫폼을 운영하고 있다. 스토리 작가는 회원 가입을 하고 스토리를 등록하면 스토리움을 이용하는 창작자와 이용자 회원 간 스토리의 사업화를 위한 매칭이 일어난다. 스토리움에서는 우수 스토리를 선정하여 창작 및 홍보를 지원한다. 그리고 스토리움에서 우수 스토리 매칭이 발생하면 심사를 거쳐 방송영상, 만화, 공연, 출판 등으로 사업화될 수 있도록 지원고 있다.

⑩ 캐릭터산업 육성(콘텐츠IP진흥본부)

한국콘텐츠진흥원은 캐릭터산업 진흥을 위해 캐릭터산업의 가치사슬 전 분야를 대상으로 지원하고 있다. 이는 신규 캐릭터 IP 발굴, 캐릭터의 기획·개발부터 사업화를 위한 시제품 제작과 지식재산권 등록은 물론 캐릭터 라이선싱 페어 참가 및 해외 마케팅 활동을 포함한다.

캐릭터산업은 진입장벽이 낮아 누구나 쉽게 창업할 수 있기 때문에 IP로서 가치를 높이기 위해서는 유통, 판매, 마케팅 활동이 매우 중요하다. 이에 한국콘텐츠진흥원은 캐릭터 IP 상품의 홍보 및 유통을 적극 지원하고 있다. 심사를 거쳐 선정된 우수 캐릭터 IP에 대하여 시제품 매장을 운영하여 시장 진출에 도움을 주고 있다.

한국콘텐츠진흥원은 개발된 캐릭터 IP의 다양한 활용을 위한 라이선싱 지원사업을 전개하고 있다. 이는 캐릭터 IP를 활용하여 공연, 게임, 방송, 애니메이션, 영화, 웹툰, 만화 등의 다양한 콘텐츠로 제작하는 프로젝트를 지원하는 사업이다. 캐릭터 라이선싱의 활성화는 문화산업뿐 아니라 테마파크 및 식음료 등 타 산업군에도 확산될 수 있으므로 기업간 협업을 통한 캐릭터 라이선싱 활성화도 적극 지원하고 있다.

한국콘텐츠진흥원은 콘텐츠 IP산업전 개최와 연계하여 캐릭터 라이선싱 콘퍼런스를 개최한다. 이는 캐릭터 IP 라이선싱 비스니스의 전문성을 강화함은 물론 비즈매칭 및 네트워킹의 기회를 제공하기 위함이다. 국내에서 개최하는 콘텐츠 IP 산업전 외에도 캐릭터산업의 해외 진출을 위해 미국, 영국, 중국 등 해외 캐릭터 라이선싱 마켓에 한국관을 구성하여 국산 캐릭터의 참가를 지원하고 있다.

⑪ 음악산업 육성(콘텐츠IP진흥본부)

한국콘텐츠진흥원은 우수 음반 제작 및 음악콘텐츠 개발 지원사업을 전개하고 있다. 음원 발매 및 콘서트, 팬미팅, 쇼케이스 등을 준비하고 있는 대중음악뮤지션 및 중소기획사, 레이블 등이 지원 대상이다. 이와 함께 음악 관련 기술의 발전을 지원하기 위하여 음악과 ICT 기술을 융합한 콘텐츠 제작도 장려하고 있다. 이는 음악콘텐츠의 기술적 고도화를 통해 차세대 음악시장 선점을 지원하기 위함이다.

한국콘텐츠진흥원은 코로나19 팬데믹 시기에 온라인 공연이 활성화된 것에 착안하여 온라인 공연 제작 지원사업을 시행하고 있다. 이는 국내 대중음악뮤지션, 중소기획사 및 공연제작사들이 개최하는 온라인 공연과 영상 공연콘텐츠 제작을 지원하는 사업이다. 이후 코로나 위기를 극복하고 대면공연이 재개된 시점에는 오프라인 공연행사 개최에 필요한 경비도 지원하고 있다. 이는 중소 대중음악 공연 기획·제작사가 지원 대상이 된다.

한국콘텐츠진흥원은 뮤지션 육성 프로그램인 '뮤즈온'에서 선발된 팀을 대상으로 앨범 발매 및 공연 개최, 라이브 클립 제작, 플랫폼 연계 홍보 등을 지원하며 다양한 장르의 뮤지션을 육성하고 있다. 뮤즈온은 한국콘텐츠진흥원이 우수 뮤지션을 발굴하여 팬들과 뮤지션 간 온라인 소통의 장을 마련하기 위해 개설한 채널이다.

이 외에도 한국콘텐츠진흥원은 글로벌 음악 네트워크 구축을 지원하기 위해 서울국제뮤직페어를 개최한다. 이를 계기로 국내외 음악 전문가들은 상호교류를 활성화하고 네트워크를 구축함으로써 대중음악계의 비즈니스 역량을 높이고 해외 진출을 확대할 수 있다. 그리고 한국콘텐츠진흥원은 한국 뮤지션의 해외 진출을 지원하기 위하여 우수 뮤지션을 대상으로 해외투어 개최, 해외 쇼케이스 참가 등을 지원한다. 한국콘텐츠진흥원의 해외 비즈니스센터도 현지 네트워크를 활용하여 한국 대중음악 쇼케이스를 개최하고 있다.

⑫ 패션산업 육성(콘텐츠IP진흥본부)

코로나19 팬데믹은 패션산업의 유통구조를 송두리째 바꾸어 놓았다. 오프라인 유통망은 대폭 축소되고 온라인 시장이 크게 성장하였다. 한국콘텐츠진흥원은 브랜드 출시 3년 내외의 패션 디자이너를 대상으로 디자이너 입주공간 제공, 아이디어 시제품의 제작 및 사업화 지원, 온·오프라인 유통 및 홍보를 지원하고 있다. 디자이너 입주공간은 동대문의 무신사 스튜디오이다. 이러한 지원을 통해 각 브랜드들은 클라우드 펀딩을 통해 생산 및 판매를 진행하고 있다.

한국콘텐츠진흥원은 국내 패션 디자이너 브랜드 상품의 다양화를 통한 한국 패션산업의 경쟁력 강화를 위해 창의 브랜드 시제품 제작 지원사업을 추진하고 있다. 국내외에서 활동 중인 한국 디자이너 브랜드로서 의류와 잡화를 구분하여 지원 대상을 선정한다. 지원받은 브랜드들은 지원 전후의 매출액을 비교했을 경우 큰 폭의 성장률을 보였고 대기업과의 협업사례도 나타나고 있다.[105] 창의 브랜드 시제품 제작 지원 외에도 지속가능한 패션 브랜드 육성을 위해 우수한 브랜드의 의류 및 잡화(신발, 가방) 대상으로 시제품 제작 및 마케팅 지원사업을 전개하고 있다.

한국콘텐츠진흥원은 국산 패션 브랜드의 국내외 유통 활성화를 위해 패션 수주회 개최 및 해외 패션 수주회 진출을 지원한다. 아울러 뉴욕 패션위크에 국내 유망 디자이너를 소개하는 공식 연합 패션쇼인 '컨셉코리아 뉴욕'을 통해 K-패션의 글로벌 인지도 향상을 지원하고 있다. 그리고 뉴욕 및 파리의 패션위크 기간 중에 한국의 패션 브랜드 수출지원 공간(The Selects)을 운영하며 창의적 한국 브랜드의 수출을 지원하고 있다.

[105] 문화체육관광부. (2021). 2020 콘텐츠산업백서.

⑬ 애니메이션산업 육성(콘텐츠IP진흥본부)

한국콘텐츠진흥원은 국산 애니메이션 제작 지원사업을 전개하고 있다. 국산 웹툰, 웹소설, 영화, 드라마, K-POP, 한류스타, 게임, 전통문화 등 국산 IP를 소재로 애니메이션을 제작하는 프로젝트를 선별하여 지원한다. 영화진흥위원회는 극장용 애니메이션을 지원하고, 한국콘텐츠진흥원은 방송영상 애니메이션을 지원한다. 애니메이션은 초기 본편, 본편, 시즌작 등 제작 단계별로 나누어 공모를 통해 우수 프로젝트에 대하여 선별 지원한다. 초기 본편은 프리 프로덕션이 끝나고 메인 프로덕션을 시작하는 단계의 프로젝트이다. 본편은 메인 프로덕션을 진행하는 프로젝트이고 시즌작은 시즌2 또는 시즌3의 메인 프로덕션을 진행하고 있는 프로젝트이다.

우수한 애니메이션 창작의 다양성을 유도하고 애니메이션의 저변 확대를 위해 독립 애니메이션 제작도 지원하고 있다. 장편의 경우는 초기 기획 단계를 마친 독립 장편으로서 40분 이상의 애니메이션이고, 단편은 완결된 이야기 구조를 가진 5분 이상의 신규 독립 애니메이션이다.

이 외에도 한국콘텐츠진흥원은 애니메이션산업 육성을 위해 우수 기획안 공모전을 운영하며 시상하고 있다. 이는 초기 기획 단계의 신규 프로젝트를 보유한 애니메이션 제작사가 지원대상이다. 기획제작 지원 프로젝트 중 우수한 작품은 파일럿 제작을 지원하고 투자유치를 지원하기 위한 해외 피칭 쇼케이스도 개최한다. 이와 함께 국산 애니메이션의 해외 진출을 지원하기 위해 해외 마켓에서 한국공동관을 운영하거나 개별적 해외 마켓 참가도 지원하고 있다.

⑭ 방송영상산업 육성(방송영상본부)

코로나19 팬데믹은 극장에게는 위기를, 글로벌 OTT 산업에게는 급성장의 기회를 제공하였다. 독립제작사들은 OTT 채널이 많아지게 되어 새로운 기회를 맞이하였다. 한국콘텐츠진흥원은 다양한 플랫폼을 통해 전 세계에서 즐길 수 있는 경쟁력 있는 방송영상콘텐츠 기획안을 발굴하여 제작을 지원한다. 드라마와 다큐 등을 중심으로 하지만 배리어프리 등 공공성 있는 방송영상콘텐츠도 지원 대상에 포함한다. 최근 인터넷 웹 채널이 활성화되고 있음을 감안하여 웹 기반의 드라마 및 예능·교양 콘텐츠 제작도 지원한다. 아울러 가상현실, 증강현실, 확장현실, 메타버스 등 신기술을 접목한 방송콘텐츠 제작을 지원함으로써 미래의 콘텐츠 기술에 대한 산업계의 선도적 대응을 유도하고 있다.

특히, 2023년에는 국내 OTT 플랫폼 경쟁력 강화를 위한 독립제작사 및 플랫폼을 대상으로 OTT 특화 콘텐츠 제작 지원사업이 큰 폭으로 확대되었다. 드라마 장편의 경우 지원 규모가 최대 30억 원에 이른다. OTT 특화 콘텐츠 제작 지원사업의 2023년 총 사업비는 454억 규모이다.

한국콘텐츠진흥원은 방송영상콘텐츠의 후반 작업도 지원하고 있다. 드라마, 예능·교양, 다큐멘터리 부문에서 우수 방송영상콘텐츠를 선정하여 후반작업을 지원하고, OTT 콘텐츠의 후반작업도 지원한다. 2023년의 후반작업 지원 예산은 300억 원 규모이다.

한국콘텐츠진흥원은 방송영상콘텐츠 제작 지원 외에도 국내외 유통 활성화를 위한 사업을 전개하고 있다. 국내에서 국제방송영상마켓인 BCWW를 개최하여 방송영상콘텐츠에 대한 글로벌 비즈매칭을 지원한다. BCWW는 방송영상콘텐츠의 전시 및 수출상담회는 물론 글로벌 바이어 대상 프로젝트 피칭 및 쇼케이스 행사 등 다양한 프로그램으로 구성되어 있다.

한국콘텐츠진흥원은 MIPTV, MIPCOM 등 해외의 주요 방송콘텐츠 마켓에 국내 기업의 참여를 적극 지원하고 있다. 이는 국내 우수 방송영상콘텐츠의 해외 수출에 필요한 번역, 자막, 더빙 등 재제작 및 현지화 지원사업을 포함한다.

한국콘텐츠진흥원은 방송영상산업의 인프라로서 대전의 '스튜디오 큐브'를 운영하며 드라마, 영화 등 방송영상 제작사들의 촬영을 적극 지원하고 있다. 그리고 서울 상암동에 DMS 제작센터를 별도로 운영하며 방송영상콘텐츠의 후반작업을 지원하고 있다.

3) 문화산업 국가경쟁우위 지원

한국콘텐츠진흥원은 게임, 방송영상, 애니메이션, 만화, 스토리, 캐릭터, 음악, 패션 등 다양한 장르의 문화산업을 지원하고 있다. 스타트업 기업의 인큐베이팅 시설 입주, 콘텐츠 기획 및 파일럿 프로젝트 지원, 본편 제작 및 투자유치를 위한 비즈매칭, 해외 마켓 참가 등 기획, 제작, 유통에 이르기까지 거의 모든 과정을 지원하고 있다. 물론 스타트업 및 중소기업들이 주된 대상이다.

한국콘텐츠진흥원의 지원사업을 국가경쟁우위 결정요소 별로 구분하면 <그림 4-7>과 같다. 한국콘텐츠진흥원의 지원사업은 국내 다이아몬드의 네 가지 결정요소 모두에 대하여 긍정적 영향을 줄 수 있다. 그러나 국제적 관점에서는 해외 수요조건 확충을 위한 지원사업의 비중이 압도적으로 크다. 글로벌 시장에서 한국문화산업의 지속적 국가경쟁우위 창출을 지원하기 위해서는 국외 다이아몬드를 구성하는 나머지 요소를 강화하는 지원사업을 보강할 필요가 있다.

① 요소조건 고도화

한국콘텐츠진흥원의 다양한 지원사업 중에서 스타트업의 인큐베이팅 지원 및 공동설비의 운영, 기술 개발 및 인력 양성, 제작비 지원 등은 요소조건을 강화하는 사업이다. 한국콘텐츠진흥원은 우수한 콘텐츠 기획안 및 스토리 작가를 발굴하여 육성함으로써 콘텐츠산업 전체의 창작 기반을 구축하는 역할을 하고 있다.

② 수요조건 고도화

한국콘텐츠진흥원은 국내 수요 창출도 지원하지만 해외 진출을 통한 수출확대에 보다 주력하고 있다. 장르별 국제마켓을 국내에서 개최하기도 하고, 해외 마켓 참여도 지원하여 국내외 투자유치 및 콘텐츠 수출을 적극 지원하고 있다. 그리고 관계 부처 합동 홍보관 설치 및 운영을

요소조건
- 기술개발 지원
- 장르별 전문인력 양성
- 우수 스토리 작가 발굴, 육성
- 콘텐츠코리아랩, 게임허브센터 운영
- 지역 콘텐츠기업육성센터 조성 및 운영 지원
- 우수 콘텐츠 기획안 사전 발굴 및 사업화 지원
- 콘텐츠 제작 및 투융자 지원
- 국내외 프로젝트 피칭 기회 제공 (투자유치)
- 제작인프라(스튜디오 큐브, DMS 제작센터) 운영

기업전략, 구조 및 경쟁
- 창업 및 스타트업 성장 지원
- 경영정보제공 및 전략 컨설팅

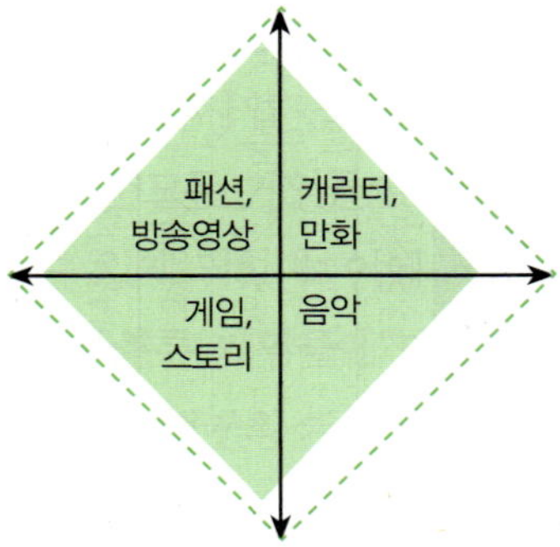

관련 및 지원산업
- 대중문화예술지원센터 운영
- 음원사재기 발생 신고 센터 운영
- 콘텐츠분쟁조정위원회 운영 (사업자 간)
- 입체·실감형 융복합 콘텐츠 육성
- 스토리뱅크 플랫폼 '스토리움'을 통한 이야기산업 활성화
- 콘텐츠 IP 라이선싱 및 사업화 지원
- 관련 기업 간 비즈매칭 및 네트워킹 지원
- 번역, 자막, 더빙 등 재 제작
- 보안. 결재, 서버구축 등 사업 서비스 컨설팅

수요조건
- 콘텐츠 이용자 권익 보호 및 분쟁 조정 (이용자 관련)
- 게임 이용 교육 및 과몰입 예방 등 게임 문화 건전화
- 이스포츠 대회 개최 및 활성화
- 콘텐츠 수출 마케팅 플랫폼 (WelCon) 운'영
- 뮤지션 육성 플랫폼인 '뮤즈온' 운영
- 국제콘텐츠마켓 또는 페스티벌 개최 (국제콘텐츠 IP산업전, 캐릭터라이선싱페어, 서울국제뮤직 페어, 국제방송영상마켓(BCWW), e스포츠페스티벌 등)
- 해외 마켓 참가 지원
- 해외 비즈니스센터를 통한 콘텐츠 해외 진출 지원
- 해외 주요 국가별 K-콘텐츠엑스포 개최
- 관계부처 합동 한류박람회 및 해외홍보관 설치

<그림 4-7> 한국콘텐츠진흥원의 문화산업 국가경쟁우위 결정요소에 대한 영향

통해 한류 연관 상품의 해외 수출까지 지원한다. 이는 문화콘텐츠의 국내외 마케팅 지원을 통한 수요조건 고도화를 지원하는 사업이다.

③ 관련 및 지원산업 발전

한국콘텐츠진흥원은 웹툰, 웹소설, 캐릭터 등 콘텐츠 IP의 라이선싱 및 사업화를 지원한다. 이를 위해 스토리 뱅크 플랫폼인 '스토리움'을 운영하고 있다. 이는 문화산업의 관련 및 지원산업 간 비즈니스 매칭을 통해 산업 생태계 구축을 지원하는 사업이다. 콘텐츠의 번역, 자막, 더빙 등 재제작 지원이나 보안, 결재, 서버 구축 등에 관한 사업서비스 컨설팅도 콘텐츠의 제작 및 유통과 관련되거나 이를 지원하는 산업의 발전을 유도한다. 그리고 불법 유통을 방지하기 위하여 음원사재기 신고센터를 운영하고 있다.

한국콘텐츠진흥원이 운영하는 콘텐츠분쟁조정위원회는 콘텐츠 이용자 보호가 주된 기능이지만 사업자 간 콘텐츠 분쟁도 조정한다. 이는 콘텐츠산업 내 관련 및 지원산업 간 갈등을 해소하고 협업을 유도한다. 그리고 한국콘텐츠진흥원에 설치된 대중문화예술지원센터는 콘텐츠산업의 공정한 계약 체결을 유도하여 건전한 콘텐츠생태계 구축을 지원하며 문화콘텐츠 제작에 참여하는 대중문화예술인의 권익을 보호한다.

④ 기업전략·구조 및 경쟁

한국콘텐츠진흥원에 의한 창업 지원, 스타트업에 대한 컨설팅 등은 기업전략, 산업구조 및 경쟁에 영향을 준다. 한국콘텐츠진흥원의 거의 모든 지원사업은 창업 7년 미만의 스타트업이나 중소기업을 대상으로 한다. 중견 이상의 콘텐츠기업은 일부 분야에 콘소시엄 형태로 참여할 수 있을 뿐이다. 그러다보니 산업구조의 고도화 또는 경쟁촉진을 위한 정책은 비중이 적을 수밖에 없다. 글로벌 콘텐츠산업의 리더를 키우기 위한 폭넓은 정책적 고민도 필요하다.

3 영화진흥위원회

영화진흥위원회는 1999년 2월 개정된 영화진흥법을 근거로 설립된 공공기관이다. 영화진흥법은 2006년 영화 및 비디오물의 진흥에 관한 법률로 새롭게 제정되었다. 이에 따라 현재 영화진흥위원회는 영화 및 비디오물의 진흥에 관한 법률을 근거로 영상산업을 전담 지원하는 공공기관이다.

영화진흥위원회는 영화진흥공사를 승계하였고 영화진흥공사 설립 이전에는 영화진흥조합이 있었다. 그러나 영화진흥공사와 영화진흥조합은 본질적으로 성격이 다르다. 공사는 정부가 공적인 사업을 수행하기 위하여 설립하는 준 정부기관으로서 공공기관이지만, 조합은 관련 업계 대표들이 해당 산업의 발전을 위하여 자발적으로 설립하는 민간단체이기 때문이다.

1) 주요 직무와 조직구조[106]

현재의 영화진흥위원회는 과거의 영화진흥공사보다 더 포괄적이고 다양한 기능을 수행하고 있다. 제3장 문화산업 육성을 위한 법률지원체계에서 살펴본 바와 같이 영화 및 비디오물의 진흥에 관한 법률에 근거하여 영화진흥위원회는 한국영화의 발전을 지원하기 위해 다양한 기능을 수행한다. 정부의 영화진흥기본계획 수립 지원, 영상제작시설 관리·운영, 영화발전기금의 관리·운용, 영화 진흥을 위한 인재 양성, 독립·예술영화의 진흥, 영화 유통구조 개선, 표준계약서의 확산 및 공정 환경 조성 등이 이에 해당된다. 이 외에도 영화진흥위원회는 한국영화 제작, 영상전문투자조합 출자, 국산 영화의 해외 진출, 영화 상영관 개선, 영화산업종사자 복지 향상,

[106] www.kofic.or.kr

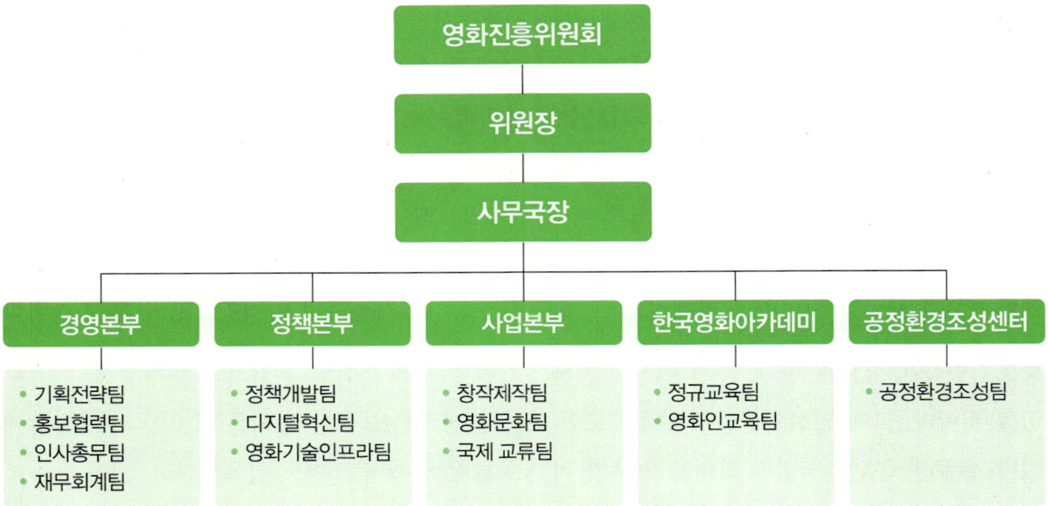

<그림 4-8> 영화진흥위원회의 주요 조직('25.1.31. 현재)

영상기술 개발, 소외계층 영화 향유권 향상 등 영화산업의 가치사슬 전반에 대하여 지원사업을 전개하고 있다.

<그림 4-8>은 2025년 초 현재 영화진흥위원회의 주요 사업부서 조직도이다. 영화진흥위원회는 한국콘텐츠진흥원과 마찬가지로 공공기관이므로 산업환경 변화에 효과적으로 대응하기 위하여 정부조직보다는 비교적 유연하게 조직구조를 변경할 수 있다.

영화진흥위원회의 정책본부는 영화산업통계 발행, 영화산업 진흥을 위한 조사연구, 영화정보시스템 및 영화관입장권통합전산망 운영, 영화기술 관련 조사연구 및 표준화, 영사기술자격검정 운영 등을 담당한다. 사업본부는 한국영화 기획·개발 활성화, 영화 제작 지원 및 투자조합 출자 관리, 다양한 영화제 개최 지원, 한국영화 해외 진출 및 국제 교류 지원, 전용관 운영 지원 등 영화의 제작 및 유통 활성화를 지원한다. 한국영화아카데미는 영화 제작 관련 정규교육과 현장인력 재교육 등의 인재 양성을 지원한다. 공정 환경조성센터는 영화 제작 현장에서의 근로환경 실태조사, 표준계약서 관리 및 확산 등 영화산업현장의 공정한 생태계 구축을 지원한다.

2) 영화산업 국가경쟁우위 지원

영화진흥위원회는 한국영화산업의 지속적 국가경쟁우위 향상을 위한 다양한 사업을 지원하고 있다. 영화 및 비디오물의 진흥에 관한 법률이 부여한 영화진흥위원회의 직무와 영화발전기금 등을 활용한 영화진흥위원회의 지원사업을 영상산업 국가경쟁우위 결정요소에 대한 영향에 따라 분류하여 정리하면 <그림 4-9>와 같다.

영화진흥위원회는 주로 영화관 입장료에 부가하는 부과금으로 조성하는 영화발전기금을 활

기업전략, 구조 및 경쟁
- 영화정책 연구 및 영화산업정보 제공
- **영화 진흥을 위한 조사연구**

요소조건
- 영화제작시설의 관리·운영
- 영화발전기금의 관리·운용
- 독립·예술영화제작 지원
- 한국영화아카데미 운영
- 현장 영화인 인력 양성
- 영상전문 투자조합 출자
- 첨단 영상기술 개발
- 애니메이션영화 제작 지원
- **해외 영화인 교육**
- **국제공동제작 지원**

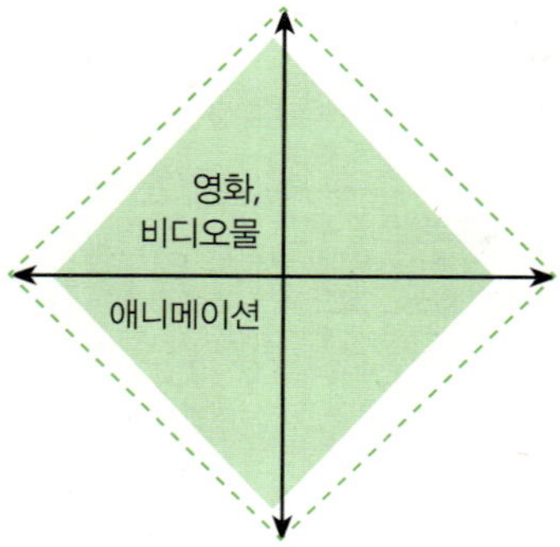

수요조건
- 영화관객의 불만 관리
- 청소년 등 영화 교육
- 문화소외계층 영화 관람 환경 개선
- 독립·예술영화 개봉 지원
- 국내영화제 육성
- **국제영화제 육성**
- **영화 해외 진출 지원**
- **영진위 해외 사무소 운영**

관련 및 지원산업
- 영화 기획·개발 지원
- 영화의 유통배급 지원
- 영상기술 표준 및 영화상영관 시설기준 제정
- 표준계약서 확산 및 공정한 산업 환경 조성
- 입장권통합전산망 운영
- 전용관 운영 지원(독립·예술영화 유통 배급 지원)
- **영화 촬영지 정보 네트워크 구축**
- **아시아영화교류센터(한·아세안영화협력) 운영**

<그림 4-9> 영화진흥위원회의 영화산업 국가경쟁우위 결정요소에 대한 영향

용하여 영화산업을 지원한다. 그러나 2020년 3월부터 3년이 넘는 기간동안 코로나19 팬데믹으로 영화관이 오랫동안 정상적 영업을 못 하면서 영화발전기금은 고갈 위기에 처하였다. 2023년 5월에 코로나 엔데믹으로 전환되면서 극장의 관객이 늘어나는 추세이지만 코로나 위기를 겪으면서 영화발전기금 크게 수입이 줄었기 때문에 2023년의 영화진흥위원회 사업규모는 전년 대비 큰 폭으로 축소되었다. 2022년 및 2023년 영화진흥위원회의 주요 지원사업은[107] <표 4-7>과 같다.

① 요소조건 고도화

가. 영화 제작 지원

영화진흥위원회는 영화발전기금을 운용하며 다양한 지원사업을 전개하고 있다. 이 중 독립·예술영화 제작 지원은 독창적이고 실험적인 영상물의 창작을 통한 영화문화의 다양성을 촉진한다. 영화진흥위원회는 극장용 애니메이션의 제작도 지원하고 있다.

[107] 영화진흥위원회. (2023). 2023년 영화진흥위원회 사업계획.

<표 4-7> 영화진흥위원회의 2022년 및 2023년 주요 지원사업 비교

주요 사업	2022년(백만 원)	2023년(백만 원)	증감액	증감율
영화 기획·개발 지원	5,836	6,998	1,162	19.91%
독립영화 제작 지원	7,986	11,730	3,744	46.88%
장편 극영화 촬영 공간 지원	1,000	-	−1,000	−100.00%
애니메이션영화 종합 지원	2,038	3,028	990	48.58%
영상전문투자조합 출자	35,000	8,000	−27,000	−77.14%
지역 영상 생태계 기반 구축	1,850	1,230	−620	−33.51%
한국영화아카데미 운영	8,524	8,835	311	3.65%
현장 영화인 인력 양성	1,039	1,030	-9	-0.87%
첨단 영화기술 지원	3,909	2,739	−1,170	−29.93%
영화 해외 진출 지원	4,655	5,352	697	14.97%
국내 영화제 육성	1,001	1,001	0	0.00%
국제 영화제 육성	4,728	4,628	−100	−2.12%
영화교육 지원	600	551	-49	-8.17%
문화 소외계층 관람 환경 개선	2,957	2,636	−321	−10.86%
영화 정보시스템 운영	1,847	1,825	-22	−1.19%
해외 사무소 및 주재원 운영	844	566	-278	−32.94%
남북 영화 교류 지원	65	-	-65	−100.00%
전용관 운영 지원	3,359	3,279	-80	−2.38%
독립예술영화 개봉 지원	2,230	2,230	0	0.00%
독립예술영화 유통배급 지원	2,000	1,900	−100	−5.00%
공정 환경 조성 사업	1,393	1,347	−46	−3.30%
영화 촬영지 정보 네트워크 구축	225	225	0	0.00%
외국 영상물 로케이션 인센티브	360	324	−36	−10.00%
한·아세안 영화기구 설립 운영	1,070	370	−700	−65.42%
합계	94,516	69,824	−24,692	−26.12%

*출처: 2022년 및 2023년 영화진흥위원회 사업계획 요약

이 외에도 영화진흥위원회는 우수한 영화 제작사의 육성 및 영화 제작 환경을 조성하기 위해 영상전문투자조합에 출자하여 중소영화 제작 자금을 지원하고 있다. 2023년에는 80억 원을 출자하여 영화전문투자조합 결성을 지원하였다.

나. 인프라 조성, 인력 양성, 기술 개발 등 요소조건 고도화

영화진흥위원회는 지역의 영화인프라 및 생태계 발전을 지원함과 동시에 첨단 영상기술의

발전을 지원한다. 그리고 한국영화아카데미를 운영하며 영화전문가를 양성한다. 한국영화를 대표하는 많은 연출가들이 한국영화아카데미 출신이다. 영화인프라 조성, 인력 양성, 첨단 영상기술 개발 및 활용 지원 등은 영화산업의 요소조건을 고도화하는 사업이다.

다. 해외 영화인 교육 및 국제 공동제작 지원

영화진흥위원회는 해외 영화인 교육 및 국제 공동제작에 대한 지원사업도 전개할 수 있다. 이는 요소조건의 국제적 고도화를 지원하는 사업이다.

② 수요조건 고도화

영화진흥위원회는 다양한 영화제 개최를 지원하고 있다. 이는 한국영화의 국내외 시장 확충에 기여한다. 한편 영화진흥위원회는 소외계층의 영화문화 향유권을 제고하기 위하여 차별 없는 영화관람 환경을 조성하고 청소년 영화 교육사업을 통해 영화의 저변을 확대하고 있다.

영화진흥위원회는 한국영화의 해외 진출도 적극 지원한다. 이를 위해 베를린, 칸 등의 주요 국제 영화제에서 '한국영화의 밤' 행사를 개최하며 해외의 영화시장 진출을 지원하고 있다. 그리고 영화진흥위원회는 중국 사무소 및 해외 주재원을 운영하며 한국영화의 해외 진출 및 홍보를 현지에서 지원하기도 한다. 한국영화의 해외 진출 지원은 한국영화에 대한 해외 수요 확충을 지원하는 사업이다.

③ 관련 및 지원산업 발전

영화의 관련 및 지원산업은 영화 제작의 전·후방산업 및 지원산업을 포함한다. 영화 시나리오의 기획·개발 등은 영화의 후방 공급산업이고 영화의 배급 및 상영 등 유통 부문은 전방산업에 해당한다. 특수효과는 영화 촬영 및 편집 등에서 영화의 완성도를 높이는데 기여하는 지원산업에 해당된다.

영화진흥위원회는 영화 제작의 첫 단계인 영화의 기획·개발을 지원한다. 이는 시나리오 공모전, 한국영화 기획·개발, 기획·개발 전문 역량 강화 등으로 구성된다. 시나리오 공모전은 영화진흥공사 시기부터 지원해온 계속사업이다. 영화진흥위원회는 국내 영화 제작자를 대상으로 장편 극영화의 기획·개발비를 지원한다. 그리고 한국영화 차기작 기획·개발 사업도 지원한다. 이는 전년도 극장 개봉실적이 있는 영화 제작자를 대상으로 차기 기획·개발 프로젝트에 대한 지원사업이다. 기획·개발 전문역량 강화 사업은 장편 극영화 창작을 목표로 하는 신인 작가 또는 영화 제작자에 대하여 시나리오 연구비를 지원하는 사업이다.

영화진흥위원회는 영화 상영관의 시설기준을 제시하고 영화 상영관에 대한 지원사업도 전개한다. 특히 독립·예술영화와 같은 순수영화의 경우에는 상업적 영화와 다르기 때문에 제작 지원에 그치지 않고 배급 및 상영까지 종합적으로 지원한다.

영화진흥위원회는 입장권통합전산망을 운영한다. 이는 영화 제작자에게 흥행 실적에 대한 신뢰성 있는 정보를 제공함으로써 투명한 영화시장 조성에 기여한다. 그리고 영화의 수요자들에게는 실시간으로 극장 예매현황을 제공하여 영화수요의 고도화 및 확충을 촉진할 수 있다. 이 외에도 영화진흥위원회는 건전한 영화산업 생태계를 조성하기 위하여 영화인 신문고를 지원하고 표준계약서 사용을 권장하고 있다. 이는 건강한 영화산업 생태계 구축에 기여할 수 있다.

영화진흥위원회는 영화 촬영지 정보네트워크를 구축하여 외국 영상물의 국내 로케이션 촬영 유치를 지원한다. 이는 영화를 통하여 국내 관광을 촉진할 뿐 아니라 해외 영화 제작사와의 네트워킹 구축에도 기여한다. 영화진흥위원회는 한국과 동남아시아 국가 간 영화분야의 교류협력을 통해 영화의 동반성장을 추진하기 위하여 한·아세안영화기구 설립을 추진하였다. 이는 국제적 관점의 관련 및 지원산업 발전에 기여할 수 있다.

④ 기업전략·구조 및 경쟁

영화진흥위원회는 영화진흥공사 시기부터 영화 관련 정보 및 통계자료를 오랫동안 잘 보존하고 관리해왔다. 영화진흥위원회가 제공하는 통계 및 영화산업정보는 영화산업 관련 기업의 전략 수립에 커다란 도움을 줄 수 있다.

4 한국출판문화산업진흥원[108]

1) 연혁

한국출판문화산업진흥원은 한국간행물윤리위원회에서 기원한다. 한국간행물윤리위원회는 간행물의 유해성 여부를 심의하는 기관이다. 한국간행물윤리위원회는 사단법인 형태로 존재하였는데 1997년 제정된 청소년보호법 제45조와 부칙 제2조에 근거하여 법정법인으로 전환되었다. 제정 당시 청소년보호법 제45조는 "유해간행물로부터 청소년을 보호하고 간행물의 윤리적·사회적 책임을 구현하기 위하여 한국간행물윤리위원회를 설치한다"고 규정하였다. 한편 청소년보호법에 설립 근거를 두고 있던 한국간행물윤리위원회는 출판 및 인쇄진흥법 제정('02.8.26.)으로 설립 근거가 변경되었다. 제정 당시의 출판 및 인쇄진흥법에 의하면 한국간행물윤리위원회는 다음 각 호의 어느 하나에 해당하면 유해간행물로 결정한다. 현재의 출판문화산업진흥법 제19조에 의한 유해간행물 판정기준도 같다.

가. 자유민주주의 체제를 전면 부정하거나 체제 전복 활동을 고무하거나 선동하여 국가의 안전이나 공공질서를 뚜렷이 해치는 것

나. 음란한 내용을 노골적으로 묘사하여 사회의 건전한 성도덕을 뚜렷이 해치는 것

108 Kpipa.or.kr

다. 살인, 폭력, 전쟁, 마약 등 반사회적 또는 반인륜적 행위를 과도하게 묘사하거나 조장하여 인간의 존엄성과 건전한 사회질서를 뚜렷이 해치는 것

출판산업은 오랜 역사를 갖고 있는 전통적 문화산업이지만 이를 지원하는 공공기관은 없었다. 이에 출판계는 2005년 11월 출판산업 진흥을 위한 공공기관 설립을 건의하였다. 문화관광부가 2007년 4월에 발표한 출판지식산업 육성방안은 출판산업 진흥기구 설립 등 10대 과제를 포함하였다. 2010년에 이르러 문화체육관광부는 출판진흥기구 설립을 위한 태스크포스(TF)를 운영하여 한국간행물윤리위원회를 활용한 출판진흥기구를 설립한다는 결론을 도출하고 출판문화산업진흥법 개정을 추진하였다.[109] 개정된('12.1.26.) 출판문화산업진흥법을 근거로 2012년 7월 기존의 한국간행물윤리위원회의 기능을 흡수·확대한 한국출판문화산업진흥원이 설립되었다.

한국출판문화산업진흥원은 출판물 제작, 유통 선진화, 지역 서점 활성화, 전자출판 육성, 출판산업의 해외 진출 지원 등 다양한 지원사업을 수행하는 공공기관이다. 이를 위한 예산은 문화체육관광부에서 지원한다. 한국출판문화산업진흥원은 한국간행물윤리위원회를 흡수하여 설립하였기 때문에 간행물의 유해성 심의도 직무에 포함되지만 업무의 특성을 감안하여 독립적으로 운영하고 있다.

2) 조직과 주요 기능

한국출판문화산업진흥원의 주요 조직은 <그림 4-10>과 같다. 기술한 바와 같이 공공기관은 산업환경 변화에 대응하기 위하여 문화체육관광부와 협의하여 조직구조를 비교적 자유롭게 변경할 수 있다. 그러므로 <그림 4-10>의 조직체계는 언제든지 바뀔 수 있다.

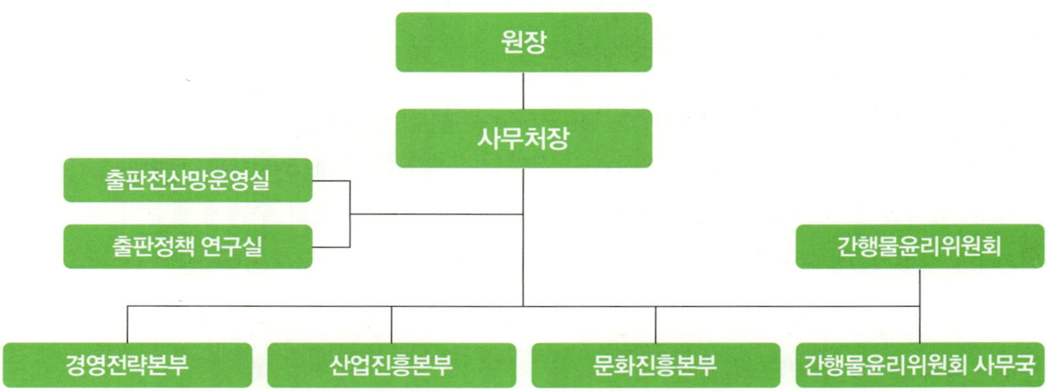

<그림 4-10> 한국출판문화산업진흥원 주요 조직('25.1.31. 현재)

[109] 문화체육관광부. (2012). 2011콘텐츠산업백서.

간행물윤리위원회는 독립적으로 간행물의 유해성 여부를 심의한다. 간행물윤리위원회를 행정적으로 지원하는 별도의 사무국 조직이 있다. 출판전산망운영실은 출판유통통합전산망을 운영한다. 출판정책 연구실은 국내외 출판산업에 대한 조사연구를 통해 출판산업 정책보고서 및 출판산업 동향 등의 자료를 발간한다. 산업진흥본부는 출판 제작 및 유통 선진화를 지원하고 문화진흥본부는 국내외 출판 수요 확대 및 교육 사업을 운영한다.

3) 출판산업 국가경쟁우위 지원

출판문화산업진흥법에 의한 한국출판문화산업진흥원의 직무와 한국출판문화산업진흥원의 주요 사업[110]을 토대로 출판산업 국가경쟁우위 결정요소에 대한 영향에 따라 분류해보면 <그림 4-11>과 같다. 그림에서 보는 바와 같이 한국출판문화산업진흥원의 출판산업 국가경쟁우위 지원활동은 국내 관점에서는 국가경쟁우위 결정요소 모든 부문에 긍정적 영향을 주는 다양한 활동을 전개하고 있다. 그중에서 특히 출판의 수요 확충을 지원하는 사업의 비중이 크다. 국제적 관점에서도 출판의 해외 수요 확충에 집중되어 있다.

① 요소조건 고도화

가. 양서 출판 제작 지원

한국출판문화산업진흥원은 양서 출판을 지원하기 위하여 국내 출판사에서 발간한 도서 중 950여 종의 우수 도서를 선정하여 종당 800만 원 이내로 구입, 전국의 도서관에 보급한다. 선정하는 도서의 양과 종당 구입금액은 예산에 따라 변경될 수 있다. 이 사업은 세종도서 사업으로 불린다. 양서 출판 지원사업은 문화공보부 시기부터 진행되었던 꽤 오랜 역사를 갖고 있는 사업이다. 종이 출판에 대한 육성 외에도 디지털 환경에 맞추어 우수 전자책 및 오디오북의 제작도 지원한다. 2022년의 경우 2,800여 종의 전자책 제작을 지원하였다.

나. 전문인력 양성

한국출판문화산업진흥원은 출판아카데미와 수출아카데미를 운영하며 출판 전문인력을 양성한다. 출판아카데미는 출판사 재직자들의 직무능력 향상을 위해 출판기획, 편집디자인, 출판마케팅, 전자출판 등을 강의내용으로 운영한다. 수출아카데미는 출판 수출에 관심이 있는 일반인, 예비 창업자, 창업 초기 관계자 등이 대상이다. 강의내용은 출판물 수출, IP 비즈니스 수출전략, 저작권 표준계약서, 저작권 에이전트 비즈니스 등으로 구성된다.

다. 지역 출판산업 인프라 조성

한국출판문화산업진흥원은 지역 출판산업 인프라 조성을 위해 '책문화센터' 설립을 지원하

[110] Kpipa.or.kr 및 2022 KPIPA 성과보고서(한국출판문화산업진흥원, 2023) 참조

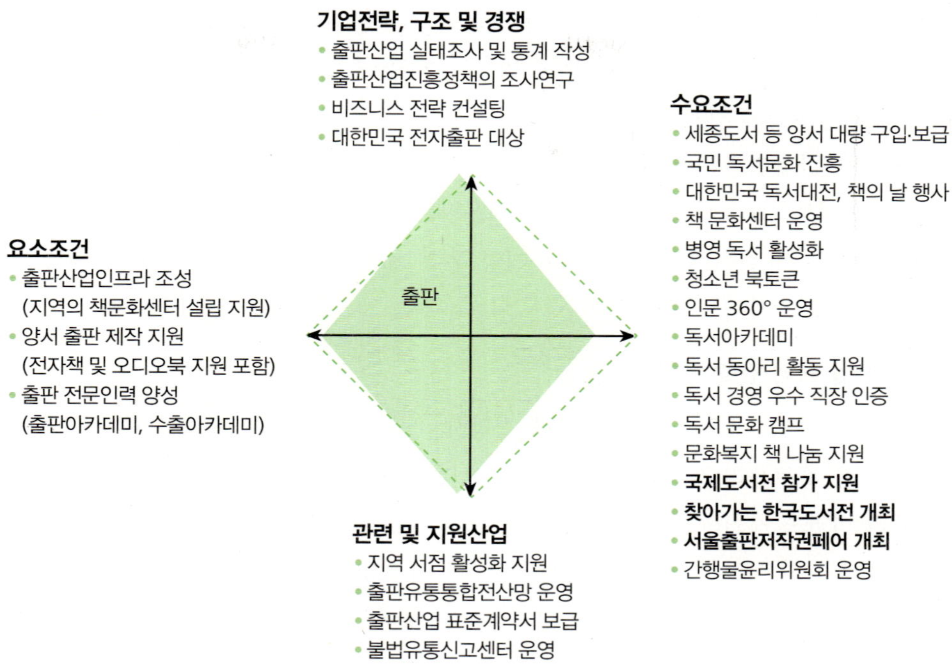

<그림 4-11> 한국출판문화산업진흥원의 출판산업 국가경쟁우위 결정요소에 대한 영향

고 있다. 책문화센터는 지역에서 책을 만들고 나누는 출판산업 진흥을 위한 기반 시설이다. 한국출판문화산업진흥원은 책문화센터 운영이 가능한 지자체를 대상으로 매년 1곳을 선정하여 공간을 조성하는 비용을 지원한다. 책문화센터는 출판 창업 보육실, 작가 창작실, 독서 쉼터, 다목적 강의실, 교육실을 갖춘 공간으로 조성된다.

② 수요조건 고도화

가. 국민 독서문화 증진

국민 독서문화 증진 사업은 도서의 수요 확충을 지원한다. 한국출판문화산업진흥원은 연령대별로 다양한 독서 증진 사업을 추진하고 있다. 병영 독서 활성화 사업은 입대부터 전역까지 독서 기회를 제공하기 위하여 군부대에 도서를 지원하고 전문강사를 파견하는 사업이다. 청소년 북토큰 사업은 전국의 교육복지 취약계층에 해당하는 초등학생 및 중학생에게 도서 교환권인 '북토큰'을 배포하여 청소년 독서활동을 장려하는 사업이다.

독서 아카데미는 도서관, 문화원, 기업 등과 연계하여 문화, 역사, 철학, 자연과학 등에 관한 책을 기반으로 통섭형 강의 운영을 지원하는 프로그램이다. 전국 청소년 독서토론 한마당은 전국의 160여 개 중·고교를 대상으로 독서 토론 프로그램을 지원하는 사업이다. 대한민국 독서대전은 해마다 독서문화 진흥에 앞장서는 기초자치단체 1곳을 선정하여 '책의 도시'로 선정하고

9월 독서의 달에 독서 문화축제를 개최하는 것을 지원하는 사업이다. 세계 책의 날 행사는 매년 4월 23일을 책의 날로 정하고 작가와의 만남, 온라인·오프라인 책드림행사, 북콘서트 등을 진행하는 독서 문화축제이다.

한국출판문화산업진흥원은 인문정신문화 전담기관으로 지정되어 인문 콘텐츠 플랫폼인 '인문360°'를 운영하며 명사와 함께하는 인문포럼을 통해 책 읽는 사회 분위기를 조성하고 있다. 이 외에도 한국출판문화산업진흥원은 독서경영 우수 직장 인증, 독서 동아리 활동 지원 등 다양한 국민 독서 증진 사업을 진행한다.

나. 출판산업 해외 진출 지원

한국출판문화산업진흥원은 해외 진출을 희망하는 출판사를 대상으로 해외에 소개할 수 있는 도서 수출용 포트폴리오 제작을 지원한다. 그리고 출판사 및 에이전시를 대상으로 홍보용 초록·샘플의 번역도 지원하고 있다. 아울러 국내 출판기업의 해외 진출을 지원하기 위하여 해외 현지 또는 온라인으로 찾아가는 도서전을 개최하며 B2B 출판 수출 상담회도 개최하고 있다. 2022년에는 코로나 이후 미국, 일본, 베트남 등 현지에서 수출 상담회를 개최하였고, 2023년에는 일본, 태국, 프랑스를 대상으로 찾아가는 도서전 및 수출상담회를 개최하였다.

한국출판문화산업진흥원은 주요 국제도서전에 참가하여 시장별 특성에 맞춘 한국 도서 전시관을 운영하며 한국 도서의 해외 수출을 적극 지원한다. 2022년에는 스웨덴 예테보리도서전과 중국의 상하이 국제아동도서전에 참가하여 수출 경쟁력이 있다고 판단되는 한국의 그림책, 문학, 만화, 동화 등을 전시하며 수출을 지원하였다. 2023년에는 이탈리아의 볼로냐 국제아동도서전과 중국 상하이 국제아동도서전 참가를 지원하였다.

해외 도서전 참가 외에도 한국출판문화산업진흥원은 국내의 B2B 도서전인 'K-Book 저작권 마켓'을 개최하며 해외의 출판 바이어를 초청하여 국내 출판 관계자와 직접 수출 상담을 진행할 수 있도록 비즈니스 매칭을 지원하고 있다.

다. 간행물윤리위원회 운영

간행물윤리위원회는 한국출판문화산업진흥원이 한국간행물윤리위원회를 흡수하여 설립된 이후 변경된 명칭이다. 한국간행물윤리위원회는 한국출판협회, 한국잡지협회, 한국주간신문협회 등이 각각 운영하던 출판윤리위원회, 잡지윤리위원회, 주간신문윤리위원회를 통합하여 설립한 한국도서잡지윤리위원회에 기원한다. 1970년에 설립된 한국도서잡지윤리위원회는 1976년에 한국도서잡지주간신문윤리위원회로 명칭이 바뀌었고 1989년에는 사단법인 한국간행물윤리위원회로 개편되었다.

간행물윤리위원회는 영상물등급위원회 또는 게임물관리위원회와 유사한 기능을 수행한다. 즉, 간행물의 사회적·윤리적 책임을 구현하기 위한 간행물의 유해성을 심의하는 기관으로 수요조건에 영향을 줄 수 있다. 간행물윤리위원회가 유해 간행물에 해당한다고 결정하면 그 사실을 지체 없이 청소년보호 담당 주무 부처에 통보한다. 그리고 해당 간행물의 발행인, 수입자 또는 세관장에게 알리고 문화체육관광부장관에게 보고한다.

③ 관련 및 지원산업 발전

가. 출판유통통합전산망 및 출판물 불법유통신고센터 운영

출판유통통합전산망은 도서의 생산에서 유통, 판매까지의 모든 정보를 통합적으로 관리하는 정보시스템으로 지역 서점 POS 시스템과 연계하여 운영하고 있다. 이를 통해 출판사는 온라인 수·발주 서비스를 구축하여 정확한 수요 예측과 판매 데이터를 확보할 수 있다. 서점은 도서의 적정 재고 관리와 반품 관리를 쉽게 할 수 있고 출간 트렌드와 지역별 판매 동향까지 파악할 수 있게 된다. 소비자인 국민들은 주제별, 월별 도서의 판매실적을 보고 독서의 트렌드를 알게 되어 도서 구입 및 독서 활동이 활성화될 수 있다. 이와 같이 출판유통통합전산망 운영은 출판사와 지역 서점의 상생 협력을 위한 정보시스템이면서 출판의 수요 확충에도 기여할 수 있다.

한편 한국출판문화산업진흥원은 출판물 불법유통신고센터를 운영하며 도서정가제의 정착을 유도하고 있다. 도서정가제는 서점이 과열 할인 경쟁을 하지 않도록 법률로 제도화한 것이다. 할인경쟁으로 출판산업이 위축되는 것을 막기 위함이다. 출판사가 정한 도서의 가격에 임의로 할인율을 적용하여 판매하면 불법 유통 신고 대상이 된다.

나. 표준계약서 보급 및 공정한 산업 생태계 조성

한국출판문화산업진흥원은 출판 분야의 표준계약서를 마련하여 보급함으로써 사용을 권장한다. 이는 저자와 출판사, 출판사와 출판사 간에 저작권에 대한 올바른 이해를 토대로 공정한 출판 생태계가 구축될 수 있도록 지원하는 것이다.

④ 기업전략·구조 및 경쟁

출판산업은 진입장벽이 낮기 때문에 대형 출판사부터 1인 출판사까지 수많은 출판사가 존재한다. 그러므로 매년 출판되는 도서도 많고 경쟁이 치열하다. 한국출판문화산업진흥원은 창업, 표준계약서 작성, 출판물 제작, 국내외 마케팅, 전자책 활성화, 수출 지원 등 출판 비즈니스 가치사슬 전반에 관한 전략 컨설팅을 지원한다. 그리고 출판산업 실태조사 결과 및 통계를 발간하며 출판사의 기업전략 수립을 간접적으로 지원한다.

한국출판문화산업진흥원은 대한민국 전자출판대상을 공모하여 시상한다. 대상은 문화체육관광부 장관상이다. 우수한 전자책의 발굴 및 시상을 통해 전자출판산업의 발전을 지원하기 위하여 도입하였다. 최근 2년간 국내 발행되어 유통 중인 모든 형식의 전자책이 공모에 응할 수 있다.

5 한국국제문화교류진흥원[111]

1) 연혁

한국국제문화교류진흥원은 2003년 문화계 인사들이 주축이 되어 설립한 아시아문화산업교류재단에 기원을 두고 있다. 이는 민법상 재단법인으로 주무 부처는 문화체육관광부이다. 설립 이후 아시아문화산업교류재단은 국제문화산업교류재단('06), 한국문화산업교류재단('09), 한국국제문화교류진흥원('18) 등으로 명칭을 변경하며 아시아 지역을 중심으로 아시아송페스티벌, 아시아방송작가콘퍼런스, 아시아드라마콘퍼런스 등 한류 진흥을 위한 문화산업 교류를 지원해 왔다.

2017년 3월 제정된 국제문화교류진흥법 제12조는 국제문화교류 진흥에 필요한 사업을 수행하기 위하여 문화체육관광부가 국제문화교류 전담기관을 지정할 수 있게 하였다. 이를 근거로 2018년 2월 문화체육관광부는 한국국제문화교류진흥원을 국제문화교류진흥법에 의한 국제문화교류 진흥 전담기관으로 지정하였다. 이후 한국국제문화교류진흥원은 외국과의 수교기념행사, 민관 협력 사회공헌 프로젝트, 문화 ODA 사업 등 다양한 문화 교류 사업을 활발하게 전개하고 있다.

2) 문화산업 국가경쟁우위 지원

한국국제문화교류진흥원의 문화 교류는 문화산업 분야에 한정하지 않고 문화예술 및 관광까지 폭 넓은 범위를 대상으로 한다. 한국국제문화교류진흥원의 다양한 교류에 대한 지원을 분석해보면 <그림 4-12>에서 보듯이 문화산업의 해외 수요 확충을 지원하는 사업의 비중이 크지만 해외의 관련 및 지원산업과 요소조건의 발전에도 긍정적 영향을 주고 있다.

① 요소조건 고도화

한국국제문화교류진흥원은 문화 교류 전문인력을 양성한다. 문화예술 및 문화산업 종사자를 대상으로 국제문화교류아카데미를 운영하고 있다. 그리고 재외 한국문화원과 공동 프로젝트 수행을 위해 해외 문화행사에 청년 인턴의 파견도 지원한다. 이 외에도 개발도상국 문화전문가의 한국문화 연수를 통해 해외의 친한파 문화전문가를 양성하고 있다.

② 수요조건 강화

한국국제문화교류진흥원은 외국과의 수교기념행사 및 상호 문화 교류의 해 사업 등 해외에서의 한국문화에 대한 수요의 고도화를 지원하는 다양한 사업을 진행한다. 한-호주 수교 60주

---

111 Kofice.or.kr

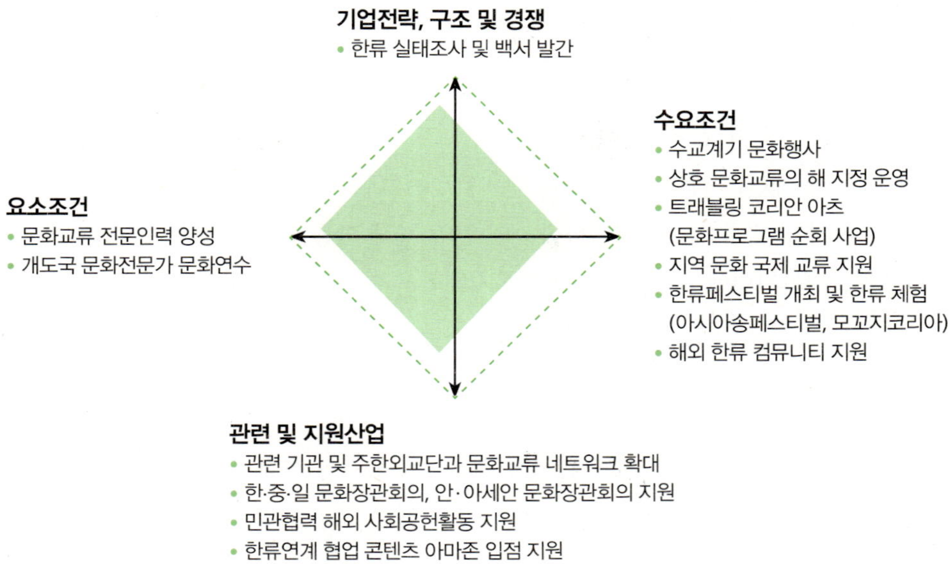

<그림 4-12> 한국국제문화교류진흥원의 문화산업 국가경쟁우위 결정요소에 대한 영향

년 기념전시, 한-헝가리 수료 30주년 기념공연 등이 수교기념행사의 사례이다. 2022년은 한-중 문화 교류의 해로서 다양한 행사를 전개한 바 있다. 그리고 해외 한국문화원과 협력하여 한국의 우수한 공연과 전시가 해외에 소개될 수 있도록 순회 공연 및 전시 프로그램도 지원하고 있다. 이를 위해 우수한 문화예술 순회 전시 및 공연 프로그램 풀을 구성하여 운영하고 있다. 이는 '트래블링 코리안 아츠'사업으로도 불린다. 이 외에도 지역의 다양한 문화자원을 활용한 지역 문화 교류, 해외에서 한류페스티벌 개최, 한류커뮤니티 활동 등을 지원하고 있다.

③ 관련 및 지원산업 발전

한국국제문화교류진흥원은 해외 민관협력 사회공헌활동을 지원하면서 한류에 대한 좋은 이미지 구축을 위해 노력하고 있다. 그리고 한류 IP를 사용한 국내 중소기업 제품 및 콘텐츠의 개발과 유통을 지원하여 한류와 타 산업 간 동반 성장을 유도한다. 패션, 미용, 생활용품 등이 주요 지원 대상 제품군에 해당한다. 한국국제문화교류진흥원은 이들 제품군에 대하여 글로벌 인터넷 쇼핑몰인 아마존 입점을 지원하는 전담 매니저를 배정하여 컨설팅을 지원하기도 한다.

④ 기업전략·구조 및 경쟁

한국국제문화교류진흥원은 해외의 한류 콘텐츠 이용에 대한 소비자 실태조사를 실시한다. 그리고 방송, 영화, 음악, 공연, 게임, 만화, 음식, 미용 등 주요 문화콘텐츠 및 연관 소비재를 대상으로 한류 동향을 분석하고 교류 활성화를 위한 시사점을 담아 한류백서를 발행한다. 이는 문화산업기업의 해외전략 수립에 도움을 줄 수 있다.

6 한국예술인복지재단[112]

1) 설립 목적 및 법적 근거

한국예술인복지재단은 예술인복지법을 근거로 2012년에 설립되었다. 동 재단의 설립 목적은 예술인의 복지를 체계적으로 지원하여 예술인의 창작 활동을 증진하고 예술발전에 기여하는 것이다. 예술인복지법에 의한 한국예술인복지재단은 다음 각호의 사업을 수행한다.

가. 예술인의 사회보장 확대

나. 예술인의 직업안정, 고용 창출, 직업전환 지원

다. 원로 예술인의 생활안정 지원 등 취약 예술계층의 복지 지원

라. 장애 예술인의 문화예술 활동을 위한 복지 지원

마. 개인 창작예술인의 복지 증진 지원

바. 예술인 복지금고의 관리, 운영 및 예술인의 생활안정을 위한 자금의 융자

사. 예술인 공제사업의 관리, 운영

아. 불공정 행위로 인한 피해 상담 및 법률 지원

자. 예술인의 권익 보호를 위한 교육 프로그램 운영

차. 예술계 성희롱·성폭력 예방교육 및 피해 구제 지원

카. 정부로부터 위탁 받은 사업

예술인이라는 한 직업군에 대하여 별도의 복지법을 제정한 것은 국가가 예술의 사회적 가치를 인정하고 창작 주체인 예술인의 사회경제적 지위 향상과 복지 증진을 법적, 제도적으로 보장하기 위함이다. 한국예술인복지재단은 예술인의 지위 향상 및 복지 증진을 위해 법률에 규정된 사업뿐 아니라 정부로부터 위탁받은 다양한 사업을 수행하며 예술인의 실질적 복지 증진을 지원하고 있다.

한국예술인복지재단은 예술인 복지사업에 필요한 예술 활동증명서를 발급하며, 경제적 이유로 창작 활동을 중단하지 않도록 소득이 낮은 예술인에 대한 창작준비금을 지원한다. 그리고 동 재단은 기업 및 기관과 협약을 맺고 해당 기업 및 기관과 예술인이 예술 협업 프로젝트를 진행할 수 있도록 지원한다. 이 외에도 예술인 산재보험, 생활안정자금, 의료비 등을 지원하고 있다.

112 www.kawf.kr

2) 문화산업 국가경쟁우위 지원

예술인복지재단은 예술인 복지 지원을 통해 예술인이 경제적 부담으로부터 비교적 자유롭게 창작할 수 있는 여건을 조성함으로써 창작의 원천인 예술인 양성에 기여하게 된다. 이는 문화산업 국가경쟁우위의 요소조건을 강화하게 된다.

예술인의 지위와 권리의 보장에 관한 법률은 예술 활동의 성과 전파 방해행위, 차별적 예술 지원사업, 예술 지원사업의 공정성 침해행위, 예술인조합활동 방해행위 등을 예술인 권리침해 행위로 규정하고 있다. 한국예술인복지재단이나 문화체육관광부가 예술인 권리침해 및 성희롱·성폭력 관련 피해의 신고를 접수하면 문화체육관광부 예술인보호관이 침해행위 관련 피해 신고에 대한 조사를 하게 된다. 예술인보호관의 조사내용에 대하여는 '예술인의 지위와 권리의 보장에 관한 법률' 제20조에 근거하여 구성된 '예술인 권리보장 및 성희롱·성폭력 피해구제 위원회'가 검토하여 예술인 권리침해 행위가 있었다고 볼 상당한 이유가 있다고 판단하면 문화체육관광부장관에게 수사의뢰, 행정처분, 관계자 징계 등의 조치를 요청할 수 있다. 이와 같은 예술인 권리보호 활동은 문화산업 생태계의 건강한 발전을 촉진하는 것으로 볼 수 있다.

7 한국저작권위원회

1) 연혁

1957년 제정된 저작권법 제11조는 저작권심의회를 두고 있다. 저작권심의회는 방송 및 공연의 보상금에 대한 심의와 저작권에 관한 장관의 자문에 응하는 자문기구 성격이었다. 당시의 저작권법 시행령('59.4.22.) 제2조에 따라 저작권심의회의 회장은 문교부차관이다. 제정 후 처음 개정된('86.12.31.) 저작권법 제81조는 저작권에 관한 사항을 심의하고 저작권법이 보호하는 권리에 관한 분쟁을 조정하기 위하여 저작권심의조정위원회('87.7. 발족)를 둔다고 규정하였다. 저작권심의조정위원회는 2007년에 저작권위원회로 명칭을 변경하였다. 그리고 2009년 7월에는 컴퓨터프로그램보호위원회와 통합하면서 한국저작권위원회로 변경하였다.

컴퓨터프로그램보호위원회는 1987년 12월에 설립되었던 프로그램심의위원회가 2007년에 명칭을 변경한 것이다. 프로그램심의위원회는 컴퓨터프로그램보호법('86.12.31. 제정) 제29조에 따라 프로그램 저작권에 관한 중요사항과 프로그램의 이용 및 유통에 관한 사항을 심의하는 기관으로 설립되었다. 컴퓨터프로그램보호법은 컴퓨터프로그램 저작권자의 권리를 보호하는 법률로서 기본적으로 저작권법의 성격을 갖고 있다. 컴퓨터프로그램보호법은 2009년에 폐지되고 저작권법에 통합되었다.

2) 주요 기능[113]

지식산업을 대표하는 문화산업이 발전하면서 한국저작권위원회의 업무는 더 중요해지고 범위도 확대되었다. 현재의 저작권법이 규정하고 있는 한국저작권위원회의 업무는 다음 각 호와 같다.

가. 저작권의 등록에 관한 업무

나. 분쟁의 알선·조정

다. 저작권위탁관리업자의 수수료 및 사용료의 요율 또는 금액에 관한 사항

라. 저작물의 이용질서 확립 및 저작물의 공정한 이용 도모를 위한 사업

마. 저작권 진흥 및 저작자의 권익 증진을 위한 국제 협력

바. 저작권 연구·교육 및 홍보

사. 저작권 정책의 수립 지원

아. 기술적 보호조치 및 권리관리정보에 관한 정책 수립 지원

자. 저작권 정보 제공을 위한 정보관리시스템 구축 및 운영

차. 저작권 침해 등에 관한 감정

카. 법령 또는 문화체육관광부장관이 위탁하는 업무

① 저작권 등록

저작권 등록제도는 저작물에 관한 일정한 사항과 권리 변동(저작권의 양도, 처분 제한, 질권 설정 등) 사항을 저작권 등록부에 등재하여 일반 국민이 열람할 수 있도록 공시하는 것이다. 저작권은 등록 시 다음과 같은 효력을 갖게 된다. 첫째, 저작자로 실명이 등록된 자는 등록 저작물의 저작자로서 추정력을 갖는다. 창작연월일 또는 맨 처음 공표연월일이 등록된 저작물은 등록된 연월일에 창작 또는 맨 처음 공표된 것으로 추정한다. 둘째, 저작권의 양도, 질권 설정 등 권리 변동을 등록하는 경우 제3자에 대한 대항력을 갖게 된다. 셋째, 등록된 저작권을 침해받은 저작권자는 저작권법에서 정한 일정한 금액을 손해액으로 청구할 수 있다. 넷째, 무명 또는 널리 알려지지 않은 이명으로 공표된 저작물의 경우 저작자의 실명을 등록하면 저작물의 보호 기간이 공표 후 70년에서 저작자 사후 70년으로 연장된다.

② 분쟁 조정 및 알선

조정은 전문가들로 구성된 조정부가 저작권 분쟁 당사자의 합의를 유도하여 당사자가 분쟁

---

[113] Copyright.or.kr

에서 신속히 벗어나게 지원하는 제도이다. 분쟁 조정은 재판에서 화해와 같은 효력이 있어서 전문성, 신속성, 경제성, 비밀 유지의 장점이 있다.

한편 알선은 분쟁 당사자 일방 또는 쌍방의 요청에 의해 경험과 지식이 풍부한 알선위원 1인이 저작권 분쟁에 개입하여 원활한 해결을 돕는 제도이다. 성립 시 민법상 화해와 같은 효력이 있다.

③ 저작권 법정 허락 및 저작물 유통 활성화 지원

저작권 법정 허락은 저작권법 제50조부터 제52조의 어느 하나에 해당하는 경우 문화체육관광부장관의 승인을 얻은 후 보상금을 지급하거나 공탁하고 이를 이용할 수 있는 것을 말한다. 저작권법 제50조는 누구든지 대통령령이 정하는 기준에 해당하는 상당한 노력을 기울였음에도 공표된 저작물의 저작재산권자나 그의 거소를 알 수 없어 이용허락을 받을 수 없는 경우의 사례를 규정하고 있다. 제51조는 방송사업자가 공표된 저작물을 공익상 필요에 의하여 방송하고자 하나 저작재산권자와 협의가 성립하지 않는 경우를 규정하고 있다. 제52조는 상업용 음반이 국내에서 처음 판매되어 3년이 경과한 경우 그 음반에 녹음된 저작물을 녹음하여 다른 상업용 음반을 제작하고자 하는 자가 그 저작재산권자와 협의가 성립하지 아니한 경우를 규정하고 있다. 문화체육관광부장관은 저작권의 법정허락 업무를 한국저작권위원회에 위탁하였다. 이에 따라 한국저작권위원회는 저작권의 법정허락 신청을 받아 관련 절차를 거쳐 승인 또는 기각을 통지한다.

한국저작권위원회는 저작물 유통 및 이용 활성화를 지원하기 위하여 국가콘텐츠식별체계(UCI)와 저작권 비즈니스지원센터를 운영하고 있다. 국가콘텐츠식별체계는 식별이 가능한 자원의 효율적 유통과 활용을 위하여 개별 자원에 유일한 코드를 부여하고 이를 관리할 수 있는 식별체계 간 연계 표준 시스템을 의미한다. 국가콘텐츠식별체계는 분야에 관계없이 적용될 수 있는 구조를 갖고 있다. 따라서 ISBN(International Standard Book Number), DOI(Digital Object Identifier) 등 타 식별체계와 연계 및 호환이 가능하다. 한국저작권위원회는 국가콘텐츠식별체계 총괄기구로서 국립중앙도서관, 국회도서관, 예술경영지원센터, SK텔레콤 등 공공 및 민간 분야 주요 기관을 국가콘텐츠식별체계 등록기관으로 지정하였다. 국가콘텐츠식별체계는 콘텐츠 사용료의 정산, 콘텐츠 유통 경로 추적 등에 활용되고 있다. 한편 저작권 비즈니스지원센터는 저작권법에 의한 권리자 찾기 정보시스템과 저작권거래소를 통합한 서비스를 제공한다. 저작물의 권리정보를 체계적으로 수집·관리하면서 저작권 이용 허락 계약 체결을 지원하고 저작자 불명 저작물에 대한 법정 허락 서비스를 지원한다. 이 외에도 한국저작권위원회는 음원 및 권리정보 통합 DB 구축·운영, 공유저작물 이용 활성화 추진 등 저작물의 이용 활성화를 위한 다양한 사업을 전개하고 있다.

④ 저작권법률지원센터 운영

한국 문화콘텐츠의 글로벌 인기는 지속적으로 확산되고 있지만, 동화 '구름빵', 만화 '검정고무신' 관련 불공정 계약 논란이 대두된 사례가 있고[114], "갑질, 불공정 계약 및 보수 미지급 등 부조리에 멍드는 K콘텐츠"[115]와 같은 저작권 관련 사건 기사는 반복적으로 보도되고 있다. 한국 문화산업이 양적으로는 크게 성장했지만 질적으로는 개선할 부분이 많다는 것을 보여주는 현실이다. 동화 '구름빵' 원작은 출판시장에서의 인기를 토대로 뮤지컬과 애니메이션까지 제작되면서 큰 호응을 얻었다. 그러나 작가는 출판사에 저작권을 일괄 양도하는 매절계약을 맺었기 때문에 충분한 대가를 받지 못했다며 출판사와 뮤지컬 및 애니메이션 제작사 등을 상대로 저작권 소송을 벌였으나 패소하였다. 검정고무신 사건은 만화 '검정고무신'을 그린 이우영 작가가 숨진 채 발견되면서 알려진 저작권 분쟁 사건이다. 문화체육관광부는 '검정고무신 사건'이 문화체육관광부 예술인 신문고로 접수되어 조사에 나섰다.[116] 이와 같은 사례는 창작자가 자신의 작품이 미래에 제2, 제3의 미디어로 유통되거나, 2차적 저작물로 만들어 질 수 있는 가능성 등에 대하여 충분히 인지하고 저작권 양도 계약을 맺었는지 여부, 불공정 행위 등이 존재하였는지 여부가 핵심적 쟁점이 된다.

문화체육관광부는 유사한 사태의 재발을 방지하기 위하여 한국저작권위원회와 함께 저작권법률지원센터를 개소하였다. 저작권법률지원센터는 저작권에 익숙하지 않은 신진 작가들이 저작권 계약과 관련하여 독소조항에 걸리지 않았는지를 면밀히 추적하고, 이를 시정하고 구제하는 데 적극 나서게 된다.[117] 저작권법률지원센터는 문화예술인의 저작권 권리행사를 지원하고 분야별로 분산된 저작권 관련 법률 상담 기능을 연계하여 체계적으로 지원한다. 이를 위해 한국예술인복지재단, 한국저작권보호원, 한국만화영상진흥원, 한국콘텐츠진흥원 등과 협력체계를 구축하고 있다.

⑤ 저작권 국제 협력 및 해외 사무소 운영

한국저작권위원회는 저작권 국제 협력을 통해 한국 콘텐츠의 저작권이 국제적으로 보호받을 수 있도록 지원한다. 이를 위해 해외 사무소를 운영하며 저작권 관련 현지 정부 및 민간 기관과 협력체계를 구축하고 한국 권리자와 현지 사업자 간 중개를 지원함으로써 해외에서의 한국 저작물의 합법적 유통 및 이용을 촉진한다. 그리고 해외 진출 콘텐츠의 지식재산권에 대한 해외 출원 및 등록을 지원하고 해외의 저작권 정보를 수집하여 국내외 기업에게 제공한다.

114 김소연. (2023.3.13.). '검정고무신' 이우영 작가 극단적 선택, '저작권 분쟁' 뭐길래. 한국경제.

115 이강은. (2023.4.2.). 갑질·불공정 계약·보수 미지급… 부조리에 멍드는 'K콘텐츠'. 세계일보.

116 문화체육관광부. (2023.3.30.). 문체부, '검정고무신 사건' 예술인권리보장법 위반여부 조사 착수.

117 문화체육관광부. (2023.4.17.). 문체부, '검정고무신 법률센터' 전면 가동한다.

⑥ 소프트웨어 임치

소프트웨어 임치는 저작권자가 사용권자를 위하여 소스코드 및 기술정보 등을 제3의 기관에 임치하고 저작권자의 폐업으로 유지보수를 계속할 수 없게 되는 경우를 대비하여 수치기관이 해당 소스코드 및 기술정보를 사용권자에게 교부함으로써 안정적으로 소프트웨어를 사용할 수 있도록 지원하는 제도이다. 소프트웨어 임치를 활용하게 되면 소프트웨어 개발자는 저작권을 사용권자에게 양도하지 않고 원천기술을 계속 보유할 수 있다. 그리고 사용자는 소프트웨어 개발업체의 폐업이 빈번한 상황에서도 해당 소프트웨어를 사용하며 안정적으로 업무를 수행할 수 있게 된다.

⑦ 저작권 인증

저작권법 제56조는 문화체육관광부장관에게 저작물 거래의 안전과 신뢰보호를 위하여 인증기관을 지정할 수 있는 권한을 부여하였다. 동법 시행령 제36조에 의하면 인증기관으로 지정받을 수 있는 기관은 한국저작권위원회, 저작권신탁관리업자, 기타 문화체육관광부장관이 인정하는 법인이나 단체이다. 한국저작권위원회는 저작권자가 해당 저작물에 대한 정당한 권리자임을 증명해야 할 필요가 있을 경우에 권리의 인증과 저작물의 이용 허락을 받았음을 인증하는 이용 허락 인증을 처리하고 있다. 인증은 한국인이 창작한 저작물 및 저작인접물, 데이터베이스 등에 대하여 처리하며 외국저작물은 제외된다.

한편 한국저작권위원회는 외국 정부와 협력하여 해외에서도 저작권 인증업무를 처리할 수 있다. 중국 내 권리에 대하여 한국저작권위원회는 중국 국가판권국으로부터 해외저작권인증기구로 비준을 받았기 때문에 북경사무소를 통해 현지에서도 저작권 인증 관련 증서를 발급할 수 있다.

⑧ 저작권 교육 및 홍보

한국저작권위원회는 저작권에 대한 국민적 인식을 제고하기 위하여 온라인 및 오프라인 교육 프로그램을 운영한다. 그리고 청소년, 일반인 등을 대상으로 저작권 강사가 교육현장을 찾아가 직접 저작권 교육을 실시하기도 하고 문화산업 및 문화예술 종사자 등을 대상으로 저작권 실무자 양성프로그램도 운영한다. 이 외에도 전국의 대학에서 저작권에 관한 교양강좌를 개설하여 교육을 실시할 수 있도록 지원하고 있다. 한국저작권위원회는 온라인 교육으로 저작권 e-배움터를 운영한다. 이는 전국 어디에서나 언제든지 온라인으로 저작권을 학습할 수 있는 시스템이다.

3) 문화산업 국가경쟁우위 지원

한국저작권위원회의 직무를 문화산업의 국가경쟁우위 결정요소 모델에 적용하여 정리하면 <그림 4-13>과 같다. 저작권 분야 실무 인력 양성은 문화산업의 요소조건을 강화한다. 한국저

기업전략, 구조 및 경쟁
- 저작권 관련 정책의 수립 지원
- 저작권백서 발간

요소조건
- 저작권 실무인력 양성

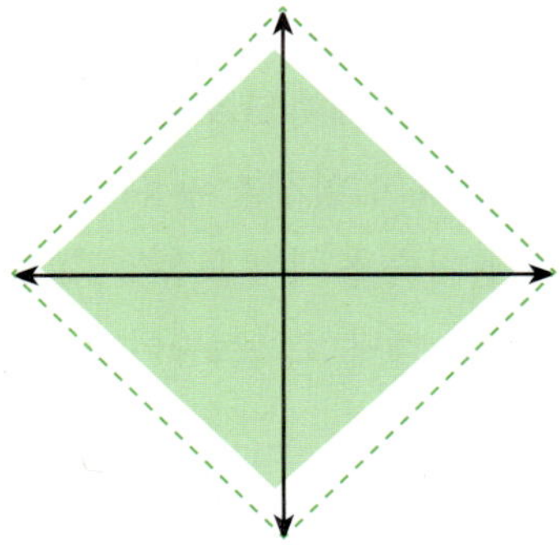

수요조건
- 저작권 등록
- 저작권 법정 허락
- 저작권 교육 및 홍보
- 저작권 인증

관련 및 지원산업
- 국가콘텐츠식별체계 운영
- 저작권 분쟁 조정 및 알선
- 소프트웨어 임치
- 저작권법률지원센터 운영
- 저작권위탁관리업자의 수수료 금액 심의
- **저작권 국제 협력 및 해외 사무소 운영**

<그림 4-13> 한국저작권위원회의 문화산업 국가경쟁우위 결정요소에 대한 영향

작권위원회는 저작권 관련 정책의 수립 지원과 저작권백서 발간 등을 통해 문화산업 관련 기업의 전략 수립을 지원하기도 한다.

한국저작권위원회의 문화산업 국가경쟁우위에 대한 주된 영향은 그림에서 보는 바와 같이 주로 수요조건 고도화와 관련 및 지원산업의 발전을 촉진하는 것이다. 저작권의 등록 및 인증, 저작권 법정 허락, 저작권정보시스템 운영 등은 저작권자 및 저작인접권자의 권리를 보호하며 저작물의 합법적 이용을 촉진함으로써 수요조건의 고도화 및 저작물 유통 활성화를 촉진한다.

한편 국가콘텐츠식별체계 운영, 저작권 분쟁의 조정 및 알선, 저작권위탁관리업자의 수수료 심의, 저작권법률지원센터의 운영 등은 문화콘텐츠의 창작자, 제작자, 이용자 사이의 투명하고 공정한 거래가 이루어 질 수 있는 토대를 구축할 수 있다. 그리고 한국저작권위원회는 국제지적재산권기구 및 외국의 저작권 관련 기관과 국제적 저작권 보호를 위한 협력네트워크를 구축하고 있다. 이와 같은 직무는 문화산업의 관련 및 지원산업의 발전을 촉진하는 기능이다.

이 외에도 한국저작권위원회는 해외 저작권사무소를 운영하며 해외에서의 한국 저작물의 보호 및 합법적 유통을 지원하고 해외에서의 저작권 관련 정보를 수집하여 국내외 문화산업기업에게 제공하고 있다.

8 한국저작권보호원

1) 주요 기능[118]

한국저작권보호원은 저작권법 제122조의2에 따라 저작권 보호 사업을 수행하기 위하여 2016년에 설립된 공공기관이다. 저작권법 제122조의5에 의하면 한국저작권보호원은 다음 각 호의 직무를 수행한다.

가. 저작권 보호를 위한 시책 수립 지원 및 집행

나. 저작권 침해 실태 조사 및 통계 작성

다. 저작권 보호 기술의 연구 및 개발

라. 저작권 보호를 위한 국제 협력

마. 저작권 보호를 위한 연구, 교육 및 홍보

바. 저작권 침해 수사 및 단속 사무 지원

사. 정보통신망을 통한 불법 복제물 등에 대한 시정명령 심의

아. 불법복제물 등을 전송한 온라인서비스제공자에 대한 시정권고

자. 기타 법령이나 문화체육관광부장관이 위탁하는 업무

① 저작권 침해 실태조사 및 통계 관리

한국저작권보호원은 저작권 침해에 대한 실태조사 결과를 토대로 저작권 보호 연차보고서를 발간하고 침해실태에 대한 통계를 관리한다. 저작권 보호 연차보고서에 의하면 불법 복제물 이용실태는 장르별로 다르지만 전체적으로 불법 복제물 이용률이 줄어들고 있다.

<표 4-8>에서 보는 바와 같이 영화와 방송 분야는 불법 복제물 이용률이 이전에 비하여 낮아지고 있다. 상당수의 국민이 OTT 서비스를 이용하기 때문에 과거와 같은 웹하드를 통한 영상저작물의 불법 유통이 감소하였기 때문이다. 출판도 불법 복제물 이용이 줄어들고 있다. 전자책 유료 이용자가 증가하였기 때문이다. 그러나 음악 및 게임 분야는 불법 복제물 이용이 줄어들지 않고 있다. 음악의 경우 토렌트나 웹하드를 통한 무단 이용은 줄어드는 추세이나 멜론 등 유료사이트와 유사한 형태를 갖춘 불법 앱 이용은 늘고 있다. 게임은 커뮤니티나 SNS를 통한 불법 복제물 유통이 증가하고 있다. 웹툰은 2022년에 처음 조사에 포함되었는데 전체 평균인 19.5%보다 높은 21.5%의 높은 불법 복제물 이용률을 보였다. 동영상 플랫폼, 커뮤니티, 웹

118 Kcopa.or.kr

<표 4-8> 문화콘텐츠 불법 복제물 이용률

구분	전체	음악	방송	게임	영화	출판	웹툰
2019	22.0%	18.6%	31.4%	24.8%	42.8%	26.8%	
2020	20.5%	17.8%	26.9%	24.2%	41.0%	24.4%	
2021	19.8%	17.3%	25.9%	23.5%	38.0%	23.3%	
2022	19.5%	18.2%	22.9%	26.2%	29.0%	16.4%	21.5%
2023	19.2%	18.4%	21.5%	23.9%	24.5%	14.4%	20.4%

*출처: 2024 저작권 보호 연차보고서

툰 복제 게시 사이트 등이 불법 복제물의 주요 유통 경로이다. 불법 복제물 근절을 위해서는 단속 강화를 통해 불법 복제물 삭제 및 경로 폐쇄 조치와 함께 불법 복제물 생산자에 대한 처벌을 강화할 필요가 있다.[119]

최근의 웹툰은 영화 및 드라마와 같은 영상콘텐츠 제작의 원천 소스로 활용되는 사례가 많다. 그리고 웹툰 원작의 영상콘텐츠가 인기를 얻으면 다시 웹툰 이용자가 늘어나는 선순환 과정을 일으키기 때문에 웹툰의 성장 잠재력은 더욱 커졌다. 웹툰은 시장규모가 2017년에 3,799억 원이었는데, 2021년에는 15,660억 원 규모로 급성장하였다. 한국콘텐츠진흥원의 '2022년 웹툰 사업체 실태조사'에 따르면 2021년 추정 웹툰 불법 유통 시장규모는 8,427억 원으로 2020년도의 5,488억 원 대비 53%나 늘어난 수치이다. 2021년도 웹툰 불법 복제 사이트의 합법 웹툰 시장 침해율은 53.8%이다.[120] 이는 웹툰산업의 성장과 함께 불법 복제 시장도 급속도로 성장하고 있음을 보여주는 수치이다. 웹툰 불법 복제 사이트에 대한 효과적 차단 조치가 시급하다.

② 저작권 보호 기술 개발 및 적용 지원

저작물의 온라인 이용이 보편화되면서 저작권 보호 기술의 연구개발이 더욱 중요해지고 있다. 특히 전자책이 급속도로 확산되어 전자책 매출이 증가함에 따라 관련 업체들은 그동안 투자비용을 보상 받기 시작했다. 그러나 전자책은 해킹을 통한 무단 복제의 위험에 노출되어 있다. 전자책 구독 플랫폼 '밀리의 서재'는 해킹 공격을 받아 수많은 회원의 개인정보가 유출되는 사고가 발생하여 개인정보 유출 관련 사과문을 게재한 바 있다.[121]

그럼에도 불구하고 전자책 해킹 사건은 계속되고 있다. 해커가 이민진의 장편소설 '파친코', 정세랑의 장편소설 '보건교사 안은영', 정유정의 장편소설 '내 심장을 쏴라' 등 5천여 권의 파일

119 한국저작권보호원. (2024). 2024 저작권 보호 연차보고서

120 한국콘텐츠진흥원. (2022). 2022년 웹툰 사업체 실태조사.

121 류영상. (2022.6.7.). "1만3182명 개인정보 또 털렸다"…3년만에 해킹당한 '밀리의 서재'. 매일경제.

을 인질로 삼고 35억 원 상당의 비트코인을 요구하는 모습은 어린이 유괴사건과 유사하다. 전자책의 핵심은 보안장치인 디지털 저작권 관리 기술(DRM)이다. 정부와 출판계가 표준 DRM을 구축하려 했으나 서점들의 이해관계가 얽혀서 무산된 바도 있다.[122]

한국저작권보호원은 2021년부터 저작권 보호 기술 적용 지원사업을 추진하고 있다. 이는 한류 콘텐츠 저작권 보호를 위한 상용화된 솔루션을 도입하거나 자체 보호 기술 개발을 지원함으로써 저작권 보호 기술 산업 생태계 구축을 유도할 수 있다. 이를 위해 2021년 및 2022년에는 웹툰, 웹소설, 출판, 영상, 음악 등 다양한 장르의 10개 기업을 선정하여 7억 원이 넘는 국고보조금을 지원하였다. 2023년에는 지원 규모가 더욱 확대되었다. 2021년 DRM 기술 개발 지원을 받은 북큐브네트웍스는 2022년 12월까지 웹소설 및 웹툰의 콘텐츠 보안이 한층 강화되어 불법 유포를 억제하는 효과를 거두었다.[123] 웹툰의 플랫폼 기업인 네이버와 카카오도 인공지능(AI)기술 및 전담팀을 구성하여 불법 웹툰을 차단하기 위한 노력을 기울이고 있다. IT업계에서는 약 10%의 메이저 불법 복제 사이트가 불법 복제 모니터링 회피 기술까지 개발하여 전체 불법 웹툰 트래픽의 90% 이상을 차지한다고 본다.[124] 이를 감안하면 저작권 보호 기술의 개발 및 적용 지원사업을 지속적으로 추진할 필요가 있다.

③ 저작권 침해 종합 대응시스템 운영

한국저작권보호원은 저작권 침해에 대한 상시 대응체계를 구축하여 침해 발생시 컨트롤타워로서 실시간으로 상황을 파악하고 신속한 조치를 취할 수 있도록 대응시스템을 운영하고 있다. 한국저작권보호원은 침해신고 접수 또는 불법 모니터링 등을 통해 접속차단, 시정권고, 수사공조 등 다양한 조치를 취하고 있다.

한국저작권보호원은 전국을 서울반, 광주반, 대구반, 부산반 등 권역별로 나누어 단속반을 운영하고 있다. 그리고 음악, 영상, 출판, 캐릭터, 게임 등 장르별 전국 주요거점을 대상으로 오프라인상 불법 복제물 유통에 대한 상시 단속과 함께 특별 단속도 실시하고 있다.

④ 저작권보호심의위원회 운영

저작권법 제122조의6은 저작권 보호와 관련하여 한국저작권보호원에 저작권보호심의위원회를 둔다고 규정하였다. 문화체육관광부장관 및 한국저작권보호원은 저작권 침해에 대한 행정조치 이전에 저작권보호심의위원회의 심의를 거쳐야 한다.

문화체육관광부장관은 저작권법 제133조의 2에 따라 정보통신망을 통해 저작권을 침해하는 불법 복제물이나 기술적 보호조치를 무력하게 하는 프로그램이 전송되는 경우 저작권보호

---

122 이호재. (2023.6.10.). 해커의 수십억 요구…전자책 보안의 민낯. 동아일보.

123 한국저작권보호원. (2023.6.28.). 콘텐츠 제작·유통 기업 대상 저작권 보호 기술 적용 지원.

124 황순민. (2023.7.13.). 웹툰 불법 유통…이젠 AI로 잡아낸다. 매일경제.

심의위원회의 심의를 거쳐 불법 복제물 등의 삭제 또는 전송 중단을 명하거나 복제·전송자에 대한 경고를 할 수 있다.

한국저작권보호원은 저작권법 제133조의3에 따라 온라인서비스제공자의 정보통신망을 조사하여 불법 복제물 등이 전송된 사실을 발견한 경우 저작권보호심의위원회의 심의를 거쳐 온라인서비스제공자에 대하여 불법 복제물 등의 삭제 또는 전송 중단, 복제·전송자에 대한 경고 및 계정 정지 등의 시정 권고를 할 수 있다.

한편 저작권 권리 주장자가 민형사상 소를 제기하기 위하여 온라인서비스제공자에게 해당 복제·전송자의 성명과 주소 등 필요한 정보 제공을 요청하였으나 온라인서비스제공자가 이를 거절한 경우 문화체육관광부장관에게 정보 제공의 명령을 청구할 수 있다. 이 경우 저작권법 제103조의3에 따라 문화체육관광부장관은 저작권보호심의위원회의 심의를 거쳐 온라인서비스제공자에게 관련 정보의 제출을 명할 수 있다.

⑤ 저작권 보호 관련 국제 협력

한국저작권보호원은 저작권 보호 정책, 법률 및 제도, 기술 등에 관한 정보 교류를 통해 국제적 저작권 보호 협력방안을 논의하고 있다. 그리고 태국, 필리핀, 베트남 등에서 해외 사무소를 운영하며 해외 현지에서의 국제 저작권 교류 협력을 강화하고 합법적 저작물 유통을 지원한다. 저작권 침해 사건 발생 시에는 권리자들이 침해에 효과적으로 대응할 수 있도록 적극적으로 지원한다.

한국저작권보호원은 2023년 7월 미국영화협회(MPA)와 글로벌 저작권 보호 협력을 위한 업무협약을 체결하였다. 동 협약은 국경을 넘어 발생하는 온라인 저작권 침해에 대하여 효과적으로 대응하고 합법 시장 보호를 위한 정보 공유 및 해결 방안을 함께 논의한다는 내용을 담고 있다.[125]

⑥ 저작권 관련 교육 및 홍보

한국저작권보호원은 저작권 침해를 사전에 예방하기 위하여 대국민 저작권 보호 캠페인과 계도 활동을 전개하고 있다. 이와 함께 저작권 관리 및 보호가 필요한 창작자 및 중소기업을 대상으로 침해 예방을 위한 자문과 침해에 대한 법적 대응 컨설팅도 실시한다. 그리고 기업의 저작권 보호 담당자를 위한 특화 교육과 전 직원을 대상으로 한 저작권 교육 프로그램도 운영하고 있다.

2) 문화산업 국가경쟁우위 지원

<그림 4-14>는 한국저작권보호원의 주요 기능을 문화산업 국가경쟁우위 결정요소에 대한

125 한국저작권보호원. (2023.7.4.). 한국저작권보호원-미국영화협회, 전 세계 저작권 보호를 위해 손 맞잡는다.

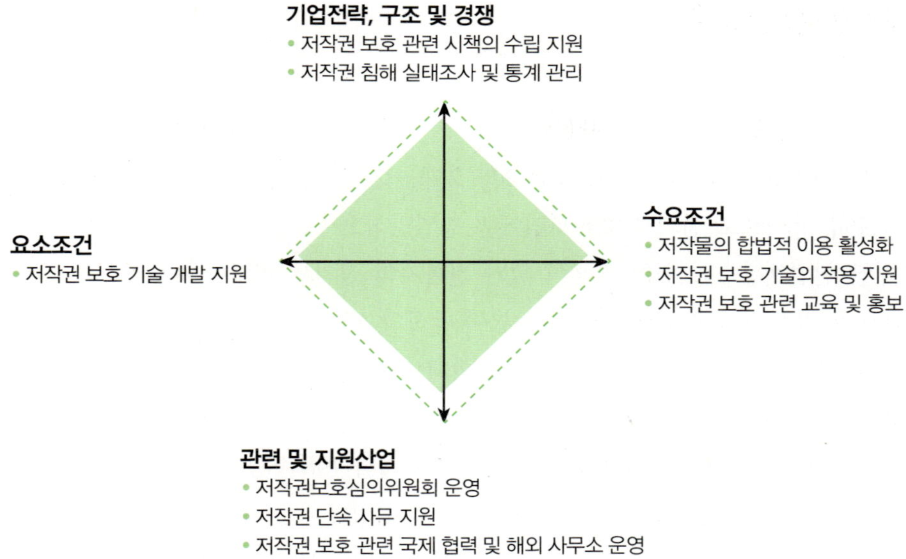

<그림 4-14> 한국저작권보호원의 문화산업 국가경쟁우위 결정요소에 대한 영향

영향의 관점에서 분류한 것이다. 한국저작권보호원은 저작권 보호 기술의 개발 지원과 저작권 침해 실태조사 및 통계 제공 등을 통해 문화산업의 요소조건 고도화 및 전략적 지원 기능을 수행한다. 그러나 한국저작권보호원의 본질적 기능은 효과적 저작권 보호를 통해 수요조건의 고도화 및 합법적 유통구조 확립을 지원하는 역할이다.

한국저작권보호원은 저작권 보호 캠페인 및 계도 활동을 통해 저작물의 합법적 이용을 촉진하는 기능을 수행한다. 불법 복제물이나 전송에 대하여는 저작권보호심의위원회의 심의를 거쳐 삭제명령, 시정권고, 불법 복제자 또는 전송자에 대한 정보제공 명령 등의 조치를 통하여 합법적 문화산업 생태계를 보호한다. 이는 문화산업의 수요조건 고도화 및 건강한 생태계의 발전을 지원하는 기능이다.

한편 저작권 보호 기술 개발 지원은 기술 개발이라는 관점에서는 요소조건 고도화로 볼 수도 있다. 그러나 저작권 보호 기술은 콘텐츠의 창작이나 제작과 관련된 기술이 아니라 저작물을 안전하고 합법적으로 서비스할 수 있도록 지원하기 위한 보호 및 서비스 기술이다. 이는 저작물의 합법적 이용 활성화 및 산업 생태계의 건강한 발전을 지원한다.

9 영상물등급위원회

1) 설립 근거 법률 및 연혁

문화콘텐츠에 대한 사전 심의 내지 검열은 오랜 역사를 갖고 있다. 현재의 영상물등급위원회는 등급분류 방식으로 심의하지만 과거에는 검열방식으로 심의하였다. 1996년 영화의 사전 심의에 대한 헌법재판소의 위헌 결정이 있기 전까지의 심의는 검열에 해당하는 심의였고, 그 이후에는 이용 가능 연령을 부여하는 등급 부여 방식의 심의이다.

영상물등급위원회의 등급분류 방식으로 심의제도가 정착되기까지의 과정을 간략히 소개하면 다음과 같다. 대한민국 정부 수립 후 제1, 2공화국 시기에는 문교부 문화국 예술과가 직제규정에 따라서 영화에 대한 검열업무를 담당하였다. 그러나 1961년 5.16이후에는 공보부가 설립되었고 영화의 검열업무는 문교부에서 공보부로 이관되었다.

한편 5.16 이후 문화계에는 각종 윤리위원회가 설립되었다. 한국예술문화윤리위원회는 1962년 초에 창립된 한국문화예술단체총연합회의 산하 10개 문화단체와 영화제작자협회, 레코드제작자협회, 극장연합회, 공연단체장협회, 음악저작권협회 등 5개 단체 대표자들이 모여서 1966년 초에 결성한 단체이다. 그러므로 한국예술문화윤리위원회는 법률에 의해 설립된 공공기관은 아니고 예술 활동의 질서를 자율적으로 규제하여 문화발전에 기여함을 목적으로 하는 민간단체 성격을 갖고 있다. 한국예술문화윤리위원회는 정부의 위탁을 받아 영화 시나리오, 음반, 무대공연물 등에 대하여 사전 심의 즉 검열을 진행하였다.

1975년 말에 개정된 공연법 제25조의3은 "공연의 공공성과 그 질서 및 품위를 유지하기 위하여 공연윤리위원회를 설치한다"고 규정하였다. 이에 따라 1976년에 한국공연윤리위원회가 설립되었다. 한국공연윤리위원회가 설립되면서 한국예술문화윤리위원회는 해체되고 한국공연윤리위원회가 공연 및 각본 등에 대한 검열의 중심기관이 되었다. 1979년까지의 문화공보부 영화시책에서도 영화 및 시나리오는 한국공연윤리위원회의 사전 심의를 받아야 한다고 명시하였다. 영화시책에 따르면 1980년부터 영화는 한국공연윤리위원회 위원장의 추천을 받아 영화검열심의위원회를 별도로 구성, 운영하였다. 그러나 1984년 말 개정된 영화법은 모든 영화는 공연법에 의한 한국공연윤리위원회의 사전 심의를 받도록 의무화하였다. 한국공연윤리위원회는 1986년에 공연윤리위원회로 명칭을 변경하였다.

공연윤리위원회는 영화 시나리오, 무대예술, 음반뿐 아니라 비디오물, 게임물까지 심의 분야를 확대하였다. 그리고 심의에 있어서 합격, 불합격, 부분 삭제 또는 변경 요구 등을 가미한 심의의견을 내놓았다. 이러한 심의방식은 각 분야 예술인의 창작 및 표현의 자유에 대한 침해 논란을 야기하였고 사회적 변화에 따라 심의기준도 변하기 때문에 심의결과에 대한 논란은 끊임없이 제기되었다.

공연윤리위원회의 심의방식에 커다란 변화를 가져온 사건은 구 영화법 제12조 등이 위헌이라는 헌법재판소의 결정이다. 구 영화법 제12조는 영화 상영 전 공연윤리위원회의 심의를 받아야 하며, 심의를 필하지 않은 영화는 상영하지 못한다고 규정하였다. 그리고 제32조는 이를 위반하는 경우 2년 이하의 징역 또는 5백만 원 이하의 벌금에 처하도록 규정하였다. 헌법재판소는 영화의 상영 전 공연윤리위원회의 사전 심의 의무를 위반하여 논란이 되었던 두 사건(93헌가13, 91헌바10)에 대하여 병합 심의하여 위헌 결정('96.10.4.)을 내렸다. 헌법재판소는 공연윤리위원회가 형식적으로 독립적인 위원회라 하더라도 실질적으로는 정부의 영향력 하에 있는 행정권의 일부로 보았다. 심의 기준에 적합하지 아니한 영화에 대하여는 상영을 금지할 수 있고, 심의를 받지 않고 영화를 상영할 경우 형사처벌까지 가능하도록 한 것은 명백히 헌법이 금지한 사전 검열제도에 해당한다고 보고 위헌으로 결정하였다. 헌법재판소의 위헌 결정을 반영하여 개정된(1997.4.10개정, 1997.10.11시행) 공연법은 공연윤리위원회를 폐지하였다.

그 결과 개정된 공연법에 따라 한국공연예술진흥협의회가 설립되었다('97.10.11.). 영화의 심의방식도 사전 심의제가 등급 부여제로 변경되었다. 한국공연예술진흥협의회는 1999년 영상물등급위원회가 발족하면서 폐지되었다. 영상물등급위원회의 설립 근거 법률도 2001년에는 공연법에서 음반·비디오물 및 게임물에 관한 법률로 변경되었다. 한편 음반·비디오물 및 게임물에 관한 법률에서 비디오물 관련 내용이 분리되어 영화진흥법과 통합함으로써 '영화 및 비디오물의 진흥에 관한 법률'이 제정된('06.4.28.) 이후 영상물등급위원회의 설립 근거 법률은 '영화 및 비디오물의 진흥에 관한 법률'로 변경되었다.

2) 주요 기능[126]

영화 및 비디오물의 진흥에 관한 법률 제71조는 "영화 및 비디오물과 그 광고·선전물의 윤리성 및 공공성을 확보하고 청소년을 보호하기 위하여 영상물등급위원회를 둔다"고 규정하고 있다. 영상물등급위원회는 영화 및 비디오물의 진흥에 관한 법률 제72조에 따라 다음 각 호의 사항을 심의·의결한다.

가. 영상물 등의 등급분류 및 내용정보, 청소년 유해성 확인에 관한 사항

나. 영상물 등의 제작·유통 또는 시청제공의 실태조사 및 관리

다. 자체등급분류의 사후 관리

라. 등급분류책임자 및 온라인 비디오물 이용자 교육

마. 온라인 비디오물 이용자의 권익 보호

[126] www.kmrb.or.kr

영상물등급위원회는 위와 같은 여러 사항에 대하여 심의·의결을 진행하지만 영상물등급위원회의 본질적 기능은 영상물의 공공성과 윤리성을 확보하고 청소년을 유해한 매체로부터 보호하는 것이다. 등급분류제는 영상물의 내용이 어떤 나이에 적합한지 알려주어 청소년을 보호하고 국민들에게 영상물의 관람 및 선택을 위한 정보를 제공한다.

등급분류 대상은 영화, 비디오, 예고편 및 광고영화, 광고·선전물 등이다. 영화와 비디오는 전체 관람가, 12세 이상 관람가, 15세 이상 관람가, 청소년 관람 불가, 제한 상영가(제한 관람가)로 분류된다. 예고편 영화는 전체 관람가, 청소년 관람 불가 등 2개 등급으로 분류한다. 청소년 관람 불가 예고편 영화는 청소년 관람 불가 영화의 상영 전후에만 상영 가능하다. 광고 영화는 광고 매체의 특성을 감안하여 전체 관람가 등급으로만 분류한다. 광고·선전물의 경우는 사전에 청소년 유해성 여부를 확인받은 후 배포 및 게시할 수 있다.

등급분류는 주제와 선정성, 폭력성, 대사, 공포, 약물, 모방 위험 등 7가지 요소에 따라 결정된다. 등급분류를 함에 있어 청소년의 정서 함양과 인격 형성, 건전한 영상 문화 조성에 이바지하고, 사회적 통념과 시대의 흐름에 부합하도록 고려한다. 그리고 등급분류에 있어 윤리성과 공공성을 확보하도록 고려하되 영상물의 창작성과 자율성을 존중하며 전체적 맥락과 상황을 감안하되, 개별 장면의 지속, 강조, 반복 등이 미치는 영향력도 함께 검토하여 등급을 분류한다.

한편 온라인 동영상서비스(OTT)와 같은 새로운 플랫폼을 통해 유통되는 영상물이 증가하여 비디오물 등급분류 처리 기간이 지연됨에 따라 문화산업 발전에 지장을 초래할 우려가 있다며 자율등급제 도입 요구가 제기되었다. 영상콘텐츠의 양은 기존의 등급분류 절차가 감당하기 어려운 수준에 이르렀고, 시청자의 콘텐츠 접근이 지연되고 있다. 넷플릭스 등 외국의 OTT 사업자들이 국내에 진출해 있고, 국내 OTT 사업자의 경우에도 자체 제작은 물론 해외 콘텐츠 수입도 예상되는 상황에서 자체등급분류제 도입 요구는 계속되었다.[127] 이에 영화 및 비디오물의 진흥에 관한 법률이 개정되어('22.9.27.) 자체등급분류제도가 도입되었다. 자체등급분류의 대상이 되는 온라인 비디오물은 정보통신망을 통하여 시청할 수 있도록 제작된 비디오물이다. 문화체육관광부장관으로부터 자체등급분류사업자로 지정받은 사업자는 제한 관람가 등급을 제외하고 자체적으로 온라인 비디오물의 등급을 분류하여 유통할 수 있다. 문화체육관광부는 자체등급분류제도가 온라인 동영상서비스(OTT) 산업을 더욱 활성화시키고, 한국의 영상 콘텐츠산업의 경쟁력을 획기적으로 높일 것으로 전망하였다.[128]

3) 문화산업의 국가경쟁우위에 대한 영향

콘텐츠의 내용에 대한 사전 심의를 받도록 강제하는 제도는 문화산업의 국가경쟁우위 결정

---

127 도준호. (2021.9.29.). 부처 밥그릇 싸움에 길잃은 OTT와 자율등급제. 매일경제.

128 문화체육관광부. (2022.8.25.). 온라인 동영상서비스 자체등급분류제도 도입.

요소 중 하나인 수요조건에 커다란 영향을 줄 수 있다. 콘텐츠의 이용 가능 연령대를 정하는 등급분류 방식도 예외는 아니다. 더구나 콘텐츠의 유통에 대하여 불합격이나 콘텐츠에 대한 일부 수정 또는 삭제를 요구하는 조건부 합격은 저작인격권의 침해 논란이 있을 수 있고 콘텐츠 제작 변경에 따른 추가적 비용도 수반된다. 아울러 콘텐츠의 유통전략도 변경해야 하는 문제를 야기할 수 있다. 현재의 이용 가능 연령부여 방식의 등급분류제는 최소한의 필요한 규제이다. 정부는 자체등급분류제도가 도입된 온라인 동영상서비스의 경우에는 사후관리를 보다 강화하고 있다.

10 게임물관리위원회

1) 연혁

게임물의 심의기관은 영상물등급위원회 및 게임물등급위원회를 거쳐 게임물관리위원회로 발전하였다. 현재는 게임기술의 급속한 발전에 따라 자율등급 부여제가 보다 활성화되었다. 2006년 제정된 게임산업 진흥에 관한 법률 제16조는 "게임물의 윤리성 및 공공성을 확보하고 청소년을 보호하기 위하여 게임물등급위원회를 둔다"고 규정하였다. 이에 따라 영상물등급위원회가 담당하던 게임물의 등급분류 업무는 2006년에 게임물등급위원회로 이관되었다.

게임산업 진흥에 관한 법률에 의거 게임물등급위원회는 게임물의 등급분류 및 청소년 유해성 확인, 사행성 게임물 결정, 등급분류에 대한 사후 관리를 담당하는 공공기관이 되었다. 이후 개정된('11.4.5.) 게임산업 진흥에 관한 법률은 오픈마켓 게임물 등 제작 주체나 유통 과정의 특성으로 인해 사전 등급분류가 적절하지 아니한 게임물에 대하여 자체등급분류제를 도입하였다.

한편 게임물등급위원회에 대하여는 "게임기 불법 개변조로 인한 사행성 게임의 범람에 효과적으로 대처하지 못하고 있고"[129], "게임물 심의에 있어 공정성도 문제가 있다"[130]는 비판이 제기되었다. 이에 정부는 게임산업 진흥에 관한 법률의 개정을('13.5.22.) 추진하여 게임물등급위원회를 폐지하고 게임물관리위원회를 설립하였다. 이와 함께 게임물관리위원회의 공정한 업무 수행을 감독하기 위하여 비상임 감사를 상임으로 변경하고 한시적으로 국고에서 운영을 지원한다는 규정도 삭제하였다.

게임물관리위원회가 발족하였지만 게임기술의 급격한 발전에 따라 기존의 사전 등급분류제도는 현실적 한계에 도달하였다. 가상현실과 스마트 텔레비전 등 기존의 게임 분류 유형에 포

129 장병호. (2012.11.30.) '전체 이용가' 허가받고 성인용으로 개조. 내일신문.

130 허준. (2012.10.24.). 게등위 '로비받고 심의 내줬다' 녹취록 공개 파장. 아이뉴스 24.

함되지 않는 새로운 플랫폼이 등장하고, 플랫폼 간 융합현상이 발생하여 기존의 법률체계 적용이 어려워졌기 때문이다. 이에 문화체육관광부는 다시 게임산업 진흥에 관한 법률의 개정('16.5.29.)을 추진하여 자체등급분류제도를 대폭 확대하였다. 즉, 민간사업자들의 자율심의는 대폭 확대하고 그 대신 게임물관리위원회는 올바른 등급분류가 이루어질 수 있도록 사후관리에 보다 집중하도록 하였다. 자체등급분류사업자로 지정받은 게임사업자는 '청소년 이용불가 게임물'과 '아케이드 게임물'을 제외한 모든 게임물에 대해서 자체적으로 등급분류를 실시하고 게임 이용자에게 유통·제공할 수 있게 되었다. 이에 따라 게임물관리위원회는 등급분류 결과를 상시 모니터링하고, 부적격 등급분류 게임물에 대해서는 등급조정 등의 조치를 취할 수 있다.[131]

2) 주요 기능[132]

게임물관리위원회는 게임물의 등급분류를 통해서 게임물의 윤리성과 공공성을 확보하고 청소년을 유해환경으로부터 보호함으로써 건강한 게임문화와 게임산업의 발전을 지원하는 공공기관이다. 게임물관리위원회의 본질적 기능은 게임물의 등급분류이다.

게임물을 유통시키거나 이용에 제공할 목적으로 게임물을 제작 또는 배급하고자 하는 자는 게임물을 제작 또는 배급하기 전에 그 게임물의 내용에 관하여 등급분류를 받아야 한다. 등급분류는 게임물관리위원회 또는 자체 등급분류사업자 중 선택해서 신청할 수 있다. 다만 i) 중앙행정기관의 장이 추천하는 게임대회 또는 전시회 등에 이용 또는 전시할 목적으로 제작·배급하는 게임물, ii) 국가, 지방자치단체, 교육기관, 종교기관 등이 교육·학습·종교 또는 공익적 홍보활동 등의 용도로 제작·배급하는 게임물, iii) 영리를 목적으로 하지 아니하고 제작·배급하는 게임물 등은 등급분류를 받지 않아도 된다.

한편 청소년 이용불가 등급에 해당하는 게임물은 기술한 바와 같이 게임물관리위원회가 직접 등급을 부여한다. 그리고 게임물관리위원회는 등급분류를 신청한 게임물에 대하여 사행성 게임물 여부를 확인하여야 한다. 게임물의 등급은 다음 각 호와 같다.

가. 전체 이용가: 누구나 이용할 수 있는 게임물

나. 12세 이용가: 12세 미만은 이용할 수 없는 게임물

다. 15세 이용가: 15세 미만은 이용할 수 없는 게임물

라. 청소년 이용불가: 청소년은 이용할 수 없는 게임물

131 문화체육관광부. (2016.5.19.). 게임물 자체등급분류제 전면 도입을 위한 게임산업 진흥에 관한 법률 개정.

132 www.grac.or.kr

일정한 장소에서 일정한 시설을 갖춘 게임 제공업소에서 사용되는 아케이드 게임물은 전체 이용가와 청소년 이용불가의 2가지 등급분류만 가능하다. 등급분류의 기준은 선정성, 폭력성, 범죄 및 약물, 부적절한 언어, 사행성 등의 5가지 요소를 고려한다.

게임산업 진흥에 관한 법률 제22조는 등급분류 거부에 대하여 규정하고 있다. 사행행위 등 규제 및 처벌특례법, 형법 또는 게임산업 진흥에 관한 법률에 의하여 규제 또는 처벌대상이 되는 행위 또는 기기에 대하여 등급분류를 신청한 자는 등급분류 거부 대상이 될 수 있다. 그리고 게임물관리위원회는 정당한 권원을 갖추지 아니하였거나 거짓 그 밖의 부정한 방법으로 등급분류를 신청한 자 또는 사행성 게임물에 해당되는 게임물에 대하여 등급분류를 신청한 자에 대하여도 등급분류를 거부할 수 있다. 등급분류 거부 결정에는 이의신청을 할 수 있다. 이의신청에 대하여 게임물관리위원회는 심사하여 이유가 있다고 결정하면 등급분류를 다시 하고 결과를 통보한다. 그러나 이유가 없는 경우에는 이유 없음을 통지한다.

3) 게임산업의 국가경쟁우위에 대한 영향

게임물관리위원회의 등급분류는 게임산업의 국가경쟁우위 결정요소 중 수요조건에 커다란 영향을 준다. 게임물관리위원회는 게임물의 이용 가능 연령을 정하고, 청소년 이용 불가 게임물을 분류한다. 사행성 게임물에 대하여는 등급분류 거부제도를 활용하여 등급분류를 거부하고 있다.

영상물등급위원회의 영화에 대한 등급분류에 있어 상영등급 보류제도가 존재하였으나 헌법재판소는 헌법이 절대적으로 금지하고 있는 사전 검열에 해당하므로 위헌이라고 결정[133]하였기 때문에 영화의 등급분류 보류제도는 폐지되고 제한 상영가 등급이 신설된 바 있다. 비디오물의 경우에도 등급분류 보류제도가 있었으나 헌법재판소의 위헌 결정[134]으로 폐지되고 제한 관람가 등급이 신설되었다.

게임물의 등급분류 거부제도는 논란이 있지만 계속 유지되고 있다. 게임산업 진흥에 관한 법률 제22조는 사행성이 문제가 되는 게임물에 대하여는 등급분류를 거부할 수 있도록 하고 있다. 게임물 등급분류의 제도적 취지는 청소년 보호를 위하여 게임물의 이용에 관한 적절한 연령 정보를 제공하는 것이다. 게임물관리위원회의 사행성 게임물에 대한 등급분류 거부는 규제기관이 사행성의 기준을 자의적으로 적용하거나 등급분류 거부를 남용할 수 있는 문제가 존재한다. 이로 인해 창작과 표현의 자유가 제약받을 수 있다. 사전 등급분류를 통해 사행성을 규제하겠다는 것은 제도를 검열로서 운용하지 않는 한 허구에 가까운 것이라는 비판도 있다.[135]

---

133 헌법재판소. (2001.8.30.). 2000헌가9.

134 헌법재판소. (2008.10.30.). 2004헌가18.

135 김종일. (2017). 게임물 등급분류 제도의 문제점 및 개선의 방향. 외법논집, 41권4호, 89-117.

사행성 게임물은 '바다이야기' 사태에서 나타나듯 사회적 문제를 야기할 잠재적 요소가 내포되어 있다. 등급분류 거부제도를 지지하는 입장은 이것이 헌법상 보장된 표현의 자유를 제한하는 것이 아니라 사행성 게임의 유통을 금지하는 조치로 사전 검열과는 차이가 있다고 본다.[136]

서울행정법원은 원고 스카이피플이 개발한 플레이투언(P2E) 게임인 '파이브스타즈 포 클레이튼'에 대한 게임물관리위원회의 등급분류 취소처분이 합당하다고 판결했다('23.1.13.). 이는 법원이 게임물관리위원회의 등급분류 거부에 대한 입장을 지지한 판결이다. 게임물관리위원회는 '파이브스타즈 포 클레이튼' 게임 내 대체불가능한 토큰(NFT) 아이템이 경품에 해당하고, NFT 특성상 사행적으로 이용될 수 있다고 보고 등급분류 취소처분을 한 바 있다.[137] 이후 서울행정법원은 블록체인 기술을 도입한 플레이투언(P2E) 게임의 국내 유통을 금지하는 취지의 판결을 다시 한번 내렸다. 게임물관리위원회는 무돌삼국지의 무돌토큰이 다른 가상자산으로 교환해 현금화할 수 있는 만큼 사행성이 있다고 판단하여 자체등급분류사업자의 등급분류를 직권으로 취소하였다. 이에 개발사인 나트리스가 행정소송을 제기했지만 법원은 게임물관리위원회의 입장을 지지하는 결정을 하였기 때문에 무돌삼국지는 국내에서 유통할 수 없게 되었다. '파이브스타즈 포 클레이튼' 판결에 이어 게임물관리위원회의 입장을 지지해준 판결이다.[138] 게임물관리위원회의 등급분류와 관련해서는 사행성 게임물에 대한 등급분류 취소 및 등급분류 거부 이슈가 게임산업계에서 논란이 되고 있다. 등급분류가 거부되면 해당 게임을 국내시장에 유통할 수 없다.

11 한국문화관광연구원

1) 연혁

한국문화관광연구원은 문화예술의 창달, 문화산업 및 관광진흥을 위한 조사·연구와 평가를 진행하는 기관이다. 문화관광부는 2002년 (재)한국문화정책개발원과 (재)한국관광연구원을 통합하여 한국문화관광연구원을 설립하였다. (재)한국문화정책개발원은 1987년 2월 한국문화예술진흥원(현 한국문화예술위원회) 내 문화발전연구소로 출발하여 1994년 7월 재단법인으로 전환되었다.

한편 1994년 문화체육부와 그 소속기관 직제 개정('94.12.23.)으로 교통부 관광국이 문화체

136 모승현. (2008.11.28.). 게임등급분류 거부 위헌소지 논란. 전자신문.

137 배한님. (2023.1.13.). 법원 "게임위 등급분류 거부 문제없다."…P2E게임 미래 안개속으로. 머니투데이.

138 윤진우. (2023.1.31.). 파이브스타즈 이어 무돌삼국지까지…법원, P2E게임 국내 유통 연달아 금지. 조선일보.

육부로 이관되었다. 이로 인해 문화체육부는 문화와 관광을 연계한 관광진흥 업무를 수행하게 되었다. 관광 분야 정책 연구기관은 과거 교통부 산하의 교통개발연구원 내 관광연구실로 1987년 설립되었다. 이것이 1996년에 설립된 (재)한국관광연구원의 모태이다.

한국문화정책개발원과 한국관광연구원은 문화와 관광 분야에서 각각 별개로 공존하다가 2002년에 (재)한국문화관광정책 연구원으로 통합되었다. 이후 한국문화관광정책 연구원은 문화예술, 문화산업, 관광 분야에서 다양한 연구과제를 수행하였고, 2007년 (재)한국문화관광연구원으로 명칭을 변경하였다. (재)한국문화관광연구원은 2016년 문화기본법 개정 시 법정기관으로 승격되어 공공기관이 되었다. 2014년에 처음 제정된 문화기본법은 문화에 관한 국민의 권리와 정부(국가 및 지방자치단체)의 책임을 정하고 문화정책의 방향과 추진에 필요한 기본적인 사항을 규정하고 있다. 제정 당시 문화기본법은 정부가 문화정책을 전문적으로 조사, 연구, 개발하는 전담기관을 지정하여 운영할 수 있도록 하였다. 그러나 정부는 보다 체계적이고 안정적으로 문화관광 분야에 대한 정책 연구를 수행하도록 하기 위하여 2016년에 문화기본법 개정을 추진하여 한국문화관광연구원을 법정법인으로 전환하였다.

2) 주요 기능[139]

문화기본법 제11조의 2에 의하면 한국문화관광연구원은 문화예술의 창달, 문화산업 및 관광진흥을 위한 연구, 조사, 평가를 추진한다. 한국문화관광연구원은 문화예술정책에 대한 연구를 진행하는 문화연구본부, 관광정책을 연구하는 관광연구본부, 문화산업을 연구하는 콘텐츠연구본부, 그리고 각종 통계 데이터를 수집·관리하는 데이터정책센터로 구성되어 있다.

문화산업을 담당하는 콘텐츠연구본부는 문화산업 육성을 위한 조사·연구, 문화콘텐츠 및 기술의 융·복합에 따른 혁신 전략 연구, 문화산업의 시장동향 및 경제적 가치 연구, 문화산업의 국가경쟁력 강화를 위한 조사·연구 등 수행한다. 한국문화관광연구원이 문화산업 분야 기업의 경쟁전략 수립에 직접적으로 기여하지는 않지만, 정부의 문화산업정책 수립 지원과 문화산업 관련 연구를 통해 간접적으로 기여할 수 있다.

139 www.kcti.re.kr

한국의 문화산업정책: 지속적 국가경쟁우위 창출 전략

제 5 장

정부예산을 통한 문화산업의 국가경쟁우위 창출 지원

목차

제1절 문화산업정책 추진체계와 정부예산

1 문화산업정책 추진체계

민주국가에서 정부의 정책 수립 및 집행은 국민의 대표기관인 국회가 정한 법률의 테두리 안에서 이루어진다. 문화산업정책도 예외가 아니다. 제3장에서 살펴본 바와 문화산업의 국가경쟁우위 창출을 지원하는 법률은 문화산업정책의 수립과 집행에 있어 중요한 근거가 되는 제도적 환경을 형성한다. 문화산업에 관한 기본법적 성격의 법률과 기능적 지원사항을 규정하는 법률, 특정 장르를 지원하는 법률 등 다양한 법률에 대하여 제3장에서 살펴본 바 있다.

정책을 효율적으로 수립하고 집행하기 위한 정부의 조직구조와 직무범위는 정부조직법 및 부처의 직제규정에 따라서 정해진다. 현재의 문화산업 관련 정부기관은 문화체육관광부이다. 문화체육관광부의 문화산업 관련 조직과 직무범위는 문화체육관광부와 그 소속기관 직제(대통령령) 및 직제 시행규칙(부령)이 규정하고 있다. 정부는 급변하는 산업환경 속에서 효율적으로 문화산업정책을 수립하고 집행하기 위하여 다수의 공공기관을 설립하여 운영하고 있다. 제4장에서 살펴본 바와 같이 문화산업정책은 문화체육관광부의 문화산업 관련 과 단위 조직에서 다양한 의견수렴 절차를 거쳐 수립한다. 수립된 정책은 문화체육관광부가 직접 집행하기도 하지만 보다 효율적 집행을 위하여 공공기관에 위탁하는 경우가 많다.

정부의 산업 육성정책은 법률과 정부기관 외에도 정책의 집행을 위한 예산이 확보되어야 의도하는 성과를 도출할 수 있다. 메커니즘 기반 관점은 기술한 바와 같이 주체, 환경, 자원의 복합적 결합방식인 메커니즘이 조직의 성과를 결정한다고 주장한다. 정부정책에 있어 주체는 정부(공공기관 포함)이며 산업에 영향을 끼치는 가장 대표적 환경은 법률이다. 자원은 인력, 자본, 부존자원 등 여러가지가 있을 수 있지만 정부의 산업 육성정책에 있어서 가장 중요한 자원은 정부재정이다. 정부는 재정을 통해 산업 인프라를 조성하고 유능한 인재를 양성하며 기술개발 및 자본 형성을 지원한다.

정부예산은 단순한 재정적 자원의 의미를 넘어선다. 이는 법률을 기반으로 정부나 공공기관이 문화산업을 육성하기 위하여 수립한 세부 정책을 실행하는 수단으로 마련된 자원이라는 의미가 있다. 즉 정부예산은 주체(s)로서 정부(공공기관 포함), 환경(e)으로서 법률, 그리고 자원(r)으로서 재정이 복합적으로 결합된 정책 메커니즘(M)으로 볼 수 있다. 정부부처의 예산각목

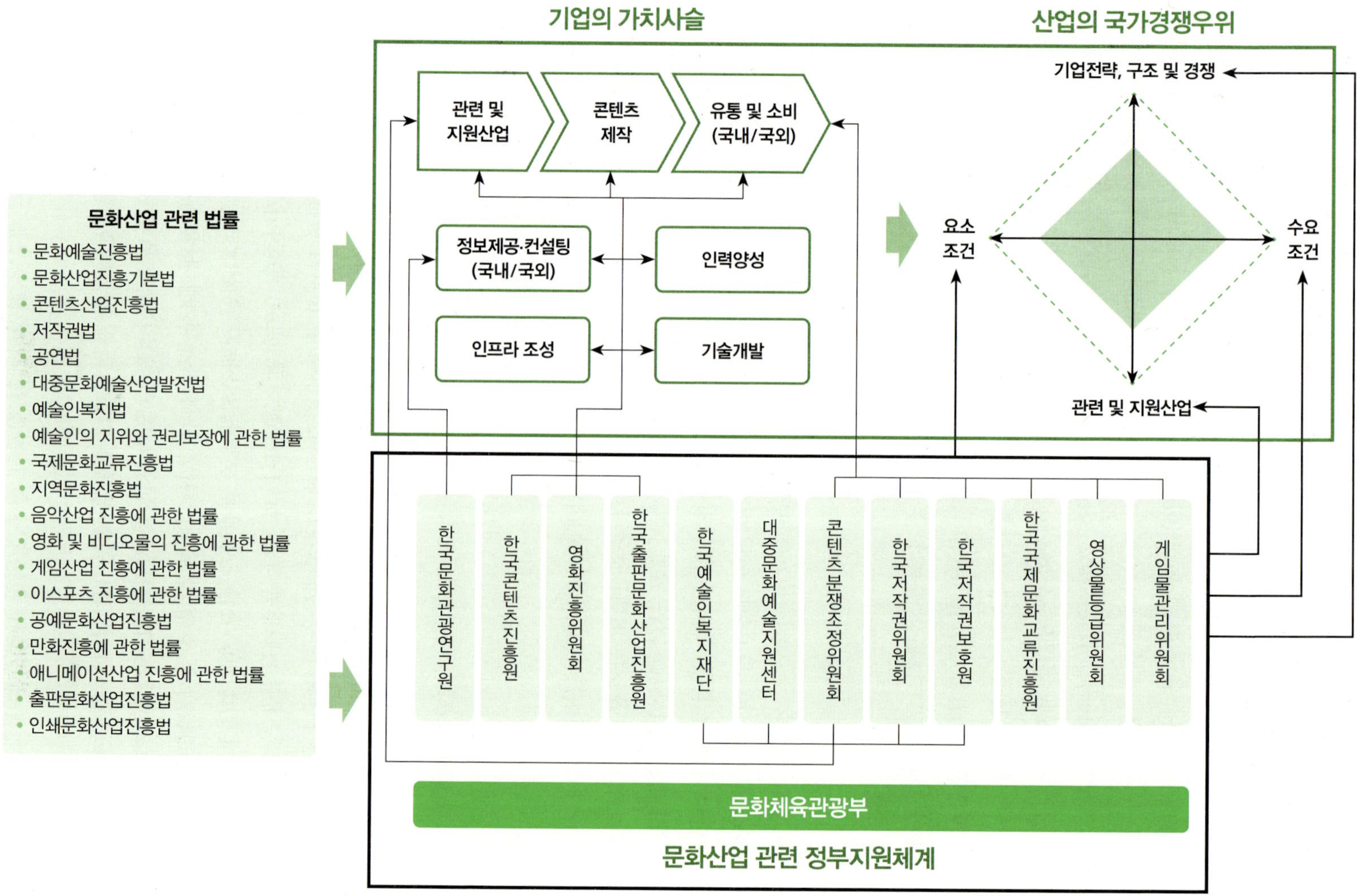

<그림 5-1> 문화산업정책 추진체계의 국가경쟁우위 창출 메커니즘

명세서는 법률이라는 제도적 환경하에서 정책의 집행을 위한 사업주체와 소요예산 규모를 정하고 있다.

이를 감안하면 문화산업정책 추진체계는 법률과 정부기관 그리고 정부예산이 효율적으로 결합되어야 하나의 시스템으로 완성될 수 있다. 재정적 지원이 없는 산업 육성정책은 구두선에 그칠 우려가 크다. 제3장과 제4장에서 살펴본 법률지원체계 및 정부지원체계는 제5장의 정부예산과 결합하여 보다 효과적인 정책추진체계로 발전하게 된다. 문화산업정책 추진체계의 국가경쟁우위 창출 메커니즘을 요약하면 <그림 5-1>과 같다. 문화체육관광부 및 산하의 여러 공공기관은 문화산업 관련 다양한 법률적 환경 속에서 정부예산을 활용하여 문화산업기업의 가치사슬과 문화산업의 국가경쟁우위 결정요소들에 대한 긍정적 영향을 끼침으로써 문화산업의 국가경쟁우위를 창출, 유지, 확대하게 된다.

2 문화산업 관련 정부예산의 발전

전자책으로 출판한 한국문화산업정책사는 1968년 문화공보부 설립 이후 역대 정부의 문화산업 관련 정부예산을 더블 다이아몬드 모델에 따라 문화산업의 국가경쟁우위 결정요소에 대한 영향을 분석하였다. 정부정책은 국내 다이아몬드는 물론 국외 다이아몬드의 결정요소에까지 광범위하게 영향을 미치는 다양한 사업을 포함하고 있다. 이는 산업 육성을 지원하는 정부정책이 글로벌 시장에서의 국가경쟁우위 확보를 지원하기 때문이다. 여기서는 한국의 문화산업정책을 실행하기 위한 정부예산을 대상으로 국가경쟁우위 결정요소 중 어느 부문을 강화하는 사업인지를 분석하였다.

한국문화산업정책사는 문화산업 관련 제도적 환경을 규정하는 법률, 문화산업정책을 추진하는 정부조직, 문화산업 관련 정부예산의 규모와 성격 등을 종합적으로 감안하여 제3공화국 문화공보부 시기부터 제5공화국 문화공보부 시기를 하나의 시기로 분류하여 통합적으로 분석하였다. 제3공화국에서 제5공화국까지의 기간에는 방송을 제외하면 문화산업에 대한 정부예산 지원은 거의 없다. 문화공보부 예산에서 방송 관련 예산이 큰 비중을 차지하는 것은 1972년까지 국영방송으로 운영한 한국방송에 대한 지원 예산이 포함되었기 때문이다. 그리고 1973년 이후에는 국영방송이었던 한국방송이 한국방송공사로 법인화되면서 출자금 예산이 정부예산에 포함되었다. 영화는 1973년에 영화진흥공사를 설립하고 국산영화진흥기금을 활용하여 정책적 지원을 강화한 바 있다. 그러나 당시의 국산영화진흥기금은 외화 수입업자에게 징수한 부과금 성격의 재원이다. 영화산업 관련 정부예산은 대부분 행정적 예산에 그치고 있다.

대한민국은 1980년대 후반부터 세계무역기구 출범과 관련한 대외 개방 기조, 광범위하게 확산된 민주화 운동, 1988 서울올림픽 준비 등으로 인하여 정치, 경제, 사회, 문화 각 분야에서 개방 및 민주화가 폭넓게 추진되었다. 이런 대내외적 환경에서 1988년 출범한 노태우 정부는 1989년 말 정부조직법을 개정하여('89.12.30.) 문화공보부를 문화부와 공보처로 분리하였다.[140] 1989년 문화공보부 예산각목명세서는 영화산업 육성을 위하여 영화진흥공사에 대한 비교적 큰 규모의 지원 예산을 편성하였다. 국영방송 지원이나 특수법인인 한국방송공사에 대한 출자를 제외하면 문화산업 분야에 대한 이 정도 규모의 예산을 편성한 것은 대한민국 정부 수립 이후 처음이다. 1989년 정부예산에 영화진흥공사 지원사업을 포함하게 된 것은 이유가 있다. 영화시장 개방과 관련한 한미간 협의가 진행된 끝에 1986년 말 문화공보부는 영화법을 개정하여('86.12.31.) 외국인에게도 국내 영화업 진입을 허용하고 외국 영화 수입 시 부과하던 국산영화진흥기금을 폐지하였다. 개정('86.12.31.) 영화법이 발효되는 1987년 7월부터 국산영화진흥기금 징수가 폐지되면서 영화진흥공사의 기존 사업 추진을 위한 대체 재원으로 정부예산이 편성된 것이다.

김영삼 정부는 1993년 2월 출범 직후 문화부와 체육청소년부를 통합하여 문화체육부를 발족하였다. 그리고 문화체육부는 1994년 문화체육부와 그 소속기관 직제를 개정하여('94.5.4.) 문화산업국을 신설하였다. 문화체육부는 문화예술정책과 구분하여 문화산업을 국가전략산업으로 육성하려는 비전을 갖고 문화산업국을 신설한 것이다. 김영삼 정부 시기에 문화산업정책을 전담하는 국 단위의 정부조직 신설과 같은 커다란 변화가 있었지만 정부예산 측면에서는 큰 성과가 없었다. 문화체육부가 마련한 예산안은 예산 주무 부처의 심의, 국무회의 의결, 국회 의결 등의 절차를 거쳐서 확정되는 것이기 때문에 문화산업에 대한 정부예산 증액은 문화체육부의 독자적 역량만으로는 해결할 수 없는 부분이다.

IMF 경제위기 속에서 출범한 김대중 정부는 문화산업을 21세기 국가전략산업으로 육성하는 정책을 수립하고 문화산업진흥기본법의 제정, 한국문화콘텐츠진흥원과 같은 공공기관의 설립 등 제도적 환경을 구축하기 시작하였다. 그리고 문화산업 관련 정부예산을 획기적으로 증액하였다. 김대중 정부 이후 문화산업 육성을 위한 정부의 의지와 노력은 정부가 바뀌더라도 계속되었고 문화산업 육성을 위한 정부예산도 지속적으로 증가하였다.

<그림 5-2>는 1984년부터 2024년까지 문화산업 분야 예산 총액의 변화 추세를 보여준다. 이는 한국은행 발표 소비자물가지수(2020년 100)를 기준으로 표준화하여 그래프로 작성한 것이다. 그림에서 보듯이 1999년부터 문화산업 육성을 지원하는 정부예산이 급증하기 시작하였고 2018년 이후부터는 더욱 가파르게 증가하였다. 문화산업을 정부차원에서 지원한 이후 한류가 전 세계적으로 확산되었고 어느 정부나 한류의 지속적 발전을 위하여 문화산업 관련 예산을 적극적으로 증액하였다.

140 정부조직법상('89.12.30.) 문화부와 공보처는 1989년 말에 신설되었으나 문화부 직제 시행령은 1990년 초에 제정됨('90.1.3.).

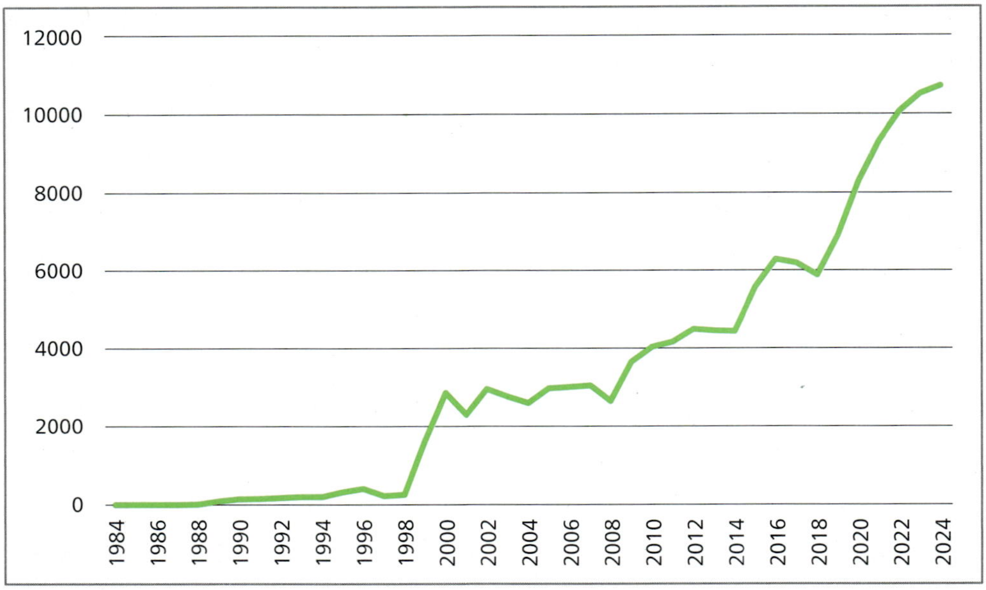

<그림 5-2> 문화산업 관련 정부예산 추이(단위: 연도/억 원)[141]

3 정부예산의 산업정책적 의미

민주국가에서 정부예산은 법률과 만찬가지로 국회의 의결을 통해 확정된다. 그러므로 국회를 통과한 정부예산은 법률과 같은 효력이 있다. 대한민국헌법 제54조에 의하면 정부는 회계연도마다 예산안을 편성하여 회계연도 개시 90일 전까지 국회에 제출하고 국회는 회계연도 개시 30일 전까지 이를 의결하여야 한다. 그러므로 정부예산은 당해 연도가 개시되기 직전 해의 연말에 확정되게 된다.

정부예산은 일반회계, 특별회계, 기금 등으로 구분된다. 국가재정법의 회계구분에 따르면 일반회계는 조세수입 등을 주요 세입으로 하며 국가의 일반적인 세출에 충당하기 위하여 설치한다. 반면, 특별회계는 i) 국가에서 특정한 사업을 운영하고자 하는 경우, ii) 특정한 자금을 보유하여 운용하고자 하는 경우, iii) 특정한 세입으로 특정한 세출에 충당할 필요가 있어 일반회계와 구분하여 회계처리할 경우에 법률로서 설치한다. 문화행정 관련 특별회계는 문화재관리특별회계, 재정투융자특별회계, 농어촌특별세관리특별회계, 국가균형발전특별회계, 책임운영기관특별회계, 아시아문화중심도시조성특별회계 등이 운용된 바 있다. 특별회계는 국가재정법 별표 1에 포함된 개별적 법률에 의하여 설치할 수 있다.

141 연도별 예산각목명세서 참조

한편 기금은 국가가 특정한 목적을 위하여 특정한 자금을 신축적으로 운용할 필요가 있을 때에 한정하여 법률로써 설치할 수 있다. 정부의 출연금이나 법률에 따른 민간부담금을 재원으로 하는 기금은 국가재정법에서 규정한 별도의 법률에 의하지 않고는 설치할 수 없다. 문화체육관광부 소관 기금은 문화산업진흥기금, 문화예술진흥기금, 영화발전기금, 관광진흥기금, 국민체육진흥기금 등이 있다. 이 중에서 문화산업진흥기금 및 영화발전기금이 문화산업의 진흥을 위한 기금으로 운용된 바 있다. 문화산업진흥기금은 1999년에 처음으로 신설되었으나 규모가 작고 보다 효율적인 운영을 위하여 2006년에 중소기업투자 모태펀드로 편입되었기 때문에 현재는 폐지되었다. 영화산업을 지원하는 기금은 국산영화진흥기금에서 시작하여 영화진흥금고를 거쳐 현재는 영화발전기금이 운용되고 있다. 기금예산도 일반회계 예산과 마찬가지의 절차를 거쳐서 확정된다.

정부의 산업 육성정책은 규제 완화 및 경쟁촉진을 통해 자유 경쟁시장의 발전을 촉진하는 방법도 있고 재정적 지원을 통해 산업의 기반 및 생태계 조성을 직접적으로 지원하는 방식도 있다. 후자의 경우는 국민경제적 파급효과가 크고 성장 잠재력이 있지만 유치산업 단계에 있는 산업에 대하여 정부가 채택하는 지원 방식이다.

한국의 문화산업정책은 대한민국 정부 수립 후 오랫동안 규제 중심이었고 정부의 예산지원은 제한적이었다. 그러나 노태우 정부 시기의 문화산업정책의 태동기를 거쳐 김영삼 정부의 문화산업국 신설, 김대중 정부의 문화산업 관련 예산의 획기적 증액을 거치며 한국의 문화산업 관련 정부정책은 지원 중심으로 완벽하게 전환되었다. 노무현 정부는 물론 그 이후의 정부에서도 문화산업 분야 예산은 지속적으로 확대되었다. 이와 같이 문화산업에 대한 규제는 지속적으로 완화하고 이를 육성하는 정부예산을 계속 확대하는 것은 문화산업을 정책적으로 육성하려는 정부의 강력한 의지를 실천하는 의미가 있다.

문화산업 관련 정부예산은 문화산업 육성을 위한 다양한 정책과 이를 구체적으로 실행하기 위한 재원 활용계획을 포함하고 있다. 즉 정부예산은 다양한 정책을 실행하는 정부조직과 관련 법률, 그리고 정책 실행에 소요되는 적정 규모의 자원이 복합적으로 결합된 정책 메커니즘이다. 그러므로 산업정책을 지원하는 정부예산은 해당 산업에 대한 정부정책의 결정판이라고 해도 과언이 아니다. 정부예산이 확대된 것은 문화산업을 지원하는 정책이 더 다양하고 복잡해진 것을 의미한다.

역대 정부의 문화산업 국가경쟁우위 창출 지원 관련 예산은 당시의 시대적 상황과 산업환경을 반영하여 수립한 것이므로 정부별 특징이 있다. 그러므로 역대 정부별로 문화산업의 국가경쟁우위 향상을 위해 보다 중점을 두고 지원한 분야는 다소 차이가 있다. 이 책에서는 문화산업의 국가경쟁우위를 창출 또는 지속하기 위하여 정부가 예산을 활용하여 국가경쟁우위 결정요소 중 어느 부문에 어느 정도의 영향을 끼쳤는지를 분석하고 있다. 정부예산은 한정되어 있기 때문에 어느 정부나 사업의 중요성과 시급성을 감안하여 예산을 편성한다. 그러므로 정부예산에 포함된 사업은 당시의 정부가 역점을 두고 정책을 수립하고 시행한 분야로 볼 수 있다.

제2절 문화산업의 국가경쟁우위 향상을 위한 정부예산 개요

문화산업의 국가경쟁우위 향상을 지원하는 역대 정부의 예산에 대하여는 전자책으로 발행한 문화산업정책사에서 상세히 분석하고 있다. 여기서는 문재인 정부와 윤석열 정부의 문화산업 국가경쟁우위 창출을 지원하는 정책과 관련 예산을 개략적으로 살펴본다. 윤석열 대통령은 갑작스러운 계엄선포로 탄핵되었고 임기를 2년 이상 남긴 상태에서 파면되었다('25.4.4.). 그러므로 윤석열 정부의 문화산업 관련 분석 대상 예산은 2023년부터 2025년까지이다.

1 정부의 문화산업 진흥 전략

1) 문재인 정부 문화체육관광부의 문화산업 혁신 전략

문재인 정부 문화체육관광부는 2019년 9월에 콘텐츠산업 3대 혁신 전략을 발표하였다. 첫째는 정책금융을 확충하여 혁신기업의 도약을 지원하는 전략이다. 이를 위해 '콘텐츠 모험투자 펀드'를 신설하여 고위험 콘텐츠 제작을 장려하고 '콘텐츠기업 보증'을 확대한다. 둘째는 선도형 실감 콘텐츠 육성을 통해 미래 성장동력을 확보하는 전략이다. 향후 가상(VR)·증강(AR)·확장현실(XR) 기술을 활용한 실감형 콘텐츠가 5세대 이동통신의 핵심 서비스 대상이 될 것으로 예상되지만 시장이 성숙되지 않아 민간투자는 어려운 실정이다. 이에 정부가 선도적으로 실감 콘텐츠에 투자하여 초기 수요를 창출하고 경쟁력 확보를 지원한다는 전략이다. 셋째는 한류를 활용하여 연관 산업의 성장을 견인하는 전략이다. 이를 위해 콘텐츠 수출 정보를 제공하는 '콘텐츠 수출 허브'를 운영하며 해외 저작권 침해에 대하여 적시에 대응할 수 있는 지원체계를 갖춘다. 그리고 문화콘텐츠와 소비재 및 관광을 연계한 한류 마케팅을 지원한다.[142]

한편 2019년 말에 시작된 코로나19로 인하여 한국을 포함한 전 세계는 약 3년의 긴 기간을 격리와 봉쇄 속에서 보내야 했다. 이 시기에 온라인 게임 및 온라인 동영상서비스(OTT) 등 비대면 문화산업은 성장하였으나, 영화 및 대중음악 등 대면 기반의 문화산업은 관객과 매출이

[142] 문화체육관광부. (2019.9.17.). 콘텐츠산업, 가능성에 투자!

급격히 줄고 창작 및 제작이 연기 또는 취소되어 산업이 크게 위축되었다. 이에 문화체육관광부는 기획재정부, 과학기술정보통신부, 중소벤처기업부, 보건복지부 등 관계 부처와 합동으로 비대면 환경에서 문화콘텐츠산업의 생태계를 복원하고 지속적 경쟁우위 창출을 지원하기 위해 '디지털 뉴딜 문화콘텐츠산업 성장 전략'을 수립하였다.

'디지털 뉴딜 문화콘텐츠산업 성장 전략'은 2019년에 발표한 콘텐츠산업 3대 혁신 전략을 코로나19 위기로 인하여 변화된 환경에 맞게 보완한 것이다. 주요 전략은 다음과 같다. 첫째, 비대면 환경에 대응하여 디지털 전환으로 콘텐츠의 경쟁력을 확보한다. 이를 위해 온라인 유통 인프라를 구축하고 온라인 전용 공연과 온라인 콘텐츠 제작에 대한 금융 지원을 확대한다. 둘째, 차세대 콘텐츠인 실감형 콘텐츠의 개발 및 투자 확대를 지원한다. 이를 위해 영화, 게임, 웹툰, 문화재 등 다양한 장르의 콘텐츠에서 활성화되는 위치 기반 실감 콘텐츠와 인공지능 콘텐츠 제작을 지원한다. 셋째, 콘텐츠 지식재산(IP)의 융·복합 및 확산을 지원한다. 이를 위해 웹툰, 이야기 등 콘텐츠의 핵심적 지식재산을 활용한 다양한 콘텐츠 제작을 지원한다. 넷째, '온:한류축제', '디지털 케이콘(K-Con)' 등 온라인 한류 종합축제를 개최하여 한류 확산을 촉진한다. 다섯째, 위기에 처한 문화콘텐츠산업 생태계 복원을 위해 2021년에 코로나19피해 지원 펀드를 조성하고 상생 협력을 위한 법령 정비와 표준계약서 적용 범위를 확대한다.[143]

2) 윤석열 정부 문화체육관광부의 문화산업 진흥 전략

문화체육관광부는 윤석열 정부의 대한민국 디지털 전략('22.9.), 디지털플랫폼정부 실현계획('23.4.) 등 국가 디지털 전략을 뒷받침하고 K-컬처의 디지털 경쟁력을 강화하고자 '제1차 문화 디지털 혁신 기본계획 2025'를 수립하여 발표하였다. 이는 i) 새로운 가치를 창조하는 K-컬처 산업, ii) 새로운 경험을 향유하는 디지털 K-컬처, iii) 새로운 행정을 구현하는 조직문화 등의 3대 추진전략을 중심으로 구성되어 있다. 동 기본계획은 문화산업이 디지털과 결합하여 새로운 가치를 창조할 수 있도록 전통적 장르와 매체에서 장르 융합적 인재와 상품 및 서비스를 육성하고 디지털 문화자원을 적극 제작, 개방하며 초거대 인공지능 및 디지털 플랫폼 등 차세대 핵심 기술 개발에 대한 투자 확대를 포함하고 있다.[144] 이에 따라 2023년에는 문화기술 융복합 인재 양성, 디지털 문화자원 개방 확대, 문화시설 내 문화해설 로봇 보급 등을 추진하였다. 2024년 문화 디지털 혁신 시행계획은 인공지능 콘텐츠 제작 지원, 온라인동영상서비스 특화 콘텐츠 제작 지원, 세계적 가상 공연 및 인공지능 기반 공연예술 안전 환경 구축 기술 연구 지원 등을 포함하고 있다.[145]

143 문화체육관광부. (2020.9.24.). 디지털 뉴딜 문화콘텐츠산업 성장 전략 발표.

144 문화체육관광부. (2023.4.28.). 새로운 가치 빚고 새로운 경험 선사할 문화 디지털 환경 실현한다.

145 문화체육관광부. (2024.5.9.). 인공지능 기반, 문화 디지털로 K-컬처 산업 경쟁력 강화.

한편 2024년 6월에는 국무총리 주재 제8차 콘텐츠산업진흥위원회를 개최하고 i) K-콘텐츠 국가전략산업화, ii) 콘텐츠기업 성장을 통한 일자리 창출, iii) 해외 진출을 넘어 세계 주류문화로 도약, iv) 핵심장르 집중 지원 등 K-콘텐츠 글로벌 4대 강국 도약 전략을 발표하였다. K-콘텐츠 국가전략산업화는 K-콘텐츠 복합문화단지 조성 및 정책금융 공급 확대를 포함한다. 콘텐츠기업 성장을 위해서는 지식재산 기반 생태계를 구축하고 기업의 성장 단계별 맞춤형 지원과 지역거점 콘텐츠산업 클러스터 구축을 지원한다. 해외 진출을 넘어 글로벌 주류문화로 도약을 유도하기 위해 세계 웹툰 축제 등을 통해 전 세계에서 찾아오는 K-콘텐츠 페스티벌을 개최하고 K-콘텐츠와 연관산업의 동반 진출을 통한 수출 확대를 지원한다. 핵심장르 집중 지원은 우수 콘솔게임 육성, 웹툰의 현지화 지원, 제작사와 OTT플랫폼 간 지식재산 공유 문화 확산 유도 등을 포함하고 있다.[146]

2 문화산업 관련 정부예산 개요

<표 5-1>에서 보듯이 문재인 정부는 물론 윤석열 정부에서도 문화산업 육성 예산은 지속적으로 증가하였고 문화체육관광부 전체 예산에서 문화산업 분야가 차지하는 비율은 30%를 초과하였다. 2020년에는 코로나19의 확산에 따라 사회적 거리두기 및 경제적 위축으로 인하여 한국은 경제 전 분야에서 대량 실업이 발생할 위기상황을 맞게 되었다. 정부는 이를 극복하기 위하여 2020년부터 2022년까지 추가경정예산을 편성하여 일자리 창출을 지원하였다. 문화산업 분야도 예외가 아니었다.

<표 5-1>의 2020년부터 2022년까지의 예산은 코로나19 위기 극복을 위한 추가경정예산을 반영하였다. 이하의 예산 관련 표에서 추가경정예산을 반영한 경우에는 '추경'이라고 표시하였다. '추경' 표현이 없으면 본예산에 큰 변화가 없는 경우이다.

윤석열 정부 문화체육관광부는 해외문화홍보원을 국제문화홍보정책실로 개편하여 한류진흥 및 콘텐츠 해외 진출 총괄 지원기능을 수행하도록 하였다. 그 결과 2025년 예산에는 과거 콘텐츠정책국 예산이었던 '문화콘텐츠 국제 협력 및 수출 기반 조성'과 '해외 콘텐츠산업 인력 양성(ODA)' 예산이 국제문화홍보정책실로 이관되었다. 그러나 이 책은 조직 개편으로 인한 예산 편성의 변화에 관계없이 분석의 일관성을 위하여 해당 분야 예산을 콘텐츠산업 육성에 포함하여 편집하였다.

146 문화체육관광부. (2024.6.18.). 2027년 콘텐츠 수출 250억 달러 달성, 'K-콘텐츠', 세계 4대 강국으로 도약한다.

<표 5-1> 문화체육관광부의 문화산업 관련 예산 현황[147]

구분(단위: 백만 원)	2018	2019	2020추경	2021추경	2022추경	2023	2024	2025
1. 문화체육관광부 예산 순지출 총액	2,869,298	3,290,243	3,489,969	3,562,410	3,773,333	3,494,095	3,696,044	3,771,853
2. 문화산업 분야 예산 합계	582,947	685,626	829,070	953,627	1,084,099	1,173,004	1,222,909	1,205,798
1) 콘텐츠산업 육성	395,580	477,478	612,094	703,660	742,107	709,676	897,042	859,405
2) 건강한 저작권 생태계 조성	56,756	69,272	72,028	81,596	100,217	98,773	84,997	80,540
3) 문화미디어산업 육성	97,776	108,886	123,501	144,988	165,812	218,955	183,528	184,476
4) 문화산업 분야 행정 기본 경비	453	444	438	438	381	434	454	447
5) 국가균형발전특별회계(문화산업)	10,696	9,538	0	0	50,061	45,019	40,474	63,616
6) 타 국 편성 출판산업 육성 관련 예산	13,686	10,156	10,962	12,185	14,589	14,981	13,234	14,071
7) 한국국제문화교류진흥원 지원	0	1,852	2,047	2,060	2,632	2,666	3,180	3,243
8) 영화발전기금 전출금						80,000		
9) 지역신문발전기금 전출금	8,000	8,000	8,000	8,700	8,300	2,500		
3. 문화산업 예산의 점유율(2/1)	20.32%	20.84%	23.76%	26.77%	28.73%	33.57%	33.09%	31.97%

147 연도별 예산각목명세서, 추가경정 예산각목명세서, 세입세출 및 기금 결산 설명자료 참조.

1) 문화콘텐츠산업실 폐지 및 문화산업 분야 3개 국 조직의 독립적 운영

문재인 정부는 문화콘텐츠산업실을 폐지하고 그 소속이었던 콘텐츠, 저작권, 미디어 등 문화산업 관련 3개 분야를 국 단위로 독립적으로 운영하였다. 이와 같은 조직체계는 윤석열 정부에서도 유지되었다. 그러나 문화산업 관련 예산은 지속적으로 증가하여 2022년에는 1조원을 넘었다. 콘텐츠산업 육성 분야는 장르별 예산보다는 실감형 콘텐츠산업 지원 예산이 큰 폭으로 증가하였다. 그리고 문화콘텐츠 제작 관련 투자, 지역 문화산업 균형 발전, 문화기술 개발 등 문화산업 전반의 경쟁력 향상을 지원하는 예산의 증가 폭도 컸다.

저작권 분야는 저작권 문화 기반 조성, 저작권 기반 기술 육성, 국내외 저작권 보호 활동 지원 등에서 전반적으로 예산이 증가하였다. 그리고 해외에서의 한국 저작권 보호 활동 및 저작권 관련 국제 협력을 지원하는 예산이 많이 증가하였다.

한편 문화미디어산업 분야는 방송콘텐츠 제작 지원 및 광고산업 활성화 예산이 크게 증가하였다. 신문잡지 등 정기간행물 산업의 경우에는 박근혜 정부 시기와 큰 차이가 없다. 그리고 지역신문발전기금은 2023년까지 일반회계에서 지원금을 출연하였고 2024년부터는 언론진흥기금에서 지원금을 출연하였다.

2) 문화산업 분야 행정 기본 경비

'문화산업 분야 행정 기본 경비'는 문화산업 분야 3개 국의 여비 및 행정 비용으로 구성된다. 현재는 기본 경비 예산을 주요 사업비와 구분하여 별도로 편성하지만 이전에는 국 단위 조직의 주요 예산에 모두 포함하여 편성하였다. 기본 경비 역시 분석의 일관성을 위해서 문화산업 분야 예산에 포함하였다. 한편 문화산업 장르별 지원 예산도 행정예산을 포함하고 있다. 이는 해당 장르의 정책을 집행하기 위한 간담회, 조사연구, 출장 등 행정관리적 성격의 예산이다. 행정예산은 정책의 수립 및 집행과 관련이 있기 때문에 이 책에서는 문화산업의 국가경쟁우위 결정요소 중 전략 부문 지원으로 분류하였다.

3) 국가균형발전특별회계 지원

<표 5-1>은 국가균형발전특별회계에 의한 문화산업 진흥 예산을 포함하고 있다. 이는 지역 문화산업 발전을 지원하는 예산이다. 2018년 예산까지는 지역발전특별회계라는 명칭으로 예산을 편성하였으나 2019년 예산부터는 국가균형발전특별회계로 명칭이 변경되었다. 특히 2022년에는 국가균형발전특별회계에서 지역 문화산업 육성 예산을 500억 원 이상 편성하였고 일반회계에서는 그 만큼 줄어든 예산을 편성하였다. 그리고 <표 5-1>에서 보듯이 2020년과 2021년에는 국가균형발전특별회계에서 문화산업 분야 예산은 편성하지 않았다. 그 대신 일반회계에서 지역 문화산업의 균형 발전을 지원하는 예산을 증액하여 편성하였다. 이를 감안하면 일반회

계와 특별회계의 구분은 명확하지 않다. 지역 문화산업 육성 사업 중 '지역 기반 게임산업 육성'의 경우 2021년까지는 일반회계에서 편성하였으나 2022년에는 특별회계에서 편성하고 있다. 일반회계와 특별회계는 구분하는 것이 원칙이지만 예산을 일반회계로 편성할지 또는 특별회계로 편성할지는 예산 편성 당시의 사정과 정책적 판단에 의존하기도 한다.

4) 타 국 편성 출판산업 육성 예산

타 국 편성 출판산업 육성 예산은 문화체육관광부 직제 개정에 따라 문화산업국이 아닌 다른 국에 편성된 출판산업 관련 예산이다. 2018년에는 '국민독서문화 증진 지원'과 '한국문학번역원 지원'이 포함되었다. 2019년부터는 '국민독서문화 증진 지원'은 미디어정책국의 출판산업 육성 예산에 편입되었다. 그러므로 2019년부터는 타 국 편성 출판산업 육성 관련 예산은 '한국문학번역원 지원'뿐이다.

5) 한국국제문화교류진흥원 지원

<표 5-1>의 '한국국제문화교류진흥원 지원'은 한국문학번역원 지원과 마찬가지로 직제상 문화예술정책실 또는 국제문화홍보정책실 소관으로 예산이 편성되어 있지만 문화산업 분야 예산에 포함하였다. 한국국제문화교류진흥원은 제3장에서 살펴본 바와 같이 아시아문화산업교류재단에서 기원하는 법인이다. 아시아문화산업교류재단은 한국문화산업교류재단을 거쳐 2018년1월에 한국국제문화교류진흥원으로 법인명칭이 변경되었다. 문화체육관광부 예산각목명세서는 2018년 예산까지 한류 진흥 업무를 수행하는 한국문화산업교류재단 사무국 운영 지원 예산을 반영하고 있다.

국제문화교류 전담기관으로 지정된 이후인 2019년 예산각목명세서부터는 국제문화교류 전담기관 운영 지원 항목으로 예산이 반영되었다. 당시의 문화체육관광부 내 국제문화교류의 주무과는 국제문화과이다. 국제문화과는 문화산업 관련 부서가 아닌 문화정책관 소속이다. 그러나 국제문화과는 2024년 국제문화홍보정책실이 발족하면서 국제문화정책과로 개편되어 이관되었다.

2018년 국제문화교류 전담기관으로 지정된 이후에 한국국제문화교류진흥원은 한류 진흥 업무 외에도 개발도상국 대상 문화동반자 사업과 외국과의 수교 계기 문화교류행사 등 다양한 문화 교류 사업을 수행하고 있다. 사업이 늘어난 만큼 경상운영비도 한국문화산업교류재단 시기에 비하여 증가하였다. 비록 동 재단의 운영비를 지원하는 문화체육관광부 내부의 조직이 변경되었지만 한국국제문화교류진흥원은 여전히 한류 진흥을 주요 업무로 수행하고 있음을 감안하여 이 책은 '한국국제문화교류진흥원 지원'을 문화산업 관련 예산에 포함하였다.

<표 5-2> 2020～2022 추가경정예산 문화산업 분야 증감 현황

구분	증액(단위: 백만 원)	감액(단위: 백만 원)	비고
2020 추경	콘텐츠 수출기업 인력 지원(1,765)	벤처기업 성장 및 해외 진출 지원(1,000)	콘텐츠
	애니메이션 디지털 아카이빙 구축(3,890)	지역 특화 콘텐츠 개발(2,550)	콘텐츠
		지역 콘텐츠랩 및 기업지원센터 운영(14,800)	콘텐츠
		전주 독립영화의 집 건립(1,000)	콘텐츠
		부천웹툰융합센터 건립(4,000)	콘텐츠
		엔터테인먼트 박람회 개최 취소(1,500)	콘텐츠
		실감형 콘텐츠 광화문 프로젝트(14,000)	콘텐츠
		K뮤직 시티 페스티벌 취소(2,500)	콘텐츠
		대구 글로벌 게임문화 축제(150)	콘텐츠
		패션문화마켓 개최 취소(1,260)	콘텐츠
		한국영상자료원(468), 영상물등급위원회(168)	콘텐츠
	저작권 침해사이트 재택 모니터링(1,420)	저작권 교육 체험관 건립(3,936)	저작권
		한국저작권위원회(83), 한국저작권보호원(250)	저작권
	방송영상콘텐츠 제작 지원(3,500)	부산국제광고제 지원(140)	미디어
	방송영상콘텐츠 해외 진출 지원(1,000)		미디어
	증액 계: 11,575	**감액 계: 47,805**	−36,230
2021 추경	콘텐츠 수출기업 인력 지원(9,000)		콘텐츠
	대중음악공연업계 일자리 창출(22,800)		콘텐츠
	소규모 대중음악 공연 활성화(3,000)		콘텐츠
	방송영상콘텐츠 제작 지원(4,500)		미디어
	증액 계: 39,300	**감액 계: 0**	39,300
2022 추경	영화 제작 인력 지원(11,000)	콘텐츠산업 생태계 조성 행정(45)	콘텐츠
	영화관 특별기획전 지원(8,200)	영화, 애니메이션, 캐릭터산업 행정(50)	콘텐츠
	소규모 대중음악 공연 활성화(10,000)	게임산업 행정(20), 패션산업 행정(22)	콘텐츠
		실감형 콘텐츠산업 행정(34)	콘텐츠
		저작권 문화 기반 조성(48), 저작권 특별사법경찰(18)	저작권
	방송영상콘텐츠 제작 지원(11,000)	미디어산업 및 방송영상산업 행정(26)	미디어
	증액 계: 40,200	**감액 계: 263**	39,937

6) 추가경정예산 편성

코로나19로 인하여 국가적으로 대면 기반 경제가 극도로 위축된 시기에는 이를 극복하기 위하여 다양한 정부 지원사업이 전개되었다. 문화산업 관련 정부예산에 있어 2020년부터 2022년까지의 추가경정예산은 이러한 관점에서 살펴볼 필요가 있다.

<표 5-2>는 2020년에서 2022년까지의 추가경정예산 증감 내역을 보여준다. 2020년 추가경정예산에서는 애니메이션 디지털 아카이빙 구축 및 방송콘텐츠 제작 지원 등 116억 원을 증액하였다. 증액사업은 문화콘텐츠 수출을 위한 마케팅, 번역 및 더빙 지원, 저작권 침해사이트 재택 모니터링 등 코로나19로 인한 경제위기에서 재택 근무가 가능한 일자리 창출 지원사업이 포함되었다. 그리고 저작권 교육 체험관 건립 등 불요 불급한 건립공사 연기, 대면 축제 취소 등을 통해 478억 원을 감액 조정하였기 때문에 2020년에는 문화산업 분야에서 총 362억 원을 본 예산보다 감액하였다.

2021년에는 문화콘텐츠 수출기업 인력 지원, 대중음악 공연 및 방송콘텐츠 제작 관련 일자리 창출 등을 위하여 393억 원을 증액하였다. 2021년 추가경정예산에서는 문화산업 분야 감액 사업은 없다.

코로나19의 장기화로 인한 문화산업 분야 피해 극복 및 일자리 창출을 지원하기 위하여 정부는 2022년에도 추가경정예산을 편성하였다. <표 5-2>에서 보듯이 영화 제작 및 영화관 특별 기획전 지원, 대중음악 공연 지원, 방송콘텐츠 제작 지원 등을 위해 402억 원을 증액하고 행정 예산 일부를 감액하였다. 그 결과 2022년 추가경정예산에서 문화산업 분야는 총 399억 원이 증액되었다.

제3절 문화산업 전반의 경쟁력 향상 지원

문재인 정부 문화체육관광부는 장르별 지원 예산보다는 문화산업 전반의 경쟁력 향상을 지원하는 예산의 비중을 상대적으로 크게 증액하였다. 이는 문화콘텐츠 창작 및 창업 지원 인프라의 전국적 조성, 문화기술 연구개발, 문화콘텐츠 투자 재원 확충, 실감형 콘텐츠산업 육성 등을 포함한다.

<표 5-3>에서 보듯이 윤석열 정부에서도 문화산업 전반의 경쟁력 강화 지원 기조는 유지되었다. 문화산업 전반의 경쟁력 향상을 지원하는 예산은 국내 다이아몬드 관점에서는 요소조건과 관련 및 지원산업의 발전을 촉진하는 사업에 집중되어 있다. 그리고 국외 다이아몬드 관점에서는 해외의 수요조건 강화를 지원하는 사업에 집중되어 있다.

1 요소조건 고도화

1) 창작 및 창업 지원 인프라 조성·운영

문재인 정부 문화체육관광부 예산각목명세서는 박근혜 정부의 '문화창조융합벨트 조성' 항목을 삭제하고 '콘텐츠산업 생태계 조성' 항목으로 대체하였다. '콘텐츠산업 생태계 조성'은 '창작 및 창업 인프라 조성·운영'과 '문화콘텐츠 인재 육성' 중심으로 구성되었다. 그중 '창작 및 창업 인프라 조성·운영'과 관련하여 서울에서는 CKL기업지원센터가 핵심적 역할을 수행하였다. 그리고 지역에서는 지역 기반의 콘텐츠코리아랩과 콘텐츠기업지원센터가 그 역할을 담당하였다. 지역의 '창작 및 창업 인프라 조성·운영' 예산은 <표 5-3>의 일반회계의 지역 문화산업 균형 발전과 특별회계의 지역 문화산업 기반 구축 예산에 포함되어 편성되었다.

서울의 CKL 기업지원센터는 첨단 시설과 장비를 구비하고 콘텐츠의 창작, 창업, 기업의 성장 및 글로벌 시장 진출까지 원스톱으로 지원하는 인프라이다. <표 5-4>에서 보듯이 '창작 및 창업 지원 인프라 조성·운영'은 문화콘텐츠 분야 스타트업 기업의 창작 및 창업 지원 외에도 성장 및 해외 진출 지원, 콘텐츠 멀티유즈 랩 및 융복합 콘텐츠 시연장 조성 운영 관련 예산을 포함하고 있다. 이는 콘텐츠 창작에서 창업, 콘텐츠 시연, 해외 진출 및 기업 성장에 이르기까지 스타트업 기업의 가치사슬의 거의 모든 단계를 지원하는 사업이다. 한편 2017년 홍릉에 조

<표 5-3> 문화체육관광부의 문화산업 전반의 경쟁력 향상 지원 예산 현황[148]

구분(단위: 백만 원)	2018	2019	2020추경	2021추경	2022추경	2023	2024	2025	비고
1. 창작 및 창업 인프라 조성·운영(서울)	32,756	33,930	30,620	27,345	24,569	23,196	28,759	19,659	요소조건
2. 문화콘텐츠 인재 육성	14,132	17,452	25,288	27,910	33,194	38,604	45,894	44,563	요소조건
3. 문화기술 개발	56,117	55,650	71,830	73,559	80,996	78,746	69,127	77,337	요소조건
4. 문화콘텐츠 투자 활성화	67,332	86,750	136,375	143,105	172,480	216,820	374,520	328,268	요소조건
5. 지역 문화산업 균형 발전(일반회계)	47,587	56,241	58,419	51,908	178				요소/수요
6. 지역 문화산업 기반 구축(특별회계)	10,696	9,538	0	0	50,061	45,019	40,474	63,616	요소/수요
7. 국제 협력 및 수출 기반 조성	15,237	15,836	35,319	42,408	48,193	53,745	74,053	90,256	수요조건
8. 실감형 콘텐츠산업 육성	11,900	26,125	72,955	62,581	57,786	40,588	30,131	37,150	관련/지원
9. 이야기산업 활성화	6,349	6,730	5,638	5,101	5,783	5,205	4,800	4,320	관련/지원
10. 대중문화예술산업 지원	4,433	2,911	3,188	4,593	5,093	5,038	4,359	3,559	관련/지원
11. 건전한 콘텐츠 제작 및 이용 환경 조성	873	1,622	1,534	1,119	1,149	1,149	899	810	관련/지원
12. 콘텐츠산업정보포털 운영	804	689	689	619	619	619	611	550	전략
13. 시장조사 및 통계 작성/행정	661	559	559	924	723	598	1,045	1,095	전략
14. 한국콘텐츠진흥원 지원	22,056	28,265	29,854	37,831	37,123	38,554	39,111	40,745	전략
계	290,933	342,298	472,268	479,003	517,947	547,881	713,783	711,928	

148 연도별 예산각목명세서와 예산 및 기금운용계획 사업설명자료 참조, 재구성. 국제 협력 및 수출 기반 조성 지원에 포함되어 편성된 '번역 및 수출 전문인력 양성' 예산은 전문인력 양성 부문으로 편집.

<표 5-4> 문화체육관광부의 콘텐츠 창작 및 창업 지원 인프라 운영 예산 현황[149]

구분(단위: 백만 원)	2,018	2,019	2020추경	2,021	2022추경	2023	2024	2025
1. 창작 및 창업 지원 인프라 운영(서울)	32,756	33,930	29,620	27,345	24,569	23,196	28,759	19,659
1) 콘텐츠 창작 및 창업 공간 조성·운영(CKL)	17,141	13,510	12,520	11,066	9,236	9,236	8,399	8,399
2) 콘텐츠 창작 및 창업 육성	1,870	1,870	3,200	3,165	4,391	5,291	6,180	3,208
3) 콘텐츠기업 성장 및 해외 진출 지원	6,435	11,960	8,500	8,297	7,816	6,916	10,100	6,372
4) 콘텐츠 멀티유즈 랩	2,500	2,557	2,100	2,065	1,418			
5) 융복합 콘텐츠 시연장(체험관) 인프라 조성 운영	4,706	3,930	2,200	1,653	1,653	1,653	4,003	1,603
6) 행정	104	103	100	100	55	100	77	77
2. 창작 및 창업 지원 인프라 운영(지역)	21,827	29,520	30,980	23,965	24,531	23,308	19,421	27,710
1) 지역 기반 콘텐츠코리아랩 조성·운영	10,027	14,800	13,600	11,965	11,965	10,490	10,490	7,500
2) 지역거점형 콘텐츠기업지원센터 조성·운영	11,800	13,720	15,980	12,000	12,113	9,944	6,731	4,650
3) 지역 신기술 융복합 콘텐츠 아카데미 운영							1,000	
4) IP 융복합 콘텐츠 클러스터 조성		1,000	1,400		453	2,874	1,200	15,560
합계(1+2)	54,583	63,450	60,600	51,310	49,100	46,504	48,180	47,369

149 연도별 예산각목명세서 참조, 재구성. 지역 문화산업 육성 관련 세부내역은 <표 5-19> 참조

성된 콘텐츠 시연장은 콘텐츠 문화광장으로 명칭이 변경되어 창작자 및 지역사회를 위한 다양한 용도의 인프라 활용 공간으로 사용되고 있다. 콘텐츠 문화광장은 우수한 역량을 갖춘 중소 융복합 콘텐츠기업 육성을 위한 입주 공간과 첨단 시설을 구비한 공연장 등을 갖추고 있다.[150]

'지역기반형 콘텐츠코리아랩'은 지역의 창작 아이디어가 창업으로 이어질 수 있도록 지역 스토리 발굴, 아이디어의 사업화 지원 등 지역의 콘텐츠 창작자를 지원하며 창업을 유도하였다. 문화체육관광부는 2014년부터 2022년까지 서울과 세종을 제외한 전국의 15개 광역자치단체에 '지역기반형 콘텐츠코리아랩'을 조성하고 운영을 지원하였다.

'지역거점형 콘텐츠기업지원센터'는 콘텐츠코리아랩의 지원으로 창업한 지역 콘텐츠기업의 입주공간, 콘텐츠 제작 및 해외 진출 등을 지원하는 지역의 콘텐츠산업 인큐베이팅 시설이다. 그러므로 '지역기반형 콘텐츠코리아랩'과 협업체계를 구축하여 운영하고 있으며 2017년부터 2023년까지 11곳(전북, 전남, 충남, 경남, 대구, 인천, 대전, 경북, 울산, 충북, 부산)이 선정되었다.[151]

2) 문화콘텐츠 인재 육성

문화산업 전반의 경쟁력 향상 예산 부문에 편성된 '문화콘텐츠 인재 육성'은 특정 장르의 인재가 아닌 문화콘텐츠 전 분야를 아우르는 콘텐츠의 기획, 제작, 마케팅 분야의 인재와 기술 기반의 융복합 인재 양성을 추구한다. 문화산업 장르별 전문인력 양성은 해당 장르별 육성 예산에 포함되어 있다.

<표 5-5>에서 보듯이 문재인 정부 문화체육관광부의 문화콘텐츠 인재 육성 예산의 기본적 틀은 문화창조아카데미 사업이 폐지된 것을 제외하면 박근혜 정부와 큰 틀에서 유사하다. 문화창조아카데미 홍릉 캠퍼스는 콘텐츠 인재캠퍼스로 변경하여 활용하고 있다. 다양한 인력 양성 사업 중 계속사업이 많지만 콘텐츠 원캠퍼스 구축 운영, 장르별 문화기술 전문인력 양성 등은 문재인 정부에서 새로운 방식으로 시도하는 인력 양성 프로그램이다.

한편 신기술 융복합 아카데미와 콘텐츠 수출 전문인력 양성 사업은 윤석열 정부에서 보다 강화된 인력 양성 사업이다. 그리고 윤석열 정부 시기부터 시작된 저작권 기술 전문인력 양성은 저작권 분야에 포함된 예산이지만 인재 육성 부문에 포함하여 편집하였다.

---

150 문화체육관광부. (2019). 2018콘텐츠산업백서.

151 문화체육관광부·한국콘텐츠진흥원. (2024). 2023콘텐츠산업백서.

<표 5-5> 문화체육관광부의 문화콘텐츠 전문인력 양성 예산 현황[152]

구분(단위: 백만 원)	2018	2019	2020	2021	2022	2023	2024	2025
1. 콘텐츠 분야 인재 육성	13,932	17,452	21,192	20,909	21,559	27,014	31,572	29,263
1) 콘텐츠 창의인재 동반사업	4,100	8,090	11,330	10,859	10,859	10,859	10,346	10,689
2) 콘텐츠 장르별 문화기술 전문인력 양성	2,800	1,600	1,600	1,565	1,565	1,500	4,313	4,644
3) 콘텐츠 원캠퍼스 구축 운영	950	3,150	4,150	4,116	4,116	4,116	2,983	
4) 콘텐츠 현장인력 재교육	730	1,000	1,000	1,000	1,000	1,000	1,000	1,000
5) 사이버 콘텐츠아카데미 운영	1,200	1,000	1,000	1,000	1,000	1,000	1,000	1,000
6) 홍릉 콘텐츠 인재캠퍼스 운영	2,102	2,112	2,112	2,369	2,819	2,819	2,819	2,819
7) 청소년 창의능력 개발 과정	580	500						
8) 우수 크리에이터 발굴 지원	1,470							
9) 신기술 융복합 아카데미					200	5,720	9,111	9,111
2. 번역 및 수출 전문인력 양성	200		800	800	3,360	4,090	4,120	5,200
1) 해외 취업박람회 개최	200							
2) 콘텐츠 번역 인력 양성			800	800	1,360	1,360	1,360	1,360
3) 콘텐츠 수출 전문인력 양성					2,000	2,000	2,000	2,000
4) 해외 전문인력 양성 지원(ODA)						730	760	1,840
3. 문화콘텐츠 R&D 전문인력 양성			3,296	6,201	8,275	7,500	10,202	10,100
1) 문화기술 선도 대학원/핵심인력 양성 지원			2,250	4,750	6,000	3,000		
2) 예술, 과학 융합 프로젝트 (인력 양성) 지원			900	1,300	1,300	1,200		
3) 게임 분야 첨단기술 인력 양성					975	1,300		
4) 글로벌 문화기술 전문인력 양성							3,602	2,400
5) 저작권 기술 전문인력 양성						2,000	6,600	7,700
6) 기획평가 관리비			146	151				
합계(1+2+3)	14,132	17,452	25,288	27,910	33,194	38,604	45,894	44,563

152 연도별 예산각목명세서 참조, 재 구성

① 콘텐츠 분야 인재 육성

가. 콘텐츠 창의인재 동반사업

2011년 시범사업을 계기로 2012년부터 본격 시작한 '콘텐츠 창의인재 동반사업'은 전문가가 멘토가 되고 창의적 교육생이 멘티가 되는 1:1 도제식 멘토링 방식의 예비창작자 육성 사업이다. 이는 실무 중심의 도제식 교육을 통해 콘텐츠산업을 선도할 젊은 창작자를 육성하는 대표적인 현장형 인재 육성 방식이다. 극작가, 영화 제작자 및 감독, 방송 프로듀서, 만화가, 작곡가, 무대 연출가 등 다양한 분야의 전문가들이 멘토로 참여한다. 2012년부터 2022년까지 11년간 멘토 1,560여명이 창의인재 3,253명을 지도하며 공모전 수상 및 작품 계약, 창작자 데뷔, 투자유치 성사 등을 통해 차세대 문화콘텐츠 전문인력을 배출하였다.[153] 이 사업은 윤석열 정부에서도 계속사업으로 추진하였다.

나. 콘텐츠 장르별 문화기술 전문인력 양성

박근혜 정부에서는 2015년부터 기술 기반의 융합형 콘텐츠 창업인력 양성을 통해 콘텐츠 장르 간, 기술 간 융합 현상에 대응할 수 있도록 기술 기반의 전문인력 양성을 추진한 바 있다. 문재인 정부는 장르 간 또는 기술 간 융합이 아닌 문화콘텐츠와 기술을 융합하는 방식의 문화기술 전문인력 양성을 시도하였다. '콘텐츠 장르별 문화기술 전문인력 양성'은 범장르적 실험과 시도를 토대로 콘텐츠와 문화기술의 융합 프로젝트를 활용한 교육과정이다. '콘텐츠 장르별 문화기술 전문인력 양성'은 2017년 한국콘텐츠진흥원이 콘텐츠와 첨단기술의 융합형 교육과정인 '음악, 인공지능을 켜다'를 시범적으로 운영해본 결과 좋은 평가를 받은 것을 계기로 2018년부터 본격적으로 추진하였다. 2018년에는 i) 게임의 예술로서 확장 가능성을 탐구한 '놀이, 이토록 창의로운', ii) 콘텐츠 플랫폼으로서 자율주행 자동차의 시공간 활용방안을 찾아본 '스스로 가는 자동차와 당신의 시간', iii) 데이터 과학자와 예술가가 함께 뉴스를 만들어보는 '아름다운 뉴스' 등과 같은 다양한 프로젝트 기반의 문화기술 전문인력 양성과정을 지원하였다. '콘텐츠 장르별 문화기술 전문인력 양성'의 프로젝트 참가자는 창작자 그룹과 스타트업·개발자 그룹에서 10여 명을 한 팀으로 구성하여 각 프로젝트별 10차시의 교육 이수와 해당 프로젝트 추진 활동을 병행하면서 결과물을 내놓게 된다.[154] 이와 같은 융합형 문화기술 개발 프로젝트 참여 교육과정은 학교교육에서는 얻을 수 없는 현장의 실질적 기술과 문제해결 능력을 함양하는 기회를 제공한다. 문화체육관광부는 2019년 이후에도 프로젝트 참여형 교육과정을 지속적으로 지원하였고 2024년부터는 지원 규모를 크게 확대하였다.

[153] 문화체육관광부·한국콘텐츠진흥원. (2023). 2022콘텐츠산업백서.

[154] 문화체육관광부. (2019). 2018콘텐츠산업백서.

다. 콘텐츠 원캠퍼스 구축 운영

'콘텐츠 원캠퍼스 구축 운영'은 당초 홍릉에 조성한 콘텐츠 인재캠퍼스 주변 대학 및 연구기관을 연계한 '원캠퍼스'를 구축하여 인적·물적 자원을 공유하는 협업 프로젝트를 통해 융합형 창의인재를 양성하는 것을 추구하였다. 그러나 문재인 정부는 원캠퍼스를 홍릉이라는 지역적 범위에 한정하지 않고 전국적으로 확대하여 산학연이 연계한 콘소시엄을 구축하여 현장 밀착형 교육 방식으로 전환하였다. 이를 통해 '콘텐츠 원캠퍼스 구축 운영'은 콘텐츠의 기획·제작과 문화기술 역량을 고루 갖춘 융복합 인재 양성을 지원하는 산학연 연계 융복합 교육 프로그램으로 발전하였다. 2018년에는 4개의 콘소시엄을 지원하였고 2019년에는 전국적으로 14개 콘소시엄을 지원하였다. 이후에도 관련 예산은 지속적으로 증가하였다. '콘텐츠 원캠퍼스 구축 운영' 교육과정에 참여한 학생들은 학교에서 프로젝트와 연관된 정규과목을 통해 이론을 배우고, 현장실습을 통해 실무경험도 축적할 수 있다.[155]

라. 콘텐츠 현장인력 재교육

'콘텐츠 현장인력 재교육'은 계속사업으로 현업에 종사하는 사람들의 직무능력을 향상시키기 위한 교육 프로그램이다. 교육 참가자들은 콘텐츠산업의 새로운 시장 동향은 물론 가상현실, 인공지능 등 문화기술 관련 최신 지식을 습득하여 직무역량을 한 단계 업그레이드할 수 있는 기회를 얻을 수 있다.

현장인력 재교육 프로그램 중 현장 종사자의 수요를 반영한 맞춤형 교육과정인 '콘텐츠 스텝업'은 콘텐츠산업의 새로운 동향과 주요 성공사례를 학습하고 선도기업 연계 실습까지 병행하여 운영한다. '콘텐츠 스텝업' 과정은 2022년에 총 18개 과정에서 4천 명 이상이 참여하였다. 한편 국내외 거장급 전문가를 초빙하여 그들의 성공경험을 공유하는 '콘텐츠 인사이트' 강좌는 2022년에는 2천 명 이상이 참여하였다.[156]

마. 사이버 콘텐츠아카데미 운영

사이버 콘텐츠아카데미 운영은 콘텐츠 전문 온라인 교육서비스이며 계속사업이다. 이는 방송, 게임, 만화, 애니메이션, 캐릭터, 음악 등 다양한 장르의 콘텐츠 기획·제작·유통 등 가치사슬 전반에 걸친 내용을 교육하며 문화콘텐츠산업 종사자의 전문성 향상과 잠재적 종사자들의 역량 습득을 지원한다.

바. 홍릉 콘텐츠 인재캠퍼스 운영

'홍릉 콘텐츠 인재캠퍼스'는 융합형 창의인재 양성을 위해 2017년 4월 홍릉 연구단지에 개

[155] 2018~2022콘텐츠산업백서 참조

[156] 문화체육관광부·한국콘텐츠진흥원. (2023). 2022콘텐츠산업백서.

소한 통합 교육 플랫폼으로 연면적 6,383m², 지하 1층, 지상3층 규모에 첨단 교육 시설 및 장비를 갖추고 있다. 주요 시설은 종합 제작 스튜디오, 사운드 스튜디오, 영상 편집 스튜디오, 시제품 제작실, 버추얼 라이브러리, 대강의실 등을 포함하고 있다.

'홍릉 콘텐츠 인재캠퍼스'는 <표 5-6>에서 보듯이 콘텐츠 핵심인재 양성을 위한 교육과정을 생애주기로 나누어 각 단계에 적합한 맞춤형 교육을 제공하는 콘텐츠 전문인력 양성의 허브로서 기능을 수행하였다. 콘텐츠 인재캠퍼스의 교육내용은 콘텐츠산업현장의 교육수요에 따라 개설되는 교육 프로그램 및 예산 사정에 따라 변경된다. 2022년에는 3D프린팅, 미디어파사드, 음향과정, 1인 크리에이터, 이머시브 오디오 등 49개 교육과정을 운영하며 252명이 수료하였고 총 2만명이 넘는 사람들이 콘텐츠 인재캠퍼스를 이용하였다.[157]

<표 5-6> 2018년 홍릉 콘텐츠 인재캠퍼스의 생애주기별 맞춤형 교육과정[158]

구분	주요 내용
1. 청소년 잠재 인재 양성	1) 콘텐츠 특성화고 창의교육 운영 지원
	2) 콘텐츠 창의체험스쿨 운영 지원
	3) 자유학기제 연계 창작체험 프로그램 운영
2. 선도형 핵심 인재 양성	장르별 문화기술 전문인력 양성
3. 대학(원) 고급 인재 양성	콘텐츠 원캠퍼스를 통한 산학연 협업 교육
4. 현업 인재 양성	1) 창의인재 동반사업
	2) 우수 크리에이터 발굴 및 지원
	3) 콘텐츠 재교육 ① 현업인 직무 심화 교육(콘텐츠 스텝업) ② 거장 초청 지식 공유 세미나(콘텐츠 인사이트)
	4) 사이버콘텐츠아카데미
5. 인프라 구축 운영	1) 인재캠퍼스 시설 운영
	2) 콘텐츠 문화광장(콘텐츠 시연장) 운영

사. 신기술 융복합 아카데미

신기술 융복합 아카데미는 2022년 교육과정 연구를 거쳐 2023년부터 본격적으로 추진되었다. 이는 코로나 19 이후 콘텐츠산업 전반의 디지털 전환의 가속화로 인하여 현장에서 인공지능, 실감형 콘텐츠, 빅데이터, 블록체인 등 융복합 신기술과 미래의 콘텐츠산업을 모두 이해

157 문화체육관광부. (2023). 2022콘텐츠산업백서.

158 문화체육관광부. (2019). 2018콘텐츠산업백서.

할 수 있는 첨단 콘텐츠산업 핵심 전문인력 양성을 지원하는 사업이다.

아. 기타

기타 콘텐츠 분야 인재 양성프로그램으로 '청소년 창의능력 개발 과정'이 있다. 이는 박근혜 정부에 이어서 문재인 정부 초기까지 계속된 사업이며 청소년의 콘텐츠 창작 개발 역량을 조기에 발굴하여 육성하는 프로그램이다.

그리고 2018년에 추진한 바 있는 '우수 크리에이터 발굴 지원'은 역량 있는 신인 창작자와 콘텐츠 분야 전문회사를 연결하여 신규 프로젝트를 추진함으로써 신인 창작자의 데뷔를 돕는 사업이다. 신진인력 양성과 콘텐츠 제작 능력을 모두 갖춘 법인을 운영기관으로 선정하고 기관별 장르에 맞는 IP를 보유한 창작자의 연결을 지원하였다. 2018년에는 6개의 운영기관을 선정하여 음악, 공연, 웹툰, 영화, 스토리 등의 분야에서 52명의 창작자를 발굴하여 산업계와 연계를 지원한 바 있다. 동 사업은 사업의 진행방식이 창의인재 동반사업과 유사한 점이 있어 2019년부터는 창의인재 동반사업에 통합되었다.[159]

② 번역 및 수출 전문인력 양성

<표 5-5>의 '콘텐츠 번역 및 수출 전문인력 양성'은 문재인 정부의 신규사업이다. 문화체육관광부 예산각목명세서는 이를 문화콘텐츠 인력 양성 항목에 포함한 것은 아니고 '문화콘텐츠 국제 협력 및 수출 기반 조성' 항목에 포함하였다. 그러므로 이를 해외 진출 지원에 포함시킬 수도 있으나 사업의 성격이 본질적으로 인력 양성이기 때문에 이 책에서는 해당 예산을 전문인력 양성에 포함하였다.

2018년에 한국콘텐츠진흥원은 한국무역협회와 공동으로 해외 취업박람회를 서울의 코엑스에서 개최하였다. 이를 계기로 한국의 콘텐츠산업 분야 젊은 인재들이 일본, 중국, 베트남 등 해외 콘텐츠 및 IT 기업에 취업할 수 있도록 적극 지원하였다.

문화체육관광부는 2020년부터 한국문학번역원을 통하여 '콘텐츠 번역 인력 양성'을 지속적으로 지원하였다. 이는 영화, 드라마, 웹툰 등 문화콘텐츠를 영어, 스페인어, 베트남어, 중국어, 일본어, 불어 등의 외국어로 번역할 수 있는 인력을 양성하는 사업이다. 한국문학번역원에 대한 번역출판 지원사업과는 별개의 다른 사업이다.

한편 2022년 신규사업으로 반영된 '콘텐츠 수출 전문인력 양성'은 만화, 애니메이션, 캐릭터, 게임 등 콘텐츠 장르별로 해외 권역별 회계 및 법·제도, 마케팅, 투자유치 및 계약 등 수출 관련 실무 교육과정이다. 한국콘텐츠진흥원은 해외 전문가를 초청하여 온라인 및 오프라인 세미나를 진행하며 현장성 있는 교육을 실시하였다.

[159] 문화체육관광부. (2019). 2018콘텐츠산업백서.

이 외에도 문화체육관광부는 동남아시아 지역에 큰 시장을 갖고 있는 인도네시아를 대상으로 하는 ODA 지원사업을 추진하였다. 이는 한국의 콘텐츠산업 발전 경험을 토대로 2023년부터 현지에 콘텐츠 전문인력 양성 센터를 조성하고 인력을 양성하여 지역 콘텐츠산업 발전을 지원하는 사업이다.

③ 문화콘텐츠 R&D 전문인력 양성

문재인 정부 예산각목명세서는 '문화콘텐츠 R&D 전문인력 양성'을 문화기술 연구개발 지원에 포함하고 있다. 그러나 이 사업은 문화기술 개발과제와 연계하여 문화기술 전문인력 양성을 지원하는 사업이다. <표 5-7>은 문재인 정부 시기의 '문화콘텐츠 R&D 전문인력 양성'을 위한 지원 과제들을 보여준다. 이 책에서는 '문화콘텐츠 R&D 전문인력 양성'을 전문인력 양성 부문에 포함하고 '문화기술 연구개발 지원'에서는 제외하였다.

문재인 정부의 '문화콘텐츠 R&D 전문인력 양성'은 국내의 문화기술 관련 대학원이 콘텐츠 기업 및 문화예술단체와 연계하여 개발하는 문화기술 연구개발 프로젝트를 통한 고급 문화기술 인력 양성을 추구하고 있다. 박근혜 정부와 사업명칭 및 세부내용은 다르지만 '문화콘텐츠 R&D 전문인력 양성'이라는 목표는 같다. 동 사업은 '문화기술 핵심인력 양성'과 '예술·과학 융합인력 양성'으로 구분하여 자유공모를 통해 지원 과제를 선정하였다. 그리고 2022년 예산부터는 '게임 분야 첨단기술 인력 양성'이 추가되었다. 이는 게임 기업과 대학 및 연구소의 융합 프로젝트 지원을 통해 게임기술 관련 고급 전문인력 양성을 촉진하는 사업이다.

윤석열 정부의 문화콘텐츠 R&D 전문인력 양성은 <표 5-5>에서 보듯이 문재인 정부와 다소 차이가 있다. 2024년 예산부터 사업명칭을 '글로벌 문화기술 전문인력 양성'으로 변경하고 해외 대학과 연계한 국제 공동 프로젝트 및 연구 인력 교류를 통해 글로벌 산학연 협력을 통한 문화기술 R&D 전문인력 양성을 추진하였다. 이 외에도 윤석열 정부는 2023년부터 국내외 주요 대학과 연계하여 SW저작권 기술 인재 양성 사업을 지원하였다. 이는 저작권 기술을 이해하고 저작권 분쟁에 효과적으로 대응할 수 있는 저작권 관련 고급 전문인력 양성을 지원하는 사업이다. 2024년부터는 이 사업을 국내 대학과 해외 대학 및 연구소 등이 연계하여 저작권 기술 관련 글로벌 인재를 양성하는 프로젝트 중심으로 개편하였다.

3) 문화기술 개발

문재인 정부의 2018년 및 2019년 문화기술 개발예산은 이전과 비슷한 규모이나 2020년부터는 크게 증액되었다. <표 5-8>의 문화기술 연구개발 항목 중 i) 문화기술 연구 주관기관 지원, ii) 문화산업 선도형 기술 개발, iii) 문화서비스 확산형 기술 개발, iv) 문화기업 주도형 기술 개발, v) 다부처 공동 기획 사업 등은 계속사업이다.

<표 5-7> 2020~2022 기간의 문화콘텐츠 R&D 전문인력 양성 지원 과제 현황[160]

구분	지원과제명	지원기간
1. 문화기술 핵심인력 양성	1) 게임 이머징 테크놀로지 R&D 전문인력 양성	2020~2022
	2) 게임 콘텐츠 응용기술 R&D 전문인력 양성	2020~2022
	3) 5G connected XR트윈 환경에서의 인공지능 기술 기반 미디어아트 R&D	2020~2022
	4) 디지털 휴먼 홀로포테이션 R&D 전문인력 양성	2021~2022
	5) 버추얼 프로덕션 기반 콘텐츠 제작 기술 R&D 전문인력 양성	2021~2022
	6) 인공지능 및 증·가상현실 기반 콘텐츠 메타버스 구축을 통한 R&D 전문인력 양성	2021~2022
2. 예술·과학 융합인력 양성	1) 다중이용자 실시간 참여형 XR전시 플랫폼 연구개발을 통한 예술·과학 융합 인재 양성	2020~2021
	2) 휴머니스트를 위한 인공지능: 화자 맞춤형 인공지능 기술 개발을 통한 융합 콘텐츠 창제작 및 인력 양성	2020~2021
	3) 인공지능 기술 개발 및 <균와아집도> 공감각 재현 프로젝트 기반 전문인력 양성	2020~2021
	4) 디지털 트윈 기반 디지털 액터 구현 기술 개발과 초실감 공연 실증 프로젝트를 통한 R&D 전문인력 양성	2021~2022
	5) AI와 결합한 전시/공연용 휴머노이드 로봇, 마인드 로봇 개발 및 아트 엔지니어 전문인력 양성	2022신규
	6) XR CAVE 기반 메타버스 공간에서의 군집보행기술 개발을 위한 R&D 전문인력 양성	2022신규
	7) 확장현실 융합 시스템 솔루션 연구개발 기반 문화기술 전문인력 양성	2022신규
3. 게임분야 첨단기술 인력 양성	스포츠 게임 분야 첨단 AI 기술 R&D 전문인력 양성	2022신규

<표 5-8>의 '혁신 성장동력 프로젝트'는 2017년 예산부터 2020년 예산까지 반영된 가상·증강현실 기술 개발 사업이다. '지능형 콘텐츠 창·제작 기술 개발', '지역 연계 첨단 CT 실증사업 지원', '문화예술 실감 서비스 기술 개발', '가상 공연 핵심 기술 개발' 등은 문재인 정부에서 새롭게 추진한 기술 개발 사업이다. 윤석열 정부에서는 AI기반 공연예술 안전사고 예방 기술 개발, 메타버스 콘텐츠IP 구축 연구, 문화기술 스타트업 육성 등을 신규사업으로 추진하였다.

문화기술 예산은 기술의 급격한 발달을 반영하며 새로운 사업이 계속 추가되는 측면도 있지만 사업명칭의 모호성을 개선하기 위해 기술개발 사업의 명확한 체계를 정립할 필요가 있다. 기술한 바와 같이 예산각목명세서는 문화기술 연구개발 지원 예산에 '문화기술 R&D 전문인력 양성'을 포함하고 있지만 이는 문화콘텐츠 전문인력 양성을 위한 예산으로 분류하였기 때문에 문화기술 개발예산 분석에는 제외하였다. 한편 첨단기술의 발달에 따른 저작권 침해에 효과적

[160] 2020~2022콘텐츠산업백서의 문화콘텐츠 R&D 전문인력 양성 지원 과제 참조

<표 5-8> 문화체육관광부의 문화기술 지원 예산 현황[161]

구분(단위: 백만 원)	2018	2019	2020	2021	2022	2023	2024	2025
1. 문화기술 기반 조성								
1) 문화기술 연구 주관기관 지원	2,500	2,500	3,500	3,500	4,000	4,000	3,572	3,060
2) 연구개발 기획·평가 및 관리 지원	3,340	4,350	4,840	4,490	5,111	5,133	4,950	5,056
3) 기술 이전 및 사업화 촉진	0				1,075	1,000	1,000	1,000
4) 행정 및 정책 연구	80	70	30	30	30	100	90	90
2. 문화기술 연구개발 지원								
1) 문화산업 선도형 기술 개발	32,833	29,817	30,600	30,018	28,175	16,600	25,767	9,052
2) 문화서비스 확산형 기술 개발	9,566	11,264	15,418	15,068	14,383	16,050	14,872	26,060
3) 문화기업 주도형 기술 개발	4,965	5,549	7,089	6,443	4,935	5,338	996	
4) 다부처 공동기획사업	1,000	167						
5) 혁신성장동력 프로젝트	833	833	833					
6) 지능형 콘텐츠 창·제작 기술 개발	1,000	1,100	3,700		1,650	4,900	8,889	24,908
7) 지역 연계 첨단 CT 실증사업 지원			5,820	8,760	11,100	4,400		
8) 문화예술 실감 서비스 기술 개발				5,250	7,942	11,625	2,951	
9) 가상 공연 핵심 기술 개발					2,595	3,700	1,740	1,280
10) 메타버스 콘텐츠 연구기관 설립 및 IP 구축 연구						3,800		
11) AI기반 공연예술 안전사고 예방 기술 개발							2,300	4,864
12) 창업기업 문화기술 개발 지원						2,100		
13) 글로벌 문화기술 스타트업 육성							2,000	1,967
계	56,117	55,650	71,830	73,559	80,996	78,746	69,127	77,337

161 연도별 예산각목명세서와 예산 및 기금운용계획 사업 설명자료 참조, 재 구성

으로 대응하기 위한 저작권 기반 기술 개발을 지원하는 예산도 지속적으로 증가하였다. 그러나 이는 저작권 보호 관련 부분에서 다루고자 한다.

① 문화기술 연구 주관기관 지원

'문화기술 연구 주관기관 지원'은 문화산업진흥기본법을 근거로 광주과학기술원의 문화기술 연구소 운영 및 문화기술 연구과제 수행을 지원하는 예산이며 계속사업이다. 광주과학기술원의 문화기술 개발과제 현황은 <표 5-9>와 같다.

<표 5-9> 2018~2022기간의 문화기술 연구 주관기관 지원 과제 현황[162]

구분	지원과제명	지원기간
1	AR 글래스 기반 도슨트 운용을 위한 지능형 UI/UX 기술 개발	2017~2019
2	공연 몰입형 감상을 위한 다차원 영상 촬영 기술 및 플랫폼 연구개발	2018~2020
3	인텔리전트 에이전트 기반 스마트 무대전시 동적 공간 인지형 미디어월 플랫폼 기술 개발	2020~2022
4	청각장애인 위한 지능형 전시해설 문자/한국수어 변환 기술 개발	2020~2022
5	미술관 XR트윈 기반 전시기획 지원 스페이스텔링 저작도구 및 플랫폼 기술 개발	2021~2022
6	인공지능 기반 어린이 독서활동 지원 로봇 및 서비스 콘텐츠 개발	2022신규

② 문화산업 선도형 기술 개발

'문화산업 선도형 기술 개발'은 가상·증강·확장현실, 인공지능, 실감형 기술, 플랫폼 개발 등 4차 산업혁명 시대에 부각되는 다양한 선도적 기술과 문화산업 간 융합을 통해 문화산업의 고도화를 유도할 수 있는 기술 개발 지원사업이다. 문화기술 개발 관련 세부사업 명칭을 통해 해당 연구개발 사업의 본질을 이해하기는 쉽지 않다. 독자의 이해를 돕기 위하여 선도형 기술 개발 지원 예산이 가장 많았던 2018년의 지원 과제를 예시하면 <표 5-10>과 같다.

③ 문화서비스 확산형 기술 개발

'문화서비스 확산형 기술 개발'도 계속사업이며 소외계층의 문화 향유 증진, 공공문화시설의 서비스 개선 기술, 인공지능 기반의 맞춤형 문화서비스 기술 등의 개발을 지원하였다. 독자의 이해를 돕기 위해 문화서비스 확산형 기술 개발 예산이 가장 많았던 2020년의 기술 개발 지원 과제를 살펴보면 <표 5-11>과 같다.

[162] 2017~2022콘텐츠산업백서 참조, 재구성.

<표 5-10> 2018년 문화산업 선도형 기술 개발 지원 과제 현황[163]

구분	지원과제명	신규/계속
1	AI 기술을 활용한 애니메이션 영상에서의 카메라 워크 추적기술 개발	신규
2	영상콘텐츠를 위한 공간 기반 광고 및 커머스 솔루션 개발	신규
3	적층 가변형 블럭 모듈 디스플레이 기반 공연무대 디자인 플랫폼	신규
4	3차원 다중 어레이 방식 전시공연용 볼모션 시스템 개발 및 저작기술 개발	신규
5	인공지능 기반 창작 아틀리에 발굴 및 구축 기술 개발	신규
6	근대 회화작품 보존·인증·확인을 위한 진단·분석 기술 개발	신규
7	공예용 바이오 접착제 및 평가기준 개발	신규
8	훼손 도자기의 원형 복원을 위한 시뮬레이션 솔루션 기술 개발	신규
9	블록체인 기반의 웹 콘텐츠 생성 및 유통 플랫폼 기술 개발	신규
10	사용자 참여형 문화공간 콘텐츠를 위한 AR 플랫폼 기술 개발	신규
11	게임 및 애니메이션을 위한 인공 지능 기반의 3D 캐릭터 생성 기술(표준화 연계)	신규
1	패턴, 프레이즈, 모티프 기반의 지능형 국악 가상악기 개발	계속
2	무대 전용 분산제어시스템 모듈 연구개발	계속
3	Kinetic Art 효과를 이용한 동적 실물영상투사 카멜레온(다변)형 서페이스 기술 개발	계속
4	스마트 시니어세대의 문화 향유를 위한 인지반응 맞춤형 UI/UX 기술 개발	계속
5	모바일 3D 콘텐츠 서비스를 위한 모바일 실측 3D 모델링 및 실감체험 기술 개발(표준화 연계)	계속
6	스포츠 영상 콘텐츠의 내용 이해 기반 분석/요약/검색 기술 개발	계속
7	지능형 라이브 서비스를 위한 게임 운영 시나리오 최적화 플랫폼 기술 개발	계속
8	VR/AR을 활용한 드론레이싱 콘텐츠 기술 개발	계속
9	Extreme Fantasy 체험을 위한 스토리텔링 기반 시스템 통합 기술	계속
10	지능형 증강 인터랙션 기반의 식물원, 동물원의 디지털 체험관화 기술	계속
11	키즈/실버 세대의 정신건강을 위한 생체신호 기반의 안전한 VR/AR 플랫폼 기술	계속
12	가상현실 기반 실감형 온라인 소셜 노래방 기술 개발	계속
13	자유선택시점에서의 문화콘텐츠 감상 체험 극대화 기술	계속
14	실감형 E-Sports 중계를 위한 실시간 VR 스트리밍 기술 개발	계속
15	조명 퍼포먼스 시뮬레이션 시스템 개발	계속
16	텔레오퍼레이션 기반 전시·체험용 실감 로봇 및 콘텐츠 기술 개발	계속
17	문화행사 안전보호를 위한 모듈형 스마트 안전펜스 시스템 개발	계속
18	전통문화 융복합 지원을 위한 지능형 검색 플랫폼 구축	계속
19	전통공예 소재의 물성지표 발굴 및 측정방법 연구	계속
20	가상현실 콘텐츠 개발을 위한 유저인터페이스 라이브러리 미들웨어 프레임워크 개발	계속
21	Visual Language 기반 VR/AR App 프로토타이핑 플랫폼 개발	계속
22	홀로그램 카메라 및 홀로그램 기반 AR 플랫폼 기술 개발	계속

163 문화체육관광부. (2019). 2018콘텐츠산업백서.

<표 5-11> 2020년의 문화서비스 확산형 기술 개발 지원 과제[164]

구분	지원과제명	신규/계속
1	소통약자의 소통능력 및 사회성 증진을 위한 음악 활동 기반의 기능성 콘텐츠 플랫폼 개발	신규
2	「실감형 뉴스」를 위한 빅데이터 분석, 제작, 유통이 가능한 참여형 통합 플랫폼 구축	신규
3	실감형 스마트 공연 자막 시스템 개발	신규
4	시각장애인의 스마트 관람을 위한 멀티모달 전시안내 단말 및 저작 기술 개발	신규
5	공예품 원본 인증·유통 기반 창작 지원 기술 개발	신규
6	실감형 문화유산 체험을 위한 애셋 기반 지능형 큐레이션 및 서비스 운영 기술 개발	신규
7	전통 인피섬유 소재 기반 기능성 섬유사 및 공정 개량 기술 개발	신규
8	전통 먹 소재 기반 K-Black 잉크 및 디지털 인쇄 기술 개발	신규
9	직조가 및 일반인을 위한 전통 직조 기반의 수직기 시뮬레이션 및 개량 기술 개발	신규
1	Air Kinetic Art를 위한 Balloon형 드론 플랫폼 기술 개발	계속
2	사회적 소통약자의 접근성을 고려한 지능형 도구 기반 콘텐츠 제작 및 향유 지원 기술 개발	계속
3	시니어 게임 플레이 지원 기술 및 게임 서비스 모델 개발	계속
4	유니버설 디자인 관점의 운동복 개발 및 서비스 플랫폼 개발	계속
5	공공안내 표지판의 시인성 평가 방법 및 도구 개발	계속
6	다양한 형태의 공연 공간과 콘텐츠 장르에 적응 가능한 보급형 음장 확장 시스템 개발	계속
7	감성형 오디오북 제작을 위한 지능형 음성 합성 및 음성 변환 기술 개발	계속
8	다중 참여형 가상공간 이동 플랫폼 및 시나리오 기반의 콘텐츠 저작환경 구현 기술 개발	계속
9	예술교육 공급자와 수요자 매칭 서비스 모델 개발	계속
10	공공 문화/예술/관광 콘텐츠 서비스를 위한 대화형 챗봇 프레임워크 기술 개발	계속

④ 문화기업 주도형 기술 개발

‘문화기업 주도형 기술 개발’은 중소 콘텐츠기업이 현장에서 필요한 기술의 개발과 기 개발된 기술의 후속 과제를 모두 포함한다. 박근혜 정부 시기에는 이를 ‘문화산업현장 수요 지원 기술 개발’로 불렀다. 명칭의 차이는 있으나 사업내용은 서로 유사한 계속사업이다. <표 5-12>는 2021년의 ‘문화기업 주도형 기술 개발’ 지원 과제의 예시를 보여준다.

⑤ 다부처 공동기획사업 및 혁신성장동력 프로젝트

‘다부처 공동기획사업’은 2015년 예산부터 2019년 예산까지 반영된 계속사업이다. 이는 문화체육관광부와 과학기술정보통신부(구 미래창조과학부)가 공동으로 연구개발 과제를 지원하는 사업으로 연구과제는 ‘실감 미디어를 위한 개방형 조립식 콘텐츠 저작 기술 개발’이다.

164 문화체육관광부. (2021). 2020콘텐츠산업백서.

<표 5-12> 2021년의 문화기업 주도형 기술 개발 지원 과제 현황[165]

구분	지원과제명	신규/계속
1	방송영상 콘텐츠 제작 효율 향상을 위한 실시간 엔진 기반 버추얼 스테이지 어셋 플랫폼 기술 개발	신규
2	ROBO-XR: 로봇암 동기화 기반 XR 콘텐츠 구현 자동화 기술 개발	신규
3	시리즈 애니메이션의 원터치(One-Touch) 웹툰화를 위한 인공지능 활용 자동 변환 기술 개발	신규
4	양방향 방송영상 서비스의 온라인 이벤트 플랫폼을 위한 AI 디지털 캐릭터 진행자 기술 개발	신규
5	에듀테인먼트 콘텐츠를 위한 인터랙션 및 핸드 드로잉 의미추론 AI 기술 개발	신규
6	실사 3D 콘텐츠 서비스를 위한 AI 기반의 고품질 모델 생성 및 클라우드 서버 기반의 AR서비스 플랫폼 고도화 기술 개발	신규
7	인터랙티브 A.I. 체험전 'THE SHOW A.I.'를 위한 딥러닝 기반 A.I. 알고리즘 개발	신규
8	K-Pop 제작 애플리케이션 서비스를 위한 AI 가창 기술 개발	신규
9	온라인 공연의 실감형 인터랙션을 위한 선택형 멀티카메라 및 서라운드 오디오 전송 기술 개발	신규
10	미디어 월 전시환경을 위한 MCM, SMS 서버 솔루션 개발과 앰비소닉스 사운드 기술 개발	신규
11	실내 자전거 가상훈련을 위한 스마트 트레이너 인터랙션 프로그램 기술 개발	신규
12	글로벌 B2B 이모티콘 스토어의 다국어 큐레이션 자동화를 위한 캐릭터 이미지 분석 및 머신러닝 기반 추천 알고리즘 개발	신규
13	딥러닝 및 영상처리 기반 출판만화의 웹툰 자동변환 기술 개발	신규
14	매장문화재의 디지털 탁본 데이터 획득을 위한 OpenGL 쉐이더 기반 3D 응용 SW 기술 개발	신규
15	글로벌 스토리 IP 마켓을 위한 블록체인 활용 콘텐츠 저작 재산권 관리 및 디지털 자산화 솔루션 개발	신규
16	NFT(대체불가능토큰) 기반 3D 디지털 아트워 콘텐츠 제작 기술 개발	신규
17	실감 콘텐츠(VR, AR, 가상공간, 메타버스 등) 제작을 위한 AI기반 가상공간음향 구현 솔루션 개발	신규
18	1인 미디어 크리에이터의 해외 진출을 위한 다중영상 플랫폼 통합관리시스템의 빅데이터 분석 및 이커머스 연계 인공지능 기술 개발	신규
19	화성학 학습 시스템의 플립러닝 실현을 위한 인공지능 활용 음악 교육 서비스 기술 개발	신규
20	감성형 오디오북의 생산 자동화를 위한 인공지능 음성합성 기술 개발	신규
21	다중 사용자와 가상객체 간 인터랙션을 지원하는 모바일 디바이스 기반 조립형 미니어처북 AR뮤지컬 기술 개발	신규
22	동영상 콘텐츠의 문맥을 반영하는 인공지능 협업 작곡 및 배경음악 큐레이션 기술 개발	신규

한편 '혁신성장동력 프로젝트'는 2017년 예산각목명세서에 '국가전략R&D프로젝트'라는 사업으로 처음 반영되었으며 2019년에 '혁신성장동력 프로젝트'로 명칭이 변경되어 2020년 예산까지 반영되었다. 이는 산업통상자원부, 과학기술정보통신부(구 미래창조과학부), 문화체육관광부 등 3개 부처가 합동으로 가상·증강현실 관련 핵심 기술을 개발하여 새로운 성장동력을 창출하는 것을 목표로 연구개발을 추진하는 사업이다. 연구과제는 '스마트글래스 기반 AR 구기 스포츠 훈련 플랫폼 기술' 개발이다. 산업통상자원부는 디바이스 원천기술 및 시제품 개발을 지원하고, 과학기술정보통신부는 디바이스에 탑재하는 소프트웨어 및 서버 관련 기술 개발을 지원하였다. 그리고 문화체육관광부는 스마트글래스 디바이스 기반의 가상·증강현실 콘텐츠

165 문화체육관광부·한국문화콘텐츠진흥원, (2022). 2021콘텐츠산업백서.

및 응용 기술 개발을 지원하였다.

⑥ 지능형 콘텐츠 창·제작 기술 개발

'지능형 콘텐츠 창·제작 기술 지원'은 언어지능, 시각지능, 공간지능, 감성지능, 창작지능 등 다양한 분야의 인공지능 기술을 활용한 문화콘텐츠 창작 및 제작 관련 기술 개발을 지원하는 사업으로 2018년 예산부터 반영되었다. <표 5-8>에서 보듯이 2023년부터 예산이 대폭 증가하였다. <표 5-13>은 2023년의 지능형 콘텐츠 창·제작 기술 개발 지원 과제 사례이다.

<표 5-13> 2023년의 지능형 콘텐츠 창·제작 기술 개발 지원 과제 현황[166]

구분	지원 과제명	신규/계속
1	AI프로듀서: 맞춤형 음악 창·제작 기술 개발	계속
2	온라인 게임콘텐츠 제작 지원을 위한 인공지능 기반 게임 시뮬레이션 기술 개발	계속
3	케이 팝 창작 경쟁력 강화 및 대중화를 위한 음악 창작 플랫폼 개발	신규
4	인공지능 기반 사용자 대화형 멀티모달 인터랙티브 3D 장면 저작 기술 개발	신규
5	인공지능을 활용한 영상 콘텐츠 리마스터링 편집 플랫폼 개발	신규

⑦ 지역 연계 첨단 CT 실증사업 지원

'지역 연계 첨단 CT실증사업'은 지역의 박물관, 공연장, 경기장, 테마파크, 공원 등 다중이 이용하는 문화공간의 서비스를 향상시키는 문화기술 연구개발을 지원한다. 2020년부터 2022년까지 예산이 반영되었다. 이는 문화서비스 확산형 기술 개발과 유사한 점이 있다. <표 5-14>는 2022년까지의 지역 연계 첨단 CT실증사업 지원 과제 현황을 보여준다.

<표 5-14> 2020~2022 지역 연계 첨단 CT실증사업 지원 과제 현황[167]

구분	지원과제명	기간
경기장	강릉 하키센터 활성화를 위한 첨단 퍼포먼스 구현 기술 개발 및 실증	2020~2022
공연장	5G 기반 실시간 라이브 공연실황 공유 기술 개발 및 실증	2020~2022
테마파크	혼합현실 기반 곤충생태 디지털 테마파크 플랫폼 기술 개발 및 실증	2020~2022
축제	지역문화축제 신기술융합콘텐츠 서비스 플랫폼 기술 개발 및 실증	2021~2022
공원	메타버스 AI융합 기반 확장형 테마파크 플랫폼 기술 개발 및 실증	2021~2022
박물관	첨단기술 기반 초실감형 전시 콘텐츠와 전시관람 편의성을 위한 기술 개발 및 실증	2020~2021
박물관	디지털 트윈 기술 활용, 현실의 신기술융합 디지털 콘텐츠와 가상을 연결하는 국내 최초 Metaverse 유교체험박물관 구축을 위한 첨단기술 기반 서비스 플랫폼 개발 및 실증	2022신규

166 문화체육관광부·한국콘텐츠진흥원. (2024). 2023콘텐츠산업백서.

167 2020~2022콘텐츠산업백서 참조, 편집

⑧ 문화예술 실감 서비스 기술 및 가상 공연 핵심 기술 개발

'문화예술 실감 서비스 기술 개발'은 가상·증강·확장현실 및 인공지능 기술 등을 활용한 실감형 콘텐츠 개발 및 서비스에 필요한 기술 개발 지원사업으로 2021년 예산부터 반영되었다. 2021년 및 2022년 문화체육관광부에서 지원한 실감 서비스 기술 개발 지원 과제 현황은 <표 5-15>와 같다.

<표 5-15> 2021~2022 문화예술 실감 서비스 기술 개발 지원 과제 현황[168]

구분	지원과제명	과제선정
1	대규모 관람자의 가상 참여가 가능한 실시간 인터랙션 기반 가상현실 공연 제작 플랫폼 기술 개발	2021~2022
2	비대면 전통공연을 위한 공연현장 고품질 3D퍼포먼스 생성 및 XR서비스 플랫폼 기술 개발	2021~2022
3	디지털 트윈 기반 공연제작 시뮬레이션 기술 개발	2021~2022
4	문화시설 안심 관람환경 조성을 위한 디지털 방역 및 운영기술 개발	2021~2022
5	아카이빙 솔루션을 적용한 5G 클라우드 기반 실감형 경량화 플랫폼 개발	2021~2022
6	인공지능 기반의 사진/회화 융합 및 확장생성 콘텐츠 제작 기술 개발	2021~2022
7	공연예술의 디지털전환을 위한 제작 협업 플랫폼 개발	2022신규

한편 <표 5-8>의 '가상 공연 핵심 기술 개발'은 2022년 예산에 처음으로 반영되었다. 코로나19로 인한 비대면 사회를 겪으면서 온라인 가상·증강·확장현실 기술이 급격히 발전하였다. 가상 공연 핵심 기술 개발은 관객과 소통하는 메타버스 기반의 가상 공연 생성 및 체험 기술과 공연무대 재현 및 향유 기술 개발 등을 지원하였다. 메타버스는 가상 또는 초월을 의미하는 메타(meta)와 세계를 의미하는 버스(universe)의 합성어이다. 즉 3차원 가상세계를 의미한다. <표 5-8>에서 보듯이 2023년에는 메타버스 콘텐츠 연구기관 설립 및 핵심 기술 연구개발 예산이 반영되었다. 이는 메타버스 문화공간 IP 및 캐릭터 확보 기술 개발과 메타버스 콘텐츠 IP 제작 표준 기술 개발 등을 지원하는 사업이다.

⑨ 창업 및 스타트업 기업의 문화기술 연구개발 지원

<표 5-8>의 창업기업 문화기술 개발 지원은 문화콘텐츠 분야 성장 잠재력이 있는 문화산업 관련 스타트업 기업의 기술 경쟁력 확보를 지원하는 사업이며 윤석열 정부 시기인 2023년 예산에 반영되었다. 그러나 2024년부터는 글로벌 문화기술 스타트업 육성 사업으로 개편되어 예산이 반영되었다. 이는 기술 기반의 콘텐츠 기업을 육성하기 위한 문화체육관광 분야 스타트업의 혁신 성장 기술 개발을 지원하는 사업이다.

168 2021~2022콘텐츠산업백서 참조, 편집

문화기술 연구개발의 지원 대상은 대부분 문화 분야의 중소 벤처 또는 스타트업 기업이다. 그리고 문화기술 연구개발 사업의 내용을 일반인이 이해하기 어렵고 유사한 사업도 많다. 예산 확보를 위한 전략적 측면도 있지만 문화기술 연구개발 지원 예산의 편성은 국민들이 이해하기 쉽고 중장기적 비전과 전략을 담을 수 있는 체계적 구조로 개선할 필요가 있다.

⑩ 연구개발 기획·평가·관리 지원

<표 5-8>의 '연구개발 기획·평가·관리 지원'은 문화기술 전문기관의 연구과제 기획·평가 및 관리와 관련된 예산이다. 여기서의 문화기술 전문기관은 문화기술 연구개발 사업을 총괄 관리하는 공공기관인 한국콘텐츠진흥원이다.

문화체육관광부는 한국콘텐츠진흥원과 협력하여 2021년 11월에 문화, 체육, 관광 분야 기술 개발 과제의 효과적 관리를 위하여 '문화체육관광기술진흥센터'를 한국콘텐츠진흥원 부설기관으로 설립하였다. 문화체육관광기술진흥센터는 한국콘텐츠진흥원(문화기술), 한국저작권위원회(저작권), 국민체육진흥공단(스포츠), 한국문화관광연구원(관광) 등이 분야별로 각각 진행하던 기술 개발 과제의 기획·평가 및 관리 기능을 통합하여 운영한다. 이를 통해 기술 개발 연구과제 관리의 전문성을 높이고 문화, 체육, 관광 분야 간 중복적 기술 개발을 방지하며 융복합 과제를 발굴, 지원함으로써 기술 발전의 시너지를 높이기 위함이다.[169] 문화체육관광기술진흥센터의 설립을 계기로 2022년부터 예산각목명세서는 문화기술 전문기관 지원 예산을 '문화체육관광R&D기획평가관리' 사업으로 통합하였다.

4) 문화콘텐츠 투자 활성화

문화콘텐츠 투자 활성화 지원은 계속사업이며 <표 5-16>에서 보듯이 2018년에 673억 원에서 2022년에는 1,725억 원으로 증가하였고, 2025년에는 3,283억 원으로 크게 증가하였다. 문화콘텐츠 투자 활성화 지원 예산의 증가는 완성보증보험계정 출연금 및 위풍당당코리아펀드 출자금의 증가, 콘텐츠 2차 보전 지원 예산 등에 기인한다. 특히 윤석열 정부에서는 위풍당당코리아펀드에 대한 출자금 예산을 대폭 확대하였다.

<표 5-16>의 '콘텐츠기업 투융자 기반 조성'은 계속사업으로 완성보증보험제도 운영과 관련한 콘텐츠기업에 대한 금융컨설팅, 투자유치 지원 및 교육, 콘텐츠 피칭 플랫폼 운영 등을 지원하는 사업이다. 완성보증보험의 활성화를 위한 출연금 예산도 2017년 50억 원에서 2018년 100억 원으로 증가하였고 2022년에는 300억 원까지 증가하였다. 그리고 '콘텐츠 가치평가센터 운영'은 가치평가 방식 연구 및 가치평가 서비스 운영을 위한 예산이다. 2023년부터는 콘텐츠 가치평가센터 운영과 콘텐츠기업 투융자 기반 조성 항목을 통합하여 편성하였다.

---

169 문화체육관광부. (2021.11.9.). 문화·체육·관광 분야별 연구개발 통합 추진·관리한다.

<표 5-16> 문화체육관광부의 문화산업 투자 활성화 예산 현황[170]

구분(단위: 백만 원)	2018	2019	2020	2021	2022	2023	2024	2025
1. 콘텐츠기업 투융자 기반 조성	570	620	620	620	530	2,820	4,520	4,268
2. 콘텐츠 가치평가 센터 운영	762	1,130	1,130	1,060	1,150			
3. 완성보증보험계정 출연금	10,000	20,000	20,000	25,000	30,000	20,000	25,000	25,000
4. 콘텐츠기업 2차 보전 지원	2,000	2,000	1,625	1,625	2,000	4,000	5,000	4,000
5. 위풍당당코리아 펀드 출자	54,000	63,000	113,000	114,800	138,800	190,000	340,000	295,000
계	67,332	86,750	136,375	143,105	172,480	216,820	374,520	328,268

'콘텐츠기업 2차 보전 지원'은 2018년 이후의 계속사업이다. 이는 콘텐츠 제작 및 운영을 위한 대출금의 이자 중 일부를 정부가 보전해주는 사업이다. 2차 보전 관련 협약 은행이 콘텐츠 기업에 융자하는 경우 대출 금리의 일부를 지원하기 때문에 기업은 이자 부담이 낮아지는 효과가 있다.

'위풍당당코리아펀드 출자'는 한국벤처투자가 운용하는 모태펀드 문화계정에 출자하는 사업이다. 모태펀드 문화계정은 2006년 문화산업진흥기금을 폐지하고 모태펀드에 편입시킨 자금에서 기원한다. 정부는 모태펀드 문화계정에 지속적으로 출자하여 문화산업에 대한 투자자본 형성을 지원해왔다. 한국벤처투자는 모태펀드 문화계정의 정부 출자금을 시드머니로 활용하여 문화산업 분야 투자조합 결성을 지원한다. 문화체육관광부가 2019년 9월에 발표한 '콘텐츠 산업 3대 혁신 전략'은 콘텐츠 모험투자펀드를 신설하여 고위험 콘텐츠 제작에 대한 금융지원을 확대하는 전략을 포함하고 있다. 콘텐츠 모험투자펀드도 모태펀드 문화계정에 출자한 위풍당당코리아펀드 출자금을 활용하여 조성하게 된다. <표 5-16>에서 보듯이 모태펀드에 대한 출자금 예산은 지속적으로 증가하였다.

문화체육관광부는 2020년에 874억 원(정부 출자액 600억 원), 2021년에 1,857억 원(정부 출자액 1,050억 원), 2022년에 2,088억 원(정부 출자액 1,401억 원)의 모험투자펀드 결성을 지원하여 콘텐츠 기획·개발 단계의 고위험 콘텐츠 및 소외 장르를 중심으로 투자를 유도하였다. 그리고 2021년에는 코로나19로 위축된 콘텐츠산업의 피해 복구를 지원하기 위하여 '콘텐츠기업 재기 지원 펀드' 조성을 유도하여 코로나로 피해를 입은 콘텐츠기업의 콘텐츠 제작 투자를 지원하였다.

170 연도별 문화체육관광부 예산각목명세서 참조

<표 5-17> 모태펀드 문화계정의 연도별 출자 및 투자 현황(단위: 억 원)

출자 연도	'06~'14	2015	2016	2017	2018	2019	2020	2021	2022	계
신규출자예산	4,120	511	360	530	540	630	1,130	1,148	1,388	10,357
총출자액	4,713	770	780	912	1,320	1,080	1,460	1,440	1,641	14,116
결성액	11,513	2,203	1,576	1,696	2,416	1,968	2,438	2,548	2,488	28,847
신규자펀드수	52	9	7	10	9	10	11	11	8	127
투자액	13,556	2,059	2,022	1,785	1,629	2,394	2,259	2,496	2,220	30,419
투자건수	2,501	306	330	278	278	320	305	354	308	4,980

모태펀드 문화계정을 운영하는 한국벤처투자는 정부의 출자금을 활용하여 다수의 자펀드 결성을 추진하고 다양한 문화산업에 대하여 투자를 지원한다. <표 5-17>에서 보듯이 모태펀드 문화계정은 2022년까지 신규 출자금 1조 357억 원 및 회수금의 재출자금 포함 총 1조 4,116억 원을 출자하여 127개의 펀드를 결성하고 총 3조 419억 원 규모의 투자를 지원하였다.

모태펀드 문화계정에서 결성한 문화산업 관련 펀드의 문화산업 각 장르별 투자 현황을 살펴보면 <표 5-18>에서 보듯이 영화, 게임, 방송영상, 공연 등의 장르가 상대적으로 큰 비중을 차지하고 있다. 특히 영화가 점유하는 비중이 제일 크다. 그리고 음원, 출판, 만화, 전시 등은 상대적으로 작은 비중을 차지하고 있다. 기타는 문화산업 장르 중 두 개 이상이 혼합된 분야이다.[171]

<표 5-18> 모태펀드 문화계정 출자 문화산업 펀드의 문화산업 장르별 투자 현황

구분	영화	공연	전시	게임	음원	애니/캐릭터	방송영상	출판/만화	기타*	합계
금액 (억 원)	11,519	3,434	498	3,969	843	3,056	3,852	838	2,410	30,419
비율	37.87%	11.29%	1.64%	13.05%	2.77%	10.05%	12.66%	2.75%	7.92%	100.00%

5) 지역 문화산업 균형 발전 지원

문화체육관광부는 서울·경기를 포함한 수도권과 지역의 문화산업을 균형적으로 발전시키기 위하여 다양한 정책을 추진해왔다. <표 5-19>의 지역 문화산업 발전 지원 예산 현황을 살펴보면 박근혜 정부의 문화콘텐츠 관련 지역축제 지원은 사라지고 '지역 문화산업 인프라 조성·

171 문화체육관광부. (2023). 2022회계연도 세입세출 및 기금 결산 사업설명자료.

운영' 및 '문화콘텐츠 체험관 구축' 중심으로 예산이 편성되어 있다.

정부예산에 있어 특별회계는 일반회계와 분리하여 운용하는 목적과 근거가 있다. 그러나 지역 문화산업 육성 관련 예산의 경우에는 일반회계와 특별회계의 구분이 의미가 없어 보인다. 지역의 콘텐츠코리아랩 및 콘텐츠기업지원센터, 지역 기반 게임산업 육성이나 지역 특화 문화콘텐츠 개발의 경우 지속적으로 일반회계로 예산을 편성하였으나 2022년부터는 특별회계로 편성하였다. 이와 같이 같은 사업이라도 예산정책적 사유로 회계를 달리하여 편성하는 경우는 종종 발생한다. 정부예산은 국회를 통과해야 하므로 고도의 정치적 성격을 띠고 있다. 지역 문화산업 육성을 위한 일반회계와 특별회계의 혼용은 결국 예산 편성 당시의 정책적 판단에 따른 것으로 볼 수 있다.

<표 5-19>에서 보듯이 지역 문화산업 발전 지원 예산은 대부분 지역의 문화산업 관련 인프라 조성 운영을 중심으로 편성되어 있다. 이는 지역 문화산업의 요소조건을 고도화하는 정책이다. 한편 '지역 스토리 창작 지원'은 지역 문화산업의 생태계 발전을 지원하는 효과가 있고, '지역 영상미디어센터' 및 '작은 영화관'은 지역의 문화 향유 기회 확충을 지원하는 시설이다.

① 지역 문화산업 육성 기반 조성

문화체육관광부는 다양한 지역 문화산업 육성 기관이 협력의 시너지를 낼 수 있도록 2019년에 서울을 제외한 16개 광역자치단체별 지역 문화산업 지원기관을 거점기관으로 지정하고 이를 중심으로 지역 문화산업 육성 체계를 구축하였다. 지역 거점기관은 지역별로 조성된 문화산업 인프라의 운영과 시설 간 연계 협력은 물론 지역을 대표하는 콘텐츠 IP 발굴 등을 총괄 지원한다.

<표 5-20>에서 보듯이 '지역 문화산업 지원 거점기관'은 부산정보산업진흥원, 대구디지털혁신진흥원, 인천테크노파크, 광주정보문화산업진흥원, 대전정보문화산업진흥원 등 16개 광역자치단체의 문화산업 지원기관이다.

16개 거점 지원기관 중 세종을 제외한 15개 지역에는 문화콘텐츠 창작 및 창업을 지원하는 인프라로서 '지역 콘텐츠코리아랩'이 조성되어 있고, 11개 지역에는 '지역거점형 콘텐츠기업지원센터'가 조성되었다. 표에서 보는 바와 같이 16개 거점 지원기관 중 부산, 대구, 광주, 대전 등의 거점기관 12곳에는 '지역 글로벌 게임센터'가 조성되어 있다. 지역 글로벌게임센터는 지역 게임산업 인큐베이팅 기능을 수행한다.

지역 기반 음악창작소 조성은 2021년까지 예산이 반영되었다. 2022년 말 현재 서울을 포함하여 전국 17개 모든 시·도에 '지역 기반 음악창작소'가 조성되었다.

<표 5-19> 문화체육관광부의 지역 문화산업 발전 지원 예산 현황[172]

구분(단위: 백만 원)	2018	2019	2020추경	2021	2022	2023	2024	2025	비고
1. 지역 문화산업 균형 발전 지원(일반회계)	47,587	56,241	58,419	51,908	178				
1) 지역 기반 콘텐츠코리아랩 구축 운영 지원*	10,027	14,800	13,600	11,965	(11,965)	(10,490)	(10,490)	(7,500)	요소조건
2) 지역거점형 콘텐츠기업지원센터 조성 운영*	11,800	13,720	15,980	12,000	(12,113)	(9,944)	(6,731)	(4,650)	요소조건
3) 지역 특화 콘텐츠 개발 지원*	9,100	8,011	5,461	7,565	(6,730)	(5,621)	(5,277)	(20,130)	요소조건
4) IP융복합 콘텐츠 클러스터 조성*		1,000	1,400		(453)	(2,874)	(1,200)	(15,560)	요소조건
5) 군산 예술콘텐츠 스테이션 구축 및 활성화		2,500	1,000						요소조건
6) 지역 기반 게임산업 육성*	13,000	11,500	18,000	18,000	(18,600)	(16,090)	(15,776)	(15,776)	요소조건
7) 지역 기반 음악창작소 조성	2,500	2,000	2,000	2,000					요소조건
8) 지역 스토리 창작 지원		600	600						관련/지원
9) 삼도수군통제영 실감 콘텐츠 체험존 조성		1,750							수요조건
10) 콘텐츠누림터 조성*	1,000	200	200	200	(200)				수요조건
11) 지역 영상미디어센터 운영	160	160	178	178	178				수요조건
2. 지역 문화산업 기반 구축 및 활성화(특별회계)	10,696	9,538	0	0	50,061	45,019	40,474	63,616	
1) 대구 디자인패션산업 육성	800	800							요소조건
2) 지역 문화산업연구센터 지원(인천, 전남)	700	700							요소조건
3) 광교 경기문화창조허브 지원	568	1,015							요소조건
4) 광주 공예문화산업 육성	620	700							요소조건
5) 전남 3대 별서정원 MR콘텐츠 개발	375	375							요소조건
6) 제주특별자치도 지원	1,000	1,600							요소조건
7) 지역 영상미디어센터 건립	1,590	21							수요조건
8) 작은 영화관 건립	5,043	4,327							수요조건
9) 지역 신기술 융복합콘텐츠아카데미 운영							1,000		요소조건
3. 합계(1+2)	58,283	65,779	58,419	51,908	50,239	45,019	40,474	63,616	

*표시 사업의 경우 2021년까지는 일반회계로 편성하고, 2022년부터는 특별회계로 편성함

172 연도별 예산각목명세서, 예산 및 기금운용계획 사업설명자료 참조, 재구성

<표 5-20> 2024년 말 현재 지역 문화산업 육성 거점기관 및 협력기관 현황

지역 거점기관(글로벌 게임센터 12)	지역 콘텐츠코리아랩(15)	지역거점형 콘텐츠 기업지원센터(11)	지역 음악창작소 (16)
1. 부산정보산업진흥원(ㅇ)	부산 콘텐츠코리아랩	부산 콘텐츠 기업지원센터	부산음악창작소
2. 대구디지털혁신진흥원(ㅇ)	대구 콘텐츠코리아랩	대구 콘텐츠 기업지원센터	대구음악창작소
3. 인천테크노파크	인천 콘테츠코리아랩	인천 콘텐츠 기업지원센터	인천음악창작소
4. 광주정보문화산업진흥원(ㅇ)	광주 콘텐츠코리아랩		광주음악창작소
5. 대전정보문화산업진흥원(ㅇ)	대전 콘텐츠코리아랩	대전 콘텐츠 기업지원센터	대전음악창작소
6. 울산정보산업진흥원(ㅇ)	울산 콘텐츠코리아랩	울산 콘텐츠 기업지원센터	울산음악창작소
7. 세종테크노파크			세종음악창작소
8. 경기콘텐츠진흥원(ㅇ)	경기 콘텐츠코리아랩(성남)		구리시음악창작소
9. 강원문화재단(강원영상위원회)	강원 콘텐츠코리아랩(춘천)		강원음악창작소
10. 충북과학기술혁신원(ㅇ)	충북 콘텐츠코리아랩(청주)	충북 콘텐츠 기업지원센터	충주음악창작소
11. 충남정보문화산업진흥원(ㅇ)	충남 콘텐츠코리아랩(천안)	충남 콘텐츠 기업지원센터	충남음악창작소
12. 전북콘텐츠융합진흥원(ㅇ)	전북 콘텐츠코리아랩(전주)	전북 콘텐츠 기업지원센터	전북음악창작소
13. 전남정보문화산업진흥원(ㅇ)	전남 콘텐츠코리아랩(순천)	전남 콘텐츠 기업지원센터	전남음악창작소
14. 경북콘텐츠진흥원(ㅇ)	경북 콘텐츠코리아랩(안동)	경북 콘텐츠 기업지원센터	경북음악창작소
15. 경남문화예술진흥원(ㅇ)	경남 콘텐츠코리아랩(창원)	경남 콘텐츠 기업지원센터	경남음악창작소
16. 제주영상문화산업진흥원	제주 콘텐츠코리아랩(제주)		제주음악창작소

*(ㅇ)는 12개의 글로벌 게임센터 개소 지역을 의미함

② 지역 특화 콘텐츠 개발 지원

'지역 특화 콘텐츠 개발 지원'은 계속사업이며 지역의 특화된 역사, 문화, 인물, 설화와 같은 다양한 소재를 활용하여 사업화 가능성이 높은 콘텐츠의 개발을 지원하는 사업이다. <표 5-21>에서 보듯이 지역 특화 콘텐츠 개발 지원 실적은 지속적으로 증가하였다. 특히 가상·증강·확장 현실 및 메타버스 등 실감형 기술을 활용한 융복합 콘텐츠 개발 지원 실적이 증가하였다. <표 5-22>은 2018년의 '지역 특화 콘텐츠 개발' 지원 과제 사례를 보여준다.

<표 5-21> 2018~2023 지역 특화 콘텐츠 개발 사업 지원 현황[173]

구분	2018	2019	2020	2021	2022	2023
지원 과제 건수	16	22	42	58	56	58

[173] 2018~2023콘텐츠산업백서 참조.

<표 5-22> 2018년 지역 특화 콘텐츠 개발 지원 과제 현황[174]

장르	지역	지원 과제
공연	대구	뮤지컬 '들불'
실감 콘텐츠	인천	강화 항쟁과 시 공간의 방
게임	충북	상당산성 루지 레이싱 어트랙션 게임 개발
공연	충남	고마곰월드
방송영상	전북	권번기생 허산옥 소재 뮤지컬 웹무비 프로젝트
공연	충북	천년의 숨결 농다리' 이머시프 미디어 공연 콘텐츠 개발
미디어파사드	전남	동작반응형 에듀테인먼트 실감 콘텐츠 개발: '우항 공룡 대탐험!'
애니메이션	부산	지역 특화 캐릭터를 활용한 관광 융합형 뉴미디어 콘텐츠 제작 및 사업화
실감 콘텐츠	경기	무안경 3D 기술을 활용한 '고양 10경 관광지도' 인터랙션 콘텐츠 제작
방송영상	경남	김해 화포천 자연친화 아바타 개발 및 플랫폼 서비스 'Spy in the Hwapo'
공연	강원	삼척 이사부 죽서루 실경 멀티미디어 퍼포먼스 '이사부와 목우사자의 비밀'
만화	경기	곤여만국전도 웹툰 및 시나리오 개발 '새로운 세상의 문! 곤여만국전도로 열다'
공연	제주	돌하르방 퍼포먼스 뮤지컬 '두근두근 포레스트' 공연콘텐츠 개발
만화	광주	프로야구 최초 '노히트 노런' 스토리를 원천으로 한 웹툰 및 프리퀄 애니메이션 제작
애니메이션	전북	먹방이와 친구들의 시간여행
게임	경북	King's Road: 성주를 지켜라

③ 특별회계를 활용한 지역 문화산업 기반 구축 및 활성화 지원

<표5-19>의 '대구 디자인패션산업 육성', '지역 문화산업연구센터 지원', '광교 경기문화창조허브 지원', '광주 공예문화산업 육성' 등은 특별회계에 포함된 계속사업이다. 다만 '전남 3대 별서정원 혼합현실(MR) 콘텐츠 개발'은 신규사업이며 2018년 및 2019년 예산에 반영되었다.

2018년 및 2019년의 '제주특별자치도 지원'은 '지역 문화산업연구센터 운영', '글로벌 문화콘텐츠 제작 지원', '실내 영상스튜디오 건립' 지원 등으로 구성되어 있다. 제주도의 '지역 문화산업연구센터 운영'과 '글로벌 문화콘텐츠 제작 지원'은 제주도에 특화된 문화콘텐츠 개발을 지원하는 계속사업이다. 그러나 '실내 영상스튜디오 건립'은 제주도에서 연중 촬영이 가능한 실내 스튜디오를 조성하여 제주도내 영상산업 발전과 해외 로케이션 유치를 지원하기 위한 신규사업이다.

<표 5-19>에서 보듯이 문화체육관광부는 2019년까지 지역 특별회계에서 '지역 영상미디어센터 건립'과 '작은 영화관 건립' 예산을 지원함으로써 지역의 문화콘텐츠 향유 기반을 확충하

174 문화체육관광부·한국콘텐츠진흥원. (2019). 2018콘텐츠산업백서.

였다. 그러나 <표 5-19>에서 보듯이 '지역 영상미디어센터 운영' 지원은 일반회계로 편성하였다.

④ 기타 지역 문화산업 균형 발전 지원

가. IP융복합 콘텐츠 클러스터 조성

문화체육관광부는 웹소설 및 웹툰 등 콘텐츠 IP가 드라마, 애니메이션 등의 다양한 콘텐츠로 확대 재생산될 수 있도록 'IP융복합 콘텐츠 클러스터 조성'을 추진하였다. 이는 첨단기술 기반의 다양한 융복합 콘텐츠의 창작 및 체험·전시가 가능한 인프라 시설이다. <표 5-19>에서 보면 2019년부터 관련 예산이 반영되어 있다. 2019년 및 2020년 예산은 IP융복합콘텐츠클러스터 조성 관련 타당성 조사 및 기본계획 수립을 위한 연구용역 관련 예산이다. 문화체육관광부는 2021년 공모를 통해서 경기도 고양시를 'IP융복합 콘텐츠 클러스터 조성' 사업 후보지로 선정하고 특별회계를 통해 예산을 편성하여 지원하였다. 이후 2024년부터는 경북, 경남, 전북 등까지 지역 콘텐츠산업 클러스터 조성을 확대하였다.

나. 군산 예술콘텐츠 스테이션 구축 및 활성화

'군산 예술콘텐츠 스테이션 구축 및 활성화' 지원은 문화예술 및 콘텐츠 산업을 통한 군산의 지역 경제 활성화를 지원하는 예산이다. 군산 지역의 문화예술 및 콘텐츠 관련 벤처기업을 발굴하여 지원하는 사업으로 2019년 및 2020년 예산에 반영되었다.

다. 지역 스토리 창작 및 사업화 지원

<표 5-19>의 '지역 스토리 창작 및 사업화 지원'은 지역 문화산업 균형 발전을 지원하는 세부사업 중 하나로 포함되어 있다. 이는 지역 특화 스토리를 창작의 소재로 활용하여 콘텐츠로 개발하고 사업화하기 위한 피칭행사를 지원하는 예산이다.

라. 지역의 문화콘텐츠 향유 기회 확충

'지역 영상미디어센터', '콘텐츠누림터' 등은 지역의 고른 문화콘텐츠 향유 기회 제공을 위한 시설이다. 그중 '콘텐츠누림터'는 지역의 공공 인프라와 유휴 공간을 재구성하여 '지역 특화 콘텐츠' 등 다양한 콘텐츠를 체험할 수 있도록 조성한 공간이다. 한편 <표 5-19>의 '삼도수군통제영 실감 콘텐츠 체험존 조성'은 경남 통영 지역의 문화 유산을 활용한 실감형 콘텐츠 제작 및 체험관 조성을 지원하는 사업이다.

2 수요조건 강화

<표 5-3>의 문화산업 전반의 경쟁력 향상을 지원하는 정책 중 '문화콘텐츠 국제 협력 및 수출 기반 조성'은 한국문화콘텐츠 및 한국문화에 대한 해외 수요 확충을 지원하는 계속사업

이다. 이명박 정부 및 박근혜 정부 시기에는 '국제 문화산업 교류 협력(또는 한류 진흥)'과 '문화콘텐츠 국내외 마케팅 활성화(또는 국제 협력 및 수출 기반 조성)'로 구분하여 예산을 편성하였는데 문재인 정부는 이를 '문화콘텐츠 국제 협력 및 수출 기반 조성'으로 통합하였다. 기존의 '한류 진흥' 예산은 '문화콘텐츠 국제 교류 협력' 관련 세부사업으로 포함되어 있다. 이와 같은 방식의 예산 편성은 윤석열 정부에서도 계속되었다. 다만 윤석열 정부의 2025년 예산각목명세서는 '문화콘텐츠 국제 협력 및 수출 기반 조성' 항목의 예산을 직제 개정에 따라 콘텐츠정책국이 아닌 국제문화홍보정책실 소관 예산으로 편성하였다.

한편 2019년부터 2022년까지의 예산각목명세서는 해외 진출 지원을 준비 단계, 진입 단계, 성숙 단계로 구분하여 예산을 편성하였다. 준비 단계에서는 수출정보 제공 및 상담 지원에 초점을 두었다. 진입 단계에서는 홍보마케팅과 해외 협력 및 네트워킹 지원을 강조하였고, 성숙 단계에서는 현지화 및 유통 플랫폼 확보 지원 등을 중심으로 예산을 편성하였다. 2020년 및 2021년에는 코로나19로 인한 경제위기 극복을 위하여 '해외 수출 콘텐츠 현지화 인력 지원'이 추가경정예산에 반영된 바 있다. 국제 협력 및 해외 진출 관련 예산을 준비, 진입, 성숙 단계로 분류하여 정리하면 <표 5-23>과 같다.

표에서 보듯이 윤석열 정부 시기에 해외 진출 관련 예산이 크게 증가하였다. 이는 해외 진출 종합 컨설팅 및 정보 제공, 한류 연관 산업 지원, 한국콘텐츠진흥원 해외 사무소의 확충 예산의 증가에 기인한다.

1) 준비 단계

해외 진출의 준비 단계는 '해외 진출 종합 컨설팅 및 맞춤형 정보 제공'을 지원하였다. 한국콘텐츠진흥원은 2016년에 중소 콘텐츠기업의 해외 진출을 지원하기 위하여 '콘텐츠수출 마케팅플랫폼(Welcon)'을 서비스하기 시작하였다. 이는 나라별 또는 장르별 최신 해외시장 동향과 해외의 콘텐츠산업 관련 주요 기관 정보를 제공하며 개별 콘텐츠기업을 대상으로 해외 진출 상담 및 수출역량 진단까지 지원하였다. <표 5-23>에서 보듯이 문화체육관광부는 2023년부터 해외 진출 종합 컨설팅 및 맞춤형 시장 정보 제공 기능을 더욱 강화하였다.

2) 진입 단계

진입 단계는 문화콘텐츠의 해외 진출, 한류 연계 상품 개발 및 홍보, 국제 교류 및 협력을 통한 한류 진흥 등을 지원하는 다양한 사업을 포함하고 있다.

<표 5-23> 문화체육관광부의 문화콘텐츠 국제 협력 및 수출 기반 조성 예산 현황[175]

구분(단위: 백만 원)	2018	2019	2020추경	2021추경	2022	2023	2024	2025
1. 준비 단계(맞춤형 정보 제공)								
1) 해외 진출 종합 컨설팅 및 맞춤형 정보 제공	948	1,593	3,093	3,198	3,428	7,928	7,928	8,008
2. 진입 단계(해외 진출 마케팅 지원)								
1) 해외 진출 홍보마케팅 지원 및 유공자 포상	3,530	4,464	5,867	4,117	4,117	8,117	8,117	8,117
2) 한류 연관 산업 지원								
① 한류 연계 콘텐츠 기획·개발 지원			6,000	6,000	6,000	6,000	3,886	5,917
② 한류 연관 산업 홍보마케팅 지원								
가. K브랜드 해외 홍보관 운영					4,000	4,000	11,000	11,000
나. K브랜드 한류마케팅 지원					4,500	4,500	4,500	5,300
다. 해외 한류박람회 개최(정부 합동)					2,000	2,000	7,000	12,000
3) 문화콘텐츠 국제 교류 협력(한류 진흥)	4,678	3,783	12,129	12,663	17,029	8,079	6,963	12,193
3. 성숙 단계(수출 경쟁력 강화)								
1) 현지화 및 온라인 유통 플랫폼 진출 지원	1,355	1,090	430	1,630	1,317	2,817	2,577	2,319
2) 해외 수출 콘텐츠 현지화 인력 지원			1,765	9,000				
3) 해외 거점사무소 운영	4,600	4,800	5,925	5,673	5,673	10,173	21,950	25,225
4. 행정	126	106	110	127	129	131	132	177
계	15,237	15,836	35,319	42,408	48,193	53,745	74,053	90,256

175 연도별 문화체육관광부 예산각목명세서, 예산 및 기금운용계획 사업설명자료 참조, 재구성

① 해외 진출 홍보마케팅 지원 및 유공자 포상

가. 해외 진출 홍보마케팅 지원

'해외 진출 홍보마케팅 지원'은 권역별 주요 시장에서 개최하는 콘텐츠 마켓에서 한국 공동관을 설치하고 한국 콘텐츠기업의 참가 및 홍보마케팅을 지원하는 사업으로 계속사업이다. 2020년 및 2021년에는 전 세계적으로 확산된 코로나19로 인하여 한국콘텐츠진흥원은 비대면 방식으로 홍보마케팅을 전환하였고 한국무역협회 등 국내외 수출 유관기관과 협력하여 온라인 화상 수출상담회를 개최하며 국내 콘텐츠기업들에게 신흥시장 진출 기회를 제공하였다. 온라인 화상 수출상담회에는 게임, 만화, 애니메이션, 캐릭터 등의 분야에서 국내 콘텐츠 제작사들과 중국, 일본, 인도네시아, 베트남, 인도, 대만 등의 해외 바이어 기업들이 참가하여 국산 콘텐츠의 방영권 및 전송권 거래와 리메이크, 공동제작 및 라이선싱 상담 등 활발한 비즈니스 매칭이 이루어졌다.[176]

코로나19 상황이 진정된 2022년에는 K-콘텐츠 화상 수출상담회 개최와 함께 동남아시아의 싱가폴과 유럽의 스페인에서 오프라인 K-콘텐츠 엑스포를 개최하였다. K-콘텐츠 엑스포는 콘텐츠 중심의 B2B 행사로서 수출상담회, 콘텐츠 제작사의 피칭 행사, 양국 콘텐츠 교류 세미나 및 비즈니스 네트워킹 등 다양한 프로그램으로 구성되었다.[177]

<표 5-23>에서 보듯이 2023년 이후에는 관련 예산이 크게 증가하였다. 문화체육관광부는 K-콘텐츠 화상 수출상담회를 지속적으로 지원하고 영국, 독일, 스웨덴, 인도, 말레이시아 등 다양한 국가에서 K-콘텐츠 엑스포 개최를 지원하였다.

나. 해외 진출 유공자 포상

문화체육관광부와 한국콘텐츠진흥원은 2009년부터 대한민국콘텐츠대상 시상식을 개최해 왔다. 이는 방송영상, 게임, 만화, 애니메이션, 캐릭터 등 주요 콘텐츠산업 분야를 대상으로 장르별 산업발전 유공자와 해외 진출 유공자에 대한 포상을 실시하는 행사이다. <표 5-23>의 '해외 진출 유공자 포상'은 대한민국콘텐츠대상 시상식 운영을 지원하는 예산이다.

② 한류 연관 산업 지원

'한류 연관 산업 지원'은 한류 콘텐츠의 인기를 활용하여 한류 콘텐츠를 이용한 연관 상품을 개발하거나 한류 콘텐츠와 동반하여 해외 진출을 추진하는 사업이다. '문화콘텐츠 국제 협력 및 수출 기반 조성' 항목의 세부사업들은 본질적으로 문화콘텐츠에 대한 해외 수요조건을 강화하는 사업이다. 그러나 그중에서 '한류 연관 산업 지원'은 한류 콘텐츠에 대한 지속적 수요 창출과

176 문화체육관광부·한국콘텐츠진흥원. (2022). 2021콘텐츠산업백서.

177 문화체육관광부·한국콘텐츠진흥원. (2023). 2022콘텐츠산업백서.

함께 한류의 관련 및 지원산업의 발전을 촉진하는 사업이기도 하다.

가. 한류 연계 콘텐츠 기획·개발 지원

'한류 연계 콘텐츠 기획·개발 지원'은 게임, 만화, 전통문화, 미용, 패션, 생활용품 등의 분야에서 한류 콘텐츠를 활용한 제품을 개발하여 국제문화산업박람회 등에서 홍보할 수 있도록 지원하는 사업이다. 박근혜 정부 시기의 '한류 융복합 프로젝트 지원' 사업과 유사하다. 이는 문화산업의 원소스 멀티유즈(OSMU)가 기존 문화산업의 범위를 넘어서 다른 산업에까지 확산될 수 있음을 보여주는 사례이다.

2022년에는 해외 판로 개척에 어려움을 겪는 유망 중소기업 16개를 선정하여 80여종의 소비재 및 콘텐츠 상품의 기획·개발과 해외 진출을 집중 지원하였다. 한국콘텐츠진흥원은 K팝 가수와 모델, 배우 등 한류 IP를 보유한 콘텐츠기업과 유망 중소기업의 상품 기획·개발을 연계하여 지원하고 상품 완성 후에는 공동 마케팅, 박람회, 팝업 스토어 운영을 통해 국내외 홍보를 지원하였다. <표 5-24>는 한류 연계 콘텐츠 기획·개발 사례를 보여준다.[178] 한류 연계 콘텐츠 기획·개발은 2023년 이후 윤석열 정부에서도 지속적으로 지원하였다.

<표 5-24> 2022 한류 연계 콘텐츠 기획·개발 사례

기업명	연계 한류IP	개발 상품
씨엔티드림	모델 아이린	친환경 행보에 앞장서는 패션모델 아이린과 함께 머리부터 발끝까지 사용할 수 있는 천연성분의 비누 바를 제작
이스트엔드	가수 송민호	그룹 위너의 가수 송민호가 아트워크를 제작하고 이를 디자인에 반영한 티셔츠, 모자 등 의류 제작

나. 한류 연관 산업 홍보마케팅 지원

'한류 연관 산업 홍보마케팅 지원'은 2022년 예산에 신규로 반영되었다. 이는 K브랜드 해외 홍보관 운영(40억 원), K브랜드 한류마케팅 지원(45억 원), 관계 부처 합동 해외 한류박람회 개최(20억 원) 등의 세부사업으로 구성되었다. 이 중에서 'K브랜드 해외 홍보관' 및 'K브랜드 한류마케팅 지원'은 신규사업이다. K브랜드 해외 홍보관은 'KOREA360' 이라는 명칭으로 인도네시아의 자카르타 소재 주요 쇼핑몰 내에 1,200㎡ 규모로 조성하여 2022년 12월에 개관하였다. 'KOREA360'에서는 문화콘텐츠, 식품, 미용 등 한류와 연계하여 홍보마케팅의 시너지를 낼 수 있는 상품들의 동남아시아 시장 동반 진출을 지원하였다. 이는 문화체육관광부 등 4개 부처와 한국콘텐츠진흥원 등 8개 공공기관이 공동으로 추진한 협력사업이다. 한편 K브랜드 한류마케

[178] 문화체육관광부·한국콘텐츠진흥원. (2023). 2022콘텐츠산업백서.

팅 지원은 중소기업을 대상으로 세계적으로 인기있는 한류 콘텐츠의 소구력을 이용하여 해외 진출을 지원하는 사업이다. 2022년 이후 다양한 중소기업 제품을 대상으로 간접 광고 매칭 및 홍보콘텐츠의 기획·개발을 지원하였다.[179]

한류박람회는 2013년 예산에 처음으로 반영된 바 있는 계속사업이며 한류 콘텐츠와 타 제조업 상품을 연계하여 홍보마케팅을 지원하는 종합박람회로서 관계 부처 합동으로 개최하였다. 한류 연관 산업 중 다수의 기업이 참여한 한류박람회는 방문객들에게 K-팝 콘서트 및 한식 등 다양한 한류문화 체험 기회를 제공하는 B2C행사와 함께B2B 수출 상담회도 동시에 개최한다.

③ 문화콘텐츠 국제 교류 협력을 통한 한류 진흥

'문화콘텐츠 국제 교류 협력'은 다양한 방식의 쌍방향 문화 교류, 한류 커뮤니티 활성화, 해외 사회공헌 활동 등을 지원하는 사업으로 2002년 이후의 계속사업이며 본질적으로 한류 진흥 사업이다. <표 5-25>에서 보듯이 문재인 정부의 '한류 진흥'은 2020년부터 예산이 크게 증가하였다. 이는 2020년부터 한국문화축제, 모꼬지 대한민국, 동반성장 디딤돌, 신한류 문화다리 등의 신규사업이 다수 추가되었기 때문이다.

한편 국제문화교류진흥법이 제정된('17.3.21.) 이후 문화산업의 국제 교류활동을 지원해왔던 한국문화산업교류재단은 한국국제문화교류진흥원으로 법인 명칭을 변경하였다('18.1.9.). 그리고 문화체육관광부는 한국국제문화교류진흥원을 국제문화교류진흥법에 의한 국제문화교류 진흥 전담기관으로 지정하고('18.2.7.) 지원 예산도 증액하였다. <표 5-25>에서 보듯이 2019년부터 한국국제문화교류진흥원 운영 지원 예산이 크게 증가하였다. 한국국제문화교류진흥원은 한류 진흥을 위한 다양한 국제 교류 협력 사업을 문화체육관광부로부터 위탁받아 집행하고 있다.

가. 계속사업

'정부간 협력채널 및 국제포럼 운영'은 계속사업으로 한중일, 한중, 한EU, 한영 등 정부 간 문화산업포럼 및 국제문화산업콘퍼런스 개최를 통해 국가 간 또는 국내외 문화산업 전문가 사이의 협력채널을 구축하여 한류의 지속적 발전을 지원하는 사업이다.

'재한 외국인 유학생 네트워크 구축'은 재한 외국인 유학생 페스티벌 및 콘퍼런스 개최, 유학생의 커뮤니티 활동 지원 등을 통한 재한 외국인의 한류 팬덤 형성 및 친한 외국인 네트워크를 구축하는 계속사업이다. 이는 한국에 있는 외국인 유학생들의 한국문화 체험을 지원하고 유학생 간 네트워킹을 통해 한국에서의 적응력을 높여주며 친한파 외국인 콘텐츠 인재 양성에도 기여한다.

[179] 문화체육관광부·한국콘텐츠진흥원. (2023). 2022콘텐츠산업백서.

<표 5-25> 문화체육관광부의 한류 진흥 예산 현황[180]

구분(단위: 백만 원)	2018	2019	2020	2021	2022	2023	2024	2025
1. 정부간 협력채널 및 국제포럼 운영	284	256	162	143	343	343	343	
2. 재한 외국인 유학생 네트워크 구축	475							
3. 글로벌 문화교류동호회(문화기획단) 지원	200		200	500	500	500		
4. 해외 한류커뮤니티 활동 지원	90	455	400	400	250	250		
5. 아시아송페스티벌	700	800	600	540	540	540	540	
6. 한류 연계 사회공헌 활동 지원	350	420	480	480	480	480		
7. 해외 기자단 등 방한 취재 지원	70		40	40	40			
8. 기타 문화 교류 프로그램 운영	634							
9. 문화콘텐츠 국제 교류 조사연구	796							
10. 한국문화축제(K-Culture Festival)			6,100	5,500	9,244	300	300	
11. 통기타페스티벌	500							
12. 모꼬지 대한민국			2,100	1,800	1,800	1,800	1,800	
13. 동반성장 디딤돌				400	400	400		
14. 신한류 문화다리				800	800	800	800	
15. 대형 한류종합행사								7,950
16. 한류 전문가 네트워크 구축								1,000
17. 사무국 운영(한국국제문화교류진흥원)	579	1,852	2,047	2,060	2,632	2,666	3,180	3,243
계	4,678	3,783	12,129	12,663	17,029	8,079	6,963	12,193

180 연도별 문화체육관광부 예산각목명세서 참조

이 외에도 재한 외국인 유학생 지원 프로그램은 다양하다. '글로벌 문화교류동호회(문화기획단) 지원' 사업도 그중의 하나이다. 이는 재한 외국인 유학생을 대상으로 단순한 한국문화 체험에 그치지 않고 자국 문화를 한국인과 함께 교류할 수 있도록 한국인 학생들과 멘토-멘티 관계를 맺도록 하여 약 6개월에 걸쳐 문화 탐방 및 교류를 지원하는 사업이다. '글로벌 문화교류동호회 지원'은2015년부터 '아우르기(Outlookie)'라는 프로그램으로 시작되었다.[181]

한편 '해외 한류 커뮤니티 활동 지원'은 이전에는 '디딤돌 커뮤니티 지원'으로 예산이 편성된 바 있는 계속사업이다. 이는 한류 커뮤니티 결성 및 활동을 지원하는 사업이다. 한류 커뮤니티 활동은 K-팝, 영화, 미용, 패션, 한글, 태권도 등 폭넓은 분야가 지원 대상이 될 수 있다. 문화체육관광부는 한류 커뮤니티 활동을 위한 행사장 임대, 홍보물 제작, 기념품 구입 등을 위한 예산을 지원하며 한국문화콘텐츠 및 전통놀이 관련 물품도 후원한다.

'아시아송페스티벌'은 2004년 아시아문화산업교류재단이 아시아 지역의 문화산업 교류 활성화를 위하여 처음으로 개최하였다. 이후 매년 아시아의 정상급 가수들과 한국의 가수들이 참여하는 국제적 축제로 발전하였다. 문재인 정부 시기에는 부산, 울산, 경주 등 지역에서 아시아송페스티벌을 개최하며 노래를 통한 아시아 지역의 교류 협력 및 한류의 지속적 발전을 지원하였다.

아시아 지역에서의 '사회공헌 활동 지원'도 계속사업이다. 노무현 정부에서는 저개발국에 대한 문화관광정보화를 지원하였고, 이명박 정부에서는 민관 협력을 통한 아시아 지역에서의 사회공헌 활동을 지원한 바 있다. 박근혜 정부에서는 아시아 지역에서 문화ODA 사업을 지원하였다. 문재인 정부는 해외 진출 한국기업과 협력하여 '착한 한류' 프로젝트를 추진하였다. 이는 해외 진출 한국 민간기업과 협력하여 한류스타 재능기부, 저소득층 학교의 멀티미디어교실 리모델링, 미디어 전문가 파견 교육 등을 지원하는 사업이다.

이 외에도 '해외대학 학보사 기자단 방한 취재 지원', '문화콘텐츠 국제 교류 조사연구' 등을 통해 지속적으로 한류 진흥을 지원하였다.

나. 신규사업

<표 5-25>의 한류 진흥 관련 신규사업 중 2018년의 통기타페스티벌은 제주도에서 개최하는 통기타페스티벌을 지원하는 1회성 예산이고, 대부분은 2020년 이후 예산에 반영된 신규사업이다.

i) 한국문화축제(K-Culture Festival)

한국문화축제는 K-팝 공연을 중심으로 한식, 미용, 패션 등 다양한 한국문화를 소개하는 한

[181] 문화체육관광부. (2021). 2020콘텐츠산업백서.

류 축제이다. 2020년에는 인천, 목포, 전주, 강릉, 안동 등에서 한국문화축제를 개최하며 K-팝 아티스트가 출연하여 한국의 음식, 미용, 패션 등 다채로운 한국문화를 지역의 문화상품 및 관광과 함께 소개하는 방식으로 추진하였다. 코로나 19 확산으로 인해 2020년 개최한 한국문화축제는 온라인으로 전 세계에 송출하였다.[182]

2021년에는 온라인 및 오프라인을 동시에 활용한 행사로 개최하였다. 코로나19로 인하여 대규모 오프라인 공연이 어려운 만큼 공연 중 아티스트가 온라인으로 인터뷰하거나 팬들의 실시간 댓글에 아티스트가 직접 답변하고 팬들이 직접 제작한 숏필름 형식의 K-팝 뮤직비디오를 대상으로 공모전을 개최하는 등 팬들과 함께하는 한국문화축제가 될 수 있도록 진행하였다.[183]

2022년의 한국문화축제는 K-드라마와 K-팝은 물론 인디·힙합 등 다양한 문화콘텐츠와 함께 한식, 미용, 패션 등 한류 연관 산업도 체험할 수 있도록 준비하였다. 특히2022년에는 세계적 영향력을 가진 빌보드와 협력해 'The K-빌보드 어워드'를 공동으로 개최하였다. 동 시상식에서는 전 세계를 무대로 활동하며 빌보드 차트에 오른 K-팝 가수들의 성과를 조명하였다.[184]

ii) 모꼬지 대한민국

'모꼬지 대한민국'은 2020년 신규사업이다. 이는 외국인들이 한식, 미용, 건강, 놀이와 같은 한국의 생활문화를 체험하며 한국문화에 대한 관심의 범위를 넓히도록 유도하는 사업이다. 모꼬지는 놀이나 잔치를 위해 여러 사람이 모이는 것을 의미하는 순 한국말이다. '모꼬지 대한민국'은 당초 해외에서 대면으로 진행하는 방식으로 기획하였으나 코로나 상황에 맞추어 2020년 및 2021년은 온라인으로 콘텐츠를 만들어 송출하였고, 프로그램 운영에 있어 한국의 유망 중소기업과 협업을 통해 그들의 해외 진출도 지원하였다. 2020년에는 카자흐스탄, 미얀마, 필리핀 등을 중심으로 온라인 팬미팅을 통해 양국의 문화와 음식, 의상, 미용 등을 체험하는 프로그램을 운영하였다. 그리고 2021년에는 러시아, 인도, 인도네시아를 주빈국으로 선정하여 온라인 토크 콘서트 및 전시 등을 통해 한국 기업에 대한 인지도와 관심의 제고를 유도하였다. 한편 코로나가 완화된 2022년에는 대면 행사로 전환하여 우즈베키스탄 및 말레이지아 등 해외 현지에서 한국의 생활문화 체험부터 인기 K-팝 가수 공연까지 다채로운 프로그램을 운영하였다.[185]

한편 2023년 멕시코에서 개최된 모꼬지 대한민국은 1만 명의 한류 팬이 참여한 교류프로그램이다. K팝 그룹의 공연과 함께 한국문화 체험, 현지 진출 한국 기업의 소비재 상품 마켓 등 다양한 프로그램과 공간으로 구성되었다. 동 행사는 유튜브, 인스타그램, 페이스북, 트위터 등

---

182 문화체육관광부. (2021). 2020콘텐츠산업백서.

183 문화체육관광부·한국콘텐츠진흥원. (2022). 2021콘텐츠산업백서.

184 문화체육관광부. (2022.9.15.). '에미상' 수상한 한국문화의 저력, 한류 행성 '더 케이'에서 확인하세요.

185 2020~2022콘텐츠산업백서 참조

에 전방위적으로 홍보되었으며 멕시코 현지인들의 뜨거운 사랑을 받았다.[186]

iii) 동반성장 디딤돌

'동반성장 디딤돌'은 대중음악의 성장 잠재력이 있는 국가의 신인 아티스트를 대상으로 K-팝 연수기회를 제공하고 한국과 음원을 공동으로 제작하여 양국 음악산업의 동반성장을 지원하기 위하여 2021년에 처음으로 도입하였다. 2021년에는 베트남의 신인 아티스트 2개 팀(Super V, O2O Girl Band)을 대상으로 연수를 지원하였다. 각 팀은 한국 연수를 거쳐 리메이크곡, 신곡, 뮤직비디오 등을 제작하고 아시아송페스티벌 무대에서 신곡을 발표하였다. 2022년에는 태국의 신인 여성 아티스트 그룹인 로즈베리(RoseBerry)를 초청하여 보컬 및 댄스, 한국어 수업, 인터뷰 연습과 함께 국내 유명 기획사 및 방송국 견학의 기회를 제공하였다. 그리고 2022년 아시아송페스티벌을 통해 이 팀이 국내에 데뷔할 수 있도록 지원하였다.[187] 2023년에는 인도네시아 걸그룹 스타비(StarBe)를 초청하여 한국에서 보컬 및 댄스 트레이닝과 뮤직비디오 제작을 지원하였다. 이에 대하여 인도네시아의 언론도 K-인니팝의 탄생을 알리며 널리 홍보하였다.[188]

iv) 신한류 문화다리

'신한류 문화다리'는 2021년에 처음 시작하였다. 이는 한류 소비국가의 문화를 한국에 소개하면서 한국에서도 해당 국가의 문화를 체험할 수 있도록 쌍방향 문화 교류를 유도하는 행사이다. 2021년에는 상암문화광장에서 태국과 몽골의 대중문화를 체험할 수 있는 계기를 만들어 쌍방향 문화 교류를 추진하였다.

그리고 2022년에는 여의도 한강공원에서 베트남 및 카자흐스탄을 테마로 양국의 주요 도시인 호이안과 알마티의 대표거리를 서울에서 재현하고 각 국가의 음식과 문화를 한국에 소개하였다. 동 행사에는 양국의 유명 아티스티 6개팀의 거리 공연과 아시아송페스티벌에 참가한 아티스트들도 참여하여 문화 교류 콘텐츠를 제작하였다. 카자흐스탄 국영TV와 베트남 VTV 등 현지의 주요 방송사가 행사 현장을 취재하며 본국에 상세히 보도한 바 있다.[189]

한편 2023년에는 인도 및 UAE, 2024년에는 필리핀과 자메이카 등의 문화를 소개하는 공연 및 전시를 통해 한국과 이들 국가와의 쌍방향 문화교류를 촉진하는 행사를 지속적으로 개최하였다.

v) 대형 한류종합행사 및 한류 전문가 네트워크 구축

문화체육관광부는 2024년 직제 개정을 통해 국제문화홍보 관련 기능을 강화하였다. 이와

186 문화체육관광부·한국콘텐츠진흥원. (2024). 2023콘텐츠산업백서.

187 2021~2022콘텐츠산업백서 참조.

188 문화체육관광부·한국콘텐츠진흥원. (2024). 2023콘텐츠산업백서.

189 문화체육관광부·한국콘텐츠진흥원. (2023). 2022콘텐츠산업백서.

관련하여 2025년의 국제문화교류를 통한 한류 진흥 관련 예산 편성도 다소 변화가 있다. <표 5-25>에서 보듯이 한류 진흥 관련 예산은 대형 한류종합행사와 한류 전문가 네트워크 구축으로 새롭게 편성되었다. 한류가 전 세계적으로 확산되고 있으나 한류를 상징할 수 있는 대표적 이벤트는 없는 현실이다. 이를 감안하여 정부는 한류 관련 메가 이벤트를 개최하여 한국문화를 세계에 알리고 한류 체험을 위한 관광객 유치 등 사회 경제적 파급효과를 도모하기 위한 대형 한류종합행사를 기획하였다. 이는 콘텐츠 및 소비재 분야의 B2B 네트워킹 행사, B2C 체험 행사, 전문가 콘퍼런스, 공연 등 다양한 행사를 포함한다.

한류 전문가 네트워크 구축은 한류 확산 국가의 전문가를 초청하여 연수 및 합동 세미나를 개최하면서 국제적 전문가 네트워크를 구축하고 이들과 공동 프로젝트 추진을 통해 지속적 문화교류 및 한류의 발전을 촉진하는 프로젝트이다.

3) 성숙 단계

① 현지화 및 온라인 유통 플랫폼 진출 지원

<표 5-23>의 '현지화 지원'은 해외 진출을 위한 현지화 재제작과 콘텐츠IP의 출원 및 등록을 지원하는 계속사업이다. 재제작은 해외 수출용 콘텐츠의 번역이나 더빙과 같은 재제작과 해외 진출을 위한 샘플 제작을 지원하는 사업이다. 콘텐츠IP의 출원 및 등록은 콘텐츠기업의 상표나 디자인, 기술 등에 대하여 현지에서 지적재산권 출원 및 등록을 통해 현지 유통을 지원하는 사업이다.

'온라인 유통 플랫폼 진출 지원'은 국산 문화콘텐츠의 글로벌 온라인 유통 플랫폼을 활용한 홍보마케팅을 지원하기 위해 홍보영상물을 제작하거나 배너 및 시청 전 광고를 지원하는 사업이다. 2024년부터는 한국의 콘텐츠기업을 대상으로 해외 현지 지식재산권 출원 및 등록을 지원하는 데에 보다 집중하고 있다.

② 해외 수출 콘텐츠 현지화 인력 지원

<표 5-23>의 해외 수출 콘텐츠 현지화 인력 지원은 코로나19 극복을 위하여 문화콘텐츠 분야의 일자리 창출과 연계하여 해외에서의 한국 문화콘텐츠에 대한 수요 확충을 지원하는 사업으로 추가경정예산에 반영되었다. 이는 출판, 만화, 음악, 게임, 영화, 캐릭터, 방송영상 등 다양한 콘텐츠를 대상으로 현지화를 지원함으로써 비대면 방식의 해외 진출을 지원하는 사업이다. 주로 수출이 예정된 문화콘텐츠의 홍보 영상 제작, 온라인 마케팅, 번역 및 더빙 등에 필요한 인력 운영을 지원하였다.

③ 해외 거점사무소 운영

<표 5-23>에서 보듯이 '해외 거점사무소 운영' 예산은 지속적으로 증가하였다. 해외 거점사

무소는 한국콘텐츠진흥원의 해외 지사와 같은 기능을 수행한다. 한국콘텐츠진흥원은 해외 거점사무소를 운영하며 현지에서 한국문화콘텐츠의 홍보마케팅을 효과적으로 지원하고 한국문화산업기업의 현지 진출을 지원해왔다.

김대중 정부 및 노무현 정부 시기인 한국콘텐츠진흥원 설립 초기에는 일본(동경), 중국(북경), 미국(LA), 유럽(런던)에 설립한 해외 사무소를 통해 일본, 중국, 미국, 유럽 시장을 대상으로 한국 콘텐츠의 해외 진출을 지원하였다. 이후 박근혜 정부 시기에는 인도네시아 및 UAE에 해외 거점사무소를 추가로 설립하였다. 그리고 문재인 정부에서는 중국 심천, 베트남, 태국, 러시아, 유럽(파리로 이전), UAE(두바이로 이전) 등에 한국콘텐츠진흥원 해외 사무소를 추가로 설립하였다. 2004년부터 런던에 설립하여 운영해온 유럽 비즈니스센터는 영국의 EU탈퇴와 프랑스 한국문화원 개관을 계기로 2019년에 프랑스 파리로 이전하였다.

한국콘텐츠진흥원은 2017년 12월에는 중국 심천에 해외 거점사무소를 추가로 개설하였다. 당시 심천은 '심천 문화 창의 혁신 2020계획'을 발표하고 문화산업을 집중적으로 육성하였다. 그리고 지리적으로 심천은 광조우, 홍콩, 마카오 등을 포함한 중국 남부 지역 콘텐츠시장 개척을 지원하는 주요 거점으로서 가치가 있다.[190]

한국콘텐츠진흥원은 2020년 9월에 베트남정부로부터 정식 승인을 받아 베트남 비즈니스센터를 추가로 설립하였다. 베트남은 1억명의 인구 중 젊은 층이 60%를 차지하고 연평균 6% 이상의 높은 경제성장률을 가진 신한류의 거점 국가이다. 그러므로 많은 콘텐츠기업들이 베트남 진출을 희망하고 있다. 베트남 비즈니스센터는 한-베트남 콘텐츠 전문가 교류회를 통해 e스포츠, 가상·증강현실, 문화산업 협력 방안 등에 관하여 폭넓은 논의를 전개하며 양국의 콘텐츠기업 간 비즈니스 매칭을 활발히 지원하고 있다.[191]

태국은 인도네시아, 베트남과 함께 동남아시아에서 시장규모가 큰 국가이다. 태국정부는 기존의 제조업 중심에서 창조혁신경제로 산업구조 개편을 추진하며 소프트파워를 육성하기 위하여 다양한 지원정책을 시행하고 있다. 이러한 정책은 한국 콘텐츠기업에게는 기회가 될 수 있다. 태국에서도 한국의 K-팝과 웹툰, 방송영상의 인기는 폭발적이다. 2021년 12월 기준 태국 넷플릭스 TOP10 콘텐츠 중 7-8개가 한국 콘텐츠이며 태국인 멤버 리사가 소속된 걸그룹 '블랙핑크'의 인기는 가히 폭발적이다. 한국콘텐츠진흥원은 2021년 11월 태국에 마케터를 파견하여 해외 거점사무소를 설립하였다. 이로써 인도네시아, 베트남, 태국 등 동남아시아에서 3개의 거점사무소가 설립되었다.[192]

한편 중동의 문화콘텐츠시장은 아직 미성숙 단계이지만 사우디아라비아 등 주요 국가들은

[190] 문화체육관광부. (2018). 2017콘텐츠산업백서.

[191] 문화체육관광부. (2021). 2020콘텐츠산업백서.

[192] 문화체육관광부·한국콘텐츠진흥원. (2022). 2021콘텐츠산업백서.

탈오일 정책과 문화 개방 정책을 추진하고 있다. 이 외에도 중동 전역에서 문화산업의 급성장 추세, 젊은 인구 구성 등을 감안하면 향후의 시장 성장 잠재력은 매우 크다. 이에 한국콘텐츠진흥원은 중동지역의 콘텐츠 비즈니스 활성화 및 저변 확대를 위하여 2016년 3월부터 UAE의 아부다비에 해외 거점사무소를 운영하기 시작하였으나 2022년 4월에는 중동의 콘텐츠 비즈니스 지원 거점을 두바이로 이전하고 UAE 비즈니스센터를 새롭게 개설하였다. UAE 비즈니스센터는 이슬람권인 서남아시아부터 북아프리카로 이어지는 중동지역을 대상으로 한국문화콘텐츠 기업의 비즈니스 활동을 지원하고 있다. 두바이 비즈니스센터는 2022년에 두바이에서 개최한 Dubai Entertainment Amusement & Leisure(DEAL)와 사우디 아라비아에서 개최한 Saudi Entertainment Amusement(SEA) Expo 등의 콘텐츠마켓에 한국 기업의 참가를 지원하였다. 그리고 한국문화콘텐츠박람회인 'KCON 2022사우디아라비아' 개최를 지원하는 등 중동지역에서의 한국 콘텐츠에 대한 홍보마케팅을 활발히 전개하였다.

한국콘텐츠진흥원은 러시아에 마케터 사무소를 운영하고 있다. 당초 거점 사무소를 설립하려고 하였으나 러시아·우크라이나 전쟁으로 불확실한 상황에서 한국콘텐츠진흥원은 마케터를 모스크바의 한국문화원에 입주시켜 러시아 지역의 콘텐츠산업 비즈니스를 지원하고 있다.[193]

<표 5-23>에서 보듯이 2023년부터는 해외 거점사무소 운영 예산이 크게 증가하였다. 이는 전 세계 문화산업의 전략적 거점 지역에 한국콘텐츠진흥원 해외 사무소를 추가로 설립하여 현지의 시장정보 제공, 전문가 네트워크 구축, 한국 콘텐츠기업의 현지 진출 지원, 스마트 오피스 제공 등을 지원하기 위함이다. 2025년 5월 현재 한국콘텐츠진흥원은 전 세계 24개 지역의 해외 비즈니스센터와 1개의 마케터 사무소를 운영하고 있다.

3 관련 및 지원산업 발전

1) 실감형 콘텐츠산업 육성

실감형 콘텐츠산업은 가상현실 콘텐츠산업이 확장된 개념이다. 문화체육관광부는 2016년에 미래창조과학부, 산업통상자원부 등과 합동으로 융복합 신산업으로서 가상현실산업 육성방안을 수립하여 대통령에게 보고하였다. 이를 계기로 문화체육관광부는 2017년 예산에 '가상현실 콘텐츠 육성'을 처음으로 반영하였다. 이후 관련 예산도 큰 폭으로 증가하였다. 2019년까지는 '가상현실 콘텐츠 육성'으로 예산이 편성되었으나 2020년부터는 '실감형 콘텐츠산업 육성'으로 변경되었다. 그리고 윤석열 정부 시기인 2024년부터는 '신기술 융합 콘텐츠산업 육성'으로 예

193 문화체육관광부·한국콘텐츠진흥원. (2023). 2022콘텐츠산업백서.

산이 편성되었다.

실감형 콘텐츠는 문화예술, 문화재, 스포츠, 관광, 재난 훈련 등 다양한 분야에서 실감형 고화질 애니메이션으로 제작되는 경우가 많다. 아직 민간의 시장이 형성되지 않은 상태이므로 관련 기술의 개발 및 시장 형성을 정부가 유도하는 초기 단계이다. 실감형 콘텐츠산업에 사용되는 영상기술은 영화, 게임, 애니메이션 등 다양한 문화산업에 응용할 수 있는 문화기술이다. 실감형 콘텐츠산업은 애니메이션과 같은 영상산업의 하나로 분류할 수도 있지만 가상현실 및 증강현실을 활용한 미래의 영상콘텐츠산업 발전을 위한 선도적 투자 지원의 성격을 갖고 있다. 2019년 9월에 문화체육관광부가 발표한 콘텐츠산업 3대 혁신 전략 중 두번째 전략은 선도형 실감 콘텐츠를 육성하여 미래의 성장동력을 확보한다고 밝히고 있다. 이러한 점을 감안하여 실감형 콘텐츠산업은 별도의 장르로 분류하지 않고 문화산업의 관련 및 지원산업에 포함하였다. 실감형 콘텐츠산업이 성공하기 위해서는 단순한 실감형 기술을 콘텐츠로 보여주는 것에 그치지 않고 창의적 아이디어와 감동적 스토리를 실감형 콘텐츠로 제작해야 한다.

<표 5-26>에서 보듯이 '실감형 콘텐츠산업 육성'은 다양한 '실감형 콘텐츠 제작 지원'이 예산의 대부분을 차지하고 있다. 그리고 '실감형 콘텐츠 창작자 양성' 및 '실감형 콘텐츠 향유 체험관 조성'도 실감형 콘텐츠산업 육성에 포함되어 있다. <표 5-26>의 '5G 실감형 광화문 프로젝트 지원'은 2020년 본예산에 400억 원이 반영되었으나 추가경정예산에서 140억 원이 감액되어 260억 원으로 조정된 것이다. 그리고 2022년의 경우에는 행정 예산이 소액 감액되었다. 2020년 및 2022년의 경우 추가경정예산을 반영하였다.

① 실감형 콘텐츠 육성 인프라 구축 운영

실감형 콘텐츠 육성 인프라 구축 운영은 <표 5-26>의 '실감형 콘텐츠 종합지원센터'와 '융복합 특수영상 콘텐츠 클러스터'의 구축을 포함한다. '실감형 콘텐츠 종합지원센터'는 고양시에 조성한 뉴콘텐츠센터이다. 그리고 '융복합 특수영상 콘텐츠 클러스터'는 대전시에 조성한 방송영상 스튜디오 큐브와 연계하여 구축한다. 뉴콘텐츠센터는 가상·증강현실 등 실감형 콘텐츠의 기획, 제작, 연구개발 등을 지원하는 인프라로서 2017년부터 경기도 고양시의 빛마루방송지원센터에 조성하기 시작하였다. 이는 창업 초기의 국내 실감형 콘텐츠 제작사를 대상으로 입주공간, 공동 장비 및 테스트룸 등을 제공하고 실감형 콘텐츠의 기획, 제작, 유통의 가치사슬 전반을 지원하는 인프라이다. 고양시에 조성한 뉴콘텐츠센터는 2022년에 서울의 강남으로 확장, 이전하여 지속적으로 운영하고 있다.

한편 '융복합 특수영상 콘텐츠 클러스터 구축'은 대전의 스튜디오 큐브와 연계하여 특수영상 제작·체험·인력 양성 관련 집약형 특수영상 인프라 설비를 조성하는 사업이며 2022년에 설계용역비 30억 원이 반영된 이후 2024년부터 설비 투자 및 시공을 추진하고 있다.

<표 5-26> 실감형 콘텐츠산업 육성 정부예산 현황[194]

구분(단위: 백만 원)	2017	2018	2019	2020추경	2021	2022추경	2023	2024	2025
1. 실감형 콘텐츠 인프라 구축 운영									
1) 실감형 콘텐츠 종합지원센터 구축 운영	1,000	2,600	2,450	1,500	4,465	4,465	4,465	3,500	3,500
2) 융복합 특수영상 콘텐츠 클러스터 구축						3,000		1,140	12,870
2. 실감형 콘텐츠 창작자 양성				2,000	7,000	7,000			
3. 실감형 콘텐츠 제작 지원									
1) VR콘텐츠 프런티어 프로젝트 지원	3,500	3,500							
2) 공공활용형 실감형 콘텐츠 제작 지원	3,737		10,000	20,090	13,532	15,654	10,000	5,000	2,000
3) 정읍사공원 실감형 콘텐츠 제작 지원						500			
4) 시장주도형 실감형 콘텐츠 제작 지원	1,000	4,700	8,870	15,300	12,635	8,335	10,000		
5) 5G실감형 광화문 프로젝트(거점 운영) 지원				26,000	14,000	6,400	6,400	5,400	4,000
6) 핵심 IP활용 5G 위치 기반 실감서비스 개발					3,600	6,000			
7) 인공지능 콘텐츠 제작 지원								9,200	8,000
4. 실감형 콘텐츠 활성화									
1) 실감형 콘텐츠 체험관 운영	1,800		4,090						
2) 지자체 실감형 콘텐츠 체험관 조성								500	500
3) 장애인 대상 실감형 콘텐츠 체험관 조성				2,000	2,400	2,400	3,400	2,100	2,700
4) 실감형 콘텐츠 사업화 지원		1,087	707	2,034	2,920	2,004	2,004		
5) 해외 체험관 조성 및 글로벌 페스티벌 개최				4,000	2,000	2,000	4,000	3,000	3,500
5. 실감형 콘텐츠 관련 정책 연구							200	200	
6. 행정	14	14	8	31	29	28	119	91	80
계	11,050	11,900	26,125	72,955	62,581	57,786	40,588	30,131	37,150

194 연도별 문화체육관광부 예산각목명세서 참조

② 실감형 콘텐츠 창작자 양성[195]

'실감형 콘텐츠 창작자 양성'은 <표 5-26>에서 보듯이 2020년에 신규사업으로 반영되었다. 이는 실감형 콘텐츠 분야 산학 연계 프로젝트 기반의 인력 양성 사업이다. 실감형 콘텐츠 산업 현장에 필요한 지식과 역량의 습득을 지원하는 것이 목적이므로 실감형 콘텐츠 산업현장의 전문가가 교육에 참여하여 산업현장 수요 맞춤형 인재 양성을 도모한다. <표 5-27>의 사례에서 보듯이 실감형 콘텐츠 창작자 양성은 관광, 엔터테인먼트, 스포츠, 교육 등 실감 콘텐츠 유망 분야를 대상으로 교육운영기관을 모집하여 지원하였다.

<표 5-27> 2020년 및 2021년의 실감형 콘텐츠 창작자 양성을 위한 산학 콘소시엄 프로젝트

주관기관명	프로젝트명	연도
비비트리	VR을 활용한 체험관광 콘텐츠 창작자 양성	2020
메디치이앤에스	VR·AR을 활용한 교육훈련 실감 콘텐츠 제작 전문가 양성	2020
라이크코퍼레이션	실감형 항공정비훈련 및 항공정비안전교육 콘텐츠 창작자 양성	2020
디지포레	XR 기반 실감형 미래 직업·진로 체험 콘텐츠 제작 인력 양성	2020
일레븐에이엠	5G기반 패션 셀럽 초공간 VR 스트리밍 서비스	2020
메디치이앤에스	XR기술을 활용한 엔터테인먼트 콘텐츠 제작 전문가 양성	2021
라이크코퍼레이션	XR·문화기술 융합형 관광 관련 실감 콘텐츠 창작자 양성	2021
브이리스브이알	원스톱 VR 웹툰 창작자 양성	2021
디지포레	현장수요 기반 차세대 XR콘텐츠 창작자 양성	2021
뉴작	프로젝션맵핑 기반의 문화유산 관광 실감 콘텐츠 창작자 양성	2021
듀코젠	디지털 마이스(MICE) 실감 콘텐츠 창작자 양성	2021

정부는 2021년부터 '인공지능 연계 실감형 콘텐츠 프로젝트 교육'도 지원하였다. 이는 문화 콘텐츠 현장 인력을 인공지능 콘텐츠 분야로 전환을 유도하기 위한 사업이다. <표 5-28>의 사례에서 보듯이 산업현장의 수요를 중심으로 인공지능 연계 콘텐츠 제작 전문인력 양성 프로젝트가 지원 대상이다.

[195] 2020~2021콘텐츠산업백서 참조

<표 5-28> 2021년 인공지능 연계 콘텐츠 창의인재 양성 프로젝트 현황

주관기관명	프로젝트명
툰스퀘어	AI를 활용한 만화, 애니메이션 콘텐츠/플랫폼 프로젝트
포자랩스	아마추어/프로 작가를 위한 인공지능 창작 보조물 웹서비스
동서대 산학협력단	AI접목 리얼타임 엔진 기반의 VR 아이돌을 활용한 메타버스 실감 콘서트 프로젝트
서울예술대 산학협력단	AI기반 메타 퍼포먼스와 게임, 소닉아트 창작 프로젝트 수행을 통한 초학제 융합예술 인재 양성
상명대 산학협력단	스마트 문화예술교육 솔루션 '아르떼 ON+' 프로젝트를 연계한 Arts & Technology MBA 프로그램
위딧	AI기반 웹툰/영상 콘텐츠 창의인재 양성
동서울대 산학협력단	AI기반 K-뷰티 문화콘텐츠 기획 창의인재 양성

③ 실감형 콘텐츠 제작 지원

<표 5-26>에서 보듯이 문화체육관광부는 실감형 콘텐츠 제작을 활성화하기 위하여 i) VR콘텐츠 프론티어 프로젝트, ii) 공공활용형 VR콘텐츠, iii) 시장주도형 실감형 콘텐츠 등으로 구분하여 지원하였다. 'VR콘텐츠 프론티어 프로젝트'는 시장성과 수출 가능성이 높은 차세대 실감형 콘텐츠에 대하여 기획, 제작, 유통 등 가치사슬의 모든 단계를 지원하여 성공사례를 창출하기 위한 사업이다. 이를 위해 대기업과 중소기업의 콘소시엄을 통한 실감형 콘텐츠의 기획 제작을 지원하였다.[196]

<표 5-26>에서 보면 2019년부터 '공공활용형 가상현실 콘텐츠 제작 지원' 예산이 크게 증가하였다. 이는 문화 기반 시설의 특성을 살린 실감형 콘텐츠를 제작하고 국민들이 이를 체험할 수 있도록 지원하는 사업이다. 국립중앙도서관, 국립극장, 국립중앙박물관 등의 다양한 문화 기반 시설은 각각의 기관이 소장하고 있는 유물 및 고유의 콘텐츠를 실감형으로 제작하고 방문객이 체험할 수 있는 체험관을 함께 조성하였다. 2022년 예산에 별도로 반영된 '정읍사공원 실감형 콘텐츠 제작 지원'도 공공활용형 가상현실 콘텐츠 제작 지원'의 유형으로 볼 수 있다. 공공기관의 문화자원을 실감형으로 제작함으로써 실감형 콘텐츠 산업의 시장 형성을 지원하는 의미가 있다.

'시장주도형 실감형 콘텐츠 제작 지원'은 가상·증강·혼합현실 등 다양한 기술적 트렌드를 반영한 실감형 콘텐츠의 제작을 지원하는 사업으로 문화, 체육, 관광 등 다양한 분야의 우수 실감 콘텐츠 기획안을 발굴하여 지원함으로써 실감형 콘텐츠 시장의 활성화 유도를 목적으로 한다. 2019년에는 20개 과제를 대상으로 과제당 5억 원 내외의 예산을 지원한 바 있다. 그중에

196 문화체육관광부. (2019). 2018콘텐츠산업백서.

서 가상현실 스포츠 교실을 설계한 'TCOACH2'는 전국의 학교, 체험관, 테마파크 등에 유통되었고, K-팝을 활용한 VR노래방인 'K-POP VRZON'은 전국 노래방에 다수가 설치되어 상당한 규모의 매출을 거두었다.[197]

2020년에는 실감형 콘텐츠기업의 성장 단계에 따라 글로벌형과 중소형으로 구분하여 글로벌형 (7개 과제)은 9억 원까지, 중소형(10개 과제)은 3억 원 이내의 예산을 지원하였다. 2020년 지원 대상 과제 중 제주에 조성된 실감형 미디어아트 체험관 '아르떼뮤지엄'은 2020년 말 기준 17만명이 넘는 관람객을 유치한 바 있다.[198]

2021년에는 '혼합현실 몰입형 실감 콘텐츠 공연', '통영 오광대 탈춤을 활용한 실감형 마당놀이 공연', '360도 실감형 돔 애니메이션 콘텐츠' 등 한국의 역사, 문화, 지리, 관광 등을 소재로 하는 12개 실감형 콘텐츠 제작 과제를 지원하였다.[199]

2022년에는 온·오프라인 통합 기반의 'Immersive NFT Art', AI와 어트랙션을 연계한 '몰입형 신기술융합미디어 체험관 구축', 'VR영화 소녀램프 라디오' 등 다양한 소재의 융복합 실감형 콘텐츠 제작을 지원하였다.[200]

④ 5G 실감형 광화문 프로젝트

'5G 실감형 광화문 프로젝트'는 한국의 역사, 문화, 관광 자원이 집약된 공간인 광화문 일대를 중심으로 다양한 실감형 콘텐츠를 제작하고 이의 체험 공간 조성을 지원하는 사업으로 2020년에 착수하여 2021년 말부터 순차적으로 공개하였다. 동 프로젝트는 아나몰픽 미디어 아트, 5G기반 영상 콘텐츠, 홀로그램 정보 콘텐츠, 혼합현실 콘텐츠, 실시간 확장현실 공연 등의 실감형 콘텐츠를 제작하고 광화문 일대의 다양한 공간에 체험공간을 조성하여 최첨단 실감형 콘텐츠기술을 선보였다.[201] '5G 실감형 광화문 프로젝트'는 '실감형 콘텐츠 육성' 사업 중에서 단일 프로젝트로는 가장 규모가 큰 사업이다.

⑤ 핵심 IP 활용 5G 위치 기반 실감 서비스 개발

'핵심 IP활용 5G 위치 기반 실감 서비스 개발'은 문화산업 분야 주요 IP를 소재로 5세대 이동통신 기술을 접목하여 위치 기반의 실감형 콘텐츠로 개발하는 것을 지원하는 사업이다. 2021년에는 메타버스 홍대 인디밴드 공연 및 팬 미팅 콘텐츠 제작, 가상공간 기술을 활용한 글로벌 실감형 뮤지컬 콘텐츠 제작 등 6개 과제를 선정하여 지원한 바 있다.[202] 2022년에는 글로벌 인

197 문화체육관광부. (2020). 2019콘텐츠산업백서.

198 문화체육관광부. (2021). 2020콘텐츠산업백서.

199 문화체육관광부·한국콘텐츠진흥원. (2022). 2021콘텐츠산업백서.

200 문화체육관광부·한국콘텐츠진흥원. (2023). 2022콘텐츠산업백서.

201 문화체육관광부·한국콘텐츠진흥원. (2022). 2021콘텐츠산업백서.

202 문화체육관광부·한국콘텐츠진흥원. (2022). 2021콘텐츠산업백서.

기 IP인 '미니특공대'를 활용한 메타버스 기반 XR라이딩 게임, 카카오 친구인 '라이언' IP를 활용한 라이언 홀리데이 인 부산, '뾰족뾰족 포크가족' IP를 활용한 가상·증강현실 테마파크 등 다수의 유명 IP를 활용한 실감형 콘텐츠 제작 프로젝트를 지원하였다.[203]

⑥ 인공지능 콘텐츠 제작 지원

코로나19를 계기로 사회 전 분야의 디지털 전환은 더욱 가속화되었다. 특히 챗GPT와 같은 인공지능 기술을 콘텐츠산업에 활용하는 사례가 급증하였다. 문화체육관광부의 예산각목명세서도 이를 반영하여 2024년부터는 실감형 콘텐츠 제작 지원사업을 인공지능 콘텐츠 제작 지원사업으로 개편하였다. 이는 AI가 활성화되는 시대로 전환됨을 감안하여 모션 캡처, 공간 인식, 생체 인식, 디지털 휴먼 등 AI기술과 융합된 콘텐츠 제작 및 국내외 시장 확대를 지원하는 사업이다.

이중 디지털 휴먼 콘텐츠는 사이버 AI아이돌 콘텐츠, AI디에이징 콘텐츠, AI세대 복원 콘텐츠 등 AI기술을 활용한 가상의 인간이 주인공이 되거나 AI를 활용하여 생성한 과거, 현재, 미래의 디지털 인간이 주인공이 되는 콘텐츠이다. 인공지능 콘텐츠 제작 지원은 AI기술을 통해 음악, 게임, 영상 등 문화콘텐츠와 음식, 화장품 등 이종산업의 연계 콘텐츠 제작도 포함하고 있다. 그리고 국내 음악 및 웹툰 등 우수 IP를 토대로 AI 기술을 활용한 숏 폼 콘텐츠 제작 지원사업도 포함한다. 이 외에도 인공지능 콘텐츠의 활성화를 위한 전시회 및 페스티벌 개최 지원 예산도 포함하고 있다.

⑦ 실감형 콘텐츠 향유 체험관 조성

'실감형 콘텐츠 향유 체험관'은 박물관, 미술관, 도서관 등 문화 기반 시설에 주로 조성되었다. 정부는 이들 공공기관이 보유하고 있는 한국을 대표하는 문화자원을 소재로 활용하여 실감형 콘텐츠를 제작하고 이를 국민들에게 체험하도록 제공하는 것을 적극 지원하였다. 이 외에도 정부는 실감형 콘텐츠 체험관을 지방자치단체, 장애인을 위한 특수학교는 물론 해외까지 설치함으로써 실감형 콘텐츠산업의 국내외 시장 확대를 지원하였다.

2017년에는 본예산 18억 원과 추경예산 30억 원을 활용하여 서울, 인천, 경주, 울산, 제주 등에 7개의 실감형 콘텐츠 체험관을 조성한 바 있다. 이후 2019년부터 지속적으로 '실감형 콘텐츠 향유 체험관 조성' 지원 예산을 편성하였다. 2019년에는 권역별 거점 국립박물관 4곳에 체험관을 조성하였고, 2020년에는 프랑스 및 베트남 등 해외에서의 실감형 콘텐츠 체험관 조성과 함께 장애인 대상 실감형 콘텐츠 체험관 4개소 조성을 지원하였다. <표 5-26>에서 보듯이 2023년부터는 장애인 대상 실감형 콘텐츠 체험관 조성 예산이 더욱 확대되었다.

203 문화체육관광부·한국콘텐츠진흥원. (2023). 2022콘텐츠산업백서.

한편 2024년에는 지역의 미래 미디어 실증 및 영상관 조성을 위한 설계비 예산이 반영되었다. 그리고 2025년에는 충남 홍성군에 충남 주민 및 관광객을 위한 디지털 콘텐츠 전시 체험공간 구축을 지원하는 예산이 'K-락 디지털 스페이스 조성'이라는 사업으로 반영된 바 있다.

⑧ 실감형 콘텐츠 사업화 및 해외 진출 지원

<표 5-26>에서 보듯이 2018년부터는 실감형 콘텐츠의 사업화를 지원하는 예산이 반영되었다. 이는 가상·증강·혼합현실 및 인공지능을 활용한 실감형 콘텐츠의 사업화를 통해 국내외 수요 창출과 저변확대를 지원하는 사업이다.

문화체육관광부는 실감형 콘텐츠의 해외 진출 및 사업화를 지원하기 위하여 중국에서 개최된 2018세계VR산업대회에 한국공동관을 조성하고 15개의 우수 가상현실 콘텐츠 제작사의 참가 및 비즈니스 상담을 지원한 바 있다. 한편 2018베니스 국제영화제 VR경쟁부문에 출품하여 베스트 VR경험상을 수상한 바도 있다.[204] 2020년 및 2021년에는 코로나 확산으로 인하여 온라인을 통한 실감형 콘텐츠의 사업화를 지원하였다.

이와 같이 실감형 콘텐츠의 사업화 지원은 미주, 유럽, 중국, 동남아시아 등 해외에서 개최되는 실감형 콘텐츠 관련 마켓 참가와 이를 위한 번역, 재제작, 홍보마케팅 등을 지원하였다. 그리고 국내에서의 실감형 콘텐츠산업 생태계 기반을 조성하기 위한 트레일러 영상 제작, 조사연구 및 포럼 개최 등을 통해 저변확대를 지원하였다. 이 외에도 정부는 실감형 콘텐츠 글로벌 페스티벌 개최를 통해 실감형 콘텐츠의 해외 홍보마케팅을 지원하였다.

2023년부터는 실감형 콘텐츠산업 관련 홍보마케팅과 글로벌 페스티벌 개최를 지원하는 예산이 확대되었다. 문화체육관광부는 사우디아라비아의 SEA EXPO, 미국의 SXSW 등 문화콘텐츠 관련 해외 마켓에서 한국공동관을 조성하여 실감형 콘텐츠 관련 B2B 비즈니스 매칭이 이루어질 수 있도록 지원하는 것은 물론 영국, 스웨덴, 일본, 캐나다 등 해외에서의 글로벌 실감형 콘텐츠 페스티벌 개최도 지원하였다.

2) 이야기산업 활성화

문재인 정부 문화체육관광부의 이야기산업 활성화 예산은 박근혜 정부에 비하여 줄었는데 이는 충북 제천에 조성하는 '스토리 창작 클러스터' 사업이 완료되었기 때문이다. <표 5-29>의 이야기산업 활성화 세부사업은 대부분 계속사업이며 윤석열 정부에서도 지속적으로 지원하였다.

[204] 문화체육관광부. (2019). 2018콘텐츠산업백서.

<표 5-29> 문화체육관광부의 이야기산업 활성화 예산 현황[205]

구분(단위: 백만 원)	2018	2019	2020	2021	2022	2023	2024	2025
1. 글로벌 스토리 발굴	2,400	1,900	900	900	900	900	900	900
2. 스토리텔러 양성	1,900	1,477	2,100	2,100	1,800	1,185	1,245	700
3. 스토리 사업화 지원	1,721	2,030						
4. 국내외 스토리 유통 지원	300	1,300	2,615	2,078	3,060	3,097	2,632	2,697
5. 행정	28	23	23	23	23	23	23	23
계	6,349	6,730	5,638	5,101	5,783	5,205	4,800	4,320

‘글로벌 스토리 발굴’은 대한민국 스토리 공모대전이 중요한 역할을 수행한다. 2009년 처음으로 개최하였던 대한민국 스토리 공모대전은 우수 스토리와 창작자를 발굴하는 사업으로 영화, 드라마, 애니메이션, 공연, 만화, 출판 등 다양한 장르의 콘텐츠로 활용 가능한 원천스토리를 발굴하여 시상해왔다. 2022년까지 14회에 걸쳐 총 210편의 공모전 수상작이 배출되었다. 한국콘텐츠진흥원은 공모전 수상작들을 스토리 유통 플랫폼인 스토리움에 공개함으로써 사업화는 물론 유통까지 다양한 지원을 한다.

‘스토리텔러 양성’은 빛마루방송지원센터에 조성한 ‘스토리 창작센터 운영’ 등을 통한 ‘신진 스토리작가 양성’ 사업이다. ‘스토리텔러 양성’은 스토리 매니지먼트 전문인력 양성 사업도 포함하고 있다. 스토리 매니지먼트 전문인력은 스토리의 사업화를 위해 중개 역할을 하는 스토리 에이전트이다.

‘스토리 사업화 및 국내외 국내외 유통 지원’은 스토리 유통 플랫폼인 ‘스토리움’의 활성화와 국산 스토리의 국내외 유통을 촉진하는 다양한 사업으로 구성되어 있다. 특히 2018년부터는 국산 스토리의 해외 진출을 지원하는 예산도 편성하였다. 한편 ‘스토리 사업화 지원’은 2020년부터 ‘국내외 스토리 유통 지원’ 예산에 통합되었다. ‘국내외 스토리 유통 지원’은 스토리 유통 플랫폼인 스토리움 운영뿐 아니라 스토리의 사업화를 위한 피칭행사 지원을 포함하고 있다.

3) 대중문화예술산업 지원

‘대중문화예술산업 지원’은 대중문화예술인 종합지원프로그램 운영 지원 명목으로 이명박 정부 시기인 2011년 예산에 반영되기 시작하였다. 당시에는 ‘대중문화예술인 대상 교육 및 상담 프로그램 운영’, ‘장르별 DB구축 및 실태조사’ 관련 예산이 중심이었지만 대중문화예술인지원센터를 설립하고 건강한 대중문화예술산업 생태계 조성을 위한 정부의 노력이 시작되었다는 점에서 의미가 있다. ‘대중문화예술산업 지원’은 박근혜 정부 시기부터 ‘대중문화예술지원센터

[205] 연도별 문화체육관광부 예산각목명세서 참조

운영', '대중문화예술인 종합지원프로그램 운영', '실버 문화 육성', '대중문화예술인 포상' 등을 세부사업으로 편성하고 보다 체계화되었다.

문재인 정부의 '대중문화예술산업 지원'은 <표 5-30>에서 보듯이 2019년부터 세부사업을 통합하여 예산을 보다 단순하게 조정하였다. 세부사업 중 '대중문화예술지원센터 운영'은 계속사업이면서 대표적 사업이다. 대중문화예술지원센터는 대중문화예술 기획업 등록제 운영 지원과 종사경력 증명서 발급, 대중문화예술 기획업자에 대한 교육, 대중문화예술인 및 대중문화예술 기획업 종사자에 대한 법률 상담 등의 업무를 수행한다. 대중문화예술산업발전법은 2014년 제정 당시 대중문화예술 기획업 등록요건을 해당 업계 종사 경력 4년 이상으로 규정하였으나 2018년에 2년 이상으로 완화하였다. 그리고 종사 경력이 없더라도 소정의 교육을 이수하면 등록할 수 있도록 진입장벽도 낮추었다. 이로 인해 대중문화예술 기획업 진입이 수월해졌고 대중문화예술지원센터의 등록, 교육, 상담 관련 업무가 더욱 활성화되었다. <표 5-30>에서 보듯이 2021년부터는 대중문화예술지원센터 운영 예산이 이전보다 크게 증가하였다.

<표 5-30>의 '원로 대중문화예술인 활동 지원'은 2018년까지의 대중문화예술인 종합지원프로그램과 거의 유사한 사업이다. 이는 원로 가수, 코미디언, 연기자 등의 낭만콘서트 공연을 지원하는 사업이다. 공연은 대중문화 공연을 접하기 어려운 지역 중심으로 개최하였다.

한편 <표 5-30>의 '대중문화예술인 지원'은 '대중문화예술대상' 및 '코리아스태프어워즈' 등 대중문화예술 시상식 운영 예산을 포함하고 있다. '대중문화예술인 지원'은 이 외에도 신규사업으로 대중문화예술인의 역량 강화 교육 예산도 포함하고 있다. 대중문화예술인 역량 강화를 위한 교육은 기존의 경쟁 중심의 교육 및 데뷔 시스템에 대한 대안으로 인성을 갖춘 역량 있는 대중문화예술인 양성을 지원하기 위해 2019년부터 예산에 반영되었다. 대중문화예술지원센터는 가수, 코미디언, 성우, 연기자 등 분야별 대중문화예술인을 대상으로 이론과 실기, 인성 및 윤리, 심화교육 등의 교육과정을 운영하였다. 그리고 급변하는 대중문화예술 제작환경에 대응할 수 있도록 제작 스태프 역량강화 교육과정도 운영하였다.[206]

4) 건전한 콘텐츠 제작 및 이용 환경 조성

<표 5-3>의 '건전한 콘텐츠 제작 및 이용 환경 조성'은 콘텐츠산업의 공정 상생 환경 조성을 지원하는 사업이다. 이는 i) 건전한 콘텐츠 이용 환경 조성, ii) 콘텐츠 제작현장의 공정 상생 환경 조성, iii) 콘텐츠 일자리 체질 개선 등의 세부사업으로 구성되어 있다. '건전한 콘텐츠 이용 환경 조성'은 계속사업이며 콘텐츠 분쟁을 사전에 예방하고 조정함으로써 이용자 보호를 지원하는 사업이다.

[206] 문화체육관광부. (2020). 2019콘텐츠산업백서.

<표 5-30> 문화체육관광부의 대중문화예술산업 지원 예산 현황[207]

구분(단위: 백만 원)	2018	2019	2020	2021	2022	2023	2024	2025
1. 대중문화예술지원센터 운영	1,493	1,493	1,493	2,734	3,234	2,867	2,500	1,700
2. 대중문화예술인 종합지원프로그램 운영	290							
3. 원로 대중예술인 활동 지원		393	393	393	393	393	393	393
4. 대한민국 대중문화예술대상	250							
5. 코리아스태프어워즈	200							
6. 대중문화예술인 지원		1,025	1,302	1,466	1,466	1,778	1,466	1,466
7. 실버 문화 육성	2,200							
8. 계	4,433	2,911	3,188	4,593	5,093	5,038	4,359	3,559

그 외의 '콘텐츠 공정 상생 환경 조성' 및 '콘텐츠 일자리 체질 개선'은 문재인 정부 시기에 추가된 신규사업이다. 그러므로 <표 5-3>에서 보듯이 '건전한 콘텐츠 제작 및 이용 환경 조성' 예산은 박근혜 정부 시기보다 다소 증액되었다.

문화체육관광부는 '콘텐츠 제작 현장의 공정 상생 환경 조성'을 위하여 콘텐츠공정상생센터('18.4.), 성평등센터 '보라'('18.3.), 한국영화성평등센터 '든든'('18.3.) 등을 개설하고 콘텐츠산업 내 불공정 관행의 개선과 성 평등 문화 확립을 추진하였다. 특히 콘텐츠공정상생센터는 단순히 불공정 행위에 대한 신고 및 상담에 그치는 것이 아니라 법률 컨설팅, 공정 환경 연구, 공정상생협의체 운영 등 콘텐츠산업의 공정 환경 조성을 위한 적극적 기능을 수행하였다.[208]

'콘텐츠 일자리 체질 개선'은 2019년 예산부터 반영되었다. 문재인 정부는 주 52시간 근무제를 도입하여 산업현장에서의 근무환경 변화를 유도하였다. '콘텐츠 일자리 체질 개선'은 콘텐츠산업의 고용체질 개선을 통한 안정된 일자리 환경을 조성하는 사업이다. 이를 위해 문화체육관광부는 콘텐츠산업에서의 노동시간 단축의 영향을 분석하는 조사연구와 콘텐츠 장르별 표준제작비 기준을 마련하는 연구사업 등을 지원하였다.

207 연도별 문화체육관광부 예산각목명세서 참조

208 문화체육관광부. (2019). 2018콘텐츠산업백서.

제4절 문화산업 장르별 국가경쟁우위 향상 지원

<표 5-31>에서 보는 바와 같이 문재인 정부 및 윤석열 정부 문화체육관광부의 장르별 예산의 점유율을 비교해보면 영화의 점유율은 이전보다 다소 낮아지고 게임, 방송영상산업, 음악산업의 비중이 상대적으로 높아졌음을 알 수 있다. 당연히 게임, 방송영상산업, 음악산업 분야의 예산은 증가하였다. 특히 방송영상산업 분야의 예산은 큰 폭으로 증가하였다.

한편 정부는 코로나19의 전 세계적 확산으로 인한 경제위기를 극복하기 위하여 2020년에는 4차례의 추가경정예산 편성하였다. 그리고 2021년 및 2022년에는 2회의 추가경정예산 편성을 통해 본예산을 변경하였다. 추가경정예산은 코로나 장기화로 인하여 집행이 어려운 사업은 취소 또는 감액하고 경제위기 극복에 도움이 되는 실행 가능한 사업은 신설 또는 증액하였다. <표 5-31>에서 보듯이 2020년부터 2022 년까지는 추가경정예산으로 수정된 예산을 반영하였다.

박근혜 정부는 장르별 해외 진출 지원 예산을 문화콘텐츠 국제 협력 및 수출 기반 조성 부문에서 편성하였으나 문재인 정부는 각각의 장르별 육성 예산에 해외 진출 지원 예산을 포함하여 편성하였다. 이 책은 장르별로 구분되는 해외 진출 지원 예산은 해당 장르의 육성을 위한 지원 예산에 포함하여 편집함으로써 분석의 일관성을 기하였다.

1 영화산업

문화산업 장르 중 영화와 언론 분야는 국고에 의한 정부예산 외에도 산업을 지원하는 별도의 기금이 존재한다. 특히 영화의 경우는 영화관 입장료에 부과하는 부가금을 활용하여 영화발전기금을 조성하고 있기 때문에 정부는 영화 관련 산업적 지원을 위해서 주로 영화발전기금을 활용한다. 그리고 국고 일반회계는 주로 영화산업의 인프라 구축 및 공공기관 운영을 지원하였다. 다만 코로나19로 인해 대면 경제의 특성이 강한 영화산업이 커다란 피해를 입었던 시기에는 정부는 추가경정예산을 편성하여 정부예산으로 영화산업의 피해 극복을 적극 지원하였다.

<표 5-31> 문화체육관광부의 문화산업 장르별 지원 예산 현황[209]

구분(단위: 백만 원)	2018	2019	2020추경	2021추경	2022추경	2023	2024	2025	계	점유율
영화산업(일반회계)	16,606	19,686	17,819	21,138	84,720	29,826	52,957	64,588	307,340	7.52%
영화발전기금	65,914	76,835	130,248	145,335	110,016	85,086	58,966	68,755	741,155	18.13%
게임산업	64,345	72,968	74,443	95,243	93,016	94,730	98,091	101,607	694,443	16.99%
음악산업	8,304	13,170	17,841	75,270	59,382	36,796	34,046	30,237	275,046	6.73%
만화산업	12,630	21,053	17,010	21,090	22,776	23,941	24,976	29,524	173,000	4.23%
애니메이션산업	13,044	14,305	19,216	16,840	18,517	24,864	46,522	29,869	183,177	4.48%
캐릭터산업	9,309	9,383	9,284	8,406	7,923	8,995	9,033	8,323	70,656	1.73%
패션문화산업	7,565	10,465	7,438	8,908	9,331	8,418	8,664	8,664	69,453	1.70%
미디어산업	35,497	35,370	34,070	34,950	35,005	29,776	6,550	6,926	218,144	5.34%
지역신문발전기금	8,308	7,743	9,252	9,291	8,839	8,813	8,806	8,807	69,859	1.71%
언론진흥기금	23,132	22,689	22,791	21,193	21,320	20,414	19,201	21,086	171,826	4.20%
방송영상산업	22,497	31,666	46,946	67,106	84,170	141,765	134,049	131,503	659,702	16.14%
출판산업	53,468	52,006	53,447	55,117	61,226	62,395	56,163	60,118	453,940	11.10%
계	340,619	387,339	459,805	579,887	616,241	575,819	558,016	569,999	4,087,741	100.00%

209 연도별 예산각목명세서 및 추가경정 예산각목명세서, 기금운용계획 각목명세서 참조, 재구성. 연도별 영화발전기금 및 지역신문발전기금 예산을 장르별 지원 예산에 반영하기 때문에 중복을 피하고자 일반회계에 반영된 영화발전기금 및 지역신문발전기금 출연금은 장르별 지원 예산에서 제외

1) 영화산업 육성 정부예산 현황

<표 5-32>에서 보듯이 2022년의 경우 코로나19의 장기화에 따른 영화현장의 피해 극복과 일자리 창출을 지원하기 위하여 비교적 큰 규모의 추가경정예산을 편성한 것이 특징이다. 그리고 코로나19의 장기화로 영화발전기금 수입이 급감하여 2023년부터는 국고에서 영화발전기금에 대한 출연금 및 투자 지원 예산을 편성하였기 때문에 영화산업에 대한 정부예산 규모가 커졌다.

① 요소조건 고도화

<표 5-32>에서 영화산업의 요소조건 고도화를 지원하는 사업 중 영화산업의 인프라인 한국영상자료원에 대한 지원은 계속사업이지만 나머지는 대부분 신규사업이다.

가. 영상 콘텐츠 소스 데이터 공유 기반 구축

<표 5-32>의 '영상콘텐츠 소스 데이터 공유 기반 구축'은 영화 제작에 필요한 다양한 특수효과 소스 데이터의 공유 기반을 구축하는 사업이다. 이는 한국영상자료원이 사업주체이며 2021년 예산에 반영되기 시작하였다. 영화 제작 시 존재하지 않는 영상이나 촬영하기 어려운 장면은 컴퓨터그래픽 기술을 활용하여 특수효과(VFX)를 통해서 제작한다. 제작사마다 특수효과 소스 데이터를 개별적으로 해외에서 구입하거나 따로 수집하기에는 많은 비용과 어려움이 있음을 감안하여 정부가 소스 데이터 관련 공동 인프라 구축을 지원하는 것이다.

나. 지역 영상산업 인프라 조성

부산에는 부산국제영화제 전용 극장으로 2011년에 개관한 '영화의 전당'이 있다. 전주는 2000년부터 독립영화 및 대안영화를 중심으로 전주국제영화제를 발전시켜왔지만 이를 위한 전용 극장은 물론 영상산업 관련 기반 시설이 없었다. 이에 문화체육관광부는 2018년부터 전주를 중심으로 다음과 같은 지역 영상산업 인프라 구축을 지원하였다.

<표 5-32>에서 보듯이 2018년부터 '전주 독립영화의 집 건립' 예산이 반영되었다. '전주 독립영화의 집'에는 전주국제영화제 전용 극장 및 영화 관련 라키비움, 영화 후반제작시설 등이 입주하게 된다. '전주 독립영화의 집'은 공사 진행 중 전주부성 매장문화재가 나오면서 착공이 지연되었으나 문화재 발굴조사 등을 모두 마치고 공사를 재개하였다.[210] '전주 독립영화의 집 건립' 사업은 2020년 코로나19 확산기에 추가경정예산에서 사업비가 삭감되기도 하였지만 2021년부터는 지속적으로 예산이 반영되었다.

[210] 김태경. (2024.1.22.). 6년만에 착공 앞둔 '전주 독립영화의 집' 행정절차 속도. 전북일보.

<표 5-32> 문화체육관광부의 영화산업 진흥 정부예산 현황[211]

구분(단위: 백만 원)	2018	2019	2020추경	2021	2022추경	2023	2024	2025	비고
1. 한국영상자료원 지원	11,418	11,410	13,093	13,929	16,500	13,766	14,857	16,005	요소조건
2. 영상콘텐츠 소스 데이터 공유 기반 구축				650	2,500	3,000	1,500	1,500	요소조건
3. 전주 독립영화의 집 건립	500	3,950		1,000	1,000	4,530	400	345	요소조건
4. K필름 제작 기반 및 영상산업 허브 구축				200	500	1,000	3,000	3,500	요소조건
5. 한국형 영화 효과음원 DB 및 플랫폼 구축			700	700	1,700		300	800	요소조건
6. 영화 제작 인력 지원(고용 지원)					11,000				요소조건
7. 모태펀드 영화계정 출자							25,000	35,000	요소조건
8. 지역영상미디어센터 운영	160	160	178	178	178	178			수요조건
9. 부산 월드시네마 상징물 조성	1,250	1,250							수요조건
10. 우수 영상물 외국어자막 제작 지원	260	249	249	249	249	249	249	249	수요조건
11. 아시아 다큐멘터리 프로젝트 마켓 지원	280	280	280	280	280	280	224	224	수요조건
12. 영상물등급위원회 지원	2,605	2,154	3,186	3,819	4,090	6,330	7,289	6,827	수요조건
13. 영화관 인력 지원					30,200				관련/지원
14. 영화관 특별기획전 지원					16,420				관련/지원
15. 정책 연구 및 행정	133	233	133	133	103	493	138	138	전략
16. 영화발전기금 출연*						80,000			
17. 계	16,606	19,686	17,819	21,138	84,720	109,826	52,957	64,588	

211 연도별 예산각목명세서 및 추가경정 예산각목명세서 참조, 재구성.

<표 5-32>의 'K필름 제작 기반 및 영상산업 허브 구축'은 전라북도 전주에 영상산업 제작 기반을 조성하여 영상 거점도시를 육성하는 사업으로 영상산업의 수도권 편중을 해소하고 균형 있는 영상산업 발전 기반 조성을 지원하는 사업이며 2021년부터 예산이 반영되었다.

한편 '한국형 영화 효과음원 DB및 플랫폼 구축'은 영화 음향 후반제작 시 즉시 활용할 수 있는 효과음원 DB를 공적으로 구축하는 인프라 조성 사업이다. 2022년에는 효과음원 DB 구축 외에도 효과음원 DB의 활용을 위한 플랫폼 구축 및 검색기술 개발을 지원하는 예산 10억 원이 추가되었다.

다. 영화 제작 인력 지원

<표 5-32>의 '영화 제작 인력 지원'은 2022년 추가경정예산에서 반영된 신규사업이다. 코로나19의 장기화로 인하여 영화 제작 감소 및 배급과 상영 지연에 따라 영화업계의 피해는 막대하였다. 영화 제작 지원은 주로 영화발전기금을 사용하였으나 코로나19의 장기화로 영화관 입장료 수입에 의존하는 영화발전기금도 수입이 급감하였다. 이에 정부는 영화산업의 조기 정상화를 지원하기 위하여 국고 일반회계에서 '영화 제작 인력 지원' 예산(110억 원)을 편성하였다. 이는 영화산업의 정상화는 물론 일자리 창출에도 기여하였다.

라. 모태펀드 영화계정 출자 및 영화발전기금 출연

코로나19기간에 정상적 영화 개봉이 어려웠기에 영화발전기금 수입이 크게 줄어들었고 기투자금의 회수도 지연됨에 따라 영화산업에 대한 민간투자가 매우 경색되었다. 이에 정부는 <표 5-32>에서 보듯이 2023년 예산에 영화발전기금 출연금 800억원을 편성하였다. 기금 출연금은 당해연도에 소진하는 자금이 아니므로 <표 5-31>의 장르별 지원 예산에는 제외하였다. 그리고 정부는 위축된 영화산업의 투자 활성화를 지원하기 위하여 정부예산을 활용하여 모태펀드 영화계정에 출자하였다. 그간 영화산업에 대한 투자 지원은 영화발전기금을 활용하였지만 2024년과 2025년 예산에는 정부예산을 투입하였다.

② 수요조건 강화

<표 5-32>의 영화산업의 수요조건 고도화를 지원하는 사업은 대부분 계속사업이다. 지역영상미디어센터는 지역 간 고른 영상문화 향유 여건을 마련하기 위하여 시작된 사업이다. 정부는 지역영상미디어센터의 조성 및 운영을 지속적으로 지원해왔다.

한편 '부산 월드시네마 상징물 조성'은 문재인 정부의 신규사업이다. 이는 부산시가 해운대 영화의 전당 일대에 영화 관련 다양한 상징물과 융복합 문화시설을 조성하는 사업이며 지역관광 활성화를 촉진하는 목적도 갖고 있다.

'우수 영상물 외국어자막 제작 지원'과 '아시아 다큐멘터리 프로젝트 마켓 지원'은 계속사업으로 해외 수요 확충을 지원하는 사업이다. 특히 '아시아 다큐멘터리 프로젝트 마켓 지원'은 다큐멘터리 기획물에 대한 아시아시장에서의 마켓 활성화를 지원하는 사업이다.

영상물등급위원회는 영상물 시청 가능 연령대를 정하기 때문에 영상물의 수요조건 설정에 커다란 영향을 줄 수 있는 공공기관이다. 정부는 영상물등급위원회의 운영을 지속적으로 지원하고 있다.

③ 관련 및 지원산업 육성

코로나19의 장기화로 영화산업은 커다란 피해를 입었는데 그중 영화관의 피해는 더욱 컸다. 문화체육관광부는 <표 5-32>에서 보듯이 2022년 예산에 영화관에 대한 특별 지원 예산을 편성하였다. '영화관 인력 지원'은 코로나 장기화에 따른 영화관 내 방역수칙 안내와 입장객 관리를 위한 인력 운영을 지원하여 영화관이 방역수칙을 지켜가며 운영을 재개할 수 있도록 유도하는 사업이다.

이 외에도 문화체육관광부는 '영화관 특별기획전'을 지원하였다. 이는 전국의 영화관을 대상으로 영화 개봉을 지원하는 사업이다. '영화관 특별기획전' 지원의 결과 코로나로 인하여 개봉이 지연되었던 '이상한 나라의 수학자', '뜨거운 피', '앵커', '니 부모 얼굴이 보고 싶다', '범죄도시 2', '브로커', '마녀2', '헤어질 결심' 등 다수의 한국 영화가 전국의 영화관을 통해 개봉되었다.[212]

2) 영화발전기금을 통한 영화산업 육성

영화발전기금은 코로나19의 확산기인 2020년과 2021년에 추가경정예산을 편성하여 지원 규모를 당초 예산보다 크게 증액하였다. 그러나 2022의 경우에는 기금예산에 큰 변화가 없었다. <표 5-33>은 2020년과 2021년의 영화발전기금 본예산과 수정예산을 비교하여 보여준다. 수정예산은 코로나19의 확산으로 위기에 처한 영화계를 지원하기 위하여 당초의 영화발전기금 운용계획에 대한 자체 조정 및 추가경정예산을 통해 수정된 예산이다. 2020년의 수정예산은 본예산보다 28%가량 증액되었고, 2021년의 경우에는 24% 증액된 수정예산을 편성하였다. 이를 감안하여 2020년과 2021년의 예산은 수정예산을 토대로 설명하고 2022년의 경우는 본예산을 기준으로 설명한다.

<표 5-33>에서 보듯이 2020년 및 2021년에는 영화 유통 지원과 영화정책 지원 항목에서 수정예산의 증액이 크게 발생하였다. 영화 유통 및 영화정책 지원은 다양한 세부사업을 포함하고 있다.

[212] 문화체육관광부. (2023). 2022회계연도 세입세출 및 기금 결산 사업설명자료.

<표 5-33> 2020년 및 2021년의 영화발전기금 본예산과 수정예산의 비교[213]

구분(단위: 천 원)	2020본예산	2020수정	증감	2021본예산	2021수정	증감
1. 영화 제작 지원	35,482,000	36,295,000	813,000	48,198,000	47,639,000	−559,000
2. 영화 유통 지원	22,366,000	25,715,000	3,349,000	22,643,000	35,958,000	13,315,000
3. 영화정책 지원	20,128,000	43,368,000	23,240,000	22,253,000	37,578,000	15,325,000
4. 첨단 영화기술 육성	4,570,000	5,716,000	1,146,000	4,179,000	4,448,000	269,000
5. 영화 기획·개발 지원	5,843,000	6,008,000	165,000	5,841,000	5,791,000	−50,000
6. 영화정보시스템 운영	1,559,000	1,559,000	0	2,152,000	2,152,000	0
7. 기금운영비	11,587,000	11,587,000	0	11,741,000	11,769,000	28,000
계	101,535,000	130,248,000	28,713,000	117,007,000	145,335,000	28,328,000

'영화 유통 지원' 항목은 '다양성 영화 유통 지원', '국내외 영화제 육성', '영화의 해외 진출 지원' 등 기존의 세부사업을 다수 포함한다. 2020년 및 2021년에는 기존의 계속사업 외에도 '영화관 특별기획전' 지원이 포함되었다. 기술한 바와 같이 '영화관 특별기획전' 지원의 경우 2022년에는 국고 일반회계로 지원하였다.

한편 '영화정책 지원' 항목은 '영화 향유권 강화', '영화인력 양성', '영화정책 개발 및 평가', '부과금 관리', '공정 환경 조성', '코로나 특별 지원' 등을 다양한 세부사업을 포함하고 있다. '영화정책 지원'의 세부사업에 신규로 추가된 것은 코로나19에 대응한 '영화관람할인권 구입 지원' 및 '일자리 연계형 온라인 영상물 제작 지원' 등이 있다. 이는 국민의 영화 관람을 지원함과 동시에 코로나로 인하여 커다란 피해를 입은 영화관 및 영화 제작사를 지원하는 사업이다.

영화발전기금 세부사업을 산업의 국가경쟁우위 결정요소 모델에 따라 사업별로 분류하여 정리하면 <표 5-34>와 같다. 비고란의 굵게 처리된 부분은 국외 다이아몬드 관점에서 국가경쟁우위에 영향을 주는 사업을 의미한다.

213 2020 및 2021기금운용계획 각목명세서, 추가경정예산 각목명세서, 결산사업설명서 참조 재구성

<표 5-34> 문화체육관광부의 영화발전기금 예산 현황[214]

구분(단위: 백만 원)	2018	2019	2020추경	2021추경	2022	2023	2024	2025	비고
1. 영화 제작 지원									
1) 영화 제작 지원	9,107	8,098	11,513	11,838	11,024	14,758	7,000	17,000	요소조건
2) 국제 공동제작 지원	2,468	1,213							요소조건
3) 코로나19 대응 온라인 영상물 제작 지원			3,500	3,500					요소조건
4) 투자조합 출자	10,000	8,000	24,000	35,000	35,000	8,000			요소조건
2. 인적자원 육성									
1) 한국영화아카데미 운영	1,945	1,874	6,223	9,500	8,524	8,835	6,218	6,138	요소조건
2) 현장인력 전문성 강화	2,074	1,253	3,209	2,417	1,039	1,030	942	950	요소조건
3) 유공 영화인 지원	100	100							요소조건
3. 지역 영상생태계 기반 구축	400	4,100	5,500	3,150	1,850	1,230			요소조건
4. 첨단 영화기술 육성 (영사기사 자격 검정 포함)	4,256	3,160	5,716	4,448	3,909	2,739	117	117	요소조건
5. 남양주 종합촬영소 운영	2,344	1,937							요소조건
6. 영화 향유권 강화									
1) 영상미디어센터 운영(영화교육 지원)	1,091	759	590	600	600	551	903	903	수요조건
2) 문화소외계층 관람환경 개선	1,705	1,669	1,637	2,927	2,957	2,636	6,391	5,611	수요조건
3) 우리 이야기 영상제작 지원	135	109	77						수요조건
4) 한국영화 100주년 기념사업		1,570							수요조건
5) 국내영화제 육성	631	631	631	631	631	631			수요조건
6) 독립영화제 개최 지원	112	300	300	370	370	370	296		수요조건
7) 영화관람할인권 지원 및 한국영화 캠페인 등			17,820	12,112					수요조건
7. 국제영화제 육성	4,080	5,080	5,150	4,693	4,728	4,628	2,519	3,315	수요조건
8. 해외 진출 지원	4,074	4,895	5,260	6,454	5,499	5,918	5,105	4,366	수요조건
9. 영화 기획·개발 지원	1,518	6,150	6,008	5,791	5,836	6,998	3,725	4,710	관련/지원
10. 영화산업 유통 지원									
1) 다양성 영화 전용관 운영 지원	3,049	3,006	2,979	2,932	3,359	3,279	3,030	3,030	관련/지원
2) 다양성 영화 개봉 및 유통 지원	680	680	2,830	2,830	2,230	2,230	1,482	1,482	관련/지원
3) 독립예술영화 유통배급 종합 지원			2,000	2,000	2,000	1,900	1,710	1,674	관련/지원
4) 온라인시장 활성화	1,980	4,218	3,180	2,629	2,357	2,117	1,656	1,487	관련/지원
5) 코로나19 영화관 특별기획전 지원			4,167	14,220					관련/지원
11. 영화산업 내 공정 환경 조성	571	1,661	1,425	1,343	1,393	1,347	1,113	1,065	관련/지원
12. 아시아영화교류센터 운영		1,750	1,244	361	1,070	370			관련/지원
13. 영화정보시스템 운영									
1) 영화정보웹사이트 운영	386	1,172	800	1,204	899	832	726	771	관련/지원
2) 영화관입장권통합전산망 운영	1,048	1,048	759	948	948	993	993	936	관련/지원
3) 영화 로케이션 지원(관광기금에서 이관)							1,024	896	관련/지원
14. 영화정책 지원									
1) 시장조사 및 정책 연구	693	711	1,287	832	781	781	956	941	전략
2) 남북 영화 교류	0	85	85	65	65				전략
3) 부과금 관리	838	771	771	771	771	771	771	771	전략
15. 영화진흥위원회 운영	10,629	10,835	11,587	11,769	12,176	12,142	12,289	12,592	전략
계	65,914	76,835	130,248	145,335	110,016	85,086	58,966	68,755	

[214] 연도별 기금운용계획 각목명세서 참조, 재구성

① 요소조건 고도화

<표 5-34>에서 영화 제작 지원, 인적자원 육성, 첨단 영화기술 육성, 남양주 종합촬영소 운영 등은 요소조건 고도화를 지원하는 계속사업이다. 남양주 종합촬영소는 매각이 완료되어 2019년까지만 예산이 반영되었다. 2024년과 2025년에는 투자조합 출자를 위한 기금 예산은 반영되지 않았다.

가. 영화 제작 지원

<표 5-34>에서 보는 바와 같이 '영화 제작 지원' 예산은 지속적으로 증가하였다. '영화 제작 지원'은 이전과 마찬가지로 주로 독립·예술영화와 같은 다양성 영화의 제작 및 애니메이션 영화 제작 등을 지원하는 사업이다. 이 외에도 문재인 정부의 '영화 제작 지원'은 '장편 극영화 촬영공간 지원' 사업을 포함하였다. 이는 영화 제작 시 필요한 촬영공간의 임차 및 세트장 제작을 지원하는 사업이다. 아울러 가상현실(VR) 기술을 활용한 영화 제작 활성화를 지원하기 위하여 가상현실(VR) 영화 제작 교육도 '영화 제작 지원'의 세부사업에 포함하였다. 이 외에도 2020년 및 2021년에는코로나19 위기를 극복하기 위하여 추가경정예산을 편성하여 일자리 연계형 숏폼 영상물 등 온라인 영상물 제작을 지원한 바 있다.

<표 5-34>에서 보듯이 2020년부터는 영상전문투자조합을 결성하기 위한 투자조합 출자 예산이 크게 증가하였다. 이는 주로 중·저예산 규모의 다양한 영화에 대한 투자를 지향하였으며 영화 제작 관련 인건비 체불 금지 및 대기업 출자 금지를 원칙으로 설정하여 영화산업의 공정경쟁 환경 조성을 유도하였다. 다만 기술한 바와 같이 2024년부터는 영화발전기금에서 투자조합 출자 예산을 편성하지 않았다. 이는 코로나19 장기화로 인한 영화발전기금 수입금 감소에 기인한다. 문화체육관광부는 일반회계에서 투자 지원 예산을 반영하였다.

한편 '국제 공동제작 지원의 경우는 <표 5-34>에서 보는 바와 같이 2019년까지 반영되었다. 이는 중국 등에서의 코로나 지속과 관계가 깊다. 2019년까지는 중국필름비즈니스센터를 운영하며 국제 공동제작 프로젝트 매칭 행사 개최를 통해 공동제작 지원사업을 계속하였다. 2020년 추가경정예산부터는 코로나 장기화에 따라 공동제작이 어려워진 점을 감안하여 한국영화의 해외 진출을 지원하는 해외 사무소와 주재원 운영을 위한 국제 교류 활성화 지원사업으로 변경되었다. 여기서는 국제 교류 활성화 사업을 해외 진출 지원에 포함하여 편집하였다.

나. 인적자원 육성

영화산업의 전문인력을 양성하는 '한국영화아카데미 운영' 및 '현장인력 전문성 강화' 지원은 계속사업이다. <표 5-34>에서 보듯이 '한국영화아카데미 운영' 예산은 2020년부터 큰 폭으로 증가하였다. 이는 교육과정 예산에 장편영화 및 애니메이션 제작비를 반영하여 교육의 내실화를 기하였기 때문이다.

한편 '유공 영화인 지원'은 공로영화인에 대한 복지 지원사업으로 계속사업이다. 과거에는 '민간 영화단체 역량강화 지원'의 하위사업으로 포함되기도 하였으나 문재인 정부에서는 '영화 정책 지원' 항목에 포함되어 2019년까지 편성되었다. <표 5-34>에서는 인적자원 육성에 포함하여 요소조건 고도화 사업의 하나로 분류하였다.

다. 지역 영상생태계 기반 구축

'지역 영상생태계 기반 구축'은 문재인 정부 영화발전기금의 신규사업이다. 이는 지역 영화의 기획·개발 및 제작, 지역 영화 창작 스튜디오 조성, 지역 영화 후반작업시설 조성 등을 지원하여 지역의 영상산업 생태계를 조성하는 사업이다. 지역의 영상산업 발전을 지원하는 다양한 사업을 포함하고 있지만 영화 관련 인프라 조성의 비중이 큰 것을 감안하여 요소조건 고도화 부문으로 분류하였다.

라. 첨단 영화기술 육성

'첨단 영화기술 육성'은 계속사업이다. 이는 영화기술 표준화 및 상용화, 영사기사 자격검정 운영, 독립영화 후반작업 기술 지원 및 첨단기술을 활용한 영화 제작 지원을 포함하고 있다. 문재인 정부에서는 첨단 영화기술 육성을 위해 2020년부터 '첨단 영상 가상영상체 특성화 지원'을 신규사업으로 추진하였다. 이는 첨단 영상 분야의 기술 개발을 촉진하기 위하여 첨단 영상 가상영상체 제작에 필요한 영상화 비용 및 소프트웨어 개발을 지원하는 사업이다. 가상영상체는 컴퓨터그래픽 기술로 제작하는 생명체 또는 캐릭터 등을 의미하며 VFX 및 특수장면 등 첨단기술이 요구된다.

한편 첨단 영화기술 육성은 2023년까지만 영화발전기금의 예산 항목에 포함되었고 2024년부터는 삭제되었다. 첨단 영화기술 육성에 포함되어 있던 영사기사 자격 검정 운영 예산은 2024년부터 영화정책 지원 항목에 포함되어 편성되었다. 2024년부터 첨단 영화기술 육성 항목은 삭제되었지만 영화정책 지원 항목에 영화기술의 표준화 및 상용화 관련 연구개발 예산은 지속적으로 포함되었다. 첨단 영화기술 개발은 문화기술 및 융복합 영상콘텐츠 제작 기술 관련 예산에서도 지원받을 수 있다.

② 수요조건 강화

가. 영화 향유권 강화

<표 5-34>의 '영화 향유권 강화'는 기본적으로 지역 및 계층의 구분없이 고른 영화문화 향유를 통해 국내 영화수요 확충을 유도하는 계속사업이다. 그리고 '국내영화제 육성' 및 '독립영화제 개최 지원'도 영화의 국내 수요 확충을 지원하는 계속사업이므로 '영화 향유권 강화'에 포함하여 편집하였다. <표 5-34>에서 보듯이 윤석열 정부 기간인 2024년과 2025년에는 문화소외계층의 관람환경 개선을 지원하는 예산이 크게 증가되었다.

‘영상미디어센터 운영’은 영화 리터러시 교육을 지원하는 계속사업이다. 2019년부터는 사업명칭이 ‘영상미디어센터 운영’에서 ‘영화교육 지원’으로 변경되었다. ‘영화교육 지원’은 부산이나 전주와 같은 지역의 초등학교를 선정하여 영화교육 중점학교를 운영하였다. 그리고 교사들이 영화교육 연구회를 운영하며 영화 리터러시 교육과정 개발 및 교육용 영상물을 제작하여 학생들을 대상으로 영화교육을 실시할 수 있도록 지원하였다. 이는 영화의 수요조건을 고도화하며 미래의 영화 인재를 양성하는 사업이기도 하다. 한편 영화진흥위원회는 영화교육 지원을 2024년부터는 ‘차세대 미래관객 육성’으로 사업명칭을 변경하고 미래의 영화관객 확충을 위한 영화 리터러시 교육을 지속적으로 추진하였다.

한편 2020년 및 2021년은 코로나 위기 확산으로 오프라인 영화산업 특히 영화 상영관은 최악의 위기를 맞았다. 이에 정부는 <표 5-34>에서 보는 바와 같이 국민의 영화관람 활성화를 유도하고 영화관의 위기 극복을 지원하기 위해 영화관람할인권을 구입하여 국민들에게 지원하고 한국영화 홍보 캠페인도 전개하였다. 이는 문재인 정부의 신규사업이며 국민의 영화관람을 지원하는 사업이지만 코로나19로 막대한 피해를 입은 영화관의 운영 정상화를 지원하는 정책이기도 하다.

<표 5-34>에서 보듯이 2024년부터는 문화소외계층을 위한 영화 관람 환경 개선을 지원하는 예산이 크게 증가하였다. 이는 장애인 관람 환경 개선, 찾아가는 영화관 및 작은 영화관 운영 등을 지원하는 사업이다.

나. 국제영화제 육성 및 한국영화 해외 진출 지원

영화진흥위원회는 한국영화의 해외 수요조건 고도화를 지원하기 위하여 부산국제영화제, 전주국제영화제, 부천판타스틱영화제 등 특성 있는 국제영화제 및 아시아필름마켓의 국내 개최를 지원하고 해외의 주요 국제영화제 및 필름마켓 참여도 지속적으로 지원하고 있다. 다만 코로나19로 인하여 한국영화 해외상영회의 경우 국가별 코로나19 상황에 따라 오프라인 상영회를 취소하고 온라인으로 개최하기도 하였다. <표 5-34>에서 보듯이 윤석열 정부 기간에는 문화소외계층의 관람환경 개선 예산은 크게 확대되었으나 영화제 개최 지원 예산은 다소 줄어들어 국제영화제 개최를 중심으로 지원하였다.

이 외에도 영화진흥위원회는 한국영화의 홍보마케팅 및 해외 진출을 지원하는 KoBiz라는 온라인 플랫폼을 운영하며 영화산업 관련 다양한 정보를 제공하고 국내외 영화 관계자들의 비즈니스 활성화를 지원하고 있다.

③ 관련 및 지원산업 발전

영화의 시나리오 기획·개발, 영화산업 유통 지원, 영화정보시스템 운영, 공정 환경 조성 등은 영화의 관련 및 지원산업 발전을 촉진하여 건강한 영화산업 생태계 조성을 지원하는 사업들이며 대부분 계속사업이다.

가. 영화 기획·개발 지원

<표 5-34>에서 보듯이 2019년 예산부터 '영화 기획·개발 지원' 예산이 크게 증가하였다. 2018년 예산까지는 '영화 제작 지원'의 세부사업에 포함하여 '시나리오 기획·개발' 지원 예산을 편성하였으나 2019년 예산부터는 '영화 기획·개발 지원' 항목으로 분리하고 예산을 증액하였다. 그리고 2019년부터는 기존의 '시나리오 기획·개발 지원' 외에도 '한국영화 차기작 기획·개발'까지 지원을 확대함과 동시에 '기획·개발 전문역량 강화' 사업을 신규사업에 포함하였다. '차기작 기획·개발 지원'은 기존 영화의 흥행실적을 토대로 역량 있는 제작사가 안정적으로 차기 작품을 기획 제작하는데 도움을 주는 사업이다. '기획·개발 전문역량 강화'는 시나리오 아카데미를 통한 시나리오 창작 교육 및 에이전시 운영 지원, 시나리오 비즈매칭 지원 등의 세부사업을 포함하고 있다.

나. 영화산업 유통 지원

영화의 유통 및 배급 등 영화의 관련 및 지원산업 발전을 촉진하는 정책은 오랜 기간 이어진 계속사업이다. 이는 '다양성 영화 전용관 운영 지원', '다양성 영화 개봉 및 유통 지원', '온라인시장 활성화' 등 다양한 사업을 포함하고 있다. 다만 '독립·예술영화 유통배급 종합 지원'과 코로나 위기 극복을 위한 '영화관 특별기획전 지원'은 신규사업이다. <표 5-34>의 '독립·예술영화 유통배급 종합 지원'은 2020년부터 2022년까지 매년 20억 원이 편성되었다. 이는 독립·예술영화 유통배급 지원센터인 인디그라운드 설치·운영과 독립·예술영화 DB 구축 및 공공온라인 플랫폼 운영 등을 포함한다.

'영화관 특별기획전 지원'은 코로나19로 인한 영화산업의 위기를 극복하기 위하여 2020년부터 2021년까지 편성하였다. 이는 한국영화 개봉 상영에 필요한 영화관 대관료 및 운영비, 개봉 지원금 등을 포함하는 예산이다. 2020년 및 2021년은 영화발전기금을 활용하였고, 2022년에는 기술한 바와 같이 국고 일반회계 예산을 편성하여 지원하였다.

다. 아시아영화교류센터 운영

<표 5-34>에서 보듯이 2019년부터 '아시아영화교류센터 운영'이 신규사업으로 반영되었다. 이는 한·아세안(ASEAN) 영화협력을 통해 아시아 지역의 영화교류를 활성화하고 궁극적으로 한·아세안 영화기구를 설립하기 위함이다. 2019년 태국, 필리핀, 한국 등에서 라운드테이블을 개최하였고 한·아세안 영화인 네트워킹 행사도 개최한 이후 지속적으로 아세안 국가와 영화교류 협력을 추진하고 있다. 한·아세안 영화기구가 설립되면 한국과 아세안 국가 간 국제적 영화산업 생태계의 발전을 촉진할 수 있다. 이런 측면에서 '아시아영화교류센터 운영'은 관련 및 지

원산업의 국제적 발전을 촉진하는 사업으로 분류하였다. 다만 2024년부터는 한·아세안 영화기구 설립의 실효성이 크지 않을 것으로 판단되어 예산이 반영되지 않았다.

라. 공정 환경 조성

영화산업 내 '공정 환경 조성' 지원은 계속사업이다. 이는 영화 관련 불공정 행위 신고센터 및 영화인 신문고 운영을 지원하는 사업이다. 영화진흥위원회는 영화산업 내 불공정 행위에 대한 신고 접수, 법률 지원 등을 통해 불공정 행위의 사후 처리 및 사전 예방을 지원하였다. 그리고 영화인 신문고는 영화 스태프에 대한 임금체불 및 부당해고 관련 노무 분쟁에 대한 조정과 상담을 지원하는 사업이다.

한편 (사)여성영화인모임은 2016년 말부터 영화산업 내 성평등 환경 조성을 위한 상설기구 마련을 적극적으로 추진하였고 영화진흥위원회의 지원을 받아서 2018년 3월에 한국영화성평등센터 '든든'을 개소하였다. 한국영화성평등센터 '든든'은 영화계 성범죄의 신고 및 처리를 지원하고 성폭력 예방 교육을 운영한다.

마. 영화정보시스템 운영

영화정보시스템 운영은 국내외 영화정보 통합 웹사이트 운영 사업과 영화관 입장권통합전산망 운영을 지원하는 사업으로 계속사업이다. 2006년 제정된 '영화 및 비디오물의 진흥에 관한 법률'은 영화관 입장권통합전산망 구축 운영의 주체를 영화진흥위원회로 규정한 바 있다. 입장권통합전산망은 영화 제작자에게 흥행 실적에 대한 신뢰성 있는 정보를 제공함으로써 투명한 영화시장 조성에 기여한다. 그리고 영화의 수요자들에게는 실시간으로 극장 예매현황을 제공하여 영화수요의 고도화 및 확충을 촉진할 수 있다.

바. 영화 로케이션 지원

영화 로케이션 지원은 외국의 영상물 촬영 시 안정적 제작 환경을 제공하여 해외 글로벌 대작의 국내 촬영을 유도함으로써 국내 고용 및 경제적 효과를 제고함은 물론 국내 영화업계와의 네트워킹도 지원할 수 있는 사업이다. 2023년까지는 관광기금의 지원을 받아 운용하였으나 2024년부터는 영화발전기금 예산에 편성되었다. 2024년에는 한국과 대만의 합작영화 '아무도 모르는 집', 미국의 드라마 '버터플라이', '엑스오 키티' 등의 국내 촬영을 지원한 바 있다.

④ 전략 및 정책

영화산업 전반을 전략적으로 지원하는 사업은 '영화정책 지원'과 '영화진흥위원회 운영'을 포함할 수 있다. '영화정책 지원'은 '영화산업 시장조사 및 정책 연구', '부과금 관리' 등으로 구성되었다. '영화산업 시장조사 및 정책 연구' 사업의 경우 해외시장 조사연구와 전략도 포함하고 있다. 남북 영화 교류를 위한 전문가 간담회 및 세미나 개최 지원도 정책적 이슈 관리 사업으로서 전략에 포함할 수 있다. 그리고 영화산업 전반을 지원하는 공공기관으로서 영화진흥위원회의 운영 및 영화발전기금 관리 역시 전략 부문으로 분류할 수 있다.

3) 더블 다이아몬드 모델에 의한 영화산업정책 분석

정부예산과 영화발전기금 지원을 통한 영화산업의 국가경쟁우위 결정요소에 대한 영향을 더블 다이아몬드 모델을 적용하여 분석하면 <그림 5-3>과 같다. 윤석열 정부는 3년의 예산을 반영하고 있기에 문재인 정부보다 규모는 작다. 괄호안의 숫자는 국내 및 국외 다이아몬드 관점에서 관련 예산 총액을 집계한 것이다.

<그림 5-3>에서 보듯이 국내 다이아몬드 관점에서는 요소조건 고도화에 예산이 집중되어 있다. 그 다음으로는 시나리오 기획·개발과 유통 등 영화의 관련 및 지원산업 발전에 영향을 주는 예산이 많다. 전략 부문은 영화정책 개발 및 영화진흥위원회 운영과 관련한 예산이다.

국외 다이아몬드 결정요소에 영향을 주는 사업은 i) 국제 공동제작 지원, ii) 해외 진출 지원, iii) 국제영화제 육성, iv) 아시아영화교류센터 운영 등이 해당된다. 이는 요소조건 및 수요조건을 강화하는 사업이다. 그림에서 보듯이 국외 다이아몬드 관점에서는 해외 수요 확충 지원에 예산이 집중되어 있다. 국외 다이아몬드의 결정요소 중 전략 부문의 시장조사 및 정책 연구는 국내와 국외가 명확히 구분되지 않기 때문에 예산의 20%를 국외 부문으로 가정하여 추정하였다. 시장조사 및 정책 연구는 해외시장 조사 및 진출 전략을 포함한다. 이는 다른 장르에서도 마찬가지이다.

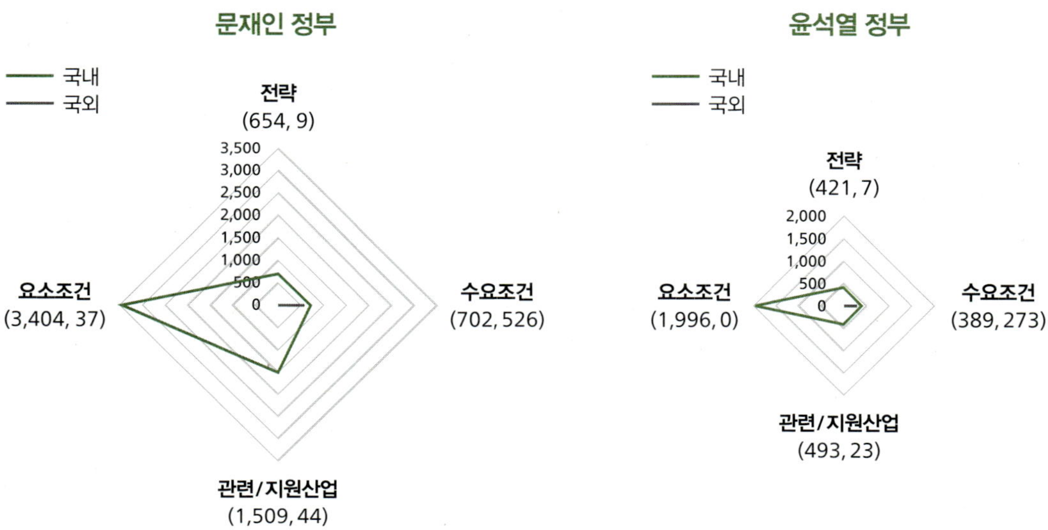

<그림 5-3> 영화산업 예산으로 본 국가경쟁우위 결정요소에 대한 영향(단위: 억 원)

2 게임산업

게임은 다양한 장르가 있지만 <표 5-35>에서 보듯이 모바일 및 온라인 게임이 대세를 차지하고 있다. 모바일 및 온라인 게임은 비대면 소비를 특징으로 하기 때문에 코로나19 상황에서도 대면 소비가 중심인 영화와 대중음악과는 달리 지속적으로 성장하였다.

<표 5-35> 국내 게임시장 분야 별 매출액 비중[215]

구분(단위: %)	2018	2019	2020	2021	2022
1. 모바일 게임	46.6	49.7	57.4	57.9	58.9
2. PC게임	35.1	30.9	26	26.8	26.1
3. PC방	12.8	13.1	9.5	8.8	8.4
4. 콘솔 게임	3.7	4.5	5.8	5	5.1
5. 아케이드 게임	1.3	1.4	1.2	1.3	1.3
6. 아케이드 게임장	0.5	0.5	0.2	0.2	0.2

기술한 바와 같이 코로나19 위기 극복을 위하여 문화체육관광부는 2020년부터 2022년까지 추가경정예산을 편성하였지만 게임산업 장르에서는 2020년에 '대구 글로벌게임문화축제'를 취소하고 2022년의 행정 예산 소액을 감액한 것 외에는 본예산을 크게 바꾸지 않았다. 문재인 정부 및 윤석열 정부의 게임산업 육성 예산 현황은 <표 5-36>과 같다.

1) 요소조건 고도화

① 인프라 구축 운영

<표 5-36>의 '글로벌 게임허브센터 운영', '게임 제작 지원', '전문인력 양성' 등은 게임산업의 요소조건을 고도화하는 계속사업이다. 이명박 정부시기에 경기도 성남에 조성한 '글로벌 게임허브센터'는 게임 관련 벤처기업에게 입주공간을 제공하고 게임 개발을 지원하며, 마케팅 및 경영 컨설팅도 함께 제공함으로써 스타트업 게임 기업의 인큐베이팅 기능을 수행하는 인프라이다. 문재인 정부 시기인 2018년에는 경기도 성남 내에서 확장 이전하였다.

<표 5-36>에서 보듯이 2021년부터는 '글로벌 게임허브센터 운영' 지원 외에도 '게임기업 육성'이 신규사업으로 반영되었다. 이는 게임 관련 우수 스타트업 및 인디게임을 발굴하여 게임의 제작 및 사업화를 지원하는 사업이다.

215 2019~2023 대한민국 게임백서 참조, 재구성

<표 5-36> 문화체육관광부의 게임산업 육성 예산 현황[216]

구분(단위: 백만 원)	2018	2019	2020추경	2021	2022추경	2023	2024	2025	비고
1. 인프라 구축									
1) 글로벌 게임허브센터 운영	7,325	5,003	5,320	4,656	4,656	4,156	4,216	3,794	요소조건
2) 게임기업 육성				2,800	2,800	5,000	5,000	5,650	요소조건
3) 지역 기반 게임산업 육성	13,000	11,500	18,000	18,000	18,600	16,090	15,776	15,776	요소조건
2. 게임 제작 지원	15,614	15,000	9,777	21,314	21,314	22,011	21,411	23,612	요소조건
3. 전문인력 양성									
1) 게임기술 국가자격검정 운영	380	420	820	485	485	485	300	270	요소조건
2) 게임인재원 설립 운영		2,500	1,500	1,800	3,958	4,958	5,360	5,204	요소조건
3) 게임 마이스터고 설립 운영			2,000	1,500	1,500				요소조건
4. 게임문화 건전화 지원	4,552	5,519	5,500	12,112	5,465	7,465	6,345	5,710	수요조건
5. e스포츠 활성화 지원									
1) e스포츠 경기장 건립 및 국내 대회 개최 등	1,620	8,040	5,010	5,850	4,950	6,250	5,789	7,044	수요조건
2) 국제e스포츠대회 개최	888	800	1,500	960	1,260	2,160	960	864	수요조건
6. 첨단 융복합 게임 마케팅 지원	475								수요조건
7. 게임 국제 교류 및 해외 진출 지원									
1) 게임 국제 교류 활성화	513	250							수요조건
2) 게임 수출 활성화	1,482	1,270	2,324	2,324	1,978	1,078	1,828	1,835	수요조건
8. 게임물관리위원회 지원	8,881	11,737	11,886	12,634	13,315	12,522	14,400	14,542	수요조건
9. 게임 유통 지원	6,168	7,810	7,300	7,265	7,265	7,265	11,490	12,573	관련/지원
10. 기능성 게임 활성화	2,704	2,614	2,985	2,931	3,031	2,831	2,831	2,548	관련/지원
11. 첨단 융복합 게임 생태계 조성 연구	238								관련/지원
12. 대한민국게임대상	86	86	77	177	120	120	120	120	경쟁
13. 게임산업정책 연구 및 자료 발간	332	332	357	348	2,252	2,252	2,200	2,000	전략
14. 행정	87	87	87	87	67	87	65	65	전략
계	64,345	72,968	74,443	95,243	93,016	94,730	98,091	101,607	

‘게임기업 육성’은 게임 관련 창업부터 초기 성장 단계까지 안정적으로 지원하는 사업이며 ‘글로벌 게임허브센터 운영’의 연장으로 볼 수 있다. 표에서 보듯이 2023년부터 우수 게임기획안의 발굴 및 시제품 제작과 창업을 지원하는 게임기업 육성 예산이 크게 증가하였다.

216 연도별 예산각목명세서 및 추가경정 예산각목명세서 참조, 재구성.

‘지역 기반 게임산업 육성’은 문재인 정부에서도 계속사업으로 추진하였다. 이는 지역 글로벌 게임센터를 추가로 확충하는 사업이다. 지역 글로벌 게임센터는 지역의 게임 기업을 대상으로 인큐베이팅, 게임 제작 및 유통 지원 등 다양한 사업을 통해 지역의 게임산업 생태계 발전을 촉진하는 인프라이다. 2017년까지 전국적으로 8개의 지역 글로벌 게임센터 설립 운영을 지원하였고, 2018년에 충북(청주), 2019년에 충남(아산), 2022년에 울산에 추가로 조성하여 전국적으로 11개의 지역 글로벌 게임센터의 설립 운영을 지원하였다. 기술한 바와 같이 2022년의 ‘지역 기반 게임산업 육성’은 일반회계가 아닌 국가균형발전특별회계 예산으로 편성하였다. 이후 윤석열 정부에서는 경남 지역에 지역 글로벌 게임센터의 설치를 지원하여 2024년말 현재 12개의 지역 게임센터가 운영되고 있다.

② 게임 제작 지원

‘게임 제작 지원’은 중소 벤처 게임기업을 대상으로 게임 제작에 필요한 자금을 지원하는 사업이다. <표 5-36>에서 보듯이 ‘게임 제작 지원’ 예산은 지속적으로 증가하였다. 2020년까지는 ‘게임 제작 지원’을 ‘차세대 게임콘텐츠’ 제작과 ‘첨단 융복합 게임콘텐츠’ 제작으로 구분하여 예산을 편성하였다. ‘차세대 게임콘텐츠’는 모바일, PC, 온라인 및 패키지, 콘솔, 스마트 디바이스, HTML 5, 블록체인 등 가상현실을 제외한 다양한 플랫폼을 기반으로 활용하는 게임콘텐츠이다. 그리고 ‘첨단 융복합 게임콘텐츠’는 가상현실 및 증강현실 기술 기반의 게임콘텐츠이다.[217]

한편 2021년부터는 다양한 종류의 게임을 ‘일반형 게임콘텐츠’, ‘신기술 기반형 게임콘텐츠’ 그리고 ‘신시장 창출형 게임콘텐츠’로 구분하여 제작 지원사업을 운영하였다. ‘일반형 게임콘텐츠’는 모바일 게임, PC게임, 첨단 융복합 게임 등을 포함한다. ‘신기술 기반형 게임’과 ‘신시장 창출형 게임’ 지원은 2021년의 신규사업이다. ‘신기술 기반형 게임’은 블록체인, 클라우드, 인공지능 등 신기술을 활용한 게임콘텐츠이다. 한편 ‘신시장 창출형 게임콘텐츠’는 모바일이나 PC 게임에 비하여 상대적으로 시장이 취약한 콘솔, 아케이드, 보드게임 분야의 게임콘텐츠이다.[218]

이후에도 예산의 편성이나 사업의 집행에 있어 지원사업의 명칭이 다소 변경되기도 하였지만 세계 게임시장의 추세와 한국의 게임업계의 상황을 반영하여 창조적이고 혁신적인 게임 벤처기업의 창의적 아이디어가 게임콘텐츠로 제작될 수 있도록 지속적으로 지원하였다.

③ 전문인력 양성

<표 5-36>에서 보듯이 문화체육관광부의 ‘전문인력 양성’은 ‘게임기술 국가자격검정 운영’과 ‘게임인재원 및 게임 마이스터고 설립 운영’ 사업이 있다. ‘게임인재원 및 게임 마이스터고

217 문화체육관광부. (2021). 2020콘텐츠산업백서.

218 문화체육관광부·한국콘텐츠진흥원. (2022). 2021콘텐츠산업백서.

설립 운영'은 신규사업이다. 게임인재원은 첨단 융복합 게임기술 교육 및 현장 연계형 프로젝트 교육을 위해 2019년에 설립하였다. 게임인재원은 소수(2019년 65명 선발) 정예의 전문 게임개발자 양성을 목표로 게임기획, 게임아트, 게임프로그래밍 등 3개 분야로 구분하여 2년 8학기 과정으로 운영하였다. 1년차에는 기초 및 심화교육을 진행하고 2년차에는 현장 실습 및 팀 프로젝트를 중점적으로 진행하며 실무중심의 인재 양성을 지향한다.[219] 표에서 보듯이 게임인재원은 지속적으로 예산을 확대하며 시설과 장비를 보강함으로써 최고의 게임인재 양성을 통해 한국게임의 지속적 경쟁우위 창출을 지원하고 있다.

이 외에도 문화체육관광부는 게임산업현장에서 필요한 실무형 우수 게임인재 양성을 위하여 2019년에 교육부 및 경기도 교육청과 협력하여 게임마이스터고등학교 설립을 추진하였다. <표 5-36>에서 보듯이 '게임마이스터고 설립 운영' 사업은 2020년부터 2022년까지 예산에 반영되었다. 문화체육관광부의 지원에 힘입어 2020년 3월에 경기게임마이스터고등학교(구 경기글로벌통상고등학교의 전환)는 성공적으로 개교하였고 2023년에 첫 졸업생을 배출하였다. 경기게임마이스터고교 학생들의 작품은 2022년 글로벌 인디게임 제작 경진대회에서 다수의 상을 수상하면서 실력을 인정받았다.[220]

2) 수요조건 강화

<표 5-36>의 '게임문화 건전화 지원', 'e스포츠 활성화 지원', '게임 해외 진출 지원' 등은 게임산업의 국내외 수요조건 고도화를 지원하는 사업이며 계속사업이다. 그중에서 게임문화 건전화를 위한 예산은 박근혜 정부에 비해 크게 증가하였고 여러 신규사업이 추가되었다.

① 게임문화 건전화

정부는 게임문화의 건전화를 유도하기 위하여 다양한 직종 및 연령층을 대상으로 맞춤형 교육을 실시하고 건전 게임문화 홍보를 지속적으로 추진하였다. 특히 교사 및 전문상담사들을 대상으로 게임 리터러시 교육을 통하여 게임의 사회 문화적 의미를 이해하고 학교 및 상담현장에서 청소년들과 효과적으로 소통하고 지도할 수 있도록 역량을 배양하였다. 이 외에도 학부모들과 고령층을 대상으로 게임문화 인식 전환 프로그램에 참여하여 게임에 대한 인식을 전환할 수 있도록 지원하였다.

문화체육관광부는 게임을 활용한 코딩 교육과 교육용 게임 연구학교 운영 등 건전 게임문화 창달을 위한 신규사업을 추진하였다. 아울러 게임 과몰입에 대한 상담치료 매뉴얼 개발과 함께 문화예술을 통한 게임 과몰입 치유 프로그램 개발도 지원하였다. <표 5-36>에서 보듯이 2021

[219] 문화체육관광부. (2020). 2019콘텐 츠산업백서.

[220] 문화체육관광부·한국콘텐츠진흥원. (2023). 2022콘텐츠산업백서.

년에는 게임문화 건전화 예산이 121억 원으로 대폭 증가하였다. 이는 게임문화 축제(9억 원) 및 게임교육 콘텐츠 개발(60억 원) 등의 신규사업이 추가된 것에 기인한다.

② e스포츠 상설경기장 건립 및 활성화

게임산업의 국내외 수요조건 고도화를 지원하는 'e스포츠 활성화 지원' 예산도 이전보다 크게 확대되었다. e스포츠 확산을 위한 '대통령배 아마추어e스포츠대회' 및 '장애인e스포츠대회' 등 국내 대회와 e스포츠 정책 연구는 계속사업이다. 예산이 크게 증가한 것은 지역의 e스포츠 상설경기장 건립 지원 예산이 신규로 반영되었기 때문이다. e스포츠 상설경기장은 게임산업의 저변을 확대하고 아마추어 게임단 및 e스포츠 커뮤니티 운영, 게임 마케팅 등 다양한 방식의 건전한 게임문화 정착을 지원하는 프로그램을 운영할 수 있다. 2019년부터 부산, 광주, 대전 등 3개 지역의 e스포츠 상설경기장 건립 및 운영을 지원하기 시작하여 2021년까지 모두 완공하였다.[221] 이 외에도 2021년에는 경상남도 진주에 e스포츠 상설경기장 건립('24.5. 개관)을 지원하였고 2024년에는 충청남도 아산시에 대한 상설경기장 건립을 지원하였다. e스포츠 상설경기장은 주경기장, 보조경기장, 선수 및 심판대기실, 이용객 편의시설, 체험전시관, 게임 과몰입 예방치유시설 등의 부속시설을 갖추고 있다.

e스포츠는 한국이 종주국과 같은 위상을 갖고 있다.[222] 이를 감안하여 문화체육관광부는 세계 e스포츠대회 및 e스포츠서밋, 국제e스포츠페스티벌, 한중일e스포츠대회 등 다양한 국제 e스포츠대회 개최를 지원하며 e스포츠 분야에서 한국이 글로벌 리더십을 확립할 수 있도록 적극적으로 지원하고 있다.

③ 국제 교류 및 해외 진출 지원

문화체육관광부는 국제게임전시회(G스타) 및 국제게임콘퍼런스, 대구글로벌게임문화축제, 한중게임문화축제 등 게임 관련 다양한 국제 행사의 국내 개최를 지원하였다. 게임의 국제 교류 활성화는 <표 5-36>에서 보듯이 2019년까지 반영되었다. 2019년 예산도 '대구 글로벌게임문화축제 지원(2억5천만 원)'만 반영되었다.

국제게임콘퍼런스와 대한민국게임대상은 국제게임전시회(G스타) 기간 중에 개최하고 있다. 국제게임전시회는 2008년까지는 고양시의 킨텍스(KINTEX)에서 개최하였고 2009년 이후에는 부산의 벡스코(BEXCO)에서 개최하였다. 그리고 2011년까지는 한국콘텐츠진흥원이 주최기관이었으나 2012년부터는 한국게임산업협회가 주최하고 있다. 국제게임전시회는 참가기업 및 입장객이 많은 성공한 전시회이기 때문에 부스 임대료와 입장료 수입으로 자체 운영이 가능한 점

221 문화체육관광부·한국콘텐츠진흥원. (2022). 2021콘텐츠산업백서.

222 한국이 e스포츠 종주국과 같은 위상을 갖게 된 역사적 배경과 세부 지원 정책에 대하여는 한국문화산업정책사 참조

을 감안하여 2019년부터는 별도의 지원 예산을 편성하지 않았다.

'게임 수출 활성화'는 해외의 주요 게임마켓 참가를 지원하는 계속사업이다. 이 외에도 정부는 신흥시장의 개척을 지원하기 위하여 태국 등 아시아에서 개최되는 게임전시회 등에 한국공동관을 설치하고 게임기업의 참가를 지원하고 있다. 특히 코로나19 극복 이후에는 주요 게임마켓 활성화에 따라 해외 견본시 참가를 늘리며 적극적으로 해외 진출을 지원하였다.

3) 관련 및 지원산업 발전

① 게임 유통 지원

'게임 유통 지원'은 게임기업의 해외 진출에 필요한 기술적 서비스를 지원하거나 모바일 게임의 배급사를 매칭시켜 주며 게임콘텐츠의 현지화 및 비즈니스 매칭 등을 지원하는 계속사업이다. 이는 '모바일 게임 글로벌 퍼블리싱 지원'과 '글로벌 게임서비스플랫폼 지원' 사업으로 시작하였다.

문화체육관광부는 2020년부터 '모바일 게임 글로벌 퍼블리싱 지원'과 '글로벌 게임서비스플랫폼 지원' 사업을 '게임 유통 지원'으로 통합하여 편성하였다. 한국콘텐츠진흥원은 '게임 유통 지원' 사업을 '게임기업 자율선택' 또는 '게임더하기'라는 사업명칭으로 운영하였다. 이는 모바일, PC, 콘솔 등 게임의 플랫폼에 맞춰 해외 진출에 필요한 인프라, 마케팅, 서비스 중 원하는 사항을 원하는 시기에 지원받을 수 있도록 기업이 자율적으로 선택하는 맞춤형 지원사업으로 전환한 것이다.[223]

② 기능성 게임 활성화

'기능성 게임 활성화'는 계속사업이다. 문화체육관광부는 2018년까지는 기능성 게임 제작 지원사업을 '게임문화 건전화 지원'의 하위 사업에 포함하여 예산을 편성하였으나 2019년 예산부터는 '게임 제작 지원 예산에 통합하여 편성하고 있다. 기능성 게임은 교육이나 사회문제 해결과 같은 특정 목적을 위해 게임의 재미적 요소를 가미하여 만든 특수 목적성 게임이다. 2019년에는 3.1운동 및 대한민국 임시정부 수립 100주년을 계기로 역사적 배경 및 인물을 소개하는 게임을 포함한 다양한 유형의 기능성 게임을 자유공모로 지원한 바 있다.[224]

이 책에서는 분석의 일관성을 위해 '게임 제작 지원'에 포함되어 있는 '기능성 게임 활성화' 예산을 분리하여 편집하였다. '기능성 게임 활성화'는 게임의 관련 및 지원산업 발전 촉진으로 분류할 수 있으나 넓은 의미의 '게임 제작 지원'에 포함하는 경우에는 요소조건의 고도화로 분류할 수도 있다.

---

223 문화체육관광부. (2021). 2020콘텐츠산업백서.

224 문화체육관광부. (2020). 2019콘텐츠산업백서.

4) 경쟁 및 전략

국제게임콘퍼런스 및 대한민국게임대상 시상은 국제게임전시회(G스타) 개최 시 함께 진행되었다. 게임의 국제 교류 활성화 지원 차원에서 예산을 지원하였던 국제게임전시회는 더이상 정부가 예산을 지원하지 않아도 한국게임산업협회가 자체적으로 운영할 수 있을 만큼 성장하였다. 다만 대한민국게임대상은 우수 게임의 지속적 개발을 촉진하기 위하여 정부가 수여하는 상이므로 시상 관련 예산은 계속사업으로 편성하고 있다. 이는 경쟁 촉진 요소로 분류할 수 있다.

<표 5-36>의 게임산업 정책 연구 및 자료 발간 지원사업은 계속사업이지만 2022년부터는 예산이 이전에 비하여 크게 증가하였다. 이를 통해 게임백서 발간 및 게임산업 실태조사, 글로벌 게임산업 트렌드 매거진 등의 정보자료 발간 사업의 내실화를 도모하고 게임산업 정책 연구 기능을 한층 강화하였다.

5) 더블 다이아몬드 모델에 의한 게임산업정책 분석

문화체육관광부의 게임산업 육성 예산을 국가경쟁우위 결정요소에 대한 영향에 따라 분류하고 이를 더블 다이아몬드 모델에 따라 분석하면 <그림 5-4>와 같다. 국내 다이아몬드의 관점에서 보면 요소조건 고도화를 위하여 가장 많은 지원을 하였고 수요조건 고도화에도 상당 규모의 예산이 편성되었다. 그리고 정부는 기능성 게임 활성화 등 게임의 관련 및 지원산업 발전도 지속적으로 지원하였다.

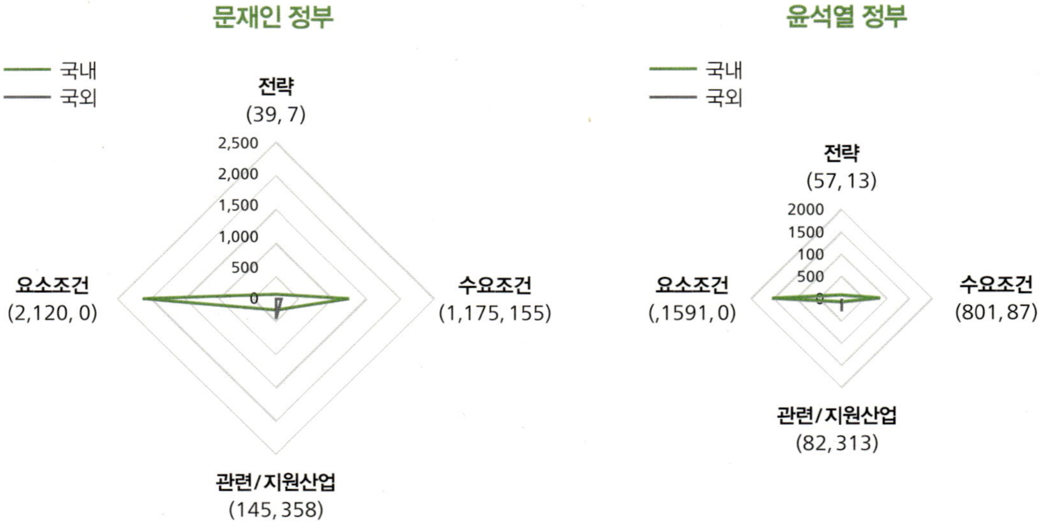

<그림 5-4> 게임산업 예산으로 본 국가경쟁우위 결정요소에 대한 영향(단위: 억 원)

국외 다이아몬드 관점에서는 해외 수요조건 고도화 및 관련 및 지원산업 부문을 강화하는 예산의 비중이 크다. '게임 유통 지원'은 '글로벌 게임서비스플랫폼 지원'과 '모바일 게임 글로벌 퍼블리싱 지원'을 통합하여 편성한 사업이므로 국산 게임의 해외 유통 활성화를 위한 관련 및 지원산업의 국제적 발전을 촉진하는 것으로 분류하였다. 한편 게임산업은 영화와 같은 국제 공동제작 지원이나 해외 게임인력 양성과 같은 국제적 요소조건 고도화 예산은 없다. 그리고 게임산업 정책 연구에 있어서 국제 게임시장의 동향 조사 및 자료 제공 등 관련 부분이 있지만 예산규모로 보면 미미한 수준이다. <그림 5-4>에서는 영화와 같이 조사연구 관련 예산의 20%가량이 국제게임시장에 대한 조사 및 전략 개발에 투입되는 것으로 가정하였다. 경쟁 부문은 전략에 포함하였다.

3 음악산업

<표 5-31>에서 보듯이 문재인 정부에서는 문화산업 장르 중 음악산업의 예산 점유율이 이전 정부에 비하여 크게 증가하였다. 이는 코로나 위기 상황에서 대면으로 이루어지던 대중음악 공연산업이 커다란 피해를 입었기 때문에 2021년 및 2022년의 추가경정예산에 대중음악 공연산업의 일자리 창출을 위한 특별 지원 예산이 반영되었기 때문이다. <표 5-37>은 이를 감안하여 2020년부터 2022년까지는 본예산이 아닌 추가경정예산으로 수정된 예산을 반영하였다.

문화체육관광부의 2019년 예산은 아시아송페스티벌 지원을 음악산업 육성 예산에 포함하여 편성하였다. 그러나 2004년부터 개최한 아시아송페스티벌 지원 예산은 지속적으로 '한류 진흥' 또는 '쌍방향 문화 교류 진흥' 관점에서 편성되었다. 여기서는 분석의 일관성을 위해 2019년의 '아시아송페스티벌 지원'은 '한류 진흥'을 위한 '국제 교류 활성화' 예산에 포함하여 편집하였다.

<표 5-37> 문화체육관광부의 음악산업 육성 정부예산 현황[225]

구분(단위: 백만 원)	2018	2019	2020추경	2021추경	2022추경	2023	2024	2025	비고
1. 음악산업 인프라 조성 운영									
1) 지역기반형 음악창작소 구축 운영	3,500	3,500	3,500	3,800	2,000	1,800	1,700	1,700	요소조건
2) 대중음악전용공연장 조성						3,000			요소조건
2. 뮤지션 발굴 및 음악 콘텐츠 제작 지원									
1) 우수 뮤지션 발굴 및 제작 지원	1,757	2,950	3,000	2,936	2,500	2,200		1,300	요소조건
2) 청소년 트로트 가요제를 통한 신인 발굴		250	250			700			요소조건
3) 신기술 융합 대중음악 콘텐츠 개발 지원						5,500	7,650	4,679	요소조건
4) 온라인 K팝 공연 스튜디오 운영 및 제작 지원				26,500	10,000	8,000	7,020	5,550	요소조건
3. 대중음악 공연 활성화 및 홍보마케팅 지원									
1) 대중음악 공인차트 운영	200	200							수요조건
2) 홍대 앞 인디밴드 페스티벌 지원	400	400	400	400	400	360	360	360	수요조건
3) 찾아가는 라이브카 및 콘서트 운영	50	50		500	700	800	1,000		수요조건
4) 공간기획형 공연 개최 지원			1,000	965	900	600	600	600	수요조건
5) K뮤직 시즌 공연 지원			2,300	2,300	2,300	1,700	1,700	1,700	수요조건
6) 다양한 음악축제 지원		500	1,050	650		580	580	580	수요조건
7) 소규모 대중음악 공연 활성화 지원				3,000	10,000				수요조건
8) 우수 뮤지션 홍보프로그램 제작 방영		2,000	2,000	2,000	2,000	1,800	3,500	3,500	수요조건
4. 서울국제뮤직페어 지원	626	990	891	802	802	802	800	1,800	수요조건
5. 대중음악 해외 진출 지원	1,300	1,100	1,100	1,100	1,100	5,410	5,400	7,430	수요조건
6. K뮤직 시티 페스티벌				2,387					수요조건
7. 한국음악데이터센터 구축·운영	100	100	100	100	100	100	100	100	관련/지원
8. 씬디 티켓라운지 구축 운영	200	200	200	200	200	200	200	200	관련/지원
9. 공정한 음원 유통환경 조성		330	300	286	287	249	450	450	관련/지원
10. ICT-음악(뮤직테크) 개발 지원			1,400	4,200	3,000	2,700	2,700		관련/지원
11. 대중음악 공연업계 일자리 지원				22,800	22,800				관련/지원
12. K팝 음원 기초자료 외국어 표기 지원		250	200	200	100	100	100	100	관련/지원
13. 음악산업 백서 발간 및 정책 포럼	100	100	100	94	100	100	100	100	전략
14. 대중음악자료원 건립 타당성 연구		200							전략
15. 행정	71	50	50	50	93	95	86	88	전략
계	8,304	13,170	17,841	75,270	59,382	36,796	34,046	30,237	

225 연도별 예산각목명세서, 예산 및 기금운용계획 사업설명자료 참조, 재구성

1) 요소조건 고도화

① 음악산업 인프라 조성 운영

<표 5-37>의 '지역기반형 음악창작소'는 지역 뮤지션의 창작공간, 네트워킹 및 멘토링, 기획공연 개최 등을 지원하는 지역 음악산업 인프라이다. 음악창작소 조성은 문화체육관광부가 2013년 예산으로 서울에 '뮤지스땅스'라는 음악창작소를 처음 조성한 이후 지역으로 확산한 계속사업이다. 2017년까지 9개 지역에(서울, 부산, 대구, 광주, 충북, 충남, 전북, 전남, 울산) 조성하였고, 2018년에 강원, 경남, 2019년에 세종과 제주, 2020년에 인천과 경북, 2021년에 대전과 경기 등을 지원한 결과 2022년에는 전국의 17개 시도가 모두 '지역기반형 음악창작소'를 갖게 되었다.

문화체육관광부는 지역기반형 음악창작소의 조성을 지원함과 동시에 기 조성된 음악창작소의 운영비를 지속적으로 지원하면서 지역 뮤지션의 창작 활동을 촉진하였다. 그리고 2023년에는 경기도 파주시의 대중음악 전용 공연장 건립을 지원하였다.

② 뮤지션 발굴 및 음악 콘텐츠 제작 지원

'우수 뮤지션 발굴 및 제작 지원'은 다양한 음악 장르별 우수 신인 뮤지션을 발굴하여 음반제작을 지원하는 사업이며 계속사업이다. 한국콘텐츠진흥원은 음악콘텐츠의 소비문화가 스트리밍 서비스 및 영상콘텐츠 중심으로 변화된 시장환경을 반영하여 2019년부터 온라인 플랫폼 기반의 음악콘텐츠 제작 및 홍보를 지원하였다. 한국콘텐츠진흥원은 대중성과 실력을 갖춘 유망 뮤지션 발굴을 위하여 온라인 플랫폼을 이용하여 시청자 및 전문가 평가도 실시하였다. 이렇게 선발된 우수 뮤지션에 대하여 앨범 제작 및 공연 개최는 물론 온라인 영상콘텐츠의 제작 및 유통까지 지원하였다.[226]

<표 5-37>의 '청소년 트로트 가요제를 통한 신인 발굴'은 2019년 예산에 반영된 신규사업이며 미래의 트로트 가수를 꿈꾸는 전국의 청소년을 대상으로 권역별 예선과 본선을 거쳐 실력 있는 청년 트로트 가수를 발굴하는 사업이다.

'우수 뮤지션 발굴 및 제작 지원'과 '청소년 트로트 가요제 지원'의 핵심은 잠재력 있는 유망 뮤지션의 발굴이다. 이는 기본적으로 음악산업의 요소조건 고도화 사업으로 볼 수 있다. 그러나 다양한 미디어를 통해 유망 뮤지션에 대한 홍보를 함께 지원하기 때문에 신인 뮤지션에 대한 팬덤 형성 및 시장 확대에도 기여함으로써 대중음악의 수요조건 고도화에도 기여할 수 있다.

K-팝의 전 세계적 확산으로 인해 다양한 한국의 대중음악에 대한 관심도 증가하였다. 이에

[226] 문화체육관광부. 2020. 2019콘텐츠산업백서.

정부는 포크, 락, 힙합 등 보다 다양한 장르에서 우수 뮤지션을 발굴하고 음반을 제작할 수 있도록 지원함으로써 대중음악 폭넓은 성장을 유도하였다.

<표 5-37>의 '신기술 융합 대중음악 공연 콘텐츠 개발 지원'은 2023년 예산에 신규로 반영되었다. 코로나19를 극복하면서 온라인 비대면 공연이 활성화되고 대중음악 공연 분야에서도 VR, AR, XR, 특수효과 등 다양한 기술을 적용한 융복합 콘텐츠 제작이 급증하였다. 이에 문화체육관광부는 온라인 및 오프라인을 넘나들 수 있는 신기술 융합형 대중음악 공연 콘텐츠 개발을 지원하기 시작하였다. 지원 대상은 뮤지션을 보유한 기획사 또는 레이블이며 신기술을 활용한 음악 IP개발 및 음반 제작과 공연 및 마케팅에 소요되는 비용을 지원한다.

③ 온라인 K팝 공연 스튜디오 운영 및 제작 지원

코로나19의 전 세계적 확산으로 2020년부터 국내외 음악시장에는 온라인 공연시장이 형성되기 시작하였다. 한국에서는 2020년 SM엔터테인먼트가 선보인 유료 온라인 공연 'Beyond LIVE'를 시작으로 BTS의 '방방콘' 등 다양한 온라인 공연이 활성화되었다. 해외에서도 유명 뮤지션들이 온라인 공연을 통해 팬들과 만나는 사례가 증가하였다. 문화체육관광부는 5세대 이동통신의 대중화 및 온라인 유료 공연시장이 활성화된 점을 감안하여 온라인 공연시장을 통한 새로운 수익모델을 창출하고 차세대 공연콘텐츠 개발을 지원하기 위하여 '온라인 실감형 K팝 공연 지원'을 2021년 예산부터 신규사업으로 반영하였다.[227] 첫해인 2021년에는 265억 원의 비교적 큰 규모의 예산이 반영되었다. 이는 K팝 공연 제작 및 중계 전문 스튜디오 조성 예산 200억 원과 중소 대중음악기획사 대상 실감형 K팝 공연 지원 예산 65억 원으로 구성되었다. '온라인 실감형 K팝 공연'은 실감형 및 쌍방향 소통을 특징으로 하는 차별화된 새로운 비즈니스 모델로서 글로벌 음악시장 개척을 통한 한류의 지속적 확산을 가능하게 하였다. 표에서 보는 바와 같이 2022년에는 '온라인 K팝 공연 제작 지원' 예산이 100억 원 반영되었다.

한편 코로나19가 극복된 이후에는 비대면 온라인 공연 및 실감형 공연콘텐츠가 더욱 활성화되었다. 문화체육관광부는 <표 5-37>에서 보듯이 2023년 이후에도 지속적으로 온라인 공연 스튜디오를 운영하며 온라인 공연콘텐츠 제작을 지원하였다. 온라인 공연은 당초 대면 공연이 어려운 환경에서 팬들을 만나며 팬덤의 지속성을 유지하기 위한 수단으로 시작하였으나 이제는 새로운 음악콘텐츠 유형으로 발전하였다. 그 결과 이 사업은 팬덤 확충에 기여하는 수요조건 고도화 지원사업으로 시작하였지만 콘텐츠 제작 지원 관점에서 보면 요소조건 고도화 지원사업으로 볼 수도 있다. 여기서는 새로운 음악산업의 트렌드를 중시하여 음악산업의 요소조건 고도화를 지원하는 사업으로 분류하였다.

[227] 문화체육관광부·한국콘텐츠진흥원. (2022). 2021콘텐츠산업백서.

2) 수요조건 강화

<표 5-37>에서 보듯이 음악산업의 국내외 수요조건 강화를 지원하는 사업은 다양하다. '대중음악 공인차트 운영', '홍대 앞 인대밴드 페스티벌 지원, '대중음악 해외 진출 지원' 등은 계속사업이다. 그중 '대중음악 공인차트 운영'은 이명박 정부 시기에 대중음악의 수요 확충을 지원하기 위하여 신규사업으로 추진한 사업이다. '홍대 앞 인디밴드 페스티벌 지원'은 박근혜 정부에서 추진한 '홍대 앞 라이브클럽 활성화 지원'의 연장선에 있는 사업이다. '찾아가는 라이브카 운영'도 계속사업이다.

2021년 및 2022년에는 대중음악 공연 활성화 예산을 확대하여 '찾아가는 대중음악콘서트'도 지원하였다. 대중음악콘서트는 대중음악 공연 관람의 기회가 거의 없는 소외지역 주민과 중소기업 근로자 등을 대상으로 찾아가는 공연을 통해 음악산업의 국내 수요 확충을 지원하는 사업이다.

문재인 정부 시기에는 코로나19의 장기화로 인하여 대중음악 공연업계의 피해가 매우 컸다. 문화체육관광부는 이를 감안하여 <표 5-37>에서 보듯이 대중음악 공연 활성화 지원 예산을 크게 증액하였다.

① 공간기획형 공연 개최 지원

2020년 신규사업으로 예산에 반영된 '공간기획형 공연 개최 지원'은 전문 공연장이 아닌 복합 문화공간, 재생 공간, 유휴 공간 등을 활용한 창의적 공연 기획을 지원함으로써 대중음악 공연의 발전을 유도하는 사업이다. 2021년에는 기존의 공연장을 활용해 새롭게 만드는 테마형 공연까지 지원 범위를 확대하였다. 그리고 2022년에는 코로나19팬데믹이 완화된 점을 감안하여 최소 2일 이상, 회당 1천 명 이상 수용 가능한 대형 공연 기획 부문도 추가하였다. <표 5-38>은 2022년의 '공간기획형 공연 개최 지원' 사업의 지원 과제 현황을 보여준다.[228]

② K뮤직 시즌 공연 지원

<표 5-37>의 'K뮤직 시즌 공연 지원'은 2020년 예산부터 반영된 신규사업이다. 이는 인디음악 및 K팝 공연과 홍보 영상물의 제작 및 방송을 지원하는 음악산업의 수요조건 고도화 지원사업이다. 2020년에는 코로나19 확산으로 인하여 공연 취소 사태가 연이어 발생하였다. 이에 정부는 코로나19 위기 상황에서 방역지침을 준수하는 오프라인 공연과 온라인 공연을 동시에 지원함으로써 대중음악 공연에 대한 지속적 수요 창출 및 산업 생태계의 유지를 지원하였다.

[228] 2020~2022콘텐츠산업백서 참조.

<표 5-38> 2022년 공간기획형 공연 개최 지원 과제 현황

구분	과제명	주관기관명
대형	넬의 브랜드 공연 넬스시즌 2022	하쿠나마타타
	책과 음악이 함께하는 야외음악페스티벌 2022 Lovesome	인넥스트트렌드
	2022렛츠락 페스티벌	록스타뮤직앤라이브
	청춘 페스티벌 2022 오히려 좋아, 가보자고	라온피플
	DMZ 피스트레인 음악 페스티벌 2022	피스트레인
중소형	싱어송라이터 김목인의 전국 독립서점 투어	일렉트릭 뮤즈
	오롯이 자연, 네이처 콘서트	씨엔 엔터테인먼트
	장기하 단독공연 공중부양	두루두루아티스트컴퍼니
	COTOBA의 수어 공연	아프리콧
	젬스톤 음악수영장	문화기획단 무대공감
	장애인식 개선 도우미견 동반 콘서트	지아트컴퍼니
	제주아일랜드 재즈위크 2022	라이너노트
	필바다 뮤직페스티벌	먹스킹

③ 다양한 음악축제 및 소규모 대중음악 공연 활성화 지원

정부는 코로나19 상황에서 방역수칙을 준수하며 서울 K팝 공연, 오산 통키타 페스티벌, 대구 국제 뮤지컬 페스티벌 등 다양한 음악축제를 지원하였다. 그리고 소규모 대중음악 공연 지원 예산을 편성하여 대중음악 공연 생태계의 지속적 발전 및 활성화를 유도하였다.

2020년부터 코로나19의 장기화 및 사회적 거리두기로 인하여 대형 공연을 할 수 없게 된 결과 대중음악 공연장과 공연산업 종사자들은 큰 피해를 입었다. 이에 정부는 대중음악 공연장과 대중음악 종사자를 돕고 음악산업의 지속적 수요 창출을 지원하기 위하여 2021년에 추가경정예산 30억 원을 편성하였고, 2022년에는 추가경정예산 100억 원을 반영하여 소규모 대중음악 공연 활성화를 지원하였다. '소규모 대중음악 공연 활성화 지원'을 통해 코로나19 기간에 대중음악 산업 생태계의 지속적 발전을 촉진하고 온라인 생방송 또는 아리랑TV를 통해 국내외 팬들에게 대중음악 공연을 소개하면서 대중음악 콘텐츠에 대한 국내외 수요 확충을 촉진하였다. 다만 '소규모 대중음악 공연 활성화 지원'은 코로나19 확산으로 인한 대중음악 공연산업 생태계의 붕괴를 막고 관련 분야 일자리 창출을 목적으로 시작하였으므로 음악산업의 관련 및 지원 산업 발전 촉진으로 분류할 수도 있다.

④ 음악콘텐츠 해외 진출 지원

<표 5-37>의 '서울국제뮤직페어(MU: CON) 지원' 및 '대중음악 해외 진출 지원'은 국산 음

악콘텐츠의 해외 진출을 지원하는 사업으로 계속사업이다. 2012년부터 개최된 서울국제뮤직페어는 국내에서 개최하는 국제 음악마켓으로서 국내외 바이어 및 레이블, 아티스트, 공연기획사, 에이전시 등이 참여하며 다양한 장르의 국내 뮤지션을 해외에 소개하는 디딤돌의 기능을 수행하였다. 2020년 및 2021년에는 지속된 코로나19로 인해 온라인 행사로 개최하였다. 서울국제뮤직페어 10주년을 기념해 개최된 2021년의 온라인 개막공연은 실시간 시청자 수가 160만 뷰를 기록하였다.[229]

'대중음악 해외 진출 지원'은 해외의 주요 음악축제 및 견본시에 한국음악 쇼케이스 개최 및 공연을 통해 한국음악을 홍보하고 해외 진출을 지원하는 사업이다. 한국콘텐츠진흥원은 유튜브, 틱톡 등 온라인 플랫폼의 글로벌 음악시장에서의 영향력을 감안하여 2021년부터 온라인 '해외 진출 지원' 사업을 신설하고 해외 온라인 플랫폼을 활용하는 홍보마케팅과 해외 진출에 대한 컨설팅을 지원하였다. 해외에서의 앨범 발매, 온·오프라인 공연, 영상콘텐츠 공개, MD판매 등을 계획하고 있는 뮤지션들은 한국콘텐츠진흥원의 이러한 온라인 해외 마케팅 지원이 해외 진출에 큰 힘이 되었다.[230]

한편 <표 5-37>의 'K뮤직 시티 페스티벌'은 국내외 주요 도시에서 K팝 페스티벌을 개최하여 K팝 및 한류 붐 조성을 지원하는 행사이다. 당초 2020년부터 예산에 반영되었으나 2020년에는 극심한 코로나19 확산으로 인하여 추가경정예산에서 삭제되었고 2021년에는 본예산에 다시 반영되었다.

2023년부터 한국음악의 해외 진출 지원 예산이 크게 증가하였다. 이는 현지 인프라를 활용하는 해외 진출 지원사업이 추가되었기 때문이다. K-팝의 세계적 인기에도 불구하고 중소기획사나 인디뮤지션들은 해외 진출을 위한 경험과 지식은 물론 네트워크도 부족하다. 이에 정부는 재외 한국문화원, 해외 음악축제 및 마켓 등 현지 인프라와 이벤트를 활용한 해외 공연 개최 및 쇼케이스 참가를 지원함으로써 중소기획사들의 해외 진출을 적극 유도하였다.

3) 관련 및 지원산업 발전

① 한국음악데이터센터 구축 운영

한국음악데이터센터는 2006년 한국음악종합정보시스템 구축을 계기로 시작된 계속사업이다. 이는 대중음악 신규 음원 DB를 지속적으로 축적하며 음원 아카이브 및 전시관 운영을 통해 음원의 원활한 유통을 지원하는 기능을 수행한다.

[229] 문화체육관광부·한국콘텐츠진흥원. (2022). 2021콘텐츠산업백서.

[230] 문화체육관광부·한국콘텐츠진흥원. (2022). 2021콘텐츠산업백서.

② 씬디 티켓라운지 구축 운영 지원

'씬디 티겟라운지 구축 운영'은 한국음악레이블산업협회의 인디음악 관련 공연정보통합시스템 구축 운영을 지원함으로써 인디음악의 수요 확충 및 시장 활성화를 유도하는 사업이다.

③ 공정한 음원 유통환경 조성

디지털 음원시장이 급속히 성장하면서 디지털 음원 사재기가 음악 유통시장의 새로운 문제로 대두되었다. 기술한 바와 같이 박근혜 정부 시기에 음원사재기 근절 대책을 수립하여 발표하고 음악산업 진흥에 관한 법률을 개정하여 음원사재기에 대한 처벌 근거 규정을 만들었지만 음원사재기는 근절되지 않았다.

이에 문화체육관광부는 <표 5-37>에서 보듯이 2019년 예산부터 '공정한 음원 유통환경 조성'을 위한 예산을 편성하여 음원사재기 모니터링 실시 및 신고센터 운영, 공정 유통 캠페인 및 세미나 개최 등을 지원하며 음원사재기 근절을 유도하였다. 아울러 문화체육관광부는 한국콘텐츠진흥원을 통해 공정음원유통협의체 운영을 지원하였다. 공정음원유통협의체는 음원사재기를 억제하고 공정한 음원 유통환경 조성을 위하여 멜론, 지니뮤직, 벅스 등 온라인 음악서비스 사업자와 한국음악콘텐츠협회 등 음악산업 관련 단체와 한국콘텐츠진흥원 등이 참여하여 결성한 협의체로서 2021년 6월부터 운영하였다. 공정음원유통협의체는 음원사재기 유형을 분류하고 업계 중심의 자정 노력을 지원하며 음원 유통환경 개선을 추진하였다.[231]

④ 대중음악 공연업계 일자리 지원을 통한 산업 생태계 발전 지원

문화체육관광부는 코로나19 팬데믹 상황의 장기화로 인한 대중음악 공연업계의 폐업 및 실업 사태를 해소하고 음악산업의 지속 가능한 생태계 구축을 지원하기 위하여 2021년 추가경정예산에서 '대중음악 공연업계 일자리 지원' 예산(228억 원)을 편성하였다. 그리고 2022년에는 같은 금액을 본예산에 반영하였다. 이는 대중음악의 공연 관련 가창, 연주, 안무 분야의 실연자들과 공연의 기획·제작, 무대기술, 홍보마케팅 등에 종사하는 지원인력에 대한 일자리를 지원하는 사업이다. 228억 원의 예산은 2,000여 명이 넘는 대중음악 공연업계 종사자들을 대상으로 6개월간 월 180만 원을 지원할 수 있는 금액이다. 공모를 통해 선정된 공연제작사는 공연의 기획, 제작, 경영, 홍보 분야 종사자를 5인까지 신규 채용하고 6개월간 이들에 대한 인건비를 지원받을 수 있다. 그리고 가수, 연주자 등 실연자 개인은 6개월간 주당 30시간의 공연 활동을 수행하면 월 180만 원을 지원하였다.[232]

231 문화체육관광부·한국콘텐츠진흥원. (2022). 2021콘텐츠산업백서.

232 문화체육관광부. (2021. 4.4.). 코로나19로 침체된 대중음악 공연업계 일자리 지원.

⑤ ICT-음악(뮤직테크) 개발 지원

'ICT-음악(뮤직테크) 개발 지원'은 음악과 ICT신기술의 연계 프로젝트 개발 및 상용화를 지원하는 신규사업으로 2020년 예산부터 반영되었다. 2020년에는 <표 5-39>에서 보듯이 6개의 과제를 지원하였으나 2021년 및 2022년에는 관련 예산이 증액되었고 대중음악 관련 더 많은 플랫폼 및 앱 개발을 지원하였다. [233]

<표 5-39> 2020년 ICT-음악 개발 지원 과제 현황

지원업체	지원 과제
1. 스페이스오디티	딥러닝 기반의 K팝 콘텐츠를 선별, 제공하는 K팝 팬덤 플랫폼
2. 아이디어아이디	AI기반 고품질 영상처리기술과 빅데이터 기반 추천시스템을 활용한 콘텐츠 공유 플랫폼
3. 덤덤	블록체인 기반 글로벌 비트음원 유통 플랫폼
4. 필데이브뮤직	사용자 맞춤형 악보 추천 플랫폼
5. 하이퍼리얼익스피리언스	음악감상을 위한 차량용 스마트 오디오 솔루션
6. 크리에이티브마인드&엔터아츠	AI기반 음악 작곡 기술 이봄(EVOM)을 이용한 K팝 음반 및 기능성 힐링 음반 발매

⑥ K팝 음원 기초 자료 외국어 표기 지원

'K팝 음원 기초 자료의 외국어 표기 지원'은 K팝의 해외유통 시 표기의 일관성과 통일성을 유지함으로서 해외 진출을 보다 용이하게 할 수 있다. 이는 음악산업 관련 번역 생태계의 발전을 지원한다.

4) 더블 다이아몬드 모델에 의한 음악산업정책 분석

문화체육관광부의 예산으로 본 음악산업 국가경쟁우위에 대한 영향을 더블 다이아몬드 모델에 따라 분석하면 <그림 5-5>와 같다. 문재인 정부에서는 코로나19기간에 음악산업 생태계 붕괴를 막기 위하여 한시적으로 대중음악 공연장 및 공연업계의 일자리 창출을 적극적으로 지원하였다. 이는 음악산업의 관련 및 지원산업 발전 촉진으로 볼 수 있다. 이를 제외하면 그림에서 보듯이 문재인 정부와 윤석열 정부는 음악산업의 국가경쟁우위 향상을 지원하는 정책의 방향성은 유사하다.

문화체육관광부는 지역기반형 음악창작소 구축 운영과 뮤지션 발굴 및 음악콘텐츠 제작 지원을 통한 요소조건의 고도화를 지속적으로 지원하였다. 그리고 공연 활성화 및 홍보마케팅 지

233 문화체육관광부. (2021). 2020콘텐츠산업백서.

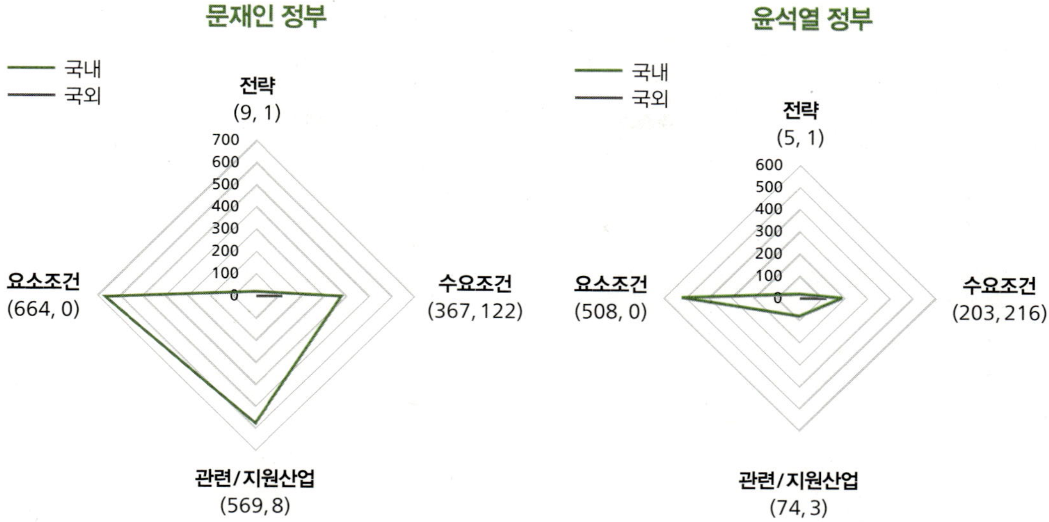

<그림 5-5> 음악산업 예산으로 본 국가경쟁우위 결정요소에 대한 영향(단위: 억 원)

원을 통한 음악콘텐츠의 국내외 수요 확충을 지원하는 예산의 비중도 크다. 특히 국외 다이아몬드 관점에서는 국산 음악콘텐츠에 대한 해외 수요 확충 지원에 예산이 집중되어 있다.

한편 음악산업 백서 발간 및 정책 포럼 관련 사업의 경우 해외 음악산업 관련 통계 및 동향도 포함하고 있다. 이를 감안하여 다른 장르와 마찬가지로 조사연구 및 정책 개발 예산의 20%를 해외시장 조사 및 전략 관련 예산으로 가정하였다.

4 만화산업

문화체육관광부는 만화산업 육성을 위하여 만화의 기획, 창작, 유통, 해외 진출 지원은 물론 인력 양성, 인프라 구축 등 다양한 사업을 지속적으로 전개하였다. <표 5-40>에서 보듯이 만화산업 진흥 예산은 박근혜 정부 시기에 100억 원 내외까지 증가하였는데 문재인 정부에서는 200억 원이 넘는 규모로 크게 증가하였고 사업내용도 훨씬 다양해졌다. 한편 2020년에는 코로나19 위기 극복을 위한 추가경정예산을 편성하는 과정에서 '부천웹툰융합센터 건립' 예산을 삭감하고 2021년에 다시 반영하기도 하였다.

만화는 웹툰이 발전하면서 만화의 주력 시장으로 성장하였고 <표 5-40>에서 보듯이 윤석열 정부에서도 만화산업 육성 예산은 지속적으로 증가하였다.

<표 5-40> 문화체육관광부의 만화산업 육성 정부예산[234]

구분(단위: 백만 원)	2018	2019	2020추경	2021	2022	2023	2024	2025	비고
1. 만화 창작 및 제작 지원	5,020	2,260	2,260	2,760	2,760	3,760	3,860	7,810	요소조건
2. 웹툰기업 전략적 육성						1,500	1,500	4,411	요소조건
3. 웹툰융합센터 건립(부천/대구)	1,000	3,000		4,000	3,000	200	2,700	2,000	요소조건
4. 만화규장각 운영	500	500	500	500	500	500	450	450	요소조건
5. 웹툰 아카이브 구축		1,000	1,000	1,000	1,000	465	465	465	요소조건
6. 만화산업 인력 양성	2,393	4,833	4,400	4,102	4,102	6,102	4,102	4,102	요소조건
7. 현지화 콘텐츠 제작 지원								2,000	요소조건
8. 만화 전시 향유 확산 및 저변 확대	45	440	710	710	710	710	574	572	수요조건
9. 만화 수출 및 국내외 마케팅 지원	1,507	3,000	2,330	2,330	2,330	2,330	6,065	7,013	수요조건
10. 디지털만화 유통 지원	400								관련/지원
11. 만화 연계 콘텐츠 제작 지원	1,500	2,400	1,100	1,052	3,000	3,000	4,359		관련/지원
12. 신기술 융합 만화콘텐츠 기업 육성			1,000	1,000					관련/지원
13. 글로벌 프로젝트 기업 육성		3,000	3,000	2,935	4,673	4,673			관련/지원
14. 만화공모전 및 시상	155	380	380	380	380	380	380	380	경쟁
15. 백서 발간 및 정책 연구	70	200	290	281	281	281	281	281	전략
16. 행정	40	40	40	40	40	40	240	40	전략
17. 계	12,630	21,053	17,010	21,090	22,776	23,941	24,976	29,524	

234 연도별 예산각목명세서, 예산안 및 기금운용계획안 사업설명자료 참조, 재구성.

1) 요소조건 고도화

① 만화의 창작 및 제작 지원

<표 5-40>의 '만화 창작 및 제작' 지원은 계속사업이지만 문재인 정부에서는 세부내용에 다소 변화가 있다. 2018년까지의 '만화 창작 및 제작 지원'은 글로벌 만화 창작 프로젝트, 연재만화, 다양성 만화, 만화잡지 등에 대한 지원을 통해 다양한 만화콘텐츠의 기획 제작을 지원하였다. 한편 2019년부터 '만화 창작 및 제작 지원' 예산은 다소 줄어들었고 연재만화 및 다양성 만화의 제작, 만화의 기획·개발 지원에 집중하였다. 연재만화 지원은 온·오프라인 매체의 신규 연재만화를 지원하여 만화산업 생태계 및 창작 기반을 강화한다. 다양성 만화는 상업적 성격보다는 예술만화 또는 실험만화와 같은 대중들에게 활성화되지 않은 만화를 지원하여 만화의 다양성을 확산하는 사업이다. 만화의 기획·개발은 우수한 아이디어가 창작으로 연계될 수 있도록 기획·취재 단계를 지원하여 창작자의 활발한 작품 개발을 촉진하는 사업이다.[235]

2018년까지 '만화 창작 및 제작 지원' 사업 중 하나로 포함되었던 해외시장별 맞춤형 만화의 기획 제작 지원사업인 '글로벌 만화 창작 지원 프로젝트'는 2019년부터 사업내용과 세부사업명이 바뀌었다. 동 사업은 2019년부터 '글로벌 프로젝트 기업 육성'으로 세부사업명이 변경되었는데 이는 한국만화의 해외 진출을 견인할 글로벌 만화 플랫폼 구축과 글로벌 만화 에이전트를 양성하는 사업이다. <표5-40>에서는 이를 만화의 관련 및 지원산업 육성 부문으로 분류하였다.

<표 5-40>에서 보면 2025년에 만화 창작 및 제작 지원 예산이 급증하였다. 이는 웹툰을 중심으로 한국만화의 급격한 성장에 발맞추어 글로벌 만화시장에서 성공할 수 있는 대작 만화를 지원하는 '글로벌 웹툰 IP제작 지원' 사업이 신규로 포함되었기 때문이다. '글로벌 웹툰IP 제작 지원'은 과거 해외시장에서 성공할 수 있는 대작을 지원했던 스타프로젝트 지원사업과 유사하다.

이 외에도 2025년 예산은 '만화콘텐츠 현지 제작 지원'을 포함하고 있다. 웹툰 플랫폼은 한국이 세계 1위를 자랑하고 있다. 한국은 웹툰 분야에서 넷플릭스와 같은 글로벌 성공사례를 창출할 수 있다. 이 사업은 만화의 시장규모가 크고 한류가 성공적으로 정착한 국가의 현지 이야기IP를 활용하여 현지 기업과 한국의 기업이 공동으로 웹툰을 제작하는 것을 지원한다. 만화콘텐츠 현지 제작 지원은 요소조건의 국제적 고도화를 지원하는 사업이다.

문화체육관광부의 예산각목명세서는 '글로벌 웹툰IP제작' 및 '만화콘텐츠 현지 제작' 지원을 만화의 해외 진출 사업에 포함하였으나 여기서는 해외 홍보마케팅 및 시장 진출을 지원하는 수요조건 고도화 사업으로 분류하지 않고 요소조건 고도화 사업인 제작 지원으로 분류하였다.

---

235 문화체육관광부. (2020). 2019콘텐츠산업백서.

② 웹툰기업의 전략적 육성

웹툰기업의 전략적 육성은 윤석열 정부에서 추가된 신규사업이다. 이는 만화산업의 주력으로 자리잡고 있는 웹툰 분야 벤처기업이 보유한 창의적 아이디어의 사업화 및 시장 진출을 위한 경영 컨설팅 등을 통해 웹툰 비즈니스의 창업 및 성장을 지원하는 사업이다.

③ 만화인프라 확충

문재인 정부 시기에 문화체육관광부는 만화인프라 확충을 위해 '부천웹툰융합센터 건립', '만화규장각 운영', '웹툰 아카이브 구축' 등을 지원하였다. 부천웹툰융합센터는 2017년부터 2022년까지 국고 지원 예산이 반영되었다. 만화규장각 구축 운영은 2005년부터 계속사업이고, 웹툰 아카이브 구축은 <표 5-40>에서 보듯이 2019년 예산에 반영되기 시작한 신규사업이다.

한국만화영상진흥원은 만화규장각을 운영하며 만화관련 자료의 수집·보존·전시 등을 추진해왔다. 웹툰아카이브는 웹툰 자료의 디지털 저장소로서 웹툰 관련 정보를 종합적으로 수집·보존하고 서비스한다. 웹툰은 영화나 드라마의 원천 소스가 되는 경우가 많다. 웹툰아카이브는 2023년 시스템 고도화작업을 마무리하고 2024년부터 안정적인 서비스를 제공하고 있다. 만화 및 웹툰 관련 정보가 궁금하면 만화규장각 사이트에서 확인할 수 있다. 웹툰아카이브는 한국저작권보호원과 협약을 통해 웹툰 불법유통 추적 관리에도 활용되고 있다.[236]

부천웹툰융합센터는 만화작가들의 창작공간과 만화 관련 기업이 입주할 사무공간 및 교육공간 등을 갖춘 인프라 시설이다. 부천시는 문화체육관광부의 지원금을 포함한 총 590억 원(국비 120억, 도비 20억, 시비 350억)의 예산을 투입하여 부천의 영상문화산업단지 내 지하 3층, 지상12층 규모의 웹툰융합센터를 조성하여 2023년 9월 준공식을 개최하고 10월부터 만화작가 및 만화기업들이 입주하도록 지원하였다.[237] 이로써 일찍부터 만화를 지역의 전략 문화산업으로 육성해온 부천은 상동 일대에 한국만화영상진흥원, 웹툰융합센터, 만화박물관, 예술인주택 등 만화산업 클러스터를 한층 발전시키게 되었다.

한편 정부는 2023년부터 대구에 글로벌 웹툰센터 조성을 지원하기 시작하였다. 이는 지역의 웹툰 작가, 에이전시, 플랫폼 등을 육성하는 인프라이며 대구 및 경북 지역의 웹툰산업 생태계 구축을 지원하게 된다.

④ 만화산업 인력 양성

<표 5-40>에서 보듯이 '만화산업 인력 양성'은 2019년부터 예산이 크게 증가하였다. 이는 계속사업인 '현장형 만화인력 양성'과 '웹툰창작체험관 조성' 지원 외에도 문재인 정부에서 '웹

[236] 김서중. (2024.4.30.). 웹툰아카이브에서 K-드라마 원작 찾아볼까…국제뉴스.

[237] 부천시. (2023.9.19.). 다시 뛰는 부천, 새로운 백년 서막...웹툰융합센터 준공식 연다.

툰캠퍼스 운영', '만화 전문 교육 프로그램 개발', '취약계층 작가 양성' 등 다양한 신규사업이 추가되었기 때문이다. 만화산업 인력 양성 예산은 표에서 보듯이 윤석열 정부에서도 지속적으로 증가하였다. 윤석열 정부에서는 10억 뷰 작가 양성 등의 신규사업이 추가되었다.

가. 현장형 만화인력 양성

만화산업 인력 양성 중 '현장형 만화인력 양성'은 계속사업이다. 이는 전문가로 구성된 멘토와 예비 창작자인 멘티를 연결하여 멘토의 다양한 경험 및 노하우를 공유하고 워크숍 및 필수 교육 연계를 통해 멘티의 프로젝트 완성을 지원하는 인력 양성 프로그램이다.[238]

한편 문화체육관광부는 만화인력 양성을 위해 'K-Comics아카데미'도 계속사업으로 지원하였다. 이는 생애주기별 다양한 만화 창작 전문교육을 통해 만화산업의 핵심인력을 양성하는 사업으로 한국만화영상진흥원이 운영한다. K-Comics 아카데미는 예비 만화가는 물론 현직 만화가와 만화산업 종사자들의 전문적 역량 향상을 위한 다양한 교육 프로그램을 운영한다.

나. 웹툰창작체험관 조성

'웹툰창작체험관 조성'은 2015년부터의 계속사업으로 지역의 문화 기반 시설을 활용한 웹툰 창작체험관 구축 및 운영을 지원하는 사업이다. 웹툰창작체험관은 웹툰의 예비 창작자 양성 및 청소년 직업 체험 교육 프로그램을 운영하며 지역의 만화 인재를 양성할 뿐 아니라 지역의 웹툰 소비를 촉진하는 기능도 수행한다. 문재인 정부는 웹툰창작체험관을 지속적으로 확충하여 2022년까지 총 35개를 조성하고 운영을 지원하였다.[239]

다. 웹툰캠퍼스 조성

웹툰캠퍼스는 2018년 예산에서 반영되기 시작하였으며 웹툰창작체험관보다 발전된 개념이다. 웹툰캠퍼스는 전문 교육시설은 물론 입주공간 및 전시공간 등을 갖추고 보다 체계적인 웹툰 창작자 양성 프로그램을 운영하며 지역의 만화산업 발전에 핵심적 역할을 수행하였다. 2022년까지 10개 지역에 조성하여 운영하고 있다. 지역 웹툰캠퍼스는 순천글로벌웹툰센터(전남)를 제외하면 대부분 지역 문화산업 지원기관[240]에 조성되었다.

라. 취약계층 작가 양성

'취약계층 작가 양성'은 청년 장애인 또는 중장년 작가 등을 대상으로 웹툰 교육을 통해 웹툰작가가 될 수 있도록 지원하는 프로그램이며 2019년부터 신규사업으로 예산에 반영되었다.

---

238 문화체육관광부. (2019). 2018콘텐츠산업백서.

239 문화체육관광부·한국콘텐츠진흥원. (2023). 2022콘텐츠산업백서.

240 대구디지털혁신진흥원, 대전정보문화산업진흥원, 부산정보산업진흥원, 경남문화예술진흥원, 제주영상문화산업진흥원, 전북콘텐츠융합진흥원, 경북콘텐츠진흥원, 세종테크노파크, 울산정보산업진흥원

특히 청년 장애인 대상 웹툰아카데미는 장애인 복지시설을 대상으로 선정하여 웹툰 교육환경 조성을 지원하였다. 2022년까지 총 13개의 장애인 복지시설을 대상으로 웹툰 교육장비 구입 및 교육 프로그램 운영 예산을 지원하고 청년 장애인이 웹툰을 통해 새로운 진로를 개척할 수 있도록 유도하였다.

문화체육관광부는 새로운 경력 탐색 또는 디지털 전환을 희망하는 중장년층을 대상으로 디지털 스토리 분야 전문가들을 멘토로 구성하여 웹툰 프로젝트 기반의 실기 교육을 통해 시니어 웹툰 작가 양성도 지원하였다.

마. 10억 뷰 작가 양성

윤석열 정부에서는 글로벌 대작 만화의 창작을 지원하였다. 게임 등 다른 콘텐츠 장르와 마찬가지로 만화도 글로벌 시장에서 흥행에 성공한 대작 만화가 만화산업의 성장을 견인하고 있다. 귀멸의 칼날, 여신강림, 신의 탑 등이 그러한 사례들이다. 문화체육관광부는 이와 같은 만화산업의 세계적 추세를 선도할 일류 작가를 양성하기 위한 소수 정예의 만화작가 양성을 추진하였다. 이것이 10억뷰 작가 양성 사업이다.

2) 수요조건 강화

① 만화 전시 향유 확산 및 저변 확대

2019년 문화체육관광부 예산각목명세서는 기존의 '만화 저변 확대' 사업의 범위를 확대하여 '만화 전시 향유 및 저변 확대' 예산을 새로 편성하였다. 이는 i) 만화 다각화 지원, ii) 만화평론 활성화, iii) 만화의 공정 생태계 조성, iv) 만화백서 발간 및 정책 연구 등을 작은 규모의 세부사업으로 포함하고 있다. '만화 다각화'는 만화콘텐츠 전시 및 유튜브 영상 제작 지원을 통해 새로운 형태의 만화 수요 창출을 유도하는 사업이다. '만화평론 활성화'는 만화 비평을 통한 만화 소비의 고도화 및 저변 확대를 유도하기 위하여 평론가 발굴 및 평론지 발간을 지원하는 사업이다. 그리고 '만화의 공정 생태계 조성'은 만화 창작 및 산업 활동에 필요한 계약, 저작권, 세무 등 비즈니스 서비스 지원 및 표준계약서 개선을 통해 공정한 산업 생태계 구축을 촉진하는 사업이다. 여기서는 이들 작은 규모의 하위 사업들을 포괄적으로 수요조건 고도화를 지원하는 사업으로 분류하였다. 다만 '만화 백서 발간 및 정책 연구'는 별도로 분리하여 편집하였다.

만화 전시 향유 확산 및 저변 확대 항목의 사업은 위에서 언급한 4개의 하위 사업을 지속적으로 포함하였다. 다만 2024년 및 2025년 예산각목명세서는 이를 포괄적으로 편성하였기 때문에 4개의 하위 사업별 정확한 금액은 확인할 수 없다. <표 5-40>에서는 백서 발간 및 정책 연구의 연속성과 중요성을 감안하여 2023년과 같은 금액으로 예산이 편성되었다고 가정하고 나머지 금액을 만화 전시 향유 확산 및 저변 확대 예산에 포함하였다. 이렇게까지 세분하여 분류하는 이유는 각각의 하위 사업별로 산업의 국가경쟁우위 결정요소에 대한 영향이 다르기 때문이다. 그리고 이를 통해서 만화산업의 국가경쟁우위 결정요소에 대한 영향을 보다 분석적으로 살펴보기 위함이다.

② 만화의 해외 진출 지원

'만화 수출 및 국내외 마케팅 지원'은 계속사업이다. 이는 주로 한국만화의 해외 진출을 지원하기 위한 해외전시회 및 마켓 참가, 만화 원작 및 원화의 해외 마케팅 지원, 수출용 샘플 만화 및 수출 작품에 대한 번역 지원 등을 포함하고 있다.

만화 관련 해외 마켓은 미국(뉴욕, 샌디에고), 유럽(프랑스 앙굴렘), 일본, 중국 등에서 매년 연례적으로 개최되고 있다. 이 외에도 베이징국제도서전이나 프랑크푸르트국제도서전 등 해외의 국제도서전에서도 만화관련 전시 및 비즈니스 상담이 활발히 전개된다. 문화체육관광부는 한국콘텐츠진흥원을 통해 해외의 주요 만화 마켓에 한국공동관 형태의 참여를 지원함으로써 한국만화의 수출 및 홍보마케팅을 지원한다.

문화체육관광부는 해외 마켓에서의 비즈니스 매칭 지원 외에도 영국, 프랑스, 미국, 멕시코, 아랍에미리트 등에서 한국문화원, 대한무역투자진흥공사(KOTRA) 등과 협력하여 한국 만화의 해외 전시 및 만화 교류도 지원하였다. 코로나 확산으로 인하여 오프라인 전시가 어려운 시기에는 온라인 전시 및 만화 교류회 개최를 지원하였다.

3) 관련 및 지원산업 발전

<표 5-40>에서 관련 및 지원산업 발전에 영향을 주는 사업으로 분류된 예산 중 '디지털 만화 유통'은 계속사업이며 디지털 만화 저작권 침해에 대한 구제를 위한 '헬프데스크 운영'과 '디지털 만화 관련 신기술 및 창업 교육' 등 디지털 만화의 산업 생태계를 지원하는 세부사업으로 구성되어 있다.

한편 '만화 연계 콘텐츠 제작 지원'은 만화 원작을 활용하여 게임, 애니메이션, 영화, 드라마 등 다른 장르의 2차적 저작물 제작을 지원하는 OSMU 사업이며 계속사업이다.

① 만화 연계 콘텐츠기업 육성 지원

<표 5-40>의 만화 연계 콘텐츠기업 육성은2018년에 새롭게 추진된 신규사업이다. 이는 '웹툰의 불법 유통 근절 캠페인', '만화 IP 피칭 개최', '우수 만화·스토리 IP의 후속 프로모션 지원' 등 만화 IP의 사업화를 지원하는 예산이다. '웹툰의 불법 유통 근절 캠페인'은 유튜브 영상, 온라인 광고, 전광판 등 다양한 경로를 통해 만화의 불법 공유 근절을 유도하는 캠페인이다. '만화 IP피칭 개최'는 G-스타, BCWW 등 게임이나 방송영상콘텐츠 관련 국제행사 계기 국내 만화IP 보유 기업과 다양한 장르의 콘텐츠기업 간 비즈니스 매칭을 유도하는 행사이다. '우수 만화·스

토리 IP의 후속 프로모션 지원'은 우수 만화 원작을 활용한 웹툰, 출판, 공연, 웹소설 등 다양한 방식으로 2차적 저작물 제작을 촉진하는 사업이다.

<표 5-40>에서 보듯이 2020년 및 2021년에는 만화 연계 콘텐츠 제작 지원사업의 연장선에서 '신기술 융합 만화콘텐츠기업 육성' 사업을 별도로 추진하였다. 이는 기존의 만화 IP를 증강현실(AR), 가상현실(VR), 혼합현실(MR) 등 실감형 기술과 결합하여 첨단 콘텐츠로 제작하는 것을 지원하는 사업이다. 문화체육관광부는 베스트셀러 학습만화 IP기반의 VR웹툰 개발 및 대형 웹툰을 활용한 실감형 전시 콘텐츠 제작 사업 등을 지원한 바 있다.[241]

② 글로벌 프로젝트 기업 육성

<표 5-40>의 '글로벌 프로젝트 기업 육성'은 2019년 예산에 포함된 신규사업이다. 이는 글로벌 시장 진출을 위한 만화 및 웹툰 기업의 창업과 해외 플랫폼 구축, 만화 에이전트 육성 등 만화의 관련 및 지원산업 생태계 발전을 지원하는 다양한 사업으로 구성되어 있다. 이전의 해외시장을 겨냥한 만화의 기획 제작 또는 공동 제작을 지원하는 글로벌 만화 프로젝트 사업에서 한 차원 더 발전된 형태의 사업이다. 만화 및 웹툰기업의 창업 지원이라고 해도 단순한 만화 창작 프로젝트의 지원이 아니라 만화와 연계된 창의적 아이디어 및 기술 기반의 앱 개발 또는 플랫폼 구축 등 다양한 프로젝트를 지원하였다. 해외 플랫폼 구축 지원은 베트남, 인도, 튀르키예, 독일, 프랑스, 미국, 멕시코 등 다양한 국가의 시장을 겨냥한 만화 플랫폼 구축 및 운영을 지원하는 사업이다. 그리고 만화 에이전트 육성은 우수 만화의 사업화를 위한 에이전트 활용 인건비를 지원하는 사업이다.[242]

4) 전략 및 경쟁

만화공모전 및 우수 만화에 대한 시상제 운영은 계속사업이며 경쟁을 통한 창의적 만화작가의 지속적 발굴 육성을 촉진한다. 만화백서 발간 및 정책 연구개발 등 전략적 요소에 대한 예산도 계속사업으로 지원하였다.

5) 더블 다이아몬드 모델에 의한 만화산업정책 분석

문재인 정부 및 윤석열 정부의 만화산업 육성 예산으로 본 만화산업 국가경쟁우위 결정요소에 대한 영향은 <그림 5-6>과 같다. 그림에서 보듯이 국내 다이아몬드 관점에서는 만화산업의 인프라 구축 및 창작 지원과 만화산업 인력 양성 등 요소조건 고도화 예산의 비중이 가장 크다. 그리고 만화의 유통 활성화 및 만화IP의 다양한 사업화를 지원하는 관련 및 지원산업 발전을

---

241 문화체육관광부·한국콘텐츠진흥원. (2022). 2021콘텐츠산업백서.

242 문화체육관광부. (2021). 2020콘텐츠산업백서.

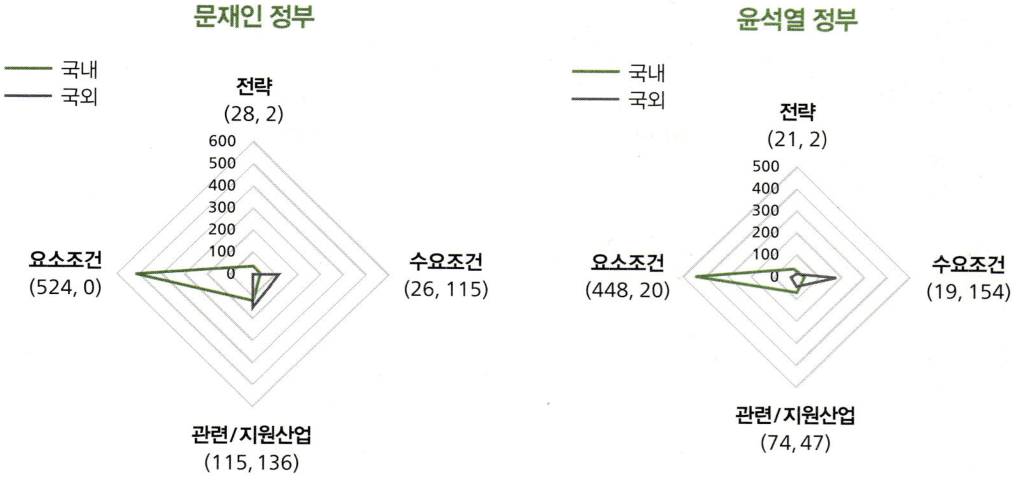

<그림 5-6> 만화산업 육성 예산으로 본 국가경쟁우위 결정요소에 대한 영향(단위: 억 원)

지원하는 예산도 상당한 규모이다.

한편 국외 다이아몬드 관점에서는 국산 만화의 해외 수요 확충을 지원하는 사업의 비중이 크다. 그림에서 보듯이 문재인 정부 시기에는 글로벌 프로젝트 기업 육성 예산의 비중이 크기 때문에 국제적 관점의 관련 및 지원산업 발전에 대한 영향이 매우 큰 비중을 차지하고 있다. 윤석열 정부에서는 해외 현지 IP를 활용한 공동제작 지원 예산을 포함하고 있다. 이는 요소조건의 국제적 고도화를 지원하는 사업이다.

5 애니메이션산업

문화체육관광부는 코로나19확산으로 인하여 2020년과 2022년에 추가경정예산을 편성하여 애니메이션 육성 관련 본예산을 변경하였다. 2020년에는 애니메이션 디지털 아카이빙 구축 예산을 신규사업으로 추가경정예산에 반영하였다. 그리고 2022년에는 행정예산의 일부를 삭감하였다. 2024년에는 예산이 큰 폭으로 증가하였는데 이는 전라남도 순천의 애니메이션 클러스터 조성 지원 예산이 반영되었기 때문이다.

애니메이션은 만화에 비하여 제작비가 상대적으로 많이 소요된다. <표 5-41>에서 보는 바와 같이 애니메이션산업 진흥 예산 대부분은 제작 지원에 사용되고 나머지는 국내외 수요 창출을 촉진하는 홍보마케팅 지원에 사용된다. 관련 및 지원산업 발전을 지원하는 사업은 상대적으로 작은 규모이다.

<표 5-41> 문화체육관광부의 애니메이션산업 육성 정부예산 현황[243]

구분(단위: 백만 원)	2018	2019	2020추경	2021	2022추경	2023	2024	2025	비고
1. 제작 지원 및 창작기반 조성	10,325	12,080	13,080	12,497	13,709	20,389	23,889	25,666	요소조건
2. 애니메이션 클러스터 조성 지원						200	19,300		요소조건
3. 디지털 아카이빙 구축·운영			3,890	1,200	1,000	500	500	500	요소조건
4. 애니메이션 인력 양성				1,100	1,100	1,100	1,100	1,100	요소조건
5. 애니메이션 페스티벌 개최 지원	417	348	369	355	430	430			수요조건
6. 애니메이션 해외 방영 지원	0	500	500	500	1,000	1,000	500	500	수요조건
7. 해외 전시마켓 참가 지원	927	927	927	958	860	1,060	1,060	1,930	수요조건
8. 웹 애니메이션 활성화 지원	945								관련/지원
9. 아시아 공동마켓 활성화 지원	220	220	220						관련/지원
10. 애니메이션 대상 시상 운영	55	55	55	55	55	55	55	55	경쟁
11. 백서 발간 및 정책 개발	110	130	130	130	330	130	118	118	전략
12. 행정	45	45	45	45	33				전략
13. 계	13,044	14,305	19,216	16,840	18,517	24,864	46,522	29,869	

243 연도별 예산각목명세서, 예산 및 기금운용계획 사업설명자료 참조, 재구성

1) 요소조건 고도화

① 애니메이션 제작 지원 및 창작 기반 조성

애니메이션의 제작 지원 및 창작 기반 조성은 기획 단계, 제작 초기 단계, 본편 제작 단계, 완성 단계 등 애니메이션의 제작 단계별로 나누어 지원한다. <표 5-41>에서 보듯이 2023년부터 제작 지원 예산이 크게 증가하였다. 예산각목명세서는 2023년 예산부터 애니메이션 기획·개발 항목을 별도로 편성하고 있으나 여기서는 애니메이션 제작 지원 및 창작기반 조성에 포함하여 편집하였다. 애니메이션 기획·개발 지원은 애니메이션 부트캠프, 기획안 공모전, 기획 전문인력 육성, 파일럿 제작 등에 대한 지원사업을 포함하고 있다. 이는 애니메이션의 기획제작 역량 강화를 지원하는 요소조건 고도화 사업으로 볼 수 있다.

가. 애니메이션 부트캠프

애니메이션 부트캠프는 애니메이션 기획 단계에서의 제작 지원사업 중 하나이다. 이는 프리프로덕션 단계의 애니메이션을 대상으로 기획·개발 역량을 향상시키고 본편 제작률 제고를 목적으로 2017년에 처음 시작하였다. 애니메이션은 제작 지원 작품 중심으로 프로젝트 진행 및 피칭 교육은 물론 애니메이션 바이블 작성을 위한 멘토링 프로그램을 지원한다. 2019년에는 23개의 제작사를 선정하여 국내 주요 방송사 및 투자자로 구성된 전문 프로듀서들의 멘토링 프로그램을 운영하면서 애니메이션 프로젝트의 기획 단계부터 경쟁력 향상을 지원한 바 있다.[244]

나. 애니메이션 본편 제작 지원

애니메이션 본편 제작 지원은 애니메이션 제작 지원사업 중 규모가 가장 큰 사업이며 프리프로덕션 단계를 지난 본편 제작 프로젝트를 지원한다. 애니메이션 바이블이 완성된 프로젝트를 대상으로 본편 1, 2 편을 제작할 수 있는 비용을 지원하는 사업이다.

다. 애니메이션 레벨업 제작 지원

애니메이션 레벨업 제작 지원은 애니메이션 제작 단계 중 최종 단계에 있는 작품을 선정하여 지원함으로써 성공사례 발굴을 목적으로 지원하는 사업이다. 그러므로 메인 프로덕션 이후 전체 제작 목표 분량의 50%이상 제작된 경우 또는 협약기간 내에 제작 완료가 가능한 프로젝트를 대상으로 지원한다.[245]

라. 단편 애니메이션 제작 지원

단편 애니메이션 제작 지원은 다양한 독립 애니메이션 창작 지원을 통해 애니메이션의 다

244 문화체육관광부. (2020). 2019콘텐츠산업 백서.

245 문화체육관광부·한국콘텐츠진흥원. (2020). 2019애니메이션산업 백서.

양성을 촉진하고 애니메이션의 저변 확대를 유도하는 사업으로서 예술성이 높은 애니메이션을 선별하여 제작비 일부를 지원한다.

② 애니메이션 클러스터 조성 지원

<표 5-41>의 애니메이션 클러스터 조성은 전라남도 순천에 지역 거점 애니메이션 제작 기지를 구축하는 사업이다. 이는 2023년 예산부터 반영되었으며 애니메이션 제작 기업의 입주공간, 애니메이션 관련 전시 및 체험 시설, 교육 시설 등이 조성된다.

③ 애니메이션 디지털 아카이빙 구축

애니메이션은 만화, 캐릭터, 방송, 완구 등 타 문화산업에 대한 파생효과가 큰 문화산업임에도 불구하고 애니메이션의 수집과 보존을 위한 아카이브 구축 시스템이 빈약하였다. 애니메이션 아카이브는 과거 애니메이션 자료의 수집, 기록, 보존을 통해 애니메이션 역사에 대한 교육과 연구는 물론 미래의 애니메이션 창작을 위한 기획자료로 활용할 수 있는 애니메이션산업의 귀중한 인프라가 될 수 있다. 2020년 추가경정예산은 애니메이션 분야의 일자리 창출 및 애니메이션 아카이브 구축을 위하여 애니메이션 디지털 아카이빙 구축 운영 지원 예산을 편성하였다. 이는 극장용 애니메이션, 방송용 애니메이션, 애니메이션 제작자 구술 등을 디지털 아카이브로 구축하는 사업이다. 극장용 애니메이션은 보존 가치가 있는 극장용 애니메이션 원화의 디지털화를 포함한 작품의 촬영 대본, 디자인, 원동화지, 필름 등을 디지털 아카이빙 형태로 구축하였다. 방송용 애니메이션은 비디오테이프 형태의 TV방송용 애니메이션을 디지털화하는 것이다. 애니메이션 제작자 구술은 원로 애니메이션 감독 및 제작자들이 한국 애니메이션의 역사적 사건 등에 대하여 구술한 것을 영상으로 채록한 것이다. <표 5-41>에서 보듯이 애니메이션 디지털 아카이빙 구축 운영 사업을 2020년에 추가경정예산으로 반영되었지만 2021년 이후에도 계속 지원하였다.

④ 인력 양성

문화체육관광부는 신규고용이 위축되고 제작인력이 타 산업 분야로 유출되는 어려움을 겪고 있는 애니메이션 업계를 지원하기 위하여 2021년 및 2022년 예산에 '애니메이션 인력 양성' 사업을 반영하였다. <표 5-41>에서 보듯이 윤석열 정부에서도 애니메이션 인력 양성 지원사업은 지속적으로 예산에 반영하였다.

인력 양성 교육과정 참여자는 애니메이션기업에서 제작 실무에 필요한 이론 및 실기 중심의 훈련을 거치게 된다. 그리고 팀 프로젝트 수행을 통해 단편 애니메이션을 실제로 기획 제작하고 전문가의 멘토링을 받으며 실무 역량을 향상시킨다. 2021년에는 제작 인력을 필요로 하는 34개 애니메이션기업을 선정하여 46명의 전문인력 양성을 지원한 바 있다. 2022년에도 35개 기업에서 45명의 교육생을 선발하여 훈련할 수 있도록 지원하였고 교육생들은 정규직으로 전

환되는 경우가 많아 애니메이션 제작사의 인력 확보 및 애니메이션산업의 일자리 창출에 기여하였다.[246]

2) 수요조건 강화

애니메이션의 국내외 수요조건 고도화를 지원하는 사업은 대부분 계속사업이다. <표 5-41>의 '애니메이션 페스티벌 개최 지원'은 독립, 예술 애니메이션 영화제 개최를 지원하여 다양한 애니메이션에 대한 수요 창출 및 저변 확대를 유도하는 사업이다.

'해외 전시마켓 참가 지원'은 MIPCOM, KIDSCREEN, MIPTV 등 해외에서 개최하는 주요 애니메이션 마켓 참가를 지원함으로써 국산 애니메이션의 해외 진출을 촉진하는 사업이다. 한편 <표 5-41>에서 보듯이 2019년부터는 애니메이션의 '해외 전시마켓 참가 지원'과는 별개로 '애니메이션 해외 방영 지원' 예산을 편성하고 있다. 이는 해외에서의 방송을 통해 국산 애니메이션에 대한 직접적 수요 창출을 지원하는 사업이다.

3) 관련 및 지원산업 발전

① 애니메이션 유통 활성화 지원

2018년 예산에 반영된 웹 애니메이션 활성화 지원사업은 웹 애니메이션의 기획 제작 및 데뷔, 전용 플랫폼의 연계를 통한 유통 활성화를 지원하는 사업으로서 뉴미디어 플랫폼용 애니메이션 생태계 구축을 촉진하는 사업이다. 여기서는 애니메이션의 관련 및 지원산업 발전 촉진에 기여하는 예산으로 분류하였다.

② 아시아 공동마켓 활성화 지원

'아시아 공동마켓 활성화 지원'은 신규사업으로 아시아의 애니메이션 제작사-방송사-투자자-지원기관 간 네트워킹 구축을 위한 아시아 애니메이션 콘퍼런스 개최 지원 예산이다. 이는 아시아 애니메이션산업의 관련 및 지원산업 생태계 발전을 지원한다.

4) 전략 및 경쟁

<표 5-41>의 애니메이션 대상 시상 운영, 애니메이션 백서 발간 및 정책 개발 등은 예산의 규모는 작지만 계속사업이다. 애니메이션 대상 시상은 애니메이션 업계의 경쟁을 촉진한다. 그리고 애니메이션 백서 및 자료집 발간은 관련 기업의 경영전략 수립에 필요한 국내외 시장정보 및 통계 등을 지속적으로 제공하는 사업이다.

---

[246] 2021 및 2022콘텐츠산업 백서 참조.

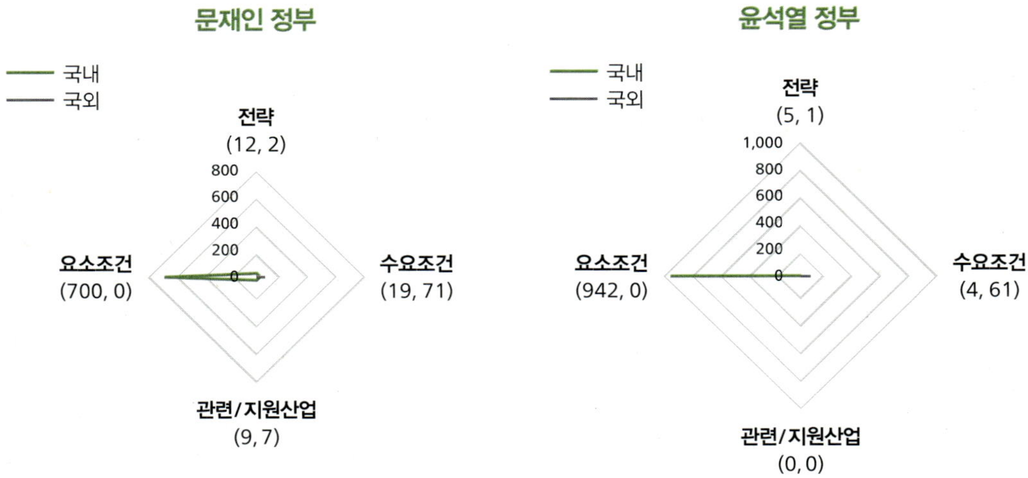

<그림 5-7> 애니메이션산업 예산으로 본 국가경쟁우위 결정요소에 대한 영향(단위: 억 원)

5) 더블 다이아몬드 모델에 의한 애니메이션산업정책 분석

애니메이션산업에 대한 예산 지원이 국가경쟁우위 결정요소에 미치는 영향을 더블 다이아몬드 모델을 적용하여 분석하면 <그림 5-7>과 같다. 애니메이션산업의 국가경쟁우위 다이아몬드에 대한 영향은 다른 장르에 비하여 비교적 단순한 형태를 갖고 있다. 국내 다이아몬드 관점에서는 제작 지원 중심의 요소조건 고도화에 집중되어 있다. 그리고 국외 다이아몬드 관점에서는 해외 수요 확충에 집중되어 있다. 국내외 관련 및 지원산업 발전에 대한 정책적 영향은 미미한 수준이다.

6 캐릭터산업

캐릭터산업 육성을 위한 정부예산은 2022년 추가경정예산에서 행정 예산이 소액 삭감된 바 있고 사업비는 본예산과 같다. <표 5-42>에서 보듯이 캐릭터산업 육성은 대부분 계속사업으로 구성되어 있으며 예산이 감소하는 추세에 있다.

1) 요소조건 고도화

<표 5-42>의 '국산 캐릭터 창작·발굴 및 IP사업화 지원'은 신규 국산 캐릭터 IP를 발굴하여 매뉴얼북과 시제품 제작을 지원하는 계속사업이다. <표 5-43>은 2018년의 국산 캐릭터 발굴 지원 과제 사례를 보여준다. 표에서 보듯이 정부는 다양한 캐릭터 개발 가이드북 및 샘플 제작을 지원하였다. 이는 캐릭터산업의 요소조건 고도화를 지원할 수 있다.

<표 5-42> 문화체육관광부의 캐릭터산업 육성 정부예산 현황[247]

구분(단위: 백만 원)	2,018	2,019	2,020	2,021	2022추경	2023	2,024	2025	비고
1. 신규 캐릭터 창작·발굴 및 IP사업화 지원	550	630	830	830	980	980	980	470	요소조건
2. 캐릭터 라이선싱 페어 개최 지원	810	990	891	802	718	818	1,000	800	수요조건
3. 해외전시마켓 참가 지원	861	861	861	861	770	770	1,026	1,026	수요조건
4. 캐릭터상품 목록 제작 및 저작권 보호	180	100							수요조건
5. 지역·공공캐릭터 활성화 지원	500	500	500	500	400	400			관련/지원
6. IP융복합 라이선싱 사업화 지원	6,048	5,902	6,002	5,219	4,869	5,869	5,869	5,869	관련/지원
7. 캐릭터 대상 시상 및 공모전 운영	264	264	64	64	64	64	64	64	경쟁
8. 캐릭터산업백서 및 정책개발 등	60	100	100	94	94	94	94	94	전략
9. 행정	36	36	36	36	28				전략
계	9,309	9,383	9,284	8,406	7,923	8,995	9,033	8,323	

247 연도별 예산각목명세서, 예산 및 기금운용계획 사업설명자료 참조, 재구성

<표 5-43> 2018년 신규 국산 캐릭터 개발 지원 과제 현황[248]

구분	과제명	주관기관
1	'바니또' 캐릭터 스타일 가이드북 및 샘플 제작	트위스피카
2	'안전제일타론-골든 판다' 캐릭터 개발	소프
3	'버들강아지와 고양이' 스타일 가이드북 및 샘플 제작	버들강아지
4	'바글바글 하토씨' 스타일 가이드북 및 샘플 제작	리리스도어
5	치피후드	모스테입스
6	쿠앙 & 뚜앙	쿠앙
7	'부부맨' 스타일 가이드북 및 샘플 제작	젤리부부
8	'꼬마공룡 크앙' 스타일 가이드북 및 샘플 제작	쏘울 크리에티브
9	'부가부' 스타일 가이드북 및 교육 애니메이션 제작	부가부 스튜디오
10	'꼭두메이트' 스타일 가이드북 및 샘플 제작	핸썸 스튜디오
11	'오바나나 이모티콘' 및 홍보영상 제작	코안 스튜디오
12	'슈슈와 친구들' 스타일 가이드북 및 샘플 제작	히어로즈 엔터테인먼트
13	'고고밴드' 스타일 가이드북 및 샘플 제작	스튜디오 창
14	'오디티 걸즈' 스타일 가이드북 및 시제품 제작	투락
15	'출동! 우주청소부 지지몬' 스타일 가이드북 및 샘플 제작	레드로버
16	'밀당' 스타일 가이드북 및 샘플 제작	마젤디파인
17	가상현실 인공지능 캐릭터 '쿠링' 스타일 가이드북 및 샘플 제작	브래니
18	'시간 여행자 루크' 스타일 가이드북 제작	애니작
19	'쥬캐스터' 스타일 가이드북 제작 및 샘플 제작	그랙션
20	'바니멜로' 매뉴얼북 및 샘플 제작	윤디자인그룹

2) 수요조건 강화

캐릭터에 대한 국내외 수요 확충을 지원하는 사업은 '캐릭터 라이선싱 페어 개최'와 '해외전시마켓 참가' 지원 등이다. '캐릭터 라이선싱 페어'는 B2B 및 B2C를 겸하는 행사로서 국산 캐릭터에 대한 라이선싱 활성화 및 해외 수출을 지원한다. 이는 2002년부터 계속사업이며 현재 한국 최대의 캐릭터 라이선싱 비즈니스 마켓으로 성장하였다.

'캐릭터 라이선싱 페어' 행사에는 캐릭터기업 외에도 만화, 애니메이션, 게임, 방송, MCN 등 다양한 장르의 문화콘텐츠기업들이 참여한다. 그리고 '캐릭터 라이선싱 페어' 기간에 캐릭터 라이선싱 콘퍼런스를 개최하여 캐릭터산업 종사자들이 국내외 최신 캐릭터산업 동향에 대한 정

248 문화체육관광부. (2019). 2018콘텐츠산업백서.

보를 파악하고 업계 관계자들과 네트워크를 구축하는 기회도 제공한다.[249] 해외의 주요 라이선싱 마켓 참가를 통해 캐릭터의 해외 진출을 지원하는 것도 계속사업이다.

<표 5-42>의 '캐릭터상품 목록 제작 및 저작권 보호'는 캐릭터상품 목록을 통해 다양한 캐릭터상품에 대한 수요 창출을 지원하고 합법적 캐릭터상품 사용을 유도하는 캠페인을 지원하는 사업이다.

3) 관련 및 지원산업 발전

① 지역·공공캐릭터 활성화 지원

<표 5-42>의 '지역·공공캐릭터 활성화 지원'은 문재인 정부에서 예산을 증액하여 확대 발전시킨 사업이다. 문화체육관광부는 지방자치단체 또는 공공기관의 자체 캐릭터 개발 및 상품화를 지원함으로써 전국적인 캐릭터산업 생태계 구축을 지원하였다. 2023년까지 정부예산이 반영되었다.

문화체육관광부는 2019년 지역·공공캐릭터 공모에서 대국민투표를 거쳐 지역 13개, 공공4개의 캐릭터를 선정하였다. 대상은 울산광역시 중구의 '울산큰애기'가 차지하고, 최우수상은 고양시의 '고양고양이'가 그리고 우수상은 공주시의 '고마곰'이 차지하였다. 2019년 대한민국 지역·공공캐릭터 축제는 시상과 축하공연, 퍼레이드 등 다양한 볼거리를 제공하였다.[250] 울산광역시 중구는 지역 관광캐릭터인 '울산큰애기'의 상표와 이미지를 민간기업에 제공하여 다양한 상품으로 만들 수 있는 기회를 제공하였다. 이와 같이 지역·공공캐릭터는 다양한 캐릭터상품의 개발은 물론 지역관광 홍보까지 캐릭터의 활용범위가 광범위하다.

<그림 5-8> 2019지역·공공캐릭터 대상 수상작

[249] 문화체육관광부. (2020). 2019콘텐츠산업 백서.

[250] 문화체육관광부. (2020). 2019콘텐츠산업 백서.

② IP융복합 라이선싱 사업화 지원

'IP융복합 라이선싱 사업화 지원'은 이전의 국산 캐릭터 개발 프로젝트 지원사업을 확대 발전시킨 사업이며 <표 5-42>에서 보듯이 예산의 비중도 가장 크다. 국산 캐릭터 개발 프로젝트는 우수 국산 캐릭터 상품의 개발 및 캐릭터 연계 문화콘텐츠 제작을 지원하는 사업이다. IP융복합 라이선싱 사업화는 다변화된 콘텐츠의 제작·유통·소비 환경에 적합한 우수한 국산 콘텐츠 IP를 발굴하여 사업화 및 유통 활성화를 지원한다. 이를 위해 캐릭터IP와의 연계, 융복합, 협업, IP프랜차이즈, 브랜드화 및 상품화 등에 필요한 지원을 통해 캐릭터가 다양한 장르의 상품에까지 확장되고 부가사업이 활성화될 수 있도록 유도한다. 2020년에는 '3D애니메이션 날아라 슈퍼보드의 모형 피규어 제작', '설민석의 한국문화유산 대탐험 만들기 세트', '라바 캐릭터 완구 개발', 웹툰 '국가의 탄생'의 OTT 드라마 제작 등 다양한 콘텐츠 IP의 라이선싱을 통한 2차적 문화콘텐츠 개발 프로젝트 39개를 선정하여 지원한 바 있다.[251] <표 5-42>에서 보듯이 이 사업은 윤석열 정부에서도 지속적으로 지원하였다.

4) 전략 및 경쟁

대한민국 캐릭터 대상 시상 및 공모전 운영, 캐릭터백서 및 자료집 발간 등은 경쟁 촉진 및 전략에 기여하는 사업으로 계속사업이다. 해마다 비슷한 규모의 예산이 지속적으로 반영되었다.

7 패션문화산업

패션문화산업 육성 예산은 창의적 패션 디자인 개발 및 시제품 제작 지원, 유통 활성화 및 해외 마케팅 지원 등으로 구성되어 있다. <표 5-44>에서 보듯이 패션문화산업 육성 예산도 감소하는 추세에 있다. 문재인 정부의 패션문화산업은 창의 브랜드 육성 및 해외 진출을 지원하는 예산이 다소 증액되었고, '디자이너 역량 강화 지원', '패션콘텐츠 활성화', '온라인 플랫폼 활용 유통 지원' 등의 신규사업이 추가되었다.

2020년에는 코로나19 극복을 위한 추가경정예산 편성으로 '패션문화마켓 개최' 예산이 삭감되었으나 2021년에는 다시 반영되었다. 그리고 2022년에는 추가경정예산에서 행정 예산 일부가 삭감된 바 있다. 그리고 국가균형발전특별회계에서 별도로 편성된 '대구 디자인패션산업 육성 지원'은 계속사업이지만 2019년까지 편성되었다.

[251] 문화체육관광부. (2021). 2020콘텐츠산업 백서.

<표 5-44> 문화체육관광부의 패션문화산업 육성 예산 현황[252]

구분(단위: 백만 원)	2018	2019	2020추경	2021	2022추경	2023	2024	2025	비고
1. 디자이너 창작 및 창의 브랜드 육성	1,000	1,552	1,350	1,316	2,316	2,316			요소조건
2. 대구 디자인패션산업 육성 지원	800	800							요소·수요
3. 디자이너 역량 강화 지원		1,000	800	696	541	541			요소조건
4. 형성기 디자이너 사업화 지원							924	924	요소조건
5. 성장기 디자이너 창작 지원							1,840	1,840	요소·수요
6. 해외 진출 지원									
1) 한국 패션문화 해외 진출 지원	1,850	2,065	1,740	1,800	1,400	1,200	5,862	5,862	수요조건
2) 국내외 거점 한류융합패션쇼 지원	600								수요조건
3) 패션문화마켓(패션 코드) 개최	1,452	1,400		1,134	1,134	1,134			수요조건
4) 해외 수출지원공간 운영	1,800	1,800	1,800	1,500	1,500	1,700			수요조건
7. 패션콘텐츠 활성화 지원		1,800	1,700	1,414	1,414	979			관련/지원
8. 온라인 플랫폼 활용 유통 지원				1,000	1,000	500			관련/지원
9. 행정	63	48	48	48	26	48	38	38	전략
10. 계	7,565	10,465	7,438	8,908	9,331	8,418	8,664	8,664	

252 연도별 예산각목명세서 및 추가경정 예산각목명세서 참조, 재구성.

한편 윤석열 정부에서는 2024년부터 패션문화산업 관련 예산 편성 체계를 개편하여 형성기와 성장기의 발전 단계에 따라 구분하였다. 그 결과 디자이너의 창업 및 아이디어의 사업화를 지원하는 형성기 디자이너 사업화 지원과 성장기 디자이너의 창작 및 해외 진출 지원으로 예산 구조가 단순화되었다.

1) 요소조건 고도화

① 디자이너 창작 및 창의 브랜드 육성

<표 5-44>의 '디자이너 창작 및 창의 브랜드 육성'은 패션 디자이너의 '창의 브랜드 육성'과 '아이디어 기획·개발 지원' 사업으로 구성되어 있다. '창의 브랜드 육성'은 최소 2년 이상의 매출 실적이 있는 디자이너 브랜드의 시제품 제작을 지원하는 계속사업이다. '아이디어 기획·개발 지원'은 2019년 예산에 처음 반영된 신규사업으로 브랜드 출시 3년 내외의 신진 디자이너에게 기획, 생산, 유통의 전 과정을 경험해 볼 수 있도록 지원하는 사업이다. 문화체육관광부는 한국콘텐츠진흥원을 통해 2019년에 선발된 18명의 디자이너들이 '무신사' 스튜디오에 입점하여 전문가로 구성된 멘토단으로부터 제품 기획 및 사업 운영 전반에 관한 지식을 전수받으며 패션산업의 기획, 생산, 유통의 전 과정에 대한 현장 지식을 쌓을 수 있도록 지원하였다.[253]

② 대구 디자인패션산업 육성

2004년부터 계속사업인 '대구 디자인패션산업 육성'은 <표 5-44>에서 보듯이 2019년까지 국가균형발전특별회계 예산으로 편성되었다. 이는 대구 지역의 패션 디자이너 및 브랜드 육성, 패션문화캠프, 창업 인큐베이팅 등을 지원하는 사업으로 구성되어 있으며 패션문화산업의 요소조건 고도화는 물론 패션상품에 대한 수요 창출도 유도하였다.

③ 디자이너 전문인력 역량 강화

문재인 정부는 2019년 예산부터 '디자이너 전문인력 역량 강화'를 신규사업으로 반영하였다. 문화체육관광부는 한국패션디자이너연합회, 한국패션산업연구원, 부산디자인진흥원 등 관계 기관과 협력하여 부산, 대구, 경기도, 전라북도 등 지역별 디자이너 역량 강화 프로그램 운영을 지원하였다. 이는 '패션 디자이너 실무 역량 강화 교육', '비즈니스 컨설팅', '네트워킹 이벤트' 등 다양한 방식의 디자이너 역량 강화 프로그램을 포함하고 있다.

④ 형성기 디자이너 사업화 지원

형성기 디자이너 사업화 지원은 2024년 예산부터 편성되었다. 이는 패션문화산업의 창업 및 조기 정착을 지원하는 프로그램이다. 창업을 위한 공간 지원, 패션디자인 아이디어의 사업화를

253 문화체육관광부. (2020). 2019콘텐츠산업백서.

위한 컨설팅 등의 세부사업이 포함되어 있다.

⑤ 성장기 디자이너 창작 지원

성장기 디자이너 창작 지원은 국내외 컬렉션 및 수주회 2년 이상 참여 브랜드나 국내외 매출실적 2년 이상된 패션브랜드가 지원 대상이다. 디자이너 브랜드 의류 및 잡화 등의 시제품 제작비, 룩북 제작비, 홍보마케팅 비용 등을 지원한다. 이는 패션문화산업의 요소조건 및 수요조건 고도화를 동시에 지원한다.

2) 수요조건 강화

① 한국 패션문화 해외 진출 지원

패션문화산업의 국내외 수요조건을 강화하는 사업은 대부분 계속사업이다. <표 5-44>에서 보듯이 '국내외 거점 한류융합패션쇼 지원' 예산은 2018년까지 편성하였으나 패션문화의 해외 진출을 지원하기 위하여 상설 쇼룸에서의 패션쇼와 한류 콘텐츠를 연계하는 방식의 지원은 계속하였다.

'한국 패션문화 해외 진출 지원'은 뉴욕, 런던, 밀라노, 파리 등 세계 4대 패션위크 쇼룸 입점, 해외 수주회 참가, 신흥시장 개척 지원 등을 포함한다. 2010년 2월에 뉴욕패션위크에서 처음 개최한 '컨셉 코리아' 패션쇼는 박근혜 정부 시기에 중국 상해 및 이탈리아의 삐띠워모에서도 개최하며 한국 디자이너 브랜드의 해외 진출을 적극적으로 지원하였다. 문재인 정부에서도 뉴욕패션위크, 상해패션위크, 이탈리아의 삐띠워모에서 등에서 '컨셉 코리아' 패션쇼를 지속적으로 개최하며 한국 패션문화의 해외 진출을 적극 지원하였다.

국내 패션 디자이너 브랜드의 국제적 판로 개척과 비즈니스 네트워킹을 위해 국내에서 매년 2회 개최하는 패션문화마켓인 '패션 코드(Fashion KODE)'는 2013년 이후의 계속사업이다. <표 5-44>에서 보듯이 코로나19 위기 상황에서 편성한 2020년 추가경정예산은 동 행사의 정상적 개최가 어려움을 감안하여 2020년 예산에서 삭제한 바 있으나 2021년에는 예산이 다시 반영되었다. '패션 코드'는 2021년 10월에 127개 브랜드가 참가하여 온라인 및 오프라인 행사를 병행하여 개최한 바 있다. 코로나19로 인하여 해외 바이어 상담은 온라인으로 진행하였으나 480만 달러 이상의 상담 실적을 거두었다.[254]

2024년 예산부터는 해외 진출 예산을 통합적으로 편성하였다. 국제적 패션 수주회(패션 코드) 국내 개최, 해외 패션 수주회 참가, 컨셉 코리아 패션쇼, 더 셀렉츠(The Selects) 등을 통해 한국의 패션 디자이너 브랜드의 해외시장 진출 및 글로벌 경쟁력 향상을 지원하는 계속사업이다.

254 문화체육관광부·한국콘텐츠진흥원. (2022). 2021콘텐츠산업백서.

② 해외 수출지원공간 운영

'해외 수출지원공간 운영'은 뉴욕패션위크를 대비한 '컨셉 코리아' 지원사업의 연장으로 볼 수 있다. 국내 패션업계는 디자이너 브랜드의 안정적 해외 진출을 위하여 뉴욕에 상설 쇼룸 개설을 지속적으로 요청해왔다. 2018년 9월 뉴욕패션위크 기간에 맞추어 뉴욕 맨하탄의 소호 지역에 상설 쇼룸 '더 셀렉츠(The selects)'를 개설하였다. 이에 따라 '라이', '카이', '더 센트로' 등 10개의 디자이너 브랜드가 '더 셀렉츠'의 개점과 동시에 입점하였다. '더 셀렉츠'는 한국 디자이너 브랜드를 체험할 수 있는 상설전시장으로서 전시된 브랜드에 대한 바이어 상담과 판매 등 비즈니스 활동을 지원하였다. 특히 2018년 말에는 K팝 아이돌 그룹 '레드벨벳'과 더 셀렉츠 입점 브랜드의 협업 의상을 발표하여 큰 호평을 받았다. [255]

한편 문화체육관광부는 2020년 2월 말 파리패션위크 기간 중 열리는 트라노이 수주회 참가를 지원하여 유럽의 바이어를 대상으로 '더 셀렉츠' 입점 브랜드를 소개함으로써 높은 수주 실적을 달성한 바 있다. 이와 같은 성과에 고무되어 2021년 2월 임대 기간이 종료되는 시점에 뉴욕의 상설 쇼룸 영업장에서 철수하고 글로벌 패션문화산업의 중심지인 뉴욕과 파리 두 곳에서 각 시즌별로 팝업 쇼룸을 운영하는 전략으로 '해외 수출지원공간 운영' 사업을 개선하였다.[256] 그리하여 2021년에는 뉴욕과 파리의 패션 시장을 겨냥하여 해외 진출을 지원하는 팝업 형태의 쇼룸을 위한 새로운 입점 브랜드를 선정하고 현지 판매 및 홍보마케팅을 지원한 결과 전 시즌 대비 50%이상의 계약 실적을 달성하였다.[257]

3) 관련 및 지원산업 발전

① 패션콘텐츠 활성화

'패션콘텐츠 활성화'는 2019년 예산에 처음 반영된 신규사업이다. 예산 반영 당시에는 사업명이 '패션콘텐츠 콜라보 지원'이었으나 2020년 예산부터 '패션콘텐츠 활성화'로 사업명이 변경되었다. 이는 패션을 단순한 의류가 아닌 콘텐츠로 확대 발전시켜 다양한 플랫폼을 통해 확산시킴으로써 국내 패션브랜드에 대한 인지도 향상을 유도하는 사업이다. 그러므로 '패션콘텐츠 활성화' 사업은 패션콘텐츠의 제작, 패션문화 전시 개최 및 홍보 채널 운영 등을 지원한다. 2019년에는 패션과 영상을 결합하여 스토리가 담긴 '패션필름'과 '패션콘텐츠'를 제작하여 인플루언서들과 협업을 통해 한국의 패션브랜드를 전 세계에 홍보하였다.[258] 2020년에는 패션브랜드가 주도하는 콘텐츠 제작 및 유통이 이루어지도록 기획하여 30개의 패션브랜드를 선정하고

255 문화체육관광부. (2019). 2018콘텐츠산업백서.
256 문화체육관광부. (2021). 2020콘텐츠산업백서.
257 문화체육관광부·한국콘텐츠진흥원. (2022). 2021콘텐츠산업백서.
258 문화체육관광부. (2020). 2019콘텐츠산업백서.

인플루언서 협업 콘텐츠, 다큐멘터리 콘텐츠, 패션잡지 콘텐츠 등으로 구분하여 패션콘텐츠의 제작과 유통을 지원하였다.[259] 이후 2021년 및 2022년에도 국내 패션브랜드와 연계한 다양한 패션콘텐츠를 제작하고 이를 홍보하는 채널 운영을 통해 국산 패션브랜드의 인지도 제고 및 유통 활성화를 지원하였다.

② 온라인 플랫폼 활용 유통 지원

<표 5-44>의 '온라인 플랫폼 활용 유통 지원'은 다양한 미디어 및 온라인 플랫폼과 연계하여 패션브랜드의 홍보 및 국내 유통을 지원하고자 2021년 예산에 반영한 신규사업이다. 2021년에는 JTBC와 협력하여 'K-스타일링 배틀 마법옷장'이라는 방송프로그램을 제작하여 국산 패션브랜드 방송을 통해 홍보하고 유통을 지원하였다.[260] 2022년에도 방송프로그램을 활용하여 디자이너 브랜드를 홍보하고 온라인 플랫폼 기획전을 개최하며 브랜드의 유통을 지원하였다. 국내 패션디자이너 20명과 함께 진행한 '넥스트 레이블(Next label)'은 tvN에서 방영하였고 유튜브(tvN D Studio)와 온라인 동영상서비스 채널(Tving)에서도 함께 공개되어 255만 이상의 조회 실적을 거둔 바 있다.[261]

8 미디어산업(정기간행물산업)

1) 미디어산업 육성 관련 정부예산 현황

문재인 정부 문화체육관광부의 미디어산업 육성 예산 구조는 이명박 정부 및 박근혜 정부의 그것과 매우 유사하다. 그리고 미디어산업 관련 예산은 코로나19 위기 상황에서 편성된 추가경정예산과 본예산의 차이가 거의 없다. 2022년 추가경정예산에서 소액의 행정 예산 일부가 삭감된 것이 전부이다.

<표 5-45>의 '잡지산업 기반 구축'은 '우수 잡지 선정 및 보급', '해외 수출 기반 구축', '잡지 콘텐츠의 DB화 및 통합관리시스템 구축' 등 계속사업 중심으로 지원하였다. 이는 잡지의 국내외 수요 확충 및 공공 인프라 조성을 지원하는 사업이다. 다만 윤석열 정부에서는 2024년 예산부터 우수 잡지의 선정 및 보급 중심으로 예산을 개편하였다.

한편 <표 5-45>에서 보듯이 2024년부터는 '국가기간통신사 지원' 예산이 크게 줄어들었다. 정부는 국가기간통신사로서의 연합뉴스의 공적 기능 수행 필요성 및 정부재정 상황을 감안하

259 문화체육관광부. (2021). 2020콘텐츠산업백서.

260 문화체육관광부·한국콘텐츠진흥원. (2022). 2021콘텐츠산업백서.

261 문화체육관광부·한국콘텐츠진흥원. (2023). 2022콘텐츠산업백서.

여 이전보다 지원 규모를 축소하였다. '미디어시장조사'는 여론 집중도를 조사하는 계속사업이다.

신문산업 육성을 위한 기금 중 지역신문발전기금은 <표 5-45>에서 보듯이 문재인 정부에서도 일반회계에서 지속적으로 지원하였으나 언론진흥기금은 더이상 일반회계에서 출연금 예산을 편성하지 않았다. 한국언론재단은 정부 및 공공기관의 광고대행 업무 활성화를 통해 언론진흥기금을 조성하였기 때문이다. 한국언론진흥재단은 국무총리 훈령인 '정부광고 시행에 관한 규정'에 따라 정부광고 대행 업무를 수행하였으나 문재인 정부 시기에 '정부기관 및 공공법인 등의 광고시행에 관한 법률'이 제정되어('18.6.12.) 보다 안정적이며 공정한 정부광고 대행 업무를 수행할 수 있게 되었다.

한편 기금에 출연한 자금은 곧바로 지출되는 것이 아니고 기금운용계획에 따라 집행된다. <표 5-31>의 장르별 지원 예산 중 지역신문발전기금과 언론진흥기금 예산은 기금운용계획에 반영된 연도별 집행예산이다. 그리고 <표 5-45>의 미디어산업 육성을 위한 정부예산 중 지역신문발전기금 출연금은 지역신문발전기금에 대한 정부 출연예산을 표기한 것이다. 그러므로 미디어산업 관련 기금예산은 정부예산과 별도로 살펴볼 필요가 있다.

2) 미디어산업 진흥을 위한 기금예산 현황

미디어산업 진흥을 지원하기 위한 기금은 지역신문발전기금과 언론진흥기금이 있다. 지역신문발전기금은 지역신문발전지원특별법에 근거하여 설치되었고 언론진흥기금은 신문 등의 진흥에 관한 법률에 근거를 두고 있다. 이 책은 미디어보다는 콘텐츠산업의 국가경쟁우위 향상을 지원하는 메커니즘을 중점적으로 다루기 때문에 신문잡지 등의 진흥을 지원하는 언론기금에 대하여는 간략히 서술한다.

① 지역신문발전기금

지역신문발전기금은 지역밀착형 뉴스 제작 지원을 통한 지역사회 활성화 및 지역신문의 품질 향상을 유도한다. <표 5-46>의 지역신문발전기금 예산 현황에서 보듯이 주요 사업내용은 대부분 계속사업이며 예산규모는 다소 줄어들었다. 이는 독자적 기금이지만 자체수입이 없고 정부 또는 언론진흥기금의 출연금에 의존할 수밖에 없는 구조적 한계 때문이다.

<표 5-45> 문화체육관광부의 미디어산업 육성 정부예산 현황[262]

구분(단위: 백만 원)	2018	2019	2020	2021	2022추경	2023	2024	2025	비고
1. 잡지산업 기반 구축									
1) 우수 잡지 선정 및 보급 지원	1,413	1,413	1,413	1,413	1,478	1,413	1,197	1,670	수요조건
2) 해외 수출 기반 구축	202	180	180	160	160	70			수요조건
3) 잡지콘텐츠 DB화·통합관리시스템 구축	95	95	95	95	95	80			요소조건
2. 국가기간통신사 지원	33,200	33,200	31,900	32,800	32,800	27,860	5,000	5,000	요소조건
3. 미디어시장 조사	270	360	360	360	360	321	321	240	전략
4. 정책 조사연구 및 행정	317	122	122	122	112	32	32	16	전략
5. 지역신문발전기금 출연	8,000	8,000	8,000	8,700	8,300	2,500			요소조건
계	43,497	43,370	42,070	43,650	43,305	32,276	6,550	6,926	

262 연도별 예산각목명세서 및 추가경정 예산각목명세서 참조, 재구성.

<표 5-46> 지역신문발전기금 예산 현황[263]

구분(단위: 백만 원)	2018	2019	2020	2021	2022	2,023	2,024	2,025	비고
1. 지역신문 경쟁력 강화 지원									
1) 기획취재 지원	925	645	500	500	550	550	450	500	요소조건
2) 지역여론 활성화 지원	1,126	1,070	1,070	1,880	1,120	1,245	1,453	1,353	수요조건
3) 조사연구 및 연수사업	390	340	340	340	360				전략·요소
4) 지역사회 인턴 프로그램 운영					829	829	640	620	요소조건
2. 지역신문 정보화 지원									
1) 기사자료 디지털화 지원	800	600	1,430	669	395				요소조건
2) 디지털 장비 임대 지원	541	650	1,200	1,200	1,200	1727	1650	1650	요소조건
3) 지역신문발전위원회 누리집 개편					200	150	126	126	전략
3. 지역신문 공익사업									
1) 소외계층 구독료 지원	2,000	2,398	2,265	2,265	2,265	2115	2115	2547	수요조건
2) 지역신문 활용 미디어 교육 지원	1,939	1,447	1,845	1,845	1,345	1635	1817	1455	수요조건
4. 기금관리비	587	593	602	592	575	562	555	556	전략
계	8,308	7,743	9,252	9,291	8,839	8,813	8,806	8,807	

263 연도별 지역신문발전기금 예산각목명세서 참조

가. 지역신문 경쟁력 강화 지원

지역신문 경쟁력 강화 사업은 '기획취재 지원'보다 '지역여론 활성화 지원'의 비중이 더 크다. 기획취재 지원은 지역 현안에 대한 기획취재를 지원하는 사업이다. 그리고 지역여론 활성화 지원은 지역주민 참여 보도, 지역신문 교류, 공동주제 심층보도 등을 통해 지역신문이 지역사회 활성화를 유도할 수 있도록 지원하는 사업이다. 한편 '지역사회 인턴 프로그램'은 지역신문과 지역대학의 협업을 통한 고용 연계 프로그램으로 2022년 예산에서 신규로 반영되었다. 이는 우수 지역인재를 지역신문에 유치하여 지역신문의 경쟁력 향상을 지원하는 사업이다.

나. 지역신문 정보화 지원

'지역신문 정보화 지원'은 기사자료의 디지털화 및 디지털 취재 장비 임대 등을 지원하는 계속사업이다. 다만 '지역신문발전위원회 누리집 개편'은 2022년 예산에 신규로 추가되었다. 지역신문발전위원회는 지역신문발전지원특별법에 근거하여 설치된 위원회로서 지역신문 발전계획에 관한 주요 시책의 평가, 지역신문발전기금 지원 기준 심의 및 지원 대상 선정, 지역신문 발전을 위한 조사연구 등의 업무를 수행한다. 지역신문발전위원회 누리집은 2005년 출범 후 개편 없이 운영되고 있어 홈페이지 기능을 개선하고 기금 지원을 위한 온라인 접수 시스템을 구축하기 위하여 누리집을 개편하였다.

다. 지역신문 공익사업

'지역신문 공익사업'은 소외계층에 대한 구독료를 지원하는 사업과 지역신문을 활용한 주역주민 및 청소년 대상 미디어 교육을 지원하는 사업으로 구성된다. 이는 계속사업이다.

② 언론진흥기금

언론진흥기금은 신문 잡지의 진흥을 지원하는 기금이다. 예산은 대부분 계속사업으로 구성되어 있다. 주로 뉴스미디어 인프라 구축 운영, 신문잡지 유통구조 개선, 언론공익사업 등을 지원한다.

가. 뉴스미디어 진흥

<표 5-47>의 '뉴스미디어 진흥' 항목에 포함되어 있는 대부분의 사업은 계속사업이다. 그중 '조사연구'는 뉴스미디어산업 진흥을 위한 저널리즘 품질 향상, 미디어 신뢰 증진, 미디어 교육 및 정책, 미디어산업 통계 수집 분석 등 다양한 주제에 대한 시의성 있는 조사연구를 지원하는 사업이다.

'뉴스콘텐츠 디지털화 및 공용 인프라 구축'은 박근혜 정부 시기의 '뉴스콘텐츠 디지털화 및 통합관리시스템 구축'과 유사한 성격의 공용 인프라 구축 사업이다. 이를 통해 근현대 뉴스콘텐츠 DB를 지속적으로 구축하고 기존의 종이신문 중심의 뉴스 생산구조를 벗어나 새로운 기술환경에 적합한 뉴스콘텐츠 제작 및 서비스를 지원하는 공용 인프라의 구축과 이의 업그레이드

를 지원한다.

'뉴스 빅데이터 분석 시스템 구축'은 뉴스 빅데이터 검색 및 분석 품질 향상을 위한 유지관리 및 업그레이드를 지원하는 사업이다. 뉴스 빅데이터 분석 시스템은 뉴스수집시스템, 분석시스템, 저장시스템 등으로 구성되며, 저장된 뉴스 분석 정보는 국민 누구나 무료로 사용할 수 있는 뉴스 빅데이터 분석 서비스인 '빅카인즈(BIGKinds)'를 통해서 제공된다.[264]

'인공지능 메타데이터 생성'은 뉴스콘텐츠 디지털 인프라 구축 지원 사업 중 하나이다. 2024년 예산에 신규사업으로 추가되었다. 이는 뉴스미디어 전문 인공지능 메타데이터 표준화 및 연구개발 등을 추진하는 사업이다.

'디지털뉴스 혁신 지원'은 디지털뉴스 제작 활성화를 위한 디지털 역량 강화 교육과 뉴스 및 정보 미디어 관련 기술 개발 프로젝트를 지원하는 사업으로 2019년 및 2020년에 반영된 바 있다.

한편 '뉴스미디어 진흥' 사업 중 '국제 언론교류 지원'은 문재인 정부에서 신규로 편성되었다. 이는 한국기자협회가 주체가 되어 추진하는 국제 언론교류 활동 등을 지원한다. <표 5-47>에서 보듯이 2020년 예산부터는 국제 언론교류 지원 예산이 이전보다 증가하였다. 이는 기존의 한국기자협회 주최의 언론교류사업 외에 재외동포언론 지원 예산이 추가되었기 때문이다.

'뉴스콘텐츠 저작권 보호 및 유통 지원'은 뉴스저작권의 보호 및 합법적 이용 촉진을 위한 홍보와 뉴스 이용 모니터링을 통한 불법 유통의 감시 및 후속 조치를 지원하는 계속사업이다.

나. 신문잡지 유통구조 개선

'신문잡지 유통구조 개선'은 신문 공동배달센터의 개설 및 운영을 지원하는 계속사업이다. 한계지역 중심으로 신문 공동배달센터를 운영하며 신문 보급을 통해 정보 소외 지역 주민의 정보접근권 보장 및 정보격차 해소를 지원한다.

다. 언론공익사업

'언론공익사업'은 '미디어교육사업'과 '읽기문화 진흥', '신문윤리 심의 지원' 등으로 구성되어 있으며 대부분 계속사업이다. '미디어 교육'은 초·중·고·대학교의 학생들을 대상으로 하는 미디어 리터러시 증진 교육과 허위 정보 분별력 향상을 지원하는 교육을 포함한다. '읽기문화 진흥"은 '소외계층 구독료 지원' 및 '읽기진흥콘텐츠 보급' 등으로 구성된 계속사업이다. 다만 읽기문화 진흥의 세부사업 중 '소외계층 매체 지원'은 2015년 중단되었다가 2018년 예산에 다시 편성되었으나 2024년 예산에서 다시 삭감되었다. 그리고 2024년부터는 저널리즘 특성화 대학 지원 예산이 편성되었다.

'신문윤리 심의 지원'도 계속사업이며 신문 기사 및 광고에 대한 자율심의를 통해 독자 피해 예방 및 뉴스의 신뢰도 향상과 품질의 제고를 지원하는 사업이다.

---

[264] www.bigkinds.or.kr.

<표 5-47> 언론진흥기금 예산 현황[265]

구분(단위: 백만 원)	2018	2019	2020	2021	2022	2023	2024	2025	비고
1. 뉴스미디어 진흥									
1) 조사연구	1,805	1,687	1,636	1,636	1,628				전략
2) 뉴스콘텐츠 디지털화	1,599	1,505	1,020	974	746	1,633	1,089	1,200	요소조건
3) 뉴스콘텐츠 공용 인프라 구축	3,750	3,445	3,150	2,650	2,485	2,485	2,834	2,834	요소조건
4) 뉴스콘텐츠 제작 지원	1,100	1,100	1,500	1,500	1,976	1,847	1,000	1,400	요소조건
5) 뉴스 빅데이터 분석 시스템 구축	2,000	2,541	2,577	2,424	2,424	2,782	3,574	3,217	요소조건
6) 인공지능 메타데이터 생성							1,000	900	요소조건
7) 뉴스트러스트 운영	430								수요조건
8) 디지털뉴스 혁신 지원		100	50						요소조건
9) 국제 언론교류 지원	100	200	700	500	405	305	150	300	관련/지원
10) 뉴스콘텐츠 저작권 보호 및 유통 지원	504	492	484						관련/지원
2. 신문잡지 유통구조 개선	3,755	3,766	3,422	3,229	3,229	3,125	2,440	2,111	관련/지원
3. 언론공익사업									
1) 미디어교육사업(NIE)	3,026	2,675	3,496	3,487	3,637	3,542	2,585	3,502	수요조건
2) 읽기문화 진흥									
① 소외계층 구독료 지원	2,300	2,300	2,000	1,800	1,221	1,167	1,172	1,748	수요조건
② 읽기진흥콘텐츠 보급	297	270	437	287	556	385			수요조건
③ 저널리즘 특성화 대학 지원							500	810	수요조건
④ 뉴스 활용 대학강좌 지원	330	283							수요조건
⑤ 소외계층 매체 지원	90	90	90	90	200	152			요소·수요
3) 신문윤리 심의 지원	1,780	2,000	2,000	2,400	2,600	2,800	2,680	2,900	수요조건
4. 기금관리비	266	235	229	216	213	191	177	164	전략
계	23,132	22,689	22,791	21,193	21,320	20,414	19,201	21,086	

265 연도별 언론진흥기금 예산각목명세서 참조

9 방송영상산업

코로나19로 인한 비대면 경제가 활성화되면서 넷플릭스 등 글로벌 온라인 동영상서비스(OTT)가 방송콘텐츠의 주요 유통경로로 급성장하였다. 그 결과 온라인 방송영상콘텐츠시장도 폭발적으로 성장하였으며 독립제작사를 포함한 방송영상산업 생태계 전반이 획기적으로 발전하는 계기가 되었다.

방송영상산업의 새로운 추세를 반영하여 정부는 OTT 영상물 제작 지원, 방송영상 전문인력 양성, 스튜디오 확충 등에 대한 지원을 대폭 확대하였기 때문에 예산규모는 지속적으로 증가하였다. 예산각목명세서는 방송영상콘텐츠 포맷 제작 지원 및 OTT 라이브러리 강화 지원 등의 사업을 포괄적으로 방송영상콘텐츠 제작 지원에 포함하였다. 그러나 여기서는 정부정책이 방송영상산업의 국가경쟁우위 결정요소에 미치는 영향을 분석하고 있기 때문에 방송영상산업의 가치사슬을 보다 세분하고 정부예산도 그에 맞추어 분류하여 편집하였다.

1) 요소조건 고도화

① 방송영상콘텐츠 제작 지원

<표 5-48>에서 보듯이 문화체육관광부는 '방송영상콘텐츠 제작 지원' 예산을 큰 폭으로 증액하였다. 박근혜 정부까지의 방송영상콘텐츠 제작 지원은 주로 다큐멘터리, 교양, 단막극, 연속물 등을 중심으로 제작비의 일부를 지원하는 사업이다. 문재인 정부는 '뉴미디어 방송영상콘텐츠', '실감형 방송영상콘텐츠', 'OTT특화 방송영상콘텐츠', '실버 문화콘텐츠' 등 다양한 매체와 장르를 아우르는 방송영상콘텐츠에 대한 제작 지원을 확대하였다. 특히 추가경정예산에서 뉴미디어 방송영상콘텐츠 제작 및 방송영상콘텐츠 제작 관련 인건비 지원 예산이 추가되었기 때문에 제작 지원 예산의 증가 폭이 더 커졌다. 방송영상콘텐츠 제작 지원 확대 추세는 윤석열 정부에 이르러 더욱 강화되었다. <표 5-48>에서 보듯이 방송영상콘텐츠 제작 지원 예산은 2023년 예산부터 큰 폭으로 증액되었다.

가. 뉴미디어 방송영상콘텐츠 제작 지원

'뉴미디어 방송영상콘텐츠 제작 지원'은 2017년 예산부터 반영되기 시작하였으며 새로운 미디어 환경에 맞는 실험적 영상 콘텐츠의 발굴 및 진흥을 지원하는 사업이다. 이는 주로 웹 드라마, 웹 예능·교양 등이 해당되며 유튜브, 네이버TV 등의 플랫폼을 통하여 유통되었다. 웹 드라마 '가두리 횟집'은 공개 후 4개월 만에 조회 수가 1,100만을 넘었고, 웹 드라마 '장르만 로맨스' 역시 JTBC 예능 프로그램 '장르만 코미디'에서 15부작으로 편성된 바 있다.

<표 5-48> 문화체육관광부의 방송영상산업 육성 정부예산 현황[266]

구분(단위: 백만 원)	2018	2019	2020추경	2021추경	2022추경	2023	2024	2025	비고
1. 방송영상콘텐츠 제작 지원	6,359	7,789	14,489	19,189	34,821	91,427	73,579	67,672	요소조건
2. 방송영상 인프라 조성 운영									
1) 독립제작사 제작인프라 지원	4,117	3,477	3,477	2,000	2,000				요소조건
2) 스튜디오 큐브 확충	528	4,600		7,651		4,400	12,840	14,500	요소조건
3. 방송영상 전문인력 양성	198	178	1,178	978	2,300	3,086	4,016	4,016	요소조건
4. 국제방송문화교류 지원									
1) 국제공동제작 지원	1,520	1,720	1,520	1,472	1,472	1,295	1,325	1,325	요소조건
2) 해외방송인 교육 및 교류	300	300	300	300	300	300			요소조건
5. 국내외 수요 확충									
1) 코리아드라마페스티벌 지원	600	600	600		600	600	600		수요조건
2) 방송영상콘텐츠 해외 진출 지원	3,490	3,290	4,490	5,155	5,307	4,772	3,002	3,284	수요조건
3) 국제방송영상견본시(BCWW) 개최 지원	746	846	846	757	805	729			수요조건
4) 부산콘텐츠마켓 개최 지원	900	900	900	700	700	700	600	500	수요조건
5) 서울드라마어워즈 지원	360	360	550	550	550	550	500	500	수요조건
6) 방송영상콘텐츠 포맷 육성 지원	1,720	2,720	3,720	3,720	2,898	2,608	2,608		수요조건
7) 국제방송 지원		2,860	11,164	21,544	24,650	14,732	19,954	24,099	수요조건
6. 방송영상콘텐츠 창작기반 구축	235	212	212	212					관련/지원
7. 방송영상콘텐츠 기획·개발 지원					4,219	6,797	6,183	6,168	관련/지원
8. 국내 OTT 라이브러리 강화 지원						5,000	5,000	5,000	관련/지원
9. 광고산업 활성화									
1) 글로벌 광고 전문인력 양성	390	360	420	420	420	1,320	770	740	관련/지원
2) 광고 창작 경연 지원	200	150	150	150	250	250	450	400	관련/지원
3) 청년 1인 광고콘텐츠 창작자 양성			1,566	659	750	750	750	670	관련/지원
4) 광고거래 활성화 지원					435	700			관련/지원
5) 부산 국제광고제 지원	670	540	600	540	600	540	500	600	관련/지원
10. 방송광고산업 행정 및 조사연구									
1) 외주제작 실태조사 및 방송영상산업 행정	154	754	754	1,099	1,083	1,199	1,199	1,860	전략
2) 광고 진흥 행정 및 정책 연구	10	10	10	10	10	10	173	169	전략
계	22,497	31,666	46,946	67,106	84,170	141,765	134,049	131,503	

[266] 연도별 예산각목명세서, 추가경정 예산각목명세서, 세입세출 및 기금 결산 사업설명자료 참조

나. 실감형 방송영상콘텐츠 제작 지원

실감형 방송영상콘텐츠 제작 지원은 5세대 이동통신기술이 보급되면서 5G 콘텐츠 혁신 경쟁이 본격화됨에 따라 가상현실, 증강현실 등 신기술 기반의 방송영상콘텐츠 제작 활성화를 지원하는 사업으로 2020년 예산부터 반영되었다.[267]

다. OTT 특화 방송영상콘텐츠 제작 지원

OTT특화 방송영상콘텐츠 제작 지원은 2021년 예산부터 반영되었다. 이는 넷플릭스 등 외국 OTT사업자의 국내시장 장악에 대응하여 국내 OTT 활성화를 유도하고 제작사 중심의 방송영상산업 생태계 조성을 지원하기 위한 사업이다. 특히 2022년에는 제작사의 방송영상콘텐츠의 저작권 지분 확보를 의무화하고 국내 OTT플랫폼에서 1차로 방영하는 것을 조건으로 지원함으로써 제작사와 국내 OTT플랫폼의 동반 성장을 유도하였다.[268] OTT 특화 방송영상콘텐츠 제작 지원 예산은 윤석열 정부에서 더욱 증가하였다.

라. 실버 문화콘텐츠 제작 지원

'실버 문화콘텐츠'는 고령화시대에 늘어나는 실버 계층 소비자의 취향에 맞는 소재와 주제를 기반으로 제작된 방송영상콘텐츠이며 2019년 예산각목명세서부터 지원 예산을 편성하였다.

마. 방송영상콘텐츠 후반작업(Post Production) 지원

방송영상콘텐츠 후반작업 지원은 2023년 예산에 제작 지원사업의 세부사업 중 하나로 추가되었다. 이는 후반작업에 대한 종합적 지원을 통해 방송콘텐츠의 품질을 높여서 경쟁력을 제고하기 위함이다. 중소 방송영상제작사, OTT플랫폼 사업자, 국내 방송사 등이 지원 대상이다.

바. 중소제작사 글로벌 도약 지원

중소제작사 글로벌 도약 지원은 2023년 예산에 신규로 반영되었다. 이는 방송영상제작사가 새로운 IP를 개발하거나 보유 중인 IP를 활용한 새로운 콘텐츠 제작 또는 상품화를 통해 기존 IP의 사업화가 가능하도록 지원하는 사업이다. 드라마, 다큐, 예능 등 다양한 장르의 중소 방송영상제작사가 지원 대상이 된다.

② 방송영상 인프라 조성 운영

방송영상콘텐츠 제작 인프라는 서울 상암동에 위치한 '디지털매직스페이스(DMS)' 제작센터와 대전의 '스튜디오 큐브'가 대표적이다. '독립제작사 제작인프라 지원'은 계속사업이며 DMS 제작센터의 노후시설 교체 및 현대화 등을 지원하는 사업이다. '스튜디오 큐브'는 대전에

267 문화체육관광부. (2021). 2020콘텐츠산업 백서.

268 문화체육관광부·한국콘텐츠진흥원. (2023). 2022콘텐츠산업 백서.

조성한 방송영상 촬영 스튜디오 시설이다. <표 5-48>의 '스튜디오 큐브 지원'은 스튜디오 큐브 내 특수효과 시설인 '수상 해양 복합촬영장'과 '외벽 영상장치'를 조성하는 것으로 기존의 스튜디오 큐브에 새로운 촬영시설을 보강하는 사업이다.

③ 방송영상 전문인력 양성

'방송영상 전문인력 양성'은 계속사업이다. 2019년까지는 박근혜 정부에서와 같이 '사이버 아카데미 운영'을 중심으로 예산을 편성하였다. 이는 사이버 학사관리 운영 및 온라인 교육콘텐츠 개발을 지원하는 예산이다. 그러나 <표 5-48>에서 보듯이 2020년부터 인력 양성 예산이 크게 증가하였다. 문화체육관광부는 'K-글로벌 방송영상콘텐츠 교육과정'을 신규로 개설하여 플랫폼 다변화에 대응할 수 있는 방송영상콘텐츠의 기획·제작 및 마케팅 분야의 실무인력 양성을 위한 별도의 교육과정 예산을 편성하였다.

그리고 2022년에는 온라인 동영상서비스(OTT) 발전을 리드하는 전문가 양성을 위하여 'OTT콘텐츠 특성화 대학원 운영 지원' 예산을 추가하였다. 그리하여 문화체육관광부는 2022년에 동국대학교와 중앙대학교가 대학원 과정에서 OTT특성화 교육과정을 운영할 수 있도록 지원하였다.[269]

④ 국제 공동제작 지원 및 해외방송인 교육

'국제 공동제작 지원' 및 '해외방송인 교육'은 계속사업이며 문재인 정부에서는 '국제 방송문화교류 지원' 사업으로 묶어서 예산을 편성하였다. 이는 국산 방송영상물 수출 국가의 방송사들과 공동제작 또는 교차 방송, 외국의 방송인 초청 교육 등을 지원하는 사업이다. 이는 국제적 관점의 요소조건 고도화 사업으로 볼 수 있다.

2) 수요조건 강화

<표 5-48>에서 보듯이 '코리아드라마페스티벌 지원', '서울드라마어워즈 지원', '방송영상콘텐츠 해외 진출 지원' 등 방송영상산업의 국내외 수요조건을 강화하는 사업들은 대부분 계속사업이다. 코리아드라마페스티벌은 2006년 경상남도 진주에서 한류의 핵심 장르인 드라마를 지역 축제 및 관광과 연계하여 개최하기 시작한 드라마를 특화한 지역 축제이다. 서울드라마어워즈는 드라마를 통한 문화 교류와 인류화합을 위해 기획된 행사로써 2006년 제1회 행사 개최 이후 현재까지도 계속되고 있다. 서울드라마어워즈는 대형 드라마부터 저예산 드라마까지 그리고 SF드라마부터 잔잔한 다큐드라마까지 지구촌 곳곳의 좋은 드라마를 발굴하여 소개하면서 더 좋은 드라마 제작에 기여하는 것을 목표로 하고 있다.

269 문화체육관광부·한국콘텐츠진흥원. (2023). 2022콘텐츠산업백서.

① 방송영상콘텐츠 해외 진출 지원

국산 방송영상물의 해외 수요 창출을 지원하는 '방송영상콘텐츠 해외 진출 지원'은 예산의 비중도 크고 지속적으로 추진해온 계속사업이다. 이는 i) 국제견본시 참가를 통한 비즈니스 매칭 지원, ii) 방송영상콘텐츠 재제작 및 현지화 지원, iii) 해외 배급 지원 등을 통해 국산 방송영상물의 해외 수출을 지원하는 사업이다.

<표 5-49> 수출용 방송영상콘텐츠 재제작 및 현지화 지원 현황[270]

구분(편)	2018	2019	2020	2021	2022
수출용	25	57	21	62	42
마케팅용	22	24	31	11	7
국내OTT 연계형			18	10	2
합계	47	81	70	83	50*

*2022년 합계는 중복 작품 포함됨

'방송영상콘텐츠의 재제작 및 현지화'는 수출을 위한 자막 및 더빙 작업과 해외 현지의 규격에 맞도록 종합적 편집을 지원하는 사업이다. 이는 본질적으로 국산 방송영상물에 대한 해외의 수요조건 고도화를 지원하는 사업이지만 번역 및 더빙 등과 같은 방송영상산업의 지원산업 생태계의 발전을 촉진하기도 한다. <표 5-49>는 2018년부터 2022년까지 연도별 재제작 및 현지화 지원 작품 수를 보여준다. 2020년에는 처음으로 국내 OTT플랫폼과 연계한 방송영상콘텐츠의 수출용 재제작을 지원하였다.

한편 '해외 배급 지원'은 아프리카 및 중남미 등 한국의 방송영상콘텐츠가 확산되지 않은 지역을 대상으로 한국의 방송영상콘텐츠를 배급하여 미래 시장으로서 잠재력을 키우도록 유도하는 사업이다.

② 국제 방송영상콘텐츠 마켓 개최 지원

국내에서 개최하는 국제 방송영상콘텐츠 마켓은 '국제방송영상견본시(BCWW)'와 '부산콘텐츠마켓'이 대표적이다. 20회를 맞이한 BCWW 2020은 코로나19를 감안하여 온라인으로 진행하였다. 국내외 방송 관련 기업 287개사, 52개국 국내외 바이어 1,315명이 참가하였고, 온라인으로 73,534명이 접속하였다. BCWW 2021도 코로나19로 인하여 온라인으로 개최하였다. 국내외 방송 기업 160개서, 47개국 바이어 826명이 참가하였고, 온라인 참관객은 164,613명이 접속하였다. BCWW 2022의 경우에는 온라인과 오프라인을 병행하여 개최하였다. BCWW는

270 2019~2023방송영상산업백서 참조

방송영상콘텐츠의 수출상담 관련 비즈니스 매칭과 방송영상산업의 국제적 동향을 다루는 글로벌 콘퍼런스도 함께 개최한다.[271]

부산콘텐츠마켓(BCM)도 코로나19로 인하여 2020년에는 온라인으로 2021년 및 2022년에는 온라인 및 오프라인으로 병행 개최하였다. 부산콘텐츠마켓은 방송영상물 제작 투자유치를 위한 'BCM펀딩', 방송영상시장의 글로벌 트렌드를 논의하는 'BCM콘퍼런스', 방송영상콘텐츠의 국제적 판매를 위한 'BCM마켓' 등 다양한 프로그램으로 진행된다.

③ 방송영상콘텐츠 포맷 육성 지원

'방송영상콘텐츠 포맷 육성 지원'은 <표 5-48>에서 보듯이 이전에 비하여 예산이 많이 증가하였다. 이는 국제 방송영상산업 포맷 시장이 활성화된데 기인한다. 프랑스에서 개최되는 방송영상견본시인 MIPTV와 동남아시아 지역의 대표적 방송영상견본시인 ATF(Asia TV Forum & Market) 등에서 글로벌 방송영상콘텐츠 포맷 마켓이 형성되었다. 한국콘텐츠진흥원은 다양한 국제 방송영상견본시에서 국산방송영상콘텐츠의 포맷을 소개하는 쇼케이스 행사를 개최한다. 그리고 국내 개최 국제방송영상견본시(BCWW)에서도 글로벌 포맷 마켓을 개최하며 방송영상콘텐츠 포맷 비즈니스를 지원하고 있다.

④ 국제방송 지원

<표 5-48>의 '국제방송 지원'은 아리랑TV 국제방송교류재단의 노후화된 장비 및 전산시스템, 시설 개보수, 방송 프로그램 제작 등을 지원하는 예산이다. 1996년에 설립된 아리랑TV국제방송교류재단은 한국의 방송영상콘텐츠의 송출을 통해 한국문화를 해외에 소개하며 국가이미지를 제고하는 채널이다. 아리랑TV는 방송영상콘텐츠의 해외 수요 확충을 촉진한다.

과거 김대중 정부 시기에는 정부예산을 편성하여 국제방송교류재단을 지원하였으나 노무현 정부 시기부터 정부예산 대신 방송통신발전기금을 통해 운영비를 지원하였다. 그러나 <표 5-48>에서 보듯이 2019년부터 문화체육관광부 예산에서도 국제방송교류재단의 시설 및 장비의 현대화, 방송 프로그램 제작 지원을 위한 예산을 반영하기 시작하였다.

3) 관련 및 지원산업 육성

① 방송영상콘텐츠 창작기반 구축

<표 5-48>의 '방송영상콘텐츠 창작 기반 구축'은 계속사업이다. 이는 '방송대본 DB구축', '방송작가 소재 개발 워크숍 개최' 및 '방송영상 유공자 포상' 등을 지원하는 예산으로 방송영상산업의 관련 및 지원산업 발전을 통해 건강한 산업 생태계 구축을 촉진하는 사업이다.

[271] 2021~2023방송영상산업백서 참조

② 방송영상콘텐츠 기획·개발 지원

<표 5-48>에서 보듯이 2022년 예산부터는 '방송영상콘텐츠 기획·개발 지원' 항목이 추가되었다. 이는 OTT시장의 활성화 등 변화하는 미디어산업 환경에서 국내 방송영상산업의 지속적 발전을 지원하기 위하여 방송영상콘텐츠의 기획·개발 단계부터 우수한 작품이 만들어질 수 있는 방송영상산업 생태계 구축을 지원하기 위함이다. '방송영상콘텐츠 기획·개발 지원'은 '방송영상콘텐츠 기획·개발' 사업과 '방송영상콘텐츠 기획·개발 랩 운영' 사업으로 구성되어 있다.

'방송영상콘텐츠 기획·개발'은 드라마, 예능, 다큐멘터리, OTT특화 콘텐츠 등의 분야별 공모전을 통해 우수한 방송영상콘텐츠 기획안을 발굴하여 시상하고 견본 영상물의 제작 및 투자 유치를 위한 피칭을 지원한다.

'기획·개발 랩 운영'은 글로벌 방송포맷 및 신기술 기반 방송영상콘텐츠의 기획·개발 관련 핵심 실무인력 양성을 지원하는 사업이다. <표 5-50>에서 보듯이 2022년에는 총 8개의 기획·개발 랩 운영기관을 선정하여 지원하였다. 선정된 기관들은 분야별 창작자를 선발하여 프로젝트 기반의 실무교육을 통해 방송영상콘텐츠 기획안을 개발하고 견본 영상물을 실제로 제작할 수 있도록 지원한다.[272] '기획·개발 랩 운영'은 본질적으로 제작 지원보다는 방송영상산업 생태계를 강화하는 사업이다.

<표 5-50> 2022년 방송영상콘텐츠 기획·개발 랩 선정 현황

구분	운영기관	과제명
방송포맷 랩	㈜문화방송	포맷스튜디오 M
	㈜포맷티스트	포맷티스트 크리에이티브 랩
	㈜썸씽스페셜	크리에이티브 썸씽스페셜 프로젝트
	한국방송영상제작사협회	2022 KIPA방송포맷 랩 운영지원사업
신기술 기반 콘텐츠 랩	(주)씨알미디어	XR기반 OTT예능콘텐츠 제작을 위한 기술 랩
	(재)한국산업기술문화재단	XR크리에이티브 랩 202
	㈜씨엠에스미디어	XR제작을 위한 실무교육
	성결대학교	5G MEC기반 가상 스튜디오 활용 융합 공연 제작

③ 국내 OTT라이브러리 강화

국내 OTT라이브러리 강화는 2023년 예산에 방송영상콘텐츠 제작 지원 중 후반작업 지원의 세부사업에 포함된 신규사업이다. 이는 OTT콘텐츠의 리마스터링(Remastering) 작업과 시청각 장애인을 위한 화면해설방송, 자막 및 수어방송 등의 제작을 지원함으로써 OTT라이브러리

[272] 문화체육관광부·한국콘텐츠진흥원. (2023). 2022콘텐츠산업 백서.

를 강화하여 국내 OTT콘텐츠의 국내외 유통 가능성을 제고하는 사업이다. 리마스터링은 기존의 콘텐츠를 화질과 음질을 향상시켜 재 출시하는 후반작업의 일종이므로 제작 지원사업에 포함할 수도 있지만 여기서는 콘텐츠 라이브러리 강화는 물론 방송영상산업 생태계 활성화에 기여하는 점에 더 큰 비중을 두고 분류하였다.

④ 광고산업 활성화

<표 5-48>에서 보듯이 문화체육관광부는 광고산업 활성화를 지원하는 예산을 지속적으로 편성하였다. 과거 공보처 시기에는 광고진흥국이라는 국 단위 조직으로 광고산업 업무를 지원한 바도 있으나 당시에는 예산도 작은 규모이고 '광고 모니터제도 운영', '소비자의식 조사 및 사례 연구' 등을 주요 사업으로 추진하였다. 문재인 정부 시기의 광고산업 육성 예산이 다소 증가하였으나 광고인재 양성 중심으로 사업이 구성되어 있고 예산규모도 여전히 작기 때문에 여기서는 광고를 하나의 독립적 장르로 접근하기보다는 방송영상산업의 관련 및 지원산업으로 분류하여 설명한다. 그러나 광고를 하나의 독립된 산업 장르로 보는 경우 정부에 의한 광고 창작자 양성은 광고산업의 요소조건 고도화 지원으로 볼 수도 있다.

광고산업 지원 예산 중 '부산 국제광고제 지원', '글로벌 광고인재센터 운영', '광고 창작 경연 지원' 등은 계속사업이다. 특히 '광고 창작 경연 지원'은 2017년 예산에 처음 반영된 '광고산업 국제 교류 플랫폼 구축' 사업의 명칭이 변경된 계속사업으로 볼 수 있다. '광고산업 국제 교류 플랫폼 구축'은 광고 및 홍보를 전공하는 대학생을 대상으로 광고 창작 경연대회의 개최를 지원하는 사업이다.

<표 5-48>의 '광고 거래 활성화' 및 '청년 1인 광고콘텐츠 창작자 양성'은 신규사업이다. 광고 거래 활성화 지원은 2022년에 처음 예산에 반영되었다. 이는 광고 거래 플랫폼 구축을 위한 정보화 전략계획 수립 용역과 광고산업 공정 환경 조성을 위한 실태조사를 지원하는 예산으로 구성되어 있다. 한편 '청년 1인 광고콘텐츠 창작자 양성'은 2020년 예산에 처음 반영되었다. 광고는 창작자 1인의 창의적 아이디어에 의존하는 바가 큰 산업이다. '청년 1인 광고콘텐츠 창작자 양성'은 1인의 광고창작자들이 소셜미디어 및 OTT 등 새로운 미디어 플랫폼에 적합한 광고를 직접 기획하고 창업까지 할 수 있도록 지원하는 광고 창작자 양성 사업이다.

4) 전략

<표 5-48>은 방송영상산업 및 광고산업 진흥 관련 행정예산을 포함하고 있다. 이는 정책 수립 및 집행을 위한 수용비, 여비, 간담회비 등을 포함하는 예산이다. 특히 2019년부터는 공정한 방송영상산업 생태계 구축 정책 수립에 필요한 방송의 외주제작 실태조사 예산이 포함되어 있다. 이는 방송의 외주거래 실태조사 및 방송제작 노동환경 실태조사와 함께 제작사 대상 노무관리 및 표준계약서 운영, 성희롱·성폭력 예방 관련 교육도 포함한다.

5) 더블 다이아몬드 모델에 의한 방송영상산업정책 분석

방송영상산업 육성 예산으로 본 방송영상산업의 국가경쟁우위 결정요소에 대한 영향은 <그림 5-9>와 같다. 국내 다이아몬드와 국외 다이아몬드의 모양에서 각각 요소조건과 수요조건 고도화에 지원하는 비중이 상대적으로 매우 큰 것을 알 수 있다.

국내 다이아몬드 관점에서는 요소조건, 수요조건, 관련 및 지원산업, 전략 등 네 가지 국가경쟁우위 결정요소 모두에 대하여 영향을 주는 정책을 수립하였지만 예산의 비중으로 보면 요소조건의 고도화에 집중되어 있다. 박근혜 정부에서도 국내 다이아몬드 관점에서는 요소조건의 고도화에 집중되어 있었다. 다만 박근혜 정부에서는 방송영상 촬영 스튜디오 조성에 가장 많은 예산이 편성되었다. 문재인 정부 및 윤석열 정부에서는 방송영상 촬영 스튜디오 보강과 인력 양성을 지원하는 예산도 증가하였지만 방송영상콘텐츠 제작 지원 예산의 비중이 가장 크다. 다만 국내의 수요조건 고도화를 지원하는 예산은 매우 작다. 그러나 방송영상콘텐츠의 기획·개발 지원, 광고산업 활성화 및 OTT라이브러리 강화 등 방송영상콘텐츠산업의 생태계 강화를 지원하는 예산의 비중은 적지 않다. 윤석열 정부에서는 방송영상콘텐츠 기획·개발 및 OTT라이브러리 강화를 지원하는 예산의 비중을 크게 증액한 것이 특징이다.

한편 국외 다이아몬드 관점에서는 해외 수요조건 고도화에 예산이 집중되어 있다. 특히 문재인 정부에서는 아리랑TV국제방송교류재단의 방송프로그램 제작 및 설비 현대화 지원 예산을 큰 규모로 반영하였기 때문에 해외 수요조건의 고도화를 지원하는 예산의 비중이 더욱 커졌다. 그러나 해외 요소조건 고도화를 지원하는 예산도 작지만 꾸준히 반영되었다. 문재인 정부에서는

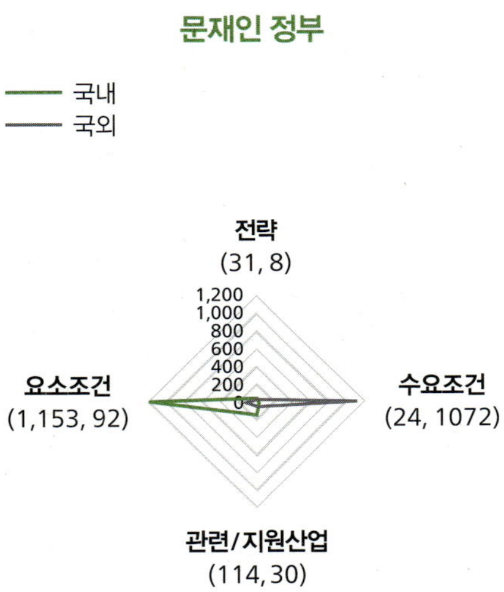

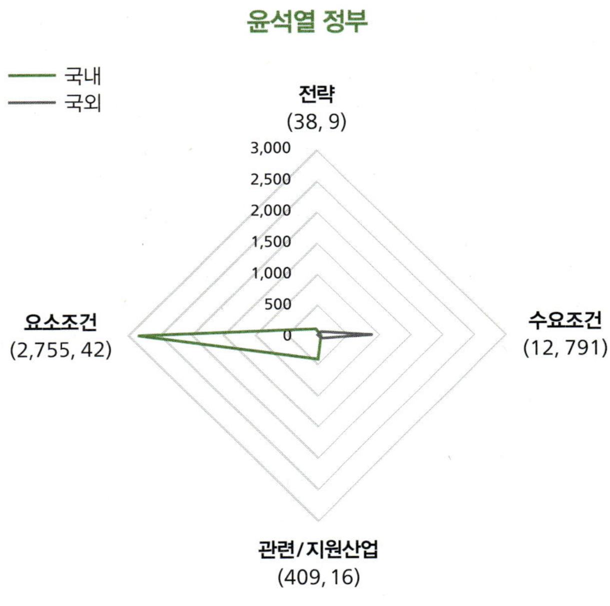

<그림 5-9> 방송영상산업 예산으로 본 국가경쟁우위 결정요소에 대한 영향(단위: 억 원)

박근혜 정부와 마찬가지로 '국제 공동제작 지원' 및 '해외방송인 교육' 등 국제적 요소조건 고도화를 지원하는 사업을 포함하고 있다. 해외방송인 교육 관련 예산은 2023년까지만 편성되었다.

10 출판산업

<표 5-51>에서 보듯이 출판산업 육성 예산은 한국출판문화산업진흥원이나 한국문학번역원과 같은 공공기관에 대한 지원 예산을 제외하면 '세종도서 구입 및 배포'와 '국민독서문화 증진 지원', 해외 진출 지원 등 국내외 수요조건 고도화 지원 예산의 비중이 매우 크다.

출판산업은 코로나19 확산으로 인한 추가경정예산 편성의 영향을 받지 않았다. 출판산업 육성을 위한 '파주출판단지 활성화', '세종도서 구입 및 배포', '국민독서문화 증진', '출판콘텐츠 해외 진출 지원', '전자책 활성화' 등 주요 사업 대부분은 계속사업이다.

문재인 정부에서는 출판의 수요조건을 고도화하는 '책 읽는 사회 확산 프로젝트'와 '출판산업 신성장동력 육성'을 위한 오디오북 제작 및 체험 지원사업 등의 신규사업을 추진하였다. 윤석열 정부에서는 2024년 예산부터 독서문화 증진 지원사업을 지역사회 기반 책 읽기 수요 창출 사업으로 통합하였다. 그리고 중소출판사의 성장도약을 지원하는 사업과 소외계층의 전자책 접근성 제고 및 웹소설의 글로벌화를 지원하는 사업 등을 신규사업으로 추가하였다.

출판산업 육성 예산은 세부사업이 많고 다양하다. 윤석열 정부는 2024년 예산부터 다양한 출판산업 지원사업 중 유사 사업을 통합하여 예산체계를 보다 단순하게 조정하였다. 출판산업의 주요 가치사슬 및 플랫폼 등을 기준으로 세부사업을 정리하여 출판산업의 국가경쟁우위 결정요소에 대한 영향에 따라 분류하면 <표 5-51>과 같다.

1) 요소조건 고도화

① 다양한 포맷의 출판콘텐츠 제작 지원

<표 5-51>에서 보면 '출판콘텐츠 제작 지원' 예산이 군데군데 편성되어 있다. '우수 출판콘텐츠 제작 활성화', '우수 콘텐츠 전자책 제작 지원', '오디오북 제작 지원' 등이 그것이다. '우수 출판콘텐츠 제작 활성화'는 한국출판문화산업진흥원 지원 예산에 편성되어 있다. 이는 우수 종이책 제작 지원으로 계속사업이다.

'우수 콘텐츠 전자책 제작 지원'도 계속사업이며 지원 예산은 지속적으로 증가하였다. 2020년부터는 '장애인 접근형 전자책 제작 지원'을 포함하였다. '장애인 접근형 전자책'은 장애인의 전자책 접근성 강화를 위한 콘텐츠 및 앱 개발을 지원하는 사업이다.[273] '우수 콘텐츠 전자책 제작 지원'에는 금액은 작지만 '대한민국 전자출판 대상' 운영 예산도 계속사업으로 포함하고 있다.

[273] 문화체육관광부. (2021). 2020콘텐츠산업백서.

<표 5-51> 문화체육관광부의 출판산업 육성 정부예산 현황[274]

구분(단위: 백만 원)	2018	2019	2020	2021	2022	2023	2024	2025	비고
1. 출판산업 활성화									
1) 파주출판단지 활성화	1,770	1,120	1,283	1,123	1,123	1,473			수요조건
2) 파주출판단지 인프라 보강		600	250	250	700				요소조건
3) 중소출판사 성장도약 지원							3,000	3,000	요소조건
2. 지역 출판산업 육성	200	180	180	190	190	190	300	200	요소조건
3. 세종도서 구입 및 배포/도서 나눔, 보급 사업	14,204	8,705	8,705	8,553	8,553	8,454	11,529	13,129	수요조건
4. 독서문화 증진									
1) 국민독서문화 증진 지원	7,490	7,666	7,209	6,616	6,203	5,985			수요조건
2) 책 읽는 사회 확산 프로젝트(2018 책의 해 추진)	2,000	2,000	1,500	1,500	1,500	1,500			수요조건
3) 지역사회 기반 책 읽기 수요 창출							1,036	2,986	수요조건
5. 출판콘텐츠 해외 진출 지원							7,001	6,402	수요조건
1) 서울국제도서전 개최	665	725	680	900	970	970			수요조건
2) 부산국제아동도서전 개최							600	400	수요조건
3) 출판저작권페어 개최 및 비즈매칭 지원				300	300	297			수요조건
4) 해외도서전 참가 및 비즈매칭 지원	1,200	1,065	1,340	920	850	852			수요조건
5) 해외도서전 주빈국 참가		1,000	1,000	1,000	1,000	1,000			수요조건
6) 출판저작권 수출 활성화 지원/K북 IP 수출 지원	801	705	640	300	300	300	400		관련/지원
7) 출판인 국제 교류(아시아북어워드) 지원	70	70	66	80	80	80			관련/지원
8) 한국도서 해외 보급	90	90	60						수요조건
9) 출판 수출 전문인력 양성				200	200	201			요소조건
10) 해외출판시장 조사연구				200	200	200			전략
6. 전자책 활성화/디지털 기반 제작 지원(2024~)							5,060	4,824	
1) 우수 콘텐츠 전자책 제작 지원*	1,001	950	950	1,371	1,371	1,371			요소조건
2) 전자출판지원센터(디지털북센터) 운영	256	886	280	581	581	581			요소조건
3) 전자책 국제도서전 참가	370	320	303	231	231	281			수요조건
4) 개방형 전자책 유통협업시스템 구축	524								관련/지원
5) 전자책 조사연구 및 세미나	37	37	100	100	100	100			전략
7. 출판산업 신성장동력 육성									
1) 오디오북 제작지원센터 조성 · 운영		300	201						요소조건
2) 오디오북 체험공간 조성		400	300						수요조건
3) 오디오북 제작 지원			1,500	1,765	1,765	1,765			요소조건
4) 출판 원천콘텐츠 다중 활용 지원			200	200	200	200			관련/지원
5) 출판콘텐츠 가치증대 기술고도화 지원		600	800	1,200	1,200	1,200			요소조건

구분(단위: 백만 원)	2018	2019	2020	2021	2022	2023	2024	2025	비고
6) 모바일 연계 출판전시망 구축			100						관련/지원
7) 전자책 접근성 제고	568	287	400	600	600	550	1,400	1,400	수요조건
8) 웹소설 글로벌화 지원						100	900	900	관련/지원
8. 출판물류유통기반 구축									
1) 출판유통통합정보시스템 구축 지원	2,000	1,900	2,000	965	2,140	2,040	1,500	1,800	관련/지원
2) 출판유통정보화 지원/지역 서점 정보화 지원	503	331	400	420	440	240	1,250	1,415	관련/지원
3) 지역 서점 활성화 지원	220	488	471	491	701	831	560	1,100	관련/지원
9. 인쇄문화산업 지원									
1) 인쇄문화산업 육성	953	543	543	603	503	503	503	503	관련/지원
2) 직지코리아페스티벌 개최	1,800								관련/지원
10. 한국문학번역원 지원	6,196	10,156	10,962	12,185	14,589	14,981	13,234	14,071	관련/지원
11. 한국출판문화산업진흥원 지원									
1) 우수 출판콘텐츠 제작 활성화	1,508	1,508	1,508	1,033	1,008	1,368			요소조건
2) 출판문화산업 지속성장 인프라 구축									
① 출판창업보육센터 운영	200	200	200	200	200	200			요소조건
② 출판 전문인력 양성	200	200	200	200	200	200			요소조건
③ 출판 일자리 창출 지원	245	245	245	48	48				요소조건
④ 출판산업 통계조사 및 정책 연구	550	700	700	747	647	647	647	600	전략
3) 국내 출판수요 창출 및 유통 선진화									
① 책 읽기 방송프로그램 제작/책 읽기 홍보	150	150	150	150	150	150			수요조건
② 문화복지 책나눔 북콘서트	170	170	170	127	127	127			수요조건
③ 청소년 대상 북토큰 사업	800	995	995	1,250	3,412	3,412			수요조건
④ 출판산업종합지원센터 운영	231	192	192	345	345	345			요소조건
⑤ 출판물불법유통신고센터 운영(공정유통환경 조성)	230	269	269	112	112	112	600	544	관련/지원
⑥ 출판전문지 발간	95	82	82	99	99	99			관련/지원
4) 출판한류를 통한 해외 수요 창출	1,000	1,000	1,000	1,801	1,801	2,901			수요조건
5) 간행물 심의사업	631	631	631	706	872	872	872	872	수요조건
6) 경상운영비 및 인건비 등	4,469	4,469	4,611	5,384	5,544	5,646	5,671	5,882	전략
12. 행정	71	71	71	71	71	71	100	90	전략
계	53,468	52,006	53,447	55,117	61,226	62,395	56,163	60,118	

274 연도별 예산각목명세서, 예산 및 기금운용계획 사업설명자료 참조

<표 5-51>에서 보듯이 문화체육관광부는 2019년부터 '오디오북 제작지원센터'를 구축하고 '오디오북 제작 지원'을 시작하였다. 그리고 2020년부터는 '오디오북 제작 지원 예산'을 별도로 편성하였다. '오디오북 제작'은 주로 기존의 종이책이나 전자책을 오디오북 형태로 제작하는 것을 지원하지만 오디오북에 특화된 전용 콘텐츠를 발굴하기 위해 우수 미출간 원고를 대상으로 오디오북 전용 콘텐츠 제작도 지원하였다. <표 5-52>에서 보듯이 2020년부터 '오디오북 제작 지원' 예산이 별도로 편성된 이후 오디오북 제작 지원 실적도 크게 증가하였다.

<표 5-52> 문재인 정부 문화체육관광부의 우수 출판콘텐츠 제작 및 구입 지원 현황[275]

구분	2018	2019	2020	2021	2022
1. 종이책 제작 지원					
1) 우수 콘텐츠 제작 지원(종수)	137	137	137	100	100
2) 우수 콘텐츠 제작 지원(종당/만 원)	1,000	1,000	1,000	900	900
2. 우수 콘텐츠 전자책 제작 지원(종수)	1,777	1,838	1,666	3,079	2,841
1) 텍스트형(종수)	1,758	1,818	1,638	3,042	2,799
2) 멀티미디어형(종수)	19	20	19	19	18
3) 장애인접근형(종수)			9	18	24
3. 오디오북 제작 지원(종수)		42	362	431	442
4. 세종도서 선정 및 구입					
1) 세종도서 선정(종수)	759	950	950	950	950
① 학술	319	400	400	400	400
② 교양(문학포함)	440	550	550	550	550
2) 세종도서 구입 금액(종당/만 원)	1,000	800	800	800	800

② 지역 출판산업 육성

'지역 출판산업 육성'은 예산규모는 작지만 2015년 이후 계속사업이다. 이는 수도권에 집중된 출판산업을 지역적으로 균형 있게 발전시키기 위하여 지역의 출판 및 도서 유통 단체를 통해서 지역의 출판산업 종사자 교육, 지역 소재의 출판물 제작과 유통을 지원하는 사업이다. 이 사업은 본질적으로 '지역 출판산업 인력 양성' 및 '출판콘텐츠 제작 활성화'를 지원하는 요소조건 고도화 측면이 강하다.

275 2018-2022콘텐츠산업백서 참조

③ 출판산업 인프라 구축·운영

문화체육관광부는 출판산업 육성을 위하여 출판산업종합지원센터, 출판창업보육센터, 전자출판지원센터, 오디오북제작지원센터와 같은 출판산업 인프라의 조성 및 운영을 지원해왔다. 한국출판문화산업진흥원에 설치하여 출판산업에 대한 종합적 정보 제공 및 컨설팅을 지원하는 출판산업종합지원센터와 영세 출판사업자에 대한 사무공간 제공 및 창업을 지원하는 출판창업보육센터 운영은 계속사업이다. 전자책 활성화를 지원하는 전자출판지원센터 운영도 계속사업이다. <표 5-51>에서 보면 2019년과 2021년의 경우 전자출판지원센터 운영 예산이 증가하였다. 2019년에는 전자출판 인프라 설비를 보강하고 관련 기술의 업그레이드를 지원하는 예산이 추가되었기 때문이다.

2019년부터는 '출판산업 신성장동력 육성'을 위해 오디오북제작지원센터를 개설하여 오디오북의 제작 및 유통을 지원하였다. 그리고 <표 5-51>에서 보듯이 '오디오북 제작지원센터 및 체험공간' 조성 운영 예산은 2020년까지만 편성하고 2021년부터는 전자출판지원센터로 통합하였다. 예산의 통합 이전인 2020년에 한국출판문화산업진흥원은 '전자출판지원센터'와 '오디오북 제작지원센터'를 통합하여 'KPIPA디지털북센터'를 개설·운영하며 전자책과 오디오북을 아우르는 통합 디지털북 지원체계를 구축하였다.[276] 그리고 2021년에는 오디오북 제작 및 유통 지원 플랫폼인 'KPIPA디지털북센터 올댓오디오북'을 새롭게 개설하여 오디오북 제작 및 유통 지원체계를 더욱 강화하였다.[277]

<표 5-51>의 '파주출판단지의 인프라 보강'은 파주출판단지 출판산업 클러스터를 강화하는 사업이다. 이는 파주출판단지의 '창업보육센터 시설 보강', '스마트허브시스템 구축', '디지털관리 통합 플랫폼 구축', '주문형 인쇄센터(POD) 구축' 등 파주출판단지의 인프라 보강이 중심이지만 파주건축문화제 및 남북문화교류 행사와 같은 파주출판단지 활성화 프로그램도 일부 포함하고 있다.

④ 출판 전문인력 양성 및 일자리 창출

출판 전문인력 양성 및 일자리 창출 지원사업은 <표 5-51>에서 보듯이 한국출판문화산업진흥원 지원 항목의 '출판문화산업 지속성장 인프라 구축'의 세부사업 중 하나로 포함된 계속사업이다. 한국출판문화산업진흥원은 급변하는 출판산업 환경 및 이슈를 반영한 교육 프로그램을 개발·운영하며 청년일자리 창출, 글로벌 출판 전문인력 양성, 서점 전문인력 양성 등의 사업을 추진하였다.

한편 <표 5-51>에서 보듯이 '출판콘텐츠 해외 진출 지원'의 세부사업 중 하나로 2021년부터

[276] 한국출판문화산업진흥원. (2020.4.23). 2020 KPIPA디지털북센터 교육 수강생 모집.

[277] 문화체육관광부·한국콘텐츠진흥원. (2022). 2021콘텐츠산업백서.

'출판 수출 전문인력 양성' 예산이 반영되어 있다. 2021년에는 코로나 19 상황을 감안하여 출판 수출 전문인력 양성을 위한 맞춤형 온라인 교육을 실시하여 113명이 교육을 수료하였다. 2022년에는 '세계 출판시장과 유통현황', '해외 저작권 수출 전략', '사례를 통한 해외 진출 활성화 전략' 등을 주제로 온라인·오프라인 병행 교육을 실시하였고 144명이 참가하였다.[278] 출판 수출 전문인력 양성 예산은 규모는 작지만 2024년 이후에는 출판콘텐츠 해외 진출 지원에 포함되었다. 이 책은 세부사업으로 쪼개어 분류할 수 있는 데까지 나누어 산업의 국가경쟁우위 결정요소에 대한 영향을 분석하고 있다. 포괄적으로 예산이 편성되어 세부사업으로 분류하기 어려운 경우에는 포괄적으로 편성한 예산 사업이 큰 틀에서 국가경쟁우위 결정요소의 어느 부문에 영향을 크게 주었는지를 기준으로 분류할 수밖에 없다.

⑤ 출판콘텐츠 가치증대기술 고도화 지원

가상현실(VR), 증강현실(AR) 및 인공지능(AI) 관련 기술의 발전 및 이를 활용한 다양한 콘텐츠의 확산으로 독서환경이 급속히 변화하고 있다. '출판콘텐츠 가치증대기술 고도화 지원'은 이와 같은 기술 환경 변화에 효과적으로 대응하고 출판산업의 혁신성장을 주도할 수 있는 북테크 기업을 육성하기 위함이다. <표 5-51>에서 보듯이 2019년부터 관련 예산이 반영되었고 지속적으로 예산이 증가하였다. 정부는 가상현실 및 증강현실 기반의 전자책 제작과 독서 플랫폼 개발, 인공지능 기반의 음성합성 기술 개발, 독자 관련 빅데이터 수집·활용 기술 개발 등 출판산업 관련 첨단기술 개발을 지원하였다.

⑥ 중소출판사 성장도약 지원

출판이 아닌 게임, 만화, 캐릭터, 애니메이션 등 다른 콘텐츠의 경우 한국콘텐츠진흥원이 창업 지원은 물론 창업 후 성장 단계별로 경영을 지원하는 프로그램을 운영해왔다. 그러나 출판산업은 절대 다수의 소규모 출판사로 구성되어 있지만 창업 및 초기단계의 성장도약을 지원하는 프로그램이 없었다. 이와 같은 문제를 해소하고자 문화체육관광부는 2024년부터 중소출판사 성장도약 지원 예산을 반영하였다. 이는 출판사의 창업 후 성장 단계에 맞춘 경영자금을 지원하는 사업이다. 도서 출판, ERP구축, 소프트웨어 구입, 유통, 번역 등 다양한 용도로 지원금을 제공하므로 출판사의 경영활동을 지원하는 보조금 성격이 강하다. 그러므로 여기서는 요소조건 고도화 사업으로 분류하였다.

---

[278] 2021~2022콘텐츠산업백서 참조.

2) 수요조건 강화

① 파주출판단지 활성화

<표 5-51>에서 보듯이 문재인 정부에서는 '파주출판단지 활성화' 지원 예산이 다소 증가하였다. 예산각목명세서는 '출판 인프라 구축 지원' 또는 '파주출판단지 활성화'로 표기하고 있지만 이는 건물 또는 시설과 장비의 구축을 지원하는 것이 아니라 기 조성된 파주출판단지의 활성화를 위한 다양한 프로그램을 지원하는 계속사업이다. 어린이 책잔치, 인문학 강좌, 출판 체험교실, 출판편집인 강좌, 출판 국제 교류 등이 세부사업으로 포함되어 있다. 대부분 출판의 수요 확충 및 출판전문가 네트워크 확대를 통한 출판의 관련 및 지원산업 생태계 강화를 지원하는 사업이다. 국가경쟁우위 결정요소에 대한 영향 측면에서는 출판의 국내 수요 확충에 더 큰 비중을 두고 있는 사업으로 분류하였다.

② 도서 구입 및 배포

세종도서 구입 및 배포는 정부가 대량 구매자로서 우수 도서를 구입하여 전국의 공공도서관 등지에 배포하는 사업으로 계속사업이다. 윤석열 정부에서는 세종도서 구입 배포 외에 문학나눔 사업을 추가하여 도서 구입 및 배포 관련 예산이 크게 증가하였다.

③ 국민독서문화 증진 등 출판의 국내 수요 확충 지원

가. 국민독서문화 증진

생애주기별 국민 독서활동 및 병영독서 활성화 등을 지원하는 '국민독서문화 증진' 지원은 계속사업이며 출판의 국내 수요 확충을 촉진한다. <표 5-51>에서 보듯이 문재인 정부에서는 국민독서문화 증진 예산이 다소 증가하였다.

나. 책 읽는 사회 확산 프로젝트

문재인 정부는 '국민독서문화 증진' 외에도 '책 읽는 사회 확산 프로젝트'를 통하여 국민독서문화를 증진하고 출판의 수요 확충을 적극 지원하였다. 이는 2018년에 '2018책의 해 추진'으로 반영되었던 사업이 2019년부터 '책 읽는 사회 확산 프로젝트'로 연장된 사업이다. 2018년 신규사업으로 반영된 '2018 책의 해' 사업은 독서를 통한 소통과 나눔 문화를 확산하며 출판의 수요 창출을 지원하는 사업이다. '2018 책의 해' 사업을 위해 문화체육관광부는 교육부, 지방자치단체 및 지방교육청 등 정부기관과 협력하여 전국의 출판사, 서점, 도서관, 지역커뮤니티 등을 연계한 다채로운 독서캠페인과 함께 전국도서전 및 서점축제를 추진하였다.

2019년부터 추진한 '책 읽는 사회 확산 프로젝트'는 '독서문화 지역 거점 구축'과 '책 읽기 접근성 향상 지원'으로 구성되어 있다. '독서문화 지역 거점 구축'은 지역의 유휴 공간을 활용하여 지역의 책 문화 활동 및 지역 출판의 거점을 구축하여 '지역별 책 축제', '지역 도서전 및 독서모임' 등을 운영하는 프로그램이다. 그리고 '책 읽기 접근성 향상 지원'은 서점 소외 지역을 중심으로 '순회 책방' 또는 '심야 책방'을 운영하며 책에 대한 전국적 접근성을 제고하는 사업이다. 이 외에도 정부는 '책 읽기 접근성 향상'을 위해 지상파 방송을 통한 '시민 참여형 책방송 프로그램' 운영과 독서 관련 유튜브 크리에이터의 '독서콘텐츠 창작 지원' 사업을 전개하면서 국민 독서문화 활성화를 촉진하였다.[279]

<표 5-51>에서 보듯이 정부는 독서문화 증진 사업을 2024년부터 지역사회 기반 책 읽기 수요 창출 예산으로 개편하였다. 이는 책 읽는 사회 확산 프로젝트와 독서경영 인증 사업 등 독서문화 증진 사업을 포괄적으로 계승한 사업이다. 대한민국 독서대전 개최, 책의 도시 선정 및 연중 독서 프로그램 운영, 독서경영 인증 및 독서 유공 포상, 독서의 달 운영 등 지역 기반의 다양한 독서문화 증진 프로그램이 포함되어 있다.

다. 전자책 접근성 제고

문화체육관광부는 '디지털북페어 개최 및 전자책 체험' 기회 제공을 지속적으로 지원하면서 국민의 전자책 접근성을 제고하며 수요 확충을 촉진하였다. 특히 디지털북페어는 서울국제도서전 기간 중 개최함으로써 서울국제도서전에 참가자들을 대상으로 전자책에 대한 관심을 유도하여 전자책 수요 창출을 지원하였다. 그리고 정부는 지하철 및 코레일 철도를 이용한 전자책 체험관 운영, 강남구 못골도서관 등 공공도서관에 오디오북 체험공간 조성·운영을 통해 전자책과 오디오북의 체험기회를 확대하였다.[280] 한편 2024년 예산부터 전자책 접근성 확대 사업은 장애인 등 소외계층을 위한 전자책 뷰어 개발 및 체험공간 지원으로 변경되어 소외계층에 대한 전자책 접근성 제고를 지향하였다.

라. 기타 국내 출판수요 창출 지원

<표 5-51>의 '한국출판문화산업진흥원 지원' 항목 중 '간행물 심의사업'과 '국내 출판수요 창출 지원'은 계속사업이다. 특히 '국내 출판수요 창출'은 '책 읽기 방송프로그램 제작', '문화복지 책나눔 북콘서트', '청소년 대상 북토큰 사업' 등으로 구성된다. 이 중에서 '문화복지 책나눔 북코서트'는 문화적으로 소외된 지역을 저자와 함께 찾아가 강연 및 저자와의 대화를 통해 지역 주민들의 출판문화 향유를 지원하는 프로그램이다. '책 읽기 방송프로그램 제작'과 '문화복지 책나눔 북콘서트 지원'은 박근혜 정부 시기와 비슷한 규모의 예산이 편성되었지만 '청소년 대상 북토큰 사업'은 표에서 보는 바와 같이 예산이 지속적으로 증가하였다. '청소년 대상 북토

279 문화체육관광부. (2018). 2019년도 예산 및 기금운용계획 사업설명자료.

280 문화체육관광부. (2020). 2019콘텐츠산업백서.

큰 사업'은 청소년의 독서활동을 장려하기 위하여 전국의 교육 취약계층에 해당되는 초·중등 학생을 대상으로 도서교환권을 지원하는 사업이다. 문화체육관광부는 북토큰 지원 학생 수를 2021년의 10만장에서 2022년에 약 26만장으로 확대하여 취약 계층 청소년에 대한 독서 지원을 통해 보편적 독서 복지 향상을 추진하였다. 그리고 사업추진 과정에서 북토큰 도서 목록을 별도로 제작하여 학생들의 도서 선택권을 보장하였고, 학교와 지역 서점과의 연계를 통해 지역 경제 발전에도 기여하였다.[281]

④ 출판의 해외 수요 창출 지원

출판의 해외 수요 확충을 지원하는 '서울국제도서전 개최', '해외 국제도서전 참가', '한국도서 해외 보급', '출판한류 지원' 등은 계속사업이다. '해외 국제도서전(전자책 국제도서전 포함) 참가'는 주요 국제도서전에 한국관 공동부스를 설치하여 참가하는 방식과 주빈국으로서 보다 규모 있게 참가하는 방식 모두 포함한다. '출판한류 지원'은 출판수출지원센터 운영 및 찾아가는 해외도서전 개최 등을 지원하는 사업이다.

<표 5-51>의 '출판콘텐츠 해외 진출 지원' 항목의 세부사업 중 '출판저작권페어 개최 및 비즈매칭 지원'은 문재인 정부에서 추가된 신규사업으로 한국출판문화산업진흥원이 주관하는 출판저작권 비즈매칭 지원사업이다. 문화체육관광부는 2020년에 코로나19로 인하여 국가 간 이동이 자유롭지 못한 상황에서 비대면의 온라인 화상 상담회 형태의 '출판저작권페어 및 비즈매칭' 지원사업을 개발하여 2020년 8월부터 12월까지 중화권, 유럽, 미주 등 3개 지역을 대상으로 온라인 '출판저작권페어'를 개최하였다. 국내 59개사, 해외 101개사가 참가하여 416건의 출판 계약 상담 및 후속 계약 체결이 이루어졌다.[282] 2020년에는 코로나19 확산으로 인하여 다수의 해외행사가 취소되어 온라인 해외 진출 지원 예산을 활용하여 온라인 출판저작권페어를 개최하였으나 <표 5-51>에서 보듯이 2021년부터는 '출판저작권페어 개최 및 비즈매칭 지원' 예산을 별도로 편성하였다.

한편 윤석열 정부는 2024년 예산부터 출판산업 예산편성 방식을 개편하였다. 이에 따라 출판콘텐츠 해외 진출 지원사업을 통합 예산으로 편성하였다. 이는 해외 전시마켓 참가, 국제도서전 개최 및 참가, 찾아가는 도서전 등 출판의 해외 진출을 지원하는 다양한 사업을 포함하고 있다.

그리고 2024년부터 부산국제아동도서전 개최 지원 예산을 편성하였다. 아동 및 학습도서는 국내 최대 출판시장을 갖고 있고 해외 수요도 가장 많은 분야이다. 그러나 아동도서와 관련한 국내외 교류 및 비즈니스 매칭을 지원하는 국제적 마켓이 없었다. 이에 정부는 아시아 아동문

281 문화체육관광부·한국콘텐츠진흥원. (2023). 2022콘텐츠산업백서.

282 문화체육관광부. (2021). 2020콘텐츠산업백서.

학, 그림책, 학습도서 등을 활용한 B2B 및 B2C 행사를 동시에 개최하는 국제아동도서전을 부산에서 개최하도록 지원하기 시작하였다.

3) 관련 및 지원산업 발전

① 출판저작권 수출 활성화 지원 및 출판수출통합플랫폼 구축

'출판저작권 수출 활성화 지원'은 도서의 수출을 지원하기 위하여 초록 및 샘플 번역과 수출용 홍보자료의 번역 제작을 지원하는 계속사업이다. '출판저작권 수출 활성화 지원'은 보는 시각에 따라서는 출판의 해외 수요 확충을 지원하는 사업으로 분류할 수도 있다. 그러나 이 책에서는 한국문학번역원 지원과 함께 출판의 해외 진출을 위한 번역을 지원하는 측면을 감안하여 관련 및 지원산업 발전을 촉진하는 것을 분류하였다. '출판저작권페어 및 비즈매칭 지원'은 국내외 출판사 간 비즈니스 매칭을 지원하여 국산도서의 해외 수요 창출 및 해외출판을 직접적으로 지원하는 사업이다. 그러나 '출판저작권 수출 활성화'는 수출을 위한 도서의 번역 및 홍보자료의 제작을 지원하는 성격이므로 이는 출판의 관련 및 지원산업 발전 측면으로 분류한 것이다.

한편 2018년에는 해외 출판사 및 출판관계자가 한국의 출판산업 정보를 쉽게 이해할 수 있도록 한국도서의 기초정보, 한국작가, 출판사, 에이전시 정보, 한국 출판계 동향 및 통계, 영문 웹진(K-Book Trend) 등의 정보를 수록한 출판수출통합플랫폼(www.k-book.or.kr)을 구축하였다. 출판수출통합플랫폼은 한국도서 번역사업에 선정된 도서도 등재하고 있어 수출 상담 시 보조자료로 활용할 수 있다. 그리고 중국어권을 위한 중문 플랫폼을 별도로 운영하며 다수의 출판콘텐츠에 대한 홍보서비스를 제공하고 있다.[283] 한국출판문화산업진흥원은 출판수출통합플랫폼을 통해 2022년까지 도서 6,341권, 출판사 및 에이전시 700개, 작가 5,582명의 정보를 제공하였다. 2022년 이용자 수는 137개국 1만 6,777명이고 누적 조회 수는 23만 1,788건이다.[284]

② 출판인 국제 교류 및 아시아북어워드

'출판인 국제 교류 지원'은 계속사업이며 주로 아시아의 출판인 네트워크 구축과 출판인 교류를 지원한다. 2021년 예산부터는 '출판인 국제 교류 지원'은 '아시아북어워드 지원'으로 변경되었다. '아시아북어워드'는 2012년 처음 개최한 '파주북어워드'에서 기원하며 2021년에 '아시아북어워드'로 변경되었다. '파주북어워드'는 아시아에서 인문, 사회, 과학기술 분야에서 두각을 나타낸 도서와 현대사회의 변화를 독창적으로 해석하여 언론과 독자의 주목을 받은 도서를 선

[283] 문화체육관광부. (2019). 2018콘텐츠산업백서.

[284] 문화체육관광부·한국콘텐츠진흥원. (2023). 2022콘텐츠산업백서.

정하고 '아시아의 책'으로 매년 시상하였다. '아시아북어워드'도 같은 방식으로 아시아 지역의 우수 도서를 선정하여 시상하고 출판인 교류행사를 갖는다. 특히 '아시아북어워드'는 한국, 일본, 중국, 홍콩, 대만 등 아시아 전역의 출판인, 학자, 평론가 등으로 선정위원회를 구성하여 심사한다. '아시아북어워드'는 단순한 시상식을 넘어 한국 및 아시아 출판인들의 교류와 소통의 계기를 제공한다.[285] 2021년에는 '바다 위의 용병(대만)', '태양을 오고가며: 금산의 꿈, 화인 이민과 홍콩의 형성(홍콩)', '인류세의 자본론(일본)', '기술과 문명: 우리의 시대와 미래(중국)' 등 대만, 홍콩, 일본, 중국의 도서 4종이 선정된 바 있다. '아시아북어워드'에 선정된 책들은 최초의 출판 국가는 물론 한국을 포함한 아시아 지역에서 번역 출판되므로 출판의 국내외 수요 확충에도 기여한다.

③ 한국문학번역원 지원

'한국문학번역원 지원'은 계속사업이며 <표 5-51>에서 보듯이 예산이 지속적으로 증가하였다. 문재인 정부 시기의 한국문학번역원은 지원 방식 다변화를 통하여 해외 출판에 대한 수요 확충을 더욱 촉진하였다. 한국문학번역원은 해외 출판인을 통한 샘플 번역원고 심사를 진행하였고, 영어, 스페인어, 중국어 등에 적합한 작품을 소개하기 위한 현지의 출판사를 추천받아 현지 출판 기회를 확대하였다. 이와 함께 한국문학 저작권을 구매한 외국의 출판사를 대상으로 맞춤형으로 번역·출판을 지원하며 해외 유력 출판사들의 한국문학 출간을 적극 유도하였다. 한국문학번역원의 번역·출판 지원 확대에 힘입어 한국문학의 해외 인지도가 상승하였고 해외 문학상 수상 및 판매량이 증가하는 성과를 거두었다. 그리고 한국문학번역원은 한국문학의 안정적 출간을 유도하기 위하여 미국, 영국, 일본, 튀르키예 등의 유력 출판사들과 한국문학 선집 기획 번역·출간 업무협약 체결도 추진하였다.[286]

한국문학의 번역출판 증가 및 국제적 인지도 향상에 힘입어 한국문학의 국제적 수상실적이 <표 5-53>에서 보듯이 2017년 이후 크게 증가하였다. 이전까지 국제수상실적은 연간 1-2회에 불과하였으나 2017년에는 수상과 입후보까지 포함하여 7회로 증가하였다. 표에서 보는 바와 같이 한국문학의 국제수상은 지속적으로 증가하였고 2024년에는 한강이 노벨 문학상을 수상하였다. 한국 문학사상 처음으로 노벨 문학상을 수상한 것은 작가의 뛰어난 문학적 역량과 함께 여러 국가에서의 번역출판을 지원함으로써 한국문학이 전 세계 독자들에게 폭넓게 소개된 결과이다. 최근의 한국문학 번역가는 외국어에 능통한 한국인 번역자가 아니라 한국의 문화에도 능통한 원어민 번역자 중심으로 세대교체가 되고 있다. 한국문학번역원에서 운영 중인 번역아카데미는 외국인 교수 및 외국인 수강생들이 상당수를 차지한다. 한국문학번역원의 번역아카

285 https://asiabookaward.org

286 문화체육관광부. (2019). 2018콘텐츠산업백서.

데미 출신의 번역가들은 한국문학의 감성과 깊이를 전하며 한국문학의 글로벌 성공에 핵심적 역할을 수행한다.[287]

<표 5-53> 한국문학 국제수상 성과

연도	03	04	05	06	07	08	09	10	11	12	13	14	15	16	17	18	19	20	21	22	23	24	계
수상	1	2	0	1	1	1	1	1	1	2	0	2	1	1	3	5	2	6	4	5	1	3	44
입후보	0	1	0	0	0	0	0	0	0	0	0	0	0	1	4	7	6	10	12	10	8	8	67
계	1	3	0	1	1	1	1	1	1	2	0	2	1	2	7	12	8	16	16	15	9	11	111

④ 출판유통구조 개선

가. 개방형 전자책 유통협업시스템 구축

출판유통구조 개선은 계속사업으로 종이책 및 전자책의 유통구조개선 사업을 포함하고 있다. <표 5-51>의 '전자책 활성화'는 전자책의 제작, 수요 확충, 유통 활성화 등 전자책의 가치사슬 전반을 지원하는 다양한 사업을 포함하고 있다. 이중 '개방형 전자책 유통협업시스템 구축'은 전자책의 유통 활성화를 지원하는 사업이다.

문화체육관광부는 2016년부터 DRM 상용화 및 전자책 유통구조 개선을 지원하기 시작하여 2017년에는 전자책 메타데이터 표준화 등 '개방형 전자책 유통협업시스템 구축'을 지원하였다. 이는 전자책의 통합적 서지정보 DB를 구축하고 한국형 전자책 표준 메타데이터를 도출하여 전자책 관련 정보시스템을 구축하는 사업이다. 이를 통해 전자책 관련 서지정보와 유통정보의 중복 입력 및 표준 부재로 인한 낭비와 비효율성을 극복할 수 있다. <표 5-51>에서 보듯이 정부는 2018년까지 '개방형 전자책 유통협업시스템 구축' 예산을 편성하였다. 2018년에는 '출판유통통합정보시스템 구축'을 추진하면서 종이책과 전자책의 구분이 없는 시스템의 통합을 추진하였기 때문이다.[288]

나. 출판유통통합정보시스템 구축·운영

문화체육관광부는 2016년 서점온(서점On) 사이트를 개설하여 실시간 도서유통 정보를 확인하고 물류 및 재고 비용을 줄일 수 있도록 출판유통정보시스템의 개선을 지원하였다. 그러나 서점온의 정착을 위해서는 '표준화된 도서정보의 지속적 구축 및 서비스', '지역 서점 POS의 전면적 보급', '원활한 시스템 운영' 등이 필수적 조건이다. 출판유통정보화는 계속사업으로 오랫

287 한국문학번역원. (2024.10.11.). 번역이 이끈 한국문학의 세계적 도약.

288 문화체육관광부. (2019). 2018콘텐츠산업백서.

동안 정부가 지원하였으나 전근대적 출판유통 현실은 좀처럼 개선되지 않았다. 게다가 2017년 초에 발생한 대형 도매상 송인서적의 부도는 출판사, 서점, 인쇄사 등으로 이어지는 연쇄 피해를 야기하였다. 송인서적의 부도 및 중소 출판사 등의 연쇄 피해는 도서유통에 있어서의 어음거래 만연과 도서유통정보 미비 등에 기인한 바가 컸다.

문화체육관광부는 2018년부터 2020년까지 3단계 '출판유통통합정보시스템 구축'을 추진하였다. <표 5-51>에서 보듯이 '출판물류 유통 기반 구축' 항목에 '출판유통통합정보시스템 구축 지원' 예산이 반영되어 있다. 이는 출판사, 물류사, 도매사, 서점으로 이어지는 도서 유통과정의 판매정보를 실시간으로 구축하고 서비스할 수 있는 통합정보시스템이다. 출판유통통합정보시스템 관리기관은 출판사에서 제작한 모든 도서 정보를 통합하여 서점에 제공하고 대형서점, 온라인서점, 지역 서점 등에서 독자에게 판매되는 정보는 다시 출판유통업계, 도서관, 독자 등에게 제공하게 된다. 출판유통통합정보시스템은 2021년에 3단계 작업을 마무리하고 출판사의 등록 및 유통 업무를 지원하기 시작하였다.[289] 한편 2021년부터는 <표 5-51>에서 보듯이 '출판유통통합전산망 운영' 예산이 '한국출판문화산업진흥원 지원' 예산에 반영되어 있다. 문화체육관광부는 영화관입장권통합전산망을 영화진흥위원회가 운영하듯이 '한국출판문화산업진흥원'이 출판유통통합전산망을 운영하도록 지원하였다.

출판유통통합정보시스템 구축 전에는 출판사에서 연간 발행하는 약 6만종 내외의 도서에 대한 서지정보를 도서관(납본), 유통사(대형 서점 및 인터넷 서점), 물류사(출판유통진흥원, 북센, 출판협동조합) 등이 각각 구축하고 있었기 때문에 서지정보 구축 방법과 구축 시기가 다르며 각각 개별 회사의 DB자산 성격을 갖고 있어 공적으로 상호 연결하여 사용하기 어려운 실정이었다. 도서는 국제적으로 표준화된 ISBN을 식별체계로 사용하고 있으므로 ISBN을 기반으로 서지정보를 통합하여 입력·관리하면 서지정보 구축 비용을 절감할 수 있다. 그리고 신간도서 정보를 독자에게 신속히 제공하면 독서 활성화에도 기여할 수 있으며 이를 서점의 POS와 연계하면 출판, 물류, 유통, 소비의 전 과정을 투명하게 관리할 수 있게 된다.

출판유통통합정보시스템 구축은 이와 같은 표준화된 출판유통정보의 통합관리시스템 구축과 함께 웹 기반의 보급형 서점 POS시스템의 개발 및 확산을 지원하는 사업으로 구성되어 있다. 영화관입장권통합전산망 구축은 이와 유사한 유통정보통합관리시스템 구축의 사례이다. 영화는 제작업체, 배급업체, 영화관의 정보를 통합하여 구축하고 영화 제작 정보, 상영일, 구매일, 입장권가격, 상영 영화별 극장 매출, 관람객 수 등을 실시간으로 수집하고 이를 관련 기업 및 관람객에게 제공함으로써 영화산업의 투명한 유통구조를 확립할 수 있었다.[290]

289 문화체육관광부·한국콘텐츠진흥원. (2022). 2021콘텐츠산업백서.

290 문화체육관광부. (2017). 2018년도 예산 및 기금운용계획 사업설명자료.

다. 지역 서점 활성화 지원

'지역 서점 활성화 지원'은 계속사업이다. <표 5-51>에서는 '출판물류 유통 기반 구축' 항목에서 '출판유통정보화 지원'과 '지역 서점 활성화 지원'으로 구분하여 편집하였다. '출판유통정보화 지원'은 신간도서DB구축 및 서점온 운영을 지원하는 사업이다. 2024년부터는 '디지털 도서물류 시스템 구축'을 지원하였다. 이는 영세한 지역 서점이 도입하기 어려운 도서 구매 및 배달 앱 개발, 무인 키오스크 도입 등 디지털 물류시스템을 지원함으로써 지역 서점의 활성화를 지원하는 사업이다. 한편 '지역 서점 활성화 지원'은 지역 서점의 문화활동 지원, 서점의 날 행사 및 지역 서점 포럼 개최, 서점 전문인력 양성 등 다양한 지역 서점 활성화 사업을 포함한다.

⑤ 출판산업 신성장동력 육성

<표 5-51>의 '출판산업 신성장동력 육성' 사업은 2019년 '오디오북 제작지원센터 및 체험공간 운영 조성' 등과 함께 시작하였다. 고품질의 다양한 오디오북 공급 확대는 독서 플랫폼을 다변화하고 고령자 및 시각장애인 등 취약계층의 독서기회 확충도 기여할 수 있다. 종이책, 전자책, 소리책(오디오북) 등은 형태를 달리할 뿐 책이라는 본질은 같다. 오디오북 제작 및 체험 등에 대하여는 출판콘텐츠 제작 및 수요 창출 지원 부문에서 서술한 바 있으므로 생략하고 여기서는 '출판산업 신성장동력 육성' 관련 기타 세부사업을 살펴본다. 문화체육관광부는 2024년 예산부터 전자책 활성화 사업과 출판산업 신성장동력 육성 사업을 디지털 기반 제작 지원사업으로 통합하였다.

가. 출판 원천콘텐츠 다중 활용 지원

오늘날의 온라인 동영상서비스(OTT) 및 유튜브, 숏폼 등은 문화콘텐츠산업에게 커다란 기회가 되고 있다. 이는 다양한 플랫폼을 활용하여 문화콘텐츠 서비스 및 이용이 더욱 활성화되기 때문이다. '출판 원천콘텐츠 다중 활용 지원'은 이러한 환경적 변화 속에서 문화콘텐츠의 원천이 되는 출판 지식재산권(IP)을 활용하여 산업적 가치를 더욱 확대 재생산할 수 있도록 지원하는 사업이다. 출판콘텐츠를 다양한 문화콘텐츠 제작의 원천으로 활용하는 것을 지원하는 것인 만큼 이는 관련 및 지원산업 발전을 촉진하고 출판산업 생태계를 더욱 활성화하는 사업이다.

나. 모바일 연계 출판전시망 구축

''모바일 연계 출판 전시망 구축'은 오프라인 도서전시를 모바일에서 고화질로 구현하는 융복합 전시의 새로운 모델을 지원하는 사업으로 2020년 예산에 반영된 신규사업이다. 이는 모바일 플랫폼에서 일반 독자, 출판사, 작가, 서점, 도서관 등 출판산업 생태계 구성원이 폭넓게 참여하여 모바일 기반의 도서 전시 및 축제를 즐길 수 있도록 모바일 기반의 플랫폼 및 실감형 콘텐츠 개발을 지원하는 사업이다.

다. 웹소설 글로벌화 지원

웹소설 및 웹툰은 영화, 드라마, 게임 등 다양한 콘텐츠로 재제작되는 원천 콘텐츠로의 가치가 있다. 웹소설 플랫폼은 다양한 언어로 번역되어 전 세계인들이 즐길 수 있는 콘텐츠 플랫폼이다. 웹소설은 수년간의 연재방식으로 제작하는 것이 일반적이므로 작품 분량이 방대하다.

웹소설은 세분화된 다양한 장르가 존재하기 때문에 장르문학별 특성을 이해하고 장문의 글을 언어별 맥락에 맞는 용어로 번역할 수 있어야 글로벌 경쟁력을 가질 수 있다. 정부는 2024년부터 웹소설 인력 양성과 함께 웹소설의 번역 및 번역 인력 양성을 지원하는 예산을 추가하였다. 웹소설 플랫폼도 세계시장에서 치열한 경쟁을 펼치고 있다. 웹소설을 언어별로 호소력 있게 번역할 수 있는 인력의 양성은 웹소설의 글로벌화에 관건이 될 수 있다. 문화체육관광부는 국내 통번역 대학원 등의 웹소설 번역과정 운영을 지원하는 것은 물론 웹소설의 샘플 및 홍보자료 등을 번역하여 해외 스토리마켓 참가를 지원하고 있다.

⑥ 출판물불법유통신고센터 운영 등 공정유통환경 조성

한국출판문화산업진흥원의 출판물불법유통신고센터 운영은 계속사업이다. 2024년부터는 예산을 증액하여 불법유통에 대한 모니터링을 강화하였다. 이는 대학교재 스캔을 통한 무단 복제 및 전송 사례의 빈발, 전자책 불법 유통 심화, 중고거래를 통한 PDF 파일 유통 등이 증가하고 있음을 감안하여 상시 모니터링 체계를 갖추고 감시와 함께 불법유통에 대한 대국민 인식 개선을 추진하기 위함이다.

⑦ 인쇄문화산업 지원

정부는 예산은 작지만 출판의 대표적 관련 및 지원산업인 인쇄문화산업의 육성을 지속적으로 지원하였다. 정부는 대한인쇄문화협회를 통해 인쇄물 수출지원센터 운영을 지원하고 해외 국제도서전 참가를 통한 한국의 우수한 인쇄기술에 대한 홍보 및 시장개척을 지원하였다. 이와 함께 최근의 인쇄기술 트렌드인 친환경·첨단 인쇄기술 개발을 위한 세계인쇄회의 참가 및 인쇄기술 트렌드 연구도 지원하였다.

4) 전략

출판문화산업의 국가경쟁우위 결정요소 중 전략 부문 강화에 기여하는 예산은 주로 조사연구 및 정책 연구사업이다. 해외출판시장 조사연구, 전자책 조사연구 및 세미나, 출판산업통계조사 및 정책 연구 등이 주요 연구개발 예산에 반영되어 있다.

이 외에도 각각의 다양한 출판산업 육성 사업을 추진하면서 관련 분야에 대한 조사연구사업도 추진하였으나 대부분 작은 규모이므로 각각의 세부사업에 포함되어 있는 경우도 많이 있다.

기타 한국출판문화산업진흥원의 경상운영비 및 인건비와 문화체육관광부의 행정 예산은 출판산업 전반에 관한 정책의 수립 및 집행과 관련이 있기 때문에 전략으로 분류하였다.

5) 더블 다이아몬드 모델에 의한 출판산업정책 분석

복잡하고 다양한 출판산업 육성을 위한 정부의 지원을 더블 다이아몬드 모델을 토대로 국가경쟁우위 결정요소에 대한 영향을 분석하면 <그림 5-10>과 같다. 국내 다이아몬드 관점에서는 수요조건 강화 지원 예산이 가장 큰 비중을 차지하지만 요소조건 고도화를 지원하는 예산도 많이 편성되어 있다. 문재인 정부 시기에는 출판콘텐츠 제작 및 인력 양성, 기술 개발 등에 대한 지원 예산이 5년간 300억 원이 넘게 편성되었다. 이는 출판산업의 요소조건 고도화에 영향을 준다. 그리고 종이책 및 전자책을 포괄하는 출판유통구조 현대화를 지원함으로써 출판의 관련 및 지원산업의 발전을 촉진하는 예산도 이전보다는 증가하였다.

문화산업정책의 기본적 목적은 내수시장 확충보다는 해외 수출을 통한 국민경제에 이바지하는 것이다. 국외 다이아몬드 관점에서는 출판산업의 관련 및 지원산업의 국제적 발전을 촉진하는 예산의 비중이 가장 크다. 이는 한국문학번역원 운영 및 번역 사업 지원 예산의 비중이 크기 때문이다. 그 다음으로는 출판의 해외 수요 확충을 지원하는 예산이 큰 비중을 차지한다. 출판산업의 국제적 요소조건 고도화를 지원하는 예산은 거의 편성되지 않았다. 한편 <표 5-51>에서 보듯이 문화체육관광부는 해외출판시장 조사연구사업을 추진한 바 있다. 이는 출판의 해외 진출 전략 수립을 위한 것이다. 그리고 전자책 조사연구와 출판산업통계조사연구도 해외시장에 대한 조사연구가 포함된다. 이 경우에는 다른 사례와 마찬가지로 조사연구 사업비의 20%를 해외시장에 대한 조사연구 및 전략 개발에 사용된 것으로 가정하였다.

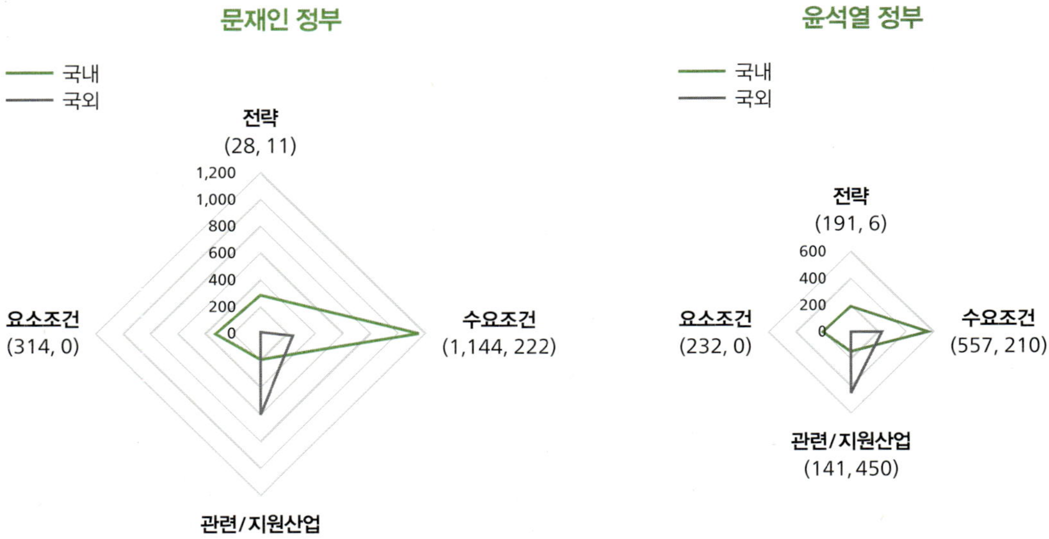

<그림 5-10> 출판산업 예산으로 본 국가경쟁우위 결정요소에 대한 영향(단위: 억 원)

제5절 저작권 보호를 통한 문화산업의 국가경쟁우위 창출 지원

저작권 보호는 문화콘텐츠의 합법적 시장 활성화를 통한 수요조건의 고도화에 기여할 뿐 아니라 문화산업 전반의 생태계 활성화를 유도하여 관련 및 지원산업 발전을 촉진한다. <표 5-54>에서 보듯이 문재인 정부 및 윤석열 정부 문화체육관광부의 저작권정책 예산의 기본적 구조는 박근혜 정부와 크게 달라지지 않았지만 예산규모는 지속적으로 증가하여 2022년에는 1천억 원을 초과하였다. 이는 '저작권 기반 기술 육성', '저작권 교육 및 홍보 강화', '저작권 단속 및 보호 활동 강화', '저작물 유통 활성화' 등의 주요 사업 예산이 크게 증가한 것에 기인한다.

문화체육관광부는 저작권 분야에서도 코로나19 팬데믹 시기에 추가경정예산을 편성하였다. 2020년에는 저작권 침해사이트에 대한 재택 모니터링 운영 예산이 추가되었다. 2022년부터는 실감 콘텐츠 저작권 핵심 기술 개발 예산이 추가되었다. 그리고 윤석열 정부에서 편성한 2023년 예산부터는 선도형 저작권 핵심 기술 및 침해 대응 기술 개발, 저작권 기술 인재 양성이 신규사업으로 포함되었다.

1 요소조건 고도화

1) 저작권 기술 및 표준화 지원

저작권 기술 및 표준화 지원은 저작권 기술의 성능평가와 함께 이의 표준화를 지원하는 사업이다. 정보통신기술의 발달에 따라 저작권 보호조치를 우회하는 기술도 함께 발달하고 있다. 이에 따라 문화체육관광부는 '특징 기반 필터링 기술', '포렌식 워터마크 기술' 등을 활용한 저작권 기술 성능평가 시스템의 개선, 저작권 기술 표준화 연구, 저작권 기술 관련 국제콘퍼런스 개최 등을 지속적으로 지원하였다. '특징 기반 필터링 기술'은 콘텐츠가 갖고 있는 고유한 특징을 추출하여 DB로 구축하고 이를 토대로 검색하고 인식하는 기술이다. '포렌식 워터마크 기술'은 디지털콘텐츠 구입시 구매자의 정보를 삽입하여 콘텐츠를 불법으로 배포하는 자와 배포경로를 근원적으로 추적하는 기술이다.

전기통신사업법 제22조 및 동법 시행령 제29조는 온라인서비스사업자로 하여금 사업자 등록 시 저작물의 불법 유통을 방지하기 위하여 웹하드 등록 요건에 저작권법에 따른 기술적 조치 실시 계획을 포함하도록 하고 있다.

<표 5-54> 문화체육관광부의 저작권정책 예산 현황[291]

구분(단위: 백만원)	2018	2019	2020추경	2021	2022추경	2023	2024	2025	비고
1. 저작권 기반 기술 육성	8,384	8,913	10,981	12,174	15,602	20,227	19,403	20,097	
1) 저작권 기술 및 표준화 지원	1,089	994	2,593	1,596	1,496	1,433	1,604	1,474	요소조건
2) 저작권 보호 및 이용 활성화 기술 개발	7,295	7,919	8,388	10,578	14,106	16,794	5,252	2,532	요소조건
① 저작권 보호 및 이용 활성화 기술 개발	7,295	7,919	8,388	10,578	8,106	8,344	5,252	2,532	요소조건
② 소프트웨어 저작권 연구개발					1,000	2,200			요소조건
③ 실감 콘텐츠 저작권 핵심 기술 개발					5,000	6,250			요소조건
3) 선도형 저작권 핵심 기술 개발							4,347	5,924	요소조건
4) 글로벌 저작권 침해 대응 기술 개발							1,600	2,467	요소조건
5) 저작권 기술 인재 양성						2,000	6,600	7,700	요소조건
2. 저작권 문화 기반 조성	7,056	12,726	11,841	14,657	21,295	13,731	6,841	6,476	
1) 저작권 교육 및 홍보	5,261	5,017	5,367	4,048	5,151	7,746	5,291	5,990	수요조건
2) 저작권교육체험관 건립 운영		4,857	3,528	8,338	9,845	3,264	1,010		수요조건
3) 교육체험관 전시체험 환경 구축			300		3,655				수요조건
4) 중소기업 저작권 서비스 지원	1,635	2,692	2,491	2,181	2,563	2,560			관련/지원
5) 저작권 공정거래 환경 조성	160	160	155	90	81	161	540	486	관련/지원
3. 저작권 보호 활동 지원	19,929	23,344	25,314	26,590	32,368	33,551	30,863	27,388	
1) 저작권 특별사법경찰 활동 지원	743	743	833	923	792	1,411	900	900	관련/지원
2) 한국저작권보호원 지원	5,953	7,501	6,628	8,773	9,114	9,229	9,226	9,578	관련/지원
3) 국내 저작권 보호 활동 지원	8,118	10,340	12,750	9,825	14,690	14,788	13,612	9,105	관련/지원
① 저작권보호심의위원회 운영	882	882	1,032	656	656	656	656	656	관련/지원
② 온라인 불법 복제물 상시 모니터링	3,767	5,077	6,934	4,897	5,230	5,451	3,366	2,966	관련/지원
③ 현장 단속 및 디지털 과학수사 지원	1,746	2,763	3,266	2,165	2,030				관련/지원

구분(단위: 백만원)	2018	2019	2020추경	2021	2022추경	2023	2024	2025	비고
④ 저작권 침해 종합대응체계 구축	950	845	745	996	5,363	5,244	5,187	1,362	관련/지원
⑤ 저작권 보호 기술 도입 컨설팅 지원				500	300	500	500	500	관련/지원
⑥ 저작권 보호 및 침해 예방 환경 조성	773	773	773	611	1,111	2,937	3,903	3,621	관련/지원
4) 해외 저작권 보호 및 협력	5,115	4,760	5,103	7,069	7,772	8,123	7,125	7,805	
① 저작권 교류 협력을 통한 해외 저작권 보호	4,043	3,688	4,085	5,411	5,264	6,165	5,867	5,647	관련/지원
② 디지털 불법 복제 국제공조체계 지원					250				관련/지원
③ 인터폴 사업 분담금 지원				700	1,300	1,000	300	1,200	관련/지원
④ WIPO 신탁기금(ODA)	1,072	1,072	1,018	958	958	958	958	958	관련/지원
4. 저작물 유통 활성화 지원	9,051	11,947	11,615	13,324	14,616	14,497	12,235	11,032	
1) 저작권 비즈니스 활성화 지원	1,570	2,350	2,596	5,118	4,426	4,312	3,540	3,074	관련/지원
2) 저작권서비스 종합 지원시스템 운영	928	2,999	2,695	2,390	2,021	2,003	1,991	1,812	관련/지원
3) 국가 디지털식별체계 운영	1,244	1,244	1,214	1,567	1,547	1,533	1,395	1,256	관련/지원
4) 공유저작물 활용 기반 구축 및 이용 활성화	5,309	5,354	5,110	4,249	6,622	6,649	5,309	4,890	관련/지원
5. 한국저작권위원회 지원	11,731	11,815	11,752	14,325	15,857	15,696	14,581	14,524	
1) 고유사업 지원	4,000	3,863	3,640	3,046	4,325	3,888	2,901	2,600	관련/지원
2) 경상운영비 및 인건비	7,731	7,952	8,112	11,279	11,532	11,808	11,680	11,924	전략
6. 저작권 관련 행정, 실태조사 및 정책 개발	605	527	525	526	479	1,071	1,074	1,023	전략
7. 계	56,756	69,272	72,028	81,596	100,217	98,773	84,997	80,540	

291 연도별 예산각목명세서 및 세입세출 및 기금 결산 사업설명자료 참조, 재구성

그리고 저작권법에 따른 기술적 조치는 한국저작권위원회의 성능평가를 통과하고 평가 유효기간 내에 있는 기술을 적용해야 하며 사업자의 모든 복제 및 전송 관련 장비와 서비스에 24시간 상시 저작권 기술을 적용하는 것을 의미한다.

저작권 기술의 성능평가를 시행하고 있는 한국저작권위원회는 성능평가 기준 및 지침을 마련하고 2010년 하반기 시범서비스를 시작한 이래 2022년 말까지 총 190건의 성능평가 확인서를 발급한 바 있다.[292]

2) 저작권 보호 및 이용 활성화 기술 개발

<표 5-54>에서 보듯이 '저작권 보호 및 이용 활성화 기술 개발'은 계속사업이며 문재인 정부에서 지속적으로 예산이 증가하였다. 이는 차세대 저작권 보호 및 서비스 혁신 기술의 개발과 개발된 기술의 사업화를 지원하는 예산이다. 저작권 보호 및 이용 활성화를 위한 저작권 기술 연구과제 관리는 한국저작권위원회가 수행하였으나 문화체육관광부는 2021년 10월부터 문화체육관광 분야 기술 개발 연구과제 관리기관을 통합하여 한국콘텐츠진흥원으로 일원화하였다. 그러므로 2021년까지는 한국저작권위원회가 문화체육관광부의 위탁을 받아 저작권 기술 개발 예산을 집행하였으나 2022년 예산부터는 한국콘텐츠진흥원이 집행하였다.

<표 5-55> 2022년 저작권 보호 및 이용 활성화 기술 개발 과제 현황

구분	연구과제명	계속/신규	비고
1	주제·배경·시그널 음원 저작권료의 공정하고 투명한 정산, 분배를 위한 Open API 블록체인 플랫폼 기술 개발	계속	저작권 보호 및 서비스 혁신 기술 연구 개발
2	디지털 홀로그래픽 프린터용 콘텐츠 저작권 보호 및 응용 기술 개발	계속	
3	교육콘텐츠에 대한 인공지능 기반 저작권 침해 의심요소 검출 및 대체 공유저작물 추천기술 개발	계속	
4	신원증명 기술을 활용한 방송콘텐츠 저작권 보호 프레임워크 개발	계속	
5	딥러닝을 활용한 고속 음악 탐색 기술 개발	계속	
6	학술자료 이미지에 대한 저작권 검증 기술 개발	계속	
7	대용량 음원 이용 정보 데이터를 활용한 저작권 정보 검증 플랫폼 개발	계속	
8	클라우드 기반 원격지 저장창치 증거 수집 및 저작권 침해 데이터 DB개발	신규	
9	공정한 소프트웨어 저작권 거래 및 유통 생태계 지원을 위한 저작권 응용 기술 개발	신규	
10	미세 패터닝 기술을 활용한 실감 콘텐츠 복제 방지 및 홀로그램 활용 기술 개발	신규	실감 콘텐츠 저작권 기술 개발
11	인공지능을 활용한 4D 실감 콘텐츠 창작물 생성 및 저작권 핵심 기술 개발	신규	
12	아바타 기반 메타버스 공연 협업 콘텐츠 보호를 위한 저작권 핵심 기술 개발	신규	
13	디지털 저작권 관리가 가능한 오픈 메타버스 에셋 플랫폼 개발	신규	

292 문화체육관광부·한국저작권위원회·한국저작권보호원. (2023). 2022저작권백서.

<표 5-55>는 문화체육관광부의 '저작권 보호 및 이용 활성화 기술 개발' 지원에 대한 이해를 돕기 위하여 2022년의 저작권 기술 개발 관련 연구과제 목록을 정리한 것이다. 2022년에는 스마트화, 클라우드, 인공지능, 실감형 콘텐츠 등 새로운 기술 환경 변화에 효과적으로 대응하며 불법 저작물로부터 저작권 침해를 예방하기 위한 저작권 보호 핵심 기술 및 서비스 기술을 중심으로 연구개발을 지원함과 동시에 실감 콘텐츠 저작권 기술 개발 과제도 지원하였다. '실감 콘텐츠 저작권 기술 개발'은 메타버스 플랫폼의 상용화에 대응하고 실감형 확장현실(XR) 콘텐츠의 저작권 정보 관리 및 유통을 지원하기 위한 것이다. '실감 콘텐츠 저작권 기술'은 향후 실감형 확장현실 콘텐츠 유통이 활발해질 경우에 대비하여 필터링 성능평가에 필요한 인증기준을 마련하고 확장현실 콘텐츠의 저작권 보호 기술의 신뢰성 확보를 위해서도 필요하다.[293]

한편 <표 5-54>에서 보듯이 윤석열 정부에서는 i) 선도형 저작권 핵심 기술 연구 개발, ii) 글로벌 저작권 침해 대응 기술 개발, iii) 저작권 기술 글로벌 인재 양성을 지원하는 예산이 증가하였다. 선도형 저작권 핵심 기술 개발은 생성형 AI콘텐츠의 저작권 요소 식별 및 데이터셋 저작권 보호 기술, 챗 GPT 콘텐츠의 저작권 관련 기술 개발 등 인공지능 관련 저작권 기술 개발을 지원하는 사업이다. 글로벌 저작권 침해 대응 기술은 글로벌 저작권 현안 신속 대응이라는 사업명으로 예산이 편성되었다. 사업명으로 보면 기술 개발 지원사업으로 보이지 않는다. 그러나 이는 해외에서 국산 문화콘텐츠 저작권 침해에 대응하기 위한 디지털 포렌식 기술 개발, 국제공조수사 협력 플랫폼 개발, 저작권 기술 국제 표준화 연구 등을 지원하는 사업이다. 저작권 기술 글로벌 인재 양성은 국내외 대학 및 연구소·기업 등과 협력하여 저작권 기술 연구개발 프로젝트를 수행함으로써 국제적 수준의 저작권 기술 인재를 양성하는 사업이다. 선정된 연구개발 프로젝트에 대하여는 정부가 예산을 지원한다.

2 수요조건 강화

1) 저작권 교육 및 홍보[294]

<표 5-54>의 '저작권 문화 기반 조성' 항목의 '저작권 교육 및 홍보', '저작권교육체험관 건립'은 수요조건의 고도화를 지원하는 사업으로 계속사업이다. '찾아가는 저작권 교육', '저작권 체험교실', '온라인 저작권 교육' 등으로 구성되어 있으며 저작권에 대한 국민적 인식 전환을 유도한다.

<표 5-56>은 '찾아가는 저작권 교육' 운영 현황을 보여준다. 이는 저작권 교육을 필요로 하는 초·중·고등학교, 기관, 단체 등에 직접 방문해서 저작권 강의를 제공하는 맞춤형 교육이다.

293 문화체육관광부. (2023). 2022세입세출 및 기금 결산 사업설명자료.

294 문화체육관광부·한국콘텐츠진흥원. (2023). 2022콘텐츠산업백서.

'찾아가는 저작권 교육'은 참여인원이 2006년 시행 이후 지속적으로 증가하였으나 2020년 이후는 코로나19의 여파로 다소 감소하였다.

<표 5-56> 문재인 정부 시기 찾아가는 저작권 교육 운영 현황

구분		2018	2019	2020	2021	2022
청소년	교육인원	392,626	332,620	357,679	295,714	223,037
	교육횟수	11,207	9,538	7,333	8,259	7,691
성인	교육인원	14,739	14,984	10,611	15,013	10,490
	교육횟수	292	280	271	322	232

'저작권 체험교실'은 학생들이 체험활동을 통해 저작권에 대한 인식을 제고할 수 있도록 정규 교육과정에서 특별활동 시간 등을 활용하여 시행하는 저작권 교육 프로그램이다. <표 5-57>은 박근혜 정부 및 문재인 정부 시기의 저작권 체험교실 운영 현황을 보여준다.

<표 5-57> 저작권 체험교실 운영 현황

구분	2014	2015	2016	2017	2018	2019	2020	2021	2022
교실 수	195	294	283	290	308	292	276	290	283
교육인원	8,938	13,059	11,868	11,180	11,079	11,499	12,748	13,213	9,119

코로나19의 여파로 찾아가는 오프라인 저작권 교육 참여인원은 다소 줄었으나 <표 5-58>에서 보듯이 '온라인 저작권 교육' 참여인원은 2020년 이후 크게 증가하였다. 성인 대상 온라인 교육은 일반인과 대학생으로 구분하여 교육과정을 구성하였다. 일반인 대상 교육은 일상생활편, 인터넷·오락편, 회사·학교편으로 구분하여 다양한 상황에서 저작권에 대한 지식과 이해를 넓힐 수 있도록 운영하였다. 그리고 대학생 대상 교육은 과제, 논문 등 대학 생활에서 발생할 수 있는 저작권 문제를 예방하는 데 초점을 두고 과정을 편성하였다. 이 외에도 새로운 저작권 이슈와 이용 가이드를 폰트, 공연권, 소프트웨어 등으로 세분하여 다양한 산업 종사자들을 위한 맞춤형 저작권 전문과정도 운영하였다.

<표 5-58> 문재인 정부 시기 온라인 저작권 교육 현황

구분	2018	2019	2020	2021	2022
청소년	322	130	96,588	26,251	157,340
대학생	1,806	1,695	27,894	67,553	65,166
일반인	28,595	24,983	22,676	104,735	136,582

특히 2022년에는 온라인 저작권 교육과정을 통합하여 '저작권 e-배움터'를 구축하였다. 새로 구축된 저작권e-배움터는 이용자 메뉴를 단순화하여 누구나 쉽게 강의를 선택하고 학습할 수 있도록 하였으며, 학습 대상별 교육 목적 및 관심 분야에 맞는 맞춤형 교육을 제공하고 있다.

2) 저작권교육체험관 건립 운영

<표 5-54>의 '저작권교육체험관 건립'은 2016년부터 반영된 계속사업이다. 2020년부터는 저작권 전시 체험 프로그램 운영 연구 및 전시자료 구입을 위한 '교육체험관 전시체험 환경 구축' 예산도 편성하였다. 저작권에 대한 올바른 인식과 문화를 확산시키기 위한 저작권교육체험관은 건립 공사 및 전시자료 구비, 운영 프로그램 등의 모든 준비를 마무리하고 2023년 11월에 한국저작권위원회가 위치하고 있는 경남 진주에서 국립저작권박물관이라는 이름으로 개관하였다.

3 관련 및 지원산업 발전

1) 중소기업 저작권서비스 지원

'중소기업 저작권서비스 지원'은 박근혜 정부에서 2014년 예산으로 반영된 이후 계속사업이다. <표 5-54>에서 보듯이 2019년부터는 예산이 더욱 증가하였다. 2014년에 경기, 부산, 전북, 충북 등에 위치한 지역 중소기업지원기관에 지역 저작권서비스센터 개설을 지원한 이후 2017년까지 강원, 대구, 대전, 전남, 제주까지 추가 개설하여 9개 지역에서 지역 저작권서비스센터를 운영하였다. 2019년에는 늘어난 예산을 활용하여 경남, 광주, 울산, 인천 등 4곳을 추가하여 총 13개 지역의 중소기업지원기관에 지역 저작권서비스센터를 개설하여 운영할 수 있도록 지원하였다. 이후 2022년까지 서울과 경북을 추가하여 전국적으로 충남과 세종을 제외한 15개 시도에 지역 저작권서비스센터를 구축하였다. 지역 저작권서비스센터는 다양한 저작권 교육 및 법률 상담 지원과 함께 지역 기업을 직접 방문하여 소프트웨어 라이선스 컨설팅을 통해 올바른 소프트웨어 이용 문화도 조성하고 있다.[295]

2) 저작권 공정거래 환경 조성

'저작권 공정거래 환경 조성' 예산은 2018년에 처음 반영되었다. 이는 저작권 유통 및 수출 관련 표준계약서 가이드 라인을 마련하고 저작권 거래 동향을 분석하여 제공하는 사업이다. 한편 문화체육관광부는 2023년에 검정고무신 사건을 계기로 저작권법률지원센터를 설립하여 저작권 서비스 사각지대를 해소하고자 노력하였다.

295 문화체육관광부·한국저작권위원회·한국저작권보호원. (2023). 2022저작권백서.

3) 저작권 특별사법경찰 활동 지원

'저작권 특별사법경찰 활동 지원'은 계속사업이다. 저작권 특별사법경찰은 저작권 침해 단속 및 수사를 전담하면서 디지털 증거 수집 및 분석 등 과학적 수사기법을 운용하여 저작권 침해 범죄 수사의 전문성과 효율성을 도모하고 있다.

지속적인 저작권 교육 및 홍보와 전국적 단속활동에 힘입어 저작권에 대한 사회적 인식이 크게 제고되었다. 저작권 특별사법경찰의 저작권 침해사범 송치 건수도 이명박 정부 시기에 저작권 특별사법경찰을 운영하기 시작한 이후 박근혜 정부 시기인 2014년에 정점을 찍고 2015년부터는 지속적으로 하락하였다. <표 5-59>는 문재인 정부 시기에 저작권 특별사법경찰의 저작권 침해에 대한 사법처리 건수, 즉 송치 건수가 줄어들고 있음을 보여준다.

<표 5-59> 문재인 정부 저작권 특별사법경찰의 저작권 침해사범 송치 건수[296]

구분	2018	2019	2020	2021	2022
송치 건수	671	762	366	329	262

4) 한국저작권보호원 지원

문화체육관광부는 개정된('16.3.22.) 저작권법 제122조의 2를 근거로 한국저작권보호원을 설립하여('16.9.30.) 보다 체계적인 저작권 보호 활동을 지원하기 시작하였다. 한국저작권보호원은 저작권법에 따라 저작권 침해실태조사 및 통계 작성, 저작권 보호 기술의 연구개발, 저작권 보호를 위한 국제 협력, 저작권 침해 수사 및 단속 사무 지원 등 저작권 보호를 위한 시책의 수립을 지원하고 보호 활동을 집행하는 기능을 수행한다.

<표 5-54>에서 보듯이 '한국저작권보호원 지원' 예산은 설립 이후 지속적으로 증가하였다. '한국저작권보호원 지원' 예산은 대부분 경상운영비 및 인건비와 전산시스템 구축 운영비로 구성되어 있다. 문화체육관광부는 한국저작권보호원의 국내외 저작권 보호 활동 수행에 필요한 예산은 별도의 사업비로 지원하였다. <표 5-54>의 '국내 저작권 보호 활동 지원' 및 '해외 저작권 보호 및 협력' 예산의 대부분은 한국저작권보호원과 한국저작권위원회를 통해서 집행된다.

5) 저작권 보호 활동 지원

<표 5-54>에서 보듯이 국내외 저작권 보호 활동 지원은 계속사업이지만 예산은 지속적으로 증가하였다. 이는 '온라인 불법 복제 재택 모니터링 강화', '저작권 침해 예방 환경 조성 및 종합 대응체계 구축' 등 국내 저작권 보호 활동 예산이 증가하였고 해외 저작권 보호 및 협력을 지원

[296] 문화체육관광부·한국콘텐츠진흥원. (2023). 2022콘텐츠산업백서.

하는 예산도 함께 증가하였기 때문이다.

<표 5-54>의 '국내 저작권 보호 활동 지원'은 한국저작권보호원의 국내 저작권 보호 활동을 지원하는 예산이다. 이는 '저작권보호심의위원회 운영'과 다양한 저작권 보호 및 침해 예방 활동 지원사업으로 구성되어 있다.

① 저작권보호심의위원회 운영

저작권보호심의위원회는 저작권법에 따라 한국저작권보호원에 설치한 심의기구로 저작권 보호를 위한 시책의 수립 지원 및 집행, 저작권 침해 구제를 위한 사전적 단계로서 심의 등의 업무를 수행한다. 문화체육관광부장관은 저작권자의 민사상의 소 제기 또는 형사상의 고소를 위하여 저작권법 103조의 3에 따라 저작권보호심의위원회의 심의를 거쳐 온라인서비스제공자에게 불법복제물 복제·전송자의 정보를 제출하도록 명할 수 있다. 그리고 저작권법 133조의 2에 근거하여 저작권보호심의위원회의 심의를 거쳐 정보통신망을 통한 불법복제물에 대한 경고, 삭제 또는 전송 중단을 명할 수 있다. 한국저작권보호원은 저작권법 제133조의 3에 의거 온라인서비스제공자의 정보통신망을 조사하여 불법복제물이 전송된 사실을 발견한 경우 저작권보호심의위원회를 거쳐 온라인서비스제공자에게 경고, 삭제 또는 전송 중단, 복제·전송자의 계정 정지 등의 시정조치를 권고할 수 있다. 시정조치 권고를 받은 온라인서비스제공자가 해당 권고를 따르지 않을 경우에는 한국저작권보호원은 문화체육관광부장관에게 시정조치 명령을 요청할 수 있다. 이와 같이 저작권 보호를 위해 온라인서비스제공자에게 시정조치 등의 명령을 하기 위해서는 저작권보호심의위원회의 심의를 거쳐야 한다.

<표 5-60> 저작권보호심의위원회 시정권고 결정 현황

구분(연도/건수)	2017	2018	2019	2020	2021	2022
경고	291,574	294,934	344,914	349,998	333,072	339,555
삭제·전송 중단	263,034	276,230	326,607	344,322	331,088	335,911
계정 정지	235	252	238	240	240	444
계	554,843	571,416	671,759	694,560	664,400	675,910

<표 5-60>은 저작권 침해에 대한 권리 구제를 위하여 저작권보호심의위원회의 심의 및 시정권고 결정 실적을 보여준다. 표에서 보는 바와 같이 불법복제물 전송에 대한 경고, 삭제, 전송 중단 등 시정권고 실적이 지속적으로 증가하고 있다. 장르별 시정권고 실적을 살펴보면 영상콘텐츠가 가장 많고 그 다음이 만화콘텐츠이다.[297]

297 문화체육관광부·한국저작권위원회·한국저작권보호원. (2023). 2022저작권백서.

② 온라인 불법 복제물 상시 모니터링 지원

문화체육관광부는 한국저작권보호원 설립 이후에는 한국저작권보호원을 통해 온라인 불법 복제물 상시 모니터링 운영을 지원하였다. 기술한 바와 같이 2020년의 경우 코로나19로 인한 위기 극복을 위하여 일자리 창출 차원에서 온라인 불법 복제물 모니터링 지원을 위한 추가경정예산이 14억 원 추가된 바 있다. <표 5-61>은 2008년 장애인 30명을 채용하여 온라인 불법 복제물 모니터링 요원 운영을 시작한 이후부터 2022년까지의 불법 복제물 모니터링 요원 채용 현황을 보여준다. 불법 복제물 온라인 모니터링 요원은 장애인, 경력단절 여성, 다문화가정, 차상위계층 등 사회적 약자를 우선적으로 채용하였다. 그리고 온라인 재택 상시 모니터링 요원 운영에 있어 2017년부터는 미취업 청년 인턴을 활용한 청년 저작권 모니터링단도 운영하기 시작하였다. '온라인 불법 복제물 상시 모니터링 운영'은 모니터링 인력 및 시스템 운영비로 사용된다.[298]

<표 5-61> 온라인 불법 복제물 재택 모니터링 요원 채용 현황

연도	2008	2009	2010	2011	2012	2013	2014	2015	2016	2017	2018	2019	2020	2021	2022
인원(명)	30	35	71	100	100	350	305	400	320	280	290	340	360	360	360

③ 현장 단속 및 디지털 과학수사 지원

오프라인상의 저작권 침해 현장 단속 및 디지털 과학수사 지원은 계속사업이다. 오프라인상의 '현장 단속'은 실버 감시단 운영 및 소프트웨어 지식재산권 침해 현장 단속 활동 등을 지원하는 사업이다. 소프트웨어 지식재산권 침해 현장 단속은 소프트웨어 공정 이용 환경 조성을 유도하는 사업이다. 박근혜 정부 시기에는 이를 소프트웨어지식재산권 공정 이용 환경 조성이라는 세부사업으로 예산을 편성하였으나 문재인 정부 문화체육관광부는 현장 단속 예산에 포함하여 편성하였다.

'디지털 과학수사 지원'도 계속사업이다. 이는 디지털 저작권 침해 증거 수집 및 분석을 위한 서버 및 장비 구축, 디지털 포렌식 전문인력 양성, 과학수사 상시 지원체계 운영 등을 지원한다.

④ 저작권 침해 종합대응체계 구축

'저작권 침해 종합대응체계 구축'은 '불법 복제물 추적관리시스템 운영', '불법 사이트IP 추적', '저작권 침해 종합상황실 운영' 등을 통해 불법 복제물을 감시하고 추적하는 활동을 지원하는 계속사업이다. 초창기 한국저작권보호원이 운영하던 저작권 침해 대응 시스템은 분산되고

298 문화체육관광부·한국콘텐츠진흥원. (2023). 2022콘텐츠산업백서.

노후화가 심하여 디지털 기술 발달에 따라 첨단화된 저작권 침해에 효과적으로 대응하기 어려운 실정이었다. 이에 <표 5-54>에서 보듯이 정부는 2022년 예산에서 '저작권 침해 종합대응체계 구축' 예산을 대폭 증액하였다. 이는 한국저작권보호원의 저작권 침해 종합대응시스템을 전면적으로 개편하여 분산된 전산시스템을 통합 플랫폼으로 새롭게 구축할 수 있도록 지원하는 예산이다.

⑤ 저작권 보호 및 침해 예방 환경 조성

'저작권 보호 및 침해 예방 환경 조성'은 계속사업이다. 이는 주로 불법 복제물 유통 실태조사, 저작권 OK 지정 사업 운영, 저작권 보호 리포터 운영 및 캠페인 등을 지원하는 사업이다. <표 5-54>에서 보듯이 2022년에 '저작권 보호 및 침해 예방 환경 조성' 예산이 이전에 비해 크게 증가한 이후 지속적으로 예산이 증액되었다. 정부는 '불법 복제물 유통 실태조사', '저작권 OK 지정 사업' 등 기존의 저작권 침해 예방 환경 조성 외에 '디지털 환경 변화에 대응한 저작권 보호 환경 조성'을 신규사업으로 추가하였다. 이는 디지털 환경 변화에 대응하여 저작권 침해에 대한 사전 계도 및 홍보 활동을 지원하고 공익목적의 저작권 피해 구제지원단 운영을 지원하는 사업이다. 윤석열 정부 시기인 2023년부터는 관련 예산이 더욱 증가하였다. 이는 불법 복제물 현장을 단속하고 디지털 과학 수사를 지원하는 예산 등이 포함되었기 때문이다.

⑥ 저작권 보호 기술 도입 컨설팅 지원

'저작권 보호 기술 도입 컨설팅 지원'은 2021년에 신규로 반영된 예산이다. 이는 저작권 보호 기술 도입 및 적용 관련 컨설팅을 지원하는 사업이다.

6) 해외 저작권 보호 및 협력[299]

① 저작권 해외 사무소 운영 지원

한국저작권위원회는 중국, 태국, 필리핀, 베트남 등에 해외 사무소를 운영하고 있다. 저작권 해외 사무소는 현지에서 발생하는 한국 저작물의 불법 유통과 저작권 침해에 대응한 법률 컨설팅 및 불법 복제물 삭제 조치를 지원한다. 그리고 현지에서의 저작권 등록 및 인증 지원과 표준계약서 적용을 통한 분쟁 예방 활동을 지원한다. 이 외에도 현지의 정부기관 등 저작권 관련 기관들과 교류 협력을 통해 한국과의 저작권 정보 교류 및 협력 증진을 위한 가교 역할을 수행하고 있다.

② 해외에서의 구제조치 지원

저작권 해외 사무소는 현지에서 한국콘텐츠의 저작권 침해가 발생하면 현지의 법률 전문가

[299] 문화체육관광부·한국콘텐츠진흥원. (2023). 2022콘텐츠산업백서.

와 연계한 법률 컨설팅을 제공하고 법적 조치를 지원한다. 해외 사무소는 중국은 물론 태국, 베트남, 필리핀, 인도네시아 등 동남아시아 지역에서도 한국콘텐츠의 저작권 침해에 대한 상시 대응체계를 구축하였다. 그리고 출시 예정 또는 현지에서 인기 있는 킬러 콘텐츠에 대한 적극적 보호를 위하여 '중점보호 저작물 특별 보호체계'를 운영하고 있다. 해외 사무소는 한국콘텐츠에 대한 저작권 침해사범에 대하여 경고, 증거보전, 행정처벌, URL삭제 등을 지원하며 한국의 문화산업기업을 보호한다. <표 5-62>는 해외 사무소의 불법 URL삭제 현황을 보여준다.

<표 5-62> 한국저작권위원회 해외 사무소의 불법 URL 삭제 현황

구분(연도/건수)	2016	2017	2018	2019	2020	2021	2022
불법URL 삭제	12,677	75,341	73,632	126,940	83,733	153,152	184,025

③ 저작권해외진흥협회(Copyright Overseas promotion Association; COA) 지원

저작권해외진흥협회는 2017년 3월 민간 주도의 해외 저작권 보호체계 확립을 위해 한국음악실연자연합회, 카카오엔터테인먼트, KBS, MBC, SBS, JTBC, 네이버웹툰 등 콘텐츠 저작권자들이 중심이 되어 결성한 사단법인이다. 문화체육관광부는 저작권해외진흥협회를 통해 방송, 음악, 웹툰 등 한국콘텐츠가 해외에서 저작권이 침해되는 경우에 권리자로서 효과적으로 대응할 수 있도록 지원하고 있다. 저작권해외진흥협회는 24시간 모니터링 시스템을 구축하고 불법복제물 유통 발견 시 삭제 요청 및 경고장 발송, 불법 사이트 폐쇄 유도 등을 통해 해외에서의 한국콘텐츠의 저작권을 보호하고 있다.

④ 국제 저작권 교류 협력 강화

문화체육관광부는 서울저작권포럼을 비롯한 한·중, 한·일, 한·필리핀, 한·베트남 등 주요 국가와의 저작권 포럼 개최를 지속적으로 지원하며 국제 저작권 교류 협력 네트워크 강화를 유도하였다. 이 외에도 해외에서의 저작권 보호를 위해 국제기구와의 협력을 강화하고 있다.

가. 디지털 불법 복제 국제공조체계 지원

<표 5-54>의 '디지털 불법 복제 국제공제체계 지원'은 2022년에 신규사업으로 반영되었다. 이는 저작권 관련 수사기관 관계자 및 디지털 포렌식 전문가가 참여하는 국제 저작권 디지털 포렌식 세미나를 개최하고 디지털 불법 복제 관련 국제 공조를 위한 교육 훈련을 실시하는데 소요되는 예산을 반영한 것이다.

나. 인터폴 및 WIPO 신탁기금 지원

저작권 침해에 대한 국제공조수사를 위해서는 인터폴 협력 체계 구축이 필요하다. 2020년부터는 코로나19로 인한 비대면 콘텐츠 소비 증가로 인하여 해외에서 온라인 저작권 침해가 증가하였다. 온라인 저작권 침해에 대한 문화체육관광부 및 경찰청과 같은 정부기관과 한국저작권위원회 및 한국저작권보호원 등 공공기관이 협력하여 단속활동을 강화해도 국제적 수사에는 한계가 있다. 이는 온라인 저작권 침해 범죄 발생국가가 분산되어 있기 때문이다. 그러므로 인터폴을 중심으로 각국 수사기관이 협력이 필요하다. 이에 한국정부는 인터폴 협업사업 양해각서를 체결하고('21.4.30.) 저작권 침해에 대한 국제공조 수사를 실시하였다. 양해각서에 따라 문화체육관광부는 인터폴 사업분담금을 2021년부터 2025년까지 5년간 분납하게 된다. 인터폴 사업분담금은 합동검거 수사팀 구성 운영, 국제공조체계 구축 등에 소요되는 비용이다. 문화체육관광부는 2021년부터 인터폴 및 경찰청과 협력하여 해외 서버 기반 불법 사이트에 대한 공동대응을 위해 각국 수사기관이 참여하는 '온라인 저작권 침해대응'을 추진하였다. [300]<표 5-54>에서 보듯이 2025년까지 총 45억 원의 분담금 예산이 편성되었다.

한편 문화체육관광부는 WIPO 와 저작권 분야 신탁기금 설치에 관한 협정('06.3.) 및 양해각서('14.5.)를 체결하였다. 이에 따라 문화체육관광부는 WIPO에 신탁기금을 출연하여 저작권 분야의 발전을 지원하고 저작권 개발도상국의 저작권 인식 개선 및 역량 강화와 저작권 관련 분쟁 해결을 지원해왔다. 이는 국제적으로 저작권에 대한 인식을 제고하고 문화산업 생태계의 지속적 발전을 지원하는 의미가 있다. WIPO에 대한 신탁기금 출연은 문재인 정부에서도 계속사업이다. 문화체육관광부는 WIPO와 공동으로 아시아 태평양 지역은 물론 중남미, 중동, 아프리카 지역의 저작권 정책 담당자 및 신탁관리단체 관계자를 대상으로 한국의 저작권 제도와 발전 경험을 전수하며 저작권 제도 선진화를 위한 저작권 연수사업을 시행하였다. 여기서는 WIPO와의 협력 사업을 포괄적의미에서 국제적 관점에서의 합법적 시장질서 확립을 통한 관련 및 지원산업의 발전을 촉진하는 것으로 분류하였다. 그러나 국제적 차원에서의 수요조건의 고도화를 지원하는 효과가 있다.

7) 저작물 유통 활성화 지원

① 저작권 비즈니스 활성화 지원

'저작권 비즈니스 활성화 지원'은 계속사업이다. 기본적으로 저작권 비즈니스 활성화는 저작권 이용허락 활성화를 지원하는 시스템의 유지 관리 및 개선을 지원하는 사업이다. 그러므로 디지털저작권거래소시스템 유지 관리, 저작권자찾기시스템 유지 관리, 저작권 이용정보 수집체계 구축 등을 지원하는 사업이 여기에 포함된다.

<표 5-54>에서 보듯이 2021년부터 저작권 비즈니스 활성화 지원 예산이 크게 증가하였다.

300 문화체육관광부·한국저작권위원회·한국저작권보호원. (2021). 2021저작권백서.

이는 국립중앙도서관, 국립중앙박물관, 국립현대미술관, 국립민속박물관 등 국립 문화 기반 시설이 보유한 저작자 불명 저작물에 대한 조사를 지원하여 권리관리정보 DB를 구축하는 예산이 신규로 추가되었기 때문이다.

한국저작권위원회는 저작권 이용허락을 지원하기 위해 저작권비즈니스지원센터를 운영하고 있다. 저작권비즈니스지원센터는 저작권 위탁관리업자의 저작물 권리정보와 유관기관의 저작권 정보를 체계적으로 수집하고 관련 데이터베이스를 지속적으로 축적하여 이용자에게 저작물 검색 서비스를 제공하고 있다. 이와 함께 저작권 위탁관리업 제도 안내 및 업체 정보 제공, 온라인에서 간편하게 저작물 이용허락을 체결할 수 있는 저작권 라이선싱, 저작권자 조회 및 법정허락 관련 공고 등의 서비스도 제공하며 '저작권 비즈니스 활성화'를 적극적으로 지원하고 있다. <표 5-63>은 한국저작권위원회가 통합저작권번호(ICN)를 발급하고 저작물 권리관리정보를 데이터베이스로 구축한 현황을 보여준다. 저작물 권리관리정보 DB구축 실적이 지속적으로 증가하여 2022년 말에는 총 5천6백만건을 넘었다.[301] 저작물 이용을 희망하는 사람은 누구나 온라인 저작권비즈니스센터 시스템에 접속하여 편리하게 권리자를 검색하고 이용허락 계약을 체결할 수 있다.

<표 5-63> 저작권 권리관리정보 DB구축 현황

구분 (건수/연도)	08~'16	2017	2018	2019	2020	2021	2022	계
음악(국내)	4,044,710	327,181	476,634	636,715	1,176,330	3,384,188	2,794,693	12,840,451
음악(해외)	457,339	-	-	-	-	-	-	457,339
어문	1,299,075	62,408	6,110	18,765	1,585,074	1,595,377	3,287,079	7,853,888
사진	0	682,343	11,081	1,539	-	-	-	694,963
방송 대본	66,180	2,036	-	-	7,468	-	-	75,684
뉴스	15,802,943	3,005,321	3,692,537	4,530,005	3,065,942	2,067,102	1,954,479	34,118,329
영화	31,202	409	761	778	950	550	591	35,241
방송	20,454	-	-	-	77,003	18,620	87,398	203,475
공공	27,943	-	-	-	-	-	-	27,943
미술	6,349	3,032	11,164	1,799	8	-	25,703	48,055
합계	21,756,195	4,082,730	4,198,287	5,189,601	5,912,775	7,065,837	8,149,943	56,355,368

② 저작권서비스 종합 지원시스템 및 국가 디지털식별체계 운영

'저작권서비스 종합 지원시스템 운영'은 한국저작권위원회의 저작권 등록시스템 및 정보관

301 문화체육관광부·한국저작권위원회·한국저작권보호원. (2023). 2022저작권백서.

리시스템의 통합 연계를 지원하는 예산으로 계속사업이다. 한국저작권위원회는 저작권 교육체험관 개관에 따라 한국저작권위원회 홈페이지에 저작권 교육체험관 운영 시스템을 추가로 연계하는 등 저작권정보관리시스템의 통합 및 지속적 업그레이드가 필요하다.

한편 '국가 디지털식별체계 운영'을 위해서는 지속적 UCI 발급 및 활용모델 발굴, UCI 총괄시스템 유지 관리 등이 필요하다. 2022년 말 현재 32개의 UCI등록 관리기관이 활동 중이며 총 4억 2,787만 건 이상의 국가 디지털식별체계를 발급·활용하였다. 등록 관리기관은 국회도서관, 국립중앙도서관, 한국언론진흥재단 등 공공 분야 14곳과 한국음악콘텐츠협회, 한국음반산업협회, 한국전자출판협회, SK텔레콤 등 민간 분야 18곳이 활동 중이다. 한편 등록 관리기관을 통하지 않고도 1인 창작자가 한국저작권위원회에 UCI를 발급 요청할 수도 있다. 한국저작권위원회는 UCI 등록 관리기관 지정 이후 일정기간 UCI 발급 실적이 없는 경우에는 심의를 거쳐 지정을 취소하기 때문에 등록 관리기관의 수는 해마다 변동될 수 있다.

한국저작권위원회는 국가 디지털식별체계 관련 정보 제공을 위해 UCI누리집(www.uci.or.kr)을 별도로 운영하고 있다. 한국저작권위원회는 UCI 이용 활성화를 위해 UCI 가이드북을 제공하고 있고 국가 디지털식별체계 도입에 관심이 있는 기관 및 개인에게 컨설팅도 제공한다.[302] 한편 2021년부터는 UCI와 국제 식별체계의 전략적 연계 체계 구축 예산을 반영하였다. 이는 국가 디지털식별체계와 국제 식별체계인 ISBN(International Standard Book Number), ISRC(International Standard Recording Code), ISNI(International Standard Name Identifier) 등의 연계를 통한 UCI 활용성의 극대화를 유도하고 콘텐츠 이용 환경을 개선하기 위함이다.

③ 공유저작물 활용 기반 구축 및 이용 활성화[303]

문화체육관광부는 '공유저작물 활용 기반 구축 및 이용 활성화'를 지속적으로 지원하였다. 공유저작물은 누구나 자유롭게 이용할 수 있도록 '공유마당(gongu.copyright.or.kr)'에서 서비스하고 있다. 공유마당은 이용자의 편의와 활용도 제고를 위하여 공유저작물을 테마별로 큐레이션하고 '온라인 전시관'도 운영한다.

<표 5-64>에서 보듯이 문재인 정부 시기에는 미술, 음악, 사진, 영상 등 다양한 분야에서 공유저작물DB 구축 실적이 크게 증가하였다. 2022년 말 현재 공유저작물 DB구축은 82만 건을 넘었다. 한국저작권위원회는 보존가치가 있고 활용도가 높은 민간 분야에서 보유한 공유저작물을 발굴하여 DB화하는 노력을 기울였다.

[302] 문화체육관광부·한국저작권위원회·한국저작권보호원. (2023). 2022저작권백서.

[303] 2016~2022저작권백서 참조

<표 5-64> 문재인 정부 시기의 연도별 공유저작물 DB 구축 현황

구분(연도/건수)	~2017	2018	2019	2020	2021	2022	계
어문	44,472	197	220	15	132	613	45,649
미술	137,835	1,996	6,525	8,297	4,257	3,755	162,665
음악	3,560	607	5,340	6,373	2,114	2,068	20,062
사진	489,208	47,564	13,229	8,860	10,588	12,197	581,646
프로그램	6	2	10	3	2	6	29
영상	1,474	1,113	1,065	1,047	47	5,934	10,680
계	676,555	51,479	26,389	24,595	17,140	24,573	820,731

이런 과정에서 한국교육방송공사의 다큐멘터리용 미방송 영상과 사진 저작물, 저명 사진작가의 사진, 저작권 보호기간이 만료된 크리스마스 캐럴 음원 등을 수집하여 DB로 구축하고 공유마당을 통해 제공하였다. 그리고 저작권 나눔 문화 확산을 위해 2016년부터 릴레이 저작권 기증 캠페인을 운영하여 저명한 작가 등으로부터 다양한 저작물을 기증받아 공유마당에서 제공하고 있다. 이와 함께 한국저작권위원회는 공유저작물 이용 활성화를 위하여 '공유저작물 창작 공모전'도 지속적으로 운영하고 있다.

문화체육관광부는 공유저작물 DB 확충과 동시에 오픈소스 소프트웨어(SW)의 이용 활성화도 적극 지원하였다. '오픈소스SW'는 소스코드가 공개되어 있어서 개발자가 정한 라이선스의 범위내에서는 누구나 자유롭게 사용, 복제, 배포, 수정할 수 있는 SW이다. 문화체육관광부는 2008년 하반기부터 오픈소스 SW활용 기반 구축 사업을 추진하여 2009년 예산에 오픈소스 SW 활용 기반 지원 예산을 반영한 이후 오픈소스 SW 데이터베이스와 종합정보시스템 구축하였다. 그리고 오픈소스SW이용 활성화를 지원하기 위하여 오픈소스SW라이선스 검사도구를 개발하여 지속적으로 서비스하였다.

<표 5-65>에서 보듯이 2018년부터 2022년까지 오픈소스SW종합정보시스템 OLIS의 방문자 수가 급증하였고, 오픈소스 SW라이선스 검사도구인 코드아이(CodeEye) 사용 건수도 크게 증가하였다. 이와 함께 문화체육관광부는 한국저작권위원회를 통해 오픈소스SW라이선스 컨설팅 및 교육 사업을 지원하여 올바른 오픈소스SW 라이선스에 대한 인식제고와 이용 활성화를 유도하였다.

<표 5-65> 문재인 정부 시기의 연도별 오픈소스SW 활용 건수

구분(연도/건수)	~2017	2018	2019	2020	2021	2022	계
OLIS방문자 수	3,440,573	486,581	507,876	720,763	1,464,950	1,857,284	8,478,027
CodeEye사용 건수	10,404	5,149	7,309	10,475	14,961	21,401	69,699

4 전략 부문 강화

<표 5-54>에서 한국저작권위원회의 운영을 지원하는 예산과 문화체육관광부의 저작권 정책 수립 및 집행과 관련된 행정 비용은 문화산업 전반의 경쟁력 향상을 지원하는 전략적 성격의 예산으로 분류하였다. 그러나 한국저작권위원회는 저작권법 제112조에 근거하여 저작권 및 저작권법에서 보호하는 권리에 관한 사항을 심의하고 저작권에 관한 분쟁을 알선·조정하며 저작권 등록 관련 업무와 저작물의 공정한 이용에 필요한 사업 등의 고유업무를 수행하는 공공기관이다.

<표 5-66> 문재인 정부 시기 한국저작권위원회의 고유업무 관련 실적[304]

구분	2018	2019	2020	2021	2022
저작권 심의(건수)	15	13	14	6	7
저작권 법정허락	258	108	88	182	280
저작권 등록	44,919	47,063	61,885	65,360	66,688
SW임치	615	634	1,422	2,763	3,163

<표 5-66>은 한국저작권위원회의 고유업무 추진실적을 보여준다. 이와 같은 업무는 문화산업 전반의 건강한 산업 생태계 발전을 지원하는 기능에 해당된다. 이를 감안하여 <표 5-54>는 한국저작권위원회의 고유사업 지원을 문화산업의 국가경쟁우위 결정요소 중 관련 및 지원산업 발전 부문으로 분류하였다.

한국저작권위원회는 <표 5-66>이 보여주는 고유사업 외에도 저작권비즈니스지원센터, 디지털저작권거래소, 디지털식별체계 등 저작권 관련 다양한 사업을 문화체육관광부로부터 위탁받아 관리하고 있을 뿐 아니라 저작권 관련 조사연구를 통해 정부정책을 지원하는 기능도 수행한다.

그러므로 <표 5-54>는 문화산업 생태계의 건강한 발전을 촉진하는 한국저작권위원회의 고유사업을 관련 및 지원산업 발전 부문으로 분류하고 경상운영비 및 인건비 예산은 문화산업 전반의 전략적 측면을 지원하는 예산으로 분류하고 있다.

5 더블 다이아몬드 모델에 의한 저작권정책 분석

저작권 보호는 문화산업 생태계의 지속적 발전을 위한 선결조건이다. 디지털 기술 및 정보

304 2021~2022세입세출 및 기금 결산 사업설명자료 참조

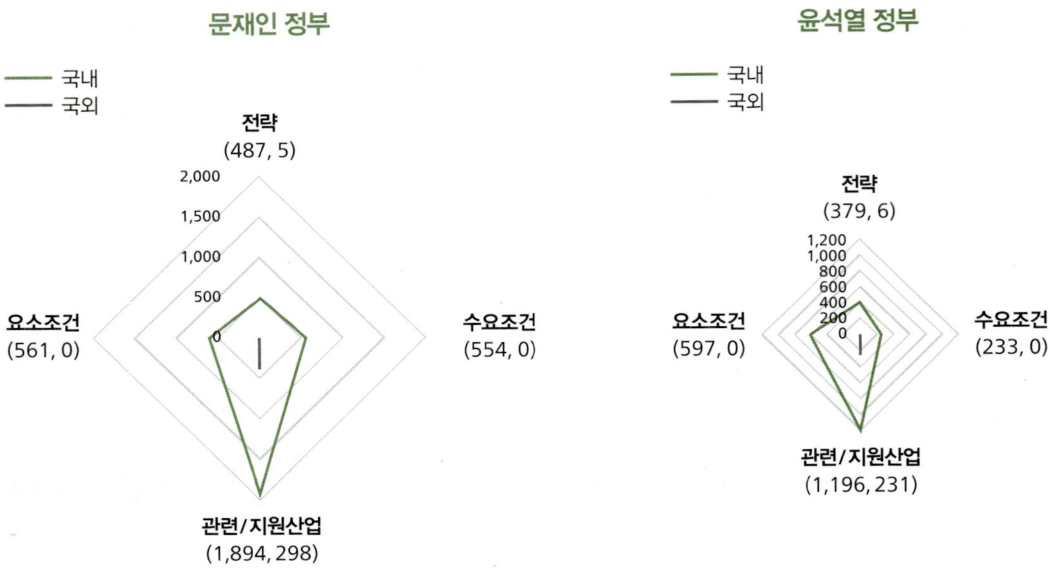

<그림 5-11> 저작권정책 예산으로 본 문화산업 국가경쟁우위 결정요소에 대한 영향(단위: 억 원)

통신기술의 발전에 따라 복제와 전송이 수월한 상황에서 저작권이 보호되지 않으면 창작자는 창작에 대한 정당한 보상을 받을 수 없고 공정하 시장이 형성될 수 없기 때문에 문화산업 생태계가 발전할 수 없다.

저작권 정책은 국민들이 합법적 시장에서 합법적 콘텐츠를 이용할 수 있도록 유도함으로써 문화산업 국가경쟁우위 구성요소 중 하나인 수요조건의 고도화를 지원한다. 그리고 불법 콘텐츠에 의한 저작권 침해를 단속하고 예방을 위한 다양한 활동을 지원함으로써 건강한 문화산업 생태계의 발전을 지원하는 효과가 있다. <그림 5-11>에서 보듯이 저작권 정책과 관련한 예산은 문화콘텐츠가 합법적 시장에서 정상적으로 유통될 수 있도록 지원하는데 보다 많은 예산이 배정되어 있다. 국외 다이아몬드 관점에서도 문화산업의 관련 및 지원산업 발전을 촉진하는 사업에 예산이 집중되어 있다. 이는 저작권 해외 사무소는 물론 WIPO 및 인터폴 등 국제기구와 협력을 통해 해외에서도 한국 콘텐츠의 저작권을 효과적으로 보호함으로써 공정한 문화산업 생태계가 발전할 수 있도록 지원하는 사업이다.

제6장

한국문화산업의 성장과 미래 전략

목차

제1절 한국문화산업의 성장 및 발전

1 문화산업통계의 발전

한국문화산업의 성장을 살펴보기 위해서는 문화산업과 관련한 다양한 통계가 있어야 한다. 영화 분야는 1973년 설립된 영화진흥공사가 매년 한국영화연감을 발행하며 영화산업 관련 통계를 지속적으로 관리해왔다. 그러나 문화산업 전반의 통계는 김영삼 정부 시기인 1997년 5월 문화체육부 문화산업국이 발행한 '통계로 보는 문화산업'이 최초이다. 이는 1996년 말을 기준으로 영화, 음반 및 비디오, 출판, 애니메이션, 저작권 분야의 통계를 정리하여 업무참고용으로 정리한 것이다. 그러므로 1997년 발행된 '통계로 보는 문화산업'은 산업현장에 대하여 통계조사 방식으로 직접 조사한 것이 아니고 관련 업계 및 문화체육부 내부 자료에 기초하여 작성된 것이다.[305]

한편 1998년 2월 출범한 김대중 정부는 정부조직을 개편하여 공보처를 폐지하고 신문방송 관련 업무를 문화관광부 문화산업국에 편입시켰다. 1998년 7월 문화관광부 문화산업국은 새로 편입된 신문, 잡지, 방송, 광고 분야의 통계를 보완하여 '통계로 보는 문화산업'을 발행하였다. 1994년 5월에 문화산업국이 신설되었지만 1998년까지도 문화산업 육성 예산이 그다지 늘어난 것도 아니고 아직은 문화산업정책의 초창기였기 때문에 문화산업의 개념과 범위가 명확히 정립되지 않았다. 그리고 통계 집계기관의 추정치 차이로 인해 정확한 문화산업 통계수치를 확보하는 것은 매우 어려운 상황이었다.[306] 문화관광부는 1999년에도 관련 분야 협회 등의 추정치를 활용하여 '통계로 보는 문화산업'을 발행하였다.

문화산업에 대한 통계 작성은 2000년부터 보다 체계적이며 과학적으로 발전하였다. 이때는 문화산업 육성을 위한 정부예산이 크게 늘어났고 문화산업정책의 성과를 높이기 위해서 보다 신뢰성 있는 통계자료가 필요하였다. 문화관광부는 2000년부터 한국문화정책개발원에 용역을 의뢰하여 통계청의 문화산업 관련 조사를 집계, 분석하고 영화, 애니메이션, 방송, 음반, 게임 등 주요 문화산업 분야를 대상으로 실제 통계조사를 실시하였다. 이를 토대로 문화관광부는

305 문화체육부. (1997). 통계로 보는 문화산업.

306 문화관광부. (1998). 통계로 보는 문화산업.

‘2000문화산업통계’를 발행하였다.[307] 이후 2001년에도 문화관광부는 같은 방식으로 문화산업통계를 조사하여 ‘2001 문화산업통계’를 발행하였다.

문화관광부는 2003년에 한국문화관광정책 연구원[308]에 용역을 의뢰하여 문화산업통계를 작성하면서 문화산업에 대한 일관적이며 종합적인 통계자료 구축을 위해 문화산업 분야 산하기관들과 함께 ‘문화산업통계협의회’ [309]를 구성하여 문화산업통계 작성의 실효성을 높였다. ‘2003문화산업통계’는 2002년1월1일부터 2002년12월31일까지의 문화산업 분야 사업체의 기본현황과 사업활동에 대하여 조사하고 집계하였다. 그 결과 출판, 만화, 영화, 방송, 광고, 음악, 게임, 애니메이션, 캐릭터 등 주요 문화산업의 2002년 총 매출규모는 43조2,793억 원으로 추정되었다. 수출은 585백만 달러, 수입은 378백만 달러로 조사되었다.[310] 2002년의 문화산업 매출규모는 당시의 국내총생산(GDP: 813조2,254억 원)의 5.32%에 해당한다.

문화관광부는 ‘2004문화산업통계’부터 한국문화관광정책 연구원이 아니라 문화산업현장을 직접 지원하는 공공기관인 한국문화콘텐츠진흥원을 주관기관으로 선정하여 문화산업통계를 작성하기 시작하였다. 한국의 문화산업통계는 가치사슬 단계에 따라 제조업, 유통업, 서비스업의 형태로 산업을 구분하여 OECD의 콘텐츠미디어산업분류와 유네스코 문화통계기준(2009 UNESCO Framework for Cultural Statistics)을 참조하여 국내 산업의 특성을 반영한 분류체계를 정립하였다. 이를 토대로 한국문화콘텐츠진흥원은 출판, 만화, 음악, 게임, 영화, 애니메이션, 방송, 광고, 캐릭터, 지식정보산업, 콘텐츠솔루션 등 주요 문화산업 장르에 대하여 사업체의 일반현황, 재무현황, 해외거래현황 등에 대한 통계조사를 실시하여 매년 문화산업 관련 통계자료를 발행해왔다.

한편 문화산업 장르 중 지식정보산업과 콘텐츠솔루션 분야는 2009년 정보통신부 폐지 후 디지털콘텐츠산업 관련 업무가 문화체육관광부로 이관되면서 디지털콘텐츠산업 관련 통계를 문화산업통계에 통합하는 과정에서 추가되었다. 문화체육관광부는 2009년 기준 조사부터 문화산업통계를 콘텐츠산업통계로 통합하여 조사하였다. 그리고 DB통합 작업(문화산업통계 및 디지털콘텐츠산업통계의 통합 연구)을 통해 과거 2005년부터 2008년까지의 통계(문화산업통계, 디지털콘텐츠산업통계)의 시계열을 유지하였다. 문화체육관광부는 2010년 통계청으로부터 승인을 받아 문화산업통계를 콘텐츠산업통계로 명칭을 변경하고 디지털콘텐츠산업통계를 여기에 포함하였다. 그 결과 ‘2010콘텐츠산업통계(2009년 기준)’부터 지식정보산업과 콘텐츠솔루션

---

307 문화관광부. (2001). 2000문화산업통계.

308 문화관광정책 연구원은 2002년 한국문화정책개발원과 한국관광연구원이 통합하여 설립되었음.

309 문화관광부, 한국문화관광정책 연구원, 한국문화콘텐츠진흥원, 한국게임산업개발원, 영화진흥위원회, 한국방송영상산업진흥원, 대한출판문화협회, 음반산업협회 등으로 구성.

310 문화관광부. (2003). 2003문화산업통계.

분야가 콘텐츠산업통계에 포함되었다. 지식정보산업은 포털 및 인터넷 매개 서비스업, E-러닝, 온라인 정보 제공업, 기타 DB산업 등을 포함한다. 이는 문화콘텐츠의 관련 산업 범주로 볼 수 있다. 그리고 콘텐츠솔루션 분야는 저작툴, 저작권 보호SW, 모바일솔루션, 과금 결제, 웹호스팅 서비스 등 콘텐츠의 창작, 유통, 이용을 지원하는 산업을 포함한다.[311]

이와 같이 체계적 문화산업통계 구축을 위해 많은 노력을 하였지만 다양한 장르의 방대한 통계자료를 정확히 조사하는 것은 쉬운 일이 아니다. 문화산업 분석에 유용한 통계의 구축은 더 많은 노력과 데이터의 축적이 필요하다. 그리고 나라마다 문화산업의 범위와 통계의 집계방식이 다르며 국제적 표준이 없기 때문에 세계 문화산업 시장규모를 파악하는 것은 더욱 어려운 일이다.

해외 문화산업 시장조사는 가치사슬 단계에서 유통업, 서비스업에 해당하는 내수시장 규모만을 대상으로 집계한다. 한국콘텐츠진흥원의 해외 문화콘텐츠시장 분석은 PwC의 'Global Entertainment and Media Outlook' 자료를 기반으로 한다. 한국콘텐츠진흥원은 만화, 애니메이션, 캐릭터 등 PwC자료가 포함하지 않는 장르의 경우 일본출판협회, Boxoffice Mojo, LIMA 등 관련 분야 세계협회 등에서 발간하는 다양한 자료를 토대로 시장규모를 산정하였다. 그러므로 해당 보고서에 기술된 국가별 콘텐츠시장 규모는 한국의 콘텐츠산업 통계조사와 직접 비교하기는 어렵다. 그렇지만 해당 국가의 소비규모를 파악하는 데에는 용이한 측면이 있다.[312] 이와 같은 과정을 거쳐 한국콘텐츠진흥원이 발행하는 '해외 콘텐츠시장 동향조사' 보고서는 국내 문화콘텐츠기업의 해외 진출 전략 수립에 커다란 도움을 주고 있다.

한국콘텐츠진흥원은 오랫동안 문화산업통계를 조사하며 축적된 데이터와 경험을 토대로 문화산업통계를 지속적으로 개선하고 업데이트하였다. 이러한 과정에서 같은 연도에 해당하는 통계수치라 해도 이전에 발행한 자료의 통계수치와 후에 발행한 자료의 통계수치가 다른 경우가 있다. 이 경우에는 후에 발행한 자료가 더 신빙성이 높다고 판단하여 후에 발행한 자료의 통계수치를 활용하였다.

2 한국문화산업의 성장

여기서는 문화산업 관련 정부의 지원과 산업적 성과를 연계하여 종합적으로 살펴본다. 이를 위해 문화산업의 국가경쟁우위 향상을 위한 정부예산과 문화산업의 매출규모, 종사자 수, 사업체 수, 지역 문화산업의 발전 추세, 수출 실적 등의 변화를 연계하여 분석하였다. 문화산업 관

311 문화체육관광부. (2011). 2010콘텐츠산업통계.

312 한국콘텐츠진흥원. (2018). 2017해외 콘텐츠시장 동향조사.

련 다양한 통계수치는 '2005문화산업통계' 이후 '2022콘텐츠산업조사'까지의 통계자료에서 발췌하였다. 이는 2004년도 기준 통계조사부터 2022년도 기준 통계조사까지의 문화산업에 대한 통계조사 결과이다. 한국콘텐츠진흥원은 문화산업 관련 통계를 해마다 조사하지만 이를 집계하고 정리하는 것은 많은 시간이 소요된다. 윤석열 정부의 예산 지원과 산업적 성과에 대하여는 더 많은 시간이 지나고 문화산업통계 수치가 확보되어야 분석할 수 있다.

<표 6-1>은 2004년부터 2022년까지 문화산업의 주요 장르별 연간 매출규모 변화를 보여준다. 이는 장르별로 문화콘텐츠의 제작 및 유통 과정에서 발생하는 국내외 매출을 모두 포함한다. 표에서 보듯이 장르별로 성장률의 차이가 있지만 문화산업은 전반적으로 성장하고 있다. 특히 2007년 및 2008년 등 일부 기간을 제외하면 한국의 문화산업 매출 성장률은 한국의 국내총생산(GDP) 성장률보다 더 높다. 세계 문화산업 성장률과 비교하면 2007년 및 2008년에는 낮지만 2009년부터 한국의 성장률이 높게 나타난다. 2008년 세계 경제는 금융위기로 어려움을 겪던 해이고 한국도 위기를 겪었으나 상대적으로 빠르게 회복하였다. 2020년에는 코로나19로 인해 한국문화산업의 성장률이 낮았으나 2021년부터는 코로나19를 극복하며 큰 폭으로 성장하고 있다.

문화산업의 매출규모 증가 추이를 살펴보면 장르별 성장률의 편차가 크다. 2004년부터 2008년까지는 지식정보산업과 콘텐츠솔루션을 제외한 주요 문화산업 장르 중 애니메이션의 매출 성장률이 가장 높고 영화산업은 성장률이 낮다. 그리고 만화, 게임, 음악 분야의 매출규모 성장률도 비교적 높다. 출판은 성장률이 낮고 장기적으로 하락하는 추세를 보인다. 그리고 2009년부터 2013년까지의 성장률을 살펴보면 게임, 음악, 영화, 캐릭터 분야는 높은 반면 만화와 애니메이션의 성장률은 둔화되었다. 그러나 2014년부터 2017년까지는 주요 장르 중 캐릭터의 성장률이 가장 높고, 게임 및 음악의 성장률도 높다. 그리고 만화 분야의 성장률이 크게 높아졌다. 한편2018년부터 2022년까지를 살펴보면 만화의 성장률이 두드러진다. 그리고 음악, 게임과 방송 분야의 성장률도 높게 나타났다. 영화의 경우에는 2020년과 2021년에 크게 감소하였다가 2022년에 큰 폭으로 회복하는 모습을 보여주었다. 캐릭터는 코로나19 팬데믹 이후 성장률이 가장 크게 감소하여 2022년까지 회복하지 못한 것으로 나타난다.

<표 6-1>의 자료를 토대로 한국문화산업의 매출 성장률을 세계 문화산업 시장규모 성장률 및 한국의 GDP성장률과 비교해보면 <그림 6-1>과 같다. 일부 구간을 제외하고 대부분의 기간 동안 한국문화산업의 성장률이 세계 문화산업 시장규모의 성장률보다는 높다. 세계 문화산업도 지속적으로 성장하였다. 후술하는 <표 6-13>에서 보듯이 한국문화산업의 해외 수출 증가율은 매우 높다. <표 6-1>의 매출 증가율은 국내외 매출을 모두 포함한 것임을 감안하면 한국문화산업의 국가경쟁우위는 해외 수출 증가에 기인하는 바가 크다는 것을 알 수 있다. 특히 한국문화산업의 매출 증가율은 2007년 및 2008년을 제외하면 한국의 GDP증가율보다 더 높게 나타난다.

<표 6-1> 한국문화산업의 매출규모 증가 추이(단위: 백만 원)[313]

구분(단위: 백만 원)	2004	2005	2006	2007	2008	CAGR
1. 출 판	18,921,018	19,392,156	19,879,255	21,595,539	21,052,936	2.71%
2. 만 화	505,867	436,235	730,072	761,686	723,286	9.35%
3. 음 악	2,133,155	1,789,875	2,401,309	2,357,705	2,602,076	5.09%
4. 게 임	4,315,600	8,679,800	7,448,900	5,143,600	5,604,700	6.75%
5. 영 화	3,022,403	3,282,219	3,622,528	3,183,301	2,885,572	−1.15%
6. 애니메이션	265,015	233,855	288,564	311,166	404,760	11.17%
7. 방 송	7,772,805	8,635,200	9,719,862	10,534,374	9,354,605	4.74%
8. 광 고	8,026,040	8,417,779	9,118,059	9,434,625	9,311,635	3.78%
9. 캐릭터	4,219,258	4,287,983	4,550,932	5,115,639	5,098,713	4.85%
10. 지식정보	878,973	3,040,869	3,467,795	4,297,341	4,777,330	52.69%
11. 콘텐츠솔루션		1,275,000	1,541,700	1,679,800	1,866,100	13.54%
합계	50,060,134	59,470,971	62,768,976	64,414,776	63,681,713	6.20%
한국문화산업 매출 YOY	13.27%	16.25%	5.55%	2.62%	−1.14%	
세계 문화산업 시장규모 YOY*				15.44%	9.13%	
한국의 GDP YOY	8.61%	5.55%	5.07%	8.50%	6.03%	
구분(단위: 백만 원)	2009	2010	2011	2012	2013	CAGR
1. 출 판	20,609,123	21,243,798	21,244,581	21,097,287	20,799,789	−0.24%
2. 만 화	739,094	741,947	751,691	758,525	797,649	1.98%
3. 음 악	2,740,753	2,959,143	3,817,460	3,994,925	4,277,164	10.45%
4. 게 임	6,580,600	7,431,118	8,804,740	9,752,538	9,719,683	11.64%
5. 영 화	3,306,672	3,432,871	3,773,236	4,404,818	4,664,748	10.08%
6. 애니메이션	418,570	514,399	528,551	521,005	520,510	5.16%
7. 방 송	9,884,954	11,176,433	12,752,484	14,182,479	14,940,939	9.82%
8. 광 고	9,186,878	10,323,172	12,172,681	12,483,803	13,356,360	7.48%
9. 캐릭터	5,358,272	5,896,897	7,209,583	7,517,639	8,306,812	10.25%
10. 지식정보	6,071,439	7,242,686	9,045,708	9,529,478	10,388,176	16.81%
11. 콘텐츠솔루션	2,182,418	2,359,853	2,867,171	3,029,140	3,437,787	13.00%
합계	67,078,773	73,322,317	82,967,886	87,271,637	91,209,617	7.45%
한국문화산업 매출 YOY	5.33%	9.31%	13.16%	5.19%	4.51%	
세계 문화산업 시장규모 YOY*	−4.08%	2.75%	−1.97%	8.18%	5.22%	
한국의 GDP YOY	4.35%	9.89%	5.01%	3.87%	4.40%	

[313] 2005문화산업통계~2009문화산업통계/2010콘텐츠산업통계~2015콘텐츠산업통계/2016콘텐츠산업 통계조사~2019콘텐츠산업 통계조사/2020콘텐츠산업조사~2022콘텐츠산업조사 참조

구분(단위: 백만 원)		2014	2015	2016	2017	CAGR
1. 출 판		20,586,789	20,509,764	20,765,878	20,755,334	−0.05%
2. 만 화		854,837	919,408	976,257	1,082,228	7.93%
3. 음 악		4,606,882	4,975,196	5,308,240	5,804,307	7.93%
4. 게 임		9,970,621	10,722,284	10,894,508	13,142,272	7.83%
5. 영 화		4,565,106	5,112,219	5,256,081	5,494,670	4.18%
6. 애니메이션		560,248	610,175	676,960	665,462	6.33%
7. 방 송		15,774,634	16,462,982	17,331,138	18,043,595	4.83%
8. 광 고		13,737,020	14,439,925	15,795,229	16,413,340	5.29%
9. 캐릭터		9,052,700	10,080,701	11,066,197	11,922,329	9.45%
10. 지식정보		11,343,642	12,342,103	13,462,258	15,041,370	9.70%
11. 콘텐츠솔루션		3,894,748	4,311,563	4,583,549	4,851,561	8.99%
합계		94,947,227	100,486,320	106,116,295	113,216,468	5.55%
한국문화산업 매출 YOY		4.10%	5.83%	5.60%	6.69%	
세계 문화산업 시장규모 YOY*		8.15%	3.20%	5.34%	-0.19%	
한국의 GDP YOY		4.30%	6.24%	5.30%	5.52%	
구분(단위: 백만 원)	2018	2019	2020	2021	2022	CAGR
1. 출 판	20,953,772	21,341,176	21,648,849	24,697,753	25,191,702	3.95%
2. 만 화	1,178,613	1,337,248	1,534,444	2,132,149	2,624,004	19.38%
3. 음 악	6,097,913	6,811,818	6,064,748	9,371,728	11,009,624	13.66%
4. 게 임	14,290,224	15,575,034	18,885,484	20,991,342	22,214,886	11.07%
5. 영 화	5,889,832	6,432,393	2,987,075	3,246,109	7,369,200	6.05%
6. 애니메이션	629,257	640,580	553,290	755,520	921,022	6.72%
7. 방 송	19,762,210	20,843,012	21,964,722	23,970,709	26,104,717	7.67%
8. 광 고	17,211,863	18,133,845	17,421,750	18,921,883	19,666,138	3.68%
9. 캐릭터	12,207,043	12,566,885	12,218,076	5,003,908	5,372,788	−14.74%
10. 지식정보	16,290,992	17,669,282	19,373,367	19,946,243	21,493,067	7.40%
11. 콘텐츠솔루션	5,094,916	5,360,990	5,635,230	8,470,614	9,110,097	13.43%
합계	119,606,635	126,712,263	128,287,035	137,507,958	151,077,245	5.94%
한국문화산업 매출 YOY	5.64%	5.94%	1.24%	7.19%	9.87%	
세계 문화산업 시장규모 YOY*	3.59%	6.05%	−0.76%	12.27%	6.64%	
한국의 GDP YOY	3.76%	1.68%	0.88%	7.94%	4.58%	

*세계 문화산업 시장규모 YOY는 한국콘텐츠진흥원이 발간하는 연도별 해외 콘텐츠시장 (동향)분석 자료 참조

<그림 6-1> 한국문화산업 성장률과 국내 GDP성장률 및 세계 문화산업 성장률 비교

3 세계 문화산업 시장규모 및 성장 추세

<표 6-2>는 문화체육관광부의 '콘텐츠산업백서'와 한국콘텐츠진흥원의 '해외 콘텐츠시장 분석'에서 자료를 발췌하여 장르별로 세계 문화산업 시장규모의 변화를 정리한 표이다. 여러 문화산업 장르 중에서 게임, 캐릭터, 만화 등은 시장규모가 지속적으로 성장하는 반면 영화, 애니메이션, 출판 등은 오히려 줄어드는 추세를 보인다.

<표 6-3>은 2000년부터 2004년까지 세계 각국의 문화산업 관련 시장규모 순위를 보여준다. 이는 PwC(2005)의 'Global Entertainment and Media Outlook: 2005-2009'에서 발췌한 자료이다. 여기서의 문화산업은 각 국가별로 영화, 방송, 음악, 게임, 신문, 잡지, 출판, 지식정보는 물론 테마파크, 카지노 및 스포츠 분야를 포함한다. PwC의 자료는 한국의 문화산업 분류 기준과 다르지단 전 세계의 문화산업 관련 소비시장 규모를 매년 조사하여 발표하기 때문에 국가 간 시장의 성장을 비교하는 데에는 유용한 자료가 된다. 한국은 2000년부터 2004년까지 연평균 6.45%의 성장률을 보이고 있다.

<표 6-2> 세계 문화산업 시장규모(단위: 억 달러)[314]

구분	2006	2007	2008	2009	2010	2011	2012	2013	2014
1. 출판	3,711	3,973	3,810	3,800	3,720	3,320	3,390	3,350	3,379
2. 만화	61	63	80	60	70	80	80	80	77
3. 음악	335	568	550	500	460	430	450	440	449
4. 게임	341	447	520	540	540	540	520	610	730
5. 영화	811	823	840	820	840	310	320	330	344
6. 애니메이션	134	120	130	90	110	40	40	60	44
7. 방송	3,592	3,836	3,660	3,670	3,820	4,180	4,250	4,430	4,525
8. 광고	4,553	4,954	4,610	4,020	4,180	4,070	4,170	4,310	4,546
9. 캐릭터	1,090	1,595	1,670	1,500	1,470	1,510	2,160	2,270	2,415
10. 지식정보	3,294	4,194	4,240	4,230	4,570	4,570	4,960	5,350	6,172
11. 산술합계	17,922	20,573	20,110	19,230	19,780	19,050	20,340	21,230	22,681
12. 합계(중복제외)	12,661	14,616	15,950	15,300	15,720	15,410	16,670	17,540	18,969
13. YoY		15.44%	9.13%	−4.08%	2.75%	−1.97%	8.18%	5.22%	8.15%
구분	2015	2016	2017	2018	2019	2020	2021	2022	CAGR
1. 출판	2,918	2,859	2,616	2,262	2,222	1,988	2,049	2,027	−3.71%
2. 만화	72	84	79	122	128	124	131	142	5.41%
3. 음악	463	480	464	454	483	324	424	558	3.24%
4. 게임	827	935	1,150	1,244	1,460	1,787	1,920	2,043	11.84%
5. 영화	387	394	394	391	406	111	204	264	-6.78%
6. 애니메이션	50	68	51	48	82	15	20	39	-7.46%
7. 방송	4,609	4,695	4,265	4,421	4,452	4,398	4,747	4,900	1.96%
8. 광고	4,708	4,858	4,980	5,551	6,038	6,050	7,489	8,034	3.61%
9. 캐릭터	2,517	2,629	2,472	2,564	2,679	2,558	2,902	3,142	6.84%
10. 지식정보	6,680	7,095	7,311	7,230	7,658	7,708	8,149	8,695	6.25%
11. 산술합계	23,231	24,097	23,782	24,287	25,607	25,063	28,034	29,844	3.24%
12. 합계(중복제외)	19,576	20,622	20,583	21,322	22,612	22,440	25,193	26,865	4.81%
13. YoY	3.20%	5.34%	−0.19%	3.59%	6.05%	−0.76%	12.27%	6.64%	-

314 2011~2012콘텐츠산업백서/2013~2017해외 콘텐츠시장 동향분석/2018~2023 해외 콘텐츠시장 분석에서 발췌. 위 표에서 2006년부터 2010년까지는 애니메이션을 영화에 포함하여 계상하는 등 2011년 이후와 다른 기준이 적용됨

<표 6-3> 국가별 문화산업 시장규모의 변화(2000-2004/단위: 백만 달러)

순위	국가	2000	2001	2002	2003	2004	CAGR
1	미국	282,464	299,810	318,265	337,130	358,489	6.14%
2	일본	88,034	88,261	86,435	87,921	91,573	0.99%
3	영국	56,749	60,088	63,245	67,992	73,559	6.70%
4	독일	60,049	60,361	60,235	60,262	62,257	0.91%
5	중국	18,657	21,878	27,992	35,965	46,407	25.58%
6	프랑스	38,560	39,772	41,542	43,423	45,853	4.43%
7	이탈리아	27,383	27,561	28,329	29,258	31,537	3.59%
8	스페인	21,623	22,906	23,879	25,298	27,253	5.96%
9	캐나다	16,169	17,231	18,653	19,816	21,217	7.03%
10	한국	15,291	15,875	17,368	18,729	19,633	6.45%
11	호주	13,916	13,800	14,100	15,120	16,408	4.20%
12	네덜란드	13,572	13,737	14,066	14,261	14,684	1.99%
13	러시아	4,556	6,116	7,918	9,770	12,446	28.56%
14	브라질	9,804	9,403	9,107	9,335	10,000	0.50%
15	대만	7,826	8,242	8,432	8,973	9,595	5.23%
16	스웨덴	7,643	7,987	8,517	8,813	9,197	4.74%
17	인도	6,145	6,799	7,420	8,081	9,046	10.15%
18	스위스	7,859	8,109	8,347	8,507	8,950	3.30%
19	멕시코	7,077	7,388	7,280	7,953	8,810	5.63%
20	오스트리아	6,844	7,123	7,543	7,974	8,363	5.14%
21	벨기에	5,981	6,332	6,885	7,455	8,098	7.87%
22	덴마크	5,618	6,097	6,598	7,299	7,888	8.85%
23	폴란드	4,892	5,640	5,976	6,498	7,168	10.02%

한국의 문화산업은 2001년에 3.82% 성장하였지만, 2002년에는 9.4%, 2003년에는 7.8%, 2004년에는 4.8% 성장하였다. 2000년 한국의 시장규모는 중국, 캐나다 다음으로 10위이다. 2004년에도 10위를 유지하고 있다. 한편 중국은 2000년 8위에서 2004년에는 5위로 순위가 껑충 뛰었다. 내수시장이 큰 중국은 당시의 문화산업 연평균 성장률이 25.6%였다. 표에서 보듯이 당시에는 러시아와, 인도, 말레이시아, 인도네시아, 튀르키예 등도 연평균 문화산업 시장 성장률이 10%가 넘는다.[315]

[315] PwC. (2005). Global Entertainment and Media Outlook: 2005-2009.

순위	국가	2000	2001	2002	2003	2004	CAGR
24	노르웨이	5,166	5,476	5,946	6,334	6,745	6.89%
25	핀란드	4,270	4,533	4,766	5,118	5,494	6.50%
26	남아프리카공화국	3,480	3,632	4,090	4,648	5,279	10.98%
27	그리스	3,438	3,579	4,003	4,451	4,931	9.44%
28	포르투갈	3,063	3,232	3,537	3,747	4,081	7.44%
29	홍콩	3,049	3,206	3,260	3,419	3,778	5.51%
30	아르헨티나	3,770	3,653	2,903	3,185	3,576	-1.31%
31	태국	2,365	2,635	2,824	2,983	3,280	8.52%
32	뉴질랜드	2,467	2,550	2,708	2,937	3,137	6.19%
33	인도네시아	1,695	1,890	2,157	2,452	3,118	16.46%
34	사우디아라비아	2,114	2,250	2,510	2,681	2,932	8.52%
35	헝가리	1,817	2,012	2,254	2,484	2,755	10.97%
36	말레이시아	1,709	1,844	2,058	2,293	2,539	10.40%
37	아일랜드	1,912	2,101	2,156	2,318	2,517	7.11%
38	체코	1,823	2,042	2,176	2,335	2,512	8.34%
39	튀르키예	1,374	1,435	1,756	1,904	2,225	12.81%
40	콜롬비아	1,927	2,040	1,996	1,990	2,083	1.97%
41	칠레	1,559	1,633	1,679	1,737	1,804	3.72%
42	이스라엘	2,000	1,720	1,665	1,632	1,664	-4.49%
43	싱가포르	1,276	1,295	1,359	1,410	1,514	4.37%
44	필리핀	1,200	1,248	1,270	1,357	1,468	5.17%
45	루마니아	824	837	887	960	1,056	6.40%
46	베네수엘라	663	735	746	724	847	6.31%
47	파키스탄	503	525	570	649	780	11.59%

한편 <표 6-4>는 2018년부터 2022년까지의 세계 각국의 문화산업 시장규모를 보여준다. 2022년 세계 1위인 미국의 시장규모는 1조964억7,900만 달러이다. 2018년부터 2022년까지 6.7%의 연평균 성장률을 기록하였다. 한국은 2022년 시장규모가 679억9,900백만 달러이며 같은 기간 5.7%의 연평균 성장률을 보였다. 한국 다음으로 큰 시장규모를 가진 국가는 인도이며 같은 기간 연평균 성장률이 12.4%이다. 인도는 향후 5년간 연평균 시장규모 성장률이 10%가 넘을 것으로 예상되므로 조만간 인도가 한국을 추월할 것으로 예측된다. 그렇게 되면 한국은 내수시장 규모에 있어 인도에게 8위 자리도 넘겨주고 9위가 될 것으로 예상된다. 2018년에서 2022년까지 5년 동안 연평균 10% 이상의 성장률을 보인 국가는 인도를 포함하여 인도네시아,

<표 6-4> 국가별 문화산업 시장규모 및 전망(2018-2027/단위: 백만 달러)[316]

순위	국가	2018	2019	2020	2021	2022p	2023	2024	2025	2026	2027	18-122 CAGR	22-27 CAGR
1	미국	847,288	906,529	897,519	1,017,114	1,096,479	1,143,201	1,191,178	1,233,642	1,275,418	1,314,826	6.66%	3.70%
2	중국	372,440	396,936	408,763	458,183	472,508	509,091	545,387	579,516	613,872	646,891	6.13%	6.48%
3	일본	168,512	173,874	170,337	181,915	189,836	194,445	200,285	206,283	211,721	216,458	3.02%	2.66%
4	영국	99,681	104,746	102,115	121,771	129,884	135,796	143,373	150,435	156,937	162,965	6.84%	4.64%
5	독일	106,020	109,878	104,854	114,420	120,871	126,112	130,284	133,802	137,019	139,996	3.33%	2.98%
6	프랑스	68,743	71,314	67,058	74,507	75,947	79,743	83,238	86,003	88,501	90,773	2.52%	3.63%
7	캐나다	56,135	59,098	57,746	64,637	70,094	73,663	77,113	79,971	82,664	85,228	5.71%	3.99%
8	한국	54,546	57,516	59,352	63,950	67,999	71,214	74,002	76,388	78,563	80,562	5.67%	3.45%
9	인도	31,281	35,153	36,937	42,798	49,861	56,287	62,375	68,358	74,678	81,482	12.36%	10.32%
10	호주	39,952	40,379	38,835	44,705	48,687	51,347	54,322	56,775	58,827	60,743	5.07%	4.52%
11	이탈리아	41,286	42,061	39,077	42,517	44,851	47,081	49,289	51,077	52,847	54,316	2.09%	3.90%
12	브라질	32,755	35,546	35,295	39,395	42,566	45,119	47,394	49,707	52,053	54,478	6.77%	5.06%
13	스페인	31,144	32,163	30,262	33,184	35,330	37,435	39,619	41,649	43,590	45,533	3.20%	5.21%
14	멕시코	24,509	26,762	25,142	29,143	31,749	34,140	36,266	38,343	40,458	42,501	6.68%	6.01%
15	인도네시아	17,723	20,391	21,773	24,629	27,680	30,212	32,860	35,490	37,957	40,330	11.79%	7.82%
16	대만	16,251	16,846	17,084	19,066	20,083	20,944	21,754	22,455	23,102	23,628	5.44%	3.30%
17	사우디 아라비아	13,001	14,324	15,819	17,662	20,066	21,688	23,101	24,517	25,884	27,210	11.46%	6.28%
18	태국	14,828	15,552	15,455	16,356	17,363	18,231	19,140	19,937	20,658	21,321	4.02%	4.19%
19	스웨덴	13,359	12,845	12,286	13,879	14,827	15,520	16,152	16,699	17,216	17,710	2.64%	3.62%
20	필리핀	8,783	10,284	10,218	11,564	13,287	14,039	14,704	15,409	16,089	16,754	10.90%	4.75%
21	폴란드	9,738	10,147	9,909	11,116	12,218	12,994	13,679	14,295	14,863	15,379	5.84%	4.71%
22	남아프리카 공화국	8,746	9,554	9,508	10,961	11,976	12,903	13,750	14,525	15,230	15,913	8.17%	5.85%
23	말레이시아	8,563	8,983	8,903	9,516	10,161	10,632	11,100	11,556	11,952	12,298	4.37%	3.89%
24	아랍에미리트	7,464	7,705	7,522	8,283	9,207	9,992	10,744	11,434	12,125	12,831	5.39%	6.86%
25	이스라엘	6,857	7,298	6,990	7,916	8,394	8,779	9,162	9,500.	9,789	10,051	5.19%	3.67%
26	싱가포르	6,903	6,990	6,641	7,333	7,903	8,243	8,595	8,946	9,258	9,528	3.44%	3.81%
27	튀르키예	4,388	4,984	5,444	6,545	7,540	8,274	8,998	9,726	10,428	11,113	14.49%	8.07%
28	뉴질랜드	5,483	5,750	5,651	6,585	7,111	7,362	7,624	7,846	8,032	8,192	6.72%	2.87%
29	칠레	5,625	5,898	5,665	6,457	6,970	7,440	7,915	8,391	8,890	9,417	5.51%	6.20%
30	페루	5,234	5,430	5,009	5,637	6,226	6,660	7,077	7,455	7,824	8,191	4.43%	5.64%
31	아르헨티나	3,093	3,589	3,590	3,960	4,702	5,221	5,705	6,168	6,621	7,083	11.04%	8.54%
32	이집트	1,838	2,738	3,352	3,810	4,346	4,796	5,235	5,676	6,129	6,604	24.00%	8.73%

[316] 한국콘텐츠진흥원. (2024). 2023해외 콘텐츠시장 분석. (PwC자료 재인용)

필리핀, 사우디아라비아, 아르헨티나, 이집트 등이다. 이집트가 가장 높고 그 다음으로 튀르키예이다. 문화산업의 해외 진출전략을 수립 시 국가별 시장 성장률은 반드시 고려해야 하는 중요한 요소이다.

한국정부는 1999년에 문화산업 육성을 위하여 문화산업진흥기금을 신설하고 다양한 장르의 문화산업을 대상으로 정부예산 지원을 대폭 확대하였다. 이미 살펴본 바와 같이 2000년대 초반의 한국문화산업의 매출성장률도 높다. 2000년대 초반 내수시장 규모에서 한국은 10위였는데 2021년 및 2022년에는 8위로 상승하였다.

세계 각국은 삶의 질이 나아지고 정보통신기술 발달에 따라 실시간으로 문화콘텐츠를 향유할 수 있는 시대에 살고 있기 때문에 세계 문화산업 시장규모는 지속적으로 성장할 것으로 예상된다. 그러나 한국은 인구 감소폭이 크기 때문에 국내시장의 성장은 한계가 있어 보인다. 그러므로 한국은 급속히 성장하는 해외시장에서 미래의 기회를 찾아야 한다.

<표 6-5>는 UNCTAD가 발표한2022년 기준 창조상품(Creative Goods) 수출 국가의 순위이다. 창조상품은 인테리어, 공예품, 완구, 패션 액세서리, 문화콘텐츠, 소프트웨어, 보석류 등을 포함한다. 한국은 8위를 기록하고 있다. 세계 창조상품 수출의 2.6%를 점유하였다. 한국의 총 수출에서 차지하는 비중은 2.7%이다. 창조상품 수출 1위는 중국이다. 전 세계 창조상품 수출 점유율은 35%로 압도적 1위이다. 중국의 주력 수출품은 인테리어, 완구, 패션 액세서리 등으로 구성되어 있다. 미국과 한국, 홍콩, 영국 등은 문화콘텐츠가 주력 상품이다. 즉 문화콘텐츠는 한국이 미국, 영국, 홍콩과 함께 전 세계 수출 시장에서 큰 비중을 차지하고 있다.[317]

<표 6-5> 2022년의 창조상품(Creative Goods) 최대 수출 10개 국가

순위	국가	수출액 ($10억)	세계 수출 점유율(%)	국가별 총 수출에서의 점유율	주력 수출품
1	중국	249.9	35	7	인테리어, 완구, 액세서리
2	미국	45.6	6.4	2.2	보석, 문화콘텐츠
3	이탈리아	38.7	5.4	5.9	액세서리, 보석
4	프랑스	30.2	4.2	4.9	액세서리, 보석
5	홍콩	29.3	4.1	4.8	보석, 문화콘텐츠, 액세서리
6	독일	29.2	4.1	1.8	인테리어, 문화콘텐츠, 액세서리
7	인도	21	2.9	4.6	보석, 액세서리
8	대한민국	18.2	2.6	2.7	문화콘텐츠
9	영국	17.4	2.4	3.3	문화콘텐츠, 보석, 도서 출판
10	UAE	17.4	2.4	3.3	보석

[317] UNCTAD. 2024. Creative Economy Outlook 2024.

제2절 문화산업의 국가경쟁우위 향상을 위한 지원과 산업적 발전

1 한국문화산업정책의 변화

1) 문화산업정책의 발전

현재 대한민국 정부는 다양한 장르의 문화산업을 정책적으로 지원하고 있다. 이는 1994년 문화체육부 내 문화산업국이 신설된 이후부터 본격적으로 시작되었다. 그 이전까지는 영화와 출판, 방송 및 음반을 제외하면 다른 장르는 문화산업으로서 정책적 주목을 받지 못하였다. 영화는 규제와 함께 타 장르에 비해 상대적으로 지원을 많이 받았지만 방송, 출판, 음반 등의 장르는 검열 성격의 규제가 중심이고 정부 차원의 지원은 우수 콘텐츠에 대한 시상 정도였다.

해방 이후 오랫동안 정부는 사상 및 문화에 대한 통제 관점에서 영화 및 음반, 출판을 행정적으로 관리하는 데 정책의 주안점을 두었다. 이는 산업진흥정책보다는 권위주의 정부 시기의 문화정책으로 보아야 할 것이다. 산업진흥정책은 문화산업진흥기본법 등에서 명시하고 있는 바와 같이 기업 활동을 지원하여 산업의 경쟁력을 키우고 이를 통해 국민경제에 이바지하는 것을 가장 중요한 가치로 여긴다.

한국의 문화산업정책은 앞에서 살펴본 바와 같이 규제 중심에서 규제와 지원의 복합적 단계를 거쳐 지원 중심으로 발전하였다. 대한민국 정부 수립 후 제5공화국까지는 정부의 지원 대상이 되었던 장르는 방송, 영화 그리고 출판산업 정도에 불과하였다. 다만 방송의 경우는 정부예산으로 국영방송으로 설립하고 방송국의 운영 및 프로그램 제작까지 정부가 지원하였던 역사적 배경을 감안해야 한다. 그리고 영화의 경우는 외국 영화 수입업자에게 징수한 부담금을 재원으로 국산영화진흥기금을 조성하여 지원하였다. 출판의 경우는 예산은 작지만 출판금고 보조, 고전 국역, 우수 도서 선정 등을 지원하였다.

문화산업 관련 법률지원체계 부분에서 살펴본 바와 같이 대한민국 정부 수립 후 문화산업 관련 법률이 본격적으로 제정되기 시작한 것은 1960년대이다. 당시의 정부는 공연, 영화, 음반 등의 문화산업에 있어 자유민주적 기본질서 유지와 미풍양속을 지키는 수단으로 공연법, 영화법, 음반에 관한 법률을 활용하였다. 이와 같은 제도적 환경에서 문화산업정책은 정치·사회적 기본질서 유지를 위한 규제와 산업적 육성이라는 두 가지 관점의 복합적 성격을 띠며 발전하였다.

한편 노태우 정부는 문화공보부를 문화부와 공보처로 분리함으로써 공보와 분리된 독자적 문화정책 시대를 열었다. 그리고 처음으로 정부예산을 활용하여 영화산업을 지원하기 시작하였다. 이후 김영삼 정부는 처음으로 정부 내 문화산업국 조직을 신설하였다. 그리고 영화를 전담 지원하는 재원으로 영화진흥금고를 설치하고 문화예술진흥기금을 출연하여 영상산업 발전을 지원하였다. 김대중 정부는 문화산업진흥기본법을 제정하고 문화산업 전반을 지원하는 문화산업진흥기금을 신설하였음은 물론 공공기관인 한국문화콘텐츠진흥원을 설립하였다. 이로써 문화산업 육성을 위한 법률(환경), 공공기관(주체), 재정(자원)의 삼각 지원체계가 구축되었다. 특히 김대중 정부에서 문화산업 육성을 위한 정부예산이 획기적으로 증가하였다. 노무현 정부는 문화산업정책을 문화콘텐츠 중심으로 전환하고 미디어산업 육성을 위한 지역신문발전기금과 신문발전기금(2009년 언론진흥기금으로 변경)을 설치하였다. 이명박 정부는 완성보증보험제도 도입 등 문화산업에 대한 투자 활성화 시스템을 구축하고 문화콘텐츠의 원천 소재인 이야기산업 활성화 기반을 마련하였으며 문화기술 개발 및 저작권 보호 예산을 크게 증액하였다. 박근혜 정부는 콘텐츠코리아랩(CKL) 및 문화창조벤처단지 등 창작 및 창업 지원 인프라를 구축하고 문화기술 개발에 대한 지원을 지속적으로 확대하였다. 문재인 정부는 창작 및 창업 지원 인프라 조성 및 운영 사업을 지방까지 확대하고 실감형 콘텐츠산업 육성 예산을 대폭 증액하였다. 그리고 코로나19 팬데믹으로 인한 위기 극복을 위하여 추가경정예산을 편성하여 문화콘텐츠 분야 일자리 창출을 적극 지원하였다. 윤석열 정부는 문화산업에 대한 투자 지원을 대폭 확대하였다. 그리고 문화체육관광부를 중심으로 농림축산식품부 등 타 부처와 협력하여 한류를 활용한 관련 산업의 동반 성장을 지원하는 예산도 확대하였다.

이와 같이 여러 정부를 거치면서 문화산업의 국가경쟁우위를 지원하는 정책은 보다 체계화되고 정부예산도 지속적으로 증가하였다. 정부는 늘어난 예산을 활용하여 문화산업의 요소조건, 수요조건, 관련 및 지원산업, 전략 등 국가경쟁우위 결정요소들을 강화하는 다양한 정책을 전개하였다.

2) 정부와 기업 간 관계의 발전

국가경쟁우위에 관한 조동성의 9팩터 모델에 의하면 경제발전 단계에 따라 국가경쟁우위를 결정하는 주된 요소가 달라진다. 후진국 단계에서는 정부정책은 큰 의미가 없고 물적자원과 저렴한 인적자원이 중요하다. 개발도상국 단계에 이르면 경영환경과 정부(정치가와 행정관료)의 역할이 중요해진다. 개발도상국 단계에서는 기업가정신이 부족하기 때문에 정부 주도의 경제개발이 진행된다. 중진국 단계에서는 관련 산업과 기업가정신이 중요한 시기이다. 그리고 선진국 단계에 이르면 고도화된 국내 수요와 전문경영자 및 기술자가 중요하게 된다. 9팩터 모델에서 중진국 단계에 이르면 정부의 역할이 중요하지 않다는 것은 아니다. 경제발전의 모든 단계

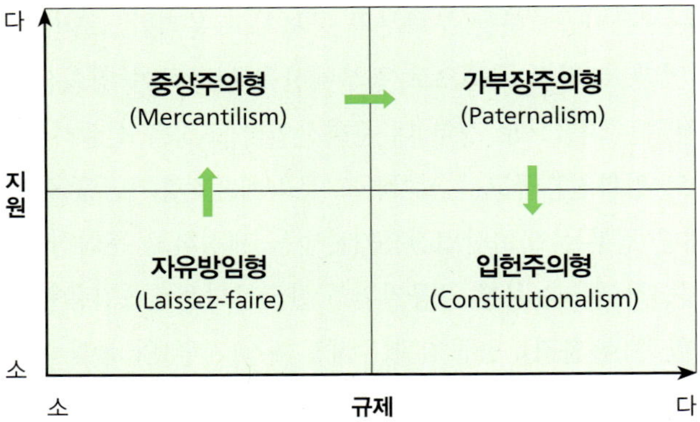

<그림 6-2> 한국의 경제발전에서 정부와 기업의 관계 모델

에서 국가경쟁우위의 지속적 발전을 위해서는 정부의 역할이 필요하다. 다만 경제발전 단계별로 정부의 역할은 국가경쟁우위를 지원하는 방향으로 진화해야 한다는 것을 의미한다.[318]

조동성은 한국의 경제사적 분석을 통해 경제발전에서의 정부의 역할을 지원자와 규제자로 구분하여 <그림 6-2>와 같이 한국정부와 기업의 관계를 네 가지 모델로 분류하였다. 한국에서 기업과 정부의 관계는 초기의 자유방임형(1945-1960)에서 중상주의적 모델로 발전하다가(1961-1972), 가부장적 관계(1973-1979)로 변화하였으며, 다시 입헌주의적 관계(1980-1991)로 진화하였다. 그리고 향후 정부와 기업의 관계는 경제가 더 선진화되면서 정부의 지원은 줄고 규제는 늘어나는 입헌주의적 관계 모델로 나아갈 것임을 제시한 바 있다.[319]

한국의 경제발전을 총체적 시각에서 분석하면 그럴 수도 있지만 산업별로 접근하면 다른 결과가 나올 수 있다. 문화산업이 바로 그런 사례이다. 해방 이후 문화산업 관련 법률이 제정되기 시작한 것은 저작권법('57년 제정)을 제외하면 1961년 공연법 제정 이후이다. 그 이전까지는 일제시대 법률 또는 미군정법률에 의존하였다. 제3공화국 이전까지는 문화산업 관련 법률적 규제는 많지는 않지만 사상 및 문화에 대한 통제적 관점에서 포괄적으로 규정했던 시기이다. 그리고 문화산업 육성을 위한 지원도 거의 없던 시기이다. 박정희 정부 이후 각종 법률이 제정되면서 다양한 규제가 신설되었다. 문화산업진흥정책은 노태우 정부의 문화부 설립과 김영삼 정부의 문화산업국 신설을 계기로 점진적으로 변화하기 시작하였다. 이후 김대중 정부에서는 획기적 예산 증액과 '지원하되 간섭하지 않는다'는 슬로건이 상징하듯 문화산업에 대한 관점이 규

318 조동성. (1995). 국제경영. 경문사.

319 Cho. Dong-Sung. (1992) From subsidizer to regulator: The changing role of Korean Government. Long Range Planning. V.25. 6. pp.48-55.

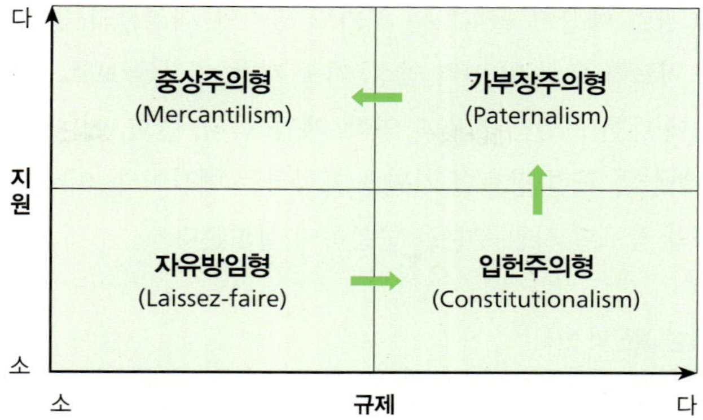

<그림 6-3> 문화산업에서 한국정부와 기업의 관계 모델

제가 아닌 지원으로 패러다임이 바뀌었다. 제3장의 문화산업 관련 법률지원체계와 제4장의 문화산업 관련 정부지원체계에서 이를 확인할 수 있다. 그리고 역대 정부의 문화산업 관련 예산 분석에서도 이를 확인할 수 있다.

이를 감안하면 문화산업에서 정부와 기업의 관계 모델은 자유방임형에서 입헌주의형으로 진화하였다가 다시 가부장주의형으로 발전하였으며 최종적으로는 중상주의형으로 진화한 것으로 볼 수 있다. 즉 문화산업에 있어 각종 규제는 권위주의 정부 시기에 더욱 강화되기도 하였으나 민주화되면서 지속적으로 완화되었다. 문화산업에 대한 법률적, 행정적, 재정적 지원도 같은 경로를 거쳐 진화하였다. 그러므로 현재의 문화산업 관련 기업과 정부의 관계는 중상주의형 모델에 가깝다.

3) 문화산업 관련 정부예산의 변화

문화산업 육성 예산은 전두환 정부까지는 보잘것없는 수준이다. 그러나 <표 6-6>에서 보듯이 1989년 및 1999년 등 몇몇 시점에 문화산업 관련 정부예산이 획기적으로 증액된 바 있다. 노태우 정부 시기인 1989년에 문화산업 관련 정부예산이 크게 증가하였다. 이는 국산영화진흥기금이 폐지되어 재원 마련 수단이 없게 된 당시의 영화진흥공사를 지원하는 예산 25억 원이 반영되었기 때문이다. 1989년에는 32억 원의 문화산업 육성 예산 중 25억 원이 영화진흥공사에 대한 보조금이다.

영화를 포함한 다양한 장르의 문화산업 육성을 위한 예산이 크게 증액된 해는1999년이다. 1998년 157억 원에 불과하였으나 1999년에는 1,015억 원에 이르렀다. 이후 문화산업 육성 예산은 지속적으로 증가하였다. 1984년부터 2022년까지 39년간 연평균 증가율이 26.5%에 이른다. 소비자물가지수 상승을 감안하여 표준화해도 39년간 연평균 증가율은 22.2%이다. 표에서 보듯이 문화산업 관련 예산이 줄어드는 시기도 있지만 대부분의 경우 지속적으로 증가하였다. 이는 문화산업 인프라 조성 및 인력 양성, 기술 개발, 저작권 보호, 지역 문화산업 기반 조성 등 문화산업 전반에 대한 포괄적 지원과 영화, 게임, 음악, 만화, 애니메이션, 캐릭터, 방송영상, 신문·잡지 등 문화산업 관련 장르별 지원을 포함하는 예산이다. 이하에서는 문화산업 전반의 경쟁력 향상 부문과 장르별 지원 부문을 구분하여 살펴본다.

<표 6-6> 문화산업 육성 예산의 변화[320]

구분(단위: 억원)	1984	1985	1986	1987	1988	1989	1990	1991	1992	1993
문화산업예산	1.42	1.48	1.79	2.14	4.20	31.57	55.78	66.91	78.81	95.08
YoY		4.64%	20.65%	19.44%	96.40%	652.30%	76.70%	19.95%	17.79%	20.63%
구분(단위: 억원)	1994	1995	1996	1997	1998	1999	2000	2001	2002	2003
문화산업예산	102.37	170.05	224.55	131.53	157.18	1,015.17	1,809.61	1,510.75	2,000.05	1,940.81
YoY	7.67%	66.12%	32.05%	−41.43%	19.50%	545.86%	78.26%	−16.52%	32.39%	-2.96%
구분(단위: 억원)	2004	2005	2006	2007	2008	2009	2010	2011	2012	2013
문화산업예산	1,888.74	2,217.32	2,292.37	2,379.00	2,166.86	3,071.91	3,489.74	3,742.87	4,129.13	4,144.44
YoY	−2.68%	17.40%	3.38%	3.78%	−8.92%	41.77%	13.60%	7.25%	10.32%	0.37%
구분(단위: 억원)	2014	2015	2016	2017	2018	2019	2020	2021	2022	CAGR
문화산업예산	4,178.94	5,294.32	6,027.31	6,047.81	5,829.47	6,856.26	8,290.70	9,536.27	10,840.99	26.53%
YoY	0.83%	26.69%	13.84%	0.34%	−3.61%	17.61%	20.92%	15.02%	13.68%	

2 문화산업 전반의 국가경쟁우위 향상

문화산업정책 지원체계에 있어 제반 법률의 제정 및 개정과 문화산업 관련 공공기관의 설립이 중요한 의미를 갖지만 문화산업 기업의 입장에서는 산업환경이 좋아진 것에 불과하다. 문화산업을 지원하는 법률 및 공공기관과 함께 '가뭄 중 내리는 단비'와 같은 재정적 지원이 함께 제공되는 경우에 산업환경이 실질적으로 변하게 된다.

앞에서 살펴본 바와 같이 김영삼 정부는 문화산업국 출범 이후 일부 장르에 대하여 제한된 예산으로 제작 및 인력 양성, 해외 진출 등을 지원한 바 있다. 그러나 특정 장르를 넘는 문화산업 전반의 국가경쟁우위 향상을 지원하는 문화산업 인프라 구축, 인력 양성, 기술 개발, 한류 진흥, 지역 문화산업 기반 구축 등과 관련된 정부예산은 김대중 정부에서 편성하기 시작하였다.

<표 6-7>은 문화산업에 대한 예산의 획기적 증액이 이루어진 1999년부터 문재인 정부의 마

320 1984~2022 예산각목명세서 상 문화산업 관련 예산 참조

지막 해인 2022까지 문화산업 전반의 경쟁력 향상을 지원하는 예산을 정리한 표이다. 이는 인력 양성, 기술 개발, 문화산업 교류 협력, 지역 문화산업 기반 구축과 저작권 보호 예산까지 포함한다. 정부예산과 산업적 성과를 연계하여 살펴보기 때문에 윤석열 정부의 예산은 여기서는 제외한다.

한편 정부예산에 있어 단순한 기금 출연금은 실질적 지원으로 보기는 어렵다. 출연금이 기금운용계획에 반영되어 산업현장에 직접 지원되는 경우에 경제적 지원 효과를 기대할 수 있기 때문이다. 그러므로 이 책은 문화산업진흥기금, 영화발전기금, 지역신문발전기금, 신문발전기금 등 문화산업 관련 기금의 경우 기금운용계획 또는 결산에 근거한 실질적 지원 내역을 반영하였다. <표 6-7>에서 기금은 문화산업 전반을 지원하는 문화산업진흥기금만 포함하고 기타 개별 장르를 지원하는 개별적 기금은 장르별 지원 예산에 포함하였다.

문화산업 전반을 지원하는 예산은 대부분 인프라 조성, 인력 양성, 기술 개발 등 요소조건을 강화하는 사업을 포함하고 있다. 해외 진출을 지원하는 문화산업 교류 협력 지원은 국외 수요조건 고도화를 유도하는 사업이다. 기타 유통구조 개선, 공공기관 운영 등의 예산도 포함하고 있지만 대부분은 앞에서 이미 살펴보았기 때문에 여기서는 전 기간에 걸친 요소조건 및 수요조건 고도화 지원과 문화산업의 매출규모, 종사자 수, 기업 수, 수출 규모 등을 연계하여 살펴보고자 한다.

1) 요소조건 고도화

① 인프라 구축

문화산업 분야 '인프라 구축'은 캐릭터, 만화, 애니메이션, 음악 등의 장르에서 원소스 멀티유즈(OSMU) 효과를 극대화하기 위하여 업계가 공동으로 이용할 수 있는 첨단 제작 설비 및 입주공간을 조성하는 예산이다. 이는 2000년대 초반 한국문화콘텐츠진흥원의 인큐베이팅 설비 및 공간 조성 예산에서 시작한다. 표에서 보면 이명박 정부 시기에는 '인프라 구축' 예산이 반영되지 않은 것처럼 보인다. 이명박 정부는 여러 장르를 포괄하는 복합적 '인프라 구축' 예산을 편성하지 않고 게임 및 방송 등 주요 장르별 인프라 구축을 지원하였다. 글로벌 게임허브센터 조성, 대전의 방송영상스튜디오 조성, 일산의 디지털방송콘텐츠지원센터 조성 등이 그것이다.

<표 6-7>에서 보면 '인프라 구축' 예산은 지속적으로 줄어드는 것처럼 보인다. 인프라 시설은 초기에 조성 비용이 많이 소요되지만 설치 이후에는 지속적 업그레이드 및 유지 관리비만 소요되므로 관련 비용이 줄어들 수 있다. 그리고 게임 및 방송영상 등 장르별 '인프라 구축' 또는 '지역 문화산업 인프라 구축'을 감안하면 인프라 구축 예산은 줄어든 것이 아니라 지속적으로 증가하였다. 박근혜 정부 및 문재인 정부는 서울의 문화콘텐츠 기업지원센터(CKL), 원캠퍼스 등을 운영하며 다양한 장르를 대상으로 콘텐츠 창작 및 창업, 시연, 교육 공간 등을 제공하였다.

<표 6-7> 문화산업 전반의 경쟁력 향상 지원 예산 변화[321]

구분(단위: 천 원)	1999	2000	2001	2002	2003	2004	2005	2006	CAGR(-'06)
1. 인프라 구축		30,600,000	1,182,250	10,182,250	3,500,000	7,500,000	3,500,000	200,000	−56.76%
2. 인력 양성				7,500,000	10,000,000	10,000,000	10,000,000	13,898,040	16.67%
3. 기술 개발					10,000,000	9,000,000	7,000,000	11,370,000	4.37%
4. 제작 지원(투자 지원)				3,000,000	10,800,000	5,300,000	5,300,000	5,000,000	13.62%
5. 문화산업 교류 협력				7,000,000	4,400,000	7,580,000	7,580,000	7,300,000	1.05%
6. 저작권 보호	951,116	1,792,034	2,590,578	2,231,939	2,612,863	2,406,163	3,115,974	6,399,600	31.30%
7. 창작소재 기반 구축				6,500,000	10,000,000	9,000,000	13,617,000	4,400,000	−9.29%
8. 유통구조 개선/공정생태계 구축				2,084,000	1,000,000	1,000,000	1,000,000	1,600,000	−6.39%
9. 기본사업비 및 행정	1,421,780	1,309,257	1,553,565	1,129,781	1,154,420	1,354,420	1,312,927	1,630,745	1.98%
10. 공공기관 운영(콘진원 등)					5,761,500	5,403,000	5,471,000	5,200,000	−3.36%
11. 문화산업진흥기금 지원	7,798,000	51,180,000	48,470,000	65,304,000	29,792,000	34,280,000	51,507,000	44,230,000	28.14%
12. 지역 문화산업 기반 구축		6,000,000	10,000,000	15,000,000	15,000,000	25,500,000	24,000,000	27,000,000	28.49%
13. 기타	390,437	72,437			200,000			300,000	
계	10,561,333	90,953,728	63,796,393	119,931,970	104,220,783	118,323,583	133,403,901	128,528,385	
구분(단위: 천 원)	2007	2008	2009	2010	2011	2012	2013	2014	CAGR(-'14)
1. 인프라 구축	1,220,000							10,163,000	−7.57%
2. 인력 양성	11,400,000	10,049,592	13,949,414	12,062,983	12,130,000	19,939,134	18,665,000	13,592,000	5.08%
3. 기술 개발	11,370,000	13,370,000	35,100,026	47,549,833	49,000,000	60,260,839	62,669,000	45,898,000	14.86%
4. 제작 지원(투자 지원)	5,000,000	3,760,000	8,000,000	7,397,000	5,650,000	500,000	5,500,000	22,777,000	18.40%
5. 문화산업 교류 협력	6,857,098	4,763,964	9,920,087	9,955,640	6,758,000	11,560,665	12,939,000	12,822,000	5.17%
6. 저작권 보호	7,434,000	10,825,377	29,452,777	31,705,748	37,253,000	40,100,730	41,599,200	53,733,000	30.86%
7. 창작소재 기반 구축	3,980,000				1,200,000	980,000	3,150,000	4,872,000	−2.37%
8. 유통구조 개선/공정생태계 구축	1,050,000	500,000	33,800,000	26,499,624	34,820,000	45,599,329	45,590,000	1,241,000	−4.23%

구분(단위: 천 원)	2007	2008	2009	2010	2011	2012	2013	2014	CAGR(-'14)
9. 기본사업비 및 행정	1,035,720	1,154,977	2,717,771	3,054,738	3,537,300	2,833,200	3,297,027	2,971,351	5.04%
10. 공공기관 운영(콘진원 등)	5,200,000	5,505,000	6,393,000	13,044,000	12,398,000	17,590,000	18,170,000	18,917,000	11.41%
11. 지역 문화산업 기반 구축	24,807,000	28,734,000	28,282,000	25,765,000	17,085,000	5,981,000	3,629,000	11,780,000	4.94%
12. 기타	500,000	500,000							
계	79,853,818	79,162,910	167,615,075	177,034,566	179,831,300	205,344,897	215,208,227	198,766,351	
구분(단위: 천 원)	2015	2016	2017	2018	2019	2020	2021	2022	CAGR(-'22)
1. 인프라 구축	13,570,000	68,725,000	46,657,000	32,756,000	33,930,000	30,620,000	27,345,000	24,569,000	−0.99%
2. 인력 양성	16,153,000	39,444,000	17,340,000	14,132,000	17,452,000	25,288,000	27,910,000	33,194,000	7.72%
3. 기술 개발	50,623,000	55,117,000	55,096,000	56,117,000	55,650,000	71,830,000	73,559,000	80,996,000	11.64%
4. 제작 지원(투자 지원)	56,589,000	42,622,000	59,332,000	67,332,000	86,750,000	136,375,000	143,105,000	172,480,000	22.46%
5. 문화산업 교류 협력	10,464,000	16,416,000	12,842,000	15,237,000	17,688,000	37,366,000	44,468,000	50,825,000	10.42%
6. 저작권 보호	54,387,000	53,389,000	60,269,000	56,756,000	69,272,000	72,028,000	81,596,000	100,217,000	22.45%
7. 창작소재 기반 구축	10,672,000	10,830,000	6,550,000	6,349,000	6,730,000	5,638,000	5,101,000	5,783,000	−0.58%
8. 유통구조 개선/공정생태계 구축	4,741,000	5,301,000	5,501,000	5,306,000	4,533,000	4,722,000	5,712,000	6,242,000	5.64%
9. 기본사업비 및 행정	2,155,000	2,074,000	1,932,000	1,918,000	1,692,000	1,686,000	1,981,000	1,723,000	0.84%
10. 공공기관 운영(콘진원 등)	20,951,000	25,497,000	24,176,000	22,056,000	28,265,000	29,854,000	37,831,000	37,123,000	10.30%
11. 가상현실 콘텐츠 육성			11,050,000	11,900,000	26,125,000	72,955,000	62,581,000	57,752,000	39.20%
12. 지역 문화산업 기반 구축	26,600,000	34,775,000	22,410,000	59,783,000	69,279,000	58,919,000	56,408,000	53,739,000	10.48%
계	266,905,000	354,190,000	323,155,000	349,642,000	417,366,000	547,281,000	567,597,000	624,643,000	

[321] 1999-2022문화산업 관련 예산각목명세서 및 2000-2006문화산업진흥기금 결산보고서 참조

② 인력 양성

가. 인력 양성 예산의 증가

김영삼 정부 시기에 게임산업 인력 양성 예산을 편성한 바 있지만 다양한 장르의 문화산업 전문인력 양성은 김대중 정부부터 본격화되었다. <표 6-8>은 김대중 정부 이후 문화산업 분야 전문인력 양성 예산 현황을 보여준다. 표에서 '문화콘텐츠 인력 양성'은 장르를 특정하지 않는 문화콘텐츠 인력 양성 예산이고, '장르별 전문인력 양성'은 영화, 게임, 방송영상 등 주요 장르별로 별도의 인력 양성 예산이 반영된 것을 합한 수치이다. 영화는 영화진흥금고(영화발전기금) 예산을 활용한 영화인 양성 예산이 포함되었다.

문화산업 관련 예산은 지속적으로 증가하였으나 <표 6-8>에서 보듯이 인력 양성 예산은 지속적으로 증가하는 것이 아니라 시기적으로 증감의 변화가 크다. 문화산업현장에 도움이 되는 실효성 있는 교육을 위해서는 고가의 첨단 교육 장비 및 기자재의 구비는 물론 실제 콘텐츠 제작 및 편집 등을 실습해야 하므로 교육 장비 및 제작 예산이 반영되는 경우에는 예산이 큰 폭으로 증가하는 경향이 있다. 그리고 인력 양성보다 공동의 시설 및 공간 조성, 제작 및 해외 진출 등의 지원에 정책의 비중을 더 많이 두는 경우에는 인력 양성 예산이 차지하는 비중이 줄어들 수 있다. 2000년대 초반 한국문화콘텐츠진흥원, 한국게임산업개발원, 한국방송영상산업진흥원 등을 통해 전문인력 양성 프로그램을 개발하고 고가의 교육 장비 등을 도입하는 시기에 관련 예산이 크게 소요되었다. 그리고 주기적으로 교육 장비의 교체 및 업그레이드도 진행하였다.

<표 6-8>에서 보면 김대중 정부 시기와 문재인 정부 시기에 인력 양성 관련 예산이 크게 증가하는 것을 알 수 있고, 노무현 정부 및 박근혜 정부 시기에는 소폭 감소하였으며, 이명박 정부 시기에는 '장르별 전문인력 양성' 예산은 감소하고 '문화콘텐츠 인력 양성' 예산은 증가하였다. 기술한 바와 같이 이명박 정부는 한국문화콘텐츠진흥원, 한국방송영상산업진흥원, 한국게임산업진흥원 등 공공기관을 한국콘텐츠진흥원으로 통합하였다. 그 결과 장르별 공공기관이 별도로 추진하던 인력 양성은 영화와 출판을 제외하고 대부분 한국콘텐츠진흥원이 통합적으로 운영하였다.

<그림 6-4>에서 보듯이 인력 양성 예산은 2000년대 초반에 큰 폭으로 증가한 이후 완만하게 증가하다가 2018년 이후 다시 급증하는 추세에 있다. 문화산업 분야 전문인력 양성 예산은 시기별로 증감은 있었지만 정부는 게임, 방송영상, 영화, 만화, 애니메이션, 캐릭터 등의 장르를 중심으로 지속적으로 전문인력을 양성하였다. 이는 문화산업현장의 인력구조의 고도화를 지원하는 사업이다.

<표 6-8> 역대 정부별 문화산업 전문인력 양성 예산 현황[322]

구분(단위: 천 원)	1999	2000	2001	2002	2003	CAGR
문화콘텐츠 인력 양성				7,500,000	10,000,000	33.33%
장르별 전문인력 양성	1,119,793	3,272,894	3,007,910	10,869,589	8,999,404	68.37%
계	1,119,793	3,272,894	3,007,910	18,369,589	18,999,404	102.96%
YoY		192.28%	−8.10%	510.71%	3.43%	
구분(단위: 천 원)	2004	2005	2006	2007	2008	CAGR
문화콘텐츠 인력 양성	10,000,000	10,000,000	13,898,040	11,400,000	10,049,592	0.10%
장르별 전문인력 양성	8,898,568	8,661,018	9,445,338	8,908,040	8,452,288	−1.25%
계	18,898,568	18,661,018	23,343,378	20,308,040	18,501,880	−0.53%
YoY	−0.53%	−1.26%	25.09%	−13.00%	−8.89%	
구분(단위: 천 원)	2009	2010	2011	2012	2013	CAGR
문화콘텐츠 인력 양성	13,949,414	12,062,983	12,130,000	19,939,134	18,665,000	13.18%
장르별 전문인력 양성	9,545,000	7,393,000	5,684,000	6,036,013	8,056,000	−0.96%
계	23,494,414	19,455,983	17,814,000	25,975,147	26,721,000	7.63%
YoY	26.98%	−17.19%	−8.44%	45.81%	2.87%	
구분(단위: 천 원)	2014	2015	2016	2017		CAGR
문화콘텐츠 인력 양성	13,592,000	16,153,000	39,444,000	17,340,000		−1.82%
장르별 전문인력 양성	11,961,000	7,977,000	9,022,000	6,594,000		−4.88%
계	25,553,000	24,130,000	48,466,000	23,934,000		−2.72%
YoY	4.37%	−5.57%	100.85%	−50.62%		
구분(단위: 천 원)	2018	2019	2020	2021	2022	CAGR
문화콘텐츠 인력 양성	14,132,000	17,452,000	25,288,000	27,910,000	33,194,000	13.87%
장르별 전문인력 양성	7,590,000	11,658,000	19,830,000	22,382,000	23,508,000	28.95%
계	21,722,000	29,110,000	45,118,000	50,292,000	56,702,000	18.83%
YoY	−9.24%	34.01%	54.99%	11.47%	12.75%	

322 1999~2022 문화산업 관련 예산각목명세서 참조

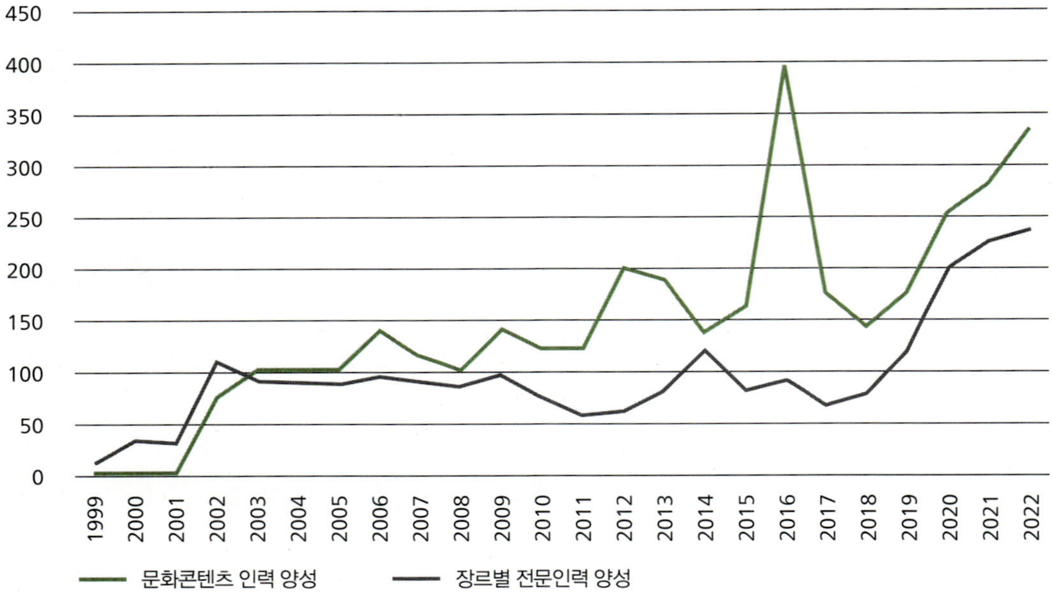

<그림 6-4> 문화산업 전문인력 양성 예산의 변화(단위: 억 원)[323]

국가경쟁우위 향상에 있어 사람의 역할을 특별히 강조하는 조동성의 9팩터 모델에 의하면 산업의 국가경쟁우위에 영향을 미치는 인력은 정책을 수립하고 집행하는 정부 공무원, 기업을 구성하는 기업가(Entrepreneur), 전문가(Professional), 근로자(Worker) 등 네 그룹으로 분류된다. 앞에서 살펴본 바와 같이 한국정부의 문화산업 인력 양성은 문화콘텐츠의 기획, 제작, 마케팅 등과 관련한 고급 전문가 양성에 초점을 두었다. 공공부문의 인력이나 단순 노무자인 근로자, 기업가 등에 대한 교육 프로그램은 거의 없다. 스타트업 기업에 대한 창업 및 경영 컨설팅 지원은 지속적으로 운영되었으나 스타트업 단계를 벗어난 중소기업 경영자를 대상으로 하는 CEO 역량 강화 프로그램은 거의 없다. 치열한 글로벌 경쟁에 직면하고 있는 경영자들에 대한 글로벌 역량 강화를 지원하는 교육도 필요하다.

나. 문화산업 종사자 수의 변화 및 문화산업의 생산성 증가

<표 6-9>에서 보면 문화산업 분야 종사자 수는 늘어나는 장르도 있고 감소하는 장르도 있다. 정부는 지속적으로 인력 양성을 지원하였으나 정부가 적극적으로 지원하는 핵심적 장르보다는 광고, 지식정보, 콘텐츠솔루션 등 문화산업의 관련 및 지원산업 분야 종사자들이 훨씬 많이 증가하였다. 이들 분야는 연 평균 종사자 수 증가율이 6%가 넘는다.

323 1999~2022문화산업 관련 예산각목명세서 참조

<표 6-9> 문화산업 종사자 수 변화[324]

구분(단위: 명)	2006	2007	2008	2009	2010	2011	2012	2013	2014
1. 출판	218,377	225,347	210,084	206,926	203,226	198,691	198,262	193,613	191,033
2. 만화	12,818	11,772	11,093	10,748	10,779	10,358	10,161	10,077	10,066
3. 음악	65,431	75,027	66,475	76,539	76,654	78,181	78,402	77,456	77,637
4. 게임	105,773	92,572	95,292	92,533	94,973	95,015	95,051	91,893	87,281
5. 영화	25,769	23,935	19,908	28,041	30,561	29,569	30,857	30,238	29,646
6. 애니메이션	3,412	3,847	3,924	4,170	4,349	4,646	4,503	4,502	4,505
7. 방송	29,308	28,913	34,393	34,714	34,584	38,366	40,774	41,522	41,397
8. 광고	27,487	29,416	30,700	33,509	34,438	34,647	36,424	49,114	46,918
9. 캐릭터	19,889	21,846	21,092	23,406	25,102	26,418	26,897	27,701	29,039
10. 지식정보	34,779	38,192	41,279	55,126	61,792	69,026	69,961	71,591	75,142
11. 콘텐츠솔루션	13,450	13,414	14,679	17,089	19,540	19,813	20,145	21,731	23,795
합계	556,493	564,281	548,919	582,801	595,998	604,730	611,437	619,438	616,459
YoY		1.40%	−2.72%	6.17%	2.26%	1.47%	1.11%	1.31%	−0.48%

구분(단위: 명)	2015	2016	2017	2018년	2019년	2020년	2021년	2022년	CAGR
1. 출판	190,277	185,001	184,794	184,554	185,270	185,444	175,898	173,167	−1.44%
2. 만화	10,003	10,127	10,397	10,761	11,079	11,230	10,825	12,185	−0.32%
3. 음악	77,490	78,393	77,005	76,954	77,149	65,464	59,583	60,996	−0.44%
4. 게임	80,388	73,993	81,932	85,492	89,157	83,303	81,856	84,347	−1.40%
5. 영화	30,100	28,974	29,546	30,878	32,566	10,497	13,240	36,601	2.22%
6. 애니메이션	4,728	5,142	5,161	5,380	5,436	5,472	6,131	6,373	3.98%
7. 방송	42,378	43,662	45,337	50,286	51,006	50,239	50,160	51,639	3.60%
8. 광고	52,971	65,118	65,159	70,827	73,520	68,888	74,485	75,338	6.50%
9. 캐릭터	30,128	33,323	34,778	36,306	37,521	36,505	16,597	17,154	−0.92%
10. 지식정보	77,809	80,396	82,470	86,490	89,286	93,182	87,704	90,652	6.17%
11. 콘텐츠솔루션	25,656	27,374	28,268	29,509	30,655	31,863	38,256	39,516	6.97%
합계	621,928	631,503	644,847	667,437	682,644	642,086	614,734	647,969	0.96%
YoY	0.89%	1.54%	2.11%	3.50%	2.28%	−5.94%	−4.26%	5.41%	

문화산업 장르 중 영화, 애니메이션, 방송 장르는 종사자 수가 소폭이지만 지속적으로 증가하였다. 영화 분야는 코로나19팬데믹 기간에 크게 줄었다가 2022년에 회복한 것으로 보인다. 출판, 만화, 음악, 게임, 캐릭터 등의 장르는 종사자 수가 지속적으로 감소하고 있다. 특히 출판과 게임 분야 종사자 수의 감소가 눈에 띈다.

324 2006-2022콘텐츠산업통계조사 참조

<표 6-1>에서 살펴본 바와 같이 한국문화산업 매출규모는 GDP성장률보다 높은 비율로 지속적으로 성장하였다. 그러나 종사자 수는 그에 비례하여 증가하지 않았다. 이는 문화산업 인력구조의 고도화 및 생산성 증가를 의미한다. 특히 전체적으로 종사자 수가 줄어드는 추세에 있는 게임, 만화, 음악 분야의 매출 증가율이 높다. 이들 분야에서 생산성 향상이 크다는 것을 의미한다. 출판 분야는 종사자 수도 줄고 매출도 정체 추세이다. 캐릭터 분야는 종사자 수가 감소하고 있지만 매출은 증가하는 추세였으나 코로나19팬데믹 이후 매출이 급감하였고 2022년까지 회복되지 않았다.

다. 문화산업 기업의 대형화

<표 6-10>은 종사자 수 50인 이상 문화산업 기업이 해당 장르 전체 매출에서 차지하는 점유율을 보여준다. 전체적으로 살펴보면 큰 변화가 없어 보이지만 장르별로 살펴보면 차이가 크다. 여러 장르 중 만화의 성장세가 두드러진다. 종사자 수 50인 이상의 만화 관련 기업이 차지하던 매출 비중은 2010년 4%에서 2022년 62%로 크게 성장하였다. 음악 분야도 같은 기간 20%에서 42%로 두 배 이상 성장하였다. 이는 네이버웹툰, 카카오웹툰 등 대형 웹툰 플랫폼의 매출 성장과 하이브, SM, JYP, YG 등 대형 기획사들의 매출 증가에 기인한다. 애니메이션 분야도 50인 이상의 중견기업의 시장 점유율이 높아지는 추세에 있다. 게임의 경우에는 50인 이상의 중견기업의 점유율이 지속적으로 높았다. 메이저 게임회사 중심의 산업구조가 지속되는 것으로 볼 수 있다.

영화의 경우에는 코로나19팬데믹 이전까지는 50인 이상의 중견기업의 점유율이 점진적으로 증가하는 추세였으나 2022년에 큰 폭으로 하락한 바 있다. 캐릭터산업은 2016년 및 2018년에 50인 이상의 중견기업의 점유율이 높았으나 2018년 이후에는 지속적으로 하락하고 있다. 캐릭터산업은 OSMU의 원천이므로 경쟁우위 향상을 위한 특별한 지원이 필요해 보인다.

한편 방송의 경우에는 독립제작사와 방송사들을 모두 포함하는 경우 방송사들의 매출 비중이 워낙 크기 때문에 50인 이상의 중견기업의 매출 점유율이 높게 나타난다. <표 6-10>의 방송 분야는 2016년 까지는 방송사를 제외한 독립제작사의 매출을 반영하였다. 독립제작사는 대부분 영세한 규모이므로 50인 이상의 중견기업이 차지하는 매출 비중이 상대적으로 크지 않다. 그러나 2017년부터 방송사를 포함하였을 경우에는 상황이 달라진다. 즉 방송사들을 포함하게 되면 50인 이상의 중견기업이 차지하는 매출 점유율은 80%를 넘게 된다.

주요 장르별 종사자 수 50인 이상 기업의 산업 내 매출 점유율 변화를 살펴보면 <그림 6-5>와 같다. 게임, 음악, 만화, 애니메이션 등의 장르에서 중견기업들의 성장을 확인할 수 있다. 이들 장르는 후술하는 바와 같이 해외 매출 실적도 지속적으로 성장하였다.

<표 6-10> 종사자 수 50인 이상 기업의 매출 점유율 변화[325]

구분	2010	2011	2012	2013	2014	2015	2016
1. 출판	49.77%	50.66%	50.69%	47.49%	45.85%	45.65%	44.11%
2. 만화	4.21%	10.14%	10.09%	11.82%	15.55%	17.86%	34.12%
3. 음악	20.33%	18.55%	18.42%	17.99%	15.78%	16.80%	14.70%
4. 게임	68.43%	73.13%	74.30%	63.37%	73.83%	75.98%	73.55%
5. 영화	18.33%	51.60%	51.34%	55.47%	62.32%	40.53%	48.17%
6. 애니메이션	20.43%	7.72%	7.70%	7.66%	9.15%	9.96%	55.88%
7. 방송	54.38%	33.40%	33.20%	37.34%	33.94%	16.55%	32.27%
8. 광고	57.30%	53.54%	54.02%	61.40%	53.93%	53.88%	44.15%
9. 캐릭터	52.41%	46.49%	46.51%	48.70%	51.33%	49.96%	79.86%
10. 지식정보	76.77%	67.75%	67.77%	65.87%	65.23%	65.06%	68.49%
11. 콘텐츠솔루션	55.07%	53.25%	53.30%	50.44%	55.76%	54.82%	56.55%
전체	52.53%	53.24%	53.66%	52.72%	53.03%	51.79%	54.69%
구분	2017	2018	2019	2020	2021	2022	평균
1. 출판	38.19%	48.28%	48.67%	42.28%	33.13%	36.76%	44.73%
2. 만화	31.19%	53.56%	41.25%	55.76%	48.04%	61.80%	30.41%
3. 음악	24.37%	30.78%	30.21%	47.32%	40.66%	42.21%	26.01%
4. 게임	75.42%	78.80%	77.77%	80.93%	80.26%	82.38%	75.24%
5. 영화	52.42%	49.05%	50.47%	53.93%	63.74%	16.27%	47.20%
6. 애니메이션	34.21%	28.84%	28.30%	37.09%	38.07%	37.44%	24.81%
7. 방송	81.98%	83.52%	84.35%	83.98%	82.20%	83.54%	56.97%
8. 광고	47.33%	46.73%	50.29%	48.66%	49.02%	52.23%	51.73%
9. 캐릭터	44.54%	67.56%	59.83%	55.32%	40.12%	29.76%	51.72%
10. 지식정보	65.88%	68.90%	68.96%	64.91%	63.29%	65.87%	67.29%
11. 콘텐츠솔루션	40.72%	35.86%	37.31%	37.53%	51.04%	60.54%	49.40%
전체	55.05%	60.79%	60.64%	60.97%	58.14%	58.61%	55.84%

*방송의 경우 2016년까지 방송사업자를 제외한 독립제작사 매출을 반영함. 2017년부터는 방송사 포함

한편 <표 6-11>은 10인 미만의 소규모 문화산업 기업의 장르별 매출 점유율을 보여준다. <표 6-10>과 비교하면 산업구조의 변화가 명확해진다. 만화와 음악의 경우에는 2010년에 종사자 수 10인 미만 기업의 매출 점유율이 각각 75%와 61%였으나 2022년에는 22%와 40%로 낮아졌다.

[325] 2010-2022콘텐츠산업통계조사 참조

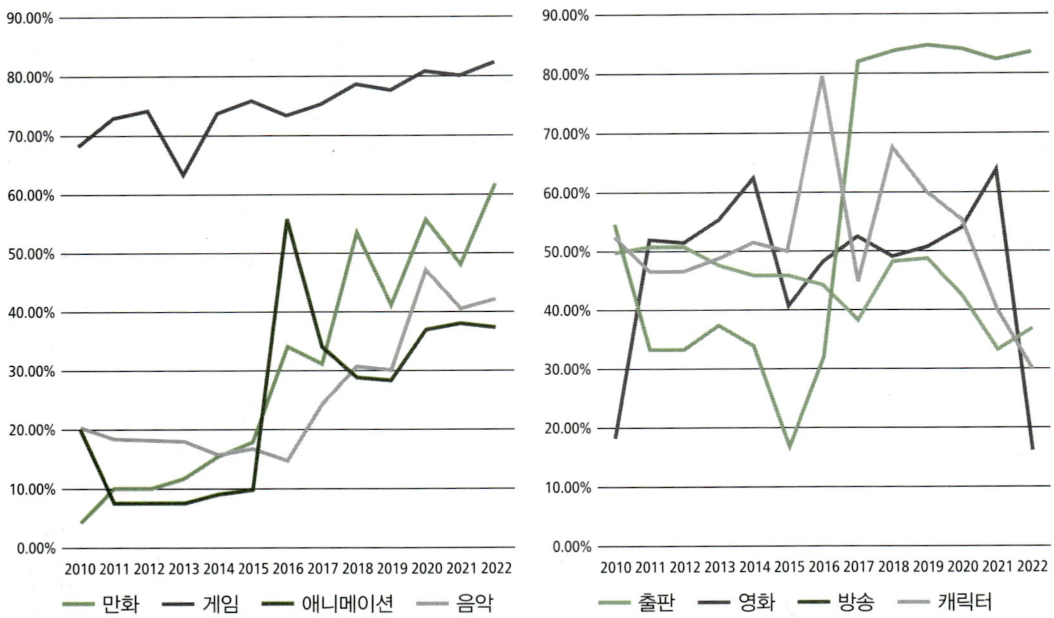

<그림 6-5> 주요 장르별 종사자 수 50인 이상 기업의 매출 점유율 변화

게임의 경우에도 종사자 수 10인 미만 기업의 매출 점유율이 2010년에 27%였는데 2022년에는 9%에 불과하다. 반면 캐릭터의 경우에는 종사자 수 10인 미만 기업의 산업 내 매출 점유율이 오히려 지속적으로 증가하였다. 이는 캐릭터산업의 기업 성장세가 만화, 음악, 게임 등에 미치는 못하는 것을 의미한다.

<표 6-10>과 <표 6-11>을 함께 살펴보면 만화, 음악, 게임 분야는 종사자 수 10인 미만 기업의 매출 점유율이 크게 줄고, 종사자 수 50인 이상 기업의 매출 점유율이 크게 늘었음을 확인할 수 있다. 그러나 해당 장르 전체적으로는 종사자 수가 오히려 줄어들었다. 이는 생산성이 높은 기업 중심으로 산업구조가 재편되고 종사자 수 10인 미만 기업의 시장 철수가 있음을 예측하게 한다. <표 6-12>에서 보듯이 실제로 이들 장르는 사업체 수가 지속적으로 줄어들었다.

라. 문화산업 사업체 수의 감소와 산업구조의 변화

한국문화산업의 매출규모는 거의 모든 분야에서 성장하였지만 문화산업 장르별로 사업체 수는 증가한 분야도 있고 감소한 분야도 있다. 지식정보, 콘텐츠솔루션, 캐릭터 등 일부 분야는 사업체 수가 증가하였다. 문화산업 장르 중 캐릭터 분야 사업체 수 증가세는 눈에 띈다. 캐릭터 산업은 종사자 수가 줄어들더라도 진입장벽이 거의 없기 때문에 사업체 수는 지속적으로 늘어난 것으로 보인다. 애니메이션 및 방송, 지식정보 분야도 사업체 수는 지속적으로 증가하였다.

<표 6-11> 종사자 수 10인 미만 기업의 매출 점유율 변화[326]

구분	2010	2011	2012	2013	2014	2015	2016
1. 출판	26.03%	25.20%	25.19%	26.94%	27.79%	27.35%	30.87%
2. 만화	74.97%	74.20%	74.20%	71.85%	67.39%	64.58%	30.36%
3. 음악	61.38%	59.30%	59.54%	58.19%	61.95%	60.25%	58.17%
4. 게임	26.66%	21.80%	20.93%	22.84%	21.55%	16.34%	15.59%
5. 영화	24.83%	11.65%	13.98%	14.69%	10.54%	25.36%	10.65%
6. 애니메이션	29.13%	32.05%	32.06%	29.12%	26.86%	23.49%	12.73%
7. 방송	13.92%	25.07%	20.38%	16.48%	15.14%	17.30%	8.39%
8. 광고	12.97%	16.00%	14.98%	18.94%	23.30%	19.89%	21.44%
9. 캐릭터	10.01%	11.91%	11.93%	15.77%	15.69%	18.61%	5.99%
10. 지식정보	7.15%	18.19%	18.25%	18.12%	17.50%	17.31%	15.58%
11. 콘텐츠솔루션	16.34%	16.61%	16.58%	20.15%	18.04%	19.28%	13.16%
전체	22.23%	22.25%	21.96%	23.69%	24.18%	23.85%	21.09%
구분	2017	2018	2019	2020	2021	2022	평균
1. 출판	39.19%	28.10%	29.74%	34.15%	40.49%	39.15%	30.78%
2. 만화	39.76%	25.25%	26.71%	23.95%	31.37%	22.11%	48.21%
3. 음악	47.43%	47.21%	47.80%	36.09%	39.84%	40.20%	52.10%
4. 게임	14.78%	13.96%	14.68%	12.46%	12.17%	8.88%	17.13%
5. 영화	8.80%	10.79%	10.91%	10.70%	11.06%	52.62%	16.66%
6. 애니메이션	28.89%	25.75%	21.30%	24.38%	24.22%	26.66%	25.90%
7. 방송	1.42%	2.25%	1.39%	1.84%	2.91%	2.02%	9.89%
8. 광고	20.90%	21.99%	20.91%	17.82%	16.99%	14.50%	18.51%
9. 캐릭터	30.90%	13.30%	22.37%	22.54%	33.75%	46.44%	19.94%
10. 지식정보	17.25%	14.50%	16.78%	17.92%	21.21%	19.39%	16.86%
11. 콘텐츠솔루션	17.28%	12.02%	12.79%	15.19%	15.14%	13.05%	15.82%
전체	21.95%	17.36%	18.73%	18.28%	20.93%	21.41%	21.38%

한편 <표 6-12>에서 보듯이 만화, 음악, 게임, 영화 등 주요 문화산업 장르에서 사업체 수는 오히려 감소하였다. 특히 게임 분야의 사업체 수 감소가 두드러진다. 이는 메이저 게임사 중심으로 산업구조가 형성되어 신규 게임회사가 시장에 진입하여 성공적으로 정착하기 어려운 시장구조가 형성된 것을 의미한다. 만화의 경우에도 사업체 수가 줄어들고 있다. 기술한 바와 같

326 2010-2022콘텐츠산업통계조사 참조

이 게임이나 만화 모두 종사자 수 50인 이상 중견기업의 시장 점유율이 높아지는 추세에 있다. 이는 플랫폼 중심으로 산업구조가 발전하면서 스타트업 기업의 경쟁환경이 더욱 악화된 것을 의미한다. 영화나 음악의 경우에도 사업체 수는 지속적으로 감소하고 있다. 문화산업 분야 주요 장르별로 정부는 지속적으로 창업 및 창작을 지원하였으나 이들이 스타트업 단계를 지나서 중소기업 또는 중견기업으로 성장하는 경우가 많지 않음을 의미한다.

산업 전체의 매출규모는 지속적으로 증가하고 있으나 사업체 수가 지속적으로 감소하는 분야는 산업이 성장 단계를 지나서 성숙 단계에 도달한 것으로 볼 수 있다. 규모의 경제 및 범위의 경제를 달성한 기업 중심으로 매출을 지속적으로 확대하고 있으며 신생 기업은 치열한 경쟁환경에서 생존하는 것이 쉽지 않게 되었다. 문화산업정책은 이러한 산업구조 변화에 대응해야 한다.

③ 지역 문화산업 기반 구축

<표 6-6>의 문화산업 육성 예산은 서울 및 경기 중심의 수도권 문화산업 육성 예산이 아니다. 이는 지역 문화산업 육성을 모두 포함하고 있다. 그러므로 지역 업체들도 문화산업 육성을 지원하는 다양한 프로그램의 수혜자가 될 수 있다. 그러나 <표 6-7>에서의 '지역 문화산업 기반 구축'은 전국적 범위가 아닌 서울 외의 지역을 대상으로 하는 예산이다. 표에서 보듯이 지역 문화산업 지원 예산은 2000년 이후 2022년까지 연평균 10.5%의 증가율을 보이고 있다. 오랜 기간 정부는 지역 문화산업 활성화를 위해 다양한 정책을 추진하였다.

<표 6-13>은 문화산업 관련 매출, 사업체 수 및 종사자 수의 서울, 경기, 그리고 기타 지역의 점유율을 보여준다. 서울 및 경기 지역 외 지역 문화산업의 매출, 사업체 수, 종사자 수 등이 차지하는 점유율은 완만하게 하락하고 있다.

가령 2006년 서울의 경우 매출은 66%, 사업체 수는 32%, 종사자 수는 54%를 점유하고 있다. 2022년에는 매출 63%, 사업체 수 34%, 종사자 수는 54%로 큰 변화는 없다. 그러나 같은 기간 경기도의 경우 매출은 17%에서 24%로 증가하였고, 사업체 수는 16%에서 22%로, 그리고 종사자 수는 16%에서 21%로 증가하였다. 반면 서울, 경기 외 기타 지역 전체의 점유율 변화를 살펴보면 매출은 17%에서 13%로, 사업체 수는 52%에서 44%로, 종사자 수31%에서 25%로 낮아졌다. 전반적으로 지역 문화산업 보다 서울 및 경기 등 수도권의 문화산업이 상대적으로 더 많이 성장한 것을 알 수 있다. 한국의 인구 구성을 살펴보면 2020년 기준 서울, 경기가 차지하는 비율이 약 44%이다. 그런데 2020년의 경우 문화산업 매출은 서울, 경기가 88%, 사업체 수는 54%, 종사자 수는 75%를 점유하고 있다. 인천까지 포함하면 수도권의 매출이 전체 문화산업 매출의 90% 가까이 점유하게 된다.

<표 6-12> 문화산업 분야 사업체 수 변화[327]

구분(단위: 개)	2005	2006	2007	2008	2009	2010	2011	2012	2013	2014
1. 출판	33,909	30,353	30,237	29,255	28,474	27,803	27,132	26,702	26,603	25,705
2. 만화	7,120	10,796	10,382	10,180	10,109	9,634	8,709	8,856	8,520	8,274
3. 음악	38,261	37,108	40,301	37,637	38,259	37,634	37,774	37,116	36,863	36,535
4. 게임	41,062	32,802	34,533	29,293	30,535	20,658	17,344	16,189	15,078	14,440
5. 영화	10,868	8,663	5,134	4,893	4,109	3,727	3,424	2,630	1,427	1,285
6. 애니메이션	200	260	283	276	289	308	341	341	342	350
7. 방송	525	494	464	844	841	926	1,074	945	928	910
8. 광고	4,828	4,735	4,830	4,767	4,532	5,011	5,625	5,804	6,309	5,688
9. 캐릭터	629	1,379	1,531	1,521	1,542	1,593	1,711	1,992	1,994	2,018
10. 지식정보	1,125	1,445	1,687	2,179	6,467	6,950	9,507	9,696	9,046	8,651
11. 콘텐츠솔루션	679	559	572	1,021	1,226	1,261	1,301	1,316	1,452	1,586
합 계	139,206	128,594	129,954	121,866	126,383	115,505	113,942	111,587	108,562	105,442
YoY		−7.62%	1.06%	−6.22%	3.71%	−8.61%	−1.35%	−2.07%	−2.71%	−2.87%

구분(단위: 개)	2015	2016	2017	2018	2019	2020	2021	2022	CAGR('05-'22)
1. 출판	25,505	25,452	25,829	24,995	25,220	25,244	34,011	34,652	0.13%
2. 만화	8,145	7,726	7,172	6,628	6,607	6,144	4,919	5,004	−2.05%
3. 음악	36,770	37,501	36,066	35,670	34,145	33,138	34,001	33,626	−0.76%
4. 게임	13,844	12,363	12,937	13,357	13,387	11,541	10,991	10,272	−7.83%
5. 영화	1,111	1,398	1,409	1,369	1,223	916	1,034	7,020	−2.54%
6. 애니메이션	376	447	492	509	480	490	647	696	7.61%
7. 방송	954	957	1,054	1,148	1,062	1,070	1,133	1,154	4.74%
8. 광고	5,841	7,231	7,234	7,256	7,323	6,337	6,627	6,667	1.92%
9. 캐릭터	2,069	2,213	2,261	2,534	2,754	2,700	2,901	3,169	9.98%
10. 지식정보	8,671	8,719	9,149	9,724	9,859	9,949	10,108	10,185	13.84%
11. 콘텐츠솔루션	1,728	1,798	1,872	2,120	2,076	2,022	2,256	2,324	7.51%
합 계	105,014	105,805	105,475	105,310	104,136	99,551	108,628	114,769	−1.13%
YoY	−0.41%	0.75%	−0.31%	−0.16%	−1.11%	−4.40%	9.12%	5.65%	

이상에서 살펴본 바와 같이 지역 문화산업 활성화를 위한 지속적 예산 지원에도 불구하고 문화산업의 서울, 경기 등 수도권 집중도는 개선되지 않고 있다. 코로나19 팬데믹의 영향으로 온라인 비대면 소비 문화가 확사되었지만 사업체는 수도권에 집중되고 매출도 수도권 점유율이 압도적으로 높다. 문화산업 장르별로 지역별 사업체 수 점유율을 2010년과 2022년을 비교하여 상세히 살펴보면 <표 6-14>와 같다.

[327] 2005-2022콘텐츠산업통계조사 참조

<표 6-13> 문화산업의 지역별 매출, 사업체 수 및 종사자 수 점유율 변화[328]

구분(연도/비중 %)		2005	2006	2007	2008	2009	2010	2011	2012	2013
매출	서울	70.1	66.1	64.3	64.5	72.5	68.2	66.7	69.0	68.3
	경기	13.5	16.7	17.5	17.9	13.1	18.3	19.7	17.5	17.0
	기타	16.4	17.2	18.2	17.6	14.4	13.5	13.6	13.5	14.7
사업체 수	서울		31.7	30.3	31.2	31.7	30.6	31.0	31.4	33.1
	경기		16.3	17.7	18.9	18.5	18.6	18.8	19.1	18.7
	기타		52.0	52.0	49.9	49.8	50.8	50.2	49.5	48.2
종사자 수	서울	67.4	53.9	52.6	52.4	54.9	51.4	49.8	50.1	51.0
	경기	14.5	15.6	15.6	17.0	14.8	20.9	21.2	21.2	19.8
	기타	18.1	30.5	31.8	30.6	30.3	27.7	29.0	28.7	29.2
구분(연도/비중 %)		2014	2015	2016	2017	2018	2019	2020	2021	2022
매출	서울	68.6	64.1	65.8	64.1	64.8	64.1	62.9	62.4	63.4
	경기	17.8	21.6	19.9	20.9	21.3	21.9	24.9	23.9	23.6
	기타	13.6	14.3	14.3	15.0	13.9	14.0	12.2	13.7	13.0
사업체 수	서울	32.6	32.2	33.0	32.7	33.0	32.6	33.3	32.5	33.6
	경기	18.9	19.5	19.2	19.3	19.8	20.5	20.5	21.8	22.1
	기타	48.5	48.3	47.8	48.0	47.2	46.9	46.2	45.7	44.3
종사자 수	서울	51.6	50.8	52.7	51.4	53.5	52.9	55.1	53.4	54.1
	경기	20.6	21.6	19.8	20.6	20.3	20.3	20.2	20.5	20.5
	기타	27.8	27.6	27.5	28.0	26.2	26.8	24.7	26.1	25.4

정부는 부산의 영화, 경기도 부천의 만화와 같이 특정 장르를 중심으로 문화산업 클러스터 형성을 지원하며 지역 문화산업 발전을 유도하였다. 그러나 부산의 경우 영화 분야 사업체 수의 점유율은 2022년에 오히려 2010년보다 줄어들었다. 영화 관련 사업체 수는 서울이 큰 폭으로 증가하였고 경기도도 증가하였다. 만화의 경우에는 서울의 사업체 수 점유율은 낮아지고 경기도 및 충청남북도, 전라남북도, 경상남북도, 강원도 등 많은 지역에서 사업체 수 점유율이 증가하였다. 만화는 초기 투자비용이 작고 상대적으로 진입장벽이 낮기 때문에 다수의 지역에서 사업체 수가 증가한 것으로 보인다. 게임의 경우에도 서울의 사업체 수 점유율이 낮아지고 전국적으로 고르게 사업체 수가 증가하였다. 전국적으로 글로벌 게임허브센터와 같은 지역 게임 산업 인프라 구축 지원이 큰 기여를 하였을 것이다.

[328] 2005-2022콘텐츠산업통계조사 참조

<표 6-14> 지역별·장르별 문화산업 사업체 수 점유율 비교[329]

사업체 수	출판		만화		음악		영화		게임	
점유율	2010	2022	2010	2022	2010	2022	2010	2022	2010	2022
서울	36.04%	40.62%	32.28%	23.94%	21.82%	23.64%	25.07%	57.68%	65.05%	19.86%
경기도	15.56%	22.54%	21.09%	23.08%	20.78%	23.45%	19.24%	20.95%	12.85%	24.08%
인천	4.32%	3.19%	6.04%	4.44%	6.44%	7.10%	4.97%	2.68%	3.02%	5.06%
부산	8.82%	4.40%	8.08%	5.78%	6.57%	5.23%	7.08%	3.62%	3.81%	5.23%
대구	6.76%	3.96%	4.93%	4.42%	6.13%	5.00%	4.48%	1.61%	2.30%	4.32%
광주	4.04%	2.27%	3.31%	3.30%	3.57%	3.43%	4.32%	1.42%	1.67%	3.70%
대전	3.66%	3.01%	4.27%	3.88%	3.57%	3.90%	2.96%	1.34%	1.58%	2.82%
울산	1.83%	1.06%	1.99%	1.94%	2.84%	2.22%	2.27%	0.44%	0.82%	2.14%
세종		0.68%		0.66%		0.46%		0.26%		
강원도	2.51%	1.72%	2.45%	2.74%	3.53%	2.70%	3.28%	1.25%	0.92%	4.03%
충청북도	1.45%	1.93%	2.02%	3.08%	3.05%	3.46%	2.79%	0.80%	1.00%	3.80%
충청남도	2.24%	2.39%	1.98%	3.60%	3.81%	3.86%	3.72%	1.35%	1.36%	5.46%
전라북도	2.25%	2.52%	2.10%	4.02%	2.37%	2.56%	3.85%	1.82%	1.66%	3.88%
전라남도	2.56%	1.94%	1.90%	2.98%	3.04%	2.46%	3.50%	1.08%	0.63%	3.76%
경상북도	3.29%	3.06%	2.73%	4.40%	5.46%	4.58%	4.75%	1.17%	1.23%	5.06%
경상남도	4.22%	3.60%	4.38%	5.46%	6.05%	4.97%	6.26%	1.55%	1.83%	5.15%
제주도	0.47%	1.10%	0.45%	2.32%	0.99%	0.97%	1.48%	0.97%	0.26%	1.65%
계	100%	100%	100%	100%	100%	100%	100%	100%	100%	100%
사업체 수	애니메이션		방송사		독립제작사		캐릭터		광고	
점유율	2010	2022	2010	2022	2010	2022	2010	2022	2010	2022
서울	54.87%	61.06%	47.89%	56.20%	88.00%	76.14%	35.28%	32.28%	50.71%	39.38%
경기도	20.45%	18.53%	6.21%	9.51%	4.63%	10.73%	21.47%	29.66%	9.98%	8.96%
인천	1.95%	1.87%	2.44%	2.02%	0.42%	1.52%	3.70%	4.70%	2.08%	2.10%
부산	3.57%	3.16%	4.88%	4.61%	1.05%	3.03%	8.60%	6.03%	4.09%	9.15%
대구	3.25%	0.43%	3.33%	3.46%	0.42%	1.14%	4.96%	3.41%	6.33%	8.55%
광주	6.49%	5.60%	1.77%	2.88%	1.47%	1.77%	2.39%	2.15%	9.80%	5.51%
대전	0.97%	0.29%	1.77%	3.17%	0.42%	1.14%	2.89%	2.27%	6.21%	4.92%
울산		0.43%	1.11%	0.86%	0.21%	0.25%	1.69%	1.17%	1.36%	1.73%
세종		0.14%		1.15%				0.54%		0.50%
강원도	2.60%	1.15%	3.33%	2.88%	0.84%	0.88%	1.57%	2.34%	1.74%	2.60%
충청북도	0.97%	0.29%	3.10%	1.73%	0.21%	0.25%	2.45%	2.02%	0.60%	2.34%
충청남도	0.97%	0.86%	0.89%	1.15%	0.42%	0.38%	1.82%	2.68%	0.64%	3.20%
전라북도	1.95%	1.44%	2.22%	1.44%	0.63%	1.01%	2.01%	2.27%	2.45%	2.85%
전라남도	0.32%	2.59%	7.98%	3.46%	0.21%	0.13%	1.32%	1.70%	0.22%	2.60%
경상북도		0.29%	3.33%	1.73%	0.63%	0.25%	2.45%	2.15%	0.90%	2.03%
경상남도	0.97%	0.57%	8.20%	2.02%	0.21%	0.51%	4.27%	3.25%	2.29%	3.08%
제주도	0.65%	1.29%	1.55%	1.73%	0.21%	0.88%	3.14%	1.39%	0.62%	0.54%
계	100%	100%	100%	100%	100%	100%	100%	100%	100%	100%

[329] 2010년 및2022년 콘텐츠산업통계조사 참조

<표 5-20>에서 보듯이 정부는 전국적으로 균형 있는 지역 문화산업 기반 구축을 추진하였다. 이는 지역별 차별성이 낮아지는 문제가 생긴다. <표 6-14>에서 수도권 이외 지역의 문화산업 장르별 사업체 수 점유율을 살펴보면 주요 문화산업 장르에 있어서 지역별로 특화되어 있다고 보기 어렵다. 다양한 문화산업 장르에 걸쳐 스타트업 수준의 작은 업체들이 수도권 외 지역에 넓게 포진하고 있다. 2022년 서울, 경기 지역 기업의 전체 매출 점유율은 88%이지만 사업체 수 점유율은 56%이다. 서울, 경기 외의 44%에 달하는 기업이 전체 매출의 12%를 차지하고 있다. 이는 지역 문화산업의 영세성과 열악함을 의미한다.

2) 수요조건 강화

<표 6-7>의 문화산업 전반의 경쟁력 향상을 지원하는 예산 중 '문화산업 교류 협력'은 해외 수요조건을 강화하는 예산이다. 이는 특정 장르의 홍보 마케팅을 지원하는 예산이 아니라 쌍방향 문화산업 교류 협력을 지원함으로써 해외 수요조건의 고도화를 유도하는 예산이다. 장르별 해외 마케팅을 지원하는 사업은 장르별 지원 예산에 반영되어 있다. <표 6-7>에서 보듯이 '문화산업 교류 협력' 지원 예산의 연평균 증가율은 10.4%로 매우 높은 수준이다.

앞에서 살펴본 바와 같이 국내 문화산업 내수시장은 세계 10위권 규모이며 연평균 6%내외로 성장하였다. <표 6-1>의 한국문화산업 매출규모는 국내 매출은 물론 해외 매출까지 모두 포함한다. 한국문화산업의 고도 성장에는 해외 수출 증가가 커다란 기여를 했다. <표 6-15>는 2005년 이후 장르별 해외 수출 실적 추이를 보여준다. 전체적으로는 연평균 수출 증가율이 14.6%라는 높은 실적을 보였지만 수출 실적은 장르별로 큰 차이가 있다. 표에서 보듯이 주요 문화산업 장르 중에서는 음악, 만화, 게임, 방송영상 분야의 수출 실적이 두드러진다. 만화 및 음악의 경우에는 지난 20여 년 간 연평균 수출 증가율이 20%를 넘는 속도로 성장하였다. 그리고 게임은 18%, 방송은 13%에 육박한다. 한편 문화산업의 관련 및 지원산업 분야인 광고, 지식정보, 콘텐츠솔루션도 수출 실적이 급격히 증가하였다. 다만 영화는 수출 증가율이 정체 또는 장기적으로 하락하는 추세를 보인다. 출판, 애니메이션, 캐릭터 등의 연평균 수출 증가율은 4-5% 내외를 보이고 있다. 장르별 실적에 대하여는 뒤에서 보다 상세히 살펴본다.

장르별 수출 실적을 비교해보면 <표 6-15> 및 <그림 6-6>에서 보듯이 게임산업이 차지하는 비중이 압도적이고 방송, 음악 분야의 수출 비중도 꾸준히 상승하고 있다. 수출 실적을 보면 영화산업이 가장 작은 규모이다. 만화는 수출 증가율이 매우 높기 때문에 규모면에서 조만간 애니메이션을 추월할 수도 있다. 코로나19팬데믹 이후 캐릭터 분야의 수출 실적이 다소 줄었지만 캐릭터산업도 수출 규모가 큰 장르이다.

<표 6-15> 문화산업 장르별 수출 실적 추이[330]

구분(단위: 천 달러)	2005	2006	2007	2008	2009	2010	CAGR(-'10)
출판	191,346	184,867	213,100	260,010	250,764	357,881	13.34%
만화	3,268	3,917	3,986	4,135	4,209	8,153	20.06%
음악	22,278	16,666	13,885	16,468	31,269	83,262	30.17%
게임	564,660	671,994	781,004	1,093,865	1,240,856	1,606,102	23.25%
영화	75,995	24,515	24,396	21,037	14,122	13,583	−29.13%
애니메이션	78,429	66,834	72,770	80,583	89,651	96,827	4.30%
방송	121,763	133,917	150,953	171,348	184,577	184,700	8.69%
광고	9,359	75,981	93,859	14,212	93,152	75,554	51.85%
캐릭터	163,666	189,451	202,889	228,250	236,521	276,328	11.04%
지식정보	34,764	5,016	275,111	339,949	348,906	368,174	60.32%
콘텐츠솔루션	35,608	–	112,678	107,746	114,675	118,510	27.19%
합계	1,301,136	1,373,158	1,944,631	2,337,603	2,608,702	3,189,074	19.64%
단위: 천 달러	2011	2012	2013	2014	2015	2016	CAGR(-'16)
출판	283,439	245,154	291,863	247,268	222,736	187,388	−0.19%
만화	17,213	17,105	20,982	25,562	29,354	32,482	23.22%
음악	196,113	235,097	277,328	335,650	381,023	442,566	31.22%
게임	2,378,078	2,638,916	2,715,400	2,973,834	3,214,627	3,277,346	17.34%
영화	15,829	20,175	37,071	26,380	29,374	43,894	−4.87%
애니메이션	115,941	112,542	109,845	115,652	126,570	135,622	5.10%
방송	222,372	233,821	309,399	336,019	320,434	411,212	11.70%
광고	102,224	97,492	102,881	76,407	94,508	109,804	25.09%
캐릭터	392,266	416,454	446,219	489,234	551,456	612,842	12.75%
지식정보	432,256	444,837	456,911	479,653	515,703	566,412	28.88%
콘텐츠솔루션	146,281	149,912	155,201	167,860	175,583	188,495	16.36%
합계	4,302,012	4,611,505	4,923,100	5,273,519	5,661,368	6,008,063	14.92%
단위: 천 달러	2017	2018	2019	2020	2021	2022	CAGR(-'22)
출판	220,951	248,991	214,732	345,960	428,379	375,083	4.04%
만화	35,262	40,501	46,010	62,715	81,980	107,635	22.82%
음악	512,580	564,236	756,198	679,633	775,274	927,613	24.53%
게임	5,922,998	6,411,491	6,657,777	8,193,562	8,672,865	8,981,751	17.67%
영화	40,726	41,607	37,877	54,157	43,033	71,440	−0.36%
애니메이션	144,870	174,517	194,148	134,532	156,835	159,355	4.26%
방송	362,403	478,447	539,214	692,790	717,997	948,045	12.83%
광고	93,230	61,293	139,083	119,935	258,167	327,748	23.27%
캐릭터	663,853	745,142	791,338	715,816	412,990	390,399	5.25%
지식정보	616,061	633,878	649,623	691,987	660,850	701,400	19.33%
콘텐츠솔루션	201,508	214,933	227,881	233,196	244,527	252,535	12.21%
합계	8,814,442	9,615,036	10,253,881	11,924,283	12,452,897	13,243,004	14.62%

330 2005-2022콘텐츠산업통계조사 참조

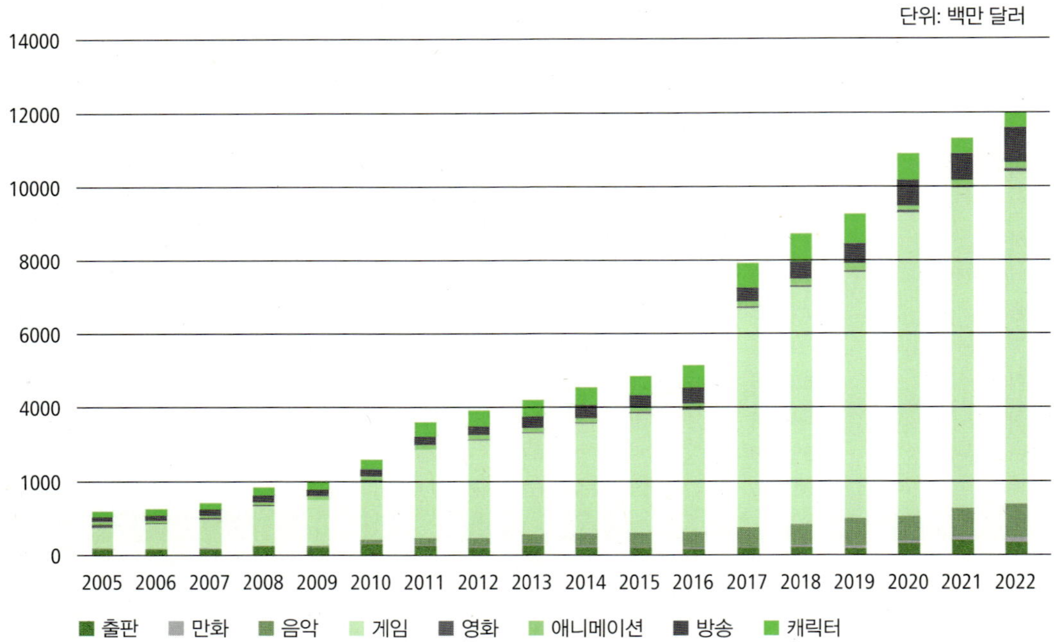

<그림 6-6> 문화산업 장르별 수출 실적 비교

3 장르별 문화산업의 국가경쟁우위 향상

대한민국 정부 수립 후 초창기 한국의 문화산업은 영화를 중심으로 출판, 음반, 방송영상 등이 주요 장르를 형성하였다. 문화산업정책은 오랫동안 규제 중심이었다가 1973년 영화진흥공사를 설립하고 국산영화진흥기금을 조성·운용하면서 영화를 중심으로 규제와 지원을 병행하는 정책으로 진화하였다.

<표 6-16>의 장르별 정부지원은 영화기금 및 언론기금 지원도 포함한다. 다만 기금은 기금에 대한 정부 출연금이 아니라 연도별 기금 예산 내역을 반영하고 있다. 박정희 정부1은 유신헌법이 제정된 1972년까지이며, 1973년부터 1980년까지는 박정희 정부2로 구분하였다. 박정희 정부1에서는 방송영상산업에 대한 지원 비중이 절대적으로 크게 나타난다. 이는 당시 국영방송인 한국방송에 대한 지원 때문이다. 박정희 정부는 1973년에 영화진흥공사를 설립하고('73.4.3.) 영화산업에 대한 보다 체계적 지원을 시작하였다. 1970년 개정 영화법은 영화 관련 단체 중심으로 영화진흥조합을 설립하여('71.2.13.) 국산영화진흥기금을 징수, 관리토록 하였지만 영화진흥조합은 공공기관이 아니다. 그리고 영화진흥조합은 해산하면서 국산영화진흥기금 잔액을 모두 영화진흥공사에 출연하였으므로 <표 6-16>에는 영화진흥조합 지원 실적은 생략하였다.

<표 6-16> 역대 정부의 문화산업 장르별 지원 비중[331]

구분(장르/정부/비중)	박정희 정부1	박정희 정부2	전두환 정부	노태우 정부	김영삼 정부	김대중 정부
1. 영화산업	0.59%	43.00%	83.20%	95.67%	83.03%	49.33%
2. 게임산업					0.34%	13.63%
3. 음악산업	0.51%	0.22%	0.06%	0.44%	0.88%	2.05%
4. 만화산업				0.06%	3.28%	0.91%
5. 애니메이션산업					0.97%	2.81%
6. 캐릭터산업						1.08%
7. 패션문화산업					0.52%	4.17%
8. 방송영상산업	91.25%	52.05%	14.88%	1.92%	1.09%	10.40%
9. 출판산업	4.29%	4.45%	1.12%	1.13%	9.28%	11.79%
10. 미디어산업	3.36%	0.28%	0.73%	0.77%	0.61%	3.82%
계	100.00%	100.00%	100.00%	100.00%	100.00%	99.99%
구분(장르/정부/비중)	노무현 정부	이명박 정부	박근혜 정부	문재인 정부	윤석열 정부	비고
1. 영화산업	37.07%	37.14%	30.79%	28.87%	21.14%	
2. 게임산업	9.08%	9.01%	12.95%	16.78%	17.28%	
3. 음악산업	1.47%	1.19%	2.46%	7.30%	5.93%	
4. 만화산업	0.96%	1.49%	2.79%	3.97%	4.60%	
5. 애니메이션산업	2.58%	2.25%	3.93%	3.44%	5.94%	
6. 캐릭터산업	0.90%	1.65%	2.90%	1.86%	1.55%	
7. 패션문화산업		1.42%	1.90%	1.83%	1.51%	
8. 방송영상산업	8.97%	15.34%	8.95%	10.59%	23.91%	
9. 출판산업	11.72%	8.24%	13.45%	11.55%	10.49%	
10. 미디어산업	27.25%	22.28%	19.88%	13.82%	7.65%	
계	100.00%	100.01%	100.00%	100.00%	100.00%	

<표 6-16>의 영화산업에 대한 지원은 국고와 국산영화진흥기금, 영화진흥금고, 영화발전기금, 문화예술진흥기금 지원 등을 포함한다. 미디어산업은 신문·잡지 등 정기간행물산업에 대한 정부보조금과 지역신문발전기금 및 신문발전기금(언론진흥기금) 등을 포함한다. 한편 <표 6-16>의 패션문화산업의 경우 김영삼 정부 및 김대중 정부 시기에는 한복 및 공예품 등 전통문화상품의 기획 제작을 지원하는 사업 중심이고, 이명박 정부 시기부터 현재의 패션문화산업에 대한 지원사업으로 전환되었다.

331 연도별 문화체육관광부(이전의 부처 명칭 포함) 예산각목명세서 및 영화 및 미디어산업 관련 기금운용계획 참조

<표 6-16>을 보면 시대별로 문화산업에 대한 정부의 정책적 지원 비중이 장르에 따라 변화하는 것을 알 수 있다. 박정희 정부 시기에는 국영방송인 한국방송과 영화진흥공사에 대한 지원이 거의 전부였다. 국영방송이 특수법인으로 전환된 이후 전두환, 노태우, 김영삼 정부까지는 영화산업에 대한 지원 비중이 압도적으로 크다. 김대중 정부 이후 게임, 방송영상, 출판, 음악 등 다양한 장르에 대한 지원 예산이 확대되었으나 여전히 영화산업에 대한 지원 비중이 가장 크다. 노무현 정부 이후 영화산업에 대한 지원 비중은 줄어들고 미디어산업 및 게임 등 다른 장르에 대한 지원 비중은 증가한 것을 알 수 있다. 한편 윤석열 정부에서는 방송영상산업 지원 비중이 가장 크다. 그 다음으로 영화의 비중이 크며 게임, 출판, 애니메이션, 음악 등의 순으로 장르별 지원 예산의 비중이 크게 나타난다.

역대 정부의 문화산업 국가경쟁우위 결정요소에 대한 지원 정책은 장르별로 차이가 있다. 이는 산업적 특성이 다르기 때문이다. 국내 다이아몬드 관점에서 살펴보면 영화, 방송영상, 애니메이션, 게임 등 영상산업 관련 장르는 고가의 장비 및 설비에 대한 인프라 조성과 인력 양성, 제작비 지원 등을 포함하는 요소조건 고도화 지원 비중이 높다. 그중 게임은 건전한 게임문화 진작을 위한 수요조건의 세련도 향상에 대한 지원도 많았다. 출판의 경우에는 제작에 첨단 장비가 소요되는 것이 아니기 때문에 출판물에 대한 정부의 대량 구매와 국민독서문화 증진 등 수요조건 고도화의 비중이 크고 요소조건 고도화를 지원하는 예산은 비중이 상대적으로 작았다. 만화는 창작 및 인프라 지원 비중이 컸기 때문에 요소조건 고도화에 정부지원이 집중되어 있다. 캐릭터산업은 캐릭터의 다양한 활용이 산업적 성과와 직결되므로 라이선싱을 통한 관련 및 지원산업 활성화를 지원하는 비중이 크다. 그러나 국외 다이아몬드 관점에서는 대부분의 장르에서 해외 수요 확충을 지원하는 사업의 비중이 압도적으로 크다. 국내외 국가경쟁우위 다이아몬드의 결정요소들은 상호작용을 통해 국가경쟁우위를 강화한다는 점을 감안하면 국가경쟁우위 결정요소들에 대한 고른 지원 방안을 검토할 필요가 있다. 이하에서는 장르별 지원 예산과 산업적 성과를 연계하여 종합적으로 살펴본다.

<표 6-16> 역대 정부의 장르별 지원 비중을 이해하기 쉽게 그림으로 표현하면 <그림 6-7>과 같다. 박정희 정부 시기에는 방송, 영화가 차지하는 비중이 절대적이고, 전두환 정부, 노태우 정부, 김영삼 정부 시기에는 모두 영화가 차지하는 비중이 압도적이다. 노무현 정부 시기에는 언론에 대한 지원 비중이 크게 상승하여 박근혜 정부까지 영화와 언론 미디어산업에 대한 지원 비중이 50%를 넘었다.

문재인 정부에서도 영화산업에 대한 지원 비중은 29%로 가장 높다. 그러나 게임산업 지원 비중이 17%에 이르고 방송영상, 출판, 언론 미디어산업에 대한 지원 비중도 각각 10%를 초과하고 있다. 그리고 음악산업에 대한 지원 비중이 7%를 넘었다. 그러나 윤석열 정부에서는 처음으로 방송영상 분야의 지원 비중이 가장 높다. 여러 정부를 거치면서 영화 외의 방송영상, 게

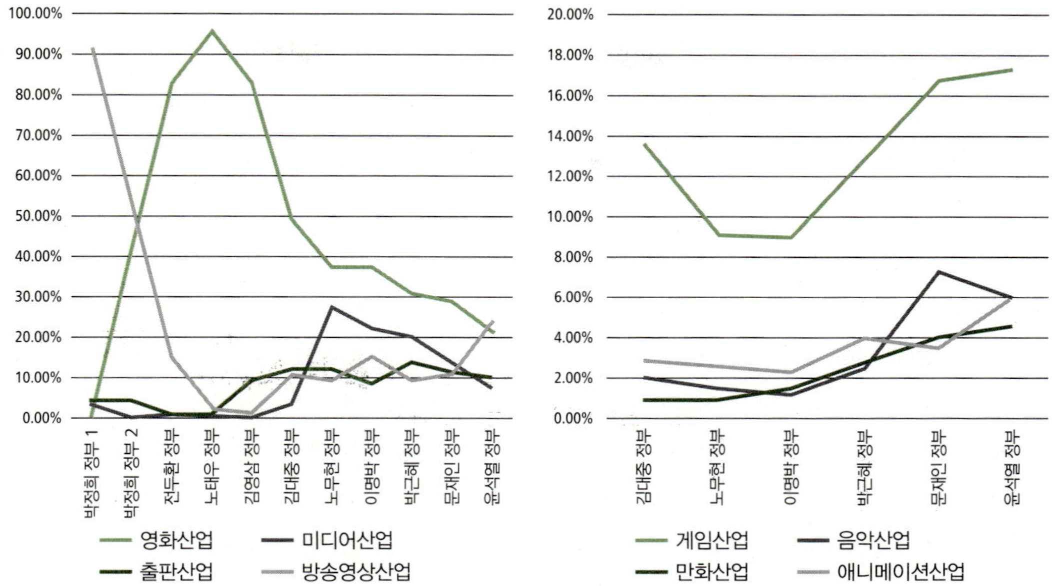

<그림 6-7> 역대 정부의 문화산업 장르별 지원 비중

임 및 음악 등 다양한 장르에 대한 지원 비중이 확대되는 추세이다. 세계 문화산업시장은 지속적으로 확대되고 있고 한국문화산업의 지속적 국가경쟁우위를 지원하기 위한 정부예산도 함께 증가하고 있으므로 장르별 지원 비중에 대하여 보다 합리적이고 객관적인 기준 마련이 필요하다.

대규모의 시설과 장치를 갖춰야 하는 제조업과 달리 콘텐츠는 기획안을 보고 파일럿 프로그램을 만들어서 시장의 반응이 좋을 것 같으면 곧바로 제작에 들어간다. 복제가 쉽기 때문에 일단 제작이 완료되면 콘텐츠의 흥행실적도 비교적 빠르게 나타난다. 장르별로 정부지원의 효과는 차이가 있지만 아래에서 보듯이 전반적으로 정부지원이 증가함에 따라 장르별 매출과 수출실적도 증가하였다. 그리고 정부지원의 효과가 나타나는 시차가 비교적 짧다. 영화, 음악, 게임, 만화, 캐릭터 등 문화산업은 투자 및 회수의 사이클이 제조업에 비하여 짧기 때문이다. 대부분의 지원 대상 프로젝트는 제작계획이 확정되었거나 제작 중에 있다. 문화콘텐츠 대부분은 출시 후 소비자의 반응이 곧바로 나타난다. 따라서 콘텐츠 제작 및 수요 확충에 대한 정부지원의 효과가 매출에 반영되는 것은 통상적으로 1-2년이면 된다. 물론 정부지원을 계기로 해당 콘텐츠 기업의 매출이 지속적으로 증가하는 효과도 있을 수 있다. 다만 유통구조 개선이나 저작권 보호와 같이 건전한 산업 생태계 조성에 대한 정부지원의 효과는 상대적으로 더디게 나타날 수 있다. 이하에서는 장르별로 정부지원과 산업적 성장 추세에 대하여 상세히 살펴본다.

1) 영화산업 관련 정부지원과 산업적 성장

<표 6-17>의 영화산업 관련 정부지원은 국고예산과 영화진흥공사 및 영화진흥위원회의 지원 예산을 포함한다. 수출은 연도별 완성작 수출액을 의미하며 극장 매출은 연도별 국내 극장 매출 총액을 의미한다. 표에서 보듯이 영화산업에 대한 지원은 1973년 영화진흥공사 설립 이후 1982년까지 10년간 연평균 증가율이 18%에 이른다. 1983년부터 1992년까지는 연평균 지원 증가율이 24%까지 상승하였다. 이후에도 영화진흥금고 출연, 영화발전기금 조성 등을 통해 영화산업에 대한 지원은 지속적으로 확대되었다. 영화진흥공사가 설립된 1973년부터 2022년까지 영화산업에 대한 정부(국고 및 기금 지원 포함) 지원의 연평균 증가율은 12%이고, 수출 실적 증가율도 비슷한 수준인 12.6%이다. 극장 매출의 연평균 증가율은 이보다 낮은 8.4%이다.

앞에서 살펴본 역대 정부의 영화산업의 국가경쟁우위 향상을 위한 지원을 더블 다이아몬드 모델을 토대로 정리하면 <그림 6-8>과 같다. 김대중 정부 이후 역대 정부를 거치면서 정부지원 규모는 지속적으로 확대되었다. 그리고 네 가지 국가경쟁우위 결정요소에 대한 지원 비중에 있어서 다소간 차이는 있지만 정책적 방향성은 일관적이다.

역대 정부는 거의 모두 영화산업의 국내 다이아몬드 결정요소 중 요소조건 고도화에 가장 큰 비중을 두었다. 이는 영화스튜디오 조성, 투·융자 및 보조금을 통한 제작 지원, 인력 양성, 기술 개발 등을 포함한다. 수요조건 강화는 지역 및 계층과 관계없이 고른 영화문화 향유를 유도하는 사업 중심으로 구성되어 있다. 전략 부문은 영화진흥위원회와 같은 공공기관 운영 및 정책 연구 사업 중심이다. <그림 6-8>에서 보면 문재인 정부 기간에 영화의 관련 및 지원산업에 대한 지원 규모가 크게 증가하였다. 이는 코로나19팬데믹으로 고사위기에 처한 영화관의 특별 기획전을 지원하는 사업이 포함되었기 때문이다. 관련 및 지원산업 강화는 영화의 건강한 생태계 조성을 위한 시나리오 기획, 영화의 유통, 입장권통합전산망 운영 등을 포함한다.

한편 국외 다이아몬드 관점에서는 <그림 6-8>에서 보듯이 역대 정부는 국내 다이아몬드 결정요소의 강화를 지원하는 재원만큼 큰 규모의 예산을 사용하지는 않았지만 해외 수요조건 고도화에 집중하였다. 그리고 국제 공동제작 또는 해외 영화인 양성 등의 국제적 요소조건 고도화 또는 아시아영화교류센터 운영을 통한 관련 및 지원산업 발전의 국제화 등을 지원하기도 하였으나 지원 규모는 크지 않다.

<표 6-17> 및 <그림 6-9>에서 보듯이 영화산업 관련 정부의 지원은 1973년부터 2022년까지는 연평균 12%로 증가하였으나 2004년부터 2022년까지 살펴보면 연평균 7%로 증가하였다. 국내의 극장 매출 증가율은 장기적으로 낮아지는 추세에 있다. 특히 영화산업은 2022년까지 코로나 19팬데믹으로 인한 침체를 회복하지 못한 상태이다. 1973년 이후 2022년까지는 연평균 극장 매출 증가율이 8.4%이지만, 2004년부터 2022년까지 살펴보면 2.4%에 불과하다. 반면 국산 영화 완성작에 대한 수출 실적은 완만한 상승세를 보이고 있다.

<표 6-17> 영화산업 관련 정부지원과 산업적 성장[332]

구분	1973	1974	1975	1976	1977	1978	1979	1980	1981	1982	CAGR
지원 규모(백만 원)	754	1,223	910	709	1,446	2,099	2,152	3,173	2,834	3,260	17.66%
극장 매출(억 원)	101	101	127	136	199	288	468	515	488	555	20.81%
수출(천 달러)	211	226	204	131	202	216	43	291	227	407	7.56%
구분	1983	1984	1985	1986	1987	1988	1989	1990	1991	1992	CAGR
지원 규모(백만 원)	3,253	4,354	3,043	5,991	6,313	6,999	10,934	15,761	15,045	23,307	24.46%
극장 매출(억 원)	584	594	689	725	796	965	1,256	1,391	1,584	1,635	12.12%
수출(천 달러)	278	96	20	128	425	590	366	1,579	473	196	−3.81%
구분	1993	1994	1995	1996	1997	1998	1999	2000	2001	2002	CAGR
지원 규모(백만 원)	24,537	26,376	28,809	27,373	16,726	15,976	20,934	66,524	38,609	41,462	6.00%
극장 매출(억 원)	1,790	1,883	1,926	2,041	2,384	2,584	1,734	2,251	2,628	3,259	6.89%
수출(천 달러)	174	621	209	404	492	3,074	5,969	7,054	11,250	14,952	64.04%
구분	2003	2004	2005	2006	2007	2008	2009	2010	2011	2012	CAGR
지원 규모(백만 원)	49,881	57,439	56,137	57,739	66,444	92,090	93,199	86,817	121,618	126,434	10.89%
극장 매출(억 원)	3,348	3,450	3,705	3,340	4,978	5,568	5,623	6,560	6,221	6,190	7.07%
수출(천 달러)	30,979	58,285	75,995	24,515	24,396	21,037	14,122	13,583	15,829	20,175	−4.65%
구분	2013	2014	2015	2016	2017	2018	2019	2020	2021	2022	CAGR
지원 규모(백만 원)	124,113	131,998	121,089	99,490	91,547	82,520	96,521	148,067	166,473	194,736	5.13%
극장 매출(억 원)	6,144	8,436	8,277	8,160	8,539	9,012	9,432	1,600	4,111	5,292	−1.64%
수출(천 달러)	37,071	26,380	29,374	43,894	40,726	41,607	37,877	54,157	43,033	71,440	7.56%

332 극장 매출 및 수출 통계는 영화진흥위원회50년사(영화진흥위원회, 2024)에서 발췌

<그림 6-8> 영화산업의 국가경쟁우위 향상을 위한 정부지원

1973년부터 2022년까지 전 기간을 살펴보면 연평균 12.6%의 증가율을 보이지만 2004년부터 2022년까지는 연평균 증가율이 1.1%이다. 영화산업은 수출 증감 변화의 폭이 매우 크다. 2004년($58,285천) 및 2005년($75,995천)에는 수출액이 컸지만 이후 크게 감소했다가 2022년($71,440천)에 다소 회복하였다. 그러나 장르별 정부지원 규모를 감안하면 영화산업의 수출액은 상대적으로 작은 규모이다.

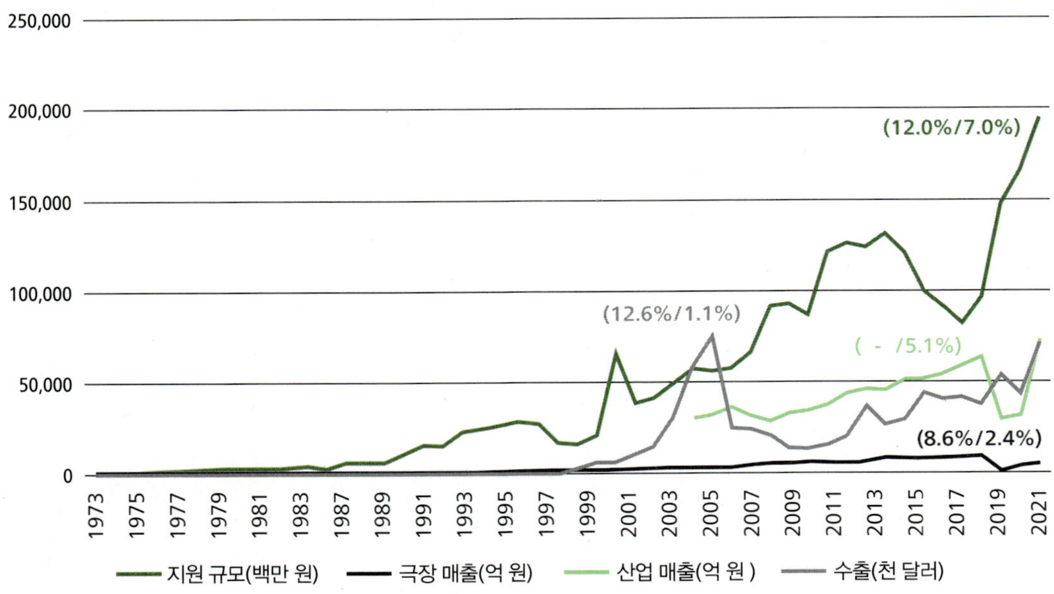

<그림 6-9> 영화산업의 성장 추세(CAGR)

문화산업통계에 의한 영화산업 전체 매출은 2004년 3조 224억 원에서 2022년 7조 3,692억 원으로 증가하였다. 연평균 증가율은 5.1% 이다. <표 6-1>의 영화산업 매출 수치는 연도별 영화의 기획 및 제작, 수입, 온라인 및 오프라인 배급과 상영, DVD 제작 및 유통 등 영화의 가치사슬 전체의 매출규모이다. 2004년부턴 2022년까지 극장의 매출규모는 2.4%의 연평균 성장률을 보이고 있다. 2004년부터 2019년까지의 극장 매출 연평균 성장률이 7%임을 감안하면 이는 코로나 19팬데믹 기간의 침체에 기인하는 것으로 볼 수 있다. <그림 6-9>에서 보면 영화산업 관련 정부지원의 증가율이 산업적 성장의 증가율보다 높다. 그림에서 보여주는 성장률 수치는 좌측은 1973년부터 2022년까지 전체기간의 연평균 증가율이고, 우측은 2004년부터 2022년까지의 연평균 증가율을 의미한다.

2) 게임산업 관련 정부지원과 산업적 성장

게임산업 육성을 위한 정부예산은 김영삼 정부 문화체육부 시기인 1997년 예산에 처음 반영되었다. 이후 게임산업 육성 예산은 <표 6-18>에서 보듯이 연평균 예산 증가율이 27%에 이를 정도로 급격히 증가하였다. 게임산업 전체 매출규모도 연평균 10%가량 지속적으로 성장하였고 수출은 연평균 22%의 고속 성장을 보여주었다.

<표 6-18> 게임산업 관련 정부지원과 산업적 성장[333]

구분	1997	1998	1999	2000	2001	2002	2003	2004	2005
예산(백만 원)	241	232	13,436	14,944	13,525	14,845	17,580	17,035	19,142
매출규모(억 원)						34,026	39,387	43,156	86,798
수출(만 달러)		8,226	10,766	10,150	13,047	14,080	18,154	38,769	56,466
구분	2006	2007	2008	2009	2010	2011	2012	2013	2014
예산(백만 원)	13,200	15,624	15,813	24,764	29,803	26,713	33,132	19,552	32,062
매출규모(억 원)	74,489	51,436	56,047	65,806	74,311	88,047	97,525	97,197	99,706
수출(만 달러)	67,199	78,100	109,387	124,086	160,610	237,808	263,892	271,540	297,383
구분	2015	2016	2017	2018	2019	2020	2021	2022	CAGR
예산(백만 원)	34,649	46,634	73,408	64,345	72,968	74,443	95,243	93,016	26.90%
매출규모(억 원)	107,223	108,945	131,423	142,902	155,750	188,855	209,913	222,149	9.84%
수출(만 달러)	321,463	327,735	592,300	641,149	665,778	819,356	867,287	898,175	21.60%

문화산업의 국가경쟁우위 향상을 지원하는 정부정책은 장르별로 차이가 있다. <그림 6-10>

333 1997~2022 예산각목명세서 및 콘텐츠산업조사 참조

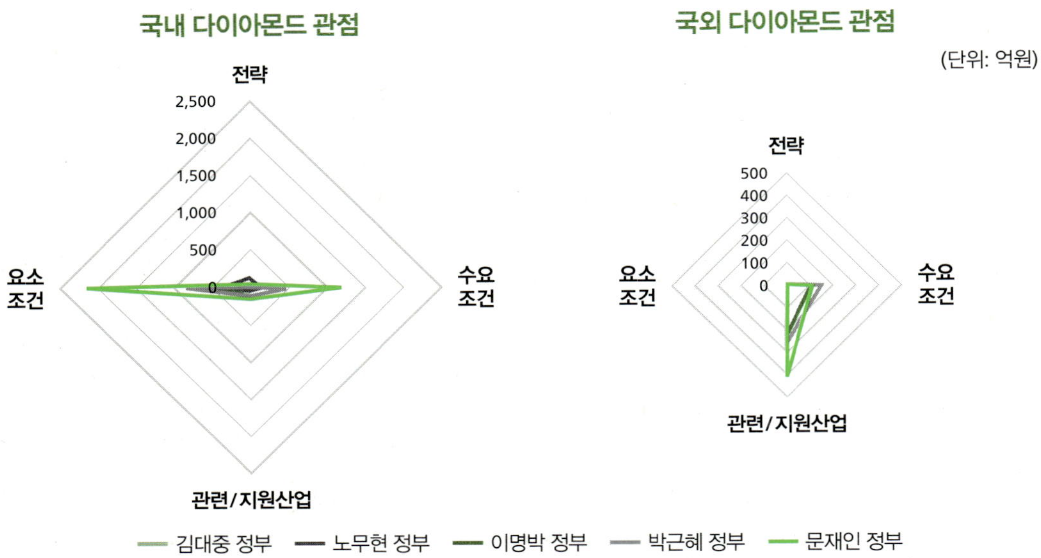

<그림 6-10> 게임산업의 국가경쟁우위 향상을 위한 정부지원

에서 보듯이 게임산업에 대한 정부의 영향을 보여주는 다이아몬드는 영화산업의 그것과 모양이 다르다. 게임산업의 국가경쟁우위에 관한 국내 다이아몬드 결정요소를 강화하기 위하여 정부는 인프라 조성, 제작 지원, 기술 개발, 인력 양성 등 요소조건 고도화에 가장 큰 비중을 두고 지원하였다. 그러나 게임에 관한 국내 수요조건의 고도화를 지원하는 예산의 비중도 작지 않다. 이는 게임에 대한 부정적 인식을 개선하고 건전한 게임문화 창출을 지원하는 예산도 많기 때문이다. 전략 부문이 영화산업보다 작게 표시되는 것은 영화진흥위원회와 같은 독자적 공공기관을 운영하지 않기 때문이다. 2000년대 초반에는 (재)게임종합지원센터와 같은 공공기관을 설립하여 운영하였으나 2009년에 한국콘텐츠진흥원으로 통합되었다. 그리고 큰 비중은 아니지만 기능성 게임과 가상현실 등을 결합한 첨단 융복합 게임 생태계 조성을 위한 연구 등 관련 및 지원산업 발전을 촉진하는 예산도 반영되어 있다.

한편 게임산업의 국가경쟁우위 관련 국외 다이아몬드를 강화하기 위해서 정부는 해외 수요조건 강화와 함께 관련 및 지원산업 발전을 집중적으로 지원하였다. 해외 수요조건 강화는 게임의 해외 마케팅 지원 및 국제 e스포츠 활성화 지원을 포함한다. 그리고 관련 및 지원산업의 국제화 지원은 모바일 게임 글로벌 퍼블리싱 및 글로벌 게임서비스 플랫폼 지원을 포함하고 있다. 해외 매출 비중이 큰 게임산업의 특성을 감안하면 국가별 게임서비스 플랫폼 및 서버, 결제 시스템 등에 있어 현지화를 위한 지원 및 협력 체계 구축이 필요하다.

<그림 6-11>에서 보듯이 게임산업 관련 정부예산의 연평균 증가율은 27%에 달하고 수출 실적은 연평균 증가율이 22%이다. 게임산업 전체의 매출규모 역시 연평균 9.8%의 높은 성장률

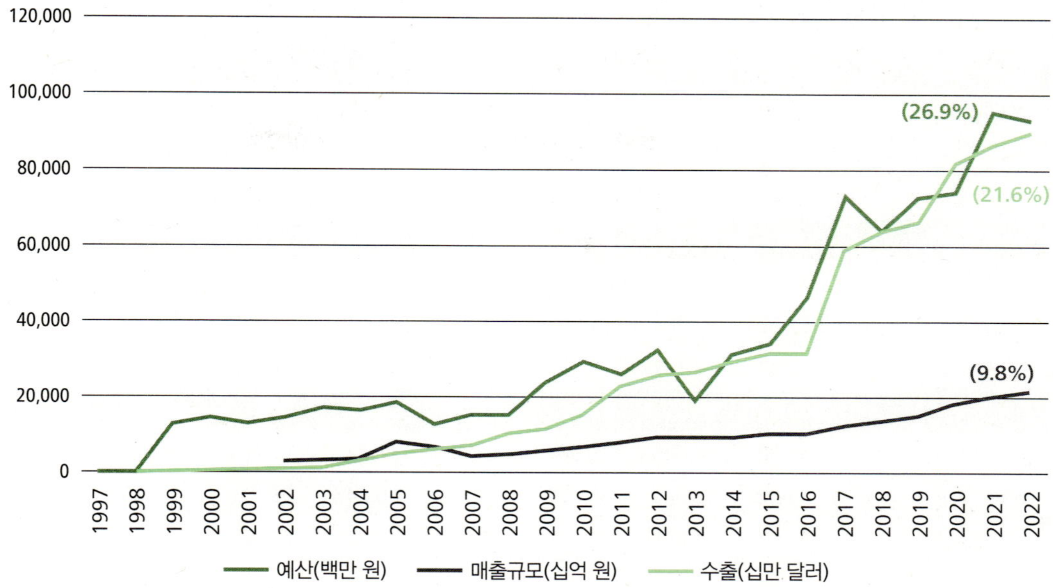

<그림 6-11> 게임산업의 성장 추세(CAGR)

을 보인다. 게임은 비대면 온라인 이용이 가능한 콘텐츠이기 때문에 코로나19팬데믹 시기에도 지속적으로 성장하였다.

3) 음악산업 관련 정부지원과 산업적 성장

<표 6-19>에서 보듯이 음악산업 육성 예산은 2000년부터 2012년까지는 연평균 5.4%의 증가율을 보였으나 박근혜 정부 시기부터 예산이 크게 증가하였다. 2013년부터 2022년까지 음악산업의 연평균 예산 증가율은 30%에 이른다. 특히 문재인 정부 시기인 2019년부터 2022년까지는 증가폭이 더욱 크다. 이는 코로나19팬데믹으로 심각한 타격을 받은 음악산업을 추가경정예산을 통하여 특별히 지원하였기 때문이다. 음악산업의 수출 실적도 2000년부터 2022년까지 연평균 24.2%의 높은 증가세를 보이고 있다. 특히 2009년부터 2022년까지는 연평균 30%의 높은 수출 증가율을 보여준다. 그리고 음악산업 관련 매출의 연평균 증가율도 10.7%로 높은 수준이다.

음악산업의 국가경쟁우위 향상을 지원하는 역대 정부의 정책적 지원을 요약하여 보여주는 <그림 6-12>를 살펴보면 문재인 정부 시기에 음악산업에 대한 지원 규모가 매우 큰 것을 알 수 있다. 문재인 정부는 2020년부터 코로나19팬데믹으로 심각한 타격을 받은 대중음악산업을 지원하기 위하여 대중음악 공연 활성화 예산을 이례적으로 크게 반영하였다. 이로 인해 문화산업 장르별 정부예산 점유율에 있어 음악산업이 차지하는 비중이 문재인 정부에서 크게 증가하였다.

<표 6-19> 음악산업 관련 정부지원과 산업적 성장[334]

구분	2000	2001	2002	2003	2004	2005	2006	2007
예산(백만 원)	1,709	2,209	2,576	1,786	2,410	2,280	3,000	2,700
매출(억 원)			14,304	17,935	21,332	17,899	24,013	23,577
수출(만 달러)	792	739	423	1,331	3,422	2,228	1,667	1,389
구분	2008	2009	2010	2011	2012	2013	2014	2015
예산(백만 원)	2,700	4,577	2,920	1,805	3,225	5,225	8,460	9,660
매출(억 원)	26,021	27,408	29,591	38,175	39,949	42,772	46,069	49,752
수출(만 달러)	1,647	3,127	8,326	19,611	23,510	27,733	33,565	38,102
구분	2016	2017	2018	2019	2020	2021	2022	CAGR
예산(백만 원)	8,980	8,406	8,304	13,170	17,841	75,270	59,382	17.50%
매출(억 원)	53,082	58,043	60,979	68,118	60,647	93,717	110,096	10.74%
수출(만 달러)	44,257	51,258	56,424	75,620	67,963	77,527	92,761	24.17%

K팝은 한류의 핵심 콘텐츠이지만 음악산업 관련 정부예산은 영화나 게임 등 다른 문화산업 장르에 비하여 적은 편이다. 정부는 음악산업의 국가경쟁우위 향상을 지원하는 다양한 사업을 전개하였다. 국내 다이아몬드 관점에서는 지역기반형 음악창작소 구축, 우수 뮤지션 발굴 및 음반 제작 지원 등의 요소조건 고도화를 지원하였다. 그리고 인디밴드 페스티벌, 뮤지션 홍보, 라이브 공연 등 대중음악의 수요조건 고도화를 지원하였다. 이 외에도 정부는 한국음악데이터센터 구축, 인디음악 공연정보시스템 구축, 공정한 음원 유통 환경 조성, 음악 관련 유통 플랫폼 및 앱 개발 등 음악산업의 건강한 생태계 조성을 지원하며 음악의 관련 및 지원산업 발전을 촉진하였다. 전략 부문은 음악산업백서 발간 및 정책 연구 등을 포함한다. 그러나 전략 부문은 예산의 규모가 작기 때문에 <그림 6-12>에서는 의미 있게 보이지는 않는다.

<그림 6-12>에서 보듯이 국외 다이아몬드 결정요소 강화를 지원하는 예산은 해외 수요 확충에 집중되어 있다. 이는 국제음반견본시 참가 및 서울국제뮤직페어 개최, K팝 해외 쇼케이스 개최 등을 지원하는 예산을 포함한다. 그리고 국제표준음반코드 발급 시스템 구축과 K팝 음원 기초 자료 외국어 표기 지원 등 음악산업의 국제적 생태계 발전 지원 예산도 포함한다. 이는 국제적 관점의 관련 및 지원산업 발전으로 분류할 수 있다.

<그림 6-13>은 음악산업에 대한 정부지원과 음악산업의 매출액 및 수출규모의 증가 추세를 알기 쉽게 보여준다. 음악산업을 지원하는 정부예산은 2009년에 증가하였다가 이후 감소하기도 했으나 2013년부터 크게 증가하였다. 기술한 바와 같이 음악산업의 수출 실적은 2009년부

334 2000~2022 예산각목명세서 및 콘텐츠산업조사 참조

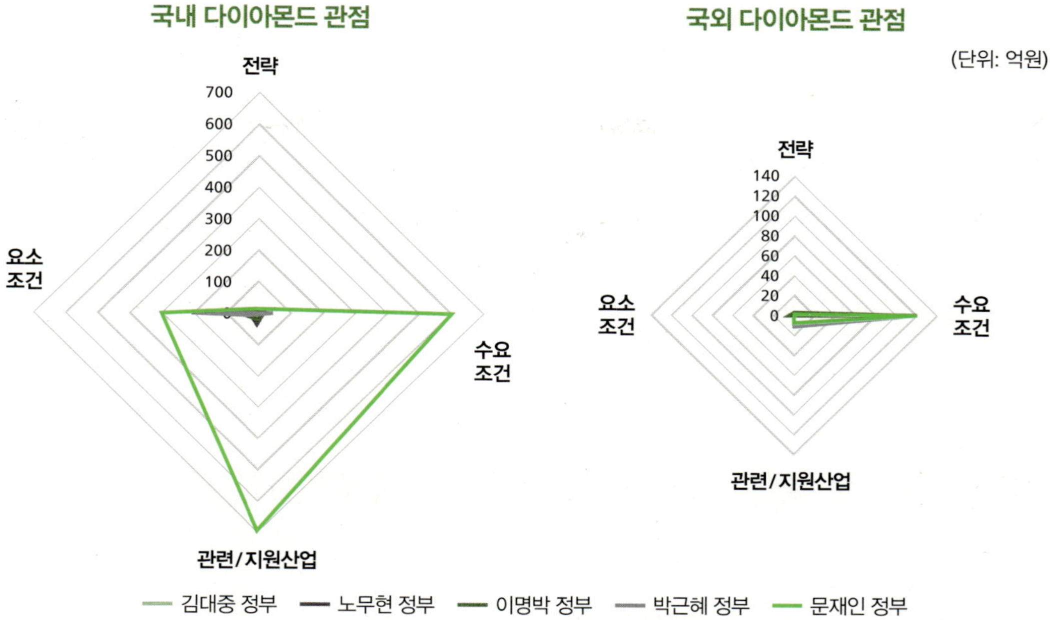

<그림 6-12> 음악산업의 국가경쟁우위 향상을 위한 정부지원

터 급격히 증가하였다. 2009년부터 2022년까지 연평균 수출 증가율은 30%에 달한다. 이 시기는 K팝 열기가 급속도로 전 세계에 확산되는 시기이다.

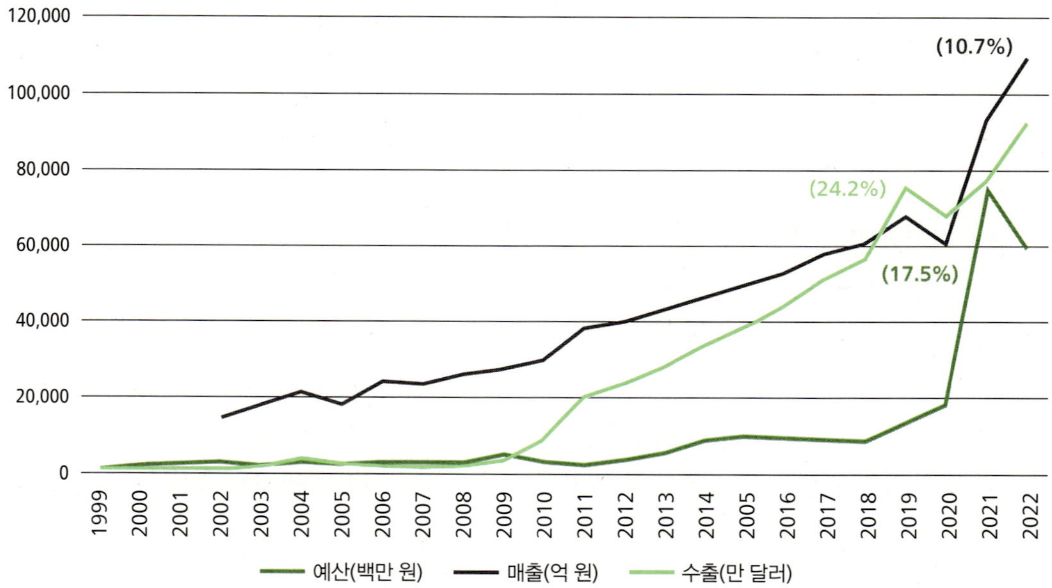

<그림 6-13> 음악산업의 성장 추세(CAGR)

4) 만화산업 관련 정부지원과 산업적 성장

한국정부의 만화산업정책은 1990년대 초반 건전한 만화문화 조성을 목적으로 시작되었다. 이후 정부는 1997년부터는 만화를 산업적으로 육성하기 위하여 만화산업 인프라 조성을 지원하였다. 만화산업의 성장 추세를 시장조사 통계가 있는 2004년부터 정부예산의 변화와 함께 살펴보면 <표 6-20>와 같다. 표에서 보듯이 2004년부터 2022년까지 만화산업 관련 정부예산의 연평균 증가율은 16.8%에 이른다. 같은 기간 만화산업은 연평균 매출규모 성장률이 9.6%이며 수출 성장률은 연평균 25.1%이다. 만화산업에 대한 정부지원과 산업적 성장이 모두 급격히 증가하는 것을 볼 수 있다.

<표 6-20> 만화산업 관련 정부지원과 산업적 성장[335]

구분	2004	2005	2006	2007	2008	2009	2010	2011	2012	2013
예산(백만 원)	1,400	1,700	1,699	1,699	2,000	3,011	2,760	3,850	6,260	6,270
매출규모(억 원)	5,059	4,362	7,301	7,617	7,233	7,391	7,419	7,517	7,585	7,976
수출(천 달러)	1,909	3,268	3,917	3,986	4,135	4,209	8,153	17,213	17,105	20,982
구분	2014	2015	2016	2017	2018	2019	2020	2021	2022	CAGR
예산(백만 원)	7,260	9,440	11,170	12,430	12,630	21,053	17,010	21,090	22,776	16.76%
매출규모(억 원)	8,548	9,194	9,763	10,822	11,786	13,372	15,344	21,321	26,240	9.58%
수출(천 달러)	25,562	29,354	32,482	35,262	40,501	46,010	62,715	81,980	107,635	25.11%

만화산업 육성을 위한 역대 정부의 지원을 만화산업의 국가경쟁우위 구성요소와 연계하여 살펴보면 <그림 6-14>와 같다. 다른 장르와 마찬가지로 만화산업정책도 정부별 예산의 규모는 차이가 있지만 정책적 지원 방향은 일관적이다. <표 6-20>에서 보듯이 문재인 정부에서는 만화산업의 국내 다이아몬드 및 국외 다이아몬드 결정요소를 강화하는 지원 규모가 크게 증가하였다.

국내 다이아몬드 관점에서 살펴보면 <그림 6-14>에서 보듯이 김대중 정부 이후 역대 정부는 만화산업의 인프라 조성 및 창작 지원, 인력 양성 등을 통해 만화산업의 요소조건을 강화하는 데 역점을 두었다. 만화산업정책은 만화문화의 건전화 유도에서 시작하였지만 만화를 산업적으로 육성하기 시작한 이후 만화문화의 건전화 및 만화수요의 고도화를 지원하는 예산은 상대적으로 작은 규모이다. 한편 만화의 유통구조 개선, 만화 원작(IP)을 활용한 원소스 멀티유즈(OSMU) 및 융합 콘텐츠 제작 지원 등 만화의 관련 및 지원산업의 발전을 촉진하는 예산은 적지 않다.

335 2004~2022 예산각목명세서 및 콘텐츠산업조사 참조

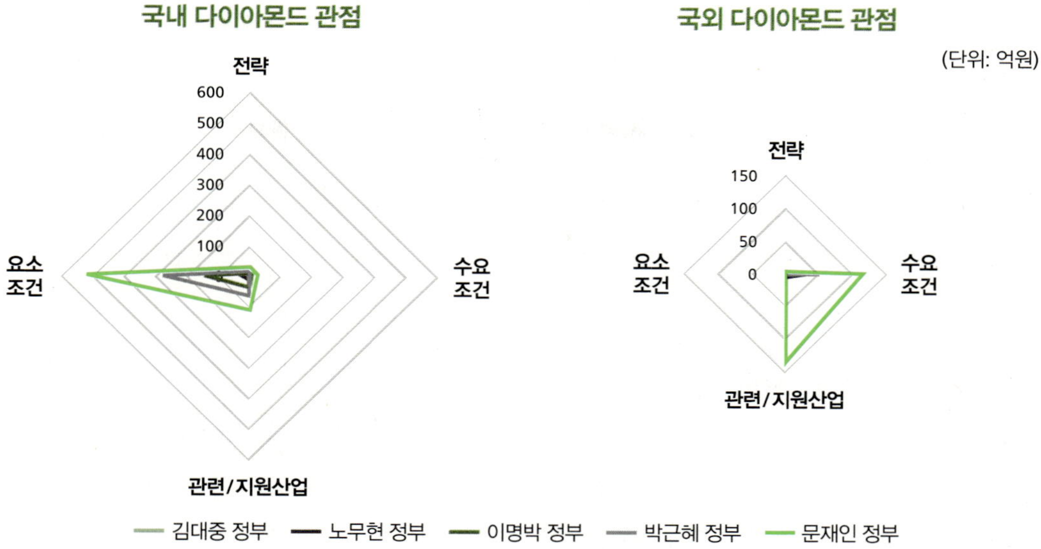

<그림 6-14> 만화산업의 국가경쟁우위 향상을 위한 정부지원

국외 다이아몬드 관점에서는 역대 정부 모두 국산 만화의 해외 진출 지원에 초점을 두고 정책을 추진하였다. 그리고 적은 규모의 예산으로 만화가 국제 교류를 지원함으로써 국제적 관점에서 만화의 관련 및 지원산업 발전에도 영향을 주었다. 한편 문재인 정부에서는 <그림 6-14> 에서 보듯이 국산 만화의 해외 진출과 함께 만화와 연계된 글로벌 앱 개발 및 플랫폼 구축 등

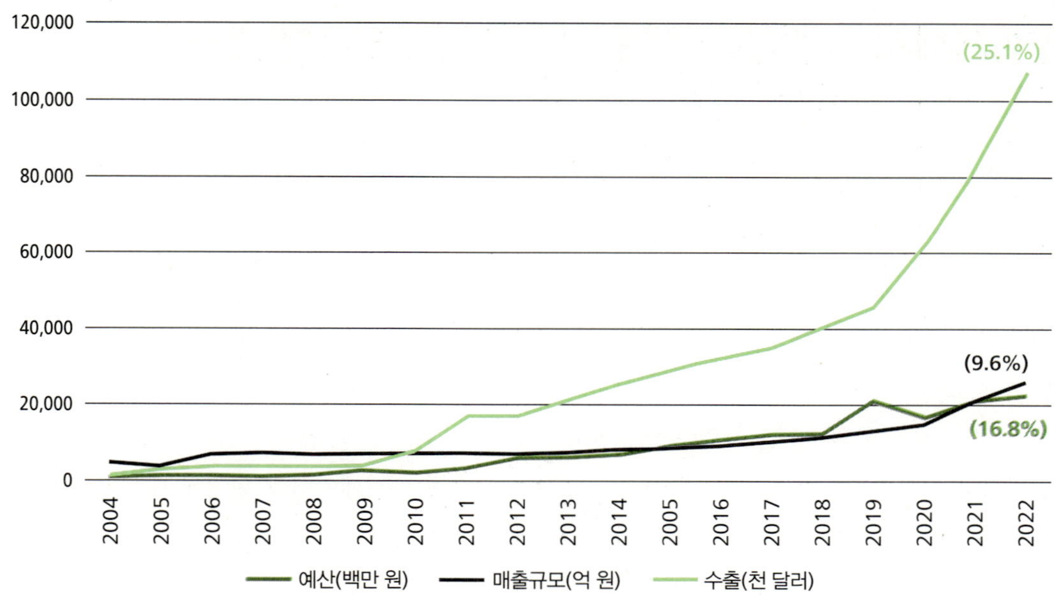

<그림 6-15> 만화산업의 성장 추세(CAGR)

만화산업 관련 글로벌 생태계 구축 지원 규모를 대폭 확대하였다. 이는 국외 다이아몬드의 수요조건과 관련 및 지원산업 강화를 지원한다.

<그림 6-15>에서 보듯이 만화산업 관련 정부예산도 빠른 속도로 증가하였지만 수출 실적은 더 급격히 증가하였다. 특히 2010년 이후 만화산업의 수출 성장세가 두드러진다. 한국은 인구구조 상 내수시장의 성장에는 한계가 있다. 게임, 음악, 만화 등 해외 매출 실적이 급속도로 증가하는 장르에 대하여는 지속적 경쟁우위의 창출을 지원하는 차별화된 전략을 개발할 필요가 있다.

5) 애니메이션산업 관련 정부지원과 산업적 성장

<표 6-21>은 애니메이션산업의 정부예산 증가 및 성장 추세를 보여준다. 정부예산은 2004년 39억 원에서 2022년 185억 원으로 증가하였다. 연평균 증가율은 9.1%이다. 애니메이션산업의 매출액은 2004년 2,650억 원에서 2022년 9,210억 원으로 증가하였다. 연평균 7.2%로 성장하였다. 한편 수출 규모는 2004년 6,177만 달러에서 2022년 1억5천 935만 달러로 성장하였다. 연평균 증가율은 5.41%이다.

<표 6-21> 애니메이션산업 관련 정부지원과 산업적 성장[336]

구분	2004	2005	2006	2007	2008	2009	2010	2011	2012	2013
예산(백만 원)	3,860	4,534	6,049	5,249	3,250	4,165	5,548	5,637	8,937	9,150
매출(억 원)	2,650	2,339	2,886	3,112	4,048	4,186	5,144	5,286	5,210	5,205
수출(만 달러)	6,177	7,843	6,683	7,277	8,058	8,965	9,683	11,594	11,254	10,985
구분	2014	2015	2016	2017	2018	2019	2020	2021	2022	CAGR
예산(백만 원)	11,650	13,600	16,700	14,690	13,044	14,305	19,216	16,840	18,517	9.10%
매출(억 원)	5,602	6,102	6,770	6,655	6,293	6,406	5,533	7,555	9,210	7.17%
수출(만 달러)	11,565	12,657	13,562	14,487	17,452	19,415	13,453	15,684	15,936	5.41%

<그림 6-16>에서 보듯이 애니메이션산업 육성을 위한 정부지원은 국내 다이아몬드 관점에서는 요소조건의 강화를 지원하는 사업에 집중되어 있다. 애니메이션은 만화와 달리 제작비가 많이 소요된다. 그 만큼 투자의 위험성도 크다. 한국은 오랫동안 창작 애니메이션보다 애니메이션 하청 제작에 의존하는 산업구조를 갖고 있었다. 정부는 하청 생산에 집중하는 산업구조를 탈피하고 고부가가치의 창작에 집중할 수 있도록 우수한 애니메이션 기획안에 대한 제작비를 적극적으로 지원하였다. <그림 6-16>의 국내 다이아몬드 관점은 역대 정부의 지원이 요소조건

336 2004~2022 예산각목명세서 및 콘텐츠산업조사 참조

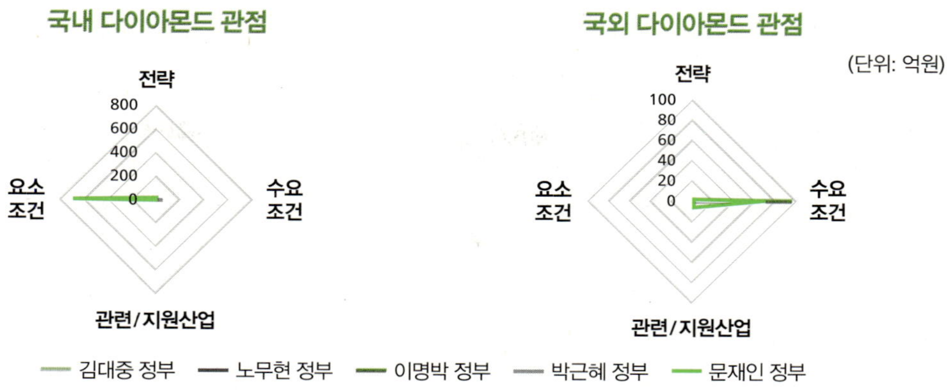

<그림 6-16> 애니메이션산업의 국가경쟁우위 향상을 위한 정부지원

고도화에 집중되어 있음을 보여준다. 요소조건 고도화를 지원하는 사업 중에서도 창작 기반 조성 및 제작비 지원이 대부분을 차지한다. 기타 애니메이션 백서 및 자료집 발간 등을 지원하기도 하였으나 예산 규모는 매우 작다.

한편 국외 다이아몬드 관점에서 살펴보면 역대 정부는 애니메이션의 해외 수요 확충 지원에 집중하였다. 정부는 해외의 주요 애니메이션 마켓 참가 및 국제 애니메이션 페스티벌 개최 등을 통해 국산 애니메이션의 해외 진출을 적극적으로 지원하였다.

<표 6-21> 및 <그림 6-17>에서 보듯이 애니메이션산업의 매출 및 수출 증가율은 애니메이션산업 육성을 위한 예산 증가율에 미치지 못한다. 애니메이션산업의 성장률은 게임산업, 음악

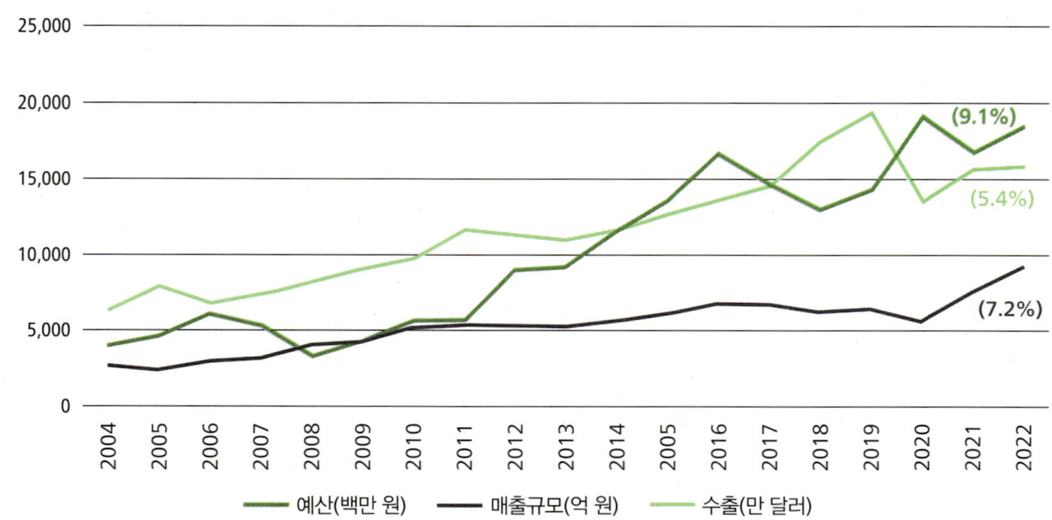

<그림 6-17> 애니메이션산업의 성장 추세(CAGR)

산업, 만화산업보다 낮다. 한편 2020년에는 코로나19로 인하여 애니메이션도 매출 및 수출 실적이 크게 하락하였으나 2021년부터는 회복세를 보이고 있다.

6) 캐릭터산업 관련 정부지원과 산업적 성장

캐릭터산업 육성을 위한 정부예산은 2004년16억 원에서 2022년 79억 원으로 지속적으로 증가하였다. 연평균 증가율은 9.3%이다. 캐릭터산업 매출은 2004년 4조2천193억 원에서 2022년 5조3천728억 원으로 성장하였다. 연평균 증가율은 1.35%이다. 캐릭터산업은 2021년 및 2022년에 코로나19팬데믹으로 인한 피해가 극심하였다. 매출 감소폭이 영화 이상으로 크고 회복세도 느리다. 2004년부터 2020년까지 매출의 연평균 증가율은 6.9%이다. 이를 감안하면 2021년 및 2022년의 매출 감소폭이 너무 컸다. 한편 캐릭터산업의 수출은 2004년 1억1,734억 달러에서 2022년 3억9,040억 달러로 증가하였다. 연평균 증가율은 6.9%이다. <표 6-22>에서 보듯이 캐릭터산업의 수출도 코로나19팬데믹 기간에 크게 감소하였다. 2004년부터 2020년까지 연평균 수출 증가율은 12%였다.

<표 6-22> 캐릭터산업 관련 정부지원과 산업적 성장[337]

구분	2004	2005	2006	2007	2008	2009	2010	2011	2012	2013
예산(백만 원)	1,610	1,610	1,584	1,584	1,584	3,075	2,940	2,940	7,563	7,960
매출(억 원)	42,193	42,880	45,509	51,156	50,987	53,583	58,969	72,096	75,176	83,068
수출(만 달러)	11,734	16,367	18,945	20,289	22,825	23,652	27,633	39,227	41,645	44,622
구분	2014	2015	2016	2017	2018	2019	2020	2021	2022	CAGR
예산(백만 원)	10,755	10,245	10,920	9,925	9,309	9,383	9,284	8,406	7,923	9.26%
매출(억 원)	90,527	100,807	110,662	119,223	122,070	125,669	122,181	50,039	53,728	1.35%
수출(만 달러)	48,923	55,146	61,284	66,385	74,514	79,134	71,582	41,299	39,040	6.91%

캐릭터산업의 국가경쟁우위 향상을 위한 역대 정부의 지원을 더블 다이아몬드 모델을 적용하여 분석하면 <그림 6-18>과 같다. 캐릭터산업은 고가의 장비 또는 인프라의 조성이 필요하지 않고 캐릭터의 창작 비용도 상대적으로 저렴하다. 그러므로 캐릭터산업에 대한 정부지원에 있어 요소조건을 강화하는 예산의 비중은 크지 않다. 국내 캐릭터산업 수요조건의 고도화를 위해 정부는 캐릭터 홍보 마케팅 및 캐릭터 상품 목록 제작 등을 지원하는 예산을 편성한 바 있으나 금액은 크지 않다. <그림 6-18>에서 보듯이 캐릭터산업은 캐릭터를 활용한 상품 또는 문화콘텐츠 제작, 지역 및 공공 캐릭터 활성화 등 캐릭터를 이용한 관련 및 지원산업 발전을 촉진하

[337] 2004~2022 예산각목명세서 및 콘텐츠산업조사 참조

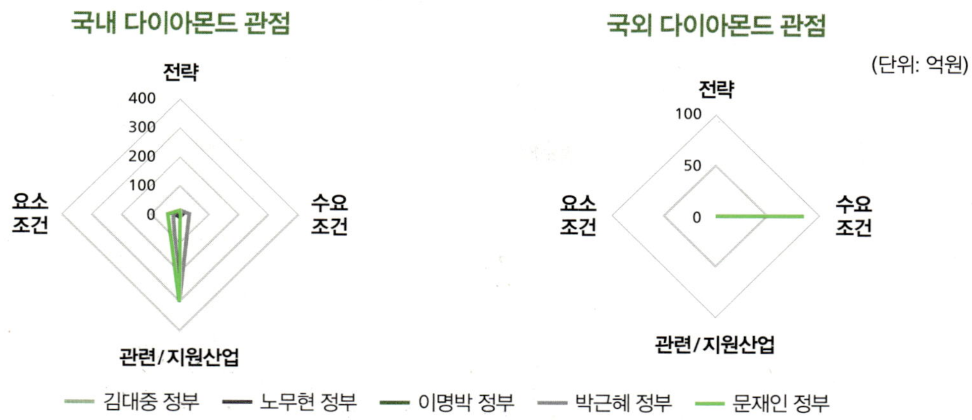

<그림 6-18> 캐릭터산업의 국가경쟁우위 향상을 위한 정부지원

는 부문의 지원 비중이 가장 크다. 캐릭터산업의 본질적 특성을 감안하면 당연하다.

한편 국외 다이아몬드 관점에서 살펴보면 역대 정부의 지원은 국산 캐릭터의 해외 수요 확충을 지원하는 데 집중하였다. 정부는 해외 캐릭터 마켓 참가 및 캐릭터 라이선싱 페어 개최 등을 지원하며 국산 캐릭터의 해외 진출을 적극 지원하였다.

<표 6-23> 2020년 이후 캐릭터산업 업종별 매출액 현황[338]

캐릭터산업 업종별 매출(단위: 백만 원)		2020년	2021년	2022년	2022 비중 (%)	CAGR(%)
캐릭터 제작업	캐릭터 개발 및 라이선스업	1,046,047	1,415,318	1,596,047	29.7	23.5
	캐릭터 상품 제조업	5,159,210	764,060	805,606	15	△60.5
	소계	6,205,257	2,179,377	2,401,653	44.7	△37.8
캐릭터 상품 유통업	캐릭터 상품 도매업	1,917,916	1,427,243	1,537,666	28.6	△10.5
	캐릭터 상품 소매업	4,094,903	1,397,288	1,433,469	26.7	△40.8
	소계	6,012,819	2,824,531	2,971,135	55.3	△29.7
합계		12,218,076	5,003,908	5,372,788	100	△33.7

캐릭터산업을 지원하는 정부예산은 2009년부터 큰 폭으로 증가하였다. 박근혜 정부까지 캐릭터산업 관련 정부예산은 크게 증가하는 추세였으나 2018년부터는 감소하는 추세를 보이고 있다. 문재인 정부에서 문화산업 관련 주요 장르의 예산이 대부분 증가하였으나 캐릭터산업은 지속적으로 감소하였다. 캐릭터산업의 매출 및 수출은 2019년까지 지속적으로 증가하였으나

338 문화체육관광부·한국콘텐츠진흥원. (2024). 2022콘텐츠산업조사.

<그림 6-19> 캐릭터산업의 성장 추세(CAGR)

2019년을 정점으로 2020년부터 감소하였다. 특히 2021년의 감소폭은 매우 크다.

캐릭터산업은 코로나19의 여파가 시작된 2020년에는 크게 위축되지 않았으나 2021년에는 큰 폭으로 매출이 줄어들었고 2022년에도 회복하지 못하였다. 이는 코로나19팬데믹의 영향으로 캐릭터 상품 제조업이 붕괴되고 도·소매업 역시 심각한 타격을 입었기 때문으로 추정된다. <표 6-23>에서 보듯이 2020년 이후 캐릭터산업은 캐릭터의 개발 및 라이선스 매출은 지속적으로 증가하였으나 캐릭터 상품의 제조 및 유통 분야는 극심한 피해를 입었다. 주요 문화산업 장르 중 가장 심한 피해를 입은 장르로 보인다.

7) 방송영상산업 관련 정부지원과 산업적 성장

방송영상산업에 대한 정부지원은 김대중 정부에서 정부조직 개편으로 공보처 폐지 후 방송영상산업 관련 정책 기능을 문화관광부로 이관한 이후 본격적으로 시작되었다. 이하에서는 방송영상산업 관련 정부지원과 산업적 성장을 방송영상산업의 매출 및 수출 실적 통계가 확보된 2004년부터 살펴본다. <표 6-24>에서 보듯이 2004년 방송영상산업 육성 관련 예산은 240억 원에서 2022년 842억 원으로 증가하였다. 연평균 증가율은 7.2%이다. 한편 같은 기간 방송영상산업의 매출액은 7조7,728억 원에서 26조1,047억 원으로 성장하였다. 연평균 7%로 성장하였다. 같은 기간 방송영상산업의 수출액은 7,031만 달러에서 9억4,805만 달러로 증가하였다.

표에서 보듯이 방송영상산업은 2015년 및 2017년에는 수출 증가율이 마이너스였지만 대부분의 경우 높은 수출 증가율을 보여준다. 2004년부터 2022년까지 연평균 수출 실적 증가율은 15.6%이다.

<표 6-24> 방송영상산업 관련 정부지원과 산업적 성장

구분	2004	2005	2006	2007	2008	2009	2010	2011	2012	2013
예산(백만 원)	24,000	21,396	9,308	14,359	10,749	22,809	23,826	57,510	60,701	63,250
매출(억 원)	77,728	86,352	97,199	105,344	93,546	98,850	111,764	127,525	141,825	149,409
수출(천 달러)	70,306	121,763	133,917	150,953	171,348	184,577	184,700	222,372	233,821	309,399
구분	2014	2015	2016	2017	2018	2019	2020	2021	2022	CAGR
예산(백만 원)	24,733	41,748	23,484	39,091	22,497	31,666	46,946	67,106	84,170	7.22%
매출(억 원)	157,746	164,630	173,311	180,436	197,622	208,430	219,647	239,707	261,047	6.96%
수출(천 달러)	336,019	320,434	411,212	362,403	478,447	539,214	692,790	717,997	948,045	15.55%

<그림 6-20>에서 보듯이 역대 정부의 방송영상산업의 국가경쟁우위 향상을 지원하는 정책은 국내 다이아몬드와 국외 다이아몬드의 경우 각각 요소조건의 고도화와 수요조건의 강화라는 두 가지 측면에 집중되어 있다. <그림 6-20>의 방송영상산업의 국가경쟁우위 관련 정부지원을 살펴보면 <그림 6-16>의 애니메이션산업과 매우 유사한 형태를 갖고 있다.

국내 다이아몬드 강화 측면에서 역대 정부는 요소조건 고도화에 커다란 비중을 두고 있다. 전문인력 양성, 제작 지원, 스튜디오 인프라 조성 등이 요소조건 고도화를 지원하는 사업이다. 그리고 코리아드라마페스티벌 개최 지원은 방송영상산업의 국내 수요조건 강화를 지원하는 사업으로 볼 수 있다. 이 외에도 정부는 방송영상산업의 지원산업인 광고산업 활성화를 지원하

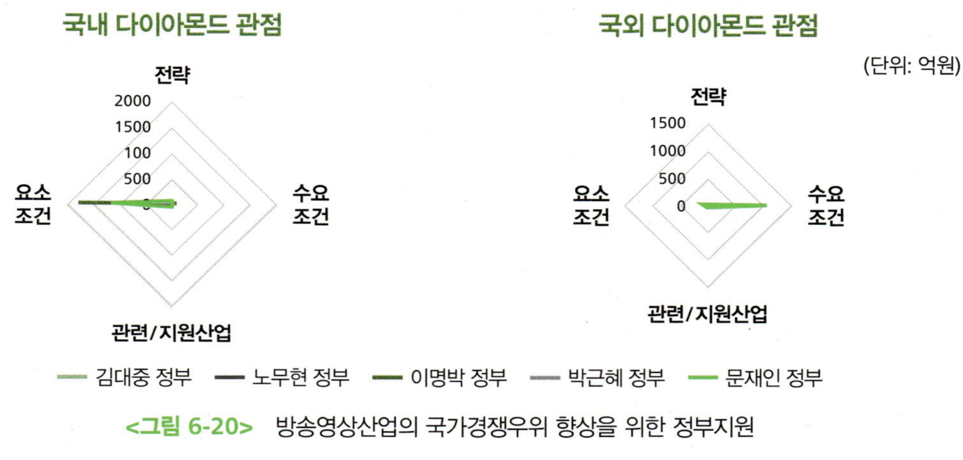

<그림 6-20> 방송영상산업의 국가경쟁우위 향상을 위한 정부지원

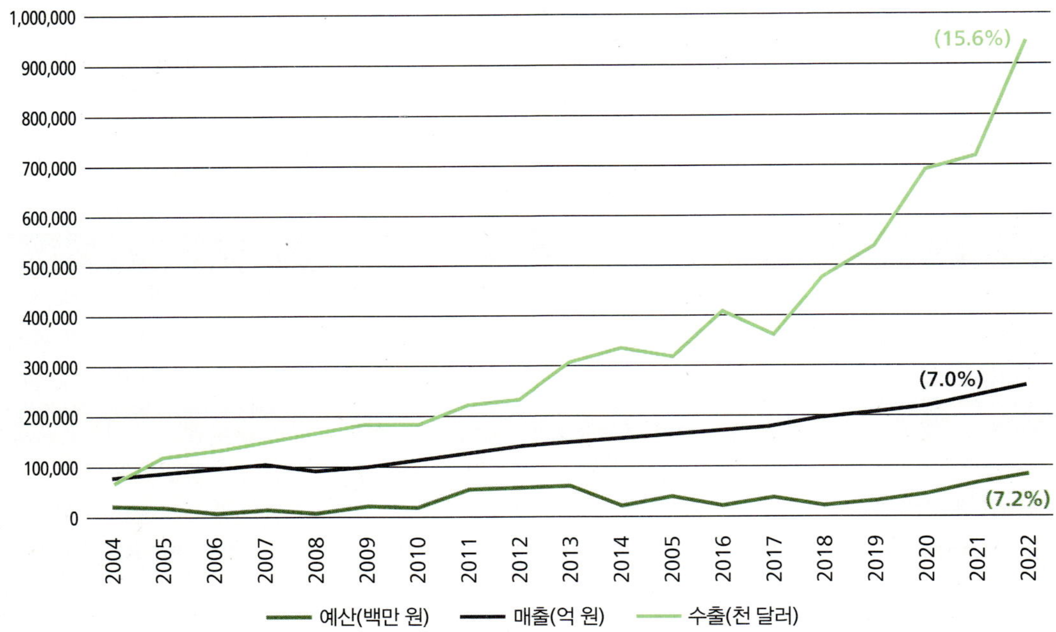

<그림 6-21> 방송영상산업의 성장 추세(CAGR)

였다. 그러나 국내 다이아몬드 관점에서 수요조건과 관련 및 지원산업을 강화하는 예산은 크지 않다.

한편 국외 다이아몬드 관점에서 살펴보면 역대 정부는 방송영상산업의 해외 진출 지원에 집중하였다. 이를 위해 다양한 국제 방송영상견본시의 국내 개최와 해외 방송영상콘텐츠 마켓 참가를 지원하였다. 그리고 아리랑TV국제방송에 대한 지원도 국산 방송영상콘텐츠의 해외 수요 확충을 지원하는 사업으로 볼 수 있다.

<그림 6-21>에서 보듯이 방송영상산업의 매출 증가율은 정부예산 증가율과 비슷한 수준이다. 그러나 방송영상산업의 수출 실적 증가율은 이 보다 훨씬 높다. 방송영상산업의 매출은 수출까지 포함하고 있음을 감안하면 수출 실적이 지속적 국내 매출 증가에 크게 기여한 것으로 판단된다.

8) 출판산업 관련 정부지원과 산업적 성장

<표 6-25>는 출판산업 관련 정부예산과 산업적 성장을 보여준다. 콘텐츠산업통계에서 출판산업은 순수한 출판산업과 신문·잡지 등 미디어산업을 포함하고 있다. 예산1은 미디어산업을 제외한 출판산업 관련 예산이다. 2004년 164억 원이며 2022년에는 612억 원으로 증가하였다. 연평균 증가율은 7.6%이다. 한편 예산2는 신문·잡지 등 미디어산업 지원 예산을 포함하였을

경우의 예산 규모이다. 예산2는 2005년 신설된 지역신문발전기금과 2006년 신설된 신문발전기금 예산을 포함하고 있기 때문에 예산2는 2005년부터 금액이 크게 증가한다. 표에서 보듯이 언론 관련 지원 예산이 출판산업 지원 예산보다 훨씬 많다. 2004년부터 2022년까지 순수 출판산업 관련 예산은 연평균 7.6%로 증가하였고, 미디어산업 지원 예산을 포함하는 경우에는 8.0%의 연평균 증가율을 보이고 있다.

<표 6-25> 출판산업 관련 정부지원과 산업적 성장[339]

구분	2004	2005	2006	2007	2008	2009	2010	2011	2012	2013
예산1(백만 원)	16,356	28,640	17,952	19,365	21,999	23,960	24,876	23,021	23,954	26,740
예산2(백만 원)	31,568	57,617	73,649	96,787	87,094	57,470	100,371	98,178	96,885	100,859
매출(억 원)	189,210	193,922	198,793	215,955	210,529	206,091	212,438	212,446	210,973	207,998
수출(천 달러)	182,181	191,346	184,867	213,100	260,010	250,764	357,881	283,439	245,154	291,863
구분	2014	2015	2016	2017	2018	2019	2020	2021	2022	CAGR
예산1(백만 원)	43,158	51,896	50,353	48,681	53,468	52,006	53,447	55,117	61,226	7.61%
예산2(백만 원)	115,544	124,482	123,849	116,988	120,405	117,808	119,560	120,551	126,390	8.01%
매출(억 원)	205,868	205,098	207,659	207,553	209,538	213,412	216,488	246,978	251,917	1.60%
수출(천 달러)	247,268	222,736	187,388	220,951	248,991	214,732	345,960	428,379	375,083	4.09%

한편 같은 기간 출판산업 매출의 연평균 증가율은 1.6%에 불과하다. 물가상승률에도 못 미치는 증가율이다. 문화산업 통계에 있어 출판산업의 매출 및 수출 통계는 신문·잡지 등 미디어 산업의 매출이나 수출 실적을 포함하고 있다. 출판산업의 수출 실적은 연평균 4.1%의 증가율을 보인다. 그러나 출판산업의 수출 실적은 변동폭이 매우 크다.

출판산업의 국가경쟁우위 향상을 지원하는 역대 정부의 예산을 더블 다이아몬드 모델에 따라 분석하여 정리하면 <그림 6-22>와 같다. 여기서의 예산은 언론 미디어산업에 대한 지원은 제외하고 출판산업에 대한 지원 예산만 포함하였다.

역대 정부는 출판산업의 국내 다이아몬드의 결정요소 중 수요조건의 고도화를 지원하는 정책에 보다 큰 비중을 두었다. 이는 정부가 대량 구매자로서 도서를 구입하여 도서관 등에 배포하거나 국민독서문화의 증진을 유도하는 사업을 포함한다. 출판물의 제작은 방송콘텐츠나 게임, 애니메이션 등의 타 문화산업 장르와 달리 첨단 장비나 인프라가 요구되지는 않는다. 그러므로 출판산업의 요소조건 고도화를 지원하는 예산 규모는 상대적으로 작다. 정부의 출판산업 요소조건 고도화 지원사업에는 전자책 또는 오디오북 제작지원센터 구축 및 제작 지원, 출판창

339 2004~2022 예산각목명세서 및 콘텐츠산업조사 참조

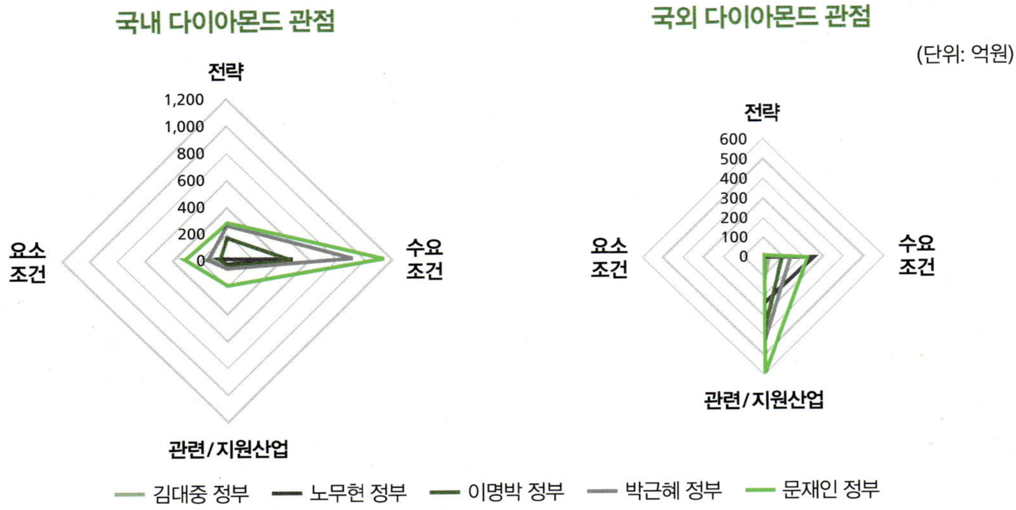

<그림 6-22> 출판산업의 국가경쟁우위 향상을 위한 정부지원

업보육센터 운영, 출판 전문인력 양성 등이 포함된다. 정부는 출판유통정보화, 서점 활성화, 인쇄문화산업 육성 등 출판의 관련 및 지원산업 발전도 지원하였다. 그리고 정부는 출판산업을 전담 지원하는 공공기관인 한국출판문화산업진흥원의 경상운영비 지원과 함께 출판산업 관련 통계 및 정책 연구를 지원하였다. 이는 출판산업의 국가경쟁우위 결정요소 중 전략 부문 강화에 해당된다. 한국출판문화산업진흥원은 이명박 정부 시기인 2012년에 설립되었다. <그림 6-22>에서 보면 이명박 정부 시기에 출판산업의 전략 부문 지원 규모가 확대되었음을 알 수 있다.

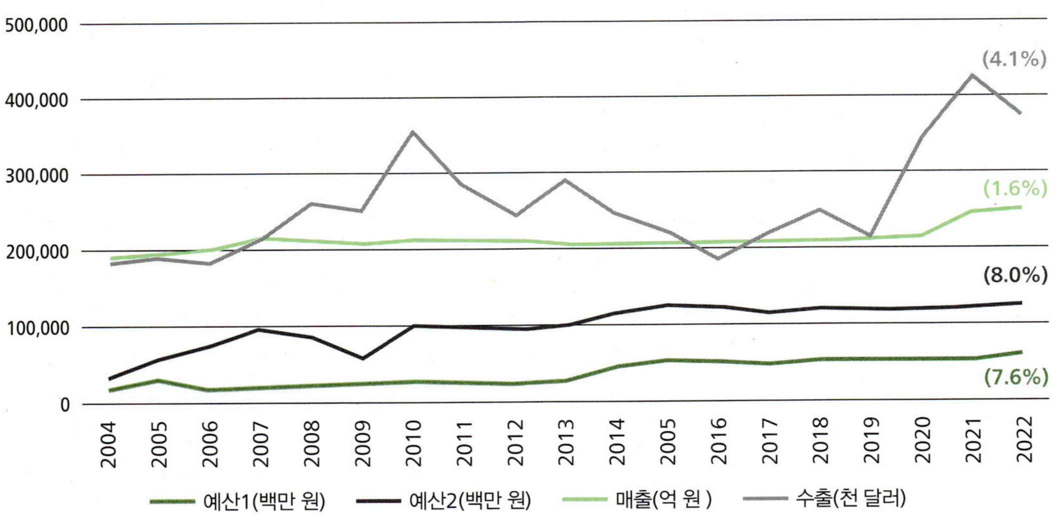

<그림 6-23> 출판산업의 성장 추세(CAGR)

한편 출판산업의 국가경쟁우위 향상을 지원하는 정책을 국외 다이아몬드 강화 관점에서 살펴보면 출판산업의 관련 및 지원산업의 국제화 지원 비중이 가장 크다. 이는 공공기관인 한국문학번역원 지원 예산을 관련 및 지원산업의 국제적 발전 부문에 포함하였기 때문이다. 한국문학번역원은 출판물 번역 및 번역 전문인력 양성을 통해 출판산업의 국제적 생태계 발전을 촉진한다. 정부는 출판인 국제 교류, 출판저작권 수출 활성화 지원을 통해서도 출판의 관련 및 지원산업의 국제적 발전을 지원한다. 이 외에도 역대 정부는 국제도서전 참가 및 국내 개최를 지원함과 동시에 한국도서의 해외보급도 전개하였다. 이는 출판의 국외 수요조건 고도화를 지원하는 사업이다.

<그림 6-23>은 출판산업 관련 정부예산과 출판산업의 매출 및 수출 증감 추세를 함께 보여준다. 그림에서 보듯이 출판산업 관련 예산은 지속적으로 증가하였다. 그러나 출판산업의 매출 증가율은 정부예산 증가율에 미치지 못한다. 한편 출판산업의 수출규모는 2010년까지는 지속적으로 증가하였으나 2011년부터는 감소하는 추세를 보였다. 하지만 2020년 및 2021년에는 다시 수출이 증가하는 추세였으나 2022년에 다시 감소하였다. 이와 같이 출판산업의 매출 성장율은 매우 낮고 수출 실적은 변동폭이 크다.

제3절 문화산업의 지속적 국가경쟁 우위를 위한 미래 전략

1 국가경쟁우위 결정요소의 상호 연관성 및 정책적 대응

한국정부는 다양한 정책적 개입을 통해 문화산업의 국가경쟁우위 결정요소의 고도화를 지원하였다. 국가경쟁우위에 관한 이론적 고찰에서 살펴본 바와 같이 산업의 국가경쟁우위 결정요소들은 상호작용을 한다. 가령 초과수요 또는 까다로운 고객의 존재는 요소조건의 고도화를 촉진한다. 경쟁자 집단의 존재도 요소조건 고도화를 촉진한다. 그리고 관련 및 지원산업의 발전은 이전 가능한 요소의 창출을 확대할 수 있다. 고도화된 요소 창출 시스템은 외국 유학생이나 기업을 유치하는 요인이 된다. 해외 유학생들은 요소조건의 범위를 국제적으로 확대함은 물론 해외의 수요조건 고도화에도 기여한다. 그리고 치열한 경쟁은 보다 나은 상품 및 서비스의 개발을 촉진하여 수요조건에 영향을 줄 수 있다. 이와 같이 국가경쟁우위 결정요소 간 역동성은 산업 내 경쟁을 촉진하고 다른 국가경쟁우위 결정요소의 발전에도 긍정적 영향을 주게 된다.

그리고 산업의 국가경쟁우위는 경쟁우위를 유지하는 상태에서 정태적으로 머물 수 있는 것이 아니다. 역동적으로 발전하거나 그렇지 않으면 퇴보한다. 즉 국가경쟁우위는 생산성 향상 및 창조적 혁신을 통해 지속적으로 개선되지 않으면 이를 유지하기 어렵고 결국 퇴보하게 되는 것이다. 국가경쟁우위가 한번 퇴보의 사이클로 진입하면 다시 혁신의 사이클로 돌아가기 어렵다. 정부정책은 국가경쟁우위 다이아몬드 결정요소를 강화할 뿐 아니라 이를 약화시키는 부정적 모멘텀에 대하여도 효과적으로 대응할 수 있어야 한다.

산업이 발전하여 투자지향 단계에서 혁신지향 단계로 발전하게 되면 정부의 역할은 이전 단계와는 확연히 달라야 한다. 보조금 지원, 시장 보호, 진입 규제와 같은 직접적 정부 개입은 경쟁력을 오히려 떨어뜨릴 수 있다. 혁신지향 단계에서 정부는 더욱 고도화된 요소 창출을 지원하고 국내 수요의 질을 개선하며 창업활동을 장려하고 국내 경쟁을 더욱 촉진하면서 간접적 방식으로 지원하는 전략을 택해야 한다.[340]

한국정부가 문화산업정책을 본격적으로 추진한 지 30여 년이 지난 시점에서 한국문화산업

[340] Porter, M. (1990). The Competitive Advantage of Nations. Free Press.

의 경쟁적 발전 단계를 장르별로 살펴보면 음악, 게임, 만화, 방송영상 등의 분야에서는 매출규모 및 수출 증가율을 감안할 때 혁신지향 단계까지 성장한 것으로 볼 수 있다. 현재 한국의 음악, 게임, 만화, 방송영상콘텐츠는 수출 실적이 지속적 증가하면서 한류 붐을 확산하며 한국문화산업의 경쟁우위를 창출하는 핵심 장르가 되었다. 혁신지향 단계의 산업 육성은 경쟁 촉진을 통해 지속적 혁신을 유도하는데 초점을 두어야 한다. 그래야만 글로벌 시장에서 지속적 경쟁우위를 창출할 수 있다. 아울러 정부는 생산요소의 양과 질을 모두 업그레이드할 수 있는 요소 창출 메커니즘을 만들어낼 수 있어야 하고 종사자 및 기업에게는 더 높은 보상과 더 많은 수익에 대한 동기를 창출할 수 있도록 지원해야 한다. 그리고 수요의 질도 한 차원 높일 수 있도록 지원해야 한다. 이는 결과적으로 기업 간 치열한 경쟁을 유도한다. 이 외에도 정부는 문화산업의 관련 및 지원산업 클러스터와 산업 생태계가 지속적으로 발전할 수 있도록 공정한 거래 및 상생의 협력 관계 구축을 지원해야 한다. 이러한 모든 과정은 국가경쟁우위 결정요소 간 역동적 상호작용을 더욱 촉진할 수 있다.

정부는 산업의 국가경쟁우위 향상을 위해 정부가 할 수 있는 모든 종류의 지원을 무차별적으로 실행하기보다는 정책의 효율성 및 효과성을 감안하여 장르별 산업의 발전 단계에 따라 전략적으로 대응할 필요가 있다. 포터의 다이아몬드 모델이나 조동성의 9팩터 모델에서도 국가경제의 발전 단계에 따라 경쟁우위의 원천이 되는 요소가 달라진다. 투자지향 단계에서는 기업의 투자를 촉진하기 위한 정부의 역할이 매우 중요하지만 혁신지향 단계에서는 국가보다는 기업이 중심이 되어야 한다. 정부는 기업이 혁신적이고 역동적으로 활동할 수 있는 환경을 조성하는 데 보다 역점을 두어야 한다.

한국은 과거 양질의 저렴한 인력을 토대로 애니메이션을 하청 생산하고 선진국의 콘텐츠를 모방하여 제작하던 시기도 있었다. 그렇지만 이제 한국은 더 이상 저렴한 생산요소에 의존하는 요소지향경제가 아니다. 그리고 현재는 전 세계적으로 저작권 보호가 강화되었기 때문에 선진국의 콘텐츠를 모방하여 제작하는 것이 허용되는 시기도 아니다. 정부는 문화산업정책 수립에 있어 장르별 인력구조, 국내외 시장여건, 수출 및 매출규모 등을 감안한 자국 산업의 경쟁적 발전 단계를 먼저 평가할 필요가 있다. 이하에서는 요소지향경제 또는 투자지향경제 단계에 있는 개발도상국의 문화산업 국가경쟁우위 향상 전략에 대하여 간략히 살펴본다. 그리고 한국문화산업의 지속적 국가경쟁우위 창출을 지원하는 미래 전략에 대하여 모색해본다. 이는 본질적으로 국가경쟁우위의 국내 다이아몬드 및 국외 다이아몬드의 결정요소 간 활발한 상호작용을 촉진하여 국가경쟁우위의 원천을 지속적으로 창출할 수 있도록 지원하는 전략이다. 그러므로 이하에서 제시하는 요소조건, 수요조건, 관련 및 지원산업, 전략·산업구조 및 경쟁 등 네 가지 국가경쟁우위 결정요소를 강화하는 다양한 정부정책들은 상호 밀접한 연관성을 갖고 있다.

2 개발도상국의 문화산업 국가경쟁우위 향상 전략

전통적 문화상품이든 디지털 문화콘텐츠든 아니면 패션 액세서리든 기업이 시장에서 제품을 판매하기 위해서는 원가우위 또는 차별화 전략을 선택하게 된다. 그리고 창의적 아이디어에 기반을 둔 창조제품의 경우에 기업은 자사의 지적 재산권 보호를 위한 다각적 활동을 전개하게 된다. 개발도상국의 경우 창조제품을 직접 기획, 제작하는 경우도 있지만 지적 재산권을 보유한 기업으로부터 하청을 받아 저렴한 인적자원을 활용하여 복제품을 생산하고 납품하는 경우가 많다. 하청생산도 애니메이션 제작과 같이 원산지가 큰 의미가 없는 상품의 경우에 가능하다. 고가의 패션 및 액세서리와 같이 원산지가 중요한 의미가 있는 경우에는 개발도상국은 하청생산도 맡기 어렵다. 결국 문화산업은 창의적 아이디어에 근거한 창조적 상품의 기획, 개발 역량이 가장 중요하다.

문화산업의 경우 요소지향 경제의 국가에서 저렴한 인건비를 활용하여 고품질의 세련된 문화상품을 기획, 제작하는 것은 쉽지 않다. <표 6-5>의 창조상품 수출 10대 국가에서 압도적 1위를 차지하는 국가는 중국이지만 주력 수출품은 인테리어, 완구, 액세서리 등이다. 저작권이 중요한 문화콘텐츠가 주력 수출품이 아니다. 문화콘텐츠의 기획, 제작, 수출을 통해 국가경쟁우위를 창출하려면 적어도 투자지향경제까지는 발전해야 한다. 투자지향경제에서 기업은 세계시장에서 경쟁하기 위하여 비용 절감, 품질 향상, 신모델 개발 등을 위해 투자를 늘린다. 정부는 이러한 기업 활동을 지원하기 위하여 공동의 설비 및 인프라 조성, 인력 양성 및 기술 개발 등을 지원하고 신제품 개발을 위한 창작 지원도 병행한다. 앞에서 살펴본 바와 같이 역대 한국정부는 문화산업의 국가경쟁우위 향상을 위해 기업이 저렴한 비용으로 창업 및 창작을 활발히 진행할 수 있도록 인프라 조성, 인력 양성, 기술 개발, 투융자 지원 등을 적극적으로 추진하였다. 그리고 정부는 요소의 고급화를 통해 고품질의 문화상품을 기획, 제작할 수 있는 인력의 양성과 기술 개발을 촉진하고 관련 및 지원산업의 발전도 유도하였다. 아울러 정부는 협소한 내수시장의 한계를 극복하기 위하여 해외 진출을 적극 지원하였다.

문화산업의 개발도상국이 국가경쟁우위를 창출하기 위해서는 국가 및 기업의 투자능력 배양이 우선적으로 필요하다. 문화산업은 출판, 만화, 캐릭터, 애니메이션, 음악, 영화, 게임, 방송영상 등 장르별로 고유한 산업적 특성을 갖고 있다. 투자지향 경제 국가의 정부는 문화산업정책 추진에 있어 해당 국가가 경쟁우위를 확보하는 데 보다 강점이 있는 장르 또는 가치사슬 분야를 선정하고 산업의 국가경쟁우위 결정요소를 강화할 수 있도록 지원해야 한다. 그러나 이 경우에도 정부지원은 시장에서 마중물의 성격이고 해당 분야 기업이 활발히 투자할 수 있도록 적극적으로 유도해야 한다. 글로벌 시장에서 경쟁의 주체는 결국 기업이기 때문이다.

개발도상국은 문화산업의 국가경쟁우위 창출을 위한 정책 수립 시 이 책의 제3장 법률지원체계, 제4장 정부지원체계, 그리고 제5장 및 제6장의 국가경쟁우위 창출을 위한 정부예산 지원과 그 성과 및 미래 전략 등 한국의 사례를 참고할 수 있다. 문화산업의 국가경쟁우위를 추구하는 개발도상국은 무엇보다 창작의 자유를 먼저 보장해야 한다. 그 다음으로 자국의 핵심역량과 잘 어울리는 분야를 선정하여 집중적으로 지원할 필요가 있다. 한국정부의 다양한 정책적 개입 모두가 문화산업의 국가경쟁우위 향상에 긍정적으로 작용한 것은 아니지만 개발도상국의 문화산업 국가경쟁우위 향상 정책에 참고할 수 있는 좋은 사례가 될 수 있다. 특히 개발도상국은 문화산업 육성을 위한 제도적 환경 조성과 공공기관 설립 및 적정 규모의 재정 지원 등을 복합적으로 추진해야 한다. 무엇이 우선인지, 어느 정도 예산을 투입할 지 등이 매우 막연할 수 있다. 이 경우 한국의 경험과 사례는 훌륭한 타산지석이 될 수 있다.

3 한국문화산업의 지속적 국가경쟁우위를 위한 미래 전략

문화산업진흥기본법은 문화체육관광부장관에게 문화산업 진흥을 위한 중장기 기본계획을 수립하고 매년 문화산업정책에 관한 연차보고서를 국회에 제출할 책무를 부여하고 있다. 문화산업진흥기본법 외에 영화, 게임, 만화, 음악, 출판 등 주요 장르를 지원하는 개별적 법률도 문화체육관광부장관에게 주기적으로 해당 산업의 진흥을 위한 종합계획을 수립, 시행할 책무를 부여하였다. 이에 따라 문화체육관광부는 다양한 장르의 문화산업 진흥을 위한 중장기 기본계획을 수립하여 발표한다. 정부가 수립하여 발표하는 종합계획이나 기본계획에 포함된 정책은 정부가 법률 개정을 추진하거나 예산을 확보하여 실행하기도 하고 여러가지 사유로 실행할 수 없는 경우도 있다.

역대 한국정부는 문화산업 진흥을 위한 법률의 제정 및 개정, 정부조직 및 공공기관의 효율적 구성, 정부예산의 효율적 배분 과정에서 끊임없이 산업현장의 의견을 수렴하며 다양한 정책을 통해 문화산업의 국가경쟁우위 향상을 지원하였다. 문화산업 관련 법률, 정부조직, 정부예산은 국가경쟁우위 창출을 지원하는 문화산업정책의 핵심적 요소이다. 이와 같은 핵심적 요소를 토대로 문화산업의 국가경쟁우위를 지원하는 정책을 장르별로 구분하여 정리하면 매우 방대한 양이 된다. 그리고 산업환경의 변화에 따라 정책의 중요성과 시급성도 변할 수 있다. 그러므로 여기서는 문화산업 장르별 세부적 발전 전략을 제시하기보다는 지금까지 추진해온 정책을 보완하는 측면에서 법률지원체계의 고도화, 정부지원체계의 효율성 향상, 국가경쟁우위 더블 다이아몬드의 활발한 상호작용을 촉진하는 전략에 대하여 살펴본다.

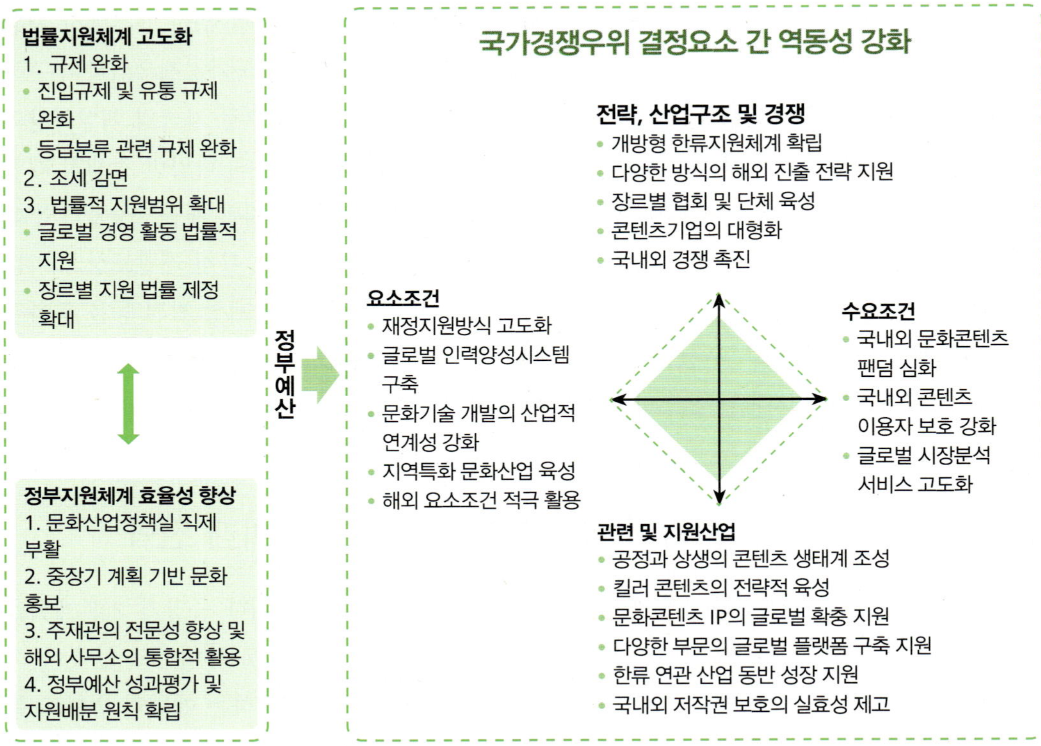

<그림 6-24> 한국문화산업의 지속적 국가경쟁우위를 위한 미래 전략

1) 법률지원체계 고도화

민주국가에서 정부의 행정에 관한 권한이나 국민의 권리를 제한하는 경우에는 법률에 근거가 있어야 한다. 앞에서 살펴본 바와 같이 문화산업을 지원하는 법률지원체계는 문화산업의 국가경쟁우위 결정요소 모두에 영향을 줄 수 있다. 이하에서는 한국문화산업의 지속적 국가경쟁우위를 지원하기 위한 법률지원체계의 고도화방안을 간략히 살펴본다. 여기서는 문화산업 관련 법률을 주로 살펴보지만 근로기준법 등 기타 법률상의 규제도 있다.

① 규제 완화

가. 진입규제 및 유통 관련 규제 완화

현재 문화산업에 있어 표현의 자유와 관계되는 콘텐츠의 내용에 대한 규제는 거의 없다. 그러므로 과거에 비해 규제가 크게 완화된 상태이나 여전히 법률적 규제는 존재한다. 방송사(국적 및 소유 제한, 허가제) 및 신문사(시·도지사 등록제, 소유 제한) 등 미디어산업에 대하여는 국적 또는 소유지분 관련 규제가 있다. 그리고 허가제 또는 등록제라는 진입규제가 일부 남아 있다.

문화콘텐츠의 제작과 유통에 대하여는 영화 및 비디오물, 게임물 등에 관한 약간의 규제가 존재한다. '영화 및 비디오물의 진흥에 관한 법률'은 영상물의 등급분류와 한국영화의 연간 의무 상영일 수(73일) 등의 규제를 유지하고 있다. 그리고 시장 진입규제와 관련하여 영화 및 비디오물의 제작 및 배급과 관련한 사업은 신고제를 규정하고 있고 영화상영관 및 비디오물 시청제공업은 등록제를 규정하고 있다. 영화상영관 및 비디오물 시청제공업은 다중 이용시설이기 때문에 공공의 안전을 위하여 재해예방조치, 청소년 출입 시간 제한, 주류판매 금지 등의 규제도 있고 신고제보다 강한 규제인 등록제를 유지하고 있다.

한편 '게임산업 진흥에 관한 법률'은 게임물의 등급분류, 게임과몰입 예방조치, 불법 게임물 유통금지, 확률형 아이템의 확률정보 등의 표시의무 등에 대한 규제를 현재까지 유지하고 있다. 게임산업 진흥에 관한 법률에 의하면 사업자는 이용자의 과몰입 예방을 위해서 회원가입 시 실명과 연령의 확인 및 본인 인증을 해야 한다. 특히 청소년의 회원가입 시에는 친권자 등 법정대리인의 동의가 필요하고, 청소년에 대한 게임물 이용시간 제한 등의 규제가 있다. 문화체육관광부는 규제 완화 차원에서 전체 이용가 게임의 본인 인증 의무를 선택제로 변경하여 인증 수단이 없는 청소년도 이용할 수 있게 하고 보호자가 자녀의 게임시간을 정하게 하는 게임시간 선택제도 자율 규제로 바꾸기로 하였다. 아케이드게임의 경품도 사행성 경품을 제외하면 자유롭게 제공할 수 있도록 규제 완화를 검토하고 있다. 그리고 실효적 이용자 보호를 위하여 확률형 아이템 표시의무 위반 시 게임사의 이용자에 대한 손해배상 책임을 규정하고 입증책임을 이용자가 아닌 게임사로 전환하여 이용자가 피해에 효과적으로 대응할 수 있도록 개선할 계획이다.[341] 게임산업은 매출규모와 수출 실적 증가율이 매우 높은 고성장 산업이다. 글로벌 시장에서 국산 게임의 확산 및 이용자 보호에 관한 사회적 성숙도 등을 감안하여 규제수준을 글로벌 관점에서 합리적으로 조정할 필요가 있다.

나. 등급분류 관련 규제 완화

정부는 등급분류에 있어서 게임 및 온라인동영상서비스(OTT)의 경우 자체등급분류제 확대를 통한 규제 완화를 추진하고 있다. 그러나 지상파와 종편방송은 더욱 강화된 기준에 따른 심의를 받는다. 이와 같은 규제 완화에 힘입어 OTT는 지상파나 종편방송을 제치고 국내 방송영상콘텐츠산업의 주류로 떠올랐다. 넷플릭스의 예능 프로그램 '흑백요리사: 요리 계급 전쟁'에서 일부 출연자의 문신이나 욕설이 그대로 노출된 점과 특정 제품 이름이 가려지지 않은 채 화면에 등장한 점 등은 방송에서는 볼 수 없는 장면이다. 방송물은 방송통신심의위원회의 심의를 받는다. 방송심의에서는 문신은 혐오와 불쾌감을 조성할 수 있기 때문에 가리거나 흐리게 처리

341 유동주. (2024.5.1.). 문체부, 콘솔·인디게임 육성과 규제 완화로 K-게임 '레벨업'. 머니투데이.

하며, 욕설 사용이나 제품명 표기 역시 방송 심의의 제재 대상이다. 지상파나 종편방송은 사전 자율규제와 사후 법적규제의 대상이 되는데 OTT사업자의 콘텐츠는 영상물등급위원회의 등급분류만 받으면 된다. 즉 OTT용 콘텐츠는 방송으로 규정되지 않아 방송심의에서 비껴갈 수 있다.[342] OTT는 정보통신망법에 따라 영상물등급위원회의 등급분류를 받고 지상파 및 종편 TV콘텐츠는 방송법에 의한 방송통신심의위원회의 심의를 받는다. 이와 같은 콘텐츠 심의 규제의 차이에 대하여 콘텐츠업계는 오래 전부터 문제를 제기해왔다. 이는 방송영상콘텐츠에 대한 규제 완화로 접근하는 것이 바람직하다고 본다. OTT콘텐츠나 TV방송콘텐츠나 시청자들에게 노출되는 방식은 사실상 차이가 없다. 영상콘텐츠의 내용 규제는 완화된 방식으로 통일하는 것이 바람직하다.

② 조세 감면

영상콘텐츠 제작에 대하여 미국, 캐나다, 영국, 프랑스 등 주요 국가에서는 조세 감면 제도를 운영하고 있다. 한국에서도 영상콘텐츠 제작에 대한 조세 감면 요청은 오래전부터 있어왔다. 조세 감면은 직접적인 보조금 지원보다는 보다 발전된 형태의 간접적 보조금 지원 방식이다. 정부는 특정 분야에 대하여 세금 감면을 통해 보조금 지원과 같은 효과를 거둘 수 있다. 한국의 조세 감면은 조세특례제한법 개정을 통해 가능하다.

한국정부는 2016년에 조세특례제한법을 개정하여('16.12.20.) 영상콘텐츠 제작비용에 대한 세액공제제도를 도입하였다. 이는 영상산업을 지원하기 위하여 내국인이 방송프로그램 또는 영화 등 영상콘텐츠 제작을 위해 국내에서 사용한 비용의 3%(중견기업의 경우에는 7%, 중소기업의 경우에는 10%)에 상당하는 금액을 소득세 또는 법인세에서 공제해주는 제도이다. 동 규정은 당초 2019년까지 한시적으로 적용될 예정이었으나 적용기간이 3년 단위로 계속 연장되었다. 그리고 정부는 2023년에 조세특례제한법을 다시 개정하여('23.12.31.) 2024년부터 영상콘텐츠 제작비용에 대한 기본 세액공제율을 대기업은 5%로(중견기업은 10%, 중소기업은 15%) 상향 조정하였다. 이 외에도 중소기업의 경우에는 15%, 기타는 10%의 추가 세액공제를 받을 수 있는 제도를 신설하였다. 추가 공제는 작가 또는 스태프의 인건비, 배우의 출연료, 후반 제작비 등을 위해 국내에서 지출한 비율이 80% 이상일 경우에 적용 받을 수 있다. 그러므로 중소기업의 경우 영상콘텐츠 제작 시 제작비용의 총 30%까지 세액공제를 받을 수 있게 되었다. 이는 국내 영상콘텐츠 제작사의 비용구조에 커다란 도움을 줄 수 있는 제도이다. 이와 같은 조세 감면은 한시적으로 규정되어 있지만 상당기간 지속될 수 있다.

영상콘텐츠 제작비가 치솟는 상황에서 영상제작에 대한 세액공제율이 해외의 주요 국가 수

[342] 황재하. (2024.10.31.). 욕설도 그대로 내보내는 '흑백요리사'…방송사와 규제 비대칭. 연합뉴스.

준으로 상향되면 콘텐츠의 질적 측면은 물론 양적으로도 발전할 것이다. 다만 국내에서 투입된 제작비를 대상으로 하고 있기 때문에 해외 촬영 제작분에 대해서는 혜택을 제외하는 차별적 규제가 될 수도 있다. 영상콘텐츠업계는 해외 촬영, 콘텐츠 기획 단계의 연구개발, OTT 등 플랫폼이 지급하는 제작비 등에 대한 세액공제 확대도 희망하고 있다.[343]

문화콘텐츠 제작에 대한 세액공제는 현재 영상콘텐츠 제작에 대해서만 적용되고 있으나 게임, 음악, 만화, 출판 등 다른 문화콘텐츠까지 세액공제 확대를 검토할 수 있다. 그리고 내국인뿐 아니라 외국인이라도 국내에서의 촬영 및 내국인을 고용하여 제작하는 경우에는 적용범위에 포함하는 방안도 검토할 수 있다. 조세 감면은 사실상의 콘텐츠 제작 보조금에 해당하며 정부의 조세수입 감소를 야기할 수도 있기 때문에 조세 감면을 통한 경제활성화 효과와 비교하여 정책적으로 결정할 문제이다. 그러나 조세 감면을 통한 문화콘텐츠의 경제활성화 효과는 눈에 보이는 경제적 효과를 넘어 국가브랜드 가치 향상 및 연관 산업의 동반 성장 지원 효과까지 감안할 필요가 있다.

③ 법률적 지원범위 확대

가. 글로벌 경영 활동의 법률적 지원

글로벌 경영은 본사가 위치한 국가의 경계를 넘어 전 세계를 대상으로 가장 효율적으로 기업 활동을 배치함으로써 경쟁우위를 확보하는 경영이다. 포터(Porter)는 기업 활동의 전 세계적 배치와 이의 효과적 조정이라는 두 가지 이슈를 어떻게 관리할 것인지에 따라 국제경영전략을 구분하였다. 기업 활동이 지역적으로 집중되어 있고 낮은 강도의 조정 활동이 수반된다면 이는 수출 중심의 마케팅 전략이다. 그리고 기업 활동이 지역적으로 넓게 분산되어 있지만 낮은 강도의 조정 활동이 이루어지는 경우는 국가별 전략(multidomestic strategy)이다. 반면 기업 활동이 지역적으로 전 세계에 넓게 분산되어 있고 강력한 통합적 조정 활동을 추진하는 경우에는 고도화된 글로벌 전략(global strategy)이다.[344]

한국의 문화산업은 글로벌 경쟁우위를 지향하며 해외시장을 급격히 확대하고 있다. 이에 따라 한국문화콘텐츠기업은 수출 중심의 국제경영 활동을 넘어 라이선싱이나 해외직접투자를 활발히 진행하며 글로벌 경영 활동을 확대하고 있다.

산업을 지원하는 법률은 해당 산업에게는 매우 상징적 의미가 있다. 현재의 문화산업 관련 법률은 문화콘텐츠기업의 국제경영 활동을 지원하는 규정으로 해외투자유치 및 공동제작을 지원하는 규정을 두고 있다. 문화콘텐츠기업의 글로벌 경영 활동을 지원하기 위해서는 관련 규정

[343] 정주원. (2023.8.3.). 제작비 세액공제 최대 30%, 해외 로케도 적용됐으면. 매일경제.

[344] Porter, M. (1986). Competition in global industries. Harvard Business School Press.

을 좀 더 개방적으로 개정하여 글로벌 산업 생태계 구축을 지원할 필요가 있다. 글로벌 산업 생태계 구축을 통해서 글로벌 경쟁우위의 지속적 창출이 가능하다.

그리고 인공지능 발달 및 글로벌 플랫폼의 시장 지배력 확대 등 문화산업이 처한 현실에 효과적으로 대응하기 위하여 인공지능(AI)을 활용한 창작 및 글로벌 콘텐츠 플랫폼 육성을 법률적으로 지원할 수 있다. 글로벌 플랫폼은 AI를 폭넓게 활용하며 고객 맞춤형 서비스 기능을 확대하고 있다. AI 활용에 대하여는 후술하는 바와 같이 저작권 이슈가 아직 해결되지 않고 있다. 문화산업의 발전을 위해 글로벌 규범이 조속히 확립되어야 한다. 글로벌 시장이 통합되며 경쟁이 가속화되는 상황에서 한국문화산업의 지속적 국가경쟁우위를 지원하기 위해서는 문화산업을 지원하는 법률이 글로벌 산업환경 변화를 신속히 반영할 수 있어야 한다.

나. 장르별 지원 법률 제정 확대

문화산업진흥기본법, 콘텐츠산업진흥법, 저작권법 등 문화산업 전반을 지원하는 법률이 존재하지만 영화, 게임, 만화, 애니메이션, 대중음악, 출판, 미디어 등의 장르는 별도의 진흥법을 갖고 있다. 이 중 영화, 미디어는 산업 진흥을 위한 별도의 기금까지 갖고 있다. 특정 장르의 문화산업을 지원하는 법률은 해당 산업을 지원하는 강력한 정책적 의지가 담겨있다. 그러므로 법률이 있으면 정부예산 확보도 수월하다. 문화산업 전반에 대한 포괄적 지원 법률이 있기에 개별적 법률의 존재는 중복성 논란이 있을 수 있다. 그러나 특정 장르에 대한 개별적 진흥법을 기본법에 통합하지 않는 이상 주요 문화산업 장르별 지원법은 필요하다.

뿌까, 라바, 아기상어 등은 세계적으로 성공한 한국을 대표하는 캐릭터이다. 이들의 공통점은 유아용 캐릭터이다. 캐릭터는 과거에는 아이들의 전유물로 여겨졌으나 이제는 어른들의 문화로까지 확장되는 추세에 있다. 이와 같은 캐릭터 소비층의 확장으로 소구되는 캐릭터의 유형도 다양해졌다. ‘플레이브’나 ‘이세계 아이돌’과 같은 가상 아이돌의 인기는 캐릭터 소비의 변화를 보여준다. 캐릭터 소비의 변화는 콘텐츠 전 영역에 걸친 캐릭터 IP를 활용한 라이선스 사업의 활성화를 촉진한다. GS리테일, CU, 이마트24와 같은 편의점과 롯데홈쇼핑 같은 유통기업들이 인기 캐릭터IP를 자사의 상품과 결합하여 판매하고 있다. 그리고 캐릭터IP의 영역이 단순한 캐릭터 상품이나 영유아 애니메이션을 넘어 웹툰, 게임 등으로 OSMU가 더욱 확장되고 있다.[345]

오프라인에서 캐릭터의 다양한 활용 못지않게 캐릭터산업은 플랫폼 비즈니스까지 접목하여 발전하고 있다. ‘젤리크루’는 캐릭터 창작자들이 캐릭터를 상품화해서 판매하는 플랫폼이다. 소비자들은 문구, 생활용품, 패션잡화, 완구 등 다양한 제품에 다양한 캐릭터를 적용하여 원하는 상품을 구매할 수도 있다.

345 문화체육관광부·한국콘텐츠진흥원. (2024). 2023콘텐츠산업백서.

캐릭터의 연관 콘텐츠인 만화, 애니메이션, 음악, 게임 등은 모두 개별적 진흥 법률을 갖고 있다. 캐릭터 소비계층의 다양화, 첨단 비즈니스로의 진화, 캐릭터산업의 최근 성장률 저하 등을 감안하여 '캐릭터산업 진흥에 관한 법률' 제정을 검토할 만하다. 이는 캐릭터산업에 대한 보다 체계적 지원을 가능하게 할 수 있다. 이 외에도 문화체육관광부에서 문화산업의 한 장르로서 지원하는 패션문화산업 및 광고산업의 경우에도 보다 체계적이며 안정적 지원을 위해서 이 분야를 규율하는 별도의 지원 법률 제정도 검토할 필요가 있다.

2) 정부지원체계 효율성 향상

① 문화산업정책실 직제 부활

2022년 문화산업 관련 정부예산은 1조 원이 넘었다. 이는 문화콘텐츠 진흥, 미디어산업 육성, 저작권 보호 등 3개의 문화산업 분야 예산을 합친 규모이다. 문화산업 관련 예산과 조직이 확대되면서 노무현 정부 시기인 2007년에 문화콘텐츠, 미디어산업, 저작권 등 문화산업 분야를 통합적으로 조정, 지휘할 수 있는 문화산업본부장 직위를 신설하여 운영하였고, 이명박 정부 및 박근혜 정부에서는 문화콘텐츠산업실장 직위를 운영하며 콘텐츠, 미디어, 저작권 정책의 통합적 조정을 통한 시너지를 도모하였다. 이와 같은 조직 편성은 문재인 정부 들어서 폐지되었고 콘텐츠, 미디어, 저작권 분야가 별도의 국 단위 조직으로 운영되고 있다.

저작권정책은 기본적으로 창작자 즉, 저작권자 또는 저작인접권자의 권리 보호를 가장 우선시하는 정책이다. 반면 콘텐츠정책은 문화콘텐츠의 제작 및 국내외 유통 활성화, 그리고 투자의 선순환을 지원하는 기능을 중시한다. 저작권정책으로 보호하는 저작권자와 저작인접권자는 통상적으로 문화콘텐츠를 제작하는 제작사에 용역을 제공하는 형태로 참여하게 된다. 그 결과 문화콘텐츠 제작자와 창작자 또는 실연자 사이에는 갑을관계가 형성된다. 그렇게 되면 문화콘텐츠의 정책고객과 저작권의 정책고객 간에는 이해관계가 상충될 수 있다. 이는 문화콘텐츠의 장르별 지원 부서와 저작권 관련 부서가 지향하는 원칙과 업무방향이 서로 상충될 수 있음을 의미한다. 그리고 미디어산업에서도 매체 또는 플랫폼 사업자와 콘텐츠를 공급하는 독립제작사는 갑을관계가 존재한다. 이는 이해관계가 상충될 수 있다는 의미이다.

문화산업의 3대 분야인 콘텐츠, 미디어, 저작권 분야는 상호 보완적으로 발전해야 한다. 이를 위해서는 콘텐츠, 미디어, 저작권 분야를 통합하며 조정함으로써 문화산업정책의 시너지를 낼 수 있도록 문화산업정책실 조직을 부활할 필요가 있다.

② 중장기 계획 기반 문화 홍보

미국 뉴욕의 메트로폴리탄(MET)과 구겐하임(Guggenheim), LA의 라크마(LACMA), 영국 런던의 테이트 모던(Tate Modern) 등 세계적 미술관들은 최소 5년 이상의 전시계획을 사전에 수립하여 충실히 준비한다. 한국이 미국, 영국, 프랑스 등 문화적 선진국의 주요 미술관에서 한국문화를 소개하는 전시를 추진하기 위해서는 최소한 5년 전에 전시계획을 협의해야 한다. 그러나 현재 한국의 행정체계에서는 이를 실행하기 어렵다. 한국은 5년 단임제 대통령제이므로 권력의 이동이 잦고 장관의 임기도 보통 1년 내외에 불과하다. 미술관장 또는 박물관장의 임기는 통상적으로 3년으로 정해져 있고 연임하는 경우는 거의 없다. 그리고 정부예산은 연 단위로 매년 반영하는 시스템이다. 대통령의 임기가 5년이고, 미술관장의 임기는 3년이며 연임도 안되는 상황에서 5년 이후의 한국문화 홍보를 위한 제대로 된 전시를 기획한다는 것은 현실적으로 가능한 일이 아니다.

MET, LACMA, TATE 등 세계적 미술관의 관장들은 대부분 10년이 넘게 관장직을 유지하며 일하는 사례가 많다. 물론 이는 성과를 인정받았기 때문이다. 장기적으로 근무할 수 있어야 전략적 작품 수집 및 전시 계획을 수립할 수 있다. 한국에서도 성과가 있으면 정권의 향배와 관계없이 장기간 재직할 수 있어야 해외 주요 미술관들과 협력망을 구축하고 좋은 전시 또는 국제 교류를 시행할 수 있다.

해외 공연도 마찬가지이다. 국가에 따라서는 공연비자 발급만 최소 6개월 이상이 소요되는데 매년 사업계획을 수립하고 공모를 통해 공연단을 선정한 다음 해외 공연장을 확보 및 비자 발급 절차를 거쳐 성공적으로 공연을 마무리하기까지 모든 과정을 1년 내에 추진하는 것은 현실적으로 어렵다. 해외 공연도 최소 2년 이상의 시간을 갖고 준비할 수 있도록 제도적 개선이 필요하다.

③ 주재관의 전문성 향상 및 해외 사무소의 통합적 활용

해외에서 한국문화 또는 문화콘텐츠에 대한 홍보는 해외 한국문화원 또는 한국콘텐츠진흥원 해외 사무소, 한국관광공사 해외 지사, 전 세계의 세종학당 등이 중요한 역할을 수행하고 있다. 세종학당은 현지 인력을 활용하지만 한국에서 파견하는 주재관의 임기는 보통 3년이다. 현지에 가서 배우고 적응하면 곧 귀국해야 하는 것이 현실이다. 그러므로 한국에서 파견된 주재관이 현지의 전문가들과 깊은 네트워크를 구축하기 어렵다. 많은 비용을 들여서 어렵게 양성한 인재를 3년 만에 불러들이고 새로운 사람을 파견하는 것은 기업입장에서 보면 커다란 낭비이다.

한국 문화콘텐츠기업의 해외 진출방식은 수출뿐 아니라 라이선싱 및 직접투자, 공동 제작 및 유통 등으로 고도화되었다. 현지에서 한국기업을 효과적으로 지원하기 위해서는 주재관들이 높은 전문성을 토대로 다양한 직급과 직위의 현지 전문가들과 긴밀한 네트워크를 갖고 있어야 한다. 주재관은 수익을 추구하는 기업 소속이 아니므로 관련 분야 네트워크 확대에도 훨씬 유리하다. 한국문화 및 콘텐츠를 홍보하는 해외 주재관은 반드시 준비된 전문가를 파견해야 하며 성과에 따라 장기간 근무할 수 있는 제도적 기반이 조성되어야 한다. 순환 보직이 아닌 주재관 전문직위를 운영하는 것도 대안이 될 수 있다.

세종학당재단은 2023년 말 현재 85개 국가에서 248개의 세종학당 운영을 지원하였다. 세종학당은 전 세계에서 지속적으로 증가하고 있다. 전 세계에서 한국문화와 관련된 이만한 네트워크를 구축하기도 어렵다. 전 세계의 세종학당 네트워크는 글로벌 문화홍보 및 문화산업 수요조건 고도화에도 기여할 수 있다. 정부는 해외 한국문화원, 한국관광공사, 한국콘텐츠진흥원, 세종학당재단, 한국저작권위원회, 한국국제문화교류진흥원 등의 해외 네트워크를 통합적 관점에서 전략적으로 운용해야 한다.

④ 정부예산 성과평가 및 자원배분 원칙 확립

역대 정부는 문화산업의 국가경쟁우위 향상을 위하여 인력 양성, 기술 개발, 한류 진흥 등 문화산업 전반에 대한 기능적 지원 예산과 장르별 지원 예산을 편성하여 운용하였다. 특히 문재인 정부에서는 문화산업 전반의 경쟁력 향상을 지원하는 예산의 비중이 크게 증가하였다. 문화산업 관련 정부예산은 지속적으로 확대되어 2022년에는 1조 원을 넘었다. 이제는 성과평가를 통해 자원배분의 원칙을 확립함으로써 정부예산의 효과성 및 효율성을 보다 증가시켜야 한다.

문화산업의 국가경쟁우위 향상을 기능적으로 지원하는 사업은 적절한 성과평가가 쉽지 않지만 다양한 방식을 강구할 수 있다. 막대한 정부예산이 투입되는 만큼 성과평가를 통해 사업의 확대 또는 축소 여부는 물론 폐지 여부까지 검토해야 한다. 콘텐츠산업조사에 의하면 장르별 종사자 수나 기업 수가 줄어드는 경우가 많다. 큰 폭으로 늘어난 정부예산을 사업별로 평가하고 이를 토대로 적정 예산규모를 반영해야 한다. 가령 인력 양성의 경우 단순한 교육 참여 숫자와 수료율에 의존하기보다는 교육 이수자의 취업 경로 및 현직에서의 경력 경로를 연계하여 교육의 성과를 진단해볼 필요가 있다. 기술 개발도 지원사업의 목표와 범위를 명확히 설정하고 성과평가를 실시할 수 있다. 콘텐츠산업에 필요한 원천기술의 개발인지 특정 콘텐츠의 제작 또는 유통에 사용되는 응용기술의 개발인지 등을 명확히 하고 사업목적과 성과를 점검할 수 있다. 한류 진흥 사업도 참여자들을 대상으로 장기적 조사를 통해 콘텐츠 소비와의 연계성을 평가할 수 있다. 이와 같은 성과평가가 도입되면 기능적 지원 예산의 타당성 및 적정 규모를 보다 명확히 파악할 수 있다.

장르별 정부예산의 성과는 산업의 매출규모, 수출 실적 등을 통해 평가가 비교적 수월하다. 정부는 장르별 지원 예산을 편성할 경우 산업의 성장성, 수출 및 고용 창출 효과, 연관 산업에 대한 파생 효과 등을 감안할 수 있다. 이를 통해 장르별로 인프라 조성, 제작 지원, 유통구조 개선, 해외 진출 등을 지원하는 예산을 증액하거나 감액하는 명확한 기준을 세울 수 있다.

3) 국가경쟁우위 결정요소 간 역동성 강화

콘텐츠산업의 글로벌 경쟁구조는 이미 오래전에 확립되었다. 전 세계의 메이저 콘텐츠기업은 글로벌 시장을 대상으로 최적의 조건을 찾아서 경영 활동을 배치하고 글로벌 경영 관점에서 이를 통합적으로 관리하고 있다. 넷플릭스 및 디즈니와 같은 글로벌 기업은 물론 하이브, 네이버, CJ ENM 등 한국의 주요 콘텐츠기업도 해외직접투자를 늘리며 글로벌 경영 활동을 추구하고 있다.

문화산업의 지속적 국가경쟁우위 창출을 위해서는 국가경쟁우위의 국내적 결정요소만을 고도화한다거나 해외 수요 확충 지원에만 집중하는 전략은 바람직하지 않다. 정부는 국가경쟁우위의 국내외적 결정요소 모두를 감안한 정책을 수립하고 이들 요소 간 상승작용이 일어날 수 있도록 역동성을 강화해야 한다.

① 요소조건 고도화

가. 재정지원 방식 고도화

앞에서 살펴본 바와 같이 정부는 문화콘텐츠 제작에 대한 보조금 지원보다는 투자 지원을 지속적으로 확대해왔다. 향후의 투자 지원은 제작에 대한 투자뿐 아니라 콘텐츠산업 가치사슬 전 분야를 대상으로 투자 지원의 범위를 확대할 필요가 있다.

문화콘텐츠기업은 제작 소요자금 일부를 보조금으로 지원받기보다는 제작에 소요되는 적정 비용을 투자로 받는 것을 선호한다. 기업 입장에서 보조금은 제작에 필요한 만큼 충분한 규모가 아니다. 보조금을 지원하는 정부 입장에서도 콘텐츠의 완성에 대한 보증 및 사후 관리가 쉬운 것이 아니다. 투자의 경우에는 운용사가 관리하며 투자를 하는 만큼의 지분을 확보한다. 이를 근거로 콘텐츠의 완성에 대한 체계적 관리 및 마케팅 지원도 가능하다. 아울러 투자 지원은 국가 간 무역분쟁 시에도 보조금과 달리 문제가 되지 않는다.

윤석열 정부의 문화체육관광부는 미래 성장산업인 미디어·콘텐츠산업의 자본력 강화를 지원하기 위해 대형 콘텐츠 제작과 콘텐츠 지식재산(IP) 보유 및 활용에 투자할 수 있는 1조 원대의 민관 합동 'K-콘텐츠·미디어 전략 펀드' 신설을 추진하였다. 동 계획에 의하면 정부는 2028년까지 총 1조 원이 넘는 펀드를 조성하여 문화산업을 지원한다.[346] 이와 관련하여 문화체육관광부는 2025년 2월 6천억 원 규모의 K-콘텐츠 펀드 조성 계획을 수립하고 펀드 제안서 접수 계획을 공고하였다. 동 계획에 따르면 정부 출자는 3,400억 원이며 민간투자를 포함하여 문화계정 펀드 5,200억 원, 영화계정 펀드 796억 원 규모의 벤처투자조합을 조성하여 콘텐츠 시장에 대한 투자를 지원한다. 문화계정 펀드는 문화산업 관련 지식재산권, 신기술, 수출, 콘텐츠 육성

346 국무조정실. (2024.3.12.). 규제혁신과 투자활성화로 K-콘텐츠·미디어, 새 성장엔진으로 키운다!

등 문화산업 전반에 대한 투자를 추진하게 된다.[347] 2025년 문화체육관광부의 투자 지원 계획에서 문화산업에 대한 투자 지원의 범위가 다양하게 확대된 것은 매우 바람직한 현상이다.

그간 정부는 콘텐츠 창작에 대한 지원에 있어 스타트업 및 중소기업 중심으로 전개해왔기 때문에 중견기업 이상은 지원 대상에서 배제되는 경우가 많았다. 글로벌 시장에서 경쟁할 수 있는 대작 콘텐츠 제작에 대하여는 기업규모와 관계없이 투자를 검토할 필요가 있다. 그리고 해외공동제작에 대한 투자도 유도할 수 있다. 향후의 재정지원 방식은 우수 콘텐츠 제작 지원 외에도 국내외 문화콘텐츠 IP의 다양한 활용, 글로벌 플랫폼 구축, 콘텐츠 기업 간 M&A, 기술개발, 비즈니스 컨설팅 등 콘텐츠산업의 가치사슬 전 분야를 대상으로 투자 지원의 범위를 확대할 필요가 있다.

나. 글로벌 인력양성시스템 구축

문화산업은 부존자원이나 자본과 같은 물적자원보다는 창작자의 창의적 아이디어에서 출발하여 이를 상품화하고 글로벌 시장에서 소비자들의 마음을 얻어야 성공하는 산업이다. 문화산업의 성공에는 처음부터 끝까지 사람이 중요한 역할을 한다. 제2장 국가경쟁우위에 관한 이론적 고찰 부분에서 살펴보았듯이 조동성은 한국의 경제발전 성공사례에서 착안하여 산업의 국가경쟁우위 창출에 있어 인적자원의 중요성을 강조하였다. 그는 인적자원을 공무원, 기업가, 전문가, 근로자 등 네 가지 요소로 구분하여 포터의 다이아몬드 모델의 네 가지 물적요소와 기회요인을 결합하여 국가경쟁우위에 관한 9팩터 모델을 발전시켰다.

인력 양성은 많은 예산과 다양한 프로그램을 갖고 있는 중요한 정책이다. 정부는 영화, 게임, 방송영상, 음악, 만화, 애니메이션, 캐릭터 등 다양한 장르에서 문화콘텐츠의 기획, 제작, 국내외 마케팅 등에 관한 실무 전문가를 양성하는 교육 프로그램을 지원하고 있다. 기술한 바와 같이 산업의 국가경쟁우위 창출을 위해서는 현장 전문가뿐 아니라 기업가 및 공무원의 글로벌 역량 강화도 필수적이다. 이를 위해 정부는 현장 전문가 양성과 함께 문화산업 관련 비즈니스를 주도하는 혁신적 기업가를 지속적으로 배출하고 공무원의 전문성을 강화할 필요가 있다.

i) 산업현장 실무 역량 강화

문화산업은 기본적 요소보다는 고급의 창의적 요소가 더욱 중요한 산업이다. 교육을 통한 인력 양성은 정부의 가장 전통적인 역할이다. 정부는 산업의 발전 단계에 따른 인력 수요를 파악하고 현장에서 필요로 하는 신규 인력을 양성함은 물론 급변하는 환경에 대응할 수 있도록 기존 인력의 재교육을 지원할 필요가 있다. 재교육은 바쁜 업무 속에서 교육을 받아야 하는 만큼 문화콘텐츠업계가 모여 있는 지역에서 운영하는 사내 교육8 또는 사내 대학원과 같은 프로

[347] 문화체육관광부. (2025.2.5.). 세계적인 콘텐츠 기업 키울 K-콘텐츠 펀드 6,000억 원 조성.

그램도 검토할 수 있다.

ii) 국내외 연계 인력 양성

문화산업 장르 중 영화 및 방송영상의 경우 해외 파견 교육 또는 해외 전문가 초청 교육 프로그램이 있었지만 규모가 크지는 않았다. 글로벌 시장에서의 지속적 경쟁우위를 위하여 한국 문화산업 인력의 해외 연계 교육 활성화가 필요하다.

그리고 외국과의 공동제작 또는 외국인이 참여하는 문화콘텐츠가 늘어나고 있음을 감안하여 ODA사업을 해외 인력 양성과 연계하거나 내국인과 외국인이 함께 공부하는 '글로벌 K-컬처 대학원'의 설립 및 운영을 지원하는 방안도 있을 수 있다. 해외의 우수 인력을 한국문화와 연계하여 양성하면 국가경쟁우위 다이아몬드의 역동성을 자극함으로써 해외 요소조건 및 수요조건의 고도화는 물론 관련 및 지원산업의 활성화도 촉진할 수 있다.

iii) 글로벌 문화산업 기업가 양성

문화콘텐츠는 원천 IP의 창작이 중요하지만 이를 글로벌 시장에서 사업화할 수 있는 능력은 더욱 중요하다. 문화콘텐츠의 창작 및 창업을 지원하는 프로그램은 많다. 그러나 스타트업이나 중소기업이 중견기업 또는 대기업으로 성장할 수 있도록 지원하는 혁신적 기업가 양성 프로그램은 거의 없다. 노무현 정부는 문화콘텐츠기업의 임원 및 CEO를 대상으로 글로벌 문화산업 최고경영자 양성을 지원하기도 하였지만 이는 계속되지 않았다. 문화산업은 OSMU가 활발히 일어나면서 지속적으로 매출을 일으키는 산업이다. 국내외 다른 장르의 문화산업 CEO들과 교류하고 해외 현장을 체험하면서 글로벌 산업동향을 배우고 토의하는 과정을 통해 문화산업 CEO들의 혁신역량은 향상될 수 있다.

문화산업의 지속적 국가경쟁우위 창출을 위해서는 혁신적인 문화산업 기업가가 계속 배출되어야 한다. 지금까지 정부의 문화산업 전문인력 양성은 급변하는 문화산업의 특성을 이해하고 콘텐츠를 기획, 개발하며, 사업화하고 글로벌 마케팅을 직접 수행할 수 있는 현장형 전문인력 양성에 많은 비중을 두었다. 문화산업기업의 의사결정을 주도하는 경영자 및 임원을 대상으로 하는 전략 교육 프로그램은 거의 없다. 이를 감안하여 문화산업 분야 최고경영진 또는 임원을 대상으로 국내외 연계 글로벌 CEO 교육 프로그램을 운영하며 기업가정신을 배양할 필요가 있다.

정부는 문화산업 분야 최고경영자 양성을 위한 교육과정을 개발하고 이를 운영할 교육기관을 선정하여 필요한 최소한의 지원을 하면 된다. 해외 네트워크 연계는 해외의 한국문화원과 한국콘텐츠진흥원 해외 사무소가 지원할 수 있다. 최고경영자에 대한 교육비용은 피 교육자들도 충분히 부담할 수 있기에 예산이 많이 소요되지도 않는다.

vi) 문화산업 관련 공무원의 전문성 제고

문화산업 관련 정부예산은 1조 원이 넘는다. 문화산업은 기술 혁신과 시장의 변화 속도가 타 산업에 비하여 빠르다. 급변하는 환경 속에서 1조 원이 넘는 예산을 운용하는 문화체육관광부 공무원의 전문성 향상이 필요하다. 그러나 공무원으로 근무하며 능력 개발의 기회를 얻기는 쉽지 않을 뿐 아니라 어렵게 기회를 얻어 전문성을 갖춘다 해도 그 전문성을 발휘할 수 있는 기회가 주어지지 않는 경우가 많다. 이는 한국의 공무원제도가 직위분류제가 아닌 순환보직을 기본으로 하는 계급제를 택하고 있기 때문이다. 정부가 문화산업 육성을 위해 막대한 예산을 계속 지원하려면 담당 공무원이 산업현장에 대하여 전문성을 갖출 수 있도록 인적자원 관리가 필요하다. 산업현장과의 교환 근무도 하나의 대안이 될 수 있다. 공무원은 문화산업현장을 배우고 문화산업현장의 전문가는 정책을 배우게 되면 산업현장과 정책현장 모두 윈-윈 할 수 있다. 공무원의 전문성 향상이 어렵다면 산업현장 전문가를 개방형 공무원으로 관리직에 채용하는 방안을 검토할 수도 있다. 어느 방안을 채택하든 급변하는 산업환경을 이해하고 현장에서 필요한 정책을 적시에 수립하여 집행하기 위해서는 공무원의 전문성 향상은 반드시 필요하다.

다. 문화기술 개발의 산업적 연계성 강화

문화기술 개발 관련 예산은 <표 6-7>에서 보듯이 처음 예산이 반영된 2003년에 100억 원이 반영된 이후 지속적으로 증가하여 2022년에는 800억 원이 넘었다. 현재의 문화콘텐츠는 제작 및 유통에 있어 첨단기술을 활용하는 경우가 많다. 문화기술 개발은 다양한 콘텐츠의 제작 및 이용, 저작권 보호 등과 관련된 기술 개발 프로젝트를 지원하는 사업이다. 문화기술 개발 프로젝트는 예산규모가 크고 전문적 분야의 연구개발 성격이 강하기 때문에 이를 전공하지 않은 사람은 알기 어려운 복잡한 사업이다. 문화기술을 체계적이며 일관적인 명칭으로 알기 쉽게 분류할 필요가 있다.

정부는 20년 넘게 지속적으로 기술 개발을 지원하며 예산도 크게 증액하였다. 이제는 문화기술 개발 지원의 성과를 종합적으로 점검해 볼 필요가 있다. 문화기술 개발 사업의 콘텐츠산업 발전에 대한 기여도와 산업적 활용도 측면에서 지난 20여 년 간 지원사업의 성과를 평가하고, 문화기술 연구개발의 산업적 연계성을 더욱 강화하는 방향으로 개선할 필요가 있다.

라. 지역특화 문화산업 육성

정부가 지역 문화산업정책의 수립 및 지원을 시작할 당시에는 지역적 특성을 감안한 차별화를 지향하였으나 지역 문화산업 육성을 지원한 지 20여 년이 지난 현재의 시점에서 살펴보면 지역 문화산업정책의 지향점이 차별성보다는 균형발전으로 전환된 것으로 보인다. 지역 문화산업 육성은 지역의 문화산업 관련 인프라 조성 지원이 차지하는 비중이 크기 때문에 요소조건 고도화에 포함하였다. 앞에서 살펴본 바와 같이 문화산업의 매출규모 및 종사자 수 등에 있어 서울, 경기 등 수도권의 집중도는 개선되지 않았다.

2001년 문화관광부는 중복투자를 방지하고 지역별로 특화된 문화산업단지를 조성하도록 단지 지정을 추진하였으나 각 지역이 경쟁적으로 첨단 멀티미디어 영상 분야를 단지 조성의 목표로 삼고 있음을 지역 문화산업의 문제점으로 지적한 바 있다.[348]

20여 년이 지난 2019년 서울을 제외한 전국 16개 광역시·도별 지역콘텐츠산업의 균형발전을 지원하는 거점기관이 모두 지정되었다. 각 거점기관은 지역별 특성과 환경을 고려한 지역 콘텐츠산업 육성 전략의 수립 및 집행을 총괄하며 콘텐츠코리아랩, 콘텐츠기업지원센터, 글로벌게임센터, 음악창작소 등 지역별로 조성된 지원 기반시설의 운영 관리 및 시설 간 연계 발전을 지원하는 역할을 수행하고 있다.[349]

지역 문화산업의 균형적 발전도 필요하지만 지역특성을 감안한 차별화 전략은 더욱 필요하다. 부산과 부천은 각각 영화와 만화를 오랫동안 차별적 지역 문화산업으로 집중 육성해 왔다. 적어도 영화와 만화에 있어서는 이들 도시의 차별적 문화산업 클러스터의 발전을 지원할 필요가 있다. 많은 지방자치단체가 영상 및 게임 중심의 문화콘텐츠기업 유치를 추진한다 해도 특수효과, 가상현실, 후반작업, 온라인게임 또는 콘솔게임 등 가치사슬이나 세분화된 장르를 기준으로 특화할 수도 있다. 그리고 지역별로 특화된 기업들이 경쟁과 협력 속에서 지속적 혁신을 추구할 수 있도록 지역 대학과 산학 연계 클러스터를 구축할 수 있도록 지원해야 한다.

마. 해외 요소조건 적극 활용

한국의 문화산업이 지속적 국가경쟁우위를 창출하기 위해서는 수출 중심의 마케팅전략을 넘어 고도의 글로벌 전략을 추진하는 단계로 발전해야 한다. 이를 위해서는 국내 요소조건뿐 아니라 해외 요소조건도 적극적으로 활용하는 기업이 많이 나와야 한다.

문화산업진흥기본법 등 문화산업 관련 제 법률은 외국인 투자 유치 및 공동제작을 지원하는 규정을 갖고 있다. 해외 요소조건의 활용은 다양한 방식으로 추진할 수 있다. 외국의 자본뿐만 아니라 인력과 기술 및 인프라까지 한국 콘텐츠기업의 콘텐츠 제작 및 유통을 위하여 다양한 방식으로 활용할 수 있다. 해외 요소조건의 적극적 활용은 글로벌 자원배분의 효율성을 향상시킴은 물론 한국문화산업의 국가경쟁우위 결정요소 중 수요조건과 관련 및 지원산업 부문의 고도화까지 촉진할 수 있다.

K팝은 한국인과 외국인 아티스트를 혼합하여 다국적 보이그룹 또는 걸그룹을 시도한 지 오래되었다. 최근에는 한국인 없이 외국인 아티스트만으로 그룹을 결성하고 한국식 아이돌 육성 방식을 활용하기도 한다. SM은 2025년 1월 창립 30주년을 맞이하여 'SM타운 라이브 2025' 공연을 개최하였다. 동 공연에서는 영국인 5인조 보이그룹 '디어 앨리스(Dear Alice)'를 선보였다. 디어 앨리스는 전원 영국인으로 구성되었고 K팝 신인 육성 방식을 접목하여 양성한 아이돌 그

348 문화관광부. (2002). 2002문화산업백서.

349 문화체육관광부·한국콘텐츠진흥원. (2024). 2023콘텐츠산업백서.

룹이다. SM은 이번 공연에서 AI를 활용한 가상의 아티스트 '나이비스'도 출연시켰다.[350] 이와 같은 변화는 한국의 콘텐츠기업의 글로벌화 과정에서 나타나는 자연스러운 현상이다.

한편 게임의 중국 진출의 경우에는 현지의 제도적 규제로 인해 중국의 배급사와 합작투자를 하거나 현지 배급사를 이용해야 한다. 이는 해외의 자본과 인력을 활용한 글로벌 경영 활동의 한 유형이다. 네이버웹툰 및 카카오웹툰은 글로벌 웹툰 플랫폼이다. 전 세계의 웹툰 창작자는 이 플랫폼에서 창작 활동을 할 수 있다. 이는 한국의 웹툰기업이 전 세계의 요소조건을 적극적으로 활용하는 사례이다.

후술하는 바와 같이 정부가 개방형 한류 지원체계를 지향한다면 해외의 요소조건 활용도 적극적으로 지원할 수 있다. 요소조건은 인적자원뿐 아니라 해외의 물적자본 및 인프라까지 포함한다. 정부는 한국기업의 해외직접투자가 늘고 있는 미국, 일본, 유럽 등에 대하여는 한국기업이 공동으로 활용할 수 있는 현지 사무공간도 조성할 수 있다. 이는 한국기업의 글로벌 시장에 대한 보다 적극적 진출을 가능하게 한다.

② 수요조건 고도화

가. 국내외 문화콘텐츠 팬덤 심화

문화산업의 국가경쟁우위 결정요소 중 국내 수요조건 강화를 지원하는 사업은 전국적으로 고른 문화콘텐츠 향유 지원, 국민독서문화 증진 및 도서의 대량 구매, 건전 게임문화 육성 등이 포함된다. 그리고 국외 수요조건 확충 사업은 해외 견본시 참가 지원을 통한 수출 지원과 해외에서의 한국문화 향유 지원 등을 포함한다. 문화콘텐츠에 대한 팬덤은 수요조건의 고도화에 커다란 기여를 할 수 있다. 국내외에서 국산 문화콘텐츠의 팬덤 심화를 지원하는 사업은 많지 않다. 한류 진흥의 일환으로 해외에서 한국문화콘텐츠 동호회에 대한 지원사업이 있지만 특정 콘텐츠 및 아티스트에 대한 팬덤의 조직화 및 심화에는 미치지 못한다. 게임 분야에서는 e스포츠가 활성화되어 프로게이머에 대한 팬덤 형성 및 해당 게임 수요 증대에 크게 기여한다. 영화, 음악, 만화, 애니메이션, 방송영상 등의 장르에서도 팬덤의 심화를 지원하는 다양한 사업을 개발하여 시행할 수 있다.

국산 문화콘텐츠에 대한 국내외 팬 클럽 및 팬 클럽 플랫폼의 활성화를 유도하면 문화콘텐츠의 경쟁 촉진은 물론 콘텐츠 수요의 고도화를 촉진할 수 있다. 열성 팬을 일컬어 흔히 '덕후'라고 부른다. 덕후는 일본어 오타쿠에서 유래한 말이다. 국립국어원 우리말샘에 의하면 덕후는 '오덕후'의 준말로 어느 한 분야에 지나치게 집중하거나 집착하는 사람 또는 특정 분야에 대한 전문적 지식을 지닌 사람을 말한다. 특정 게임, 만화, 영화, 음악 등에 대한 덕후들은 적극적인

[350] 정주원. (2025.1.14.). K팝 30년 이끈 맏형 SM…영국·AI아이돌로 새로운 도전. 매일경제.

소비성향을 갖고 있음은 물론 팬덤을 확대 재생산하는 강력한 소비자 집단이다.

콘텐츠기업은 물론 유통업계에서도 문화콘텐츠 덕후를 마케팅에 적극적으로 활용하고 있다. 한국의 대표적인 백화점 중 하나인 롯데백화점(서울 소공동)은 미디어전시관 '그라운드 시소'에서 애니메이션 모바일 게임 '앙상블 스타즈' 특별전시를 진행한 바 있다. 앙상블 스타즈는 남성 아이돌 그룹을 직접 육성하는 게임의 일종으로 전 세계에 3천만 명 이상의 유저를 보유하고 있다. 모네, 알폰소 무하 등 세계적으로 유명한 작가의 작품을 전시했던 곳에서 가상 게임 캐릭터를 전시한 것은 덕후들의 소비력을 감안한 것이다. 레고 등 장난감 시장이 성인들에게 사랑받는 것도 덕후들이 있기 때문이다. 롯데백화점 사례는 소비심리가 위축된 유통업계가 문화콘텐츠를 활용한 '덕후 마케팅'을 시행한 사례이다.[351]

국산 문화콘텐츠 소비행태의 고도화를 유도하기 위하여 콘텐츠기업의 덕후 양성 및 활성화를 지원할 수 있는 방법은 많다. 특정 콘텐츠의 덕후가 있고 팬덤이 심화되면 콘텐츠 간 경쟁이 촉진되고 이는 자연스럽게 보다 나은 콘텐츠 개발을 위한 요소조건에 대한 투자 증진과 관련 및 지원산업의 발전에도 긍정적 영향을 끼치게 된다. 특히 해외에서 한국 콘텐츠에 대한 덕후들이 자연스럽게 탄생하여 활발히 활동할 수 있도록 지원하면 국산 콘텐츠에 대한 글로벌 팬덤 확산을 통해 해외 수요조건의 고도화 및 지속적 경쟁우위 창출에 크게 기여할 수 있다.

나. 국내외 콘텐츠 이용자 보호 강화

콘텐츠산업진흥법 제26조는 콘텐츠의 유통 및 거래에 관한 이용자의 권익을 보호하기 위한 정부의 책무를 규정하고 있다. 이에 따라 정부는 이용자보호지침 준수에 관한 실태조사, 이용자 피해 예방 및 구제를 위한 조치의 마련 및 시행, 이용자 보호를 위한 콘텐츠사업자 교육 등의 사업을 추진해야 한다.

문화콘텐츠의 공동제작, 해외 진출 증가 및 유통 형태의 다각화 등으로 산업규모가 커지고 사업 분야가 확장되면서 콘텐츠 거래 및 이용 당사자 사이의 분쟁이 빈발하고 있다. 이를 소송으로 해결하는 경우 경제적, 시간적 비용이 콘텐츠 거래비용보다 더 많이 소요된다. 그러므로 콘텐츠 이용자 피해구제는 사후 구제뿐만 아니라 사전 예방이 중요하다. 정부는 콘텐츠 분쟁을 사전에 예방하고자 콘텐츠 민원상담창구 운영을 지원하고 있다. 그리고 사후적 해결을 위해 콘텐츠분쟁조정위원회의 운영을 지원한다. 콘텐츠분쟁조정위원회는 법조계, 학계, 산업계 및 이용자보호단체 등의 추천을 거쳐 문화체육관광부장관이 위촉한 위원으로 구성되어 있다. 이는 콘텐츠 사업자 간, 콘텐츠 사업자와 이용자 간, 콘텐츠 이용자 간 콘텐츠 거래 및 이용에 관한 분쟁을 조정하는 기구로 국민 누구나 이용할 수 있다.[352]

351 박홍주. (2024.1.5.). 백화점업계 게임·애니 덕후 잡기 총력전. 매일경제.

352 문화체육관광부·한국콘텐츠진흥원. (2024). 2023콘텐츠산업백서.

2024년 말에는 콘텐츠분쟁조정위원회의 기능을 대폭 강화하는 내용을 담은 '콘텐츠산업진흥법 개정안'과 게임 이용자의 피해구제를 전담하는 '게임물 피해구제 센터' 운영 근거를 담은 '게임산업 진흥에 관한 법률 개정안'이 국회를 통과하였다. 2023년 콘텐츠분쟁조정위원회에 접수된 신고 건수는 1만5,177건인데 이 중 게임 분야가 1만3,335건을 차지하고 있다. 해외 게임사의 일방적 서비스 종료, 중국 게임의 동북 공정 논란, 이용자들의 시위 등으로 분쟁조정 수요가 급증하였다. 개정된 콘텐츠산업진흥법에 따라 콘텐츠분쟁조정위원회의 위원 수가 확대되고 전문성도 보다 향상되었다. 집단분쟁조정 기능도 새롭게 도입되었다. 그러므로 다수의 게임 이용자가 피해를 입을 경우 콘텐츠 전문 분쟁조정기구에서 이를 체계적으로 다룰 수 있다. 한편 게임물 피해구제 센터는 허위 또는 조작된 확률형 아이템으로 인한 게임물 이용자의 피해 예방 및 손해 보전을 지원하는 기구이다.[353]

산업에서 까다로운 소비자의 존재는 경쟁을 촉진하고 지속적 혁신을 가능하게 한다. 글로벌 온라인동영상서비스(OTT) 등 스트리밍 서비스의 구독료 인상을 의미하는 스트림플레이션이 가속화되는 가운데 접속 장애에 대한 소비자 보상은 미흡하다. 2023년 말 현재 넷플릭스, 디즈니플러스, 쿠팡플레이, 웨이브, 티빙 등 주요 OTT사업자의 약관에서 소비자에 대한 보상 지침과 보상 규모를 명확히 한 기업은 SK스퀘어의 자회사인 웨이브뿐이다. 웨이브는 유료서비스 하자 등에 따른 이용자 피해보상의 기준, 범위, 방법 및 절차에 관하여 문화체육관광부 고시에 의한 디지털콘텐츠 이용자 보호 지침을 운용하고 있다. 이에 따라 웨이브는 서비스 이용 불편이 발생하면 장애 시간의 3배수로 보상한 사례도 있고, 개별 유료 영화를 시청할 수 있는 코인을 지급한 사례도 있다. OTT 서비스가 대중화하는 상황에서 이용자 보호를 위한 제도적 정비가 필요하다. 방송통신위원회는 디지털 플랫폼 서비스 장애로 인한 서비스 중단 시 고지 의무를 강화하기로 했다.[354]

글로벌 문화콘텐츠시장에서 콘텐츠의 이용 경로는 플랫폼인 경우가 많다. 문화콘텐츠 관련 다양한 플랫폼 비즈니스가 활성화되었기 때문이다. 플랫폼을 통한 유통에서는 국경과 거리가 중요하지 않다. 이를 감안하면 문화콘텐츠 이용자 보호는 그 대상을 내국인으로 한정해서는 안 된다. 국내 이용자 보호는 물론이고 해외 이용자까지 보호대상을 확대할 필요가 있다.

다. 글로벌 시장분석서비스 고도화

<표 6-26>은 국가별로 한국문화콘텐츠 중 대중적 인기가 높다고 인식하는 분야를 보여준다. 장르별로 대중적 인기도는 국가에 따라 차이가 있다. 대체적으로 중국, 대만, 태국, 말레이시아, 인도네시아, 베트남, UAE, 사우디 아라비아 등 아시아 권역에서는 뷰티(화장품), 패션,

353 문영수. (2025.1.16.). 콘분위 기능 대폭 강화…게임 이용자 피해구제 센터 운영 근거도 마련. 아이뉴스24.

354 이동인. (2023.12.18.). '스트림플레이션' OTT...접속장애 보상은 뒷전. 매일경제.

음식, 음악 분야가 인기가 높다. 반면 미국, 캐나다, 멕시코, 브라질, 아르헨티나 등 북·남미 대륙에서는 음악과 음식의 인기가 높고 뷰티도 인기가 있다. 프랑스, 영국, 독일, 이탈리아 등 유럽 지역도 음식과 음악, 뷰티에 대한 인기가 높게 나타난다. 정확히 일치하지는 않지만 대체적으로 국가별 대중적 인기가 높은 장르에 대하여는 소비 지출액도 크게 나타난다.

<표 6-26> 국가별 한국문화콘텐츠의 인기도[355]

구분(%)	중국	일본	대만	태국	말레이시아	인도네시아	베트남	인도	UAE	사우디	이집트
뷰티	59.5	49.4	67.5	63	66.6	61.9	69.2	57.1	61.4	59.9	55.7
패션	56.1	44.3	66	59.9	64.4	60.3	63.9	57.6	57.7	58.5	56.3
음식	49.8	65.4	73.3	60.7	68.1	58.3	66	49.4	57.1	54.3	57.4
음악	49.6	56.9	65.3	56.7	62.3	61.2	62.8	57	53.9	57.6	50.9
드라마	47.3	40.9	66.6	47.3	55.8	54.4	57.2	51.8	51.3	55.5	54.7
영화	47.1	30.6	56.3	52.3	58.5	55.4	56.8	52.1	55.7	54.4	58.3
예능	42.2	14.7	51.9	45.1	54.5	45.8	49.8	46.9	46.7	54.1	51.1
게임	41.6	19.8	43.8	43.2	34.4	36.8	40	48.3	50.3	53	54.7
웹툰	34.1	12.9	35.9	42.1	35.6	38.3	32	39.7	41.4	48	52.9
애니메이션	33.9	13.1	28.6	38.2	36.1	36.5	38	46.1	47	51.9	52.3
출판물	30.3	12.3	26.3	34.3	29	29.8	38.9	35.7	38.7	46.8	45.2
구분(%)	미국	캐나다	멕시코	브라질	아르헨티나	프랑스	영국	독일	이탈리아	스페인	튀르키예
뷰티	45.4	37.8	61.3	49.8	31.9	34.7	34.4	34.1	34.8	42.3	44.8
패션	42.5	33	56.4	47.1	30.6	30.3	33.9	32.8	31.9	35.5	38.2
음식	56.8	57.4	55.8	45.6	34.3	38	48.4	46.7	36.8	44.3	38
음악	52.2	45	57.7	58.3	43.4	44	39.1	37.4	34.9	40.3	40.1
드라마	35.4	27.9	48.2	44.7	20	29.1	26.2	26	29.6	25.9	33.3
영화	35.7	29.5	52.3	48.7	27.3	34	32.8	31.7	31.2	34.1	39.4
예능	34.7	24	41	37.5	16.8	24.1	25.9	25	24.7	22.3	24.1
게임	39	28.8	46.8	44.5	29.6	37.4	30.9	34.6	37	41.3	36.7
웹툰	31.4	22.6	39.8	32.8	21.8	27.8	22.3	27	21.8	24.5	29.3
애니메이션	40.4	28.3	46.7	44.8	29.5	34.2	29.1	34.1	33.6	35.9	33.6
출판물	27.4	19.8	35.4	33.5	19.4	25.4	21.9	26	22.8	21.3	26.8

한국국제문화교류진흥원이 매년 발간하는 해외한류실태조사보고서는 전 세계의 주요 국가별 한류에 대한 인기도, 소비행태 등을 담고 있다. 이와 같은 해외시장 조사보고서는 콘텐츠기

355 한국국제문화교류진흥원. (2024). 2024해외한류실태조사.

업의 해외 진출전략 수립에 큰 도움이 될 수 있다.

한국국제문화교류진흥원은 해외의 소비자 행태를 조사하여 국가별 소비시장의 특성을 파악할 수 있는 자료를 제공한다. 반면 한국콘텐츠진흥원은 해외의 콘텐츠기업 관련 정보와 동향, 현지의 시장접근 규제 등에 대하여 체계적인 DB를 구축하고 국가별 기업정보서비스를 제공하고 있다. 그리고 한국저작권위원회 해외 사무소는 저작권 보호 관련 정보를 수집하고 구제방안에 대하여 콘텐츠기업을 지원한다. 해외에 진출하는 한국의 문화콘텐츠기업이 주요 국가별 소비시장, 기업 활동 및 산업정보, 저작권 보호 실태 및 대응전략을 포함한 맞춤형 시장분석서비스를 제공받을 수 있으면 글로벌 시장에서의 경쟁우위 창출에 큰 도움이 될 것이다. 이를 위해 한국국제문화교류진흥원, 한국콘텐츠진흥원, 한국저작권위원회 등은 해외 사무소 운영에 관한 협의체를 운영하며 글로벌 시장분석서비스의 고도화를 추진할 필요가 있다. 아울러 한국 콘텐츠기업의 해외 진출 시 고도화된 맞춤형 시장분석서비스를 제공하는 전문 기업을 정부가 육성할 수도 있다.

③ 관련 및 지원산업 발전

가. 공정과 상생의 콘텐츠 생태계 조성

문화체육관광부는 2018년 4월 말 1인 창작자나 영세업체, 콘텐츠산업 종사자들의 권익보호를 지원하기 위하여 한국콘텐츠진흥원 내에 '콘텐츠 공정상생센터'를 설립하였다. 콘텐츠 공정상생센터는 i) 콘텐츠산업 내 불공정 거래 피해 신고 접수 및 상담, ii) 법률 컨설팅 지원, iii) 공정문화 확산을 위한 콘텐츠 공정거래 가이드라인 마련, iv) 표준계약서 보급 및 확산, v) 대기업과의 공정상생 모델 발굴 등 다양한 업무를 추진하며 건강한 콘텐츠산업 생태계 조성을 지원한다.[356] 콘텐츠분쟁조정위원회가 주로 콘텐츠 이용자 보호를 지원한다면 콘텐츠 공정상생센터는 콘텐츠산업의 공정한 거래질서 확립을 주된 목표로 하고 있다.

문화산업진흥기본법, 영화 및 비디오물의 진흥에 관한 법률, 만화 진흥에 관한 법률 등은 공정한 거래질서의 확립을 위해 표준계약서의 사용을 권고하거나 이를 사용하는 기업을 우대할 수 있는 근거를 두고 있다. 그러나 문화산업현장에서는 문화콘텐츠 제작에 용역을 제공하는 대중문화예술인들이 불공정한 처우를 받는 사례가 끊임없이 발생하고 있다.

인기 콘텐츠에 출연하는 주인공의 출연료에 비해 단역 배우의 출연료는 기본 생계비에도 못 미친다. 한국 콘텐츠에 대한 글로벌 수요가 폭발적으로 성장한 이후 톱스타의 출연료는 크게 올랐으나 단역 배우 및 스태프의 임금은 오르지 않았다. 스타들의 출연료는 시장가로 움직인다. 정해진 제작비에서 주인공의 출연료가 치솟으면 조연 및 단역의 출연료는 줄어들거나 출

[356] 한국콘텐츠진흥원. (2018.4.30.). 콘텐츠산업 불공정 행위, 공정상생센터에 맡기세요.

연배우를 줄이게 된다. 2023년 10월 문화체육관광부에 대한 국회의 국정감사에서도 출연료의 하한선을 설정하여 연기자들에게 최소한의 보상을 보장함으로써 단역 배우들의 노동권과 생존권을 보호해야 한다는 지적이 제기된 바 있다.

자유민주주의 시장경제에서 사적 계약의 영역을 정부가 강제하는 것은 한계가 있지만 제작에 참여하는 출연진 및 스태프들에게 최소한의 생계비 보장을 위해서 시간당 출연료 하한선을 설정하는 제도는 필요하다. 이러한 규제는 문화산업의 공정하고 건강한 생태계 조성을 통한 지속적 국가경쟁우위의 창출을 지원하는 최소한의 규제로 볼 수 있다.

글로벌 OTT가 촉발한 출연료 급등에 제작비가 치솟아 최근에는 OTT의 드라마 편성이 줄고 있다. 급등한 제작비는 지상파 TV와 종합편성채널까지 드라마 편성을 줄이도록 강요하고 있다. 그리고 2025년 극장에서 상영하는 대형 한국영화도 크게 줄었다. 영화시장도 OTT의 파상공세에 무너지고 있다. 극장 개봉 한 달 만에 OTT에서 볼 수 있게 되어 영화관 매출이 줄 수밖에 없다. 넷플릭스를 통한 한류의 확산에 고무되었지만 한국의 문화산업 생태계는 이렇게 무너질 수 있다. 한국의 콘텐츠 제작사들이 공멸 위기에서 벗어나려면 넷플릭스와 한류 스타에 대한 의존도를 줄이고 다양한 콘텐츠와 플랫폼으로 거래 범위를 넓혀야 한다. 그리고 배우의 유명세만 쫓지 않고 차별화된 작품을 만드는데 집중하면 출연료 거품도 꺼질 수 있다.[357] 이를 위해서는 유능한 신인 엔터테이너의 발굴 및 양성이 필수적이다. TV 조선의 미스터트롯과 하이브의 글로벌 오디션을 통한 보이그룹 또는 걸그룹 멤버 모집과 같은 서바이벌 방식의 오디션 프로그램을 방송영상 등에도 도입하여 다양한 끼와 재능을 갖춘 신인 엔터테이너를 양성할 필요가 있다. 신인 양성은 그 범위를 국내로 한정할 필요가 없다. 글로벌 오디션으로 추진하는 것이 바람직하다.

한편 공정거래위원회는 게임업계에 대한 직권조사를 통해 서면 발급의무를 위반한 크래프톤, 넥슨코리아, 엔씨소프트에 대하여 시정명령을 내리고 크래프톤과 넥슨코리아에게는 과징금을 부과한 바 있다. 위 3개 게임사업자는 게임 제작 관련 그래픽, 모션, 녹음에 대한 용역을 위탁하면서 하도급 계약 내용을 기재한 서면을 용역 수행행위 시작 이후에 발급하였고 일부 거래는 계약이 종료된 이후에 서면을 발급하였다. 이는 공정거래위원회가 게임업계에서 관행적으로 이루어지는 서면 지연 발급 거래행위를 적발하여 제재한 것이다. 정부는 향후에도 하도급거래에서 수급사업자의 지위를 열악하게 하거나 분쟁의 단초를 제공할 수 있는 서면 발급의무 위반 행위를 지속적으로 감시하고 적발 시 엄중 조치하겠다고 밝혔다.[358]

'천박사 퇴마연구소: 설경의 비밀'이란 영화의 원작은 웹툰 '빙의'이다. 드라마 '재벌집 막내

357 전지현. (2025.2.14.). 이정재 '회당 14억'받을 때…한쪽선 톱스타가 연극무대로, 그리고 뛰는 티켓값. 매일경제.

358 공정거래위원회. (2025.1.6.). 신성장 콘텐츠 제작분야인 게임업계의 불공정 하도급거래행위 제재.

아들'의 원작은 웹소설이며 드라마 '미생'은 웹툰이 원작이다. 이들 영화나 드라마는 원작으로 인해 2차적 저작물이 큰 성공을 거둔 경우이다. 그러므로 원저작자는 2차적 저작물의 성공에 대한 정당한 대가를 받을 권리가 있다. 2021년 문화체육관광부가 제정한 출판 표준계약서에 의하면 2차적 저작물 작성권은 원저작자에게 있다. 하지만 검정고무신 등의 사례와 같이 현실은 그렇지 않기 때문에 2차적 저작물에 대한 불공정 계약에 대하여 정부가 더 적극적으로 나서야 한다. 공정거래위원회 및 문화체육관광부는 우월한 위치에 있는 사업자가 자신의 협상력을 이용하여 불공정 계약을 강요하는지 철저히 감시하고 감독해야 한다.[359]

플랫폼에 의한 문화콘텐츠 유통방식이 확산되면서 따라 중소 제작사는 붕괴되고 거대 콘텐츠 기업의 시장 지배력은 더욱 강화되어 산업의 양극화가 심화되고 있다. <표 6-10>과 <표 6-11>에서 보듯이 플랫폼 의존도가 높은 만화, 음악, 게임, 방송영상 등의 장르에서 이러한 현상은 두드러진다. 양극화가 지속되면 거대 플랫폼의 협상력은 더욱 커지게 되고 콘텐츠 공급자의 협상력은 떨어진다. 그렇게 되면 콘텐츠의 다양성이 줄어들고 문화산업 생태계가 건강하게 발전하기 어렵다. 문화산업의 지속적 국가경쟁우위 창출을 위해서는 다양한 콘텐츠가 끊임없이 제작되어 풍부한 콘텐츠 IP가 공급되도록 유도하는 것이 중요하다. 정부는 신인 배우 발굴 및 차별화된 콘텐츠 제작을 장려하고 지배적 위치에 있는 사업자의 불공정 거래 행위에 대하여 강력한 제재를 부과함으로써 공정과 상생의 건강한 생태계를 조성하는데 힘써야 한다.

나. 킬러 콘텐츠의 전략적 육성

<표 6-26>에서 보듯이 'K-Pop'과 '한국음식', '뷰티' 등은 어느 국가에서나 인기가 높고 한국을 연상시키는 대표적 이미지로 자리매김하고 있다. 그중에서도 K팝은 한류의 킬러 콘텐츠로서 가치가 있다. 미국은 세계 최대의 문화산업시장이며 글로벌 문화산업을 주도한다. 미국에서 인기를 얻으면 캐나다와 남미 그리고 유럽까지 팬덤이 확산되는 것을 흔히 볼 수 있다. 미국에서 K팝은 강력한 팬덤을 갖고 있어 팬들의 결집력이 매우 높다. 미국의 LA한국문화원에 한국어를 배우러 오는 사람들을 인터뷰해보면 K팝을 즐기면서 한국어를 배우게 되고, 한국음식을 시도하게 되었으며 이후 한국을 방문하게 된다는 말을 쉽게 들을 수 있다. 이는 K팝에서 시작하여 한국어를 거쳐 한국음식, 한국 방문까지 한국문화 향유가 심화되는 과정의 한 유형이다.

K팝의 파급효과를 보여주는 사례는 많다. K팝이나 K드라마 등 한류의 영향으로 한국어에 관심을 가진 학생들이 늘어나게 되면서 미국의 초중고에서 한국어반이 개설되는 사례가 늘어났다.[360] 그리고 미국에서 한국 유학이나 한국 기업 취업을 위해 한국어 능력시험을 응시하는 사람도 늘었다. 한국어 능력시험 장소를 제공한 아리조나주립대학교(ASU)의 에브루 터커

[359] 김형배. (2023.10.17.). '재벌집 막내아들', '검정 고무신'의 정당한 권리. 한국일보.

[360] 황영민. (2025.2.6.). 미국학교가 '한국어 배우기 열풍' 불고 있는 이유. 이데일리.

(Ebru Turker) 교수는 "K팝 등 한국문화에 대한 관심에서 한국어를 배우기 시작한 학생들이 한국 유학 및 취업을 위해 한국어를 더 배우고 있다"며 한국어 능력시험에 대한 미국 학생들의 높은 관심을 소개한 바 있다.[361] 영국에서도 K팝이나 K드라마를 즐기면서 한국어를 배우는 젊은 세대가 급증하고 있다. 영국의 옥스퍼드 대학은 2024년부터 한국어 교육을 시작했고 한국과 인도네시아 등 세계 각국의 대학과 협력하여 한국어 교육 활성화를 지원하기로 하였다.[362]

다양한 사례에서 보듯이 K팝이나 K드라마는 한류 진흥의 킬러 콘텐츠로 볼 수 있다. K팝은 산업적 특성상 아티스트 양성을 정부에 의존하지 않고 기획사 자체적으로 추진하였다. 고가의 장비가 필요하지 않기 때문에 인프라 조성 비용도 크지 않다. 이러한 점이 대중음악 장르에 대한 정부예산이 상대적으로 적었던 이유이기도 한다. 한류의 지속적 발전을 위해서는 킬러 콘텐츠가 필요하다. 정부는 킬러 콘텐츠인 K팝의 지속적 발전을 위해서 신생 K팝 그룹의 해외 공연을 지원할 수 있다. 해외 한국문화원 및 한국콘텐츠진흥원 해외 사무소를 활용하여 충분한 시간을 갖고 팀을 선정하여 공연을 준비하면서 홍보를 병행하면 새로운 K팝 스타의 지속적 탄생을 유도할 수 있다.

다. 글로벌 콘텐츠 IP 확충 지원

국내외 OTT시장에서는 경쟁이 치열해지면서 콘텐츠 수요가 폭증하였다. 그 결과 OTT 간 오리지널 콘텐츠 IP 확보 경쟁이 치열하다. OTT 플랫폼들은 각기 차별적 IP의 확보를 통해 콘텐츠 포트폴리오의 다양성을 도모한다. 이를 위해 OTT사업자들은 현재는 물론 과거의 스토리까지 모두 탐색하며 콘텐츠의 원천을 찾고자 노력한다. 국내에도 여러 OTT들이 시장확대를 위해 경쟁하고 있다. 그러나 넷플릭스의 시장지배력은 막강하다. 한국의 OTT사업자들은 글로벌 OTT들과 경쟁하며 충분한 IP확보를 위해 많은 노력을 기울이고 있지만 힘겨운 싸움이 되고 있다.

중국 작가 류츠신의 2006년 소설 '삼체'는 2024년에 한국의 도서 베스트셀러에 포함되어 불티나게 팔렸다. 이는 넷플릭스가 '삼체'를 제작하여 공개하고 글로벌 1위를 기록하며 큰 인기를 끈 이후에 발생한 현상이다. 그리고 '듄', '웡카'와 같은 소설을 원작으로 한 영화가 잇달아 흥행하면서 과거 출간된 원작 소설도 인기리에 판매되었다. 인기 영상콘텐츠의 원작은 종이책도 많이 팔렸지만 전자책은 더 많이 팔리는 성과를 보였다.[363] 이와 같이 지나간 소설이나 만화도 언제든지 영상콘텐츠로 제작될 수 있고 원작이 다시 인기리에 판매되는 상황이 발생할 수 있다.

한편 웹툰은 한국이 세계 제1의 경쟁력을 구축하였다. 한국의 웹툰이 해외에서 드라마로 제

361 임미나. (2024.12.21.). 미 애리조나에 한국어능력시험장 개설…"응시자 늘어". 연합뉴스.

362 김지연. (2024.12.19.). 영 옥스퍼드, 세계 대학과 손잡고 '한국어 교육의 세계화'. 연합뉴스.

363 송경은. (2024.5.1.). 영화·드라마 원작소설 '역주행'...종이책보다 e북 더 빨라. 매일경제.

작되는 사례도 계속 증가하고 있다. 웹툰 IP인 'N번째 연애'는 대만의 인디즈 엔터테인먼트(Indiez Entertainment)가 드라마로 제작한다. N번째 연애는 카카오웹툰에서 2018년에서 2019년에 연재되어 누적 조회수 1억3천만 회를 넘긴 로맨스 만화이다. 중국의 OTT사업자인 아이치이(iQIYI)는 카카오웹툰의 '호형호제'를 드라마로 제작하여 방영했다. 이 외에도 웹소설 IP '사내 맞선'을 홍콩 제작사인 뷰(ViU)TV가 드라마로 제작하고 있다. 뷰TV는 동남아시아, 중동, 아프리카 등에서도 OTT플랫폼을 구축하여 월간 활성 이용자 수가 6천만 명에 이른다. 네이버웹툰에서 연재된 웹툰IP '내ID는 강남미인'은 태국의 제작사가 드라마로 제작해서 방영한다. 그리고 태국인 작가가 네이버웹툰에 연재하면서 인기를 끈 웹툰인 '섬머 나이트'는 조회수가 1억 회에 이르며 태국 제작사가 드라마로 만들고 있다.[364]

네이버웹툰은 일본에서도 웹툰IP를 드라마 또는 영화로 제작하는 프로젝트가 잇달아 성공하였다. '내ID는 강남미인'은 후지(Fuji) TV에서 드라마로 제작하여 '나는 성형미인'이란 타이틀로 방송하였다. 이 외에도 연애 혁명, 용감한 시민, 여신 강림, 알고 있지만, 선배는 남자아이 등의 웹툰IP가 영화 또는 드라마로 일본에서 제작된다. 일본에서도 한국 웹툰의 독자층이 꾸준히 늘고 있고 인기 원작은 영상콘텐츠로 제작하기 위해 일본의 제작사나 방송사의 제안 요청이 많다.[365] 네이버 웹툰은 일본에서 현지의 웹툰 회사인 '넘버나인(No. 9)'에 지분을 투자하며 일본의 만화작가를 발굴하고 일본의 웹툰 IP의 지속적 확대를 추진하고 있다. 넘버나인은 일본에서 웹툰 중개 서비스와 웹툰 제작 스튜디오를 운영하고 있다.[366]

웹툰IP는 영화나 드라마로 제작되기도 하지만 게임콘텐츠로 제작되기도 한다. 네이버웹툰은 최대 자산인 IP를 다양한 플랫폼으로 활용하려고 노력하고 있다. 이를 위해 자사의 인기 웹툰 IP인 내ID는 강남미인, 작전명 순정, 간 떨어지는 동거, 이번 생도 잘 부탁해, 비서 일탈 등을 활용하여 스웨덴의 모바일 게임사 '나노비트(Nanobit)'를 통해 모바일 게임으로 개발한다. 이는 IP의 활용도를 높여서 부가가치를 극대화하는 전략이다.[367]

웹툰 및 OTT와 같은 플랫폼 비즈니스는 IP확보 경쟁이 치열하다. IP확보를 통해서 규모의 경제와 범위의 경제를 달성할 수 있기 때문이다. 플랫폼 비즈니스는 압도적 IP를 통해 시장을 먼저 선점하는 것이 중요하다. 후발 주자는 시장에 진입하여 경쟁에서 살아남기 어렵다. 그 결과 플랫폼 비즈니스는 소수의 선발 주자들 중심의 과점시장이 형성되는 것이 보통이다. 네이버웹툰이나 카카오웹툰 모두 국내외 웹툰 IP 확보를 위해 치열한 경쟁을 한다. 한국의 웹툰기업이 전 세계적 IP를 확보하게 되면 글로벌 웹툰시장의 지배적 사업자가 될 것이다. 그러므로 당

364 이주현. (2023.11.14.). 해외 제작사, K웹툰 모셔간다. 한국경제.

365 김태성. (2024.12.27.). 네이버웹툰서 뜨면 일본서 드라마·영화로. 매일경제.

366 김태성. (2025.1.17.). 네이버, 일 현지 웹툰 스튜디오에 지분 투자. 매일경제.

367 진동영. (2024.12.18.). 웹툰 강남미인·이생잘 "게임도 잘 부탁해". 서울경제.

장의 수익성에 연연할 것이 아니라 지속적 IP확충 및 가입자 확대에 주력해야 한다. 정부는 다양한 장르의 이야기 창작자를 양성하고 창작자와 플랫폼 간 공정한 계약이 체결되도록 지원함으로써 IP확보를 지원해야 한다. 그리고 한국의 웹툰 플랫폼이 글로벌 IP의 확보를 위해 필요한 경우 투자 지원도 고려할 수 있다.

라. 다양한 부문의 글로벌 플랫폼 구축 지원

최근 플랫폼이라는 용어가 광범위하게 사용되고 있다. 원래 플랫폼은 토대나 기반을 의미하지만 정보통신분야에서는 운영체계(OS) 또는 하드웨어 등에서 컴퓨터를 작동시키기 위한 기본적 환경이나 설정을 의미한다. 그러나 2000년대부터는 플랫폼이 이전과는 다른 뜻으로도 쓰이고 있다. 문화콘텐츠와 관련하여 우리가 사용하는 플랫폼이라는 용어는 개인이나 기업 등 참가자가 늘면 늘수록 가치가 증대하는 인터넷서비스를 가리킨다. 어떤 물건이나 서비스의 이용자가 증가하면 그 편리함이나 효율성이 증가하는 '네트워크의 외부성'이 작용하는 인터넷서비스가 플랫폼이다.[368]

한국문화콘텐츠를 이용하기 위해 접촉하는 주요 플랫폼은 드라마(69.9%), 영화(70.0%)는 넷플릭스이고 예능(67.6%), 음악(81.1%), 애니메이션(66.1%)은 유튜브이다. 유튜브는 조사가 시작된 2018년 이후 영화와 드라마에서도 줄곧 1위였으나 각각 2021년과 2022년에 넷플릭스에 1위 자리를 내주었다. 예능과 애니메이션은 아직 유튜브의 비중이 높으나 해를 거듭하며 다양한 플랫폼의 비중이 늘어나는 추세이다.[369]

플랫폼은 콘텐츠의 유통 채널에서만 있는 것이 아니다. 창작과 유통이 결합된 방식의 플랫폼도 있다. 네이버웹툰과 카카오웹툰 또는 다양한 웹소설 플랫폼이 바로 이런 사례들이다. 팬덤을 활용한 플랫폼도 있다. 하이브의 위버스(Weverse)는 글로벌 팬덤 플랫폼이다. 콘텐츠 플랫폼들은 풍부한 IP를 토대로 비즈니스가 확장된다는 공통점이 있다.

글로벌 플랫폼을 구축하기 위해서는 글로벌 IP확보가 전제되어야 한다. 보유한 IP를 토대로 고객을 창출할 수 있으면 다양한 방식의 플랫폼 비즈니스가 가능하다. 성공적 플랫폼은 IP의 지속적 확충 및 소비 과정을 통해 거대한 산업 생태계를 발전시키게 된다. 다양한 관련 및 지원 산업이 복합적으로 플랫폼 비즈니스에 연결되어 있기 때문이다.

i) 온라인동영상서비스(OTT) 플랫폼

2024년 초에 공개된 한국의 OTT인 티빙의 드라마 '내 남편과 결혼해줘'는 글로벌 OTT 아마존 프라임에도 공급되어 전 세계 1위를 기록한 바 있다. 콘텐츠 제작자 입장에서는 단일 OTT보다 복수의 OTT에 공급하면 수익이 더 크게 늘어난다. 한국에는 넷플릭스 외에도 티빙,

368 오바라 가즈히로 (황혜숙 번역). (2016). 플랫폼이다. 세상을 바꾸는 원리. 한스미디어.

369 한국국제문화교류진흥원. (2023). 2023해외한류실태조사.

웨이브, 쿠팡플레이 등의 토종 OTT플랫폼이 존재한다. 그러나 국내에서 이들 플랫폼의 활성 이용자를 모두 합쳐야 넷플릭스의 활성 이용자를 초과한다. 개별적으로는 넷플릭스에 경쟁이 되지 않는다. 한국의 OTT사업자는 매우 작은 규모이기 때문에 제작자 입장에서는 보다 큰 수익과 더 많은 시청자 노출을 기대할 수 있는 글로벌 OTT를 선호하는 경향이 있다.

2016년 한국의 방송 3사인 KBS, MBC, SBS는 공동으로 KOCOWA를 설립하여 북미시장에서 한국의 방송프로그램을 서비스하기 시작하였다. 플랫폼 비즈니스가 정상 궤도에 오르려면 많은 투자와 시간이 필요하기 때문에 KOCOWA가 미국시장에서 뿌리를 내리는 것은 쉽지 않았다. SK스퀘어 아메리카스(14.4%)와 웨이브(40%)는 경영상 어려움을 겪고 있던 KOCOWA의 지분을 인수하고 경영혁신을 시도하였다. 지상파 방송 3사가 가지고 있는 방대한 콘텐츠를 기반으로 수준 높은 번역 자막을 넣어 빠르게 제공하는 것부터 추진하였다. 그리고 방송이 끝나고 24시간 동안은 콘텐츠를 무료로 제공하였다. 이를 통해 불법 사이트를 찾을 유인을 사전에 제거하고 고객을 유치하였다. 이후 KOCOWA는 현지의 주요 미디어 플랫폼과 제휴를 통해 고객을 더욱 확장하는 전략을 추진하였다. KOCOWA는 북미대륙은 물론 남미와 유럽까지 총 70개가 넘는 국가에서 4개 언어(영어, 스페인어, 포르투갈어, 중국어)로 서비스하면서 막대한 양의 콘텐츠 시장정보 데이터를 확보하였고 이를 토대로 상품을 구성하여 흑자를 달성하였다.[370]

KOCOWA는 규모가 작은 플랫폼 사업자들이 글로벌 시장을 어떻게 공략해야 하는지를 보여주는 좋은 사례이다. 한국 OTT사업자들이 해외에서 글로벌 통합 플랫폼을 구축할 수 있으면 개별적으로 경쟁하는 것보다 더 유리한 위치에서 경쟁할 수 있다. 그러나 더 나은 전략은 합병을 통해 넷플릭스와 같은 거대 OTT와 경쟁할 수 있는 규모를 갖추는 것이다.

ii) 게임 플랫폼 비즈니스

한국의 주요 게임사들은 핵심 지식재산권 확보를 위해 유망 개발사에 대한 투자를 늘리고 외부 게임 퍼블리싱(배급)을 강화하고 있다. 자체 개발 게임의 유통에 집중하는 것은 고전적 전략이고 이제는 킬러 IP 확보와 포트폴리오 다변화를 위해 제작 및 유통의 협업, 지분 참여 등 다양한 방식으로 중소형 게임사와 접점을 늘리는 추세이다. 이는 보다 많은 종류의 게임을 통해 세계적 게임을 발굴하겠다는 취지이다. 자체 개발 게임의 유통에 집중하던 크래프톤도 2023년에는 전략적 제휴 또는 투자를 통한 새로운 게임콘텐츠를 확보하여 유통을 확대하는 전략을 추진하였다. 크래프톤뿐만 아니라 스마일게이트, 하이브IM, 위메이드 등 자금력이 풍부한 게임사들은 퍼블리싱 계약과 지분 투자를 병행하며 판권을 보유한 IP를 더욱 확대하고 퍼블리싱의 비중을 늘리고 있다.[371] 이는 공급망을 확대하여 플랫폼을 강화하는 전략이다.

370 장우정. (2024.6.18.). 웨이브아메리카스 “100% 한콘텐츠, 73개국 전파하죠”. 조선일보.

371 황순민. (2023.10.18.). 히트작 절실한 게임업계, 경쟁작 배급 활발. 매일경제.

미국이나 유럽 시장과 달리 중국에 진출하는 온라인 게임의 경우에는 텐센트와 같은 현지 업체와 퍼블리싱 계약을 체결하는 형태로만 진출이 가능하다. 한국 게임의 중국 진출이 가속화할수록 텐센트와 같은 중국의 게임 퍼블리셔(배급사)의 영향력이 더 커질 수 있다. 그러나 중국은 온라인 게임에 있어 최대의 시장이므로 게임개발사 입장에서는 포기하기 어렵다. 중국에서는 온라인 게임 서비스를 위해서는 판호 발급 외에도 ICP경영 허가증을 받아야 한다. ICP경영 허가증은 외국인 투자자 지분 비율 50%이하 요건 등 취득 절차가 복잡하다. 이러한 제도적 규제로 인해 한국의 게임 개발사가 단독으로는 중국시장을 진출할 수 없고 현지 퍼블리셔와 제휴하는 방법을 선택한다. 그 결과 수익의 50% 이상을 현지 퍼블리셔가 가져간다.[372] 이와 같이 시장에 따라서는 현지의 법적인 규제와 관행에 대한 지식과 경험이 있어야 해외 유통채널을 확보할 수 있다. 이는 유통망을 확장하여 플랫폼을 강화하는 전략이다.

iii) 음악 플랫폼 비즈니스

한국의 3대 엔터테인먼트 기획사 중 하나인 SM을 인수하기 위해 카카오와 하이브가 경쟁한 것은 결국 플랫폼 비즈니스의 핵심인 IP의 확보를 위한 것이다. 하이브는 아티스트 팬덤 플랫폼인 '위버스'를 운영하고 있다. 하이브는 카카오와 벌였던 SM인수전에서 빠지는 대신 플랫폼 협업을 진행하였다. BTS, 세븐틴 등 하이브 소속 아티스트와 함께 소녀시대, 엑소(EXO), NCT, 에스파 등 SM 아티스트들까지 위버스에 들어가게 되면 K팝 팬덤 플랫폼 경쟁에서 유리한 위치를 차지할 수 있다.

위버스는 전 세계 200여 개 국가에서 6,500만 명의 가입자를 보유하고 있다.[373] 위버스는 아티스트와 팬들이 공개적으로 소통하는 형태로 팬덤 사회관계망 서비스(SNS) 같은 역할을 한다. 여기서는 아티스트가 직접 라이브방송을 진행하기도 하고, 상품과 앨범을 판매하기도 한다. SM이 운영하던 구독형 소통 플랫폼 '버블'은 별도로 계속 운영한다. 버블은 이용자가 특정 아티스트와 일대일 대화형 소통을 진행할 수 있는 유료 플랫폼이다.[374] 음악분야 팬덤 플랫폼은 틈새시장을 잘 구축한 것이다. 그러나 이것도 플랫폼 비즈니스의 속성상 IP의 지속적 확충을 통한 대형화 및 글로벌화의 성공여부가 경쟁우위의 지속 가능성에 중요한 변수가 될 수 있다.

iv) 웹툰 플랫폼 비즈니스

웹툰은 대부분의 매출이 플랫폼에서 발생한다. 플랫폼사는 해외에서도 영향력을 확대하고 있다. 카카오픽코마는 일본 내 만화 플랫폼 픽코마를 통해 2023년 연간 거래액이 1,000억 엔

372 황순민. (2024.6.14.). 중 빗장 플렸지만...K게임 실속은 물음표. 매일경제.

373 이승우. (2023.4.18.). 하이브 '위버스'로 이동한 SM엔터 스타들. 한국경제.

374 정주원. (2023.4.18.). SM 가수 품는 하이브 weverse 세계 최대 K팝 플랫폼으로. 매일경제.

을 넘었다. 네이버웹툰의 일본 내 플랫폼인 라인망가와 이북재팬의 2023년 합계 거래액 또한 1,000억 엔이 넘는다. 라인망가의 2023년 종합랭킹 10위 이내 작품 중 7개는 '참교육', '싸움독학' 등 한국에서 발굴한 콘텐츠이다. 북미시장의 네이버웹툰 점유율도 70%가 넘는다.[375] 네이버웹툰은 2024년 6월에 미국의 나스닥에 상장하였다. 네이버웹툰은 나스닥상장으로 3억1,500만 달러의 자금을 조달하였다. 네이버웹툰은 전 세계 150개 국 이상에서 2,400만 명의 창작자와 1억7천만 명의 월 사용자를 갖고 있다.

웹툰 분야에서 한국 기업이 세계 최대의 플랫폼기업으로 성장한 것이다.[376] 2022년 네이버웹툰에서 연 매출 1억 원 이상을 기록한 작품만 904개이고 100억 원을 넘는 작품도 5개나 있었다. 네이버웹툰은 만화콘텐츠의 경쟁력을 바탕으로 전 세계 시장에서 빠르게 성장했지만 강력한 경쟁자도 등장했다. 이는 애플과 아마존이다. 애플의 전자책 플랫폼인 애플북스가 일본에서 웹툰을 출시했고, 아마존도 일본에서 '아마존 플립툰'이라는 웹툰 서비스를 출시했다.[377] 두 업체 모두 한국의 웹툰 제작사로부터 콘텐츠를 공급받는다. 만화작가 입장에서는 플랫폼이 여러 개 있는 것이 더 유리하다. 네이버웹툰은 새로운 경쟁자를 맞이하여 장차 IP 확보를 위한 큰 전쟁을 치러야 할 수도 있다. 웹툰은 현재까지는 한국이 경쟁우위를 확보하고 있다. 어렵게 창출한 경쟁우위가 지속될 수 있도록 정부는 다양한 정책적 지원을 고민할 필요가 있다.

v) 콘텐츠 플랫폼의 글로벌화 지원

글로벌 시장에서 지배적 위치를 구축한 플랫폼은 수많은 IP와 구독자를 확보하고 플랫폼 간 치열한 경쟁에서 살아남은 기업이다. 이는 오랜 기간과 막대한 비용이 소요된다. 한국의 콘텐츠 플랫폼이 지배적 플랫폼이 되기 위해서는 지속적 콘텐츠 공급망 구축도 필요하지만 플랫폼의 대형화 및 글로벌화는 필수적 요건이다. 정부정책이 단순한 제작 지원을 넘어 가치사슬의 다양한 부문까지 투자 지원을 확대하는 추세이므로 콘텐츠 플랫폼의 글로벌화를 지원하는 투자도 적극 고려할 필요가 있다.

특히 웹툰 및 웹소설은 다양한 콘텐츠의 원천이다. 세계 1위의 스토리 플랫폼은 장차 영상콘텐츠 플랫폼을 흡수할 수도 있다. 이는 현재의 영상콘텐츠 플랫폼 시장의 구조를 송두리째 바꾸는 것이다. 정부는 정책적으로 독점적 플랫폼의 불공정 행위는 차단하되 글로벌 플랫폼으로 성장하는 것을 막으면 안된다. 플랫폼을 통한 산업 생태계 전체의 성장을 지원해야 한다.

---

375 김형주. (2024.2.7.). 일본서 연1조8000억 원 번 웹툰, 북미 시장도 70% 점유. 매일경제.

376 민나리. (2024.6.21.). 네이버웹툰, 나스닥 상장…네이버 주가에도 '훈풍' 불까? 서울신문.

377 안하늘. (2023.4.26.). "1년에 1억 넘게 버는 웹툰 2000개 만들겠다"...애플·아마존 등장에도 네이버가 자신하는 이유. 한국일보.

마. 한류 연관 산업 동반 성장 지원

한류 콘텐츠는 관광, 식음료, 뷰티, 굿즈 등 다양한 분야에서 해외 동반진출을 지원할 수 있다. 이는 문화콘텐츠의 관련 산업의 범위를 확대하는 효과가 있다. 문화체육관광부는 범부처 합동 K컬처 박람회 등을 지원함으로써 한류 연관 산업의 동반 성장을 촉진할 수 있다.

최근 호텔도 K팝과 협업을 확대하고 있다. 이는 K팝을 활용하여 글로벌 K팝 팬덤을 투숙객으로 끌어들이는 전략이다. 워커힐 호텔은 SM엔터테인먼트의 보이 그룹 'NCT드림' 팬을 위한 상품을 개발한 바 있다. 객실을 NCT드림 멤버들의 개성과 취향을 반영해 꾸미고 멤버들이 제안한 향기를 담은 디퓨저가 비치되었다. 고객에게는 NCT드림의 미디어아트 '씨어터 오브 드림스'를 관람할 수 있는 입장권도 패키지로 제공된다. 인천 영종도에 개장한 인스파이어 리조트도 K팝 팬덤을 겨냥하여 1만 5천석 규모의 인스파이어 아레나에서 '멜론 뮤직 어워드'와 샤이니 태민 콘서트 등 K팝 공연을 개최하며 고객을 유치한 바 있다. K팝과 연계하면 전 세계에서 팬들이 몰려들어 순식간에 예약이 마감된다.[378]

한국의 스타벅스는 2023년에 K팝 걸그룹 블랙핑크와 협업하여 텀블러, 키링 등 굿즈를 출시하였다. 전 세계적 거대 팬덤을 가진 블랙핑크와 시너지를 통해 고객 유치를 극대화하는 전략이다. 그리고 2020년에는 방탄소년단과 손잡고 식음료 상품과 키링, 무드등, 파우치 등의 굿즈를 출시하였는데 1인당 품목별 1개씩만 구매할 수 있도록 수량을 제한했음에도 품절 대란이 있었다. 2021년에는 태국 스타벅스가 블랙핑크와 협업 굿즈를 발매한 적 있다.[379]

중소 캐릭터 기업인 프로젝트624가 개발한 캐릭터 브랜드 '벌룬프렌즈'는 한국의 식품 대기업인 대상의 판촉물 IP로 선정되었다. 이는 한국콘텐츠진흥원이 진행하는 'IP라이선싱 빌드업' 사업의 일환이다. IP라이선싱 빌드업은 콘텐츠 IP를 필요로 하는 주요 기업들에게 중소 콘텐츠 기업의 IP를 연결해주는 사업이다. 중소 콘텐츠기업의 IP를 활용하는 기업은 최소한의 수익과 러닝 캐런티를 보장하고 한국콘텐츠진흥원은 시제품 제작 및 홍보비 등을 지원한다. 빌드업 사업에 참여한 대기업은 유명 IP를 쓰는 것보다 비용이 절약되며 중소기업과 상생 협력함으로써 ESG 중 사회(S) 요소를 강화하는 효과가 있다.[380]

'마녀공장'은 클렌징 오일과 세럼 같은 뷰티 용품을 제조하는 한국의 중소 화장품 기업이다. 마녀공장은 2022년부터 계속하여 매출이 1천억 원을 넘었다. 마녀공장은 미국과 일본에서 커다란 실적을 거두고 있다. 2024년에는 한국 정부로부터 '3천만 달러 수출 탑'을 수상했다. '마녀공장'의 대표는 한 언론과의 인터뷰에서 성공의 비결을 까다롭고 적극적인 한국의 소비자와

378 박창영. (2023.12.25.). K팝과 협업했더니…호텔·리조트 예약 '오픈런'. 매일경제.

379 박홍주. (2023.7.3.). 블랙핑크 손잡는 스타벅스 "전 세계 1억 블링크 오세요". 매일경제.

380 김형주. (2025.3.14.). 우리아이 좋아하는 '벌룬프렌즈', 알고보니 토종 캐릭터네. 매일경제.

K드라마를 꼽았다. 그에 의하면, 2019년 현빈, 손예진 주연의 드라마 '사랑의 불시착'이 넷플릭스를 통해 방영되면서 해외에서 큰 인기를 끌었는데, 극중 주인공 손예진이 쓰던 화장품이 마녀공장 제품이었다. 이것이 알려지면서 마녀공장 제품이 해외에서 큰 성공을 거두었다. 그리고 K드라마를 즐겨 보는 해외 유명 인플루언서의 SNS를 통한 제품 후기도 글로벌 시장 진출에 큰 도움이 되었다.[381]

문화체육관광부는 K팝 등 한류 콘텐츠의 소구력을 토대로 범부처 협업을 통해 문화콘텐츠 기업과 소비재기업의 동반 해외 진출을 지원하고 있다. 그 결과 K콘텐츠의 글로벌 인기를 등에 업은 뷰티, 식품, 공예품 등 소비재 연관 산업의 동반 수출 효과도 커지고 있다. 문화체육관광부 등 범부처는 한류 열풍이 뜨거운 지역에서 관계부처 합동 한류 박람회를 개최하여 콘텐츠와 국산 제품의 해외 진출을 적극 지원하였다. 한류 박람회는 소비자 대상 콘텐츠 전시와 K팝 공연을 통해 자연스럽게 현지인 관람객에게 제품 노출도를 높이고 B2B 수출 상담회를 주선하며 비즈니스 매칭을 지원한다.

한편 전 세계적 한류 확산 및 한국문화산업 시장규모 확대에 따라 전 세계적으로 한국 배경의 콘텐츠 제작 사례가 증가하고 있다. 영화 및 비디오물의 진흥에 관한 법률은 문화체육관광부장관이 영화진흥기본계획 수립 시 지역 영상문화 진흥에 관한 내용도 포함하도록 하였다. 그리고 국가 및 지방자치단체는 영상산업 진흥을 위하여 국내 현지 촬영 장소의 제공 등 영상물 촬영에 필요한 지원을 할 수 있다. 한국관광공사는 전국의 지방자치단체와 협력하여 다양한 영상콘텐츠 촬영에 이용할 수 있는 로케이션 영상과 간략한 배경 설명을 곁들인 한국 영상촬영 로케이션 데이터뱅크를 구축하여 직접 서비스하거나 로케이션 매니지먼트 기업에 위탁 운영할 수도 있다. 이는 국내외 영상산업의 발전 및 지역 관광 활성화에도 크게 기여할 수 있다.

바. 국내외 저작권 보호의 실효성 제고

i) 저작물 불법 유통 및 이용 근절

한국저작권위원회의 대국민 저작권 교육 및 국제 협력 활동, 문화체육관광부의 저작권 특별사법경찰 운영, 한국저작권보호원의 저작권 위반 단속 등에도 불구하고 저작권 침해 사례는 지속적으로 발생한다. 저작권이 적절히 보호되지 않으면 문화산업 생태계는 순식간에 무너질 수 있다.

불법 교재 공유 텔레그램방인 '유빈 아카이브'는 2024년 3월 10일 기준 가입자가 14만 명이 넘었다. 하루에 수백 명이 넘게 가입자가 늘어나고 있으며 매일 수백 건의 고등학교 문제집, 수능 대비 자료 파일을 공유하며 저작권을 침해하고 있다. 새학기를 맞이한 대학가도 전공교재

[381] 김윤주. (2025.2.7.). 아마존서 에스티로더도 제쳐…"K드라마·K소비자 덕분". 조선일보.

를 스캔하는 학생들로 붐빈다. 400쪽의 3-5만 원의 전공책을 6천 원에 10분 만에 복제한 책으로 만들 수 있다. 심지어 법을 공부하는 로스쿨 학생들도 교재 파일을 공유하며 저작권을 위반하고 있다. 한국의 대표적 법학 수험서 출판사 대표는 전국 로스쿨 학생 6천여 명 대부분이 불법 복제 파일을 가지고 있다고 단언한다. 그는 불법 복제에 대하여 고소를 하고 전국 로스쿨에 경고문을 보내는데도 이러한 현상은 줄어들지 않기 때문에 독점기업이 되어도 경영이 어려워졌다고 하소연한다. 온라인에서 교재 파일을 불법으로 판매하는 학생들을 출판사가 고발해도 이와 같은 현상은 사라지지 않는다.[382]

<표 6-27>은 한국저작권보호원이 조사한 한국 국민의 불법 복제물 이용률을 보여준다. 전체적으로 불법 복제물 이용률이 낮아지는 추세이지만 음악 분야에서는 그렇지 않다. 그리고 방송, 게임, 영화, 웹툰 등의 장르에서는 여전히 20%가 넘는다. 이는 불법 복제물 이용이 사라지면 국내에서만 정상적 매출규모가 20% 넘게 증가할 수 있다는 의미이다.

해외시장까지 범위를 확대하면 불법 복제물 이용으로 인한 피해 규모는 더욱 커진다. 제작비 1,000억 원이 넘게 투입된 오징어게임 시즌2가 중국에서 불법으로 유통되면서 막대한 피해가 발생하였다. 중국에서는 글로벌 OTT인 넷플릭스가 정식으로 서비스되지 않는다. 그러나 최근 중국 콘텐츠 리뷰 사이트 '더우반(Douban)'에서는 오징어게임 시즌2의 리뷰 화면이 공개 전부터 만들어졌고 2024년12월26일 공개된 이후 5일 만에 6만여 건의 리뷰가 남겨졌다. 모두 불법으로 시청한 것이다. 해외에서 문화콘텐츠 저작권이 보호되지 않을 경우 도둑시청에 그치지 않는다. 중국의 대형 온라인 쇼핑몰에서는 '오징어게임2' 불법 굿즈(goods)를 판매하는 것은 물론 '오징어게임2' 속의 장면과 일러스트 등을 무단으로 도용하여 판매한 바 있다.[383]

<표 6-27> 불법 복제물 이용률[384]

구분(단위: %)	2019	2020	2021	2022	2023	2024
전체	22.0	20.5	19.8	19.5	19.2	19.1
음악	18.6	17.8	17.3	18.2	18.4	18.7
방송	31.4	26.9	25.9	22.9	21.5	21.1
게임	24.8	24.2	23.5	26.2	23.9	22.5
영화	42.8	41.0	38.0	29.0	24.5	22.6
출판	26.8	24.4	23.3	16.4	14.4	14.1
웹툰	-	-	-	21.5	20.4	20.0

[382] 지혜진·이용익. (2024.3.11.). 로스쿨생도 '불법 교재공유' 일상화...15만 명이 내려 받았다. 매일경제.

[383] 김소연. (2025.1.7.). "부끄러움 모르나" 중, '오겜' 도둑시청도 모자라서 이번엔··· 한국경제.

[384] 한국저작권보호원. (2024). 2024저작권 보호 연차보고서.

국내외에서 끊임없이 발생하는 불법 복제 및 파일 공유 등을 통한 저작권 침해에 대하여 보다 강력한 단속 활동과 처벌이 필요하다. 아울러 실효성 있는 저작권 침해 감지 기술의 개발도 필요하다. 네이버웹툰은 자체 개발한 저작권 보호 기술인 AI '툰레이더'를 활용하여 유료 수익을 보호하고 있다. 툰레이더는 웹툰 이미지에 보이지 않는 사용자 식별 정보를 삽입하여 최초의 불법 유출자를 식별하고 감지하는 기술이다.[385]

정부는 저작권 보호 관련 교육의 실효성을 높여야 한다. 그리고 해외의 저작권 침해에 대하여 정부 간 협력체계를 마련하고 관련 기관이 상시 감시 활동을 운영할 수 있도록 적극적으로 지원할 필요가 있다. 불법 복제물 이용비율이 20%가 넘는 것을 감안하면 국내외에서 광범위하게 이루어지는 불법 복제물에 대한 단속활동 강화를 통해 얻을 수 있는 기업의 손실 방지 효과는 콘텐츠 제작 및 유통구조 개선, 해외 진출 등을 지원하여 발생하는 매출 증대 효과보다도 더 클 수 있다.

ii) 인공지능(AI) 시대의 저작권 정책 확립

문화산업은 창작자의 아이디어에 근거한 저작물을 토대로 발전하는 산업이므로 저작권 보호가 산업의 근간이 된다. 최근 콘텐츠 창작에 있어 인공지능을 활용하는 사례가 많이 있다. 한국콘텐츠진흥원의 '2024콘텐츠 스타트업 데모데이'에서는 AI를 활용한 스타트업이 최우수상과 우수상을 받았다. 최우수상을 받은 스타트업 '오드아이'는 AI로 음악을 만드는 서비스를 제공한다. 이용자는 가수나 악기가 없어도 원하는 AI보컬을 고르고 여러 화음을 조합하며 음악을 만들 수 있다. 그리고 멜로디나 가사를 입력하면 그에 어울리는 보컬을 생성해주며 끝음처리까지 세부 요소를 편집할 수 있다. 우수상을 받은 스타트업 '인쇼츠'는 AI로 간접광고 솔루션 서비스를 제공한다. 촬영이 완료된 영상에 AI로 브랜드 제품을 합성하여 방영시기와 공고 일정의 시차를 해결할 수도 있다.[386]

대한민국을 대표하는 예술가들의 모임인 대한민국예술원은 2024년에 70주년 기념 심포지엄을 개최하였다. 주제는 '포스트휴먼과 예술'이다. 문학, 음악, 미술, 연극, 영화, 무용 등 6개 분과 소속의 예술가들과 관련 분야 전문가들은 각각의 시각에서 포스트휴먼과 예술의 관계를 논의하였다. 여기서는 전통적 휴머니즘에서 벗어나 급격하게 발전하고 있는 AI 등 첨단기술을 활용하여 예술 창작이 이루어지는 것을 어떻게 인식해야 할 것인지에 대한 심도 있는 논의가 전개되었다.[387]

이와 같이 AI가 인간의 고유 영역이었던 창작에 광범위하게 활용되기도 하고 AI의 훈련에

385 황순민. (2023.7.13.). 웹툰 불법 유통…이젠 AI로 잡아낸다. 매일경제.

386 박윤예. (2024.12.16.). 음악부터 광고 제작까지…콘텐츠 산업 파고드는 AI. 매일경제.

387 대한민국예술원. (2024). 대한민국예술원 개원 70년 포스트휴먼과 예술.

게임과 같은 문화콘텐츠가 사용되기도 하면서 저작권 관련 많은 이슈가 대두되었다. 그러나 이들 이슈에 대하여 활발한 논의는 있지만 해결되지 않은 상태에서 문화콘텐츠산업은 계속 발전하고 있다. 인공지능 관련 저작권 쟁점은 i) AI의 훈련을 위한 저작물 이용이 저작권 침해 또는 저작권 제한사유인 공정이용에 해당되는지 여부, ii) AI 산출물에 대한 저작권 인정 여부, iii) 인간과 AI가 결합하여 생성된 산출물의 저작권 인정 여부, iv) 학습데이터 이용에 따른 저작권자에 대한 보상 및 출처 표시 문제 등이 있다.[388]

현재 한국을 비롯한 대부분의 국가에서 AI생성물의 저작권을 인정하지 않는다. 다만 인간이 AI가 생성한 결과물에 창작적 표현을 추가했다면 그 기여 부분에 대해서는 저작권을 인정할 수 있다. AI를 이용한 창작이 광범위하게 일어나면서 전 세계적으로 위에서 언급한 것과 같은 이슈들을 중심으로 저작권 분쟁이 발생하고 있다. 한국도 예외가 아니다. 정부는 WIPO 등 국제기구는 물론 주요 국가들과 AI발전에 따른 저작권 이슈에 대하여 활발한 논의를 진행하고 있다. 정부는 AI의 발전이 급속도로 진행되는 점을 감안하여 AI로 인해 야기되는 저작권 이슈에 대한 글로벌 규범을 조속히 확립하여 적용할 수 있도록 노력해야 한다.

④ 전략·구조 및 경쟁

가. 개방형 한류지원체계 확립

한국인은 정서적으로 국적을 중시하는 경향이 있다. 그러나 글로벌 비즈니스를 추진하는 문화콘텐츠기업에게 국적은 그렇게 큰 의미가 없다. 많은 글로벌 콘텐츠제작사들은 전 세계에서 흥행이 될 수 있는 배우 또는 아티스트를 선발하여 글로벌 로케이션으로 콘텐츠를 만들고 이를 전 세계 시장에 공급하며 이윤 극대화를 추구한다. 한국의 문화콘텐츠기업도 글로벌 오디션을 통해 다국적 아이돌 팀을 만들거나 영상물 제작 시 외국인을 출연시키고 외국에서 촬영을 진행하기도 한다.

이제 정부는 '가장 한국적인 것이 가장 세계적인 것이다"라는 과거의 슬로건에서 벗어나 한국적인 것을 세계적인 것으로 만드는데 필요하다면 한국적인 것과 세계적인 것이 조화롭게 스며들도록 지원할 필요가 있다. 그리고 그것을 만드는 장소가 한국이든 외국이든 중요하지 않다. 기술한 바와 같이 한국에서 한국자본으로 한국인이 만든 콘텐츠만 한류를 진흥할 수 있는 것이 아니다. 외국에서 외국자본으로 한국인이 만든 콘텐츠나 한국에서 외국자본으로 한국인이 만든 콘텐츠나 모두 한국인이 참여하고 있으면 콘텐츠에 한국문화가 담긴다. 정부는 이와 같은 추세를 감안하여 국적을 뛰어 넘는 개방형 한류지원체계를 구축할 필요가 있다. 이를 위해서는 곳곳에 산재하고 있는 국적 제한 관련 규제를 완화해야 한다. 그리고 국적과 관계없이

388 이대희. (2023). AI-저작권 제도개선 워킹 그룹 발제 자료집. 문화체육관광부·한국저작권위원회.

한국적 콘텐츠를 제작하고 유통하는 기업에게는 산업정보 제공, 전문가 네트워킹, 다양한 컨설팅 등을 적극적으로 지원할 필요가 있다.

문화콘텐츠기업은 처음부터 글로벌 시장을 지향하며 작품을 기획, 제작한다. 넷플릭스에서 제작한 한국의 드라마는 전 세계에 동시에 공개되어 한류 확산에 커다란 기여를 하고 있다. 2024년 말에 공개된 '오징어게임2'는 전 세계에 공개된 이후 다시 세계 1위의 시청률을 기록한 바 있다. 세계 문화콘텐츠 시장에서 국경과 언어장벽이 큰 의미가 없어졌다. 재미있고 감동적인 소재의 이야기면 된다. 그렇기 때문에 외국에서 외국자본으로 제작한 한국적 정서가 담긴 문화콘텐츠가 한류를 확산하는 사례가 증가하고 있다. 전 세계적으로 700만 명이 넘는 한국 동포들이 살고 있다. 한류가 전 세계적으로 확산되면서 외국에서도 한국인 커뮤니티와 한국문화에 대한 관심도가 증가하였다. 그 결과 외국인이 만드는 한국인의 이야기도 해외에서 한류 확산에 기여하고 있다.

캐나다에서 제작하여 2016년부터 방송된 '김씨네 편의점(Kim's Convenience)은 캐나다 토론토에서 편의점을 운영하며 살아가는 한국인 이민 가정의 이야기를 다루는 드라마이다. 이는 캐나다와 미국에서 커다란 인기를 누렸다. 현재는 넷플릭스에서도 시청할 수 있다. 2021년에는 한국계 미국인의 이민생활을 다룬 영화 '미나리'가 골든글로브 외국어영화상, 아카데미 여우조연상을 수상한 바 있다. 2023년에는 미국에서 제작한 '성난 사람들(Beef)'이 넷플릭스에서 공개되어 골든글로브 3관왕, 에미상 8관왕에 오른 바 있다. '성난 사람들'은 한국계 미국인 이성진 감독이 제작하였다. 이 드라마는 한국계 미국인 스티븐 연이 주연으로 출연하였고 한국인을 포함한 아시안의 미국 이민생활을 다루고 있다. 한편 애플 TV+에서 2022년 방영된 '파친코(Pachinko)'는 한국계 미국인 이민진의 소설 '파친코'를 드라마로 제작한 것이다. 이는 일제 강점기에 부산에서 일본의 오사카로 건너가 힘들게 삶을 개척한 한국인의 이야기이다. 미국에서 만든 드라마이지만 한국인이 출연하여 한국어로 제작하였다. 파친코의 제작사는 극의 배경 도시인 한국의 부산에서 세트장을 만들어 촬영하려 하였으나 코로나19 상황에서 촬영 협조가 여의치 않아 캐나다의 벤쿠버에 세트장을 짓고 제작하였다. 2024년에는 '파친코 시즌2가 방영된 바 있다. 이와 같은 콘텐츠는 외국 자본으로 외국 국적의 한국인 또는 한국 국적의 한국인이 출연하여 한국인의 정서와 문화를 잘 보여주는 영상물로서 한류 확산에 기여한다. 그리고 한국을 배경으로 하는 경우에는 한국에서 촬영까지 할 수 있다. 이는 경제적으로 많은 효과를 가져온다.

나. 다양한 방식의 해외 진출 전략 지원

콘텐츠기업의 해외 진출은 수출, 라이선싱, 직접투자 등 다양한 방식이 있다. 통상적으로 시장규모가 크고 규제가 적은 미국 같은 지역은 보다 큰 수익을 기대할 수 있는 단독의 직접투자 방식이 선호된다. 시장이 크지만 법적으로 합작투자를 요구하는 중국과 같은 경우에는 단독법인은 불가능하고 합작투자방식으로 진출할 수밖에 없다. 이와 같이 시장의 특성이나 기업의 전략에 따라 해외 진출방식은 달라진다. 한국문화산업의 지속적 국가경쟁우위를 위해서는 수출 중심의 마케팅 지원 전략을 넘어 콘텐츠기업의 다양한 해외 진출방식을 적극적으로 지원해야 한다.

기업은 해외에서의 이윤 극대화를 위해서 수출이나 라이선싱보다는 직접투자를 통해 자회사를 운영하는 것이 보다 유리하다. 단독 또는 합작방식의 해외 직접투자의 비중이 커지고 있음을 감안하여 미국, 일본, 중국, 유럽 등에 있는 한국콘텐츠진흥원 해외 사무소는 한국기업의 지사 설립 및 운영을 지원할 수 있다. 이를 위해 한국콘텐츠진흥원은 해외에서 공동의 사무공간을 확보하여 운영할 수 있다. 세계 주요 지역에 해외 사무소를 증설하는 것도 중요하지만 현지의 시장환경에 따라 다양한 방식으로 한국기업이 진출할 수 있도록 지원체계를 구축하는 것은 더욱 중요하다. 이제 해외 사무소는 정보 수집 및 컨설팅 제공과 같은 단순한 비즈니스 서비스의 수준을 넘어 한국기업이 직접투자를 통해 현지에서 비즈니스를 확장할 수 있도록 다각적 해외 진출전략을 지원할 수 있어야 한다.

미국, 일본 등 해외에 진출한 한국의 문화콘텐츠기업은 글로벌화 및 현지화를 동시에 달성하고자 피나는 노력을 경주하고 있다. '몸값', '지옥', '지금 우리 학교는' 등 인기 방송영상물을 제작한 JTBC 스튜디오는 사명을SLL(Studio LuluLala)로 바꾸고 글로벌 제작사로의 도약을 기획하였다. 이를 위해 SLL은 2021년 미국의 스튜디오 '윕(WIIP)'을 인수하고 글로벌한 콘텐츠 제작을 시작하였다. SLL은 "JTBC가 안정적인 회사명이지만 JTBC 채널에 방송되는 콘텐츠 제작사의 수준을 넘는 글로벌 콘텐츠 제작사로 도약하기 위해 사명을 바꾸었다"고 밝혔다.[389]

한편 스튜디오 드래곤의 미국 지사는 애플TV+의 "더 빅 도어 프라이즈(The Big Door Prize)"를 제작하여 인기리에 방송하였다. 애플TV+는 일제강점기 한국의 시대상을 다룬 '파친코'를 제작하여 방송한 바 있는데 이번에는 미국드라마를 한국 제작사에게 맡긴 것이다. '더 빅 도어 프라이즈'는 한국 제작사가 만든 첫 미국 드라마이다. 한국 드라마의 캐릭터 중심 서사 전개가 미국 드라마에서 다양하게 전개된다. 이제 미국 드라마에서 K드라마의 향기가 날 수도 있다.[390]

한국문화콘텐츠기업이 해외직접투자를 통한 진출 시에는 현지 법인 설립에서 투자에 이르기까지 모든 것을 준비해야 하므로 많은 시간과 비용 및 인력이 소요된다. 현재 미국 등에 해외 직접투자방식으로 진출하여 현지화 및 글로벌화를 동시에 추구하는 기업은 하이브, CJ ENM, JTBC, 네이버, 카카오 등 자본력이 풍부한 기업들이다. 해외에 거액을 직접 투자할 경우에는

389 김수영. (2022.4.19.). JTBC 스튜디오 →SLL 사명변경…"3조 투자, 글로벌 탑티어 도약". 한국경제.

390 정주원. (2023.4.26.). 인기 미드서 K드라마 향기가…CJ 미 현지 작품 1호 호평. 매일경제.

위험요인을 분석하고 수익을 창출할 수 있는 비즈니스 모델에 대한 확신이 없으면 이를 실행에 옮기기 어렵다. 인력과 자본이 대기업에 비교가 안되는 중소기업 또는 중견기업이 해외에서 현지법인을 설립하고 활발히 비즈니스를 전개하며 이윤 극대화를 추구하기에는 더 큰 위험이 따른다. 그러므로 한국콘텐츠진흥원의 해외 사무소는 해외 직접투자를 포함한 한국기업의 글로벌 경영 활동을 지원할 수 있어야 한다. 한국콘텐츠진흥원은 미국, 중국, 일본, 인도네시아, 태국, 베트남, 프랑스, UAE, 러시아 등에 현지사무소를 운영하며 해외 콘텐츠산업 정보 제공, 해외 비즈니스 매칭 및 현지 진출 상담 등을 지원하고 있다. 향후 한국콘텐츠진흥원은 지속적으로 해외 사무소를 확대하여 2027년까지 해외비즈니스센터를 50개소로 증설할 계획이다.

다. 장르별 협회 및 단체 육성

역대 정부의 장르별 정부예산 규모는 차이가 많다. 정부는 산업적 발전 정도 및 성장성 등을 종합적으로 고려하고 관련 단체 및 전문가의 의견을 충분히 수렴하여 예산을 편성하지만 이는 과학적인 과정은 아니다. 정부예산 편성 과정은 고도의 정치과정 측면도 있다. 특정 산업 내 가치사슬 분야별로 조직화된 업종별 협회와 산업 전체를 포괄하는 협회가 있으면 여러가지로 산업발전에 도움이 된다. 대학 및 연구소 등 전문가 집단과 협회가 잘 조직화된 장르는 해당 산업 발전을 위해 보다 큰 협상력을 발휘할 수 있다.

문화산업에는 창작자 개인의 역량이 중요한 장르도 있고 여러 사람이 협력하여 콘텐츠를 만들어내는 종합예술 장르도 있다. 그러므로 장르별 협회 및 단체의 구성 및 운영방식은 서로 차이가 난다. 어떤 장르는 가치사슬별로 협회가 잘 구성되어 있고 단체의 조직력과 결속력이 매우 강하다. 이런 단체는 대학 및 연구소의 전문가들과 깊은 산학 연계 협력체계가 구축되어 있어 주요 이슈에 대하여 이론적 또는 논리적 지원을 받는다.

장르별 협회가 해당 분야의 전문가들과 함께 산업발전을 위한 세미나 또는 토론회를 주기적으로 개최하며 정책적 대안에 대하여 공감대를 형성할 수 있으면 더욱 좋다. 이를 통해 해당 산업 육성을 위한 필요성과 근거를 논리적으로 제시하며 정책적 지원에 대한 공감대를 이끌어낼 수 있다. 정부는 장르별 가치사슬에 따른 협회 및 단체의 결성과 이들의 전문성 향상을 위한 산학협력을 지원할 수 있다. 그러나 여기에 정부의 지원이 선행할 수는 없다. 장르별 협회 및 단체의 육성은 산업발전을 위한 업계의 자발적 협력 의지와 실천이 선행되어야 정책적 지원의 효과가 있기 때문이다.

라. 콘텐츠기업의 대형화

1990년대 이후 세계적 미디어·콘텐츠기업은 지속적으로 인수합병을 통한 대형화를 추구하였다. 이는 유사 분야의 경쟁 기업을 통합함으로써 경쟁을 줄이고 시장 지배력을 확대하는 전략이다. 그리고 미디어와 콘텐츠의 수직적 통합을 통해 거래비용을 줄이고 안정적 공급망을 구축할 수 있다.

한국에서는 CJ ENM 산하의 티빙과 SK 스퀘어의 웨이브가 합병을 통해 글로벌 OTT와 경쟁하기 위하여 2023년 말 MOU를 체결하였다. 2024년에는 두 OTT의 모회사가 웨이브에 2,500억원을 투자하였다. 이는 재정난을 겪고 있던 웨이브를 지원하기 위함이다. 2025년 초에는 티빙의 재무 담당 임원이 웨이브에 파견되어 재무상황을 공유하였다. 두 기업의 합병을 위해서는 공정거래위원회의 기업결합 심사를 통과해야 한다. 두 기업의 통합이 마무리되면 월간 활성 이용자 수가 최대 930만 명이 되어 1,137만 명의 넷플릭스보다 적지만 그나마 경쟁을 해 볼 수 있는 규모가 된다. 이처럼 두 기업이 합병에 속도를 내는 것은 한국에서 넷플릭스의 영향력이 더욱 커지고 있기 때문이다.[391]

합병은 답보 상태에서 시간만 흐르고 두 기업은 모두 적자폭이 커졌다. 그리고 두 기업은 오리지널 콘텐츠의 방향성이 달라 협업이 잘 이루어질지도 불확실하다. 단순한 합병만으로는 가입자 증가가 어려우니 전략적 제휴를 통한 콘텐츠 제작이 필요하다는 의견도 있다. 그리고 넷플릭스처럼 지역 오리지널 콘텐츠를 만들거나 공동투자를 통해 IP를 확보하는 전략이 더 도움이 될 수도 있다.[392] 합병이든 전략적 제휴이든 결국 대형화를 통해 규모의 경제 및 범위의 경제를 도모해야 한다. 그렇지 않으면 한국의 드라마 및 지적재산권(IP)은 거대 자본력을 보유한 외국의 OTT에 종속될 우려가 있다.

대형화를 통한 국제경쟁력 향상을 도모하는 것은 OTT 분야만이 아니다. 한국 최대의 모바일 메신저 기업인 카카오그룹은 2016년 음악 서비스1위 업체인 멜론을 인수한 바 있다. 그리고 2023년에는 SM엔터테인먼트 주식을 공개 매수하여 약 40%의 지분을 확보함으로써 대주주가 되었다. 공정거래위원회는 2024년 기업결합을 최종 승인했다. 이로써 카카오는 음원 제작과 유통을 아우르는 초대형 음악 기업이 되었다.[393] 카카오는 멜론에 이어 SM까지 인수하고 K팝에 있어서 하이브와 경쟁할 수 있는 글로벌 엔터테인먼트 기획사를 지향하고 있다.

한편 국내 기업 간 합병이 아니라 한국기업이 국제적 합병을 통해 글로벌화를 도모하기도 한다. 하이브는 2021년에 미국에 진출하여 이타카 홀딩스(Ithaca Holdings)를 인수하였고, 2023년에는 힙합 레이블인 QC미디어 홀딩스(QC Media Holdings)도 인수한 바 있다. 그리고 2024년에는 다국적 걸 그룹 캣츠아이(KATSEYE)를 결성하여 데뷔시켰다. 엔터테인먼트에서는 하이브가 글로벌 기업을 지향하며 대형화를 선도하고 있다.

한국기업이 해외직접투자를 통해 대형화하더라도 합병 후 성공적 통합(PMI)이 중요하다.

---

391 이기우. (2025.1.17.). 속도 내는 티빙·웨이브 합병…티빙 전 CFO, 웨이브에 파견. 조선일보.

392 최종원. (2025.1.14.). K-드라마 고사위기…티빙·KT·LGU+ 화답할까? 뉴스포스트.

393 류영욱. (2024.5.2.) "아이유, 에스파 품었다"…카카오의 SM인수, 조건부 승인. 매일경제.

미국에 진출한 하이브와 CJ ENM은 미국 자회사 운영에 난항을 겪고 있다. 두 기업은 각각 1조 원 내외를 투자하여 이타카홀딩스와 엔데버콘텐츠(현 피프스시즌)라는 현지 기업을 인수하며 글로벌 제작 시스템을 구축하였으나 인수 이후 실적이 개선되지 않으면서 경영의 어려움을 겪었다. 이타카 홀딩스는 당장의 실적보다는 아티스트 관리의 어려움이 제기되고 있다. 회사 소속 세계적 톱스타들이 이탈하게 되면 1조원을 들인 인수합병의 의미가 퇴색된다.[394]

현지 기업을 인수하여 규모를 키우고 글로벌 콘텐츠기업으로 도약을 시도하는 경우 현지 기업의 문화와 한국 기업의 문화를 조화롭게 화합하여 기업 간 통합을 성공적으로 이끌어야 한다. 앞에서 살펴본 바와 같이 문화산업에 대한 정부의 지원 정책은 주로 스타트업 또는 벤처기업의 창업 및 창작 지원에 집중되어 있다. 그러나 문화산업은 글로벌 경쟁 산업으로서 풍부한 IP를 확보하고 규모의 경제 및 범위의 경제 효과를 누릴 수 있는 대기업 중심의 과점적 산업구조로 진화하고 있다. 한국의 문화산업기업이 글로벌 메이저들과 경쟁하기 위해서는 규모가 커져야 한다. 아울러 수많은 창작자 및 스타트업과의 공정하고 혁신적인 협력 네트워크를 구축해야 한다. 이를 위해서는 산업구조에 대한 정부와 업계의 인식 전환이 필요하다. 글로벌 시장에서 경쟁하는 대기업에 대한 지원은 다양한 방식이 있을 수 있지만 반드시 재정적 지원일 필요는 없다. 인수합병 지원, 기술표준 제정, 규제 완화, 조세 감면, 공정한 산업 생태계 조성, 정부의 글로벌 네트워크 및 외교적 지원 등도 큰 도움이 된다.

마. 국내외 경쟁 촉진

포터는 정부정책에 있어 보조금과 같은 직접적 지원보다는 경쟁 촉진을 더욱 중요한 정책으로 보았다. 경쟁을 통해 끊임없는 혁신이 일어나고 국가경쟁우위 결정요소 간 역동성도 높아지기 때문이다. 정부는 각종 지원사업 시행 시 국내외 경쟁 촉진에 기여하는 방식으로 추진해야 한다.

한국의 문화산업 국가경쟁우위 창출을 지원하는 정책은 단순한 보조금 지원사업이 아니다. 수많은 지원자 중에서 우수한 아이디어와 실력을 감안하여 시장에서 성공할 수 있는 지원자를 엄선하여 창업 및 창작을 지원한다. 이와 함께 스타트업이나 벤처기업의 성장을 적극적으로 지원하고 있다. 이들을 위한 입주 공간이나 첨단 설비를 갖춘 인프라도 조성하여 운영한다. 이러한 정책들은 직접적으로는 요소조건의 고도화를 지원하는 사업들이다. 그러나 이런 정책들은 결과적으로 문화산업 장르별 또는 가치사슬 내 다양한 분야에서 진입장벽을 낮추고 완전경쟁시장을 조성하는 효과가 있다. 즉 정부 지원은 새로운 경쟁자를 끊임없이 시장에 진입시키는 결과를 초래한다. 치열한 경쟁을 통해 살아남은 기업들이 성장의 궤도에 올라탈 수 있다.

---

394 박창영. (2023.9.12.). 미 엔터사 먹었다가…CJ ENM·하이브 체했다. 매일경제.

최근의 문화산업은 플랫폼 비즈니스 형태로 진화하고 있기 때문에 먼저 플랫폼을 구축하여 시장의 지배적 위치를 차지하게 되면 플랫폼 비즈니스의 특성상 후발 주자가 시장을 선점한 선발 주자와 경쟁하기 매우 어려운 산업구조가 형성되고 있다. 정부는 시장 지배적 위치를 구축한 사업자가 독점적 지위를 이용하여 불공정 행위를 하지 않도록 철저히 감시해야 한다. 이와 함께 국내의 선두 기업들이 세계시장에서도 자유롭게 경쟁할 수 있도록 외국의 진입장벽 또는 불공정 거래 관행을 제거하기 위하여 정부 간 협상력을 적극적으로 발휘해야 한다.

저자소개

박위진

연세대학교 행정학 학사(1985.3~1989.2)
서울대학교 행정대학원 행정학 석사(1989.3~1991.2)
미국 텍사스대학교(Austin) 대학원 스포츠경영 석사(1995.8~1997.6 수료)
서울대학교 경영학과 경영학 박사(국제경영)(2002.3~2005.2)
명지대, 연세대, 한양대, 숙명여대, 국민대, 상명대 겸임교수 · 강사
(문화산업/스포츠산업) (2005.3~2018.12)

경력

- 제33회 행정고시 합격(1989)
- 문체부 체육과학과, 대한민국예술원 사무국(사무관) (1993.3~1995.8)
- 체육교류과, 저작권과, 문화산업정책과 등(사무관/서기관) (1997.6~ 2002.2)
- 문화산업정책과 서기관, 콘텐츠진흥과장 등(서기관) (2004.2~2006.8)
- LA한국문화원 부원장(서기관) (2006.8~2009.8)
- 국제체육과장, 체육정책과장 등 (서기관/부이사관) (2009.8~2011.6)
- 사행산업감독위원회 사무처장, 홍보정책관, 체육국장 등(고공단) (2011.6~2014.2)
- 중앙공무원교육원 국장급 교육, 문화기반정책관(고공단) (2014.2~2016.5)
- 한국예술종합학교 사무국장, 미디어정책관(고공단) (2016.5~2017.9)
- 국립현대미술관 기획운영단장/관장 직무대행(고공단) (2017.9~2019.3)
- LA총영사관 LA한국문화원장(고공단) (2019.3~2022.3)
- 국립국어원 기획연수부장(고공단) (2022.3~2024.6)
- 현)대한민국예술원 사무국장(고공단) (2024.6~)

논문/저술

- 박위진. 2025. 한국의 문화산업정책(지속적 국가경쟁우위 창출 전략). 서울경제경영.
- 박위진. 2025. 한국문화산업정책사(문화산업의 국가경쟁우위 창출 메커니즘). 서울경제경영
- 박위진, 유재구 공저, 2011. 올림픽스폰서십의 노출효과 및 보조인지효과 분석. 한국스포츠산업경영학회지, Vol.16, No.4:1-17.
- 박위진, 조동성 공저, 2005. Business-government relations in the cultural industry: the evolution of the government's role in Korea. (in Grosse, Robert, eds., International Business and Government Relations. Cambridge Univ. Press: 171-190.)
- Studies on Institutional Environments and International Governance Modes in the Cultural Industry(2005, 박사학위논문)

수상

- 최우수 박사학위논문상(2005, 국제경영학회), 우수공무원 대통령표창(2009.12)

한국의
문화산업정책
지속적 국가경쟁우위 창출 전략

2025년 7월 24일 | 제1판 1쇄 인쇄
2025년 7월 31일 | 제1판 1쇄 발행

지 은 이 박위진
발 행 인 이민동
발 행 처 (주)서울경제경영출판사
북디자인 (주)우일미디어디지텍

주 소 03767 서울특별시 서대문구 신촌로 205, 201호
전 화 02) 313-2682
팩 스 02) 313-8860
등 록 1998년 1월 22일 제5-63호

ISBN 979-11-6282-138-1 93300

정가 35,000원

※ 파본은 바꾸어 드립니다.